다빈출
코드

**2026
학평대비**

고2 독해

Believe you can and you're halfway there.

할 수 있다고 믿으면 이미 절반은 성공한 것이다.

- Theodore Roosevelt

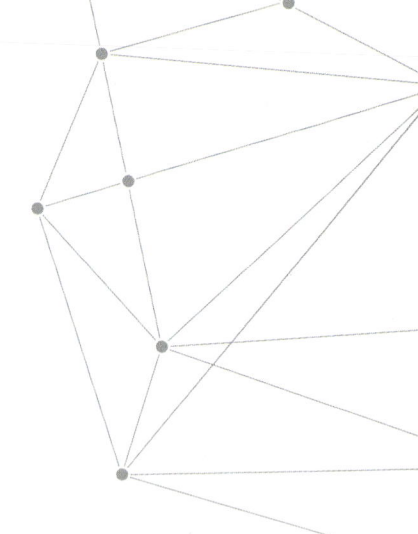

대학수학능력시험 영어 영역
절대평가의 의미와 학습 전략

01 수능 영어 절대평가의 목적

A. 지나친 경쟁을 지양하고 학습 부담을 경감시킴

B. 의사소통 중심의 수업 활성화 등 학생들의 실제 영어 능력을 향상시키는 방향으로 학교 영어교육이 정상화되는 계기를 마련

02 상대평가 vs. 절대평가

구분	상대평가	절대평가
점수 산정 방식	다른 학생들의 점수에 따라 등급이 달라짐	다른 학생들의 순위에 관계없이 본인의 점수에 따라 등급이 결정됨
시험 문항 출제	변별력을 위해 일정 수의 문항은 고난도로 출제하는 것이 불가피	학생 변별보다는 성취 수준을 달성했는지를 중점적으로 고려하여 출제
점수 제공 방식	백분위, 표준점수, 등급(9등급)	등급(9등급)

▶ 백분위와 표준점수를 활용하여 수험생들의 상대적 실력을 평가하는 상대평가 제도와 달리, 절대평가 제도에서는 학생 변별보다는 학력 성취 수준의 달성 여부가 문항 출제의 기준이 되며, 이는 곧 노력 여하에 따라 누구든 높은 등급을 받을 수 있음을 의미한다.

03 수능 영어 영역 대학별 반영 방식

모집시기	반영방법	대학 수
수시	최저학력기준	151개교
정시	최저학력기준	0개교
	비율반영	186개교
	가점부여	10개교
	감점부여	3개교

04 주요 대학 영역별 반영비율

대학명		2026학년도 수능 영역별 반영비율(%)				영어 영역 가점/감점 여부
		국어	수학	영어	탐구	
고려대	인문	35.7	35.7		28.6	등급당 2.4, 4.8, 7.2 …씩 감점 반영
	자연	35.7	35.7		28.6	등급당 3, 6, 9 …씩 감점 반영
서강대	인문	43.3	36.7		20	1등급에 100점 가점 부여
	자연	43.3	36.7		20	(9등급 92점)

대학	계열					비고
서울대		33.3	40		26.7	등급당 0.5, 2, 4 …씩 감점 반영
성균관대	인문	40	30	10	20	
		30	40	10	20	
	자연	20	40	10	30	
		20	40	10	30	
연세대	인문	33.3	33.3	16.7	16.7	1등급에 100점 부여 (등급별 감점 커짐)
	자연	33.3	33.3	16.7	16.7	
이화여대	인문	30	30	20	20	1~3 등급에 5점 4~5 등급에 4점 …
	자연	30	30	20	20	
한양대	인문	35	35	10	20	1등급에 100점 부여 (등급별 감점 커짐)
	자연	35	35	10	20	

*위 수치는 대략적인 수치이므로 전형별, 모집단위별 세부적인 내용은 각 대학 입시 요강 참고

05 요약

A. 1등급 학생 수 증가

절대평가의 등급 산정 기준이 표준점수가 아닌 원점수이므로 상위권의 척도라 할 수 있는 1등급의 학생 수가 증가할 가능성이 있다.

B. 낮은 영어 비중의 유지

주요 대학들의 2026학년도 정시모집 전형을 보면 영어 영역 반영비율이 소폭 상승한 연세대 외에는 2025학년도와 유사한 수준이다. 이들 대학 대부분이 영어 영역 반영비율을 국어, 수학 등에 비해 낮게 유지하고 있어 영어의 입시 영향력이 약한 편이다.

★ 학습 전략 ★

A. 상위권

상위권 학생들의 경우 영어 1등급을 받는 것이 중요한데, 1·2점차로 당락이 좌우되므로 실수로 문제를 틀려 등급이 내려가지 않도록 주의해야 한다. 지금까지 공부해온 방식에서 크게 벗어나지 않되 EBS 교재 이외의 지문이나 변형 방식 등에 주목하고, 실수를 줄일 수 있도록 잘 틀리는 유형은 오답노트를 작성하는 것도 좋다.

B. 중위권 ~ 하위권

중위권 학생들의 경우 1~2등급으로 성적을 끌어 올려 상위권 대학 진입을 노려볼 수 있기 때문에 영어의 중요성이 더욱 클 수 있다. 중위권 학생들은 어휘와 구문을 탄탄하게 학습하고 어려운 유형(빈칸 추론 등)보다는 쉬운 유형을 모두 맞히는 전략을 세우는 것이 효율적이다. 또한 실제 시험과 같이 70분 안에 문제를 풀어보는 연습이 필요하다. 하위권 학생들의 경우 기초적인 문법과 어휘 학습을 통해 기본을 다지고 한 문장 한 문장 지문을 꼼꼼히 해석하는 연습을 할 필요가 있다.

구성과 특징

01 글의 목적

출제코드 분석

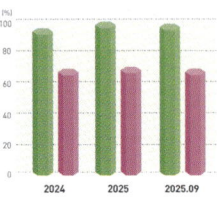

글의 목적을 묻는 유형은 매년 한 문항씩 꾸준히 출제되는 유형이다. 2025학년도 수능의 경우 [글의 목적] 유형의 정답률은 98%로, 독해영역 평균 정답률인 69%를 크게 상회한다. 2024학년도 수능의 경우에도 유형 정답률(94%)이 독해영역 평균 정답률(68%)보다 크게 높았다. 2025년도 9월 고2 학평의 경우 [글의 목적] 유형 정답률은 95%로, 독해영역 평균 정답률인 68%보다 매우 높았다. 전체적으로 다른 유형보다 난이도가 아주 쉬운 편이다.

최근 수능 및 학평 출제 소재

최근 수능에서는 마라톤 경기 취소를 안내하는 글이 출제되었다. 학평에서는 지역 행사를 위해 학교 운동장 사용 허가를 요청하는 편지글이 출제되었다.

학습 전략

유형 설명

필자가 글을 쓴 의도나 목적을 파악하는 유형이다. 주로 이메일이나 안내문 등의 글이 출제된다.

유형 학습 전략

1. 글의 소재를 파악한 후, 글을 쓴 사람과 글을 읽는 대상이 누구인지를 확인한다.
2. 글의 목적에 따라 자주 나오는 어휘를 숙지한다. 안내문에서는 inform, notify, confirm, 요구나 요청을 하는 글에서는 ask, require, demand, 항의를 하는 글에서는 disappointed, regret, dissatisfied 등의 어휘들이 자주 등장한다.
3. 글의 후반부에 필자의 의도가 구체적으로 드러나는 경우가 많으므로 이를 주목한다.

출제코드 분석과 학습 전략

출제코드 분석

최근 수능과 학평에서 출제된 각 유형별 문항 수와 정답률, 독해영역 평균 정답률을 도표로 나타냈습니다. 각 유형이 수능 영어독해에서 차지하는 비중과 난이도 파악에 도움이 될 것입니다. 또한 최근 수능과 학평에서 출제된 문제의 내용을 제시함으로써, 유형별로 나올 수 있는 소재를 파악할 수 있습니다.

학습 전략

각 유형에 대한 개괄적인 설명과 함께 유형별 학습 전략을 수록하여, 효율적으로 공부할 수 있도록 했습니다.

코드 접속하기

Q1

글의 목적으로 가장 적절한 것은?

Dear Mr. Stanton:

We at the Future Music School have been providing music education to talented children for 10 years. We hold an annual festival to give our students a chance to share their music with the community and we always invite a famous musician to perform in the opening event. Your reputation as a world-class violinist precedes you and the students consider you the musician who has influenced them the most. That's why we want to ask you to perform at the opening event of the festival. It would be an honor for them to watch one of the most famous violinists of all time play at the show. It would make the festival more colorful and splendid. We look forward to receiving a positive reply.

Sincerely,
Steven Forman

① 개막 행사에서 연주를 요청하려고
② 공연 스케줄 변경을 공지하려고
③ 학교 행사 취소를 통보하려고
④ 모금 행사 참여를 독려하려고
⑤ 올해의 음악가 상 수상을 축하하려고

코드 접속하기

핵심 코드

지문을 이해하기 위해 꼭 알아두어야 할 주요 핵심 문법을 제시했습니다. 수능뿐 아니라 내신에서도 응용 출제될 수 있는 부분이므로 확실하게 학습하시기 바랍니다.

多빈출 핵심 어휘

본문에 나온 중요 어휘들을 제시했습니다.

학습 계획

하루 1시간, 32일 완성 프로젝트

출제코드별 핵심 개념 학습	코드 접속하기로 연습	코드 공략하기로 실전 감각 향상
최신 기출 출제 경향과 출제 내용을 확인하고 각 유형별 학습 전략 숙지하기	지문 이해를 위해 꼭 알아두어야 할 핵심 코드와 함께 대표 기출 문제 연습하기	선별된 우수 기출 문제를 풀어보면서 실전 감각과 문제 해결 능력 향상시키기

01
글의 목적

출제코드 분석

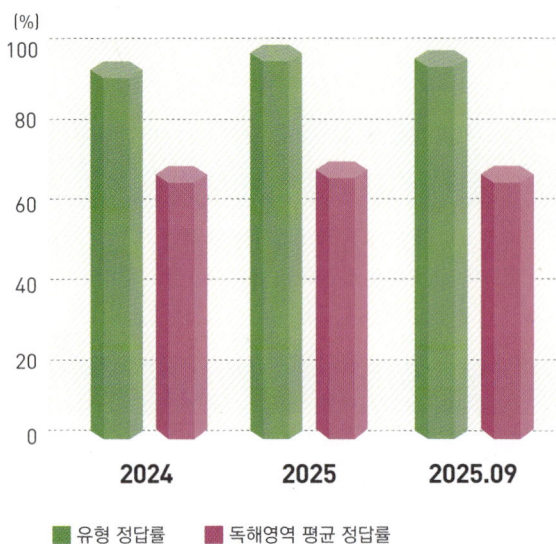

글의 목적을 묻는 유형은 매년 한 문항씩 꾸준히 출제되는 유형이다. 2025학년도 수능의 경우 [글의 목적] 유형의 정답률은 98%로, 독해영역 평균 정답률인 69%를 크게 상회했다. 2024학년도 수능의 경우에도 유형 정답률(94%)이 독해영역 평균 정답률(68%)보다 크게 높았다. 2025년도 9월 고2 학평의 경우 [글의 목적] 유형 정답률은 95%로, 독해영역 평균 정답률인 68%보다 매우 높았다. 전체적으로 다른 유형보다 난이도가 아주 쉬운 편이다.

최근 수능 및 학평 출제 소재

최근 수능에서는 마라톤 경기 취소를 안내하는 글이 출제되었다. 학평에서는 지역 행사를 위해 학교 운동장 사용 허가를 요청하는 편지글이 출제되었다.

학습 전략

유형 설명

필자가 글을 쓴 의도나 목적을 파악하는 유형이다. 주로 이메일이나 안내문 등의 글이 출제된다.

유형 학습 전략

1. 글의 소재를 파악한 후, 글을 쓴 사람과 글을 읽는 대상이 누구인지를 확인한다.
2. 글의 목적에 따라 자주 나오는 어휘를 숙지한다. 안내문에서는 inform, notify, confirm, 요구나 요청을 하는 글에서는 ask, require, demand, 항의를 하는 글에서는 disappointed, regret, dissatisfied 등의 어휘들이 자주 등장한다.
3. 글의 후반부에 필자의 의도가 구체적으로 드러나는 경우가 많으므로 이를 주목한다.

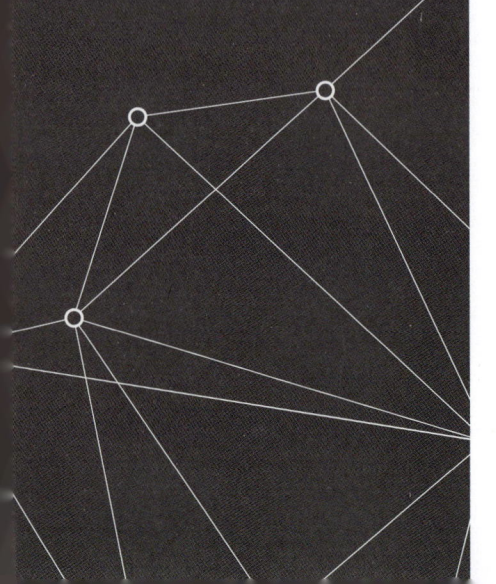

코드 접속하기

Q1

● 2020년 6월 교육청(고2) 18번

다음 글의 목적으로 가장 적절한 것은? 정답률 **92%**

Dear Mr. Stanton:

We at the Future Music School ❶ **have been providing** music education to talented children for 10 years. We hold an annual festival to give our students a chance ❷ **to share** their music with the community and we always invite a famous musician to perform in the opening event. Your reputation as a world-class violinist precedes you and the students consider you the musician who has influenced them the most. That's why we want to ask you to perform at the opening event of the festival. ❸ **It** would be an honor **for them to watch one of the most famous violinists of all time play at the show.** It would make the festival more colorful and splendid. We look forward to receiving a positive reply.

Sincerely,
Steven Forman

① 개막 행사에서 연주를 요청하려고
② 공연 스케줄 변경을 공지하려고
③ 학교 행사 취소를 통보하려고
④ 모금 행사 참여를 독려하려고
⑤ 올해의 음악가 상 수상을 축하하려고

● 핵심 코드 ●

❶ 현재완료 진행형

「have[has] been v-ing」 형태의 현재완료 진행형은 과거에 시작하여 현재까지 계속 진행 중인 사건이나 행동을 나타낼 때 사용되며, '계속 ~해오고 있다'로 해석한다.

I have been standing in front of the restaurant all day.
나는 하루 종일 식당 앞에 서 있다.

❷ to부정사의 형용사적 용법 (한정)

to부정사가 형용사처럼 쓰이면 명사를 뒤에서 수식해 명사의 의미를 한정해주는 역할을 한다. one, something, someone 등과 같은 부정대명사 뒤에 쓰여 의미를 구체화하기도 한다.

The attempt **to deal with** the problem was not successful.
그 문제를 다루려는 시도는 성공적이지 않았다.

He has something **to tell** his professor.
그는 그의 교수님께 할 말이 있다.

❸ 가주어 it

주어인 명사구 또는 명사절의 길이가 길 경우, 주어를 뒤로 보내고 그 자리에 대신 가주어 it을 쓴다. 본문에서는 가주어 It이 문장 맨 앞에, 진주어인 to부정사구 to watch one of the most famous violinists of all time play at the show가 뒤에 쓰였으며, 진주어 앞에 의미상 주어 for them이 쓰였다.

It is impossible for beginners to serve the ball
가주어   의미상 주어   진주어
at around 150 kilometers per hour.
초보자들이 시속 약 150 킬로미터로 공을 서브하는 것은 불가능하다.

多빈출 핵심 어휘

provide 동 제공하다 **talented** 형 재능 있는 **annual** 형 매년의 **community** 명 지역 사회 **reputation** 명 명성 **precede** 동 ~에 앞서다; *우선하다 **consider** 동 사례[고려]하다 **of all time** 역대, 지금껏 **colorful** 형 다채로운 **splendid** 형 정말 좋은, 훌륭한 **receive** 동 받다 **positive** 형 긍정적인

Q2

다음 글의 목적으로 가장 적절한 것은? 정답률 **78%**

Dear parents,

Regular attendance at school is essential in maximizing student potential. Recently, we've become concerned about ❶ the number of unapproved absences across all grades. I would like to further clarify that your role as a parent is ❷ to approve any school absence. Parents must provide an explanation for absences to the school within 7 days from the first day of any period of absence. Where an explanation has not been received within the 7-day time frame, the school will record the absence as unjustified on the student's record. Please ensure that you go to the parent portal site and register the reason any time your child is absent. Please approve all absences, ❸ so that your child will not be at a disadvantage. Many thanks for your cooperation.

Sincerely,
Natalie Brown, Vice Principal

① 자녀의 결석 사유를 등록해 줄 것을 요청하려고
② 학교 홈페이지의 일시적 운영 중단을 공지하려고
③ 자녀가 지각하지 않도록 부모의 지도를 당부하려고
④ 방과 후 프로그램에 대한 부모의 관심을 독려하려고
⑤ 인정 결석은 최대 7일까지 허용된다는 것을 안내하려고

• 핵심 코드 •

❶ the number of + 복수명사

「the number of + 복수명사」는 '~의 수'라는 의미이며, 주어로 사용될 경우 the number가 주어이므로 동사는 3인칭 단수에 수를 일치시킨다.

The number of students in our school is increasing.
우리 학교 학생 수가 증가하고 있다.

❷ to부정사의 명사적 용법

to부정사는 명사적 용법으로 쓰여 주어, 목적어, 보어의 역할을 할 수 있다.

To see is to believe. (주어)
보는 것이 믿는 것이다.

I hope **to get** good grades. (목적어)
나는 좋은 성적을 받길 바란다.

My dream is **to be** a doctor. (보어)
내 꿈은 의사가 되는 것이다.

❸ 접속사 so that

so that은 '~하도록', '~하기 위하여'라는 의미로 목적을 나타내는 접속사이다.

They whispered **so that** they wouldn't wake her up.
그들은 그녀를 깨우지 않도록 속삭였다.

I hurried **so that** I could be on time.
나는 제시간에 도착할 수 있도록 서둘렀다.

He saved money **so that** he could buy a new car.
그는 새 차를 살 수 있도록 돈을 모았다.

多빈출 핵심 어휘

attendance 명 출석 **maximize** 동 극대화하다
unapproved 형 승인되지 않은 **clarify** 동 명확하게 하다
approve 동 승인하다 **unjustified** 형 정당하지 않은
register 동 등록하다

Q3

● 2022년 6월 교육청(고2) 18번

다음 글의 목적으로 가장 적절한 것은? 정답률 **94%**

Dear Ms. Stevens,

My name is Peter Watson, and I'm the manager of the Springton Library. Our storytelling program has been ❶ so well-attended that we are planning to expand the program to 6 days each week. This means ❷ that we need to recruit more volunteers to read to the children. People still talk about the week you filled in for us when one of our volunteers couldn't come. You really brought those stories to life! So, would you be willing to read to the preschoolers for an hour, from 10 to 11 a.m. every Friday? I hope ❷ you will take this opportunity to let more children hear your voice. We are ❸ looking forward to your positive reply.

Best regards,
Peter Watson

① 도서관의 운영 시간 연장을 제안하려고
② 봉사 활동 시간이 변경된 것을 안내하려고
③ 독서 토론 수업에 참여할 아동을 모집하려고
④ 봉사 활동에 참여하지 못하게 된 것을 사과하려고
⑤ 책 읽어 주기 자원봉사에 참여해 줄 것을 요청하려고

● 핵심 코드 ●

❶ so + 형용사/부사 + that ~

「so + 형용사/부사 + that ~」 구문은 '너무 (형용사/부사)해서 ~하다'의 의미로 결과를 나타낸다.

It was **so hot that** we turned on an air conditioner.
너무 더워서 우리는 에어컨을 켰다.

❷ 명사절을 이끄는 접속사 that

접속사 that이 이끄는 명사절은 주어, 보어, 목적어로 쓰일 수 있다. 목적어로 쓰일 때는 that을 생략할 수 있지만, 주어나 보어로 쓰일 때는 that을 생략할 수 없다. 본문에서는 you will take this opportunity 앞에 that이 생략되었다.

❸ look forward to + (동)명사

「look forward to」는 '~을 기대하다'의 의미이며, 이때 to는 전치사이므로 뒤에는 반드시 명사 상당어구가 와야 한다.

I **look forward to seeing** you at the meeting.
나는 그 모임에서 너를 보기를 기대한다.

多빈출 핵심 어휘

well-attended 형 많은 사람들이 참석한 **expand** 동 확대하다 **recruit** 동 모집하다 **volunteer** 명 자원봉사자 **fill in for ~** 대신 일을 봐주다 **bring ~ to life** ~에 생명을 불어넣다 **be willing to-v** 기꺼이 ~하다 **positive** 형 긍정적인

Q4 ● 2023년 3월 교육청(고2) 18번

다음 글의 목적으로 가장 적절한 것은? 정답률 **91%**

It was a pleasure meeting you at your gallery last week. I appreciate your effort to select and exhibit diverse artwork. As I mentioned, I greatly admire Robert D. Parker's paintings, ❶ which emphasize the beauty of nature. Over the past few days, I ❷ have been researching and learning about Robert D. Parker's online viewing room through your gallery's website. I'm especially interested in purchasing the painting that depicts the horizon, titled <*Sunrise*>. I would like to know ❸ if the piece is still available for purchase. It would be a great pleasure to house this wonderful piece of art. I look forward to your reply to this inquiry.

① 좋아하는 화가와의 만남을 요청하려고
② 미술 작품의 구매 가능 여부를 문의하려고
③ 소장 중인 미술 작품의 감정을 의뢰하려고
④ 미술 작품의 소유자 변경 내역을 확인하려고
⑤ 기획 중인 전시회에 참여하는 화가를 홍보하려고

• 핵심 코드 •

❶ 계속적 용법의 주격 관계대명사

콤마(,)와 함께 쓰인 계속적 용법의 관계대명사절은 선행사에 대한 부연 설명을 한다. 본문에서는 Robert D. Parker's paintings가 주격 관계대명사 which의 선행사이다.

I finished my homework, **which** was a masterpiece.
나는 숙제를 끝냈는데, 그것은 걸작이었다.

❷ 현재완료 진행형

「have[has] been v-ing」 형태의 현재완료 진행형은 과거에 시작하여 현재까지 계속 진행 중인 사건이나 행동을 나타낼 때 사용되며, '계속 ~해오고 있다'로 해석된다.

I **have been studying** for two hours.
나는 두 시간 동안 공부해오고 있다.

He **has been waiting** for the bus for over 30 minutes.
그는 30분 넘게 버스를 기다려오고 있다.

❸ 접속사 if

접속사 if는 명사절을 이끌어 '~인지 (아닌지)'의 뜻으로 쓰인다.

I'm not sure **if** he will come to the party.
나는 그가 파티에 올지 잘 모르겠다.

She asked me **if** I had seen the movie.
그녀는 나에게 그 영화를 봤는지 물었다.

I want to know **if** you agree with my opinion.
당신이 내 의견에 동의하는지 알고 싶습니다.

콩빈출 핵심 어휘

gallery 명 화랑 **appreciate** 동 진가를 알아보다; *감사하다 **exhibit** 동 전시하다 **diverse** 형 다양한 **artwork** 명 미술 작품 **admire** 동 감탄하다, 좋아하다 **emphasize** 동 강조하다 **purchase** 동 구매하다 명 구매 **house** 동 (집에) 소장하다 **reply** 명 답변

01 ○△✕ • 2025년 3월 교육청(고2) 18번

다음 글의 목적으로 가장 적절한 것은? 정답률 91%

Notice to Hilltop Apartment Residents

In accordance with fire safety regulations, it is essential to keep all hallways free of personal belongings such as bicycles, boxes, and small furniture. Hallways serve as critical evacuation routes during emergencies, and anything left there could block the way and pose serious safety risks. To ensure the safety of all residents, we request that any personal items placed in the hallways be removed by Monday, April 14th. Please note that not following this may result in penalties. We appreciate your cooperation in maintaining a safe environment.

① 화재 발생 시 대피 요령을 안내하려고
② 소형 가구의 분리 배출 방법을 공지하려고
③ 소방 안전 규정 위반으로 벌금이 부과되었음을 알리려고
④ 주인 없이 방치된 물품이 폐기되었음을 통보하려고
⑤ 복도에 놓인 개인 물품을 치울 것을 요청하려고

02 ○△✕ • 2023년 9월 교육청(고2) 18번

다음 글의 목적으로 가장 적절한 것은? 정답률 93%

To whom it may concern,

I would like to draw your attention to a problem that frequently occurs with the No. 35 buses. There is a bus stop about halfway along Fenny Road, at which the No. 35 buses are supposed to stop. It would appear, however, that some of your drivers are either unaware of this bus stop or for some reason choose to ignore it, driving past even though the buses are not full. I would be grateful if you could remind your drivers that this bus stop exists and that they should be prepared to stop at it. I look forward to seeing an improvement in this service soon.

Yours faithfully,
John Williams

① 버스 운전기사 채용 계획을 문의하려고
② 버스 정류장의 위치 변경을 요청하려고
③ 도로 공사로 인한 소음에 대해 항의하려고
④ 출퇴근 시간의 버스 배차 간격 단축을 제안하려고
⑤ 버스 정류장 무정차 통과에 대한 시정을 요구하려고

03 ○△✕ • 2024년 6월 교육청(고2) 18번

다음 글의 목적으로 가장 적절한 것은? 정답률 95%

Dear Residents,

My name is Kari Patterson, and I'm the manager of the River View Apartments. It's time to take advantage of the sunny weather to make our community more beautiful. On Saturday, July 13 at 9 a.m., residents will meet in the north parking lot. We will divide into teams to plant flowers and small trees, pull weeds, and put colorful decorations on the lawn. Please join us for this year's Gardening Day, and remember no special skills or tools are required. Last year, we had a great time working together, so come out and make this year's event even better!

Warm regards,
Kari Patterson

① 아파트 내 정원 조성에 대한 의견을 수렴하려고
② 정원가꾸기 날 행사에 참여할 것을 독려하려고
③ 쓰레기를 지정된 장소에 버릴 것을 당부하려고
④ 지하 주차장 공사 일정에 대해 공지하려고
⑤ 정원박람회 개최 날짜 변경을 안내하려고

04 ○△✕ • 2022년 9월 교육청(고2) 18번

다음 글의 목적으로 가장 적절한 것은? 정답률 92%

Dear Customer Service,

I am writing in regard to my magazine subscription. Currently, I have just over a year to go on my subscription to *Economy Tomorrow* and would like to continue my subscription as I have enjoyed the magazine for many years. Unfortunately, due to my bad eyesight, I have trouble reading your magazine. My doctor has told me that I need to look for large print magazines and books. I'd like to know whether there's a large print version of your magazine. Please contact me if this is something you offer. Thank you for your time. I look forward to hearing from you soon.

Sincerely,
Martin Gray

① 잡지 기삿거리를 제보하려고
② 구독 기간 변경을 신청하려고
③ 구독료 인상에 대해 항의하려고
④ 잡지의 큰 글자판이 있는지 문의하려고
⑤ 잡지 기사 내용에 대한 정정을 요구하려고

05 ○△✕ ● 2024년 3월 교육청(고2) 18번

다음 글의 목적으로 가장 적절한 것은? 정답률 **89%**

Dear Art Crafts People of Greenville,

For the annual Crafts Fair on May 25 from 1 p.m. to 6 p.m., the Greenville Community Center is providing booth spaces to rent as in previous years. To reserve your space, please visit our website and complete a registration form by April 20. The rental fee is $50. All the money we receive from rental fees goes to support upcoming activities throughout the year. We expect all available spaces to be fully booked soon, so don't get left out. We hope to see you at the fair.

① 지역 예술가를 위한 정기 후원을 요청하려고
② 공예품 박람회의 부스 예약을 안내하려고
③ 대여 물품의 반환 방법을 설명하려고
④ 지역 예술가가 만든 물품을 홍보하려고
⑤ 지역 행사 일정의 변경 사항을 공지하려고

06 ○△✕ ● 2025년 6월 교육청(고2) 18번

다음 글의 목적으로 가장 적절한 것은? 정답률 **92%**

Dear Ms. Lopez,

We want to express our gratitude for your dedication as a Spanish instructor. With exceptional teaching skills, you have significantly improved our students' progress and confidence in Spanish. As the year is about to end, it is time for us to reflect on your contributions and consider the renewal of your contract. Given your positive impact, we would like to offer an extension of your contract for the next academic year. We believe your continued involvement will further enhance our students' learning experience and academic achievement. We look forward to your response.

Sincerely,
James Martin
Principal

① 강당 보수 공사를 위한 협조를 구하려고
② 스페인어 강사의 계약 연장을 제안하려고
③ 수업 개선을 위한 세미나 개최를 안내하려고
④ 교내 말하기 대회 심사 위원으로 위촉하려고
⑤ 새롭게 개설되는 스페인어 특강을 홍보하려고

多빈출 핵심 어휘

01

- resident ⟨명⟩ 주민
- in accordance with ~에 따라
- regulation ⟨명⟩ 규정
- hallway ⟨명⟩ 복도
- belonging ⟨명⟩ 물품, 소지품
- critical ⟨형⟩ 중요한
- evacuation ⟨명⟩ 대피
- emergency ⟨명⟩ 비상
- block ⟨동⟩ 막다
- pose a risk 위험을 야기하다
  pose serious safety risks 심각한 안전상의 위험을 야기하다
- ensure ⟨동⟩ 보장하다
  to ensure the safety of all residents
  모든 주민들의 안전을 보장하기 위해
- note ⟨동⟩ 유의하다
- penalty ⟨명⟩ 벌금
- cooperation ⟨명⟩ 협조
  We appreciate your cooperation 협조해 주셔서 감사합니다
- maintain ⟨동⟩ 유지하다

02

- concern ⟨동⟩ 관계가 있다
- frequently ⟨부⟩ 자주, 흔히
- occur ⟨동⟩ 발생하다
  a problem that frequently occurs 자주 발생하는 문제
- ignore ⟨동⟩ 무시하다
- exist ⟨동⟩ 존재하다
- improvement ⟨명⟩ 개선
- faithfully ⟨부⟩ 충실하게, 성실하게

03

- take advantage of ~을 이용하다
- weed ⟨명⟩ 잡초
- decoration ⟨명⟩ 장식
  put colorful decorations on the lawn
  잔디밭에 다채로운 장식을 하다
- require ⟨동⟩ 필요로 하다
  no special skills or tools are required
  특별한 기술이나 도구는 필요하지 않다

04

- customer service 고객 서비스
- magazine ⟨명⟩ 잡지
- subscription ⟨명⟩ 구독
  magazine subscription 잡지 구독
- currently ⟨부⟩ 현재, 지금
- economy ⟨명⟩ 경기, 경제
- eyesight ⟨명⟩ 시력
  bad eyesight 좋지 못한 시력
- print ⟨명⟩ (인쇄된) 활자[활자체]
- version ⟨명⟩ ~판[형태]
  large print version 큰 글자판
- contact ⟨동⟩ 연락하다
- offer ⟨동⟩ 제의[제안]하다; *제공하다

05

- [ ] **craft** 명 공예품
- [ ] **annual** 형 연례의
- [ ] **fair** 명 박람회
- [ ] **rent** 동 임대하다
- [ ] **previous** 형 이전의
- [ ] **registration form** 신청서
  complete a **registration form** 신청서를 작성하다
- [ ] **rental** 명 대여 형 대여의
- [ ] **fee** 명 요금
- [ ] **support** 동 지원하다
- [ ] **upcoming** 형 예정된
- [ ] **throughout the year** 연중
- [ ] **leave out** ~을 빼다, ~을 생략하다

06

- [ ] **gratitude** 명 감사
- [ ] **dedication** 명 헌신
  express our **gratitude** for your **dedication**
  당신의 헌신에 감사를 표하다
- [ ] **instructor** 명 강사
- [ ] **exceptional** 형 뛰어난
- [ ] **significantly** 부 크게
- [ ] **progress** 명 발전
  have **significantly** improved our students' **progress**
  학생들의 발전을 크게 향상시켜 주었다
- [ ] **reflect on** ~을 되돌아보다
- [ ] **contribution** 명 기여
- [ ] **renewal** 명 갱신
- [ ] **contract** 명 계약
  the **renewal** of your **contract** 당신의 계약 갱신
- [ ] **impact** 명 영향
- [ ] **extension** 명 연장
- [ ] **involvement** 명 참여
- [ ] **enhance** 동 향상시키다
- [ ] **achievement** 명 성취

02

심경

출제코드 분석

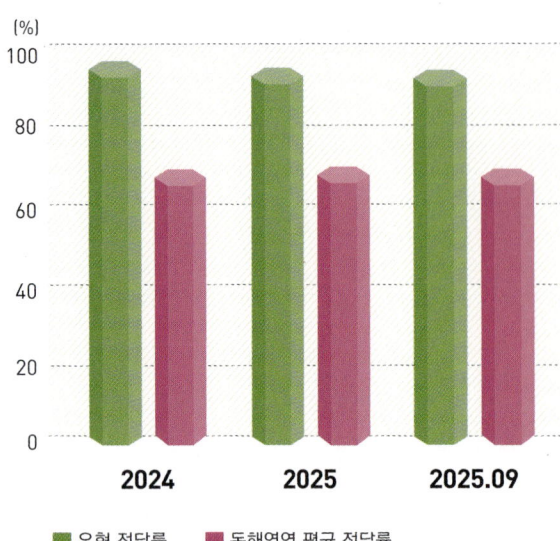

필자나 등장 인물의 심경 및 심경 변화를 묻는 유형은 매년 한 문항씩 꾸준히 출제되는 유형으로, 2021년도 고1 학평에서는 이 유형 대신 [분위기] 유형이 출제된 바 있다. 2025학년도와 2024학년도 수능에서 [심경] 유형의 정답률은 각각 94%와 96%로, 독해영역 평균 정답률을 크게 상회하였다. 2025년도 9월 고2 학평의 경우 해당 유형의 정답률이 93%로, 독해영역 평균 정답률(68%)보다 상당히 높았다.

최근 수능 및 학평 출제 소재

최근 수능에서는 아내를 위한 밸런타인데이 서프라이즈를 준비하는 내용의 글이 출제되었다. 학평에서는 마을에 학교가 세워진다는 소식을 듣고 호기심에서 기쁨으로 변하는 내용의 글이 출제되었다.

학습 전략

유형 설명

글에서 드러나는 필자나 등장인물의 심경 및 심경 변화를 파악하는 유형이다. 수필이나 소설류의 짧은 이야기가 주로 출제된다.

유형 학습 전략

1. 세부적이고 자세한 내용보다는 글의 전반적인 상황이나 흐름의 변화를 파악하는 것이 중요하다.
2. 등장인물이 처해 있는 주요 사건과 이로 인한 심경 변화 가능성에 주목한다.
3. 심경과 관련된 어휘 및 표현에 주목한다.

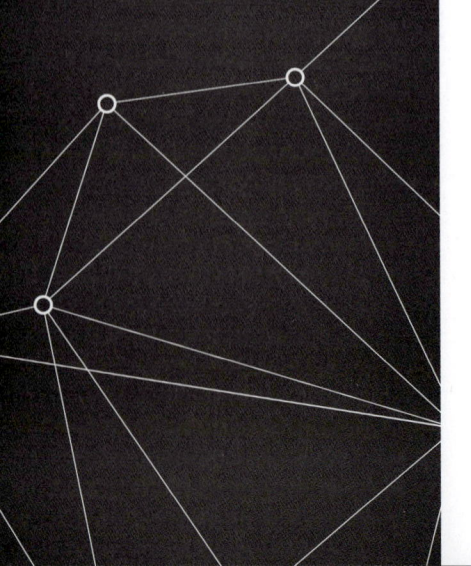

코드 접속하기

정답 및 해설 p. 9

Q1

● 2022년 3월 교육청(고2) 19번

다음 글에 드러난 'I'의 심경으로 가장 적절한 것은? 정답률 **88%**

Hours later—when my back aches from sitting, my hair is styled and dry, and my almost invisible makeup has been applied—Ash tells me it's time to change into my dress. ❶ We've been waiting until the last minute, afraid any refreshments I eat might accidentally fall onto it and stain it. There's only thirty minutes left ❷ until the show starts, and the nerves that ❶ have been torturing Ash seem ❸ to have escaped her, choosing a new victim in me. My palms are sweating, and I have butterflies in my stomach. Nearly all the models are ready, some of them already dressed in their nineteenth-century costumes. Ash tightens my corset.

① tense and nervous　　② proud and confident
③ relieved and pleased　　④ indifferent and bored
⑤ irritated and disappointed

• 핵심 코드 •

❶ 현재완료 진행형

「have[has] been+v-ing」형태의 현재완료 진행형은 과거에 시작하여 현재까지 계속 진행 중인 사건이나 행동을 나타낼 때 사용되며, '계속 ~해오고 있다'로 해석한다.

It **has been snowing** since yesterday.
어제부터 계속 눈이 오고 있다.

❷ 접속사 until

until은 때를 나타내는 부사절을 이끄는 접속사로 '~까지'라는 의미를 나타낸다.

I'll wait **until** you come back.
나는 네가 올 때까지 기다릴 것이다.

❸ 완료부정사

to부정사의 시제가 본동사보다 더 이전의 일을 나타낼 때, 「to have+p.p.」로 나타낸다.

This man was thought **to have stolen** his friend's wallet.
이 남자는 자신의 친구의 지갑을 훔친 것으로 여겨졌다.

多빈출 핵심 어휘

ache 동 아프다 **invisible** 형 보이지 않는 **apply** 동 신청하다, 지원하다; *(화장품 등을) 바르다 **refreshment** 명 다과 **stain** 동 얼룩지게 하다 **nerves** 명 (*pl.*) 불안, 긴장 **torture** 동 고문하다, 지독히 괴롭히다 **escape** 동 벗어나다, 빠져나오다 **victim** 명 희생자 **palm** 명 손바닥 **have butterflies in one's stomach** 안절부절못하다, 안달하다 **tighten** 동 조이다 **corset** 명 코르셋 [문제] **tense** 형 긴장한 **indifferent** 형 무관심한 **irritated** 형 짜증 난

Q2

● 2023년 3월 교육청(고2) 19번

다음 글에 드러난 Isabel의 심경 변화로 가장 적절한 것은?   정답률 **82%**

On opening day, Isabel arrives at the cafe very early with nervous anticipation. She looks around the cafe, but she can't shake off the feeling ❶ that something is missing. As she sets out cups, spoons, and plates, Isabel's doubts grow. She looks around, ❷ trying to imagine what else she could do ❸ to make the cafe perfect, but nothing comes to mind. Then, in a sudden burst of inspiration, Isabel grabs her paintbrush and transforms the blank walls into landscapes, ❷ adding flowers and trees. As she paints, her doubts begin to fade. ❷ Looking at her handiwork, which is beautifully done, she is certain that the cafe will be a success. 'Now, success is not exactly guaranteed,' she thinks to herself, 'but I'll definitely get there.'

① calm → surprised

② doubtful → confident

③ envious → delighted

④ grateful → frightened

⑤ indifferent → uneasy

• 핵심 코드 •

❶ 동격절을 이끄는 that

접속사 that이 이끄는 절이 명사 뒤에서 명사를 보충 설명할 때 이를 동격절이라고 한다. 동격절은 관계대명사절과 달리 문장 성분을 완전하게 갖추고 있다.

The fact **that** she lied to me was a shock.
그녀가 나에게 거짓말을 했다는 사실은 충격이었다.

The news **that** I won the lottery makes me happy.
내가 복권에 당첨되었다는 소식이 나를 기쁘게 한다.

❷ 분사구문 (동시동작)

동시동작을 나타내는 분사구문은 '~하면서, ~한 채로'의 의미로 해석된다.

Listening to music, I studied for the test.
음악을 들으면서, 나는 시험 공부를 했다.

Smiling brightly, he walked up to me.
환하게 웃으면서, 그는 내게 다가왔다.

❸ to부정사의 부사적 용법 (목적)

to부정사가 부사적 용법으로 쓰여 '~하기 위해'라는 의미를 나타낸다.

I went to the teacher **to ask** a question.
나는 질문을 하기 위해 선생님께 갔다.

I entered the restaurant **to have** a late lunch.
나는 늦은 점심을 먹기 위해 식당에 들어갔다.

多빈출 핵심 어휘

nervous 형 초조한 **anticipation** 명 예상; *기대(감) **shake off** 털어 없애다, 떨치다 **plate** 명 (큰) 접시 **doubt** 명 의심 **inspiration** 명 영감 **transform** 동 변형시키다, 변화시키다

코드 접속하기

정답 및 해설 p. 10

Q3
● 2024년 6월 교육청(고2) 19번

다음 글에 드러난 Emma의 심경 변화로 가장 적절한 것은? [정답률 **97%**]

It was the championship race. Emma was the final runner on her relay team. She anxiously waited in her spot ❶ for her teammate to pass her the baton. Emma wasn't sure she could perform her role without making a mistake. Her hands shook as she thought, "What if I drop the baton?" She ❷ felt her heart rate increasing ❸ as her teammate approached. But ❸ as she started running, she received the baton smoothly. In the final 10 meters, she passed two other runners and crossed the finish line in first place! She raised her hands in the air, and a huge smile came across her face. ❸ As her teammates hugged her, she shouted, "We did it!" All of her hard training had been worth it.

① nervous → excited
② doubtful → regretful
③ confident → upset
④ hopeful → disappointed
⑤ indifferent → amused

·핵심 코드·

❶ to부정사의 의미상 주어

to부정사의 의미상 주어는 to 앞에 for나 of를 써서 나타낸다.

The plan **for us to meet** at the park was changed due to the weather.
우리가 공원에서 만나려는 계획은 날씨 때문에 변경되었다.

It was thoughtful **of them to bring** a gift for the host.
그들이 주최자를 위한 선물을 가져온 것은 사려 깊은 일이었다.

❷ 지각동사＋목적어＋현재분사

지각동사의 목적격보어로 동사원형, 현재분사, 과거분사가 올 수 있다. 현재분사를 목적격보어로 쓰면 진행의 의미가 강조된다.

He **felt** his heart **racing** with excitement during the roller coaster ride.
그는 롤러코스터를 타는 동안 흥분으로 심장이 요동치는 것을 느꼈다.

She could **see** the birds **flying** in formation across the sky.
그녀는 새들이 대형을 이루어 하늘을 가로질러 날고 있는 것을 볼 수 있었다.

❸ 접속사 as

as는 때를 나타내는 부사절을 이끄는 접속사로 '할 때', '~하는 동안에', '~하면서'라는 의미를 나타낸다.

As the sun set, the sky turned a beautiful shade of orange and pink.
해가 지면서, 하늘은 주황색과 분홍색의 아름다운 색조로 바뀌었다.

As they walked through the forest, they heard the sound of birds singing.
그들이 숲 속을 거닐 때, 새들이 노래하는 소리를 들었다.

多빈출 핵심 어휘

anxiously [부] 초조하게 **spot** [명] 자리 **approach** [동] 다가오다 **smoothly** [부] 순조롭게 **worth** [형] 가치가 있는

Q4

● 2024년 3월 교육청(고2) 19번

다음 글에 드러난 Sarah의 심경 변화로 가장 적절한 것은?   정답률 **89%**

Sarah, a young artist with a love for painting, entered a local art contest. As she looked at the amazing artworks ❶ made by others, her confidence dropped. She quietly thought, 'I might not win an award.' The moment of judgment arrived, and the judges began announcing winners one by one. ❷ It wasn't until the end that she heard her name. The head of the judges said, "Congratulations, Sarah Parker! You won first prize. We loved the uniqueness of your work." Sarah was overcome with joy, and she couldn't stop smiling. This experience meant more than just winning; it confirmed her identity ❸ as an artist.

① hopeful → regretful
② relieved → grateful
③ excited → disappointed
④ depressed → frightened
⑤ discouraged → delighted

● 핵심 코드 ●

❶ 과거분사

명사와의 관계가 수동일 때 과거분사가 명사를 수식한다. 과거분사가 단독으로 명사를 수식할 때는 명사 앞에서 수식하는 반면, 보어나 수식어구 등을 수반하는 경우에는 명사 뒤에서 수식한다.

The book **published** last year became an instant bestseller.
작년에 출판된 책이 단숨에 베스트셀러가 되었다.

The painting **stolen** from the museum was recovered by the police.
박물관에서 도난당한 그림을 경찰이 되찾았다.

❷ it wasn't until B that A

'B하고 나서야 A하다'라는 의미인 「not A until B」를 「it is/was ~ that」 강조구문에서 강조하고 있는 형태이다.

She did **not** start the project **until** she had all the necessary materials.
It wasn't until she had all the necessary materials **that** she started the project.
그녀는 모든 필요한 자료를 갖추고 나서야 과제를 시작했다.

❸ 전치사 as

as는 '~로(서)'의 의미인 전치사로 쓰인다.

She works **as** a teacher at the local high school.
그녀는 지역 고등학교에서 교사로 일한다.

As the leader of the group, he made the final decision.
모임의 대표로서, 그는 최종 결정을 했다.

多빈출 핵심 어휘

enter 통 들어가다; *출전[참가]하다 **local** 형 지역의 **artwork** 명 예술 작품 **confidence** 명 자신감 **drop** 통 떨어지다 **win an award** 상을 받다 **judgment** 명 심사 **judge** 명 심사위원 **announce** 통 발표하다 **one by one** 한 명씩 **uniqueness** 명 독창성 **be overcome with** ~에 압도당하다 **joy** 명 기쁨 **confirm** 통 확인해 주다 **identity** 명 정체성

01

다음 글에 드러난 Nathan의 심경 변화로 가장 적절한 것은?

정답률 **90%**

Nathan boarded the train on Saturday evening. As he made his way to his seat, he found someone already sitting there. Confused, he checked his ticket and realized his mistake — it was for Sunday, not Saturday! A flush of panic spread across his face. He quickly approached a train attendant and explained the situation. "Is there anything I can do to resolve this?" Nathan asked. "Don't worry, sir. We still have seats available," the attendant said with a reassuring smile. Nathan exchanged his old ticket for a new one, his worries melting away. Settling into his seat, he let out a deep breath, feeling the tension in his shoulders ease as the train began to move.

① embarrassed → relieved
② indifferent → surprised
③ hopeful → disappointed
④ ashamed → sympathetic
⑤ bored → excited

02

다음 글에 드러난 'I'의 심경 변화로 가장 적절한 것은?

정답률 **94%**

I walked up to the little dark brown door and knocked. Nobody answered. I pushed on the door carefully. When the door swung open with a rusty creak, a man was standing in a back corner of the room. My hands flew over my mouth as I started to scream. He was just standing there, watching me! As my heart continued to race, I saw that he had also put his hands over his mouth. Wait a minute... It was a mirror! I took a deep breath and walked past a table to the old mirror that stood in the back of the room. I felt my heartbeat returning to normal, and calmly looked at my reflection in the mirror.

① terrified → relieved
② hopeful → nervous
③ confident → anxious
④ annoyed → grateful
⑤ disappointed → thrilled

03 ○△× ● 2021년 3월 교육청(고2) 19번

다음 글에 드러난 'I'의 심경으로 가장 적절한 것은? 정답률 90%

It was a day I was due to give a presentation at work, not something I'd do often. As I stood up to begin, I froze. A chilly 'pins-and-needles' feeling crept over me, starting in my hands. Time seemed to stand still as I struggled to start speaking, and I felt a pressure around my throat, as though my voice was trapped and couldn't come out. Gazing around at the blur of faces, I realized they were all waiting for me to begin, but by now I knew I couldn't continue.

① panicked　　② angry　　③ relieved
④ grateful　　⑤ bored

04 ○△× ● 2023년 6월 교육청(고2) 19번

다음 글에 드러난 Ester의 심경 변화로 가장 적절한 것은?

정답률 88%

Ester stood up as soon as she heard the hum of a hover engine outside. "Mail," she shouted and ran down the third set of stairs and swung open the door. It was pouring now, but she ran out into the rain. She was facing the mailbox. There was a single, unopened letter inside. She was sure this must be what she was eagerly waiting for. Without hesitation, she tore open the envelope. She pulled out the paper and unfolded it. The letter said, 'Thank you for applying to our company. We would like to invite you to our internship program. We look forward to seeing you soon.' She jumped up and down and looked down at the letter again. She couldn't wait to tell this news to her family.

① anticipating → excited
② confident → ashamed
③ curious → embarrassed
④ surprised → confused
⑤ indifferent → grateful

05 ○△✕ • 2025년 6월 교육청(고2) 19번

다음 글에 드러난 Peter의 심경 변화로 가장 적절한 것은?

정답률 95%

Peter stepped out of the freezing night air and into the brightly lit hospital lobby, holding his three-year-old daughter in his arms. The harsh light made her look even more unwell, her face all red and sweaty. Her fever had started suddenly, just before dinner, but it wouldn't go down despite his efforts. At the front desk, he explained her symptoms, his concern growing with every moment. They were quickly led to the doctor, who reassured him and carefully examined his daughter. After the doctor gave her a shot, her fever went down and she seemed more comfortable. As Peter watched her sleep peacefully that night, he felt a wave of calm wash over him.

① angry → proud
② bored → thrilled
③ confident → confused
④ hopeful → disappointed
⑤ worried → relieved

06 ○△✕ • 2021년 9월 교육청(고2) 19번

다음 글에 드러난 Evan의 심경으로 가장 적절한 것은?

정답률 92%

Evan's eyes opened wide and his mouth made the shape of an O, which happened whenever something surprised him. "You don't mean we're leaving Sydney?" he asked. His mother had just told him they were leaving Sydney for his father's work. "But what about school?" said Evan, interrupting her, a thing he knew he was not supposed to do but which he felt he would be forgiven for on this occasion. "And what about Carl and Daniel and Martin? How will they know where I am when we want to do things together?" His mother told him that he would have to say goodbye to his friends for the time being but that she was sure Evan would see them again. "Say goodbye to them? Say goodbye to them?" He kept repeating himself, sounding more and more anxious with every repetition.

① shocked and worried   ② excited and pleased
③ grateful and relieved   ④ bored and indifferent
⑤ jealous and envious

多빈출 핵심 어휘

01

- board   통 타다, 탑승하다
- confused   형 당황한
- flush   명 화끈거림
- train attendant   기차 승무원
- resolve   통 해결하다
- reassuring   형 안심시키는
  with a **reassuring** smile 안심시키는 미소를 지으며
- exchange   통 교환하다
- melt away   사라지다
- tension   명 긴장
- ease   통 (느슨하게) 풀리다
  the **tension** in his shoulders **ease** 그의 어깨의 긴장이 풀리다

02

- swing open   활짝 열리다
  the door **swung open** 문이 활짝 열렸다
- rusty   형 녹슨
- creak   명 삐걱거리는 소리
- race   통 경주[경쟁]하다; *(심장이) 마구 뛰다
  my heart continued to **race** 내 심장이 계속 요동쳤다
- heartbeat   명 심장 박동
- reflection   명 (거울에 비친) 상, 모습

03

- presentation   명 발표
  give a **presentation** 발표하다
- freeze   통 얼다
- chilly   형 차가운
- creep over   ~을 엄습하다

- still   형 정지한
- struggle to-v   ~하려고 애쓰다
  struggle to start speaking 말하기 시작하려고 애쓰다
- pressure   명 압박, 압력
- trap   통 가두다
  my voice was **trapped** 내 목소리가 갇혔다
- gaze at   ~을 보다
- blur   명 흐릿한 형체

04

- face   통 ~을 마주보다
- eagerly   부 간절히
  what she was **eagerly** waiting for 그녀가 간절히 기다리고 있던 것
- hesitation   명 망설임
  without **hesitation** 망설임 없이

05

- harsh   형 강렬한
- unwell   형 몸이 편치 않은, 아픈
- sweaty   형 땀에 젖은
- symptom   명 증상
  explained her **symptoms** 그녀의 증상을 설명했다
- concern   명 걱정
- reassure   통 안심시키다
- examine   통 진찰하다
- give ~ a shot   ~에게 주사를 놓다
- wash over   밀려오다

06

☐ **shape** 몡 모양

☐ **interrupt** 동 방해하다, 끼어들다
Don't **interrupt** me. 내 말 끊지마.

☐ **be supposed to-v** ~하기로 되어 있다
I **am supposed to see** my friends this afternoon.
나는 오늘 오후에 친구들을 보기로 되어 있어.

☐ **forgive A for** ~에 대해 A를 용서하다
Please **forgive** me **for** what I did. 제가 한 짓을 용서해 주세요.

☐ **occasion** 몡 때, 경우

☐ **for the time being** 지금 당장은, 당분간

☐ **repeat** 동 반복하다
The story was **repeated** and **repeated** over many years.
그 이야기는 많은 세월 반복되고 반복되었다.

☐ **repetition** 몡 반복

☐ **grateful** 형 감사하는

☐ **indifferent** 형 무관심한
She was **indifferent** to everything around her.
그녀는 주변의 모든 일에 무관심했다.

03
주장 · 요지

출제코드 분석

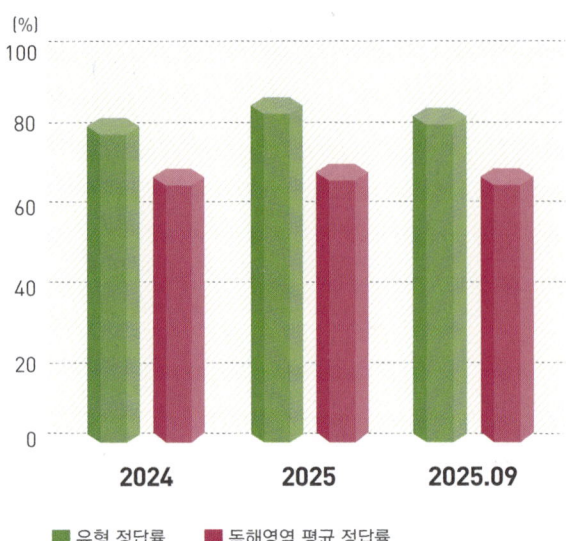

- 유형 정답률
- 독해영역 평균 정답률

필자의 주장이나 글의 요지를 묻는 유형은 매년 한두 문항씩 출제되고 있다. 2025학년도 수능에서는 필자의 주장을 묻는 문제와 글의 요지를 묻는 문제가 출제되었으며, 각 정답률은 83%, 91%를 기록하였다. 2024학년도 수능에서도 필자의 주장과 글의 요지를 묻는 문제가 출제되었으며, 각 정답률은 86%, 76%로 평이한 수준이었다. 2025년도 9월 고2 학평의 경우 필자의 주장을 묻는 문항의 정답률은 82%, 글의 요지를 묻는 문항의 정답률은 84%를 기록하였다.

최근 수능 및 학평 출제 소재

최근 수능에서는 교육용 게임 개발에 관한 글과, 감정 이해 능력이 집단 소통과 협력에 미치는 영향에 관한 글이 출제되었다. 학평에서는 전술(tactics) 개념을 통해 기다림을 창의적 성찰과 도약의 기회로 삼을 수 있다고 주장하는 글과, 기술이 노동을 대체하면서 동시에 보완하는 힘을 가진다는 내용의 글이 출제되었다.

학습 전략

유형 설명

필자의 주장이나 필자가 말하고자 하는 핵심 요지가 무엇인지를 파악하는 유형이다. 주로 논설문 형태의 지문이 출제되고, 선택지는 우리말로 제시된다.

유형 학습 전략

1. 글의 도입부를 읽고 글의 중심 대상이나 소재를 파악한다.
2. 필자의 주장을 드러내는 조동사(must, should, have to), 당위성을 나타내는 형용사(necessary, essential, important 등)에 주목한다.
3. 글의 흐름을 전환하거나 결론을 이끄는 연결사(however, nevertheless, yet, thus, therefore, in short, as a result 등) 뒤에 이어지는 내용에 주목한다.

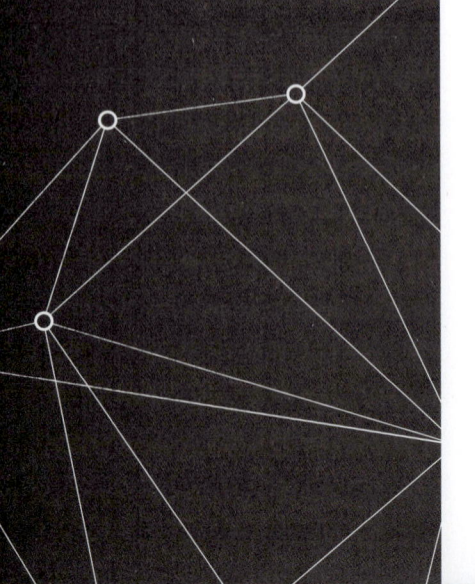

Q1

다음 글에서 필자가 주장하는 바로 가장 적절한 것은? [정답률 **93%**]

In the rush towards individual achievement and recognition, the majority of those ❶ **who** make it forget their humble beginnings. They often forget those ❶ **who** helped them on their way up. If you forget where you came from, if you neglect those ❶ **who** were there for you ❷ **when** things were tough and slow, then your success is valueless. No one can make it up there without the help of others. There are parents, friends, advisers, and coaches ❶ **that** help. You need to be grateful to all of those ❶ **who** helped you. Gratitude is the glue ❶ **that** keeps you connected to others. It is the bridge ❶ **that** keeps you connected with those ❶ **who** were there for you in the past and ❶ **who** are likely to be there in the end. Relationships and ❸ **the way** you treat others determine your real success.

① 원만한 인간관계를 위하여 사고의 유연성을 길러야 한다.
② 성공에 도움을 준 사람들에게 감사하는 마음을 가져야 한다.
③ 자신의 분야에서 성공하기 위해서는 경험의 폭을 넓혀야 한다.
④ 원하는 직업을 갖기 위해서는 다른 사람의 조언을 경청해야 한다.
⑤ 타인의 시선을 의식하지 않고 부단히 새로운 일에 도전해야 한다.

● 핵심 코드 ●

❶ 주격 관계대명사

관계대명사는 접속사의 역할과 대명사의 역할을 동시에 수행하며, 관계대명사가 이끄는 절은 선행사를 수식하거나 서술하는 역할을 한다. 선행사가 사람인 경우에는 주격 관계대명사로 who나 that을, 사물 · 동물인 경우에는 which나 that을 쓴다.

❷ 접속사 when

when은 때를 나타내는 부사절을 이끄는 접속사로 '~할 때'라는 의미를 나타낸다.

When we heard the crash, we were having dinner.
굉음을 들었을 때 우리는 저녁을 먹고 있었다.

❸ 방법을 나타내는 관계부사

관계부사는 「접속사＋부사」의 역할을 하며 선행사가 어떤 특정한 때, 장소, 이유, 방법에 있는지를 설명한다. 선행사가 방법을 나타낼 때는 관계부사 how나 that을 쓰는데, how는 선행사 the way와는 함께 쓰이지 않는다.

You wouldn't believe **the way (that)** he was talking to George.
= You wouldn't believe **how** he was talking to George.
당신은 그가 George한테 말하던 방식을 믿을 수 없을 것이다.
~~You wouldn't believe *the way how* he was talking to George.~~

多빈출 핵심 어휘

rush 명 돌진 **individual** 형 개인의 **achievement** 명 성취 **recognition** 명 인정 **majority** 명 대다수 **humble** 형 겸손한; *초라한 **neglect** 동 소홀히 하다 **valueless** 형 가치 없는 **gratitude** 명 감사 **glue** 명 접착제 **connect** 동 연결하다, 잇다 **determine** 동 결정하다

Q2
● 2021년 3월 교육청(고2) 22번

다음 글의 요지로 가장 적절한 것은? 정답률 **74%**

Fears ❶ **of** damaging ecosystems are based on the sound conservationist principle ❷ **that** we should aim to minimize the disruption we cause, but there is a risk ❷ **that** this principle may be confused with the old idea ❶ **of** a 'balance of nature.' This supposes a perfect order of nature that will seek to maintain itself and that we should not change. It is a romantic, not to say idyllic, notion, but deeply misleading because it supposes a static condition. Ecosystems are dynamic, and although some may endure, apparently unchanged, for periods that are long in comparison with the human lifespan, they must and ❸ **do** change eventually. Species come and go, climates change, plant and animal communities adapt to altered circumstances, and when examined in fine detail such adaptation and consequent change can be seen to be taking place constantly. The 'balance of nature' is a myth. Our planet is dynamic, and so are the arrangements by which its inhabitants live together.

* idyllic: 목가적인

① 생물 다양성이 높은 생태계가 기후 변화에 더 잘 적응한다.
② 인간의 부적절한 개입은 자연의 균형을 깨뜨린다.
③ 자연은 정적이지 않고 역동적으로 계속 변한다.
④ 모든 생물은 적자생존의 원칙에 순응하기 마련이다.
⑤ 동식물은 상호 경쟁을 통해 생태계의 균형을 이룬다.

• 핵심 코드 •

❶ 전치사 of의 다양한 뜻

다른 전치사와 마찬가지로 of도 여러 뜻이 있다. 주로 '~의'의 의미로만 알고 있지만 아래 자주 쓰이는 다른 뜻을 함께 외우고 있으면 좋다.

- 〈동격〉 '~라는', '~인'
  the thought **of** sleeping in 늦잠 잘 생각
- '~에 대해'
  I've heard **of** her. 나는 그녀에 대해 들어 본 적이 있어.
- 「of+명사」 '~한'
  of value=valuable 가치 있는
  of courage=courageous 용기 있는
- '~로 만든'
  be made (out) **of** ~로 만들어지다
  a shirt **of** cotton 면으로 만든 셔츠

❷ 동격절을 이끄는 that

동격을 나타내는 접속사 that은 앞에 주로 news, fact, thought, idea, opinion, doubt, hope, danger, question 등의 명사가 오고, 뒤에는 관계대명사절과 달리 완전한 문장이 온다.

The news **that** he came back made me curious.
그가 돌아온다는 소식이 나를 궁금하게 만들었다.

❸ 동사를 강조하는 do

강조하는 동사 앞에 do[does/did]를 쓰고 뒤에는 동사원형을 쓴다. 일반동사의 의미를 강조하여 '정말', '꼭', '확실히'의 의미를 나타낸다.

It **does** look like an alien. 그것은 정말 외계인처럼 보여.

多빈출 핵심 어휘

ecosystem 몡 생태계 **sound** 혱 건전한 **conservationist** 몡 환경 보호주의자 **aim to-v** ~하는 것을 목표로 하다 **disruption** 몡 (환경) 파괴 **confused with** ~과 혼동되는 **suppose** 통 가정하다; *전제로 하다 **not to say** ~이라고 까지는 할 수 없어도 **notion** 몡 개념 **misleading** 혱 잘못된 인식을 주는 **static** 혱 정적인 **endure** 통 견디다; *지속되다 **apparently** 뷔 겉보기에는 **in comparison with** ~과 비교해 보면 **lifespan** 몡 수명 **eventually** 뷔 결국 **community** 몡 (동식물의) 군집 **adapt to** ~에 적응하다 **alter** 통 바꾸다 **circumstances** 몡 환경 **consequent** 혱 결과적인 **myth** 몡 잘못된 통념 **arrangement** 몡 준비; 배열; *방식 **inhabitant** 몡 서식자, 거주자

Q3

2020년 6월 교육청(고2) 22번

다음 글의 요지로 가장 적절한 것은? [정답률 **72%**]

Personal blind spots are areas that are visible to others but not to you. The developmental challenge of blind spots is that you don't know ❶ **what you don't know**. Like that area in the side mirror of your car ❷ **where** you can't see that truck in the lane next to you, personal blind spots can easily be overlooked because you are completely unaware of their presence. They can be equally dangerous as well. That truck you don't see? It's really there! ❸ **So are your blind spots**. Just because you don't see them, doesn't mean they can't run you over. This is where you need to enlist the help of others. You have to develop a crew of special people, people who are willing to hold up that mirror, who not only know you well enough to see that truck, but who also care enough about you to let you know that it's there.

① 모르는 부분을 인정하고 질문하는 것이 중요하다.
② 폭넓은 인간관계는 성공에 결정적인 영향을 미친다.
③ 자기발전은 실수를 기회로 만드는 능력에서 비롯된다.
④ 주변에 관심을 가지고 타인을 도와주는 것이 바람직하다.
⑤ 자신의 맹점을 인지하도록 도와줄 수 있는 사람이 필요하다.

• 핵심 코드 •

❶ 의문사절

의문사절은 문장 내에서 주어, 목적어, 보어의 역할을 한다. 의문사절은 대개 「의문사＋주어＋동사」의 어순을 취하지만, 의문대명사(who, which, what)가 의문사절의 주어일 때는 「의문사＋동사」의 어순을 취한다.

Who won the game hasn't been announced. [주어]
누가 경기에서 이겼는지 발표되지 않았다.

I don't know **why they lied**. [목적어]
나는 그들이 왜 거짓말을 했는지 모른다.

The question is **who will feed the pet**. [보어]
문제는 누가 애완동물에게 먹이를 줄 것인가이다.

❷ 관계부사 where

관계부사 where는 장소나 상황 등을 나타내는 선행사를 수식하거나 서술하는 역할을 한다.

This is the place **where** I write articles.
이곳이 내가 기사를 작성하는 장소이다.

❸ 도치구문

so, neither, nor가 앞 문장의 내용을 받아 문장 첫머리에 오는 경우 「so＋do/be동사/조동사＋주어」 어순으로 쓴다. 본문에서는 So 다음에 be동사 are, 주어 your blind spots 어순으로 쓰였다.

多빈출 핵심 어휘

personal 형 개인의 **blind spot** 맹점 **visible** 형 보이는 **developmental** 형 발달상의 **challenge** 명 도전; *난제, 어려움 **lane** 명 차선 **overlook** 통 간과하다 **completely** 부 완전히 **be unaware of** ~을 알아채지 못하다 **presence** 명 존재 **equally** 부 똑같이 **run over** ~을 치다 **enlist** 통 요청하다 **crew** 명 팀, 조

Q4

● 2023년 6월 교육청(고2) 22번

다음 글의 요지로 가장 적절한 것은? 정답률 **66%**

Perhaps, the advent of Artificial Intelligence (AI) in the workplace may bode well for Emotional Intelligence (EI). As AI gains momentum and replaces people in jobs at every level, predictions are, there will be a premium ❶ placed on people who have high ability in EI. The emotional messages ❷ people send and respond to while interacting are, at this point, far beyond the ability of AI programs to mimic. As we get further into the age of the smart machine, it is likely that sensing and managing emotions will remain one type of intelligence that puzzles AI. This means people and jobs ❸ involving EI are safe from being taken over by machines. In a survey, almost three out of four executives see EI as a "must-have" skill for the workplace in the future as the automatizing of routine tasks bumps up against the impossibility of creating effective AI for activities that require emotional skill.

* bode: ~의 징조가 되다   ** momentum: 추진력

① 감성 지능의 결여는 직장 내 대인 관계 갈등을 심화시킨다.
② 미래의 직장에서는 감성 지능의 가치가 더욱 높아질 것이다.
③ 미래 사회에서는 감성 지능을 갖춘 기계가 보편화될 것이다.
④ 미래에는 대부분의 직장 업무를 인공 지능이 대신할 것이다.
⑤ 인간과 인공 지능 간의 상호 작용은 감성 지능의 발달을 저해한다.

● 핵심 코드 ●

❶ 명사를 수식하는 과거분사구

과거분사(p.p.)가 단독으로 명사를 수식할 때는 명사의 앞에서 수식하지만, 보어나 수식어구 등을 수반하는 경우 명사를 뒤에서 수식한다. 이때 과거분사는 수동이나 완료의 의미를 나타낸다.

Look at the **fallen** leaves.

낙엽을 봐.

Clean up the leaves **fallen** on the ground.

땅에 떨어진 나뭇잎들을 치워라.

❷ 목적격 관계대명사의 생략

관계대명사 who(m), which, that이 동사나 전치사의 목적어로 쓰일 때 생략이 가능하다. 단, 전치사의 목적어로 쓰인 관계대명사를 생략할 경우 전치사는 관계사절의 끝에 위치해야 한다.

That's the boy (who(m)) I told you about.
저 애가 내가 너에게 말했던 그 소년이야.

He read the book (which/that) I recommended.
그는 내가 추천한 책을 읽었다.

I watched the movie (which/that) everyone was talking about.
나는 모두가 이야기하는 그 영화를 보았다.

❸ 명사를 수식하는 현재분사구

현재분사(v-ing)가 단독으로 명사를 수식할 때는 명사의 앞에서 수식하지만, 목적어나 보어, 수식어구 등을 수반하는 경우 명사를 뒤에서 수식한다. 이때 현재분사는 능동이나 진행의 의미를 나타낸다.

The **twinkling** stars are beautiful.

반짝이는 별들은 아름답다.

Let's watch the stars **twinkling** in the sky.

하늘에서 반짝이는 별들을 보자.

多빈출 핵심 어휘

advent 몡 출현 **prediction** 몡 예측, 예견 **mimic** 동 ~을 모방하다 **take over** 장악하다 **executive** 몡 경영 간부 **automatize** 동 자동화하다 **routine task** 일상의 일 **impossibility** 몡 불가능

01 ○△✕ · 2025년 6월 교육청(고2) 20번

다음 글에서 필자가 주장하는 바로 가장 적절한 것은? 정답률 **96%**

Imagine you have the best tea in the world and you put it into a bag that's impermeable. It won't work. You just won't be able to make a cup of tea. For the teabag to work, it needs to be porous. You need the tea and the water to come in contact with each other. In our lives too, we cannot survive and thrive in isolation. Leaders need to be careful not to build walls around themselves that prevent people from reaching out to them. As a leader, you need to be able to touch other people. The tea was meant to mix with the water. Similarly all of us were designed to work with other people, with teams, and with society at large.

* impermeable: 스며들지 않는   ** porous: 구멍이 있는

① 리더는 팀원들에게 영감을 줄 수 있는 비전을 제시해야 한다.
② 리더는 장벽 없이 다른 사람들과 접촉할 수 있어야 한다.
③ 리더는 변화에 대처할 수 있는 적응력을 갖추어야 한다.
④ 리더는 타인의 의견보다 자신의 판단을 믿어야 한다.
⑤ 리더는 내면의 강점을 키우는 데 집중해야 한다.

02 ○△✕ · 2024년 6월 교육청(고2) 22번

다음 글의 요지로 가장 적절한 것은? 정답률 **89%**

If a firm is going to be saved by the government, it might be easier to concentrate on lobbying the government for more money rather than taking the harder decision of restructuring the company to be able to be profitable and viable in the long term. This is an example of something known as moral hazard — when government support alters the decisions firms take. For example, if governments rescue banks who get into difficulty, as they did during the credit crisis of 2007–08, this could encourage banks to take greater risks in the future because they know there is a possibility that governments will intervene if they lose money. Although the government rescue may be well intended, it can negatively affect the behavior of banks, encouraging risky and poor decision making.

* viable: 성장할 수 있는

① 기업에 대한 정부의 지원이 새로운 기술의 도입을 촉진한다.
② 현명한 소비자들은 윤리적 기업의 제품을 선택하는 경향이 있다.
③ 정부와 기업은 협력으로 사회적 문제의 해결책을 모색할 수 있다.
④ 정부의 구제는 기업의 의사 결정에 부정적인 영향을 미칠 수 있다.
⑤ 합리적 의사 결정은 다양한 대안에 대한 평가를 통해 이루어진다.

03 ⊙△✕ • 2023년 3월 교육청(고2) 20번

다음 글에서 필자가 주장하는 바로 가장 적절한 것은?

정답률 **78%**

The more people have to do unwanted things the more chances are that they create unpleasant environment for themselves and others. If you hate the thing you do but have to do it nonetheless, you have choice between hating the thing and accepting that it needs to be done. Either way you will do it. Doing it from place of hatred will develop hatred towards the self and others around you; doing it from the place of acceptance will create compassion towards the self and allow for opportunities to find a more suitable way of accomplishing the task. If you decide to accept the fact that your task has to be done, start from recognising that your situation is a gift from life; this will help you to see it as a lesson in acceptance.

① 창의력을 기르려면 익숙한 환경에서 벗어나야 한다.
② 상대방의 무리한 요구는 최대한 분명하게 거절해야 한다.
③ 주어진 과업을 정확하게 파악한 후에 일을 시작해야 한다.
④ 효율적으로 일을 처리하기 위해 좋아하는 일부터 해야 한다.
⑤ 원치 않는 일을 해야만 할 때 수용적인 태도를 갖춰야 한다.

04 ⊙△✕ • 2024년 3월 교육청(고2) 22번

다음 글의 요지로 가장 적절한 것은?

정답률 **54%**

We tend to overrate the impact of new technologies in part because older technologies have become absorbed into the furniture of our lives, so as to be almost invisible. Take the baby bottle. Here is a simple implement that has transformed a fundamental human experience for vast numbers of infants and mothers, yet it finds no place in our histories of technology. This technology might be thought of as a classic time-shifting device, as it enables mothers to exercise more control over the timing of feeding. It can also function to save time, as bottle feeding allows for someone else to substitute for the mother's time. Potentially, therefore, it has huge implications for the management of time in everyday life, yet it is entirely overlooked in discussions of high-speed society.

① 새로운 기술은 효율적인 시간 관리에 도움이 된다.
② 새로운 기술에 비해 기존 기술의 영향력이 간과되고 있다.
③ 현대 사회의 새로운 기술이 양육자의 역할을 대체하고 있다.
④ 새로운 기술의 사용을 장려하는 사회적 인식이 요구된다.
⑤ 기존 기술의 활용은 새로운 기술의 개발에 도움이 된다.

05 ○△✕ ● 2021년 6월 교육청(고2) 22번

다음 글의 요지로 가장 적절한 것은? 정답률 94%

When it comes to the decision to get more exercise, you are setting goals that are similar to running a half marathon with very little training! You make a decision to buy a gym membership and decide to spend an hour at the gym every day. Well, you might stick to that for a day or two, but chances are you won't be able to continue to meet that commitment in the long term. If, however, you make a commitment to go jogging for a few minutes a day or add a few sit-ups to your daily routine before bed, then you are far more likely to stick to your decision and to create a habit that offers you long-term results. The key is to start small. Small habits lead to long-term success.

① 상황에 따른 유연한 태도가 목표 달성에 효과적이다.
② 올바른 식습관과 규칙적인 운동이 건강 유지에 도움이 된다.
③ 나쁜 습관을 고치기 위해서는 장기적인 계획이 필수적이다.
④ 꿈을 이루기 위해서는 원대한 목표를 세우는 것이 중요하다.
⑤ 장기적인 성공을 위해 작은 습관부터 시작하는 것이 필요하다.

06 ○△✕ ● 2025년 3월 교육청(고2) 20번

다음 글에서 필자가 주장하는 바로 가장 적절한 것은?

정답률 72%

Fans who are inclined to spend a lot of time thinking about what athletes owe them as fans should also think about the corresponding obligations that fans might have *as fans*. One who thinks only about what they are entitled to receive from their friends without ever giving a moment's thought to what they owe their friends is, to put it mildly, not a very good friend. Similarly, fans who only think about what athletes owe them without ever thinking about what they owe to athletes have failed to take the fan/athlete relationship all that seriously. As in nearly every other area of human life, whatever special rights fans may possess are limited by a corresponding set of obligations, and fans who never think about how they can be better fans even as they confidently opine about what athletes owe them are hardly fulfilling their end of the bargain.

* opine: (의견을) 말하다, 밝히다

① 팬과 선수는 승리를 위해 동반자 관계를 유지해야 한다.
② 팬은 팀의 경기 결과보다 자기의 삶에 더 집중해야 한다.
③ 팬은 선수에게 요구하는 만큼 자신의 의무도 고민해야 한다.
④ 선수는 팬의 기대를 충족시키기 위해 경기력을 향상해야 한다.
⑤ 선수는 팬을 친구처럼 여기고 팬과 적극적으로 소통해야 한다.

多빈출 핵심 어휘

01
- come in contact with ~와 접촉하다[만나다]
- thrive 동 번창하다, 성장하다
- isolation 명 고립
  cannot survive and **thrive** in **isolation**
  고립된 채로 살아남아 성장할 수 없다
- reach out to ~에게 접근하다

02
- firm 명 회사
- concentrate on ~에 집중하다
- lobby 동 로비를 하다, 영향력을 행사하다
- restructure 동 구조를 조정하다
  restructure the company 회사를 구조조정 하다
- in the long term 장기적으로
- moral 형 도덕상의
- hazard 명 위험
- alter 동 바꾸다
  alter the decision **firms** take 회사가 내리는 결정을 바꾸다
- rescue 동 구제하다
- credit 명 신용
- crisis 명 위기
- take a risk 모험을 하다
- intervene 동 개입하다
- intended 형 의도된

03
- unwanted 형 원하지 않는
- unpleasant 형 불편한, 불쾌한
- environment 명 환경
- nonetheless 부 그럼에도 불구하고
- hatred 명 증오
- develop 동 발달시키다; *키우다
- acceptance 명 수용
- compassion 명 연민
- suitable 형 적합한
- accomplish 동 성취하다
- task 명 과업
  find a more **suitable** way of **accomplishing** the **task**
  그 과업을 성취할 더 적합한 방법을 찾다
- situation 명 상황

04
- overrate 동 과대평가하다
- impact 명 영향
  overrate the **impact** of new technologies
  새로운 기술의 영향을 과대평가하다
- absorb 동 흡수하다
- furniture 명 가구; *내용, 알맹이
- invisible 형 보이지 않는
- implement 명 도구
- transform 동 바꾸다
- fundamental 형 근본적인
- infant 명 유아
- device 명 장치
- substitute 동 대신하다
- potentially 부 잠재적으로
- implication 명 영향
- management 명 관리
  the **management** of time in everyday life 일상 생활의 시간 관리
- entirely 부 전적으로, 완전히
- overlook 동 간과하다
- discussion 명 논의

05
- set a goal 목표를 세우다
  It's better for you to **set** realistic **goals** that you can easily achieve. 네가 쉽게 이룰 수 있는 현실적인 목표를 세우는 게 더 낫다.
- be similar to ~와 비슷하다
  His jacket **is similar to** yours. 그의 재킷은 네 것과 비슷하다.
- training 명 훈련
- stick to ~을 고수하다
  stick to your decision 당신의 결정을 고수하다
- meet a commitment 다짐[약속]한 것을 이행하다
  Will you **meet the commitment** that you made before?
  너는 전에 한 네 다짐을 이행할 거니?
- make a commitment 다짐[약속]하다
- daily routine 일상
- offer 동 제공하다

06

□ **be inclined to-v** ~하는 성향이 있다

□ **athlete** 명 (운동) 선수

□ **owe** 동 (보답으로 무언가를) 해 주어야 하다

□ **corresponding** 형 ~에 상응하는

□ **obligation** 명 의무, 책임
think about the **corresponding obligations**
상응하는 의무에 대해서 생각하다

□ **be entitled to-v** ~할 자격이 있다

□ **to put it mildly** 부드럽게 말하자면

□ **all that** 그다지

□ **possess** 동 가지다, 소지하다

□ **fulfill one's end of the bargain** ~의 의무를 다하다

04

주제

출제코드 분석

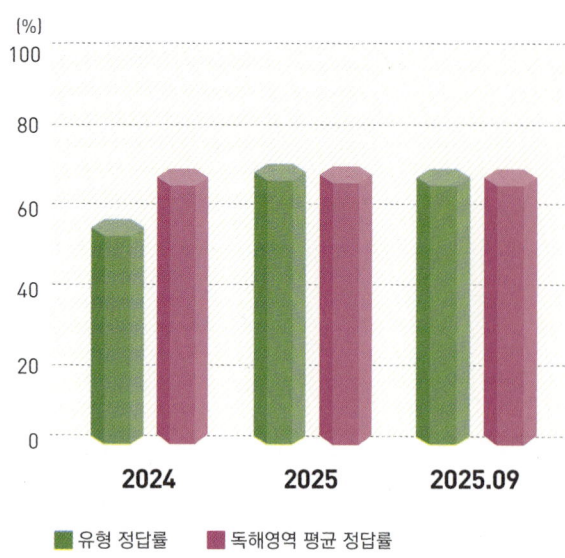

유형 정답률   **독해영역 평균 정답률**

글의 주제를 묻는 유형은 매년 한두 문항씩 꾸준히 출제되고 있다. 2025학년도 수능에서 [주제] 유형의 정답률은 70%로 독해영역 평균 정답률(69%)과 비슷했다. 2024학년도 수능에서는 해당 유형의 정답률은 56%로 독해영역 평균 정답률(68%)보다 다소 낮았다. 2025년도 9월 고2 학평에서는 [주제] 유형의 정답률이 68%로, 독해영역 평균 정답률(68%)과 동일한 수치를 기록하였다.

최근 수능 및 학평 출제 소재

최근 수능에서는 산업화로 인한 노동 시간 변화에 관한 글이 출제되었다. 학평에서는 우주에 태양광 패널을 설치하는 것이 비현실적임을 설명하는 글이 출제되었다.

학습 전략

유형 설명

글의 중심 내용인 주제를 파악하는 유형으로, 글에 대한 포괄적인 이해력을 필요로 한다.

유형 학습 전략

1. 글의 전개 방식을 파악하면 주제문의 위치를 찾기가 쉽다. 주제문은 대개 글의 도입부와 후반부에 위치하는 경우가 많다.
2. 반복적으로 등장하는 핵심 어구에 주목한다.
3. 지나치게 지엽적이거나 일반적인 내용의 선택지는 제외한다.

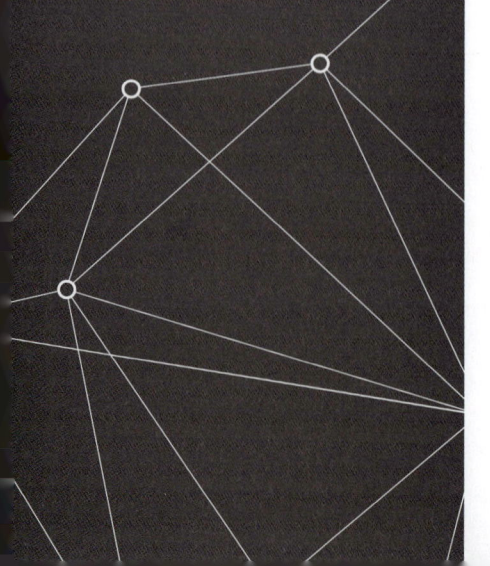

코드 접속하기

정답 및 해설 p. 23

Q1

• 2023년 6월 교육청(고2) 23번

다음 글의 주제로 가장 적절한 것은? 정답률 **36%**

Education must focus on the trunk of the tree of knowledge, revealing the ways in which the branches, twigs, and leaves all emerge from a common core. Tools for thinking stem from this core, providing a common language with which practitioners ❶ in different fields may share their experience of the process of innovation and discover links between their creative activities. When the same terms are employed across the curriculum, students begin to link different subjects and classes. If they practice abstracting in writing class, if they work on abstracting in painting or drawing class, and if, in all cases, they call it abstracting, they begin to understand how to think beyond disciplinary boundaries. They see ❷ how to transform their thoughts from one mode of conception and expression to another. ❸ Linking the disciplines comes naturally when the terms and tools are presented as part of a universal imagination.

① difficulties in finding meaningful links between disciplines
② drawbacks of applying a common language to various fields
③ effects of diversifying the curriculum on students' creativity
④ necessity of using a common language to integrate the curriculum
⑤ usefulness of turning abstract thoughts into concrete expressions

---

• 핵심 코드 •

❶ 명사를 수식하는 전치사구

전치사구는 앞의 명사를 뒤에서 수식한다.

The size of the company is large.
회사의 규모가 크다.

The picture on the wall is beautiful.
벽에 걸린 그림이 아름답다.

All the students in my class are nice.
우리 반의 모든 학생들은 착하다.

❷ 의문사+to부정사

what, how, when, where 등의 의문사에 to부정사가 붙어 문장에서 주어, 목적어, 보어 역할을 하며, 각각 다음과 같은 의미로 쓰인다.

• what to-v: 무엇을 ~할지
• how to-v: 어떻게 ~할지, ~하는 방법
• when to-v: 언제 ~할지
• where to-v: 어디에(서) ~할지

I want to learn how to ride a bicycle.
나는 자전거 타는 방법을 배우고 싶다.

❸ 주어로 쓰인 동명사구

동명사가 주어 역할을 하는 경우 대개 그 뒤에 따라오는 목적어, 보어, 수식어 등으로 인해 주어가 길어지므로, 주어 부분이 어디까지인지를 파악하는 것이 중요하다. 이때 주어로 쓰인 동명사구는 단수 취급하므로, 문장의 동사는 단수 동사를 쓴다.

Learning different cultures is enjoyable.
다른 문화를 배우는 것은 즐겁다.

多빈출 핵심 어휘

knowledge 명 지식 **twig** 명 잔가지 **practitioner** 명 현역, 실무자 **innovation** 명 혁신 **term** 명 용어 **employ** 동 고용하다; *쓰다, 이용하다 **abstracting** 명 추상 **disciplinary** 형 훈련상의; *학문의, 교과의 **discipline** 명 훈련; *학문, 학과목

Q2

● 2022년 3월 교육청(고2) 23번

다음 글의 주제로 가장 적절한 것은? 정답률 **42%**

Individual human beings differ from one another physically in a multitude of visible and invisible ways. If races — as most people define them — are real biological entities, then people of African ancestry would share a wide variety of traits ❶ while people of European ancestry would share a wide variety of *different traits*. But once we add traits that are less visible than skin coloration, hair texture, and the like, we find that the people we identify as "the same race" are ❷ less and less like one another and ❷ more and more like people we identify as "different races." ❸ Add to this point that the physical features used to identify a person as a representative of some race (e.g. skin coloration) are continuously variable, so that one cannot say where "brown skin" becomes "white skin." Although the physical differences themselves are real, the way we use physical differences to classify people into discrete races is a cultural construction.

*entity: 실체 **discrete: 별개의

① causes of physical variations among different races
② cultural differences between various races
③ social policies to overcome racism
④ importance of environmental factors in evolution
⑤ misconception about race as a biological construct

• 핵심 코드 •

❶ 접속사 while

while은 부사절을 이끄는 접속사로 때를 나타낼 때는 '~하는 동안', 양보를 나타낼 때는 '~에도 불구하고', 대조를 나타낼 때는 '~인 반면'이라는 의미이다.

❷ 비교급+and+비교급

「비교급+and+비교급」은 '점점 더 ~한'의 의미이다.

As the summer is approaching, the daytime gets **longer and longer**.
여름이 다가옴에 따라, 낮이 점점 더 길어진다.

❸ 길어진 that절의 위치

add A to B는 'A를 B에 추가하라'라는 의미로 본문에서는 add의 목적어로 쓰인 명사절이 길어져 문장 뒤로 보냈다.

多빈출 핵심 어휘

differ from ~와 다르다 **physically** 부 신체적으로 **a multitude of** 많은 ~ **visible** 형 가시적인 **invisible** 형 비가시적인 **race** 명 인종 **define** 동 정의하다 **biological** 형 생물학적인 **ancestry** 명 가계, 혈통 **trait** 명 특성 **coloration** 명 색상, 천연색 **texture** 명 결, 질감 **identify** 동 식별하다 **feature** 명 특성 **representative** 명 대표, 전형 **continuously** 부 지속적으로 **variable** 형 변동이 심한, 가변적인 **classify** 동 분류하다 **construction** 명 구성 **[문제] variation** 명 변화, 차이 **policy** 명 정책 **overcome** 동 극복하다 **racism** 명 인종 차별 **evolution** 명 진화 **misconception** 명 오해 **construct** 명 구성 개념, 생각

정답 및 해설 p. 25

Q3
• 2021년 6월 교육청(고2) 23번

다음 글의 주제로 가장 적절한 것은? 정답률 **85%**

Creativity is a step further on from imagination. Imagination can be an entirely private process of internal consciousness. You might be lying motionless on your bed in a fever of imagination and ❶no one would ever know. Private imaginings may have no outcomes in the world at all. Creativity does. Being creative involves doing something. It would be odd to ❷describe as creative someone who never did anything. ❸To call somebody creative suggests they are actively producing something in a deliberate way. People are not creative in the abstract; they are creative in something: in mathematics, in engineering, in writing, in music, in business, in whatever. Creativity involves putting your imagination to work. In a sense, creativity is applied imagination.

① the various meanings of imagination
② creativity as the realization of imagination
③ factors which make imaginative people attractive
④ the necessity of art education to enhance creativity
⑤ effects of a creative attitude on academic achievement

• 핵심 코드 •

❶ 전체 부정

no는 전체 부정으로 '아무도/아무것도 ~ 않다'의 의미이다. 이 외에도 not ~ any, nobody, none, never, not ~ either, neither가 전체 부정을 나타낸다.

Nothing was happening at that time!
그때는 아무것도 일어나지 않고 있었어!

❷ 목적어의 후치

목적어 뒤에 이어지는 짧은 부사구가 있고 목적어가 긴 경우 목적어를 종종 후치(문장의 뒤로 보냄)한다. 「describe+목적어+as」는 '(목적어)를 ~라고 묘사하다'의 의미인데, 부사구 as creative는 짧고 목적어 someone이 주격 관계대명사절(who never did anything)의 수식을 받아 길어져서 as creative를 동사 바로 뒤에 쓰고 목적어 someone who ~를 문장 뒤로 보냈다.

Nancy gave to her child **what she received from her husband**.
Nancy는 남편에게서 받은 것을 그녀의 아이에게 주었다.

❸ to부정사구의 명사적 용법

to부정사가 명사로 쓰이면 주어, 목적어, 보어로 쓰일 수 있는데, 보통 주어로는 동명사를 쓰거나 가주어 it을 쓰고 진주어를 뒤로 보낸다. 동명사 주어와 마찬가지로 to부정사 주어 또한 단수 취급한다. to부정사를 주어로 쓸 경우, 부사적 용법과 헷갈릴 수 있으므로 주의한다.

To believe me or not is totally up to you.
나를 믿지 말지는 완전히 너에게 달렸다.

多빈출 핵심 어휘

creativity 명 창의성 **imagination** 명 상상력 **entirely** 부 전적으로 **private** 형 사적인 **process** 명 과정 **internal** 형 내적인 **consciousness** 명 의식 **motionless** 형 움직임이 없는 **in a fever of** 흥분 속에서 **imaginings** 명 상상의 산물, 가상적인 것 **outcome** 명 결과 **involve** 동 수반하다 **odd** 형 이상한 **describe** 동 묘사하다 **suggest** 동 암시하다 **actively** 부 적극적으로 **produce** 동 생산하다 **in a deliberate way** 신중하게 **in the abstract** 일반적으로, 보통 **mathematics** 명 수학 **put A to work** A를 작동시키다 **in a sense** 어떤 면에서 **applied** 형 적용된 [문제] **realization** 명 현실화 **factor** 명 요소 **imaginative** 형 상상력 있는 **attractive** 형 매력적인 **enhance** 동 향상하다 **attitude** 명 태도 **achievement** 동 성취

Q4

• 2020년 6월 교육청(고2) 23번

다음 글의 주제로 가장 적절한 것은?　정답률 **76%**

A child ❶ whose behavior is out of control improves when clear limits on their behavior are set and enforced. However, parents must agree on ❷ where a limit will be set and ❷ how it will be enforced. The limit and the consequence of breaking the limit must be clearly presented to the child. Enforcement of the limit should be consistent and firm. Too many limits are difficult ❸ to learn and may spoil the normal development of autonomy. The limit must be reasonable in terms of the child's age, temperament, and developmental level. To be effective, both parents (and other adults in the home) must enforce limits. Otherwise, children may effectively split the parents and seek to test the limits with the more indulgent parent. In all situations, to be effective, punishment ❹ must be brief and linked directly to a behavior.

* indulgent: 멋대로 하게 하는

① ways of giving reward and punishment fairly
② considerations when placing limits on children's behavior
③ increasing necessity of parents' participation in discipline
④ impact of caregivers' personality on children's development
⑤ reasons for encouraging children to do socially right things

---

• 핵심 코드 •

❶ 소유격 관계대명사 whose

관계사가 이끄는 절 안에서 소유격 역할을 할 때 소유격 관계대명사를 쓴다. 소유격 관계대명사 whose 바로 뒤에는 명사가 온다.

This is a website **whose** mission is to provide you with the latest news.
이것은 여러분에게 최신 뉴스를 제공해주는 것이 임무인 웹사이트이다.

❷ 의문사절

의문사가 이끄는 명사절로, 문장에서 주어, 목적어, 보어 역할을 하며 「의문사＋주어＋동사」의 어순을 따른다. 본문의 의문사절은 모두 전치사 on의 목적어 역할을 한다.

❸ to부정사의 부사적 용법 (형용사 수식)

to부정사가 부사처럼 쓰여 difficult, hard, easy, safe, dangerous, convenient 등의 형용사를 수식해 '~하기에'의 의미를 나타낸다.

Tablets are **convenient to carry** while on the move.
태블릿은 이동하는 동안 휴대하기에 편리하다.

❹ 병렬구조

등위접속사 and, but, or, so, for, nor 등에 의해 연결되는 단어, 구, 절은 품사나 문법적 구조가 대등해야 한다. 본문에서는 brief와 linked가 등위접속사 and로 병렬 연결되어 있으며, linked 앞에는 must be가 생략되어 있다.

올빈출 핵심 어휘

behavior 명 행동　**out of control** 통제되지 않는
improve 동 개선하다　**clear** 형 분명한　**limit** 명 제한
enforce 동 시행하다　**consequence** 명 결과　**present**
동 제시하다　**enforcement** 명 시행　**consistent** 형
일관성 있는　**firm** 형 단호한　**spoil** 동 망치다　**normal**
형 정상적인　**development** 명 발달　**autonomy** 명
자율성　**reasonable** 형 합리적인, 합당한　**temperament**
명 기질　**split** 동 분열[분리]시키다　**seek to-v** ~하려고
(시도)하다　**punishment** 명 벌　**brief** 형 간결한　**directly**
부 직접적으로　[문제] **fairly** 부 상당히; *공정[타당]하게

01 ○△✕

다음 글의 주제로 가장 적절한 것은? 정답률 77%

Would you rather receive $1,000 in a year or $1,100 in a year and a month? Most people will opt for the larger sum in thirteen months—where else will you find a monthly interest rate of 10 percent. A wise choice, since the interest will compensate you generously for any risks you face by waiting the extra few weeks. Second question: Would you prefer $1,000 today cash on the table or $1,100 in a month? If you think like most people, you'll take the $1,000 right away. This is amazing. In both cases, if you hold out for just a month longer, you get $100 more. In the first case, it's simple enough. You figure: "I've already waited twelve months; what's one more?" Not in the second case. The introduction of "now" causes us to make inconsistent decisions. Science calls this phenomenon *hyperbolic discounting*. The closer a reward is, the higher our "emotional interest rate" rises and the more we are willing to give up in exchange for it.

① the impact of reward immediacy on decision-making
② the role of risk perception in weighing economic benefits
③ drawbacks of short-term investment for economic stability
④ the link between money management and future success
⑤ the necessity of balancing financial rewards and emotional ones

02 ○△✕

다음 글의 주제로 가장 적절한 것은? 정답률 56%

Before the modern scientific era, creativity was attributed to a superhuman force; all novel ideas originated with the gods. After all, how could a person create something that did not exist before the divine act of creation? In fact, the Latin meaning of the verb "inspire" is "to breathe into," reflecting the belief that creative inspiration was similar to the moment in creation when God first breathed life into man. Plato argued that the poet was possessed by divine inspiration, and Plotin wrote that art could only be beautiful if it descended from God. The artist's job was not to imitate nature but rather to reveal the sacred and transcendent qualities of nature. Art could only be a pale imitation of the perfection of the world of ideas. Greek artists did not blindly imitate what they saw in reality; instead they tried to represent the pure, true forms underlying reality, resulting in a sort of compromise between abstraction and accuracy.

* transcendent: 초월적인

① conflicting views on the role of artists
② positive effects of imitation on creativity
③ contribution of art to sharing religious beliefs
④ gods as a source of creativity in the premodern era
⑤ collaboration between philosophy and art in ancient times

03 ⊙△✕ ● 2024년 6월 교육청(고2) 23번

다음 글의 주제로 가장 적절한 것은? 정답률 83%

If there is little or no diversity of views, and all scientists see, think, and question the world in a similar way, then they will not, as a community, be as objective as they maintain they are, or at least aspire to be. The solution is that there should be far greater diversity in the practice of science: in gender, ethnicity, and social and cultural backgrounds. Science works because it is carried out by people who pursue their curiosity about the natural world and test their and each other's ideas from as many varied perspectives and angles as possible. When science is done by a diverse group of people, and if consensus builds up about a particular area of scientific knowledge, then we can have more confidence in its objectivity and truth.

* consensus: 일치

① value of acquiring scientific knowledge through trial and error

② necessity of various perspectives in practicing science

③ benefits of building good relationships among scientists

④ curiosity as a key factor in designing experiments

⑤ importance of specialization in scientific research

04 ⊙△✕ ● 2025년 3월 교육청(고2) 23번

다음 글의 주제로 가장 적절한 것은? 정답률 73%

If the brain has already stored someone's face and name, why do we still end up remembering one and not the other? This is because the brain has something of a two-tier memory system at work when it comes to retrieving memories, and this gives rise to a common yet infuriating sensation: recognising someone, but not being able to remember how or why, or what their name is. This happens because the brain differentiates between familiarity and recall. To clarify, familiarity (or recognition) is when you encounter someone or something and you know you've done so before. But beyond that, you've got nothing; all you can say is this person/thing is already in your memories. Recall is when you can access the original memory of how and why you know this person; recognition is just flagging up the fact that the memory exists.

* retrieve: 꺼내다 ** infuriating: 짜증 나는

① process of recalling details from partial memories

② impact of emotional responses on memory retrieval patterns

③ dangers of memory loss regarding face and name recognition

④ ways to manage the difficulty of recognising faces and names

⑤ distinction between recall and familiarity in the memory system

05 고득점 ○△×
● 2024년 3월 교육청(고2) 23번

다음 글의 주제로 가장 적절한 것은? 정답률 47%

Empathy is frequently listed as one of the most desired skills in an employer or employee, although without specifying exactly what is meant by empathy. Some businesses stress cognitive empathy, emphasizing the need for leaders to understand the perspective of employees and customers when negotiating deals and making decisions. Others stress affective empathy and empathic concern, emphasizing the ability of leaders to gain trust from employees and customers by treating them with real concern and compassion. When some consultants argue that successful companies foster empathy, what that translates to is that companies should conduct good market research. In other words, an "empathic" company understands the needs and wants of its customers and seeks to fulfill those needs and wants. When some people speak of design with empathy, what that translates to is that companies should take into account the specific needs of different populations—the blind, the deaf, the elderly, non-English speakers, the colorblind, and so on—when designing products.

* empathy: 공감, 공감 능력 ** compassion: 동정심

① diverse benefits of good market research
② negative factors in making business decisions
③ difficulties in designing products with empathic concern
④ efforts to build cognitive empathy among employees
⑤ different interpretations of empathy in business

06 ○△×
● 2024년 9월 교육청(고2) 23번

다음 글의 주제로 가장 적절한 것은? 정답률 76%

People seem to recognize that the arts are cultural activities that draw on (or react against) certain cultural traditions, certain shared understanding, and certain values and ideas that are characteristic of the time and place in which the art is created. In the case of science, however, opinions differ. Some scientists, like the great biologist J. B. S. Haldane, see science in a similar light—as a historical activity that occurs in a particular time and place, and that needs to be understood within that context. Others, however, see science as a purely "objective" pursuit, uninfluenced by the cultural viewpoint and values of those who create it. In describing this view of science, philosopher Hugh Lacey speaks of the belief that there is an underlying order of the world which is simply there to be discovered—the world of pure "fact" stripped of any link with value. The aim of science according to this view is to represent this world of pure "fact", independently of any relationship it might bear contingently to human practices and experiences.

* contingently: 혹여라도

① misconceptions on how experimental data should be measured
② views on whether science is free from cultural context or not
③ ways for minimizing cultural bias in scientific pursuits
④ challenges in achieving objectivity in scientific studies
⑤ functions of science in analyzing cultural phenomena

多빈출 핵심 어휘

01

- **opt for** ~을 선택하다
- **sum** 명 액수
- **interest rate** 이자율
- **compensate** 동 보상하다
- **generously** 부 후하게, 넉넉하게
  compensate you **generously** for any risks
  어떤 위험에 대해서도 당신에게 후하게 보상하다
- **introduction** 명 도입
- **inconsistent** 형 일관되지 않은
  make **inconsistent** decisions 일관되지 않은 결정을 내리다
- **be willing to-v** 기꺼이 ~하다
- **in exchange for** ~을 대가로
- **immediacy** 명 직접성; *즉시성
- **perception** 명 인식
- **drawback** 명 결점, 문제점
- **investment** 명 투자
- **stability** 명 안정성
- **financial** 형 금융[재정]의

02

- **scientific** 형 과학적인
- **era** 명 시대
- **be attributed to** ~에 기인한 것으로 여기다
- **superhuman** 형 초인적인
  was **attributed to** a **superhuman** force
  초자연적인 힘에 기인한 것으로 여겼다
- **novel** 형 새로운
- **originate** 동 유래하다
  originate with the gods 신으로부터 유래하다
- **divine** 형 신(神)의, 신성한
  the **divine** act of creation 신의 창조 행위
- **verb** 명 동사
- **inspire** 동 영감을 주다
- **reflect** 동 반영하다
- **inspiration** 명 영감
- **argue** 동 주장하다
- **possessed by** ~에 사로잡힌
- **descend** 동 내려오다
  it **descended** from God 그것은 신으로부터 내려왔다
- **imitate** 동 모방하다
- **reveal** 동 드러내다
- **sacred** 형 신성한
- **quality** 명 특성
- **pale imitation** 엉성한 모조품

(우측)

- **perfection** 명 완벽함
- **blindly** 부 맹목적으로
  blindly follows his coach's training method
  맹목적으로 그의 코치의 훈련 방법을 따르다
- **represent** 동 나타내다
- **underlie** 동 기저를 이루다
- **compromise** 명 타협
  resulted in a sort of **compromise** 일종의 타협을 야기했다
- **abstraction** 명 추상
- **accuracy** 명 정확성
- **conflicting** 형 상충되는
- **contribution** 명 기여
- **premodern** 형 근대 이전의
- **collaboration** 명 협업
- **philosophy** 명 철학

03

- **diversity** 명 다양성
  diversity of views 견해의 다양성
- **objective** 형 객관적인
- **maintain** 동 유지하다; *주장하다
- **aspire** 동 열망하다
- **practice** 명 연습; *실행
- **gender** 명 성
- **ethnicity** 명 인종
- **background** 명 배경
- **carry out** ~을 실행[수행]하다
- **perspective** 명 관점
- **angle** 명 각도
  from as many varied **perspectives** and **angles** as possible
  가능한 한 다양한 관점과 각도에서
- **diverse** 형 다양한
- **particular** 형 특정한
- **confidence** 명 자신감
- **objectivity** 명 객관성
- **truth** 명 진실(성)

04

- **two-tier** 형 2단계의
- **at work** 작동하는
- **when it comes to** ~에 있어서, ~에 관해서
- **give rise to** ~을 유발하다

☐ sensation	명	감정, 기분

give rise to a common yet infuriating **sensation**
흔하지만 짜증 나는 감정을 유발하다

☐ recognise	동	알아보다
☐ differentiate	동	구별하다
☐ familiarity	명	친숙함
☐ recall	명	회상
☐ clarify	동	명확하게 하다
☐ encounter	동	마주치다

encounter someone or something 누군가 또는 무언가를 마주치다

☐ flag up		~을 표시하다
☐ distinction	명	구별

05

☐ desired	형	바라는, 바람직한
☐ specify	동	명시하다
☐ cognitive	형	인식의, 인지의
☐ emphasize	동	강조하다
☐ negotiate	동	협상하다
☐ make a decision		결정하다
☐ stress	동	강조하다
☐ affective	형	정서적인
☐ ability	명	능력
☐ gain	동	얻다
☐ trust	명	신뢰

gain trust from employees and customers
직원과 고객에게 신뢰를 얻다

☐ foster	동	발전시키다, 기르다
☐ translate	동	해석하다
☐ conduct	동	수행하다

conduct good market research 훌륭한 시장 조사를 수행하다

☐ fulfill	동	이행하다; *충족시키다

fulfill those needs and wants 필요와 요구를 충족시키다

☐ take into account		~을 고려하다
☐ specific	형	구체적인
☐ colorblind	형	색맹의

06

☐ value	명	가치
☐ differ	동	다르다

opinions **differ** 의견이 다르다

☐ biologist	명	생물학자
☐ occur	동	발생하다

occur in a particular time and place
특정한 시기와 장소에서 발생하다

☐ context	명	맥락
☐ purely	부	순전히
☐ pursuit	명	일, 추구
☐ uninfluenced	형	영향을 받지 않는
☐ viewpoint	명	관점

uninfluenced by the cultural **viewpoint** and **values**
문화적 관점과 가치에 의해 영향을 받지 않는

☐ philosopher	명	철학자
☐ underlying	형	근원적인
☐ strip	동	제거하다, 박탈하다
☐ independently of		~와 관계없이

05

제목

출제코드 분석

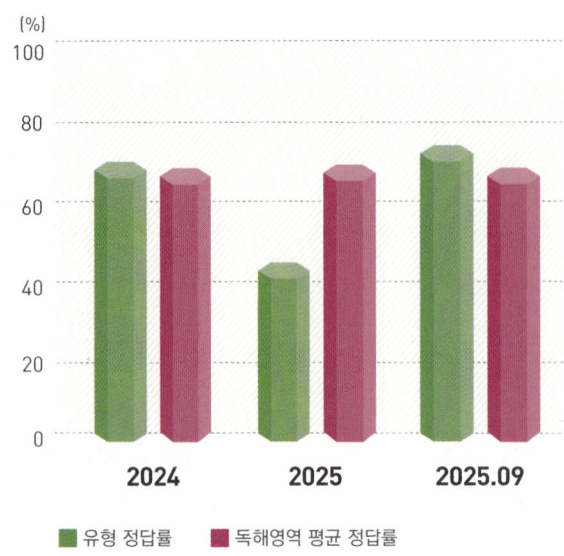

글의 제목을 묻는 유형은 매년 한두 문항씩 꾸준히 출제되고 있다. 2025학년도 수능의 경우 해당 유형의 정답률이 44%로 독해영역 평균 정답률(68%)에 비해 많이 낮았다. 2024학년도 수능에서는 70%의 정답률을 기록하여 독해영역 평균 정답률인 68%과 비슷했다. 2025년도 9월 고2 학평의 경우 [제목] 유형의 정답률은 74%로, 독해영역 평균(68%)보다 약간 높았다.

최근 수능 및 학평 출제 소재

최근 수능에서는 셀피가 자화상의 역사와 문화적 의미를 확장했다는 내용의 글이 출제되었다. 학평에서는 자의적인 경계선 긋기가 불합리하고 해롭다는 내용의 글이 출제되었다.

학습 전략

유형 설명

글의 중심 내용을 함축적으로 표현한 제목을 찾는 유형이다. 글의 제목이 상징적이거나 비유적인 방식으로 표현되는 경우도 있으므로 이에 유의한다.

유형 학습 전략

1. 글의 도입부와 자주 등장하는 핵심 어구를 통해 글의 중심 소재를 파악한다.
2. 글의 전개 방식(두괄식, 미괄식, 중괄식)에 유의하여 글의 주제를 파악한다.
3. 주제를 함축적으로 표현한 제목을 찾는다. 지나치게 지엽적이거나 광범위한 내용의 선택지는 제외한다.

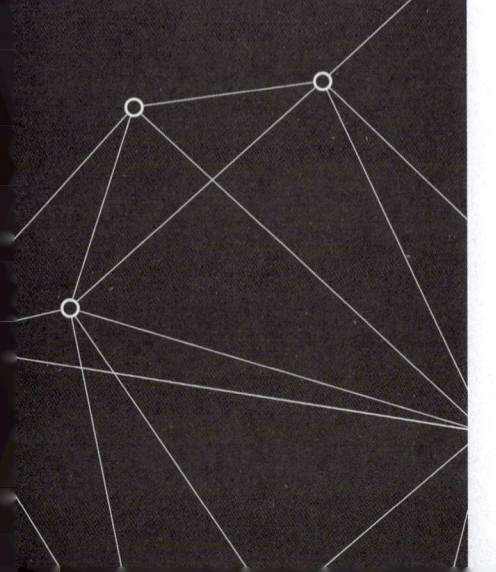

코드 접속하기

Q1
● 2022년 6월 교육청(고2) 24번

다음 글의 제목으로 가장 적절한 것은? 정답률 **77%**

    A building is an inanimate object, but it is not an inarticulate one. Even the simplest house always makes a statement, one expressed in brick and stone, in wood and glass, ❶ rather than in words — but no less loud and obvious. When we see a rusting trailer surrounded by weeds and abandoned cars, or a brand-new mini-mansion with a high wall, we instantly get a message. In both of these cases, though in different accents, it is "Stay Out of Here." It is not only houses, of course, that communicate with us. All kinds of buildings—churches, museums, schools, hospitals, restaurants, and offices—speak to us silently. Sometimes the statement is deliberate. A store or restaurant can be designed ❷ so that it welcomes mostly low-income or high-income customers. Buildings tell us ❸ what to think and ❸ how to act, though we may not register their messages consciously.

* inarticulate: 표현을 제대로 하지 못하는

① Buildings Do Talk in Their Own Ways!
② Design of Buildings Starts from Nature
③ Language of Buildings: Too Vague to Grasp
④ Which Is More Important, Safety or Beauty?
⑤ How Do Architects Attach Emotions to Buildings?

• 핵심 코드 •

❶ A rather than B

「A rather than B」는 'B보다는 A'의 뜻으로, B보다 A를 선호한다는 의미를 나타낸다. 이때, than 뒤에는 명사 상당어구나 형용사, 동사 등이 올 수 있으며, 비교 대상인 A와 B의 품사와 문법적 구조는 대등해야 한다.

I prefer sleeping **rather than** having breakfast.
　　　　　동명사　　　　　　　　　동명사
나는 아침식사를 하는 것보다 자는 것을 선호한다.

❷ 접속사 so that

so that은 '~하도록', '~하기 위하여'라는 의미로 목적을 나타내는 접속사이다.

They whispered **so that** they wouldn't wake her up.
그들은 그녀를 깨우지 않도록 속삭였다.

❸ 의문사+to부정사

what, how, when, where, which 등의 의문사에 to부정사가 붙어 문장에서 주어, 목적어, 보어 역할을 하며, 각각 다음과 같은 의미로 쓰인다.

• what to-v: 무엇을 ~할지
• how to-v: 어떻게 ~할지, ~하는 방법
• when to-v: 언제 ~할지
• where to-v: 어디서 ~할지
• which to-v: 어떤 것을 ~할지

I don't know **how to persuade** him.
나는 그를 어떻게 설득할지 모르겠다.

多빈출 핵심 어휘

inanimate [형] 무생물의 **statement** [명] 진술 **express** [동] 표현하다 **obvious** [형] 분명한, 확실한 **rust** [동] 녹슬다 **surround** [동] 둘러싸다 **weed** [명] 잡초 **abandoned** [형] 버려진 **brand-new** [형] 완전 새것인 **mansion** [명] 저택 **instantly** [부] 즉각, 즉시 **accent** [명] 말씨[악센트]; *어투, 어조 **communicate** [동] 소통하다 **deliberate** [형] 의도적인 **income** [명] 소득 **register** [동] 등록하다; *인식하다, 알아채다 **consciously** [부] 의식적으로 [문제] **vague** [형] 모호한 **grasp** [동] 붙잡다; *이해하다 **architect** [명] 건축가 **attach** [동] 첨부하다; *부여하다, 두다

Q2

● 2020년 3월 교육청(고2) 24번

다음 글의 제목으로 가장 적절한 것은? 정답률 **83%**

If a food contains more sugar than any other ingredient, government regulations ❶ require that sugar be listed first on the label. But if a food contains several different kinds of sweeteners, they can be listed separately, ❷ which pushes each one farther down the list. This requirement has led the food industry to put in three different sources of sugar so that they don't have to say the food has that much sugar. So sugar doesn't appear first. ❸ Whatever the true motive, ingredient labeling still does not fully convey the amount of sugar being added to food, certainly not in a language that's easy for consumers to understand. A world-famous cereal brand's label, for example, indicates that the cereal has 11 grams of sugar per serving. But ❹ nowhere does it tell consumers that more than one-third of the box contains added sugar.

① Artificial Sweeteners: Good or Bad?
② Consumer Benefits of Ingredient Labeling
③ Sugar: An Energy Booster for Your Brain
④ Truth About Sugar Hidden in Food Labels
⑤ What Should We Do to Reduce Sugar Intake?

・핵심 코드・

❶ 조동사 should의 생략

요구(require, demand), 주장(insist), 명령(order), 제안(suggest, recommend) 등의 동사가 이끄는 that절의 내용이 '~해야 한다'는 당위성을 나타낼 경우 that절의 동사는 「(should)+동사원형」을, 단순 사실을 나타낼 경우 인칭과 시제에 맞게 동사를 쓴다.

He **demanded that** we (should) **meet** the deadline. (당위성)
그는 우리가 기한을 맞춰야 한다고 요구했다.

The witness **insisted that** the man **was** there when the bomb exploded. (단순 사실)
목격자는 폭탄이 터질 때 그 남자가 거기에 있었다고 주장했다.

❷ 관계대명사의 계속적 용법

콤마(,)와 함께 쓰인 계속적 용법의 관계대명사절은 선행사에 대한 부연 설명을 한다. 본문에서는 앞 절 전체가 which의 선행사이다.

❸ 복합관계사 whatever

복합관계사 whatever는 문맥에 따라 명사절을 이끌어 '어떤 ~일지라도(= any ~ that)'의 의미로 쓰이거나, 양보의 부사절을 이끌어 '무엇이[을] ~하더라도(= no matter what)'의 의미로 쓰인다. whatever가 be동사의 주격 보어일 때, be동사는 생략 가능하다. 본문에서는 주어 the true motive 뒤에 is가 생략되었다.

❹ 부정어(구) 도치구문

nor, not only, never, scarcely, hardly, rarely, not until ~, no sooner ~ 등과 같은 부정어(구)가 문장의 맨 앞에 위치할 때는 주어와 동사의 순서가 바뀌는 도치가 일어난다. 이때 일반 동사가 있는 문장은 「부정어구+do동사+주어+동사원형」의 어순을, 조동사가 있는 문장은 「부정어구+조동사+주어+본동사」의 어순을 취한다.

Not only can he be a great singer but he can also be
　부정어구　조동사　주어　본동사

an amazing lawyer.
그는 훌륭한 가수가 될 수 있을 뿐만 아니라 멋진 변호사가 될 수 있다.

콕콕 빈출 핵심 어휘

ingredient 명 성분 **regulation** 명 규정, 규제 **sweetener** 명 감미료(단맛을 내는 데 쓰는 재료) **requirement** 명 요구, 요구 조건 **motive** 명 동기 **convey** 동 전달하다 **serving** 명 1회분, 한 그릇 [문제] **artificial** 형 인공의 **intake** 명 섭취

코드 접속하기

정답 및 해설 p. 33

Q3
• 2023년 3월 교육청(고2) 24번

다음 글의 제목으로 가장 적절한 것은? 정답률 **66%**

Winning turns on a self-conscious awareness that others are watching. It's ❶ **a lot** easier to move under the radar when no one knows you and no one is paying attention. You can mess up and be rough and get dirty because no one even knows you're there. But as soon as you start to win, and others start to notice, you're suddenly aware that you're being observed. You're being judged. You worry that others will discover your flaws and weaknesses, and you start hiding your true personality, ❷ **so** you **can** be a good role model and good citizen and a leader that others can respect. There is ❸ **nothing wrong** with that. But if you do it at the expense of being who you really are, making decisions that please others instead of pleasing yourself, you're not going to be in that position very long. When you start apologizing for who you are, you stop growing and you stop winning. Permanently.

① Stop Judging Others to Win the Race of Life
② Why Disappointment Hurts More than Criticism
③ Winning vs. Losing: A Dangerously Misleading Mindset
④ Winners in a Trap: Too Self-Conscious to Be Themselves
⑤ Is Honesty the Best Policy to Turn Enemies into Friends?

• 핵심 코드 •

❶ 비교급 강조 표현

much, even, far, still, a lot 등은 비교급을 강조하여 '훨씬'의 의미를 나타낸다.

The song is **much** better than I expected.
그 노래는 내가 예상했던 것보다 훨씬 더 좋다.

The relationship between the two countries has gotten **even** worse.
양국 관계가 훨씬 더 나빠졌다.

She appears **a lot** happier than before.
그녀는 전보다 훨씬 더 행복해 보인다.

❷ so (that)+주어+can

「so (that)+주어+can」은 '~가 …할 수 있도록'이라는 의미를 나타낸다.

Can you write it bigger **so (that)** I **can** see it well?
잘 보이도록 크게 써 주실 수 있나요?

Please turn down the volume **so (that)** I **can** read my book.
내가 책을 읽을 수 있도록 볼륨을 낮춰 주세요.

❸ 부정대명사의 수식

-thing, -body, -one 등이 붙은 부정대명사를 수식하는 형용사(구)는 부정대명사 뒤에 위치한다.

The movie was **nothing special**.
그 영화는 특별할 것이 없었다.

We can find **something enjoyable to do** everywhere.
우리는 어디서든 즐거운 일을 찾을 수 있다.

多빈출 핵심 어휘

self-conscious 형 자의식의, 자의식이 강한 **awareness** 명 인식 **mess up** 망치다 **rough** 형 거친; *난폭한 **observe** 동 관찰하다 **flaw** 명 실수, 결점 **weakness** 명 약점 **personality** 명 성격 **role model** 본보기 **at the expense of** ~을 희생하면서 **please** 동 기쁘게 하다 **apologize** 동 사과하다 **permanently** 부 영원히

Q4

• 2025년 6월 교육청(고2) 24번

다음 글의 제목으로 가장 적절한 것은?　정답률 **77%**

❶ Of central importance for understanding the development of handedness is the answer to the question of ❷ when in development it is actually determined ❷ whether a child will be left-handed or right-handed. ❸ It was long thought that handedness could only be reliably determined in elementary school, when a child learns to write. However, this assumption is incorrect. In fact, scientific studies show that left-handedness is established in many children long before elementary school — interestingly, even before birth in most people. In such studies, the hand and arm movements of unborn children in the womb are recorded using ultrasound images. Using this technique, ❸ it was shown that a clear preference for the movement of the right arm exists as early as 10 weeks after fertilization. In this study, ultrasound images of 72 unborn children 10 weeks after fertilization were evaluated and 85% showed more movements of the right arm than the left. This number is already very close to the approximately 89.4% right-handers among adults.

* ultrasound: 초음파 ** fertilization: 수정

① Why Is Handedness Swayed by the Environment?
② Use Your Less-dominant Hand More to Be Creative!
③ Scientific Efforts to Uncover the Root of Intelligence
④ Handedness, the Crucial Determinant of Special Talent
⑤ The Handedness Clock: When Does It Actually Begin?

• 핵심 코드 •

❶ 보어 도치

보어를 강조하기 위해 보어가 문장 맨 앞에 오면서 주어와 동사가 도치되기도 한다. 본문에서는 보어 Of central importance for understanding the development of handedness가 문장 맨 앞에 오면서, 동사 is와 the answer 이하인 주어가 도치되었다.

Great was her surprise when she heard the news.
그녀는 그 소식을 들었을 때 매우 놀랐다.

Amazing is the progress we've made this year.
우리가 올해 이룬 진전은 놀랍다.

❷ 의문사절

의문사절은 의문사가 이끄는 명사절로, 「의문사＋주어＋동사」의 어순이다. 문장에서 주어, 보어, 목적어 역할을 한다.

Why they left early is still a mystery.
그들이 왜 일찍 떠났는지는 여전히 미스터리다.

The question is **whether she will come to the party**.
질문은 그녀가 파티에 올지이다.

I don't know **what she wants**.
나는 그녀가 무엇을 원하는지 모른다.

❸ 가주어 it

주어인 명사구 또는 명사절의 길이가 길 경우, 주어를 뒤로 보내고 그 자리에 대신 가주어 it을 쓴다. 본문에서는 가주어 It이 문장 맨 앞에, that이 이끄는 명사절 that handedness ~와 that a clear preference ~가 진주어로 뒤에 쓰였다.

It is clear that she is very talented.
그녀가 매우 재능이 있다는 것은 분명하다.

It is important that we finish the project on time.
우리가 제시간에 과제를 끝내는 것이 중요하다.

多빈출 핵심 어휘

reliably ⦗부⦘ 믿을 수 있게, 확실히　**assumption** ⦗명⦘ 가정
incorrect ⦗형⦘ 잘못된, 틀린　**establish** ⦗동⦘ 확립하다　**womb**
⦗명⦘ 자궁　**preference** ⦗명⦘ 선호　**evaluate** ⦗동⦘ 평가하다
approximately ⦗부⦘ 약, 대략

01 ◯△✕   ● 2022년 3월 교육청(고2) 24번

다음 글의 제목으로 가장 적절한 것은? 정답률 **64%**

The realization of human domination over the environment began in the late 1700s with the industrial revolution. Advances in manufacturing transformed societies and economies while producing significant impacts on the environment. American society became structured on multiple industries' capitalistic goals as the development of the steam engine led to the mechanized production of goods in mass quantities. Rural agricultural communities with economies based on handmade goods and agriculture were abandoned for life in urban cities with large factories based on an economy of industrialized manufacturing. Innovations in the production of textiles, iron, and steel provided increased profits to private companies. Simultaneously, those industries exerted authority over the environment and began dumping hazardous by-products in public lands and waterways.

① Strategies for Industrial Innovations
② Urbanization: A Road to a Better Life
③ Industrial Development Hurt the Environment
④ Technology: A Key to Sustainable Development
⑤ The Driving Force of Capitalism Was Not Greed

02 ◯△✕   ● 2021년 3월 교육청(고2) 24번

다음 글의 제목으로 가장 적절한 것은? 정답률 **77%**

Some beginning researchers mistakenly believe that a good hypothesis is one that is guaranteed to be right (e.g., *alcohol will slow down reaction time*). However, if we already know your hypothesis is true before you test it, testing your hypothesis won't tell us anything new. Remember, research is supposed to produce *new* knowledge. To get new knowledge, you, as a researcher-explorer, need to leave the safety of the shore (established facts) and venture into uncharted waters (as Einstein said, "If we knew what we were doing, it would not be called research, would it?"). If your predictions about what will happen in these uncharted waters are wrong, that's okay: Scientists are allowed to make mistakes (as Bates said, "Research is the process of going up alleys to see if they are blind"). Indeed, scientists often learn more from predictions that do not turn out than from those that do.

* uncharted waters: 미개척 영역

① Researchers, Don't Be Afraid to Be Wrong
② Hypotheses Are Different from Wild Guesses
③ Why Researchers Are Reluctant to Share Their Data
④ One Small Mistake Can Ruin Your Whole Research
⑤ Why Hard Facts Don't Change Our Minds

03 ○△✕ ● 2025년 3월 교육청(고2) 24번

다음 글의 제목으로 가장 적절한 것은? 정답률 **71%**

Since their start in the early 1950s U.S. television sitcoms have charted many of the social conflicts in U.S. society: civil rights, women's rights in the home and in the workplace, children's rights, immigration and multiculturalism, as well as evolving conceptions of the family. Each of these issues has been addressed through humour in a way that has helped to make more progressive values more acceptable than previously. Often a character, usually someone marked as a bigot, resisted one or more of these developments and was then made to appear ridiculous. They were cut down either through their own stupidity, a brief scolding from others, or both. In this way, the humour of sitcoms acted as a cost-effective means to encourage acceptance of a more pluralistic and tolerant society.

* bigot: 편견이 아주 심한 사람 ** pluralistic: 다원적인

① Why Do Sitcoms Criticize Progressive Ideas?
② Acceptability of Humour in Multicultural Society
③ The Decline of U.S. Sitcoms along with Social Change
④ Production Costs: Why TV Commercials Are Necessary
⑤ Humour in Sitcoms Helps Acceptance of Progressive Values

04 ○△✕ ● 2024년 3월 교육청(고2) 24번

다음 글의 제목으로 가장 적절한 것은? 정답률 **78%**

The most prevalent problem kids report is that they feel like they need to be accessible at all times. Because technology allows for it, they feel an obligation. It's easy for most of us to relate—you probably feel the same pressure in your own life! It is really challenging to deal with the fact that we're human and can't always respond instantly. For a teen or tween who's still learning the ins and outs of social interactions, it's even worse. Here's how this behavior plays out sometimes: Your child texts one of his friends, and the friend doesn't text back right away. Now it's easy for your child to think, "This person doesn't want to be my friend anymore!" So he texts again, and again, and again—"blowing up their phone." This can be stress-inducing and even read as aggressive. But you can see how easily this could happen.

* tween: (10~12세 사이의) 십대 초반의 아동

① From Symbols to Bytes: History of Communication
② Parents' Desire to Keep Their Children Within Reach
③ Building Trust: The Key to Ideal Human Relationships
④ The Positive Role of Digital Technology in Teen Friendships
⑤ Connected but Stressed: Challenges for Kids in the Digital Era

05 ⬡△✕ ●────── **2024년 6월 교육청(고2) 24번**

다음 글의 제목으로 가장 적절한 것은? 정답률 **74%**

We tend to break up time into units, such as weeks, months, and seasons; in a series of studies among farmers in India and students in North America, psychologists found that if a deadline is on the other side of a "break"—such as in the New Year—we're more likely to see it as remote, and, as a result, be less ready to jump into action. What you need to do in that situation is find another way to think about the timeframe. For example, if it's November and the deadline is in January, it's better to tell yourself you have to get it done "this winter" rather than "next year." The best approach is to view deadlines as a challenge that you have to meet within a period that's imminent. That way the stress is more manageable, and you have a better chance of starting—and therefore finishing—in good time.

`imminent: 임박한`

① Delayed Deadlines: No Hurries, No Worries
② How Stress Affects Your Perception of Time
③ Why Do We Manage Our Tasks Worse in Winter?
④ Trick Your Mind to Get Your Work Done in Time
⑤ The Sooner You Start, The More Errors You Make

06 ⬡△✕ ●────── **2023년 6월 교육청(고2) 24번**

다음 글의 제목으로 가장 적절한 것은? 정답률 **56%**

New words and expressions emerge continually in response to new situations, ideas and feelings. The Oxford English Dictionary publishes supplements of new words and expressions that have entered the language. Some people deplore this kind of thing and see it as a drift from correct English. But it was only in the eighteenth century that any attempt was made to formalize spelling and punctuation of English at all. The language we speak in the twenty-first century would be virtually unintelligible to Shakespeare, and so would his way of speaking to us. Alvin Toffler estimated that Shakespeare would probably only understand about 250,000 of the 450,000 words in general use in the English language now. In other words, so to speak, if Shakespeare were to materialize in London today he would understand, on average, only five out of every nine words in our vocabulary.

`deplore: 한탄하다`

① Original Meanings of Words Fade with Time
② Dictionary: A Gradual Continuation of the Past
③ Literature: The Driving Force Behind New Words
④ How Can We Bridge the Ever-Widening Language Gap?
⑤ Language Evolution Makes Even Shakespeare Semi-literate!

多빈출 핵심 어휘

01

- □ **realization** 명 실현
- □ **domination** 명 지배
  domination over the environment 환경에 대한 지배
- □ **the industrial revolution** 산업 혁명
- □ **advance** 명 진보, 발전
- □ **manufacturing** 명 제조업
  advances in **manufacturing** 제조업의 발전
- □ **transform** 동 변화시키다
- □ **significant** 형 중대한, 중요한
- □ **impact** 명 영향
  significant impacts on the environment 환경에 대한 중대한 영향
- □ **structure** 동 조직하다, 구조화하다
- □ **capitalistic** 형 자본주의의
- □ **steam engine** 증기 기관
- □ **mechanized** 형 기계화된
  the **mechanized** production of goods 기계화된 상품 생산
- □ **mass** 형 대량의
- □ **quantity** 명 양
  in **mass quantities** 대량으로
- □ **rural** 형 시골의
- □ **agricultural** 형 농업의
- □ **abandon** 동 버리다, 포기하다
  be **abandoned** for life in cities 도시에서의 삶을 위해 버려지다
- □ **urban** 형 도시의
- □ **industrialize** 동 산업화하다
- □ **innovation** 명 혁신
- □ **textile** 명 직물
- □ **iron** 명 철
- □ **steel** 명 강철
- □ **profit** 명 이익, 수익
- □ **private** 형 사적인; *민간의
  private companies 사기업
- □ **simultaneously** 부 동시에
- □ **exert** 동 행사하다
- □ **authority** 명 권위, 권력
  exert authority over the environment 환경에 권력을 행사하다
- □ **dump** 동 버리다
- □ **hazardous** 형 유해한
- □ **by-product** 명 부산물
- □ **waterway** 명 수로
- □ **urbanization** 명 도시화
- □ **sustainable** 형 지속 가능한
- □ **driving force** 추진력, 원동력
- □ **greed** 명 욕심

02

- □ **mistakenly** 부 잘못하여, 틀리게
- □ **hypothesis** 명 가설
  confirm a **hypothesis** 가설을 검증하다
- □ **guarantee** 동 보장하다
  We **guarantee** to deliver the pizza in 30 minutes.
  우리는 피자를 30분 안에 배달할 것을 보장합니다.
- □ **slow down** ~을 둔화시키다
- □ **reaction** 명 반응
  will **slow down reaction** time 반응 시간을 둔화시킬 것이다
- □ **be supposed to-v** ~하기로 되어 있다
  I **am supposed to meet** my brother this evening.
  나는 오늘 저녁에 동생을 만나기로 했어.
- □ **produce** 동 생산하다
- □ **knowledge** 명 지식
- □ **safety** 명 안전
  safety first 안전이 우선이다
- □ **shore** 명 해변
- □ **established facts** 기정 사실
- □ **venture into** ~로 과감히 들어가 보다
- □ **prediction** 명 예측
  make **predictions** about the weather 날씨에 대해 예측하다
- □ **alley** 명 골목길
  a dark and narrow **alley** 어둡고 좁은 골목길
- □ **blind** 형 눈이 먼; *앞이 보이지 않는, 막다른
- □ **indeed** 부 정말로
- □ **turn out** 드러나다
- □ **wild** 형 야생의; *터무니없는
- □ **reluctant** 형 주저하는
  She was **reluctant** to talk about what happened.
  그녀는 무슨 일이 일어났는지 말하기를 주저했다.
- □ **ruin** 동 망치다
- □ **hard** 형 어려운; 단단한; *명백한, 확실한

03

- □ **chart** 동 보여 주다, 나타내다
- □ **right** 명 권리
- □ **workplace** 명 직장
  women's **rights** in the home and in the **workplace**
  가정과 직장에서의 여성 권리
- □ **immigration** 명 이민
- □ **multiculturalism** 명 다문화주의
- □ **evolve** 동 진화하다
- □ **conception** 명 개념
  evolving conceptions of the family 진화하는 가족 개념

□	progressive	형 진보적인
□	acceptable	형 수용 가능한
□	previously	부 이전에
□	mark	동 특징짓다
□	resist	동 저항하다
□	ridiculous	형 어리석은, 우스운
□	cut down	무시하다, 깎아내리다
□	stupidity	명 어리석음
□	scold	동 비난하다
□	cost-effective	형 비용 효율적인
□	tolerant	형 관용적인

04

| □ | prevalent | 형 일반적인 |

the most **prevalent** problem 가장 일반적인 문제

| □ | accessible | 형 연락될 수 있는, 연락 가능한 |
| □ | obligation | 명 의무 |

feel an **obligation** 의무감을 느끼다

| □ | relate | 동 공감하다 |
| □ | pressure | 명 압박 |

feel the same **pressure** 같은 압박을 느끼다

| □ | ins and outs | 세부적인 것들 |
| □ | interaction | 명 상호 작용 |

learn the **ins and outs** of social **interactions**
사회적 상호 작용의 세부적인 것들을 배우다

| □ | induce | 동 유발하다 |
| □ | aggressive | 형 공격적인 |

05

□	tend to-v	~하는 경향이 있다
□	break up	~을 나누다
□	unit	명 단위

break up time into **units** 시간을 단위로 나누다

□	psychologist	명 심리학자
□	deadline	명 마감일
□	remote	형 멀리 있는
□	approach	명 접근(법)
□	challenge	명 도전

a **challenge** that you have to meet 당신이 맞춰야 하는 도전

| □ | period | 명 기간 |
| □ | manageable | 형 관리할 수 있는 |

the stress is more **manageable** 스트레스는 더 잘 관리될 수 있다

06

| □ | supplement | 명 보충, 추가분 |
| □ | formalize | 동 공식화하다 |

formalize spelling and punctuation of English
영어의 철자와 구두법을 공식화하다

□	virtually	부 사실상
□	unintelligible	형 이해하기 어려운
□	materialize	동 구체화되다; *나타나다

06

도표

출제코드 분석

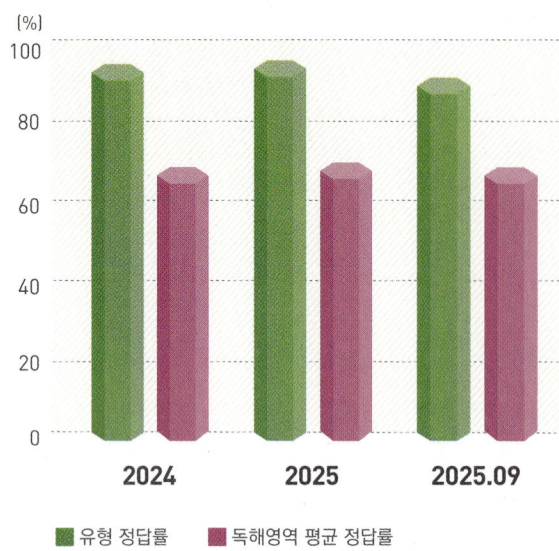

도표의 내용과 일치하지 않는 것을 고르는 유형은 매년 한 문항씩 출제된다. 2025학년도와 2024학년도 수능에서 [도표] 유형의 정답률은 각각 95%, 94%를 기록하여 매우 쉬운 수준으로 출제되었다. 2025년도 9월 고2 학평에서 [도표] 유형의 정답률은 91%로, 독해영역 평균 정답률(68%)보다 상당히 높은 수치를 기록하였다.

최근 수능 및 학평 출제 소재

최근 수능에서는 미국 영화 산업에서 여성 종사자 비율을 보여주는 도표가 출제되었다. 학평에서는 여러 국가의 결제 방식 비율을 보여주는 도표가 출제되었다.

학습 전략

유형 설명

도표의 내용을 설명한 문장 중에서 도표의 내용과 일치하지 않는 것을 고르는 유형이다. 증가나 감소 표현, 비교급과 최상급 표현, 배수나 분수 표현 등을 미리 익혀두는 것이 도움이 된다.

유형 학습 전략

1. 도표의 제목 및 가로축과 세로축을 먼저 확인하여 무엇에 관한 내용인지를 확인한다.
2. 도표의 수치가 가장 높거나 가장 낮은 것, 수치 변화가 급격하거나 완만한 것 등의 눈에 띄는 특징에 주목한다.
3. 본문의 선택지와 도표의 해당 부분을 하나씩 꼼꼼하게 대조하며 내용 일치 여부를 판단한다.

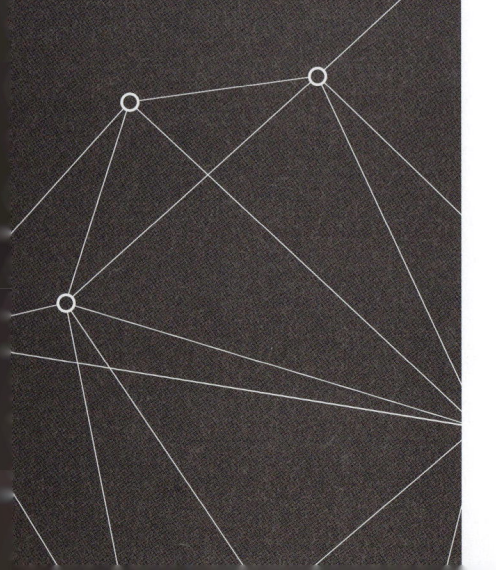

코드 접속하기

정답 및 해설 p. 39

Q1

● 2022년 3월 교육청(고2) 25번

다음 도표의 내용과 일치하지 않는 것은?　정답률 **85%**

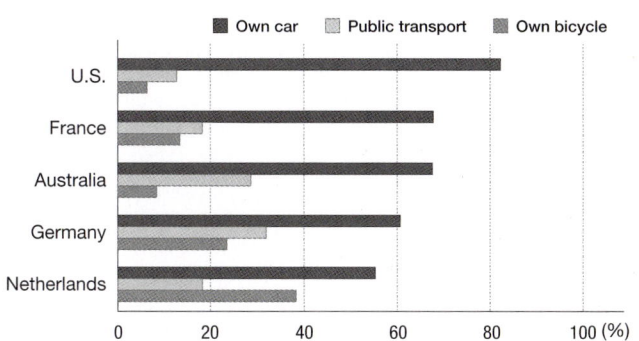

How People Commute in Five Countries

■ Own car　□ Public transport　■ Own bicycle

The above graph shows ❶ which modes of transportation people use for their daily commute to work, school, or university in five selected countries. ① In each of the five countries, the ❷ percentage of commuters ❸ using their own car is the highest among all three modes of transportation. ② The U.S. has the highest ❷ percentage of commuters ❸ using their own car among the five countries, but it has the lowest ❷ percentages for the other two modes of transportation. ③ Public transport is the second most popular mode of transportation in all the countries except for the Netherlands. ④ Among the five countries, France has the biggest gap between the ❷ percentage of commuters ❸ using their own car and that of commuters ❸ using public transport. ⑤ In terms of commuters ❸ using public transport, Germany leads all of the countries, immediately followed by Australia.

● 핵심 코드 ●

❶ 의문사절

의문사절은 주어, 목적어, 보어 역할을 할 수 있으며, 어순은 「의문사+주어+동사」이다. 본문에서 which modes of transportation ... selected countries는 동사 shows의 목적어 역할을 한다.

❷ 혼동하기 쉬운 용어

・percent: '백분율'을 가리키며, 50%, 100%와 같이 숫자 뒤에 온다. (간혹 percentage의 의미로도 사용 가능하다.)
More than 50 **percent** of the students couldn't answer the question.
50%가 넘는 학생들이 그 문제에 답하지 못했다.

・percentage: '비율'을 가리킨다.
The **percentage** of people who own smartphones is rising every year.
스마트폰을 소유한 사람들의 비율이 매년 증가하고 있다.

❸ 명사를 수식하는 현재분사구

수식어나 목적어, 보어 등으로 인해 길어진 현재분사구는 명사를 뒤에서 수식한다. 이때, 현재분사구는 능동이나 진행의 의미를 나타낸다.

Look at her face **shining with joy**.
기쁨으로 환하게 빛나는 그녀의 얼굴을 보아라.

多빈출 핵심 어휘

commute 동 통근하다; 명 통근 (**commuter** 명 통근자) **mode** 명 방식 **transportation** 명 이동 (수단) **public transport** 대중교통 **gap** 명 격차, 차이 **in terms of** ~의 면에서 **immediately** 부 바로, 즉시 **follow** 동 따라가다; *뒤를 잇다

Q2

● 2023년 6월 교육청(고2) 25번

다음 도표의 내용과 일치하지 <u>않는</u> 것은? 정답률 **88%**

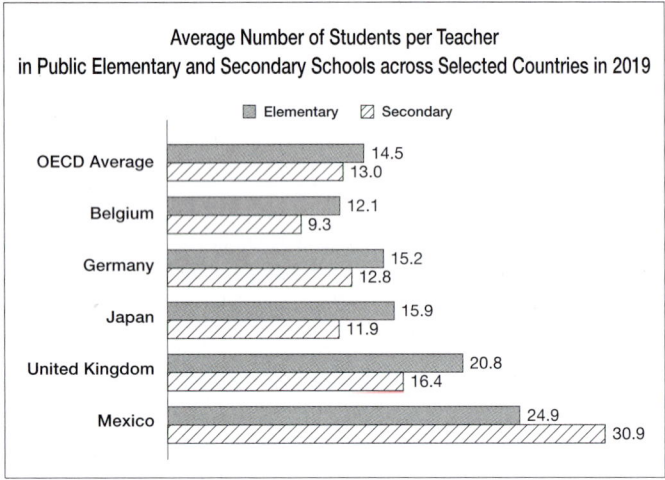

Average Number of Students per Teacher
in Public Elementary and Secondary Schools across Selected Countries in 2019

■ Elementary ▨ Secondary

	Elementary	Secondary
OECD Average	14.5	13.0
Belgium	12.1	9.3
Germany	15.2	12.8
Japan	15.9	11.9
United Kingdom	20.8	16.4
Mexico	24.9	30.9

The graph above shows the average number of students per teacher in public elementary and secondary schools across selected countries in 2019. ① <mark>❶ Belgium was the only country with a smaller number of students per teacher than the OECD average in both public elementary and secondary schools.</mark> ② In both public elementary and secondary schools, the average number of students per teacher was <mark>❷ the largest</mark> in Mexico. ③ In public elementary schools, there was a smaller number of students per teacher on average in Germany than in Japan, whereas the reverse was true in public secondary schools. ④ The average number of students per teacher in public secondary schools in Germany was less than half <mark>❸ that</mark> in the United Kingdom. ⑤ Of the five countries, Mexico was the only country with more students per teacher in public secondary schools than in public elementary schools.

코드 접속하기

Q3

• 2025년 6월 교육청(고2) 25번

다음 도표의 내용과 일치하지 <u>않는</u> 것은? 정답률 **85%**

US Dairy Product Imports in Selected Countries from 2018 to 2020

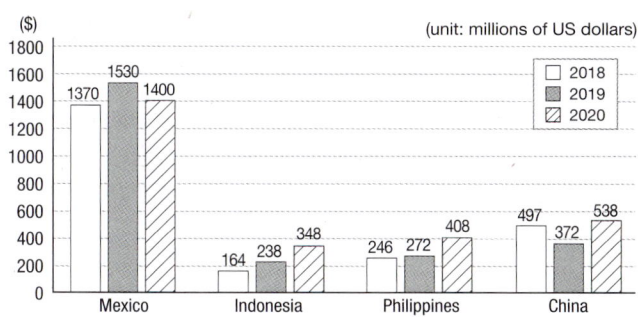

($)   (unit: millions of US dollars)

The graph above shows US dairy product imports in selected countries from 2018 to 2020. ① Among the four countries above, Mexico consistently recorded the highest imports of US dairy products from 2018 to 2020. ② However, US dairy product imports in Mexico decreased from 2019 to 2020, ❶ while the reverse was true in the other three countries during the same period. ③ In Indonesia, US dairy product imports in 2020 were more than ❷ twice those in 2018. ④ The increase in US dairy product imports in the Philippines from 2018 to 2019 was larger than that in Indonesia in the same period. ⑤ China was the only country ❸ where imports of US dairy products dropped between 2018 and 2019.

• 핵심 코드 •

❶ 접속사 while

while은 '~하는 동안'이라는 뜻으로 시간을 나타내거나, 두 상황을 대조하여 '~인 반면에, ~이지만 (한편)'의 뜻을 갖는다.

While some people prefer living in the city, others enjoy the peace and quiet of the countryside.
어떤 사람들은 도시에 사는 것을 선호하는 반면, 다른 사람들은 시골의 평화로움과 조용함을 즐긴다.

❷ 배수사

어떤 수나 양이 두 배, 세 배 등으로 증가하거나 반복될 때 사용되는 표현이다.

• 두 배: twice[two times] • 세 배: three times
• 네 배: four times

This project took **three times** longer than expected.
이 프로젝트는 예상보다 세 배 더 오래 걸렸다.

His salary is **twice** that of his colleague.
그의 급여는 동료의 급여의 두 배이다.

❸ 관계부사 where

관계부사 where는 장소를 나타내는 선행사를 수식하거나 부연 설명하는 관계사절을 이끌며, 관계사절 안에서 부사 역할을 한다.

This is the place **where** we first met.
여기가 우리가 처음 만난 곳이다.

We visited the restaurant, **where** we had our first date.
우리는 식당에 갔는데, 그곳은 우리가 첫 데이트를 한 곳이다.

多빈출 핵심 어휘

dairy product 유제품 **imports** 명 수입(액) **consistently** 부 일관되게 **period** 명 기간 **drop** 동 떨어지다

Q4

● 2023년 3월 교육청(고2) 25번

다음 도표의 내용과 일치하지 <u>않는</u> 것은? 정답률 **78%**

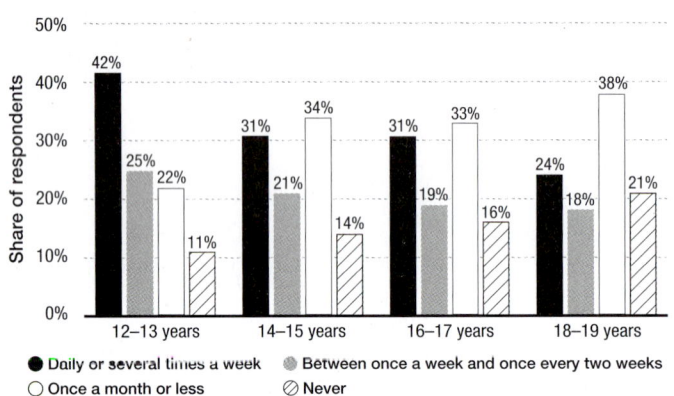

How Often Do You Read a Book? (Germany 2022)

- ● Daily or several times a week
- ◉ Between once a week and once every two weeks
- ○ Once a month or less
- ◿ Never

Note: All percentages may not total 100% due to rounding.

The above graph shows how often German children and young adults read books in 2022 according to age groups. ① In each age group except 12 to 13-year-olds, those ❶ who said they read books once a month or less accounted for the largest proportion. ② Of the 12 to 13-year-old group, 42% stated they read daily or several times a week, which was the highest share within that group. ③ In the 14 to 15-year-old group, the percentage of teenagers ❶ who read daily or several times a week was ❷ three times higher than that of those ❶ who never read a book in the same age group. ④ In the 16 to 17-year-old group, those ❶ who read between once a week and once every two weeks were less than 20%. ⑤ More than ❸ one fifth of the age group of 18 to 19 years responded that they never read any book.

● 핵심 코드 ●

❶ 주격 관계대명사 who

주격 관계대명사는 선행사를 대신하여 관계사절에서 주어 역할을 한다. 관계대명사 who는 선행사가 사람일 때 쓸 수 있다. those who는 '~한 사람들'의 의미를 나타낸다.

> The rewards go to those **who** work hard.
> 열심히 일하는 사람에게 보상이 있다.

> He is a passionate student **who** loves learning.
> 그는 배움을 사랑하는 열정적인 학생이다.

> Look at the woman **who** is wearing a crown on her head.
> 머리에 왕관을 쓴 여자를 봐.

❷ 배수사+비교급+than: ~보다 몇 배 더 …한

「배수사+비교급+than」은 '~보다 몇 배 더 …한'이라는 의미를 나타낸다. 단, twice는 「배수사+비교급+than」 형태로 쓰지 않는다.

> The price of the new smartphone is **three times higher than** the previous model.
> 새 스마트폰의 가격은 이전 모델보다 세 배 더 높다.

> The new house is **twice** the size of our old one.
> 새 집은 이전 집의 두 배 크기이다.

❸ 분수 표현

분수의 분자는 기수(one, two, three, ...)로, 분모는 서수(third, fifth, ...)로 나타낸다. 또한, 1/2은 a half, 1/4은 a quarter라고 한다.

> **One third** of our school is female.
> 우리 학교의 3분의 1은 여성이다.

> There is **a half** of water left in the cup.
> 컵에 2분의 1 물이 남아 있다.

多빈출 핵심 어휘

account for ~을 차지하다 **proportion** 명 비율 **state** 동 말하다 **daily** 부 매일 **share** 명 비율, 몫 **respond** 동 응답하다

01 ◯△✕ •━━━ 2025년 9월 교육청(고2) 25번

다음 도표의 내용과 일치하지 <u>않는</u> 것은? 정답률 **91%**

The Percentages of Respondents Who Used Different Methods of Payment in Four Countries

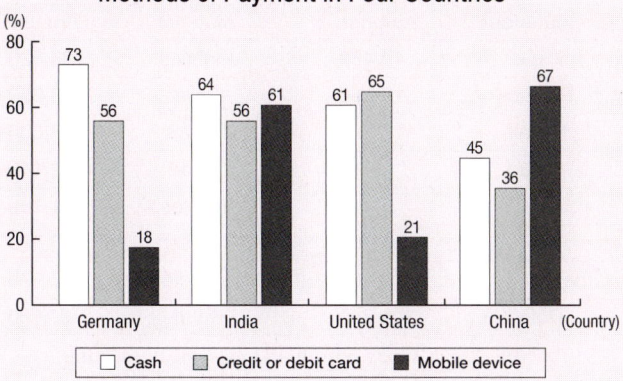

The above graph, which was based on a survey conducted from April of 2022 to March of 2023, shows the percentages of respondents in four countries who used different methods of payment. ① Overall, the percentage of respondents who used cash exceeded 60% in three out of the four countries. ② The percentage of respondents who used credit or debit cards in Germany was the same as that in India, at 56%. ③ The percentage of respondents who used credit or debit cards in the United States was more than double that in China. ④ The percentage of respondents who used mobile devices in Germany was 3 percentage points lower than that in the United States. ⑤ Among the four countries, China recorded the highest percentage of respondents who used mobile devices, followed by India.

* debit card: 직불 카드

02 ◯△✕ •━━━ 2021년 9월 교육청(고2) 25번

다음 도표의 내용과 일치하지 <u>않는</u> 것은? 정답률 **88%**

The Number of Korean and Foreign Visitors to Korean Palaces

Changgyeonggung Palace (in thousands)

	Korean	Foreign	Total
2018	1,716	345	2,061
2019	874	94	968
Overall Total			3,029

Deoksugung Palace (in thousands)

	Korean	Foreign	Total
2018	767	77	844
2019	2,414	369	2,783
Overall Total			3,627

※ Note: Details may not add to total due to rounding.

The tables above show the number of Korean and foreign visitors to Korean palaces in 2018 and 2019. ① For the two-year period of 2018 to 2019, the overall total number of visitors to Deoksugung Palace was larger than that to Changgyeonggung Palace. ② While the total number of visitors to Changgyeonggung Palace decreased from 2018 to 2019, the total number of visitors to Deoksugung Palace increased during the same period. ③ During both 2018 and 2019, the two palaces had more Korean visitors than foreign visitors. ④ In 2018, the number of Korean visitors to Deoksugung Palace was less than half the number of Korean visitors to Changgyeonggung Palace. ⑤ In 2019, the number of Korean visitors to Changgyeonggung Palace was more than 10 times the number of foreign visitors.

03 ◯△✕ • 2024년 3월 교육청(고2) 25번

다음 도표의 내용과 일치하지 <u>않는</u> 것은? 정답률 **90%**

Animal Protein Consumption, 2020
measured as the average daily supply per person (unit: g)

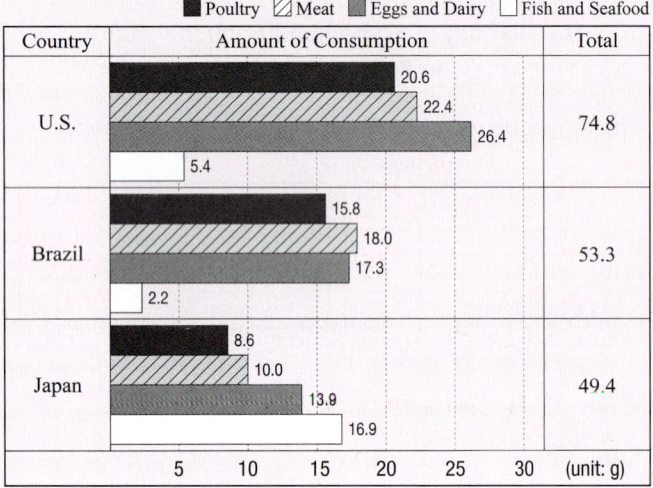

■ Poultry ▨ Meat ▨ Eggs and Dairy ☐ Fish and Seafood

Country	Amount of Consumption	Total
U.S.	20.6 / 22.4 / 26.4 / 5.4	74.8
Brazil	15.8 / 18.0 / 17.3 / 2.2	53.3
Japan	8.6 / 10.0 / 13.9 / 16.9	49.4

The graph above shows the animal protein consumption measured as the average daily supply per person in three different countries in 2020. ① The U.S. showed the largest amount of total animal protein consumption per person among the three countries. ② Eggs and Dairy was the top animal protein consumption source among four categories in the U.S., followed by Meat and Poultry at 22.4g and 20.6g, respectively. ③ Unlike the U.S., Brazil consumed the most animal protein from Meat, with Eggs and Dairy being the second most. ④ Japan had less than 50g of the total animal protein consumption per person, which was the smallest among the three countries. ⑤ Fish and Seafood, which was the least consumed animal protein consumption source in the U.S. and Brazil, ranked the second highest in Japan.

04 ◯△✕ • 2020년 9월 교육청(고2) 25번

다음 도표의 내용과 일치하지 <u>않는</u> 것은? 정답률 **86%**

**Materials Landfilled
as Municipal Waste in the U.S.**

(unit: thousand of tons)

2000			2017	
Material	**Amount**		**Material**	**Amount**
Paper	40,450		Plastics	26,820
Plastics	19,950		Paper	18,350
Metals	10,290		Metals	13,800
Wood	9,910		Wood	12,140
Glass	8,100		Textiles	11,150
Textiles	6,280		Glass	6,870
Other Materials	6,360		Other Materials	7,930
Total	**101,340**		**Total**	**97,060**

※ Note: Details may not add to totals due to rounding.

The tables above show the materials landfilled as municipal waste in the U.S. in 2000 and 2017. ① The total amount of materials landfilled in 2017 was smaller than in 2000. ② While paper was the material most landfilled as municipal waste in 2000, plastics were the most landfilled material in 2017. ③ In 2000, metals and wood were the third and fourth most landfilled materials, respectively, and this remained the same in 2017. ④ More glass was landfilled than textiles in 2000, but more textiles were landfilled than glass in 2017. ⑤ The amount of textiles landfilled in 2017 was more than twice that in 2000.

05 ○△✕

다음 도표의 내용과 일치하지 <u>않는</u> 것은? 정답률 **70%**

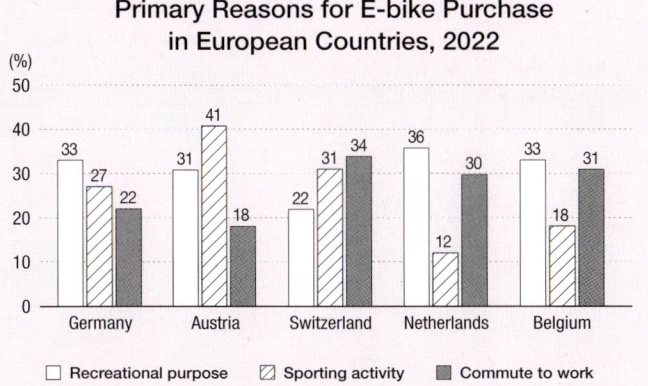

Primary Reasons for E-bike Purchase in European Countries, 2022

Note: Percentages do not add up to 100% due to missing data.

The graph above shows the percentages of the primary reasons for E-bike purchase in five European countries in 2022. ① In Germany, recreational purpose accounted for the highest percentage of reasons for E-bike purchase, which was also the case in the Netherlands and Belgium. ② In Austria, the percentage of sporting activity was the highest at 41%, which was three times higher than that of commute to work. ③ Switzerland was the only country where the percentage of recreational purpose was below 30%. ④ The gap between the percentage of recreational purpose and that of sporting activity was smaller in Germany than in the Netherlands. ⑤ The Netherlands and Belgium showed the same ranking order for reasons for E-bike purchase, where recreational purpose ranked first, followed by commute to work, while sporting activity ranked lowest.

06 ○△✕

다음 도표의 내용과 일치하지 <u>않는</u> 것은? 정답률 **84%**

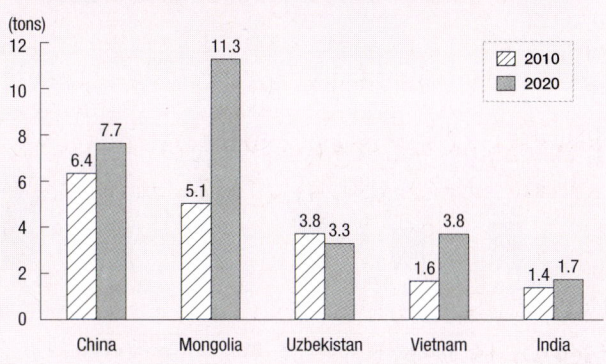

CO_2 Emissions per Person across Selected Asian Countries in 2010 and 2020

The graph above shows the amount of CO_2 emissions per person across selected Asian countries in 2010 and 2020. ① All the countries except Uzbekistan had a greater amount of CO_2 emissions per person in 2020 than that in 2010. ② In 2010, the amount of CO_2 emissions per person of China was the largest among the five countries, followed by that of Mongolia. ③ However, in 2020, Mongolia surpassed China in terms of the amount of CO_2 emissions per person, with the amount of Mongolia more than twice that of China. ④ In 2010, Uzbekistan produced a larger amount of CO_2 emissions per person than Vietnam, while the opposite was true in 2020. ⑤ Among the five countries, India was the only one where the amount of CO_2 emissions per person was less than 2 tons in 2020.

07 ◯△✕ • 2024년 9월 교육청(고2) 25번

다음 도표의 내용과 일치하지 <u>않는</u> 것은? 정답률 **90%**

Proportion of People Who Provide Unpaid Care to Children and Adults in Canada in 2022

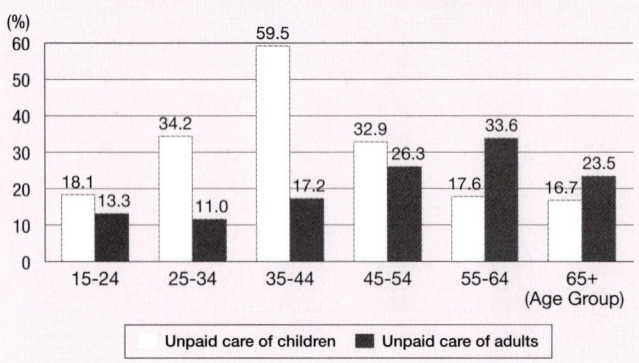

The graph above shows the percentage of people who provided unpaid care to children and adults by age group in Canada in 2022. ① Notably, the 35-44 group had the highest percentage of individuals providing unpaid care to children, reaching 59.5%. ② However, the highest percentage of individuals providing unpaid care to adults was found in the 55-64 group. ③ Compared to the 25-34 group, the 15-24 group had a lower percentage of individuals providing unpaid care to children and a higher percentage of individuals providing unpaid care to adults. ④ The percentage of people providing unpaid care to adults in the 45-54 group was more than twice as high as that in the 35-44 group. ⑤ The 55-64 group and the 65 and older group showed a similar percentage of individuals providing unpaid care to children, with a difference of less than 1 percentage point.

08 ◯△✕ • 2022년 6월 교육청(고2) 25번

다음 도표의 내용과 일치하지 <u>않는</u> 것은? 정답률 **80%**

Travel and Tourism's Contribution to GDP
(unit: billions of US dollars)

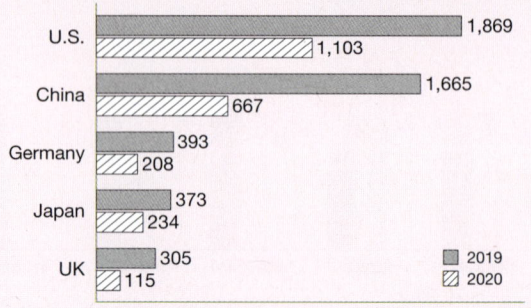

The above graph shows travel and tourism's contribution to GDP for each of the five countries in 2019 and in 2020. ① In all five countries, travel and tourism's contribution to GDP in 2020 decreased compared to the previous year. ② Both in 2019 and in 2020, the U.S. showed the largest contribution of travel and tourism to GDP among the five countries, followed by China. ③ In China, travel and tourism's contribution to GDP in 2020 was less than a third that in 2019. ④ In 2019, Germany showed a larger contribution of travel and tourism to GDP than Japan, whereas the reverse was true in 2020. ⑤ In 2020, the UK was the only country where the contribution of travel and tourism to GDP was less than $200 billion.

01

- **respondent** 　명 응답자
- **method** 　명 방법
- **payment** 　명 지불, 결제
- **mobile device** 　모바일 기기
- **conduct** 　동 실시하다
  be based on a survey **conducted** 실시된 조사에 근거하다
- **overall** 　부 전반적으로
- **exceed** 　동 넘다, 초과하다
- **double** 　명 두 배
  more than **double** that 그것의 두 배보다 더 많은

02

- **palace** 　명 궁, 궁궐
- **increase** 　동 증가하다
  The company's profit has decreased and its debt has **increased**.
  그 회사의 이익은 줄고 빚은 늘었다.

03

- **protein** 　명 단백질
- **consumption** 　명 섭취(량)
  animal **protein consumption** 동물성 단백질 섭취량
- **measure** 　동 측정하다
- **supply** 　명 공급(량)
  measured as the average daily **supply** per person
  1인당 일일 평균 공급량으로 측정된
- **dairy** 　명 유제품
- **source** 　명 원천
- **respectively** 　부 각각
- **consume** 　동 섭취하다
- **rank** 　동 (순위를) 차지하다

04

- **material** 　명 물질
- **municipal** 　형 자치 도시의, 시(市)의
  it was decided by the **municipal** council
  그것은 시의회에 의해 결정되었다
- **textile** 　명 직물
- **remain** 　동 계속 ~이다, 유지하다
  remain the same for decades 수십 년간 동일하게 유지되다

05

- **primary** 　형 주요한
- **purchase** 　명 구매
- **commute** 　명 통근; 동 통근하다
- **account for** 　~을 차지하다, ~을 설명하다
  account for the highest percentage
  가장 높은 비율을 차지하다
- **ranking order** 　순위

06

- **emission** 　명 배출
- **surpass** 　동 능가하다
- **opposite** 　명 반대
- **produce** 　동 만들어 내다
  produce a larger amount of CO_2 **emissions** per person
  더 많은 1인당 CO_2 배출량을 만들어 내다

07

- **unpaid** 　형 무급의
  people who provide **unpaid** care 무급 돌봄을 제공하는 사람
- **notably** 　부 특히, 현저히
- **reach** 　동 이르다, 도달하다

08

- **contribution** 　명 기여
  travel and tourism's **contribution** to GDP
  GDP에 대한 여행 및 관광의 기여
- **reverse** 　명 정반대, 역
  the **reverse** was true in 2020
  2020년에는 그 반대가 사실이었다
- **billion** 　명 10억

07
내용 일치

출제코드 분석

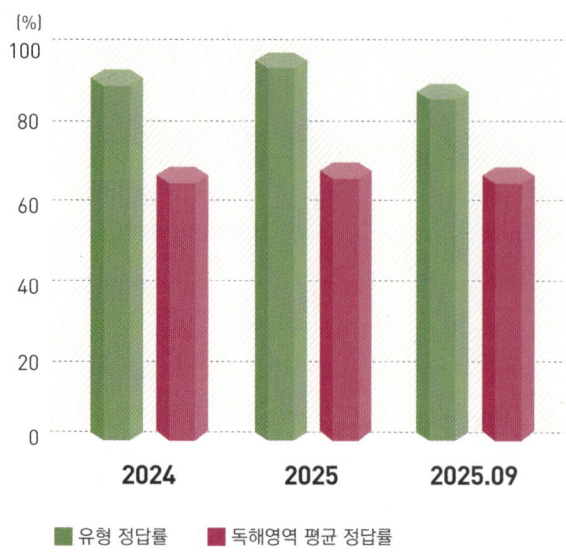

글의 내용과 일치하지 않는 것을 고르는 유형은 매년 한 문항씩 출제된다. 2025학년도 수능과 2024학년도 수능에서 [내용 일치] 유형의 정답률은 각각 97%, 93%를 기록하였고, 2025년도 9월 고2 학평의 경우 89%를 기록하여, 쉬운 수준으로 출제되었다.

최근 수능 및 학평 출제 소재

최근 수능에서는 스포츠 아나운서 Dick Enberg의 생애에 관한 글이 출제되었다. 학평에서는 환경운동가 Barry Commoner의 생애와 활동에 관한 글이 출제되었다.

학습 전략

유형 설명

글의 내용과 일치하거나 일치하지 않는 것을 고르는 유형이다. 최근에는 글의 내용과 일치하지 않는 것을 고르는 유형이 주로 출제되고 있다. 글의 소재로는 주로 특정 인물이나 단체, 동·식물, 장소 등이 출제된다. 다루어지는 대상에 대한 기존의 배경 지식에 의존하여 정답을 추론하면 안 되며, 반드시 주어진 글을 근거로 정답을 찾아야 한다.

유형 학습 전략

1. 지문을 읽기 전, 선택지를 먼저 훑어 보고 지문의 대략적인 내용을 파악한다.
2. 선택지의 순서대로 글의 내용이 전개되므로, 선택지와 지문을 꼼꼼히 대조하여 정답을 찾아낸다.

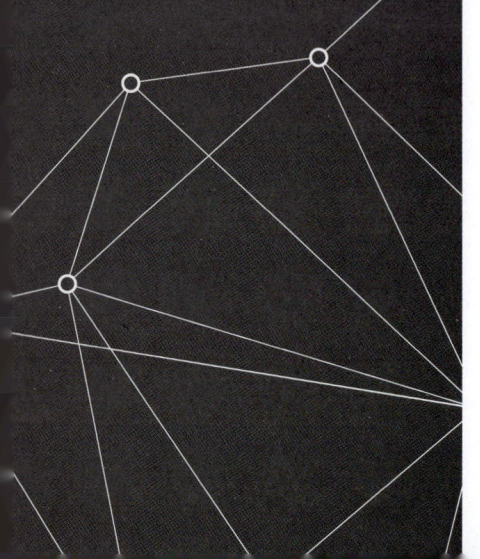

코드 접속하기

정답 및 해설 p. 48

Q1

● 2025년 6월 교육청(고2) 26번

Filippo Brunelleschi에 관한 다음 글의 내용과 일치하지 <u>않는</u> 것은?

정답률 **95%**

Filippo Brunelleschi ❶ is considered to be the founding father of Renaissance architecture. He was born in Florence in 1377. Filippo was artistically talented, and trained as a goldsmith and a clockmaker before becoming an architect. When he was around 25, he traveled to Rome with his friend, the sculptor Donatello, ❷ where he studied the remains of ancient Roman buildings. His first architectural commission was the Ospedale degli Innocenti, ❷ which is one of the great Renaissance buildings. ❸ A number of other fine works, including chapels in Florentine churches, strengthened his reputation. And the stunning dome of Il Duomo is his masterpiece. He also designed machinery to produce special effects in theatrical productions. He died in Florence and was buried in Il Duomo.

① 1377년에 Florence에서 태어났다.
② 예술적으로 재능이 있었다.
③ 25세일 무렵, 조각가인 아버지와 로마로 여행을 갔다.
④ 첫 번째 건축 임무는 Ospedale degli Innocenti였다.
⑤ 연극 작품들의 특수 효과를 만들기 위한 기계를 설계했다.

• 핵심 코드 •

❶ 5형식 문장 동사 consider의 수동태

「consider+목적어+목적격보어」의 5형식 문장의 수동태 문장은 「be considered+as[to be]+목적격보어」의 형태가 된다. 본문에서는 We consider Filippo Brunelleschi the founding father of Renaissance architecture.의 수동태 형태이다.

We consider him a great person.
→ He **is considered as** a great person.
→ He **is considered to be** a great person.
그는 위인으로 여겨진다.

❷ 관계사의 계속적 용법

관계사는 선행사를 부연 설명하는 계속적 용법으로 쓰일 수 있으며, 앞에 콤마를 쓴다. 관계대명사 that, 관계부사 how, why는 계속적 용법으로 쓰지 않는다.

The movie was great, **which** surprised me.
그 영화는 훌륭했는데, 그것은 나를 놀라게 했다.

We visited the zoo, **where** we saw monkeys.
우리는 동물원에 갔는데, 그곳에서 원숭이를 보았다.

❸ a number of+복수명사

a number of는 '많은'이라는 뜻으로, 뒤에 복수명사가 오고, 복수 취급하여 복수동사를 쓴다. the number of는 '~의 수'라는 뜻으로, 단수 취급하여 단수동사를 쓴다.

A number of students <u>are</u> waiting outside the classroom.
많은 학생들이 교실 밖에서 기다리고 있다.

The number of people attending the event <u>has</u> increased.
그 행사에 참석하는 사람들의 수가 증가했다.

多빈출 핵심 어휘

founding father 창시자 **architecture** 몡 건축
artistically 뿐 예술적으로 **goldsmith** 몡 금세공인
sculptor 몡 조각가 **remains** 몡 유적 **commission** 몡 임무 **reputation** 몡 명성 **stunning** 혱 멋진 **machinery** 몡 기계 **theatrical** 혱 연극의

Q2

impala에 관한 다음 글의 내용과 일치하지 <u>않는</u> 것은? 정답률 **85%**

   The impala is one of the most graceful four-legged animals. Impalas have the ability **❶ to adapt** to different environments of the savannas. **❷ Both** male **and** female impalas are similar in color, with white bellies and black-tipped ears. Male impalas have long and **❸ pointed** horns which can measure 90 centimeters in length. Female impalas have no horns. Impalas feed upon grass, fruits, and leaves from trees. When conditions are harsh in the dry season, they come together to search for food in **❸ mixed** herds which can number as many as 100-200 individuals. The breeding season occurs at the end of the wet season around May. Females give birth in an **❸ isolated** spot away from the herd. The average life span of an impala is between 13 and 15 years in the wild.

① 암컷과 수컷 모두 배가 하얗다.
② 수컷은 길고 뾰족한 뿔이 있다.
③ 풀, 과일, 나뭇잎을 먹고 산다.
④ 우기가 시작될 무렵 번식기를 가진다.
⑤ 평균 수명은 야생에서 13년에서 15년이다.

• 핵심 코드 •

❶ to부정사의 형용사적 용법

to부정사의 형용사적 용법 중 한정적 용법은 명사를 뒤에서 수식한다.

I had a chance **to meet** the best-selling author.
나는 베스트셀러 작가를 만날 기회가 있었다.

❷ 상관접속사 both A and B

두 개 이상의 어구가 짝을 이루어 쓰이는 접속사를 상관접속사라고 하며, 이때 상관접속사에 의해 연결되는 단어, 구, 절은 병렬 구조를 취한다. 「both A and B」는 'A와 B 둘 다'라는 뜻이다.

❸ 분사 형용사

분사가 형용사 역할을 하여 일반적인 형용사처럼 쓰이는 경우를 말한다. 일반적으로 현재분사는 '능동·진행'의 의미를 나타내고 과거분사는 '수동·완료'의 의미를 나타낸다.

One of the **polluting** factors of this lagoon is the inflow of **polluted** river water.
이 석호의 오염원 중 하나는 오염된 강물의 유입이다.

多빈출 핵심 어휘

graceful 형 우아한 **adapt to** ~에 적응하다 **savanna** 명 대초원 **belly** 명 배 **pointed** 형 뾰족한 **horn** 명 뿔 **measure** 동 (치수·길이·양이) ~이다 **length** 명 길이 **conditions** 명 《pl.》 상황, 환경 **harsh** 형 가혹한 **dry season** 건기 **search** 동 찾다 **mixed** 형 섞인 **herd** 명 무리 **number** 동 (합한 수가) 모두[총] ~이다 **individual** 명 개인; *개체 **breeding season** 번식기 **occur** 동 일어나다 **wet season** 우기 **give birth** 출산하다 **isolated** 형 고립된 **average** 형 평균의 **life span** 수명 **wild** 명 야생

코드 접속하기

정답 및 해설 p. 49

Q3

● 2022년 9월 교육청(고2) 26번

Carl-Gustaf Rossby에 관한 다음 글의 내용과 일치하지 <u>않는</u> 것은?

정답률 **90%**

Carl-Gustaf Rossby was **❶ one of a group of notable Scandinavian researchers** who worked with the Norwegian meteorologist Vilhelm Bjerknes at the University of Bergen. **❷ While growing up** in Stockholm, Rossby received a traditional education. He earned a degree in mathematical physics at the University of Stockholm in 1918, but **❷ after hearing** a lecture by Bjerknes, and apparently **❸ bored** with Stockholm, he moved to the newly established Geophysical Institute in Bergen. In 1925, Rossby received a scholarship from the Sweden-America Foundation to go to the United States, where he joined the United States Weather Bureau. **❸ Based** in part on his practical experience in weather forecasting, Rossby had become a supporter of the "polar front theory," which explains the cyclonic circulation that develops at the boundary between warm and cold air masses. In 1947, Rossby accepted the chair of the Institute of Meteorology, which had been set up for him at the University of Stockholm, where he remained until his death ten years later.

① Stockholm에서 성장하면서 전통적인 교육을 받았다.
② University of Stockholm에서 수리 물리학 학위를 받았다.
③ 1925년에 장학금을 받았다.
④ polar front theory를 지지했다.
⑤ University of Stockholm에 마련된 직책을 거절했다.

● 핵심 코드 ●

❶ one of the + 복수명사

「one of the + 복수명사」는 '~ 중 하나'라는 의미이다.

One of the trophies was stolen.
그 트로피들 중 한 개가 도난당했다.

❷ 접속사 + 분사구문

분사구문의 의미를 명확히 하기 위해, 분사구문 앞에 접속사를 생략하지 않고 쓸 수 있다.

While walking along the beach, I found some shells.
해변을 따라 걷다가, 나는 조개 껍데기 몇 개를 발견했다.

❸ 분사구문의 being 생략

분사구문의 being은 생략할 수 있다. 맨 앞의 Being이 생략되어 분사구문이 형용사나 분사로 시작하는 형태가 된다.

Being tired, she went to bed early.
→ **Tired**, she went to bed early.
피곤해서, 그녀는 일찍 잠자리에 들었다.

Being invited to the party, she felt happy.
→ **Invited** to the party, she felt happy.
파티에 초대를 받아서, 그녀는 기뻤다.

초빈출 핵심 어휘

notable 형 주목할 만한, 눈에 띄는; *중요한, 유명한 **Scandinavian** 형 스칸디나비아의 **meteorologist** 명 기상학자 (**meteorology** 명 기상학) **degree** 명 정도, 등급; *학위 **mathematical physics** 수리 물리학 **lecture** 명 강의, 강연 **apparently** 부 듣자[보아] 하니 **establish** 동 설립[설정]하다 **geophysical** 형 지구 물리학적 **institute** 명 기관[협회] **scholarship** 명 장학금 **foundation** 명 (건물의) 토대[기초]; *재단 **bureau** 명 (보통 뚜껑을 여닫을 수 있는) 책상; *사무실[단체] **practical** 형 현실[실질/실제]적인 **weather forecasting** 일기예보 **polar front theory** 한대전선이론 **cyclonic** 형 사이클론의 **circulation** 명 순환 **boundary** 명 경계 **air mass** 기단 **chair** 명 의자; *의장직[석], 의장

Q4
2022년 6월 교육청(고2) 26번

monarch butterfly에 관한 다음 글의 내용과 일치하지 않는 것은?

정답률 **94%**

The monarch butterfly has lovely bright colors **❶ splashed on its wings**. The wings have white spots on the outer margins. **❷ The hind wings are rounded, and they are lighter in color than the front wings**. The body is black with white spots. The mother butterfly lays only one egg on the underside of milkweed leaves, **❸ which** hatches about three to five days later. The monarch loves to fly around in the warm sunshine, from March through October, all across the United States. The monarch cannot survive the cold winter temperatures of the northern states. So, it very wisely **❷ migrates** from the northern states to the south, **and hibernates**. The monarch is the only insect that can fly more than four thousand kilometers to a warmer climate.

*hibernate: 동면하다

① 날개의 바깥 가장자리에 흰 점이 있다.
② 뒷날개는 앞날개보다 색이 더 밝다.
③ 알은 약 3일에서 5일 후에 부화한다.
④ 북부 주의 추운 겨울 기온에 잘 버틴다.
⑤ 4천 킬로미터 넘게 날 수 있다.

• 핵심 코드 •

❶ 명사를 수식하는 과거분사구

수식어나 목적어, 보어 등으로 인해 길어진 과거분사구는 명사를 뒤에서 수식한다. 이때, 과거분사는 수동이나 완료의 의미를 나타낸다.

There were two people **injured in the accident**.

그 사고에서 두 사람이 다쳤다.

❷ 등위접속사

and, but, or 등의 등위접속사에 의해 병렬 연결되는 단어, 구, 절은 품사나 문법적 구조가 대등해야 한다. 본문에서는 두 개의 절 The hind wings are rounded, and they are lighter in color than the front wings, 그리고 동사 migrates와 hibernates가 등위접속사 and로 병렬 연결되어 있다.

❸ 계속적 용법의 주격 관계대명사

콤마(,)와 함께 쓰인 계속적 용법의 관계대명사절은 선행사에 대한 부연 설명을 한다. 본문에서는 one egg가 주격 관계대명사 which의 선행사이다.

多빈출 핵심 어휘

splash 동 끼얹다[튀기다]; *~을 알록달록하게 장식하다
spot 명 점 **outer** 형 바깥쪽의 **margin** 명 여백, 가장자리
rounded 형 둥근 **underside** 명 밑면, 아랫면 **milkweed** 명 유액을 분비하는 식물 **hatch** 동 부화하다 **survive** 동 살아남다, 견디다 **migrate** 동 이동하다 **insect** 명 곤충
climate 명 기후; *(기후상으로 본) 지방, 지대

코드 공략하기

정답 및 해설 p. 51

01 ○△✕

● 2024년 3월 교육청(고2) 26번

Theodore von Kármán에 관한 다음 글의 내용과 일치하지 않는 것은?

정답률 **90%**

Theodore von Kármán, a Hungarian-American engineer, was one of the greatest minds of the twentieth century. He was born in Hungary and at an early age, he showed a talent for math and science. In 1908, he received a doctoral degree in engineering at the University of Göttingen in Germany. In the 1920s, he began traveling as a lecturer and consultant to industry. He was invited to the United States to advise engineers on the design of a wind tunnel at California Institute of Technology (Caltech). He became the director of the Guggenheim Aeronautical Laboratory at Caltech in 1930. Later, he was awarded the National Medal of Science for his leadership in science and engineering.

① 어린 시절 수학과 과학에 재능을 보였다.
② University of Göttingen에서 공학 박사 학위를 받았다.
③ 1920년대에 강연자 겸 자문 위원으로 다니기 시작했다.
④ Caltech의 공학자를 초청하여 조언을 구했다.
⑤ National Medal of Science를 받았다.

02 ○△✕

● 2021년 3월 교육청(고2) 28번

Ingrid Bergman에 관한 다음 글의 내용과 일치하지 않는 것은?

정답률 **93%**

Ingrid Bergman was born in Stockholm, Sweden on August 29, 1915. Her mother was German and her father Swedish. Her mother died when she was three, and her father passed away when she was 12. Eventually she was brought up by her Uncle Otto and Aunt Hulda. She was interested in acting from an early age. When she was 17, she attended the Royal Dramatic Theater School in Stockholm. She made her debut on the stage but was more interested in working in films. In the early 1940s, she gained star status in Hollywood, playing many roles as the heroine of the film. Bergman was considered to have tremendous acting talent, an angelic natural beauty and the willingness to work hard to get the best out of films. She was fluent in five languages and appeared in a range of films, plays and TV productions.

① 어머니는 독일인이었고 아버지는 스웨덴인이었다.
② 17세에 Royal Dramatic Theater School에 다녔다.
③ 영화를 통해 데뷔했으나 연극에 더 관심이 있었다.
④ 1940년대 초에 할리우드에서 스타의 지위를 얻었다.
⑤ 다섯 개의 언어에 유창했다.

03 ○△✕ • 2025년 3월 교육청(고2) 26번

Friedrich Mohs에 관한 다음 글의 내용과 일치하지 <u>않는</u> 것은?

정답률 95%

Friedrich Mohs, a well-known mineralogist, was born on January 29, 1773, in Gernrode, Germany. He displayed a marked interest in science at an early age. He studied chemistry, mathematics, and physics at the University of Halle and also studied mineralogy at the Mining Academy. In his late twenties, he went to Austria and classified minerals by their physical attributes. This new classification system of his led to conflicts with many mineralogists who followed the conventional methods. In 1812, Mohs was appointed Professor of Mineralogy at the Joanneum, where he developed the Mohs Scale of Mineral Hardness. Mohs ended his remarkable career at the Mining University in Leoben and died at the age of 66 in Italy.

* mineralogist: 광물학자

① 어린 시절 과학에 뚜렷한 흥미를 보였다.
② University of Halle에서 화학, 수학, 물리학을 공부했다.
③ 전통적인 방식을 따르는 많은 광물학자들과 협력했다.
④ 1812년에 Joanneum의 광물학 교수로 임명되었다.
⑤ 이탈리아에서 66세의 나이로 사망했다.

04 ○△✕ • 2021년 9월 교육청(고2) 26번

Patricia Bath에 관한 다음 글의 내용과 일치하지 <u>않는</u> 것은?

정답률 81%

Patricia Bath spent her life advocating for eye health. Born in 1942, she was raised in the Harlem area of New York City. She graduated from Howard University's College of Medicine in 1968. It was during her time as a medical intern that she saw that many poor people and Black people were becoming blind because of the lack of eye care. She decided to concentrate on ophthalmology, which is the branch of medicine that works with eye diseases and disorders. As her career progressed, Bath taught students in medical schools and trained other doctors. In 1976, she co-founded the American Institute for the Prevention of Blindness (AiPB) with the basic principle that "eyesight is a basic human right." In the 1980s, Bath began researching the use of lasers in eye treatments. Her research led to her becoming the first African-American female doctor to receive a patent for a medical device.

① 뉴욕 시의 Harlem 지역에서 성장했다.
② 1968년에 의과 대학을 졸업했다.
③ 의과 대학에서 학생을 가르쳤다.
④ 1976년에 AiPB를 단독으로 설립했다.
⑤ 의료 장비 특허를 받았다.

코드 공략하기

정답 및 해설 p. 53

05 ◯△✕ ● 2023년 6월 교육청(고2) 26번

John Ray에 관한 다음 글의 내용과 일치하지 않는 것은?

정답률 **78%**

　Born in 1627 in Black Notley, Essex, England, John Ray was the son of the village blacksmith. At 16, he went to Cambridge University, where he studied widely and lectured on topics from Greek to mathematics, before joining the priesthood in 1660. To recover from an illness in 1650, he had taken to nature walks and developed an interest in botany. Accompanied by his wealthy student and supporter Francis Willughby, Ray toured Britain and Europe in the 1660s, studying and collecting plants and animals. He married Margaret Oakley in 1673 and, after leaving Willughby's household, lived quietly in Black Notley to the age of 77. He spent his later years studying samples in order to assemble plant and animal catalogues. He wrote more than twenty works on theology and his travels, as well as on plants and their form and function.

* theology: 신학

① 마을 대장장이의 아들이었다.
② 성직자의 길로 들어서기 전 Cambridge 대학에 다녔다.
③ 병에서 회복하기 위해 자연을 산책하기 시작했다.
④ Francis Willughby에게 후원받아 홀로 유럽을 여행하였다.
⑤ 동식물의 목록을 만들기 위해 표본을 연구하며 말년을 보냈다.

06 ◯△✕ ● 2023년 3월 교육청(고2) 26번

Julia Margaret Cameron에 관한 다음 글의 내용과 일치하지 않는 것은?

정답률 **92%**

　British photographer Julia Margaret Cameron is considered one of the greatest portrait photographers of the 19th century. Born in Calcutta, India, into a British family, Cameron was educated in France. Given a camera as a gift by her daughter in December 1863, she quickly and energetically devoted herself to the art of photography. She cleared out a chicken coop and converted it into studio space where she began to work as a photographer. Cameron made illustrative studio photographs, convincing friends and family members to pose for photographs, fitting them in theatrical costumes and carefully composing them into scenes. Criticized for her so-called bad technique by art critics in her own time, she ignored convention and experimented with composition and focus. Later critics appreciated her valuing of spiritual depth over technical perfection and now consider her portraits to be among the finest expressions of the artistic possibilities of the medium.

* chicken coop: 닭장

① 인도에서 태어나고 프랑스에서 교육받았다.
② 딸로부터 카메라를 선물로 받았다.
③ 친구들과 가족 구성원에게 연극 의상을 입히고 촬영했다.
④ 능숙한 사진 기술로 자기 시대 예술 비평가에게 인정받았다.
⑤ 정신적 깊이에 가치를 둔 점을 훗날 높이 평가받았다.

多빈출 핵심 어휘

01

- □ **engineer** 〔명〕 공학자
- □ **mind** 〔명〕 마음; *지성인
- □ **talent** 〔명〕 재능
  show a **talent** for math and science 수학과 과학에 재능을 보이다
- □ **doctoral degree** 박사 학위
  receive a **doctoral degree** in engineering 공학 박사 학위를 받다
- □ **lecturer** 〔명〕 강연자
- □ **consultant** 〔명〕 자문 위원
- □ **industry** 〔명〕 산업; *관련 분야
- □ **advise** 〔동〕 조언하다
- □ **director** 〔명〕 소장
- □ **award** 〔동〕 수여하다

02

- □ **pass away** 돌아가시다, 세상을 떠나다
  Her father **passed away** when she was 12.
  그녀의 아버지는 그녀가 열두 살 때 돌아가셨다.
- □ **bring up** 키우다
  She was **brought up** by her uncle.
  그녀는 그녀의 삼촌에 의해 키워졌다.
- □ **acting** 〔명〕 연기
- □ **attend** 〔동〕 다니다, 참석하다
- □ **royal** 〔형〕 왕립의
- □ **dramatic** 〔형〕 연극의
- □ **make one's debut** 데뷔하다, 첫 무대에 서다
- □ **status** 〔명〕 지위
  gained star **status** 스타 지위를 얻다
- □ **play a role** 역할을 맡다
  play the **role of** a superhero 슈퍼히어로로 역할을 맡다
- □ **heroine** 〔명〕 여자 주인공
- □ **consider** 〔동〕 여기다
- □ **tremendous** 〔형〕 굉장한
- □ **angelic** 〔형〕 천사 같은
- □ **willingness** 〔명〕 기꺼이 하는 마음
  willingness to learn more 기꺼이 더 배우려는 마음
- □ **fluent** 〔형〕 유창한
- □ **a range of** 다양한
  a range of sports events 다양한 스포츠 경기
- □ **play** 〔명〕 연극
- □ **production** 〔명〕 작품

03

- □ **chemistry** 〔명〕 화학
- □ **physics** 〔명〕 물리학
- □ **classify** 〔동〕 분류하다
- □ **attribute** 〔명〕 속성, 특성
  classify minerals by their physical **attributes**
  물리적 속성에 따라 광물을 분류하다
- □ **conventional** 〔형〕 전통적인, 관습적인
  follow the **conventional** methods 전통적인 방식을 따르다
- □ **appoint** 〔동〕 임명하다
  be **appointed** Professor 교수로 임명되다
- □ **remarkable** 〔형〕 훌륭한

04

- □ **advocate** 〔동〕 옹호하다
  advocate (for) eye health 눈 건강을 옹호하다
- □ **graduate** 〔동〕 졸업하다
  graduated from high school last year 지난해 고등학교를 졸업했다
- □ **medical intern** 수련의
- □ **blind** 〔형〕 눈이 먼
- □ **lack** 〔명〕 부족
  because of the **lack** of eye care 눈 관리의 부족 때문에
- □ **concentrate on** ~에 집중하다
  Just **concentrate on** studying. 그냥 공부하는 데 집중해.
- □ **ophthalmology** 〔명〕 안과학
- □ **branch** 〔명〕 분야
- □ **disorder** 〔명〕 장애
  eye diseases and **disorders** 눈 질병과 장애
- □ **career** 〔명〕 경력
- □ **progress** 〔동〕 진전을 보이다, 진행하다
- □ **medical school** 의과 대학
- □ **train** 〔동〕 훈련시키다
- □ **co-found** 〔동〕 공동 설립하다
- □ **institute** 〔명〕 협회
- □ **prevention** 〔명〕 예방
- □ **principle** 〔명〕 원칙
- □ **eyesight** 〔명〕 시력
- □ **right** 〔명〕 권리
  Eyesight is a basic human **right**. 시력은 인간의 기본 권리이다.
- □ **treatment** 〔명〕 치료
- □ **lead to** ~에 이르다
- □ **patent** 〔명〕 특허(권)

05

- □ **blacksmith** 명 대장장이
- □ **priesthood** 명 성직
- □ **recover** 동 회복하다
- □ **illness** 명 질병
  recover from an **illness** 병에서 회복하다
- □ **botany** 명 식물학
- □ **accompany** 동 동반하다, 동행하다
- □ **household** 명 가정
- □ **assemble** 동 모으다, 모아 정리하다
- □ **function** 명 기능

06

- □ **consider** 동 여기다
- □ **portrait** 명 초상, 인물 사진
- □ **energetically** 부 활기차게
- □ **devote** 동 전념하다
- □ **clear out** (~을 없애고) 청소하다, 비우다
- □ **convert A into B** A를 B로 바꾸다
- □ **illustrative** 형 화보 같은
- □ **convince** 동 설득하다
- □ **pose** 동 자세를 취하다
  pose for photographs 사진을 위해 자세를 취하다
- □ **theatrical** 형 연극의
- □ **compose** 동 구성하다
- □ **criticize** 동 비판하다
- □ **so-called** 형 소위
- □ **critic** 명 비평가
- □ **ignore** 동 무시하다
- □ **convention** 명 관습
  ignore convention 관습을 무시하다
- □ **experiment** 동 실험하다
- □ **composition** 명 구성; *구도
- □ **focus** 명 초점
- □ **appreciate** 동 높이 평가하다
- □ **spiritual** 형 정신적인, 정신의
- □ **expression** 명 표현
- □ **medium** 명 매체; *(미술의) 표현 수단

08
실용문

출제코드 분석

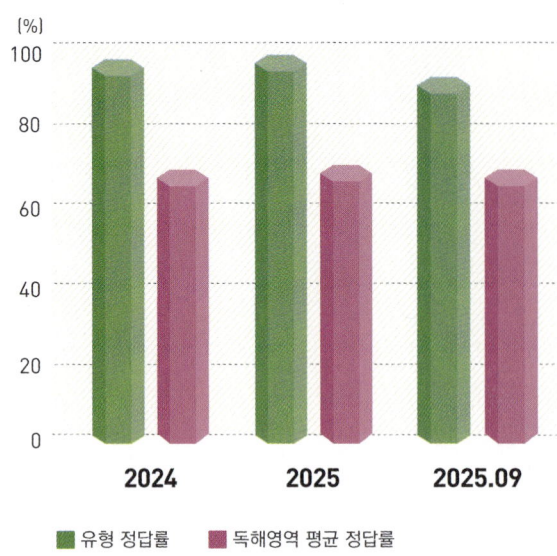

안내문의 내용과 일치하거나 일치하지 않는 것을 고르는 유형은 매년 두 문항씩 출제된다. 2025학년도와 2024학년도 수능에서 두 문항의 평균 정답률은 각각 97%, 96%를 기록하였다. 2025년도 9월 고2 학평에서 두 문항의 정답률은 각각 90%와 94%로 독해영역 평균 정답률(68%)보다 상당히 높은 수치를 기록하였다.

최근 수능 및 학평 출제 소재

최근 수능에서는 도시 관광 패스 카드 안내문과 눈 축제 안내문이 출제되었다. 학평에서는 숲속 걷기 행사 안내문과 종이 다리 짓기 대회 안내문이 출제되었다.

학습 전략

유형 설명

안내문의 세부적인 내용과 일치하거나 일치하지 않는 것을 고르는 유형이다. 제시된 정보 중 필요한 정보만을 빠른 시간 내에 찾아내는 능력이 요구된다.

유형 학습 전략

1. 안내문의 제목을 통해 무엇에 관한 내용인지 파악한다.
2. 선택지를 먼저 읽고, 글의 내용을 예상한 후 확인이 필요한 사항을 파악한다.
3. 선택지의 순서대로 글이 전개되므로, 선택지와 지문을 꼼꼼히 대조해가며 정답을 찾는다.

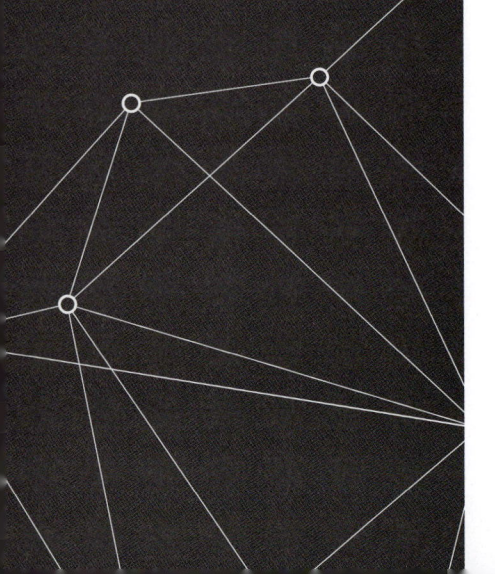

코드 접속하기

정답 및 해설 p. 55

Q1
● 2022년 3월 교육청(고2) 26번

2022 Bluehill Virtual Gala에 관한 다음 안내문의 내용과 일치하지 **않는** 것은? 정답률 **95%**

2022 Bluehill Virtual Gala

❶ You're invited to the 2022 Bluehill Virtual Gala hosted by the Bluehill Community Center. ❷ We'll have an online party to raise funds for our charity programs! ❸ Because we can't gather together in person this year, we are joining together virtually.

– Our Virtual Gala is on April 2 from 6 p.m. to 8 p.m.
– It ❷ will include musical performances, special lectures, and live auctions!
– Our MC ❷ will be Edward Jones, the famous actor from *A Good Neighbor*.

Everyone is welcome. This event ❷ will stream for free!

To join the party, simply visit www.bluehillgala.org.

① 자선 프로그램 기금 마련을 위한 온라인 파티이다.
② 4월 2일 오후 6시부터 8시까지 진행된다.
③ 음악 공연과 특별 강연, 라이브 경매가 있을 것이다.
④ 배우 Edward Jones가 사회를 볼 것이다.
⑤ 유료로 스트리밍될 것이다.

• 핵심 코드 •

❶ 3형식 문장의 수동태

3형식 문장의 수동태에서는 능동태의 목적어가 수동태의 주어가 되고 동사는 「be+v-ed(+by+행위자)」의 형태가 된다. 행위자를 밝힐 필요가 없는 경우에 「by+행위자」는 생략한다.

Bananas are exported to Europe.
바나나는 유럽으로 수출된다.

❷ 조동사 will

조동사 will은 미래, 제안·요청, 주어의 의지를 나타낼 때 쓴다.

• 미래: '~하게 될 것이다'라는 의미로 미래의 일을 나타내거나 예측할 때 쓴다.
I'm leaving my office now. I will be home in half an hour.
나는 지금 회사에서 출발해. 30분 안에 집에 도착하게 될 거야.

• 제안·요청: '~해 줄래요?'라는 의미로 쓴다.
Will you please wait a minute?
잠시만 기다려 주시겠어요?

• 주어의 의지: '(~하려고) 할 것이다'라는 의미로 현재나 미래에 대한 의지를 나타낸다.
Your parents will do anything for you.
너의 부모님은 너를 위해서라면 무엇이든 하려고 할 것이다.

❸ 접속사 because

because는 이유를 나타내는 접속사로 '~ 때문에'로 해석한다.

Because I trust him, I have appointed him.
나는 그를 믿기 때문에 임명했다.

종빈출 핵심 어휘

virtual [형] 가상의 **gala** [명] (경축) 행사 **host** [동] 주최하다 **raise funds** 기금을 마련하다 **charity** [명] 자선 **gather** [동] 모이다 **in person** 직접 **include** [동] 포함하다 **lecture** [명] 강연 **auction** [명] 경매 **stream** [동] 스트리밍하다(인터넷에서 다운로드와 동시에 음악·영상 등을 재생하다)

Q2
● 2020년 3월 교육청(고2) 28번

Bright Cat Toy에 관한 다음 안내문의 내용과 일치하는 것은?   정답률 **82%**

Bright Cat Toy

Attract your cat's attention and satisfy their hunting instincts with a unique electronic cat toy.

Key Benefits
- The feather appears randomly in the 6 holes.
- Feathers can be exchanged easily.
- It automatically ❶ stops running after 8 minutes.
- It is fully charged in 30 minutes via USB-cable, and it runs for 5 hours.

❷ **How to Use**
- Short press the button ❸ to power on / off the device.
- Long press the button ❸ to change feathers.

What's in the Box
- Bright Cat Toy: 1 piece
- Feather: 2 pieces (1 installed, 1 extra)

---

① 구멍에서 정해진 순서대로 깃털이 나온다.
② 8분 후에 자동으로 작동을 멈춘다.
③ 완전히 충전하는 데 5시간이 걸린다.
④ 켜거나 끄려면 버튼을 길게 눌러야 한다.
⑤ 총 세 개의 깃털이 제공된다.

· 핵심 코드 ·

❶ stop v-ing

동사 stop의 목적어로 동명사(v-ing)가 오는 경우 '~하는 것을 멈추다'의 의미로 해석된다.

cf. 「stop to-v」는 '~하기 위해 멈추다'의 의미이며, 이때 to부정사는 목적어가 아닌 부사적 용법(목적)인 것에 유의한다.

You need to **stop thinking** about that silly mistake.
너는 그 바보같은 실수에 대해 생각하는 것을 멈출 필요가 있다.

I **stopped to admire** the beautiful scenery around me.
나는 나를 둘러싼 아름다운 풍경을 감상하기 위해 멈췄다.

❷ 의문사+to부정사

what, how, when, where, which 등의 의문사에 to부정사가 붙어 문장에서 주어, 목적어, 보어 역할을 하며, 각각 다음과 같은 의미로 쓰인다.

- what to-v: 무엇을 ~할지
- how to-v: 어떻게 ~할지, ~하는 방법
- when to-v: 언제 ~할지
- where to-v: 어디서 ~할지
- which to-v: 어떤 것을 ~할지

Knowing **when to start** the project is crucial.
언제 프로젝트를 시작할지 아는 것은 중요하다.

❸ to부정사의 부사적 용법 (목적)

목적을 나타내는 부사적 용법의 to부정사는 '~하기 위해'의 의미를 가진다. 의미를 보다 명확히 나타내기 위해 「in order to-v」나 「so as to-v」를 쓸 수도 있다.

多빈출 핵심 어휘

attract 동 끌다, 매료시키다 **attention** 명 관심, 주의
instinct 명 본능 **feather** 명 깃털 **randomly** 부 무작위로
charge 동 충전하다 **via** 전 ~을 통하여, ~을 거쳐 **device**
명 기기, 장치 **install** 동 장착하다, 설치하다

Q3

● 2025년 6월 교육청(고2) 27번

Youth Leaders Camp에 관한 다음 안내문의 내용과 일치하지 <u>않는</u> 것은?

정답률 **93%**

Youth Leaders Camp

This camp is an annual event ❶ **to improve** your leadership. We look forward ❷ **to meeting** you soon in Canada.

Dates: July 5 – 7, 2025
Ages: 17 – 19
Place: University of Drakemont
Programs
• Day 1: Team Building & Leadership Skills Workshop
• Day 2: Culture Tour
• Day 3: Leadership Project Planning & Presentations
Participation Fee: $700
Notes
• Registration is only available online at www.ylc2025. com.
• Participation fee includes everything except for the flight tickets to Canada.

For more information, please visit our website.

---

① 리더십 향상을 위한 연례행사이다.
② 17세에서 19세까지 참여할 수 있다.
③ 둘째 날에는 문화 탐방이 진행된다.
④ 온라인으로만 등록이 가능하다.
⑤ 참가비에 캐나다행 항공권이 포함된다.

● 핵심 코드 ●

❶ to부정사의 형용사적 용법

to부정사는 명사를 수식하는 형용사적 용법으로 쓰일 수 있다.

It was a difficult task **to complete** in a short time.
그것은 짧은 시간 안에 완료하기 어려운 과제였다.

This is a problem **to solve**.
이것은 해결해야 할 문제이다.

❷ 전치사 to+동명사

to가 어떤 행동이나 상태에 대한 목적이나 방향을 나타내는 전치사로 쓰일 때, 뒤에 (동)명사가 온다. to부정사로 착각하지 않도록 주의한다.

She is committed **to improving** her skills.
그녀는 자신의 기술을 향상시키는 데 전념하고 있다.

He is accustomed **to working** late.
그는 늦게까지 일하는 데 익숙하다.

多빈출 핵심 어휘

annual 형 매년의, 연례의 **improve** 동 향상시키다
participation fee 참가비 **registration** 명 등록
except for ~을 제외하고

Q4
• 2024년 3월 교육청(고2) 28번

Family Night-hiking Event에 관한 다음 안내문의 내용과 일치하는 것은?

정답률 **93%**

Family Night-hiking Event

Join us for a fun-filled night of hiking and family bonding!

Date: Saturday, May 4
Time: 6 p.m. – 9 p.m.
Location: Skyline Preserve
Cost
- Adults: $20
- Children ❶ under 19: $10

Guidelines
- Children ❷ must be accompanied by legal guardians.
- Bring a flashlight and a bottle of water.
- Follow the instructions of the guides at all times.

Registration
- Visit www.familyhiking.com and register by April 26.
- A free first aid kit is provided for all ❸ who register by April 12.

① 토요일과 일요일 이틀간 진행된다.
② 오후 5시에 시작된다.
③ 어른과 어린이의 참가비는 같다.
④ 어린이는 법적 보호자를 동반해야 한다.
⑤ 추첨을 통해 구급상자가 무료로 제공된다.

• 핵심 코드 •

❶ under vs. over

under는 특정 수치에 미치지 못하는 상태를 나타내어 '미만'의 의미를 나타내는 반면, over는 특정 수치를 넘어선 상태를 나타내어 '초과'의 의미를 나타낸다.

The event is open to participants **under** 18 years old.
그 행사는 18세 미만의 참가자들에게 열려 있다.

Any luggage **over** 30 kilograms will need to be lighter or will cost extra.
30킬로그램을 초과하는 수하물은 더 가볍게 하거나 추가 비용을 내야 할 것이다.

❷ 조동사의 수동태

조동사의 수동태는 「조동사+be p.p.」의 형태로 쓴다.

The report **will be reviewed** by the committee next week.
보고서는 다음 주에 위원회에서 검토받을 것이다.

The rules **must be followed** by all participants to ensure fairness.
공정성을 확보하기 위해 규칙은 모든 참가자들이 따라야 한다.

❸ 주격 관계대명사 who

관계대명사는 접속사의 역할과 대명사의 역할을 동시에 하며, 관계대명사가 이끄는 절은 선행사를 수식하거나 서술한다. 선행사가 사람일 때는 주격 관계대명사로 who나 that을 쓴다.

The student **who** scored the highest marks in the exam received a scholarship.
시험에서 가장 높은 점수를 기록한 학생이 장학금을 받았다.

The doctor, **who** saved many lives during the crisis, was honored with an award.
그 의사는 위기에서 많은 생명을 구했는데, 상으로 예우를 받았다.

多빈출 핵심 어휘

bonding 명 유대 **preserve** 명 보호; *보호 구역 **guideline** 명 지침 **accompany** 동 동반하다 **legal guardian** 법적 보호자 **instruction** 명 지시 **first aid kit** 구급상자 **provide** 동 제공하다

코드 공략하기

정답 및 해설 p. 57

01 ◎△✕

Casting Call for Movie Extras에 관한 다음 안내문의 내용과 일치하지 <u>않는</u> 것은? 정답률 95%

Casting Call for Movie Extras

Step into the world of cinema and become an extra in an exciting upcoming movie!

Filming Time: Sunday, April 20th, 2025,
　　　　　　　　8 a.m. – 4 p.m.
Place: At the Golden Film Production Studio
Scenes
• Chatting in a hallway
• Dining at a restaurant
Payment: $100 (Lunch provided)
Who Can Apply
• Applicants must be 18 years or older.
• Applicants with previous acting experience will be given priority.
How to Apply:
Email the application to goldenstudio@movie.com by Thursday, April 10th, 2025.

① 촬영은 일요일에 진행된다.
② 식사하는 장면이 촬영된다.
③ 점심 식사는 제공되지 않는다.
④ 지원자는 18세 이상이어야 한다.
⑤ 연기 경험이 있는 지원자를 우대한다.

02 ◎△✕

Have a Good Night App에 관한 다음 안내문의 내용과 일치하지 <u>않는</u> 것은? 정답률 95%

Have a Good Night App

This smart app helps you have a refreshing sleep!

FEATURES
■ **Sounds for Sleep**
– Providing relaxing sounds for sleep

■ **Sleep Recorder**
– Recording sounds such as coughing or snoring while sleeping

■ **Sleep Pattern Tracker**
– Checking and analyzing the user's sleep pattern

■ **Stress-Free Alarm Tones**
– Adjusting alarm tones to the user's sleep pattern

PRICE
■ **Basic version:** Free
■ **Premium version (extra soundtracks):** $30 per year

Click HERE to Download the App!

① 수면을 위한 편안한 소리를 제공한다.
② 자는 동안 기침이나 코를 고는 소리를 녹음한다.
③ 이용자의 수면 패턴을 확인하고 분석한다.
④ 수면 패턴에 따라 알람음을 조정한다.
⑤ 기본 버전은 1년에 30달러이다.

03 ⬡⬠⬟✕ · 2022년 6월 교육청(고2) 28번

EZ Portable Photo Printer 사용에 관한 다음 안내문의 내용과 일치하는 것은? 정답률 92%

EZ Portable Photo Printer User Manual

Note on LED Indicator
• White: Power on
• Red: Battery charging

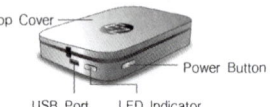

How to Operate
• Press the power button to turn the printer on.
• Press the power button twice to turn the printer off.
• To charge the battery, connect the cable to the USB port. It takes 60 – 90 minutes for a full charge.
• To connect to the printer wirelessly, download the 'EZ Printer App' on your mobile device.

How to Load Photo Paper
• Lift the printer's top cover.
• Insert the photo paper with any logos facing downward.

---

① LED 표시기의 흰색은 충전 중임을 나타낸다.
② 전원 버튼을 한 번 누르면 전원이 꺼진다.
③ 배터리가 완전히 충전되는 데 2시간 이상 걸린다.
④ 무선 연결을 위해 앱을 다운로드해야 한다.
⑤ 인화지를 로고가 위로 향하도록 넣어야 한다.

04 ⬡⬠⬟✕ · 2025년 6월 교육청(고2) 28번

Plogging Run에 관한 다음 안내문의 내용과 일치하는 것은? 정답률 94%

Plogging Run

Jog, walk, pick up trash, and conserve the Earth!

When: September 13, 2025
Where: Lake Union
Details
• The event starts at 11:00 a.m.
• There is no participation fee.
• You'll walk and run around the lake while picking up trash.
Notes
• Wear comfortable athletic clothes and running shoes for your safety.
• Garbage bags will be provided.
• If it rains, the event will be cancelled.
If you have any questions, please email us at information@ploggingrun.org.

---

① 8월 13일에 개최된다.
② 오전 10시에 시작된다.
③ 참가비를 지불해야 한다.
④ 쓰레기봉투는 제공될 것이다.
⑤ 날씨와 무관하게 진행될 것이다.

05 ⬚○△✕ 2021년 9월 교육청(고2) 28번

South High School Reunion에 관한 다음 안내문의 내용과 일치하는 것은? 정답률 93%

South High School Reunion
Class of 2011

Don't you miss your old friends from high school? Come meet them and remember your high school days!

◎ **When & Where**
- Saturday, November 6th, 2021 7:00 p.m. – 10:00 p.m.
- Bay Street Park

◎ **Ticket Reservation (per person)**
- Ticket price: $40
- If you reserve by October 15th, the price will be $30.
- Refunds will only be available until October 31st.

◎ **Main Events**
- Quiz Show: Answer 50 questions about our old buddies, teachers, and memories. The champion will receive two movie tickets.
- The barbecue party will start at 8:00 p.m.

◎ **Notes**
- Dress Code: Wear a red jacket to show your South High School spirit.
- Feel free to invite up to three friends.

① 오후 7시부터 오후 11시까지 진행된다.
② 11월 1일 이후에 티켓 환불이 가능하다.
③ 퀴즈 쇼 챔피언은 영화 티켓 두 장을 받는다.
④ 정해진 복장 규정은 없다.
⑤ 친구는 네 명까지 초대할 수 있다.

06 ⬚○△✕ 2024년 3월 교육청(고2) 27번

Basic Latte Art Class에 관한 다음 안내문의 내용과 일치하지 않는 것은? 정답률 95%

Basic Latte Art Class

Make perfect lattes and present them in the most beautiful way! In this class, you will learn how to steam and pour milk. You will make three latte art designs on your own: heart, tulip, and leaf.

Date: April 27, 2024
Time: 9 a.m. – 1 p.m.
Place: Camefort Community Center
Registration & Fee
- Register online at www.camefortcc.com, from April 22 to April 24.
- $60 per person (cost of ingredients included)

Notes
- Dairy alternatives will be available for nonmilk drinkers.
- Students can get a 10% discount.

① 세 가지 라떼 아트 디자인을 직접 만들 것이다.
② 수업은 4시간 동안 진행된다.
③ 등록은 4월 24일부터 시작된다.
④ 비용에 재료비가 포함되어 있다.
⑤ 우유를 마시지 않는 사람은 대체 유제품을 사용할 수 있다.

07 ☐△✕ ● 2022년 9월 교육청(고2) 28번

7-Day Story Writing Competition에 관한 다음 안내문의 내용과 일치하는 것은? 정답률 **84%**

7-Day Story Writing Competition

Is writing your talent? This is the stage for you.

When: From Monday, Dec. 5th to Sunday, Dec. 11th, 2022

Age: 17 and over

Content
• All participants will write about the same topic.
• You will be randomly assigned one of 12 literary genres for your story.
• You'll have exactly 7 days to write and submit your story.

Submission
• Only one entry per person
• You can revise and resubmit your entry until the deadline.

Prize
• We will choose 12 finalists, one from each genre, and the 12 entries will be published online and shared via social media.
• From the 12 finalists, one overall winner will be chosen and awarded $500.

※ To register and for more information, visit our website at www.7challenge_globestory.com.

① 17세 미만 누구나 참여할 수 있다.
② 참가자들은 동일한 주제에 대하여 글을 쓴다.
③ 참가자들은 12가지 문학 장르 중 하나를 선택할 수 있다.
④ 1인당 출품작을 최대 3편까지 제출할 수 있다.
⑤ 결승 진출자 전원에게 상금이 수여된다.

08 ☐△✕ ● 2024년 6월 교육청(고2) 27번

2024 Future Engineers Camp에 관한 다음 안내문의 내용과 일치하지 <u>않는</u> 것은? 정답률 **96%**

2024 Future Engineers Camp

Calling all young creators! Join us at Southside Maker Space to explore the wonders of engineering with exciting activities.

Date: Saturday, July 20 & Sunday, July 21
Time: 10 a.m. – 4 p.m.
Ages: 14 to 16
Participation Fee: $100

Day 1 – Robotics Workshop
• Learn basic coding skills.
• Work in teams to build mini-robots.

Day 2 – Flying Challenge
• Make and test toy airplanes.
• Participate in an airplane flying race.

Notes
• Lunch is included in the participation fee.
• All tools and materials for the projects are provided.

For more information, please visit www.southsidemaker.com.

① 오전 10시부터 오후 4시까지 진행된다.
② 참가비는 100달러이다.
③ 기본적인 코딩 기술을 배운다.
④ 장난감 비행기를 만들고 테스트한다.
⑤ 점심 식사는 참가비에 포함되지 않는다.

01

- □ **upcoming** 형 다가오는, 곧 있을
- □ **hallway** 명 복도
- □ **previous** 형 이전의
  applicants with **previous** acting experience
  이전의 연기 경험이 있는 지원자
- □ **priority** 명 우선(권)

02

- □ **refreshing** 형 상쾌한
- □ **cough** 동 기침하다
- □ **snore** 동 코를 골다
- □ **analyze** 동 분석하다
- □ **adjust** 동 조정하다
  Adjusting alarm tones to the user's sleep pattern
  이용자의 수면 패턴에 따라 알람음을 조정함

03

- □ **portable** 형 휴대용의
  portable photo printer 휴대용 사진 프린터
- □ **manual** 명 설명서
- □ **indicator** 명 표시기
- □ **charge** 동 충전하다 명 충전
- □ **operate** 동 작동시키다
- □ **wirelessly** 부 무선으로
  connect to the printer **wirelessly** 프린터에 무선으로 연결하다
- □ **device** 명 장치
- □ **load** 동 싣다; *끼우다, 넣다
  how to **load** photo paper 인화지 장착 방법
- □ **lift** 동 들어 올리다
- □ **insert** 동 넣다
- □ **face** 동 향하다
- □ **downward** 부 아래쪽으로
  with any logos facing **downward** 로고가 아래로 향하도록

04

- □ **conserve** 동 보존하다
- □ **athletic** 형 운동용의
  wear comfortable **athletic** clothes and running shoes
  편안한 운동복과 운동화를 착용하다

05

- □ **reunion** 명 동창회
- □ **miss** 동 놓치다; *그리워하다
- □ **reservation** 명 예약

- □ **reserve** 동 예약하다
- □ **refund** 명 환불

06

- □ **present** 동 표현하다
- □ **steam** 동 데우다
- □ **pour** 동 따르다
- □ **register** 동 등록하다
  register online 온라인으로 등록하다
- □ **ingredient** 명 재료
  cost of **ingredients** included 재료비 포함
- □ **dairy alternative** 대체 유제품
- □ **available** 형 사용할 수 있는

07

- □ **competition** 명 경쟁; *(경연) 대회, 시합
- □ **talent** 명 재주, 재능, 장기
- □ **content** 명 (어떤 것의) 속에 든 것들, 내용물; *내용[주제]
- □ **randomly** 부 무작위로
- □ **assign** 동 맡기다[배정하다/부과하다]
  be **randomly assigned** 무작위로 배정되다
- □ **literary** 형 문학의
- □ **submit** 동 제출하다 (submission 명 항복, 굴복; *제출)
- □ **entry** 명 들어감[옴], 입장; *출품[응모/참가]작
  only one **entry** per person 한 명당 단 하나의 출품작
- □ **revise** 동 변경[수정]하다; *개정[수정/조정]하다
- □ **resubmit** 동 다시 제출하다
  you can **revise** and **resubmit** 당신은 수정하고 다시 제출할 수 있다
- □ **deadline** 명 기한, 마감 시간[일자]
- □ **finalist** 명 결승전 출전자
- □ **publish** 동 출판[발행]하다; *게재하다[싣다]
- □ **via** 전 경유하여[거쳐]; *(특정한 사람·시스템 등을) 통하여
  be **published** online and shared **via** social media
  인터넷에 게재되고 소셜 미디어를 통해 공유되다
- □ **overall** 형 종합[전반]적인, 전체의
  one **overall** winner 전체 우승자 한 명
- □ **award** 동 수여하다
- □ **register** 동 등록[기재]하다

08

- □ **explore** 동 탐험하다
- □ **wonder** 명 경이로움
- □ **engineering** 명 공학기술
  explore the **wonders** of **engineering** 공학기술의 경이로움을 탐험하다
- □ **participate in** ~에 참가하다
- □ **material** 명 재료

09
함의 추론

출제코드 분석

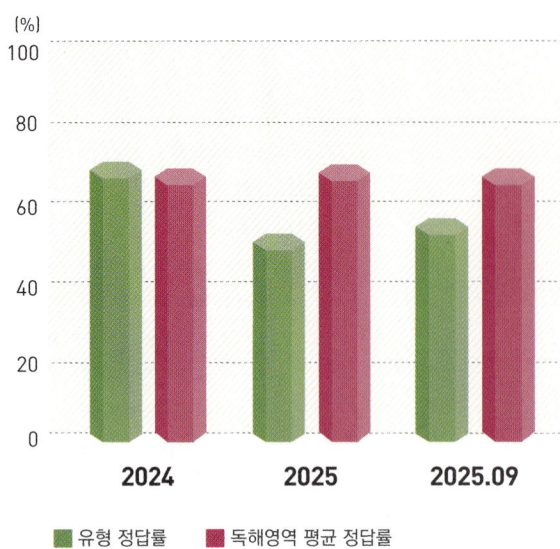

밑줄 친 부분의 문맥상 함축된 의미를 묻는 함의 추론 유형으로, 2019학년도부터 매년 한 문항씩 출제된다. 2025학년도 수능의 경우 [함의 추론] 유형의 정답률은 53%로 독해영역 평균 정답률(68%)보다 매우 낮았으며, 2024학년도 수능에서 해당 유형의 정답률은 70%를 기록하여 독해영역 평균 정답률(68%)과 비슷한 수준이었다. 2025년도 9월 고2 학평에서 [함의 추론] 유형의 정답률은 56%를 기록하였다.

최근 수능 및 학평 출제 소재

최근 수능에서는 실질적 기술 없이 이론만 추구하는 건축가에 관한 글이 출제되었다. 학평에서는 거울 뉴런을 가진 동물을 예측하는 연구에 관한 글이 출제되었다.

학습 전략

유형 설명
함의 추론은 밑줄 친 부분이 나타내는 의미를 추론하는 유형으로, 밑줄 친 부분을 포함한 문장의 앞뒤와 글 전체의 내용을 파악해야 한다.

유형 학습 전략
1. 글 전체를 먼저 읽고 주제·핵심을 파악한다.
2. 밑줄이 있는 문장이 무엇을 말하고자 하는지 파악한다.
3. 밑줄이 의미하는 바를 전체적 맥락 하에 추론한다.

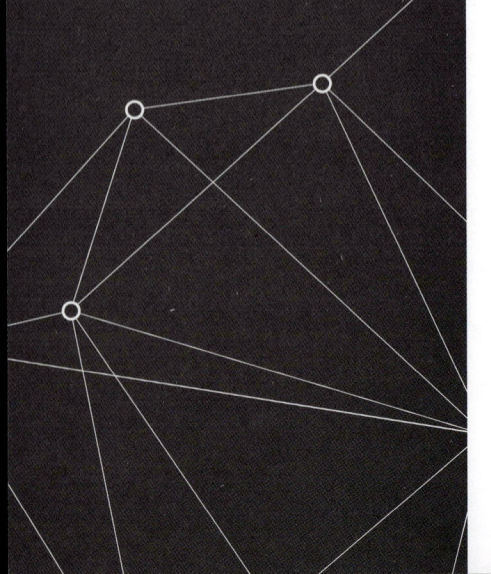

코드 접속하기

정답 및 해설 p. 63

Q1
● 2022년 6월 교육청(고2) 21번

밑줄 친 'give away the house'가 다음 글에서 의미하는 바로 가장 적절한 것은? 〔정답률 **65%**〕

For companies ❶ interested in delighting customers, exceptional value and service become part of the overall company culture. For example, year after year, Pazano ranks at or near the top of the hospitality industry in terms of customer satisfaction. The company's passion for satisfying customers is summed up in its credo, which promises that its luxury hotels will deliver a truly memorable experience. ❷ Although a customer-centered firm seeks ❸ to deliver high customer satisfaction relative to competitors, it does not attempt ❸ to *maximize* customer satisfaction. A company can always increase customer satisfaction by lowering its price or increasing its services. But this may result in lower profits. Thus, the purpose of marketing is ❸ to generate customer value profitably. This requires a very delicate balance ❹ : the marketer must continue ❸ to generate more customer value and satisfaction but not 'give away the house'.

* credo: 신조

① risk the company's profitability
② overlook a competitor's strengths
③ hurt the reputation of the company
④ generate more customer complaints
⑤ abandon customer-oriented marketing

• 핵심 코드 •

❶ 형용사로 쓰이는 과거분사

분사가 단독으로 명사를 수식할 때는 명사의 앞에서 수식하지만, 목적어나 보어, 수식어구 등을 수반하는 경우 명사를 뒤에서 수식한다. 이때 분사구가 수동이나 완료의 의미를 나타내는 경우 과거분사를 쓴다.

❷ 접속사 although

although는 양보의 의미를 나타내어 '비록 ~일지라도', '~이기는 하나'의 뜻으로 쓰이며, though로 바꿔 쓸 수 있다.

Although[Though] I don't agree with him, I think he's honest.
그에게 동의하지는 않지만 나는 그가 정직하다고 생각한다.

❸ to부정사의 명사적 용법

to부정사는 명사적 용법으로 쓰여 주어, 목적어, 보어의 역할을 할 수 있다.

❹ 콜론(:)의 사용

뒤에 나오는 절이 앞 절의 원인·이유·설명·결과 등을 나타낼 때 사용된다.

The solution was clear : we would leave in the morning. 〈설명〉
해결책은 명확했다. 우리는 아침에 떠나려 했다.

多빈출 핵심 어휘

delight 〔동〕 매우 기쁘게 하다 **exceptional** 〔형〕 이례적일 정도로 우수한, 특출한 **overall** 〔형〕 종합[전반]적인, 전체의 **hospitality industry** 서비스업 **in terms of** ~ 면에서, ~에 관하여 **satisfaction** 〔명〕 만족(감) **passion** 〔명〕 열정 **be summed up** 요약되다 **luxury** 〔형〕 호화로운 **memorable** 〔형〕 기억할 만한 **firm** 〔명〕 회사 **seek** 〔동〕 찾다; *추구하다 **relative** 〔형〕 비교상의, 상대적인 **competitor** 〔명〕 경쟁자, 경쟁 상대 **maximize** 〔동〕 극대화하다 **generate** 〔동〕 발생시키다, 만들어 내다 **profitably** 〔부〕 수익성이 있게 (**profitability** 〔명〕 수익성) **delicate** 〔형〕 섬세한 **[문제]** **overlook** 〔동〕 못 보고 넘어가다, 간과하다 **reputation** 〔명〕 평판, 명성 **complaint** 〔명〕 불평[항의] **abandon** 〔동〕 버리다, 떠나다 **oriented** 〔형〕 ~을 지향하는

Q2

● 2021년 3월 교육청(고2) 21번

밑줄 친 training for a marathon이 다음 글에서 의미하는 바로 가장 적절한 것은? 정답률 **63%**

    The known fact of contingencies, ❶ without knowing precisely what those contingencies will be, shows that disaster preparation is not the same thing as disaster rehearsal. ❷ No matter how many mock disasters are staged according to prior plans, the real disaster will never mirror any one of them. Disaster-preparation planning is ❸ more like training for a marathon than training for a high-jump competition or a sprinting event. Marathon runners do not practice ❶ by running the full course of twenty-six miles; rather, they get into shape by running shorter distances and building up their endurance with cross-training. If they have prepared successfully, then they are in optimal condition to run the marathon over its predetermined course and length, assuming a range of weather conditions, predicted or not. This is normal marathon preparation.

* contingency: 비상사태   ** mock: 모의의
*** cross-training: 여러 가지 운동을 조합하여 행하는 훈련법

① developing the potential to respond to a real disaster
② making a long-term recovery plan for a disaster
③ seeking cooperation among related organizations
④ saving basic disaster supplies for an emergency
⑤ testing a runner's speed as often as possible

• 핵심 코드 •

❶ 전치사+동명사

• without v-ing: ~하지 않고, ~하는 것 없이
• never ~ without v-ing: …하지 않고는 ~ 않는다, ~할 때마다 …한다
  My son **never** goes out **without taking** his doll.
  우리 아들은 그의 인형을 가져가지 않고서는 절대 나가지 않는다.
• by v-ing: ~함으로써
• on v-ing: ~하자마자
  On seeing her, my heart started to pound.
  그녀를 보자마자 내 심장은 두근대기 시작했다.

❷ no matter how+형용사/부사

「no matter how+형용사/부사」는 '아무리 (형용사/부사)하더라도'의 의미이고 뒤에 「주어+동사」가 온다. 지문의 문장에서 형용사 many가 주어인 mock disasters를 수식한다.

  No matter how rich you are, you cannot buy this house.
  당신이 아무리 부자여도 이 집을 살 수 없어요.
  No matter how fast she ran, she couldn't catch the bus.
  아무리 그녀가 빨리 달렸어도 버스를 잡을 수는 없었다.

❸ more A than B

「more ~ than」은 보통 '…보다 ~하다'의 의미인 비교급을 나타낸다. 하지만 「more A than B」로 쓰여 A, B가 원급 형용사이거나 명사, 전치사구 등일 때는 동일 인물·사물의 다른 성질을 비교하는 것으로 'B라기보다는 A인'의 의미이다.

  She is **more wise than** clever.
  그녀는 영리하다기보다는 현명하다.

  He is **more an artist than** a philosopher.
  그는 철학자라기보다는 예술가이다.

多빈출 핵심 어휘

precisely 〔부〕 정확히 **disaster** 〔명〕 재난 **preparation** 〔명〕 준비 **rehearsal** 〔명〕 예행연습 **stage** 〔동〕 (집회 등을) 조직하다 **prior** 〔형〕 사전의 **mirror** 〔동〕 (그대로) 반영하다[나타내다] **train** 〔동〕 훈련하다 **sprint event** 단거리 달리기 경주 **get into shape** 몸 상태를 좋게 만들다 **build up** 강화하다 **endurance** 〔명〕 지구력 **optimal** 〔형〕 최적의 **condition** 〔명〕 상태; 조건 **predetermined** 〔형〕 미리 정해진 **assume** 〔동〕 가정하다 **a range of** 다양한 **normal** 〔형〕 보통의 [문제] **potential** 〔명〕 잠재력 **long-term** 〔형〕 장기적인 **seek** 〔동〕 찾다, 구하다 **cooperation** 〔명〕 협동 **supplies** 〔명〕 (*pl.*) 저장품, 물자 **emergency** 〔명〕 비상 사태

코드 접속하기

정답 및 해설 p. 64

Q3

● 2020년 6월 교육청(고2) 21번

밑줄 친 constantly wearing masks가 다음 글에서 의미하는 바로 가장 적절한 것은? [정답률] **42%**

Over the centuries various writers and thinkers, ❶ looking at humans from an outside perspective, ❷ have been struck by the theatrical quality of social life. The most famous quote ❸ expressing this comes from Shakespeare: "All the world's a stage, / And all the men and women merely players; / They have their exits and their entrances, / And one man in his time plays many parts." If the theater and actors were traditionally represented by the image of masks, writers such as Shakespeare are implying that all of us are constantly wearing masks. Some people are better actors than others. Evil types such as Iago in the play *Othello* are able to conceal their hostile intentions behind a friendly smile. Others are able to act with more confidence and bravado — they often become leaders. People with excellent acting skills can better navigate our complex social environments and get ahead.

* bravado: 허세

① protecting our faces from harmful external forces
② performing on stage to show off our acting skills
③ feeling confident by beating others in competition
④ doing completely the opposite of what others expect
⑤ adjusting our behavior based on the social context given

● 핵심 코드 ●

❶ 분사구문(동시동작)

분사구문이란 분사가 이끄는 구가 문장에서 시간, 이유, 조건, 양보, 동시동작, 연속동작(결과) 등을 나타내는 부사구 역할을 하는 것을 말한다. 이 중 동시동작을 나타내는 분사구문은 '~하면서, ~한 채로'의 의미로 해석된다.

❷ 현재완료 수동태

현재완료 수동태는 「have[has] been+p.p.」의 형태를 취하며 '~되었다, ~된 적이 있다' 등의 의미를 나타낸다.

The website **has been blocked** by the system administrator.
웹사이트는 시스템 관리자에 의해 차단되었다.

❸ 현재분사구

분사가 단독으로 명사를 수식할 때는 명사의 앞에서 수식하지만, 목적어나 보어, 수식어구 등을 수반하는 경우 명사를 뒤에서 수식한다. 이때 분사구가 능동이나 진행의 의미를 나타내는 경우 현재분사(v-ing)를 쓴다.

The dog **barking at the strange man** has sharp teeth.

낯선 남자를 향해 짖고 있는 그 개는 날카로운 이빨을 가지고 있다.

多빈출 핵심 어휘

century 명 세기 **various** 형 다양한 **outside** 형 외부의 **perspective** 명 관점 **theatrical** 형 연극의 **quality** 명 특성, 특징 **quote** 명 인용문[구] **come from** ~에서 생겨나다, 비롯되다 **merely** 부 단지 **exit** 명 출구 **entrance** 명 입구 **traditionally** 부 전통적으로 **imply** 동 암시하다 **constantly** 부 끊임없이 **evil** 형 사악한 **conceal** 동 숨기다 **hostile** 형 적대적인 **intention** 명 의도 **confidence** 명 자신감 **navigate** 동 길을 찾다 **complex** 형 복잡한 **environment** 명 환경 **get ahead** 앞서가다

Q4
• 2025년 3월 교육청(고2) 21번

밑줄 친 keeping the ball on a slope가 다음 글에서 의미하는 바로 가장 적절한 것은? 정답률 **52%**

The concept ❶ **of** ecosystem states should be familiar to anyone ❷ **with a home vegetable garden**. The garden is a small ecosystem that the grower attempts to keep in a specific state, namely the maximization of fruit and vegetable production. To achieve this, the grower is almost always intervening in the dynamics of the ecosystem; they remove unwanted plants that begin to grow and perhaps spray insecticides and fence off the patch to stop insects and other animals from consuming the vegetables. ❸ **Since** maximizing vegetable growth is an inherently unstable state for the ecosystem, the grower is effectively <u>keeping the ball on a slope</u>. If the grower stops intervening, even for a day, the ecosystem ❶**,** that small patch of ground, will naturally begin to shift to a more stable state. Vegetables may still grow, but yield will almost certainly be lower ❸ **as** other plants crowd out the vegetables and wildlife consume the produce.

* insecticide: 살충제

① improving the garden's environment without human intervention
② altering the ecosystem of the garden to maximize its stability
③ balancing increased plant diversity with ecosystem stability
④ maintaining an unstable ecosystem for high vegetable yield
⑤ boosting the harmonious growth of plants in the wild

• 핵심 코드 •

❶ 동격

콤마(,)와 of, that을 사용하여 동격을 나타낼 수 있다.

My friend, John, is a talented musician.
내 친구 John은 재능 있는 음악가이다.

The city of Paris is known for its beautiful architecture.
파리라는 도시는 아름다운 건축물로 유명하다.

The fact that the company has been growing rapidly is a good sign for the economy.
그 회사가 빠르게 성장하고 있다는 사실은 경제에 좋은 신호이다.

❷ 전치사구 (형용사구)

전치사구는 명사를 뒤에서 수식하는 형용사구 역할을 할 수 있다.

The book [on the table] is mine.
테이블 위에 있는 책은 내 것이다.

She is the person [with a kind heart].
그녀는 친절한 마음을 가진 사람이다.

❸ 이유를 나타내는 접속사

because, as, since는 '~하기 때문에'라는 뜻으로 이유를 나타내는 접속사로 쓰일 수 있다.

She is studying hard because she wants to pass the exam.
그녀는 시험에 합격하고 싶기 때문에 열심히 공부하고 있다.

As it was raining, we decided to stay indoors.
비가 오고 있었기 때문에, 우리는 실내에 있기로 결정했다.

Since you're not feeling well, you should rest.
너는 몸이 좋지 않기 때문에, 쉬어야 한다.

多빈출 핵심 어휘

familiar 형 익숙한 **attempt** 동 시도하다 **namely** 부 즉, 다시 말해 **maximization** 명 극대화 **intervene** 동 개입하다 **dynamics** 명 역학 **consume** 동 소비하다, 먹다 **inherently** 부 본질적으로 **unstable** 형 불안정한 **effectively** 부 사실상 **shift** 동 변화하다 **yield** 명 수확(량) **produce** 명 농작물

01 [고득점] ○△× ● 2025년 6월 교육청(고2) 21번

밑줄 친 every man has a horizon of his own이 다음 글에서 의미하는 바로 가장 적절한 것은? [정답률] **46%**

It is difficult, if not impossible, to define the limits which reason should impose on the desire for wealth; for there is no absolute or definite amount of wealth which will satisfy a man. The amount is always relative, that is to say, just so much as will maintain the proportion between what he wants and what he gets; for to measure a man's happiness only by what he gets, and not also by what he expects to get, is as pointless as to try and express a fraction which shall have a numerator but no denominator. A man never feels the loss of things which it never occurs to him to ask for; he is just as happy without them; whilst another, who may have a hundred times as much, feels miserable because he has not got the one thing he wants. In fact, every man has a horizon of his own, and he will expect as much as he thinks it is possible for him to get.

*fraction: 분수 **numerator: 분자 ***denominator: 분모

① one's success is judged by how many goals he has achieved
② each one has his own methods of getting what he wants
③ there cannot be any limit to what one desires in his mind
④ one's standard of happiness is tailored to societal norms
⑤ the limit of what one desires to get varies by person

02 ○△× ● 2024년 6월 교육청(고2) 21번

밑줄 친 "Slavery resides under marble and gold."가 다음 글에서 의미하는 바로 가장 적절한 것은? [정답률] **70%**

Take a look at some of the most powerful, rich, and famous people in the world. Ignore the trappings of their success and what they're able to buy. Look instead at what they're forced to trade in return—look at what success has cost them. Mostly? Freedom. Their work demands they wear a suit. Their success depends on attending certain parties, kissing up to people they don't like. It will require—inevitably—realizing they are unable to say what they actually think. Worse, it demands that they become a different type of person or do bad things. Sure, it might pay well—but they haven't truly examined the transaction. As Seneca put it, "Slavery resides under marble and gold." Too many successful people are prisoners in jails of their own making. Is that what you want? Is that what you're working hard toward? Let's hope not.

*trappings: 장식

① Your success requires you to act in ways you don't want to.
② Fame cannot be achieved without the help of others.
③ Comparing yourself to others makes you miserable.
④ Hard labor guarantees glory and happiness in the future.
⑤ There exists freedom in the appearance of your success.

03 ○△✕ ● 2024년 9월 교육청(고2) 21번

밑줄 친 Build a jazz band가 다음 글에서 의미하는 바로 가장 적절한 것은? 정답률 64%

In today's information age, in many companies and on many teams, the objective is no longer error prevention and replicability. On the contrary, it's creativity, speed, and keenness. In the industrial era, the goal was to minimize variation. But in creative companies today, maximizing variation is more essential. In these situations, the biggest risk isn't making a mistake or losing consistency; it's failing to attract top talent, to invent new products, or to change direction quickly when the environment shifts. Consistency and repeatability are more likely to suppress fresh thinking than to bring your company profit. A lot of little mistakes, while sometimes painful, help the organization learn quickly and are a critical part of the innovation cycle. In these situations, rules and process are no longer the best answer. A symphony isn't what you're going for. Leave the conductor and the sheet music behind. Build a jazz band instead.

① Foster variation within an organization.
② Limit the scope of variability in businesses.
③ Invent a new way of minimizing risk-taking.
④ Promote teamwork to forecast upcoming changes.
⑤ Share innovations over a sufficient period of time.

04 ○△✕ ● 2024년 3월 교육청(고2) 21번

밑줄 친 we were still taping bricks to accelerators가 다음 글에서 의미하는 바로 가장 적절한 것은? 정답률 56%

If you had wanted to create a "self-driving" car in the 1950s, your best option might have been to strap a brick to the accelerator. Yes, the vehicle would have been able to move forward on its own, but it could not slow down, stop, or turn to avoid barriers. Obviously not ideal. But does that mean the entire concept of the self-driving car is not worth pursuing? No, it only means that at the time we did not yet have the tools we now possess to help enable vehicles to operate both autonomously and safely. This once-distant dream now seems within our reach. It is much the same story in medicine. Two decades ago, we were still taping bricks to accelerators. Today, we are approaching the point where we can begin to bring some appropriate technology to bear in ways that advance our understanding of patients as unique individuals. In fact, many patients are already wearing devices that monitor their conditions in real time, which allows doctors to talk to their patients in a specific, refined, and feedback-driven way that was not even possible a decade ago.

* strap: 끈으로 묶다 ** autonomously: 자율적으로

① the importance of medical education was overlooked
② self-driving cars enabled patients to move around freely
③ the devices for safe driving were unavailable at that time
④ lack of advanced tools posed a challenge in understanding patients
⑤ appropriate technologies led to success in developing a new medicine

05

□○△✕ • 2023년 6월 교육청(고2) 21번

밑줄 친 have entirely lost our marbles가 다음 글에서 의미하는 바로 가장 적절한 것은? 　정답률 **53%**

　North America's native cuisine met the same unfortunate fate as its native people, save for a few relics like the Thanksgiving turkey. Certainly, we still have regional specialties, but the Carolina barbecue will almost certainly have California tomatoes in its sauce, and the Louisiana gumbo is just as likely to contain Indonesian farmed shrimp. If either of these shows up on a fast-food menu with lots of added fats or HFCS, we seem unable either to discern or resist the corruption. We have yet to come up with a strong set of generalized norms, passed down through families, for savoring and sensibly consuming what our land and climate give us. We have, instead, a string of fad diets convulsing our bookstores and bellies, one after another, at the scale of the national best seller. Nine out of ten nutritionists view this as evidence that we have entirely lost our marbles.

　* relic: 전해 내려오는 풍속　** HFCS: 액상 과당　*** convulse: 큰 소동을 일으키다

① have utterly disrupted our complex food supply chain
② have vividly witnessed the rebirth of our classic recipes
③ have completely denied ourselves access to healthy food
④ have become totally confused about our distinctive food identity
⑤ have fully recognized the cultural significance of our local foods

06

□○△✕ • 2023년 9월 교육청(고2) 21번

밑줄 친 forward "thinking"이 다음 글에서 의미하는 바로 가장 적절한 것은? 　정답률 **67%**

　I suspect fungi are a little more forward "thinking" than their larger partners. Among trees, each species fights other species. Let's assume the beeches native to Central Europe could emerge victorious in most forests there. Would this really be an advantage? What would happen if a new pathogen came along that infected most of the beeches and killed them? In that case, wouldn't it be more advantageous if there were a certain number of other species around—oaks, maples, or firs—that would continue to grow and provide the shade needed for a new generation of young beeches to sprout and grow up? Diversity provides security for ancient forests. Because fungi are also very dependent on stable conditions, they support other species underground and protect them from complete collapse to ensure that one species of tree doesn't manage to dominate.

　* fungus: 균류, 곰팡이류(*pl.* fungi)　** beech: 너도밤나무　*** pathogen: 병원균

① responsible for the invasion of foreign species
② eager to support the dominance of one species
③ aware that diversity leads to the stability of forests
④ indifferent to helping forests regenerate after collapse
⑤ careful that their territories are not occupied by other species

多빈출 핵심 어휘

01

☐ **define** 동 규정하다, 정의하다
define the limits 한계를 규정하다

☐ **desire** 명 욕망

☐ **absolute** 형 절대적인

☐ **definite** 형 정해진
there is no **absolute** or **definite** amount of wealth
절대적이거나 정해진 부의 양은 없다

☐ **relative** 형 상대적인

☐ **maintain** 동 유지하다

☐ **proportion** 명 비율

☐ **measure** 동 측정하다, 평가하다
measure a man's happiness 한 사람의 행복을 평가하다

☐ **loss** 명 상실

☐ **miserable** 형 비참한

☐ **horizon** 명 지평선

☐ **norms** 명 《pl.》 규범

02

☐ **ignore** 동 무시하다

☐ **force** 동 강요하다

☐ **trade** 동 맞바꾸다
trade in return 대가로 맞바꾸다

☐ **demand** 동 요구하다

☐ **depend on** ~에 달려 있다

☐ **attend** 동 참석하다

☐ **require** 동 요구하다

☐ **inevitably** 부 필연적으로

☐ **examine** 동 조사하다; *고찰하다

☐ **transaction** 명 거래

☐ **reside** 동 살다, 거주하다

☐ **prisoner** 명 죄수

☐ **jail** 명 감옥
prisoners in **jails** 감옥의 죄수들

☐ **labor** 명 노동

03

☐ **objective** 명 목표

☐ **prevention** 명 방지

☐ **replicability** 명 반복 가능성

☐ **keenness** 명 명민함

☐ **industrial** 형 산업의

☐ **era** 명 시대

☐ **variation** 명 변화

☐ **essential** 형 필수적인
maximizing **variation** is more **essential**
변화를 극대화하는 것이 더 필수적이다

☐ **consistency** 명 일관성
losing **consistency** 일관성을 잃는 것

☐ **attract** 동 끌어들이다

☐ **suppress** 동 짓누르다
suppress fresh thinking 새로운 생각을 짓누르다

☐ **critical** 형 중요한

☐ **innovation** 명 혁신
a **critical** part of the **innovation** cycle 혁신 주기의 중요한 부분

☐ **symphony** 명 교향악단

☐ **conductor** 명 지휘자

04

☐ **self-driving** 명 자율 주행 형 자율 주행의

☐ **accelerator** 명 가속 페달

☐ **vehicle** 명 자동차, 교통수단

☐ **on one's own** 스스로

☐ **barrier** 명 장애물
avoid **barriers** 장애물을 피하다

☐ **entire** 형 전체의

☐ **pursue** 동 추구하다

☐ **possess** 동 가지고 있다

☐ **tape** 동 테이프로 묶다

☐ **approach** 동 접근하다
are **approaching** the point 지점에 접근하고 있다

☐ **bring ~ to bear** ~을 도입하다

☐ **appropriate** 형 적절한

☐ **advance** 동 증진하다
advance our understanding of patients
우리가 환자를 이해하는 것을 증진시키다

☐ **unique** 형 고유한

☐ **refined** 형 정제된

05

□ **native**	형 태생의, 토종의	
□ **fate**	명 운명	

met the unfortunate **fate** 불행한 운명을 맞이했다

□ **regional** 형 지역의

have **regional** specialties 지역 특색 음식을 가지고 있다

□ **contain** 동 포함하다

□ **discern** 동 알아차리다

□ **resist** 동 저항하다

□ **corruption** 명 부패; *오염, 변질

resist the **corruption** 변질을 막다

□ **generalize** 동 일반화하다

□ **pass down** ~을 물려주다

□ **fad diet** 유행하는 식단

06

□ **suspect** 동 의심하다; *짐작하다

□ **species** 명 종

□ **emerge** 동 나타나다, 출현하다

□ **victorious** 형 승리한

□ **advantage** 명 이점

□ **infect** 동 감염시키다

□ **shade** 명 그늘

□ **generation** 명 세대

a new **generation** 새로운 세대

□ **sprout** 동 싹을 틔우다

□ **diversity** 명 다양성

□ **security** 명 안전

□ **dependent on** ~에 의존하는

□ **stable** 형 안정적인

dependent on stable conditions 안정적인 조건에 의존하는

□ **collapse** 명 붕괴

protect them from complete **collapse**
그것들을 완전한 붕괴로부터 보호하다

□ **ensure** 동 확실히 하다

□ **manage to-v** 간신히 ~하다

□ **dominate** 동 우세하다

□ **invasion** 명 침입

□ **regenerate** 동 재건하다

□ **territory** 명 영역, 구역

□ **occupy** 동 차지하다

10

빈칸 추론

출제코드 분석

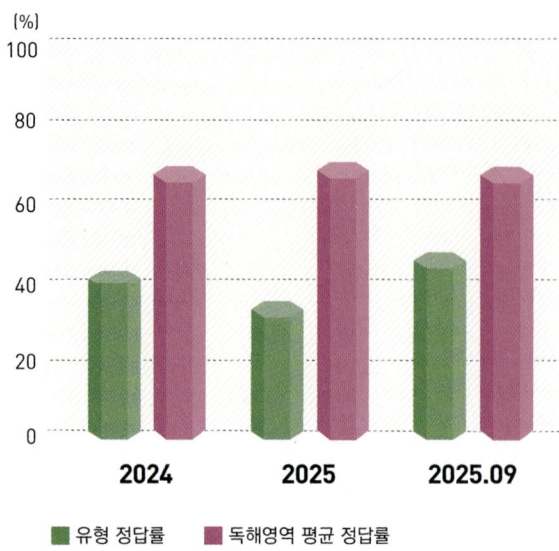

빈칸에 들어갈 말을 고르는 유형으로, 매년 3~4문항씩 출제된다. 수능 독해영역에서 가장 출제 비중이 높으며 고난도 3점짜리 문항이 가장 많이 나오는 유형이다. 2025학년도 수능의 경우 [빈칸 추론] 유형의 평균 정답률은 35%였으며, 두 문항이 고난도 3점짜리로 출제되었다. 2024학년도 수능의 경우 평균 정답률은 42%였고, 두 문항이 고난도 3점짜리로 출제되었다. 2025년도 9월 고2 학평에서는 해당 유형의 평균 정답률이 47%로 독해영역 평균 정답률(68%)보다 상당히 낮았다.

최근 수능 및 학평 출제 소재

최근 수능에서는 문학이 외국어 학습 과정에 주는 도움에 관한 글, 교육이 비판적 사고와 자기 통제에 미치는 영향에 관한 글, 주의를 상품화하는 '주의 경제'에 관한 글, 규칙이 사회적 역할과 활동을 가능하게 하는 힘에 관한 글이 출제되었다. 학평에서는 예측 불가능한 경험과 놀라움이 삶을 더 생생하게 느끼게 한다는 내용의 글, 시장 메커니즘이 개인의 행동을 드러내고 조정하게 하는 특징에 관한 글, 언어는 시대와 문화에 따라 의미가 변하는 살아 있는 체계라는 내용의 글, 광고에서 이미지와 텍스트가 결합하여 의미를 특정 방향으로 유도한다는 내용의 글이 출제되었다.

학습 전략

유형 설명

빈칸에 들어갈 적절한 어구나 절을 추론하는 유형으로, 글의 전체적인 구성을 이해하는 능력과 논리적인 사고력이 요구된다.

유형 학습 전략

1. 글의 중심 소재와 전개 방식을 파악한다.
2. 빈칸에 들어가는 내용은 대개 글의 중심 내용이나 주제에 해당되는 경우가 많다. 구체적인 사례들을 일반화하거나 주제를 재진술하는 내용의 선택지가 있는지 확인한다.
3. 선택한 답안을 빈칸에 넣어 글의 흐름이 자연스럽게 연결되는지 살펴본다.

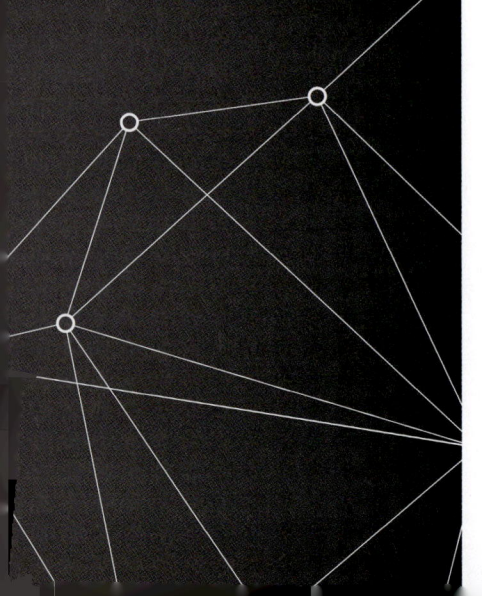

코드 접속하기

정답 및 해설 p. 71

Q1
● 2022년 6월 교육청(고2) 32번

다음 빈칸에 들어갈 말로 가장 적절한 것은? 정답률 **53%**

Color is an interpretation of wavelengths, one ❶ that only exists internally. And it gets stranger, because the wavelengths we're talking about involve only ❷ what we call "visible light", a spectrum of wavelengths ❶ that runs from red to violet. But visible light constitutes only a tiny fraction of the electromagnetic spectrum—less than one ten-trillionth of it. ❸ All the rest of the spectrum—including radio waves, microwaves, X-rays, gamma rays, cell phone conversations, wi-fi, and so on—all of this is flowing through us right now, and we're completely unaware of it. This is because we don't have any specialized biological receptors to pick up on these signals from other parts of the spectrum. The slice of reality ❶ that we can see is _____.

* electromagnetic: 전자기의 ** receptor: 수용체

① hindered by other wavelengths
② derived from our imagination
③ perceived through all senses
④ filtered by our stereotypes
⑤ limited by our biology

● 핵심 코드 ●

❶ 관계대명사 that

관계대명사 that은 주격 또는 목적격 관계대명사로만 쓰이며, 선행사의 종류(사람, 동물, 사물)에 상관없이 모두 사용할 수 있다.

The man **that** was driving was clearly drunk. 〈주격〉
운전 중이던 그 사람은 분명 취해 있었다.
The actor **that** I like best starred in this movie. 〈목적격〉
내가 가장 좋아하는 배우가 이 영화에서 주연을 맡았다.

❷ 관계대명사 what

선행사를 포함하는 관계대명사 what은 '~하는 것(들)'의 의미로 명사절을 이끌며, the thing(s) that[which]으로 바꿔 쓸 수 있다.

Her friendly manner is **what** makes her special.
= Her friendly manner is **the thing that[which]** makes her special.
그녀의 친절한 태도가 그녀를 특별하게 만드는 것이다.

❸ 주어와 동사의 수 일치

주어가 all, most, half, part, the rest, 분수, 퍼센트 등일 때 of 뒤에 오는 명사에 동사의 수를 일치시킨다.

All of the information here **is** confidential.
여기 있는 모든 정보는 기밀이다.
Most of us feel the same way.
우리 모두는 동감한다.

多빈출 핵심 어휘

interpretation 몝 해석 **wavelength** 몝 파장 **internally** 凰 내부에 **visible** 톈 보이는, 가시적인 **spectrum** 몝 스펙트럼, 범위 **constitute** 됩 구성하다 **fraction** 몝 부분, 일부 **trillion** 몝 1조 **conversation** 몝 대화 **flow** 됩 흐르다 **unaware** 톈 알지 못하는 **specialized** 톈 전문의, 특수화된 **pick up on** ~을 알아차리다 [문제] **hinder** 됩 방해하다 **derive** 됩 얻다, 이끌어 내다 **perceive** 됩 감지하다, 인지하다 **stereotype** 몝 고정 관념

10 빈칸 추론 • 99

Q2
2024년 3월 교육청(고2) 31번

다음 빈칸에 들어갈 말로 가장 적절한 것은? [정답률 62%]

Dancers often push ❶ themselves to the limits of their physical capabilities. But that push is misguided if it is directed toward accomplishing something physically impossible. For instance, a tall dancer with long feet may wish to perform repetitive vertical jumps to fast music, ❷ pointing his feet while in the air and ❷ lowering his heels to the floor between jumps. That may be impossible no matter how strong the dancer is. But a short-footed dancer may have no trouble! Another dancer may be struggling to complete a half-turn in the air. Understanding the connection between a rapid turn rate and the alignment of the body close to the rotation axis tells her how to accomplish her turn successfully. In both of these cases, understanding and working within the _____ ❸ imposed by nature and ❸ described by physical laws allows dancers to work efficiently, ❷ minimizing potential risk of injury.

* alignment: 정렬 ** rotation axis: 회전축

① habits ② cultures ③ constraints
④ hostilities ⑤ moralities

• 핵심 코드 •

❶ 재귀대명사

주어와 목적어가 동일할 때, 목적어로 재귀대명사를 쓴다.

We decided to challenge **ourselves** by hiking the steepest trail in the park.
우리는 공원의 가장 가파른 길을 하이킹하는 것으로 우리 자신에게 도전하기로 결정했다.

❷ 분사구문(동시동작)

동시동작을 나타내는 분사구문은 '~하면서, ~한 채로'의 의미를 나타낸다.

Smelling the delicious aroma, she walked into the bakery.
맛있는 향기를 맡으며, 그녀는 제과점으로 걸어 들어갔다.

❸ 과거분사구

분사가 단독으로 명사를 수식할 때는 명사의 앞에서 수식하지만, 목적어나 보어, 수식어구 등을 수반하는 경우 명사를 뒤에서 수식한다. 이때 분사구가 수동이나 완료의 의미를 나타내는 경우 과거분사(p.p.)를 쓴다.

The **abandoned** dog was found by a kind-hearted passerby.
버려진 개가 지나가는 마음씨 고운 사람에게 발견되었다.

The book [**written** by my favorite author] became a bestseller.
내가 가장 좋아하는 작가에 의해 쓰인 책이 베스트셀러가 되었다.

多빈출 핵심 어휘

capability 명 능력 **misguided** 형 잘못 이해한 **direct** 동 ~로 향하다 **accomplish** 동 달성하다 **perform** 동 수행하다 **repetitive** 형 반복적인 **vertical** 형 수직의 **struggle** 동 애쓰다 **rate** 명 속도 **impose** 동 주다, 부여하다 **by nature** 선천적으로 **efficiently** 부 효율적으로 **minimize** 동 최소화하다 **potential** 형 잠재적인 **risk** 명 위험 **injury** 명 부상 [문제] **constraint** 명 제약 **hostility** 명 적의 **morality** 명 도덕(성)

코드 접속하기

정답 및 해설 p. 72

Q3
● 2019년 6월 교육청(고2) 31번

다음 빈칸에 들어갈 말로 가장 적절한 것은? 정답률 **37%**

Psychologists Leon Festinger, Stanley Schachter, and sociologist Kurt Back began to wonder how friendships form. Why do some strangers build lasting friendships, ❶ while others struggle to get past basic platitudes? Some experts explained that friendship formation could be traced to infancy, ❷ where children acquired the values, beliefs, and attitudes that would bind or separate them later in life. But Festinger, Schachter, and Back pursued a different theory. The researchers believed that _____ was the key to friendship formation; that "friendships are likely to develop on the basis of brief and passive contacts made going to and from home or walking about the neighborhood." In their view, it ❸ wasn't so much that people with similar attitudes became friends, but rather that people who passed each other during the day tended to become friends and so came to adopt similar attitudes over time.

* platitude: 상투적인 말

① shared value
② physical space
③ conscious effort
④ similar character
⑤ psychological support

·핵심 코드·

❶ 접속사 while

while은 두 상황을 대조하여 '~인 반면에, ~이지만 (한편)'의 뜻으로 쓰이기도 한다.

While her parents are quite short, she's very tall.
그녀의 부모님은 키가 상당히 작은 반면 그녀는 아주 크다.

❷ 관계부사 where

관계부사로서 where는 특정 단계, 상황 등을 나타내는 선행사와 함께 쓰여 '~한 단계, ~한 상황' 등의 의미로 쓰일 수 있다.

The treatment hasn't yet reached **the point where** the patient begins to feel better.
치료는 환자가 좋아지고 있다고 스스로 느끼는 단계까지 아직 이르지 못했다.

We have **a situation where** women find themselves discriminated against.
여성이 차별받고 있다고 스스로 느끼는 것이 현재 상황이다.

❸ it is not so much A but (rather) B

「it is not so much A but (rather) B」 구문은 'A라고 하기보다는 오히려 B이다'의 의미로 쓰인다.

It's not so much that I like hiking, **but** when I'm in Korea I just do it.
저는 등산을 좋아한다기보다는 한국에 있을 때는 그냥 등산을 해요.

多빈출 핵심 어휘

sociologist 명 사회학자 **stranger** 명 타인, 이방인
formation 명 형성 **be traced to** ~로 거슬러 올라가다
infancy 명 유아기 **value** 명 가치 **bind** 동 묶다, 결속시키다
separate 동 분리하다 **pursue** 동 추구하다 **be likely
to-v** ~할 개연성이 있다, ~할 것 같다 **brief** 형 짧은, 간단한
passive 형 수동적인 **tend to-v** ~하는 경향이 있다 **adopt**
동 택하다, (태도 등을) 취하다 [문제] **conscious** 형 의식
하고 있는, 의식적인

Q4
● 2022년 3월 교육청(고2) 32번

다음 빈칸에 들어갈 말로 가장 적절한 것은? 정답률 **59%**

When you're driving a car, your memory of ❶ how to operate the vehicle comes from one set of brain cells; the memory of ❶ how to navigate the streets ❷ to get to your destination springs from another set of neurons; the memory of driving rules and following street signs originates from another family of brain cells; and the thoughts and feelings you have about the driving experience itself, including any close calls with other cars, come from yet another group of cells. You do not have conscious awareness of all these separate mental plays and cognitive neural firings, ❸ yet they somehow work together in beautiful harmony ❷ to synthesize your overall experience. In fact, we don't even know the real difference between how we remember and how we think. But, we ❹ do know they are strongly intertwined. That is why truly improving memory can never simply be about using memory tricks, although they can be helpful in strengthening certain components of memory. Here's the bottom line: ❷ To improve and preserve memory at the cognitive level, you have to _____.

* close call: 위기일발 ** intertwine: 뒤얽히게 하다

① keep your body and mind healthy
② calm your mind in stressful times
③ concentrate on one thing at a time
④ work on all functions of your brain
⑤ share what you learn with other people

● 핵심 코드 ●

❶ 의문사+to부정사

what, how, when, where, which 등의 의문사와 to부정사가 함께 쓰여 다음과 같은 의미로 쓰인다.

- what to-v: 무엇을 ~할지
- how to-v: 어떻게 ~할지, ~하는 방법
- when to-v: 언제 ~할지
- where to-v: 어디서 ~할지
- which to-v: 어떤 것을 ~할지

I bought a cookbook to learn **how to make** Italian food.
나는 이탈리아 음식 만드는 법을 배우기 위해 요리책을 샀다.

❷ to부정사의 부사적 용법 (목적)

목적을 나타내는 부사적 용법의 to부정사는 '~하기 위해'의 의미를 가진다.

Proofread your writing carefully **to avoid** mistakes.
실수를 피하기 위해서 너의 글을 주의 깊게 교정하라.

❸ 접속사 yet

yet은 등위접속사로 쓰여 '그러나', '그럼에도 불구하고'의 의미를 나타낸다.

❹ 동사 강조

「do[does/did]+동사원형」 형태를 통해 동사를 강조할 수 있다.

I **did try** to explain the situation, but nobody would listen.
나는 상황을 설명하려고 정말 노력했지만 아무도 들으려 하지 않았다.

多빈출 핵심 어휘

operate 통 조작하다, 작동하다 **vehicle** 명 탈것 **navigate** 통 주행하다, 항행하다 **destination** 명 목적지 **spring from** ~로부터 일어나다, 생기다 **neuron** 명 신경 세포 **originate from** ~에서 비롯되다 **conscious** 형 의식적인 **awareness** 명 인지 **separate** 형 별개의 **cognitive** 형 인지의 **neural** 형 신경(계)의 **fire** 통 발화[점화]되다 **synthesize** 통 종합하다, 합성하다 **strengthen** 통 강화하다 **component** 명 구성 요소 **bottom line** 핵심, 요점 **preserve** 통 보존하다

01 고득점 ○△✕ •2025년 6월 교육청(고2) 31번

다음 빈칸에 들어갈 말로 가장 적절한 것은? 정답률 45%

We might forget an anecdote about a stranger because it makes few connections with our existing associations, but we won't forget a piece of gossip about our cousin. There's one complex network that is larger and quicker to access than all others—the self. We've been thinking about ourselves in our whole lives. (In fact, there were entire years during junior high when we weren't capable of thinking about much else.) So if a new piece of information has something to do with *us*, it will be more easily and thoroughly processed. It hits even closer to home than our actual home—we can take a vacation away from our home, but not from *ourselves*. The most effective communicators find ways to make the abstract _____. Consider the warning that law schools give to motivate first-year law students concerning the rigors of their program. Hearing that "the first-year dropout rate is 33%" is an abstract statistic. "Look to your left, look to your right. One of the three of you won't be joining us next fall" wakes up the self.

* rigor: 엄격함

① objective   ② logical   ③ personal

④ creative   ⑤ symbolic

02 고득점 ○△✕ •2022년 6월 교육청(고2) 33번

다음 빈칸에 들어갈 말로 가장 적절한 것은? 정답률 35%

What is unusual about journalism as a profession is _____. In theory, practitioners in the classic professions, like medicine or the clergy, contain the means of production in their heads and hands, and therefore do not have to work for a company or an employer. They can draw their income directly from their clients or patients. Because the professionals hold knowledge, moreover, their clients are dependent on them. Journalists hold knowledge, but it is not theoretical in nature; one might argue that the public depends on journalists in the same way that patients depend on doctors, but in practice a journalist can serve the public usually only by working for a news organization, which can fire her or him at will. Journalists' income depends not on the public, but on the employing news organization, which often derives the large majority of its revenue from advertisers.

① its lack of independence

② the constant search for truth

③ the disregard of public opinion

④ its balance of income and faith

⑤ its overconfidence in its social influence

03 고득점 ○△× • 2021년 6월 교육청(고2) 32번

다음 빈칸에 들어갈 말로 가장 적절한 것은? 정답률 29%

While leaders often face enormous pressures to make decisions quickly, premature decisions are the leading cause of decision failure. This is primarily because leaders respond to the superficial issue of a decision rather than taking the time to explore the underlying issues. Bob Carlson is a good example of a leader _____ in the face of diverse issues. In the economic downturn of early 2001, Reell Precision Manufacturing faced a 30 percent drop in revenues. Some members of the senior leadership team favored layoffs and some favored salary reductions. While it would have been easy to push for a decision or call for a vote in order to ease the tension of the economic pressures, as co-CEO, Bob Carlson helped the team work together and examine all of the issues. The team finally agreed on salary reductions, knowing that, to the best of their ability, they had thoroughly examined the implications of both possible decisions.

* revenue: 총수입 ** implication: 영향

① justifying layoffs
② exercising patience
③ increasing employment
④ sticking to his opinions
⑤ training unskilled members

04 고득점 ○△× • 2025년 9월 교육청(고2) 34번

다음 빈칸에 들어갈 말로 가장 적절한 것은? 정답률 28%

The term "anchoring" was introduced by Roland Barthes who observed that text is often used next to images (his focus was on photographs) to confine meaning. Of all possible literal or implied interpretations an image could elicit, text would point the viewer towards a desired, specific direction. In advertising, as Barthes argues, the symbolic message does not guide identification but interpretation. The viewer is not asked to recognize what they see but to understand why they see it and what it means to them. By combining images with text, advertising produces symbolic meaning that is accurate and specific on the one hand, richer on the other, thus adding depth and eliminating breadth of rational and emotional interpretations. The headline or tagline of an ad directs the reader through the intended meanings of the image, so that _____. It "remote-controls" the reader towards a meaning chosen in advance.

* elicit: 이끌어 내다

① the reader avoids some and receives others
② the textual cues are disregarded by the audience
③ the emotional impact of the text is completely erased
④ the viewer focuses on the artistic quality of the image
⑤ the image and the accompanying text work in isolation

05 ○△✕ • 2024년 6월 교육청(고2) 31번

다음 빈칸에 들어갈 말로 가장 적절한 것은? 정답률 **63%**

We collect stamps, coins, vintage cars even when they serve no practical purpose. The post office doesn't accept the old stamps, the banks don't take old coins, and the vintage cars are no longer allowed on the road. These are all side issues; the attraction is that they are in _____. In one study, students were asked to arrange ten posters in order of attractiveness—with the agreement that afterward they could keep one poster as a reward for their participation. Five minutes later, they were told that the poster with the third highest rating was no longer available. Then they were asked to judge all ten from scratch. The poster that was no longer available was suddenly classified as the most beautiful. In psychology, this phenomenon is called reactance: when we are deprived of an option, we suddenly deem it more attractive.

① short supply   ② good shape
③ current use   ④ great excess
⑤ constant production

06 ○△✕ • 2023년 3월 교육청(고2) 33번

다음 빈칸에 들어갈 말로 가장 적절한 것은? 정답률 **51%**

Scholars of myth have long argued that myth gives structure and meaning to human life; that meaning is amplified when a myth evolves into a world. A virtual world's ability to fulfill needs grows when lots and lots of people believe in the world. Conversely, a virtual world cannot be long sustained by a mere handful of adherents. Consider the difference between a global sport and a game I invent with my nine friends and play regularly. My game might be a great game, one that is completely immersive, one that consumes all of my group's time and attention. If its reach is limited to the ten of us, though, then it's ultimately just a weird hobby, and it has limited social function. For a virtual world to provide lasting, wide-ranging value, its participants must _____. When that threshold is reached, psychological value can turn into wide-ranging social value.

* adherent: 추종자 ** threshold: 기준점

① be a large enough group to be considered a society
② have historical evidence to make it worth believing
③ apply their individual values to all of their affairs
④ follow a strict order to enhance their self-esteem
⑤ get approval in light of the religious value system

07 고득점 ○△× • 2023년 6월 교육청(고2) 33번

다음 빈칸에 들어갈 말로 가장 적절한 것은? 정답률 46%

In adolescence many of us had the experience of falling under the sway of a great book or writer. We became entranced by the novel ideas in the book, and because we were so open to influence, these early encounters with exciting ideas sank deeply into our minds and became part of our own thought processes, affecting us decades after we absorbed them. Such influences enriched our mental landscape, and in fact our intelligence depends on the ability to absorb the lessons and ideas of those who are older and wiser. Just as the body tightens with age, however, so does the mind. And just as our sense of weakness and vulnerability motivated the desire to learn, so does our creeping sense of superiority slowly close us off to new ideas and influences. Some may advocate that we all become more skeptical in the modern world, but in fact a far greater danger comes from _____ that burdens us as individuals as we get older, and seems to be burdening our culture in general.

* entrance: 매료시키다

① the high dependence on others

② the obsession with our inferiority

③ the increasing closing of the mind

④ the misconception about our psychology

⑤ the self-destructive pattern of behavior

08 ○△× • 2021년 3월 교육청(고2) 31번

다음 빈칸에 들어갈 말로 가장 적절한 것은? 정답률 62%

Even the most respectable of all musical institutions, the symphony orchestra, carries inside its DNA the legacy of the _____. The various instruments in the orchestra can be traced back to these primitive origins — their earliest forms were made either from the animal (horn, hide, gut, bone) or the weapons employed in bringing the animal under control (stick, bow). Are we wrong to hear this history in the music itself, in the formidable aggression and awe-inspiring assertiveness of those monumental symphonies that remain the core repertoire of the world's leading orchestras? Listening to Beethoven, Brahms, Mahler, Bruckner, Berlioz, Tchaikovsky, Shostakovich, and other great composers, I can easily summon up images of bands of men starting to chase animals, using sound as a source and symbol of dominance, an expression of the will to predatory power.

* legacy: 유산 ** formidable: 강력한

① hunt   ② law   ③ charity

④ remedy   ⑤ dance

09 고득점 ○△✕ · 2019년 6월 교육청(고2) 32번

다음 빈칸에 들어갈 말로 가장 적절한 것은? 정답률 47%

As entrepreneur Derek Sivers put it, "The first follower is what transforms a lone nut into a leader." If you were sitting with seven other people and six group members picked the wrong answer, but the remaining one chose the correct answer, conformity dropped dramatically. "The presence of a supporting partner depleted the majority of much of its pressure," Asch wrote. Merely knowing that _____ makes it substantially easier to reject the crowd. Emotional strength can be found even in small numbers. In the words of Margaret Mead, "Never doubt that a small group of thoughtful citizens can change the world; indeed, it's the only thing that ever has." To feel that you're not alone, you don't need a whole crowd to join you. Research by Sigal Barsade and Hakan Ozcelik shows that in business and government organizations, just having one friend is enough to significantly decrease loneliness.

* conformity: 순응 ** deplete: 고갈시키다

① you're not the only resister
② the leader cannot be defeated
③ conforming to the rule is good
④ men are supposed to live alone
⑤ competition discourages cooperation

10 고득점 ○△✕ · 2023년 3월 교육청(고2) 31번

다음 빈칸에 들어갈 말로 가장 적절한 것은? 정답률 31%

Free play is nature's means of teaching children that they are not _____. In play, away from adults, children really do have control and can practice asserting it. In free play, children learn to make their own decisions, solve their own problems, create and follow rules, and get along with others as equals rather than as obedient or rebellious subordinates. In active outdoor play, children deliberately dose themselves with moderate amounts of fear and they thereby learn how to control not only their bodies, but also their fear. In social play children learn how to negotiate with others, how to please others, and how to manage and overcome the anger that can arise from conflicts. None of these lessons can be taught through verbal means; they can be learned only through experience, which free play provides.

* rebellious: 반항적인

① noisy   ② sociable   ③ complicated
④ helpless   ⑤ selective

多빈출 핵심 어휘

01

- anecdote 명 일화
- association 명 연상
- gossip 명 소문
- complex 형 복잡한
  there's one **complex** network 복잡한 네트워크가 있다
- access 동 접근하다
- thoroughly 부 철저하게
- abstract 형 추상적인
- motivate 동 동기 부여하다
- dropout 명 탈락
- statistic 명 통계
- symbolic 형 상징적인

02

- profession 명 직종, 직업
- practitioner 명 전문직 종사자
- clergy 명 성직자들
- draw 동 끌어내다, 얻다
  draw their income 그들의 수입을 끌어내다
- theoretical 형 이론적인
- in nature 본질적으로
- argue 동 주장하다
- in practice 실제는
- at will 마음대로
  fire her or him **at will** 그녀나 그를 마음대로 해고하다
- derive 동 끌어내다, 얻다
- revenue 명 수익, 수입
- advertiser 명 광고주
  derive the large majority of its **revenue** from **advertisers**
  광고주들로부터 수익의 대부분을 얻다
- independence 명 독립성
- disregard 명 무시
- faith 명 신뢰
- overconfidence 명 과신

03

- premature 형 섣부른
- leading 형 주된
- primarily 부 주로
- respond 동 반응하다
- superficial 형 피상적인
  respond to the **superficial** issue 피상적인 문제에 반응하다
- underlying 형 근본적인, 근원적인
- diverse 형 다양한
- economic downturn 경기 침체기
- drop 명 하락
- favor 동 선호하다
- layoff 명 해고
- reduction 명 삭감
- call for ~을 요청하다
- vote 명 투표
  call for a **vote** 투표를 요청하다
- ease 동 완화하다
- tension 명 압박, 긴장
  in order to **ease** the **tension** 긴장을 완화하기 위해서
- examine 동 검토하다
- justify 동 정당화하다
- exercise 동 운동하다; *발휘하다
- employment 명 고용
- stick to ~을 고수하다
- unskilled 형 미숙한

04

- term 명 용어
- introduce 동 도입하다
- observe 동 관찰하다
- confine 동 한정하다
- literal 형 문자 그대로의
- imply 동 함축하다
- specific 형 특정한, 구체적인
- identification 명 식별
- recognize 동 인식하다
- combine 동 결합하다
  combine images with text 이미지를 텍스트와 결합하다
- accurate 형 정확한
- depth 명 깊이
- eliminate 동 제거하다
- breadth 명 폭
- rational 형 이성적인
  rational and emotional interpretations 이성적이고 감성적인 해석
- tagline 명 끝맺음말
- intended 형 의도된
  the **intended** meanings of the image 이미지의 의도된 의미

05

- practical 형 실용적인
- purpose 명 목적
  serve no **practical purpose** 실용적인 목적을 수행하다
- attraction 명 매력
- arrange 동 배열하다
- attractiveness 명 매력도
  arrange ten posters in order of **attractiveness**
  포스터 10장을 매력도의 순서대로 배열하다
- agreement 명 동의, 합의
- reward 명 보상
- rating 명 순위, 평가
  with the third highest **rating** 세 번째 높은 평가의
- judge 동 판단하다

- [ ] **from scratch** 처음부터
- [ ] **classify** 동 분류하다
- [ ] **phenomenon** 명 현상
- [ ] **deprive** 동 빼앗다
  we are **deprived** of an option 우리가 선택지를 빼앗기다
- [ ] **deem** 동 여기다

06

- [ ] **scholar** 명 학자
- [ ] **myth** 명 신화
- [ ] **amplify** 동 증폭시키다
- [ ] **evolve** 동 진화하다
  a **myth evolves** into a world 하나의 신화가 하나의 세상으로 진화하다
- [ ] **virtual** 형 가상의
- [ ] **conversely** 부 반대로
- [ ] **sustain** 동 지속하다
- [ ] **a handful of** 몇 안 되는 수의
- [ ] **mere** 형 단지 ~에 불과한
- [ ] **immersive** 형 몰입하게 하는
- [ ] **ultimately** 부 최종적으로

07

- [ ] **adolescence** 명 청소년기
- [ ] **novel** 형 새로운
- [ ] **influence** 명 영향(력)
- [ ] **encounter** 명 마주침
- [ ] **absorb** 동 흡수하다
  absorb the lessons and ideas 교훈과 생각을 흡수하다
- [ ] **tighten** 동 경직되다
- [ ] **vulnerability** 명 취약성
- [ ] **desire** 명 욕구
  motivate the **desire** to learn 학습 욕구를 자극하다
- [ ] **creeping** 형 서서히 다가오는
- [ ] **superiority** 명 우월성
  sense of **superiority** 우월감
- [ ] **advocate** 동 지지하다; *주장하다
- [ ] **skeptical** 형 회의적인
- [ ] **burden** 동 부담을 주다

08

- [ ] **respectable** 형 훌륭한, 존경할 만한
- [ ] **institution** 명 단체, 기관, 협회
- [ ] **trace ~ back to** ~의 기원을 …까지 밝혀내다
- [ ] **primitive** 형 원시적인
- [ ] **origin** 명 기원
- [ ] **horn** 명 뿔
- [ ] **hide** 명 가죽
- [ ] **gut** 명 내장

- [ ] **employ** 동 이용하다
- [ ] **aggression** 명 공격(성)
- [ ] **awe-inspiring** 형 경외심을 자아내는
- [ ] **assertiveness** 명 당당함, 자기 주장
- [ ] **monumental** 형 기념비적인
- [ ] **core** 형 핵심적인
- [ ] **repertoire** 명 레퍼토리, 연주곡 목록
- [ ] **summon up** ~을 떠올리다
- [ ] **band** 명 무리
- [ ] **dominance** 명 지배, 우월함
- [ ] **predatory** 형 공격적인, 포식동물 같은

09

- [ ] **entrepreneur** 명 기업가
- [ ] **transform** 동 변형시키다, 바꿔놓다
- [ ] **nut** 명 괴짜, 다루기 힘든 사람; 견과
- [ ] **dramatically** 부 극적으로, 급격히
- [ ] **merely** 부 단순히
- [ ] **substantially** 부 상당히
- [ ] **reject** 동 거절하다
- [ ] **thoughtful** 형 사려깊은
  thoughtful citizens 사려깊은 시민들
- [ ] **indeed** 부 정말, 참으로
- [ ] **organization** 명 조직, 기구
  government **organizations** 정부 조직
- [ ] **significantly** 부 상당히, 의미있게
- [ ] **decrease** 동 줄이다
- [ ] **loneliness** 명 외로움
  significantly decrease loneliness 외로움을 상당히 줄이다
- [ ] **resister** 명 저항자
- [ ] **defeat** 동 패배시키다, 무찌르다
- [ ] **be supposed to-v** ~하기로 되어 있다
- [ ] **competition** 명 경쟁
- [ ] **discourage** 동 방해하다, 낙심시키다
- [ ] **cooperation** 명 협동

10

- [ ] **means** 명 수단
- [ ] **assert** 동 주장하다; *발휘하다
- [ ] **get along with** ~와 어울리다, ~와 잘 지내다
- [ ] **obedient** 형 복종적인, 순종적인
- [ ] **subordinate** 명 아랫사람, 부하
  obedient or rebellious **subordinates** 복종적이거나 반항적인 아랫사람
- [ ] **deliberately** 부 의도적으로
- [ ] **dose** 동 (약 등을) 주다
- [ ] **moderate** 형 적절한
- [ ] **negotiate** 동 협상하다
- [ ] **arise** 동 생기다, 일어나다
- [ ] **verbal** 형 언어적인, 말의
  can be taught through **verbal means** 언어적 수단을 통해 배울 수 있다

11
글의 순서

출제코드 분석

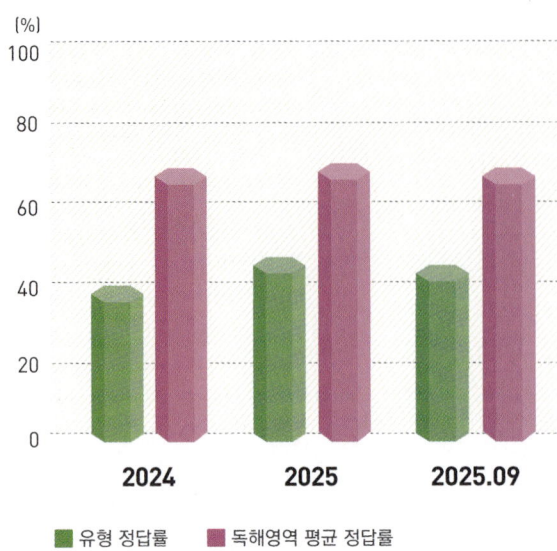

주어진 글 다음에 이어질 글의 순서를 알맞게 배열하는 유형은 최근 8개년 동안 매년 두 문항씩 출제되고 있다. 최근 들어 지문의 길이도 길어지고 문항 난이도도 어려워지는 추세이다. 2025학년도 수능에서 출제된 두 문항의 정답률은 각각 57%와 35%를 기록하여, 독해영역 평균 정답률(69%)에 비해 상당히 낮은 수준이었다. 2024학년도 수능에 출제된 두 문항의 정답률은 각각 39%와 38%를 기록하였다. 2025년도 9월 고2 학평의 경우 정답률은 각각 37%, 50%를 기록하여 아주 어려운 수준이었다.

최근 수능 및 학평 출제 소재
최근 수능에서는 농업 공동체에서 평판이 계약 이행에 미치는 영향에 관한 글과, 새의 집단 행동과 감정 전염 연구에 관한 글이 출제되었다. 학평에서는 인간이 본능적으로 위계를 만들고 그것이 위협받을 때 본능적 반응을 보이는 현상에 관한 글과, 못과 마찰력의 원리 및 장력과 마찰력이 못을 고정하는 방식에 관한 글이 출제되었다.

학습 전략

유형 설명
주어진 글 다음에 이어질 글의 순서를 배열하는 유형으로, 글의 논리적 흐름을 파악하는 능력이 요구된다.

유형 학습 전략
1. 주어진 글을 읽고 글의 내용을 파악한 후, 앞으로 전개될 내용을 예측한다.
2. 예시, 대조, 인과 등과 같이 논리적 흐름을 파악하는 데 도움이 되는 연결사에 주목한다. 또한 대명사나 지시어가 무엇을 가리키는지를 단서로 글의 순서를 유추한다.
3. 시간적 순서와 논리적인 흐름을 바탕으로 글의 순서를 배열한 후 전체적인 흐름을 다시 점검한다.

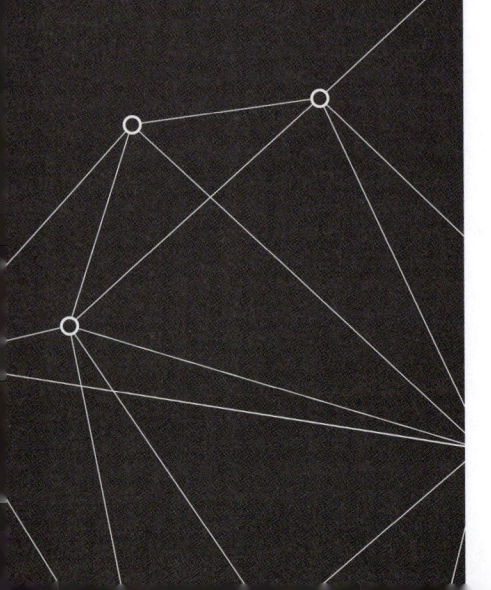

코드 접속하기

정답 및 해설 p. 82

Q1

● 2020년 6월 교육청(고2) 36번

주어진 글 다음에 이어질 글의 순서로 가장 적절한 것은? 정답률 **55%**

The invention of the mechanical clock was influenced by monks who lived in monasteries that were the examples of order and routine.

(A) Time was determined by watching the length of the weighted rope. The discovery of the pendulum in the seventeenth century led to the widespread use of clocks and enormous public clocks. Eventually, ❶ keeping time turned into serving time.

(B) They had to keep accurate time ❷ so that monastery bells could be rung at regular intervals to announce the seven hours of the day reserved for prayer. Early clocks were nothing more than a weight tied to a rope wrapped around a revolving drum.

(C) People started to follow the mechanical time of clocks rather than their natural body time. They ate at meal time, rather than when they were hungry, and went to bed when it was time, rather than when they were sleepy. Even periodicals and fashions became "❸ yearly." The world had become orderly.

* monastery: 수도원 ** pendulum: 흔들리는 추

① (A) – (C) – (B) ② (B) – (A) – (C)
③ (B) – (C) – (A) ④ (C) – (A) – (B)
⑤ (C) – (B) – (A)

● 핵심 코드 ●

❶ 주어로 쓰인 동명사구

동명사구가 주어인 경우 그 뒤에 따라붙는 목적어, 보어, 수식어 등으로 인해 주어 길이가 길어지므로, 주어가 어디까지인지를 파악하는 것이 중요하다. 또한 동명사 주어는 단수 취급함에 유의한다.

Eating breakfast after regular workouts is important
　　　　　주어　　　　　　　　　　동사

for your health.
규칙적인 운동 후에 아침 식사를 하는 것은 당신의 건강에 중요하다.

❷ so that+주어+can

「so that+주어+can」은 '~가 …할 수 있도록'이라는 의미를 나타낸다. '너무 ~해서 …하다'의 의미를 나타내는 「so+형용사[부사] +that+주어+동사」 구문과 혼동하지 않도록 유의한다.

I'll help you with the assignment **so that you can** go home early.
네가 집에 일찍 갈 수 있도록 내가 네 과제를 도와줄 것이다.

❸ 혼동하기 쉬운 형용사

뒤에 -ly가 붙어 부사처럼 보이지만 형용사임을 유의한다.

┌ year 몡 해, 연도
└ yearly 혱 연간의

┌ order 몡 순서; 질서
└ orderly 혱 질서 정연한

중비출 핵심 어휘

invention 몡 발명 **mechanical** 혱 기계식의 **monk** 몡 승려 **routine** 몡 (규칙적으로 하는) 일상 **determine** 동 정하다 **length** 몡 길이 **widespread** 혱 광범위한 **enormous** 혱 큰, 거대한 **eventually** 부 마침내 **accurate** 혱 정확한 **interval** 몡 간격 **announce** 동 알리다 **reserve** 동 지정하다 **nothing more than** ~에 불과한 **revolving** 혱 회전하는 **body time** 생체 시간 **periodical** 몡 정기 간행물 **yearly** 혱 연간의 **orderly** 혱 질서 정연한

정답 및 해설 p. 82

Q2

● 2022년 6월 교육청(고2) 37번

주어진 글 다음에 이어질 글의 순서로 가장 적절한 것은? 　정답률 **70%**

> One interesting feature of network markets is that "history matters." A famous example is the QWERTY keyboard used with your computer.

(A) Replacing the QWERTY keyboard with a more efficient design ❶ would have been both expensive and difficult ❷ to coordinate. Thus, the placement of the letters stays with the obsolete QWERTY on today's English–language keyboards.

(B) You might wonder why this particular configuration of keys, with its awkward placement of the letters, became the standard. The QWERTY keyboard in the 19th century was developed in the era of manual typewriters with physical keys.

(C) The keyboard was designed to keep frequently used keys (like E and O) physically separated in order to ❸ prevent them from jamming. By the time the technology for electronic typing evolved, millions of people ❹ had already learned to type on millions of QWERTY typewriters.

* obsolete: 구식의 ** configuration: 배열

① (A) – (C) – (B)　　　② (B) – (A) – (C)
③ (B) – (C) – (A)　　　④ (C) – (A) – (B)
⑤ (C) – (B) – (A)

● 핵심 코드 ●

❶ would have + p.p.

「조동사 + have + p.p.」는 과거의 어떤 동작이나 상황에 대한 추측, 가능성, 후회 등을 나타낸다. 이 중 「would have + p.p.」는 '~했었을 텐데'의 의미로 과거 사실에 대한 추측을 나타낸다.

> As he had a degree in biology, he **would** probably **have taught** biology.
> 그는 생물학 학위가 있으므로, 아마도 생물학을 가르쳤을 것이다.

❷ to부정사의 부사적 용법 (형용사 수식)

to부정사가 부사처럼 쓰여 형용사를 수식해 '~하기에'의 의미를 나타낼 수 있다.

> Perfect English pronunciation is not easy **to achieve**.
> 완벽한 영어 발음은 얻기 쉽지 않다.

❸ prevent[stop/keep] + 목적어 + from + v-ing

「prevent[stop, keep] + 목적어 + from + v-ing」는 '(목적어)가 ~하지 못하게 막다'라는 의미의 동명사를 사용한 관용 표현이다.

> The heavy snow **prevented us from going** out.
> 폭설이 우리가 외출하지 못하게 막았다.

❹ 과거완료 (대과거)

과거에 일어난 두 가지 일의 순서를 나타낼 경우, 과거의 한 시점보다 더 이전에 발생한 일은 과거완료 「had + p.p.」의 형태로 나타낸다.

> When I came back to my car, I realized that someone **had stolen** my wallet.
> 내가 차로 돌아왔을 때, 나는 누군가가 내 지갑을 훔쳐간 것을 깨달았다.

多빈출 핵심 어휘

feature 명 특징 **matter** 동 중요하다 **coordinate** 동 조정하다 **placement** 명 배치 **awkward** 형 어색한 **standard** 명 표준 **era** 명 시대 **manual** 형 수동의 **typewriter** 명 타자기 **physical** 형 물리적인 (**physically** 부 물리적으로) **frequently** 부 자주 **separate** 동 (따로) 떼어놓다 **jam** 동 (걸려서) 움직이지 않게 되다 **evolve** 동 발전되다

코드 접속하기

Q3 ● 2022년 3월 교육청(고2) 36번

주어진 글 다음에 이어질 글의 순서로 가장 적절한 것은? 정답률 **57%**

> The ancient Greeks ❶ used to describe two very different ways of thinking—*logos* and *mythos*. *Logos* roughly referred to the world of the logical, the empirical, the scientific.

(A) But lots of scholars then and now—including many anthropologists, sociologists and philosophers today—see a more complicated picture, ❷ where *mythos* and *logos* are intertwined and interdependent. Science itself, according to this view, relies on stories.

(B) *Mythos* referred to the world of dreams, storytelling and symbols. Like many rationalists today, some philosophers of Greece prized *logos* and looked down at *mythos*. Logic and reason, they concluded, make us modern❸; storytelling and mythmaking are primitive.

(C) The frames and metaphors we use to understand the world shape the scientific discoveries we make❸; they even shape what we see. When our frames and metaphors change, the world itself is transformed. The Copernican Revolution involved more than just scientific calculation❸; it involved a new story about the place of Earth in the universe.

* empirical: 경험적인

① (A) – (C) – (B)
② (B) – (A) – (C)
③ (B) – (C) – (A)
④ (C) – (A) – (B)
⑤ (C) – (B) – (A)

● 핵심 코드 ●

❶ used to-v

「used to-v」는 '~하곤 했다'의 의미로 과거의 습관이나 상태를 나타낸다.

I **used to drink** lots of coffee to stay awake.
나는 깨어 있기 위해 많은 커피를 마시곤 했다.

cf. 「be[become] used to v-ing」는 '~하는 데 익숙하다[익숙해지다]'의 의미이다.

I'm **used to working** under a lot of stress.
나는 많은 스트레스를 받으며 일하는 데 익숙하다.

❷ 관계부사 where (계속적 용법)

관계부사 where는 장소나 상황 등을 나타내는 선행사를 수식하거나 서술하는 역할을 한다. 본문에서는 콤마(,)로 연결된 계속적 용법의 관계부사로, 선행사에 대한 부연 설명을 한다.

❸ 세미콜론(;)의 역할

세미콜론(;)은 때때로 마침표 대신에 쓰이는데, 문장들이 문법적으로 독립적이지만 의미상으로 서로 밀접하게 연결되어 있는 경우에 사용된다.

Some people work best in the mornings; others do better in the evenings.
어떤 사람들은 아침에 가장 일을 잘하지만 다른 사람들은 저녁에 더 잘한다.

多빈출 핵심 어휘

roughly 📖 대략, 거의 **refer to** ~을 지칭하다 **logical** 📖 논리적인 (**logic** 📖 논리) **scholar** 📖 학자 **anthropologist** 📖 인류학자 **philosopher** 📖 철학자 **complicated** 📖 복잡한 **intertwine** 📖 뒤얽다 **interdependent** 📖 상호의존적인 **rely on** ~에 의존하다 **rationalist** 📖 합리주의자 **prize** 📖 소중히[귀하게] 여기다 **look down at** ~을 낮춰보다[얕보다] **reason** 📖 이성 **conclude** 📖 결론을 내리다 **mythmaking** 📖 신화 창작 **primitive** 📖 원시적인 **frame** 📖 (생각의) 틀 **metaphor** 📖 은유, 비유 **shape** 📖 형성하다 **calculation** 📖 계산

Q4

• 2021년 6월 교육청(고2) 37번

주어진 글 다음에 이어질 글의 순서로 가장 적절한 것은? 정답률 **68%**

In one survey, 61 percent of Americans said that they supported the government spending more on 'assistance to ❶ the poor'.

(A) Therefore, the framing of a question can heavily influence the answer in many ways, ❷ which matters if your aim is to obtain a 'true measure' of what people think. And ❸ next time you hear a politician say 'surveys prove that the majority of the people agree with me', be very wary.

(B) But when the same population was asked whether they supported spending more government money on 'welfare', only 21 percent were in favour. In other words, if you ask people about individual welfare programmes — such as giving financial help to people who have long-term illnesses and paying for school meals for families with low income — people are broadly in favour of them.

(C) But if you ask about 'welfare' — ❷ which refers to those exact same programmes that you've just listed — they're against it. The word 'welfare' has negative connotations, perhaps because of the way many politicians and newspapers portray it.

*wary: 조심성 있는   ** connotation: 함축

① (A) – (C) – (B)   ② (B) – (A) – (C)
③ (B) – (C) – (A)   ④ (C) – (A) – (B)
⑤ (C) – (B) – (A)

• 핵심 코드 •

❶ the+형용사

「the+형용사」는 보통 '~하는 사람들'의 의미이지만 간혹 단수명사를 나타내기도 한다. 또한, '~인 것'이라는 추상적인 개념을 나타내기도 한다.

- the injured: 부상자들 / the deaf: 청각장애인들
- the accused: 피고인 / the deceased: 고인 / the former: 전자 / the latter: 후자
- the impossible: 불가능한 것 / the beautiful: 아름다운 것 / the unknown: 알 수 없는 것

❷ 관계대명사의 계속적 용법

관계대명사 앞에 콤마(,)가 있거나 관계대명사절을 삽입절로 나타내는 계속적 용법은 선행사에 대해 부연설명을 할 때 사용한다. 보통은 '접속사(and/but/because 등)+대명사'로 자연스럽게 해석하며, 관계대명사 that은 계속적 용법으로 쓰이지 않으므로 주의한다.

❸ (the) next time+주어+동사

「(the) next time+주어+동사」는 '다음에 ~할 때'의 의미로 '때'를 나타내는 접속사 대용어구이다.

Next time I go to the theme park, I won't ride the roller coaster.
다음에 놀이공원에 갈 때 나는 롤러코스터를 타지 않을 것이다.

cf. 「by the time+주어+동사」: ~할 때까지(는), ~할 때쯤이면
By the time you come back, I will have prepared dinner.
네가 돌아올 때까지는 내가 저녁을 준비할게.

多빈출 핵심 어휘

government 명 정부 **assistance** 명 지원 **heavily** 부 크게 **matter** 동 중요하다 **aim** 명 목표 **obtain** 동 얻다 **measure** 명 척도 **politician** 명 정치인 **prove** 동 입증하다 **majority** 명 대다수 **population** 명 인구; *모집단 **welfare** 명 복지 **financial** 형 재정적인 **income** 명 수입, 소득 **broadly** 부 대체로 **refer to** ~을 가리키다[나타내다] **list** 동 열거하다 **negative** 형 부정적인 **portray** 동 묘사하다

01 고득점 ○△✕ ● 2021년 3월 교육청(고2) 37번

주어진 글 다음에 이어질 글의 순서로 가장 적절한 것은?

정답률 **45%**

We commonly argue about the fairness of taxation — whether this or that tax will fall more heavily on the rich or the poor.

(A) Taxes on tobacco, alcohol, and casinos are called "sin taxes" because they seek to discourage activities considered harmful or undesirable. Such taxes express society's disapproval of these activities by raising the cost of engaging in them. Proposals to tax sugary sodas (to combat obesity) or carbon emissions (to address climate change) likewise seek to change norms and shape behavior.

(B) But the expressive dimension of taxation goes beyond debates about fairness, to the moral judgements societies make about which activities are worthy of honor and recognition, and which ones should be discouraged. Sometimes, these judgements are explicit.

(C) Not all taxes have this aim. We do not tax income to express disapproval of paid employment or to discourage people from engaging in it. Nor is a general sales tax intended as a deterrent to buying things. These are simply ways of raising revenue.

* deterrent: 억제책

① (A) – (C) – (B) ② (B) – (A) – (C)
③ (B) – (C) – (A) ④ (C) – (A) – (B)
⑤ (C) – (B) – (A)

02 고득점 ○△✕ ● 2021년 6월 교육청(고2) 36번

주어진 글 다음에 이어질 글의 순서로 가장 적절한 것은?

정답률 **32%**

Consider the story of two men quarreling in a library. One wants the window open and the other wants it closed. They argue back and forth about how much to leave it open: a crack, halfway, or three-quarters of the way.

(A) The librarian could not have invented the solution she did if she had focused only on the two men's stated positions of wanting the window open or closed. Instead, she looked to their underlying interests of fresh air and no draft.

(B) After thinking a minute, she opens wide a window in the next room, bringing in fresh air without a draft. This story is typical of many negotiations. Since the parties' problem appears to be a conflict of positions, they naturally tend to talk about positions — and often reach an impasse.

(C) No solution satisfies them both. Enter the librarian. She asks one why he wants the window open: "To get some fresh air." She asks the other why he wants it closed: "To avoid a draft."

* draft: 외풍 ** impasse: 막다름

① (A) – (C) – (B) ② (B) – (A) – (C)
③ (B) – (C) – (A) ④ (C) – (A) – (B)
⑤ (C) – (B) – (A)

03 고득점 ○△× • 2025년 9월 교육청(고2) 36번

주어진 글 다음에 이어질 글의 순서로 가장 적절한 것은?

정답률 37%

We're naturally wired to organize the world into a hierarchy. We do this to help make sense of the world, maintain our beliefs, and generally feel better.

(A) Or consider when you get frustrated with your kids and end an argument with "Because I said so." (Or the office equivalent: "Because I'm the boss.") In these moments you've stopped thinking and regressed to your biological tendencies of reaffirming the hierarchy.

(B) You're reacting to a threat to your inherent sense of hierarchy. On the road we are all equals. We're all supposed to play by the same rules. Cutting someone off violates those rules and implies higher status.

(C) But when someone infringes on our place in the world and our understanding of how it works, we react without thinking. When someone cuts you off on the highway and road rage kicks in, that's your unconscious mind saying, "Who are you to cut me off?"

* reaffirm: 재확인하다 ** infringe: 침해하다

① (A) – (C) – (B)
② (B) – (A) – (C)
③ (B) – (C) – (A)
④ (C) – (A) – (B)
⑤ (C) – (B) – (A)

04 ○△× • 2023년 6월 교육청(고2) 36번

주어진 글 다음에 이어질 글의 순서로 가장 적절한 것은?

정답률 73%

When evaluating a policy, people tend to concentrate on how the policy will fix some particular problem while ignoring or downplaying other effects it may have. Economists often refer to this situation as *The Law of Unintended Consequences*.

(A) But an unintended consequence is that the jobs of some autoworkers will be lost to foreign competition. Why? The tariff that protects steelworkers raises the price of the steel that domestic automobile makers need to build their cars.

(B) For instance, suppose that you impose a tariff on imported steel in order to protect the jobs of domestic steelworkers. If you impose a high enough tariff, their jobs will indeed be protected from competition by foreign steel companies.

(C) As a result, domestic automobile manufacturers have to raise the prices of their cars, making them relatively less attractive than foreign cars. Raising prices tends to reduce domestic car sales, so some domestic autoworkers lose their jobs.

① (A) – (C) – (B)
② (B) – (A) – (C)
③ (B) – (C) – (A)
④ (C) – (A) – (B)
⑤ (C) – (B) – (A)

05 〇△✕ · 2024년 3월 교육청(고2) 37번

주어진 글 다음에 이어질 글의 순서로 가장 적절한 것은?

정답률 53%

In order to bring the ever-increasing costs of home care for elderly and needy persons under control, managers of home care providers have introduced management systems.

(A) This, in the view of managers, has contributed to the resolution of the problem. The home care workers, on the other hand, may perceive their work not as a set of separate tasks to be performed as efficiently as possible, but as a service to be provided to a client with whom they may have developed a relationship.

(B) These systems specify tasks of home care workers and the time and budget available to perform these tasks. Electronic reporting systems require home care workers to report on their activities and the time spent, thus making the distribution of time and money visible and, in the perception of managers, controllable.

(C) This includes having conversations with clients and enquiring about the person's wellbeing. Restricted time and the requirement to report may be perceived as obstacles that make it impossible to deliver the service that is needed. If the management systems are too rigid, this may result in home care workers becoming overloaded and demotivated.

① (A) – (C) – (B) ② (B) – (A) – (C)
③ (B) – (C) – (A) ④ (C) – (A) – (B)
⑤ (C) – (B) – (A)

06 〇△✕ · 2023년 3월 교육청(고2) 36번

주어진 글 다음에 이어질 글의 순서로 가장 적절한 것은?

정답률 56%

Like positive habits, bad habits exist on a continuum of easy-to-change and hard-to-change.

(A) But this kind of language (and the approaches it spawns) frames these challenges in a way that isn't helpful or effective. I specifically hope we will stop using this phrase: "break a habit." This language misguides people. The word "break" sets the wrong expectation for how you get rid of a bad habit.

(B) This word implies that if you input a lot of force in one moment, the habit will be gone. However, that rarely works, because you usually cannot get rid of an unwanted habit by applying force one time.

(C) When you get toward the "hard" end of the spectrum, note the language you hear—*breaking* bad habits and *battling* addiction. It's as if an unwanted behavior is a nefarious villain to be aggressively defeated.

* spawn: 낳다 ** nefarious: 사악한

① (A) – (C) – (B) ② (B) – (A) – (C)
③ (B) – (C) – (A) ④ (C) – (A) – (B)
⑤ (C) – (B) – (A)

07 ◯△✕ • 2023년 6월 교육청(고2) 37번

주어진 글 다음에 이어질 글의 순서로 가장 적절한 것은?

정답률 **61%**

> Species that are found in only one area are called endemic species and are especially vulnerable to extinction.

(A) But warmer air from global climate change caused these clouds to rise, depriving the forests of moisture, and the habitat for the golden toad and many other species dried up. The golden toad appears to be one of the first victims of climate change caused largely by global warming.

(B) They exist on islands and in other unique small areas, especially in tropical rain forests where most species are highly specialized. One example is the brilliantly colored golden toad once found only in a small area of lush rain forests in Costa Rica's mountainous region.

(C) Despite living in the country's well-protected Monteverde Cloud Forest Reserve, by 1989, the golden toad had apparently become extinct. Much of the moisture that supported its rain forest habitat came in the form of moisture-laden clouds blowing in from the Caribbean Sea.

* lush: 무성한, 우거진

① (A) – (C) – (B) ② (B) – (A) – (C)
③ (B) – (C) – (A) ④ (C) – (A) – (B)
⑤ (C) – (B) – (A)

08 ◯△✕ • 2023년 3월 교육청(고2) 37번

주어진 글 다음에 이어질 글의 순서로 가장 적절한 것은?

정답률 **69%**

> A common but incorrect assumption is that we are creatures of reason when, in fact, we are creatures of both reason and emotion. We cannot get by on reason alone since any reason always eventually leads to a feeling. Should I get a wholegrain cereal or a chocolate cereal?

(A) These deep-seated values, feelings, and emotions we have are rarely a result of reasoning, but can certainly be influenced by reasoning. We have values, feelings, and emotions before we begin to reason and long before we begin to reason effectively.

(B) I can list all the reasons I want, but the reasons have to be based on something. For example, if my goal is to eat healthy, I can choose the wholegrain cereal, but what is my reason for wanting to be healthy?

(C) I can list more and more reasons such as wanting to live longer, spending more quality time with loved ones, etc., but what are the reasons for those reasons? You should be able to see by now that reasons are ultimately based on non-reason such as values, feelings, or emotions.

① (A) – (C) – (B) ② (B) – (A) – (C)
③ (B) – (C) – (A) ④ (C) – (A) – (B)
⑤ (C) – (B) – (A)

01

□	**argue**	동 논하다, 논쟁하다
□	**fairness**	명 공정성
□	**taxation**	명 과세
□	**tax**	명 세금 동 세금을 부과하다
□	**fall on**	~에게 부과되다, (책임 등이) 맡겨지다

tax will **fall on** the rich 부자에게 세금이 부과될 것이다

□	**sin tax**	죄악세(술·담배·도박 등에 부과되는 세금)
□	**discourage**	동 막다, 그만두게 하다

discourage people from going out
사람들이 밖으로 나가지 못하게 막다

□	**undesirable**	형 바람직하지 않은
□	**disapproval**	명 반대, 못마땅해 함
□	**engage in**	~에 참여하다
□	**combat**	동 싸우다
□	**obesity**	명 비만

to **combat obesity** 비만에 맞서 싸우다

□	**carbon emission**	탄소 배출
□	**address**	동 처리하다, 다루다
□	**norm**	명 규범
□	**shape**	동 형성하다
□	**expressive**	형 표현적인
□	**dimension**	명 차원
□	**moral**	형 도덕적
□	**judgment**	명 판단
□	**recognition**	명 인정
□	**explicit**	형 명백한

These **judgements** are **explicit**. 이런 판단들은 명백하다.

□	**aim**	명 목적
□	**intend**	동 의도하다
□	**revenue**	명 세입, 세수

02

□	**quarrel**	동 싸우다
□	**argue**	동 언쟁하다
□	**back and forth**	앞뒤로, 이리저리

swing **back and forth** 앞뒤로 흔들다

□	**crack**	명 (좁은) 틈
□	**halfway**	명 절반
□	**librarian**	명 사서
□	**focus on**	~에 집중하다

I cannot **focus on** the conversation. 나는 대화에 집중할 수 없어.

□	**state**	동 언급하다
□	**position**	명 입장
□	**underlying**	형 근원적인
□	**interest**	명 이해 관계
□	**bring in**	들여오다
□	**typical of**	~의 전형적인 모습인, ~에게 늘 있는 일인
□	**negotiation**	명 협상

This story is **typical of** many **negotiations**.
이 이야기는 많은 협상의 전형이다.

□	**party**	명 당사자
□	**conflict**	명 갈등
□	**tend**	동 경향이 있다
□	**satisfy**	동 만족시키다

03

□	**be wired to-v**	~하도록 타고나다[설계되어 있다]
□	**organize**	동 조직하다
□	**hierarchy**	명 위계

organize the world into a **hierarchy** 세상을 위계로 조직하다

□	**make sense of**	~을 이해하다
□	**maintain**	동 유지하다
□	**frustrated**	형 좌절한
□	**equivalent**	명 대응[해당]하는 것
□	**regress**	동 되돌아가다
□	**tendency**	명 경향
□	**threat**	명 위협

react to a **threat** 위협에 반응하다

□	**inherent**	형 내재하는
□	**cut off**	~을 차단하다[가로막다]
□	**violate**	동 위반하다

violate those rules 그러한 규칙을 위반하다

□	**imply**	동 암시하다, 의미하다
□	**status**	명 지위
□	**road rage**	운전자의 분노
□	**unconscious**	형 무의식적인

多빈출 핵심 어휘

04

- **evaluate** 〔동〕 평가하다
- **fix** 〔동〕 고치다, 바로잡다
  fix some particular problem 특정한 문제를 바로잡다
- **domestic** 〔형〕 국내의; 국산의
- **suppose** 〔동〕 가정하다
- **impose** 〔동〕 부과하다
- **tariff** 〔명〕 관세
- **import** 〔동〕 수입하다
  impose a **tariff** on **imported** steel 수입된 철강에 관세를 부과하다
- **manufacturer** 〔명〕 제조자, 생산 회사
- **relatively** 〔부〕 상대적으로

05

- **bring ~ under control** ~을 통제하다
- **elderly** 〔형〕 노인의
- **needy** 〔형〕 빈곤한
  home care for **elderly** and **needy** persons
  노인과 빈곤층을 위한 재택 간호
- **contribute** 〔동〕 기여하다
- **resolution** 〔명〕 해결(책)
  contribute to the **resolution** of the problem 문제 해결에 기여하다
- **perceive** 〔동〕 인식하다
- **a set of** 일련의, 많은
- **specify** 〔동〕 명시하다
- **budget** 〔명〕 예산
- **distribution** 〔명〕 분배
  the **distribution** of time and money 시간과 비용의 분배
- **visible** 〔형〕 잘 보이는
- **perception** 〔명〕 입장, 인식
- **controllable** 〔형〕 통제 가능한
- **enquire** 〔동〕 묻다
- **restricted** 〔형〕 제한된
- **requirement** 〔명〕 요구 사항
- **obstacle** 〔명〕 장애(물)
- **rigid** 〔형〕 엄격한
- **result in** ~한 결과를 초래하다
- **overloaded** 〔형〕 너무 많은 부담을 진
- **demotivated** 〔형〕 의욕을 잃은

06

- **continuum** 〔명〕 연속체
- **frame** 〔동〕 틀을 씌우다
- **specifically** 〔부〕 특히
- **misguide** 〔동〕 잘못된 길로 이끌다
- **expectation** 〔명〕 기대
  sets the wrong **expectation** 잘못된 기대를 형성한다
- **imply** 〔동〕 암시하다
- **villain** 〔명〕 악당
- **aggressively** 〔부〕 격렬하게
- **defeat** 〔동〕 패배시키다

07

- **endemic** 〔형〕 풍토적인
- **extinction** 〔명〕 멸종
  especially vulnerable to **extinction** 특히 멸종에 취약한
- **deprive** 〔동〕 제거하다
- **moisture** 〔명〕 습기
  deprive the forests of **moisture** 숲에서 습기를 제거하다
- **habitat** 〔명〕 서식지
- **victim** 〔명〕 희생자
- **apparently** 〔부〕 보기에, 외관상으로

08

- □ **common** 　　　　형 일반적인
- □ **assumption** 　　　명 가정
  a **common** but incorrect **assumption** 일반적이지만 잘못된 가정
- □ **eventually** 　　　부 결국
- □ **wholegrain** 　　　형 통곡물로 만든
- □ **deep-seated** 　　　형 뿌리 깊은
- □ **rarely** 　　　　　부 거의 ~하지 않는

12
문장 삽입

출제코드 분석

주어진 문장이 들어가기에 알맞은 곳을 고르는 [문장 삽입] 유형은 최근 9개년 동안 매년 두 문항씩 출제되고 있다. 2025학년도 수능에서 2점 문항의 정답률이 59%, 3점 문항의 정답률이 51%를 기록하였고, 2024학년도 수능에서 두 문항의 정답률은 각각 46%, 54%로 독해영역 평균 정답률(68%)보다 상당히 낮은 수치를 기록하였다. 2025년도 9월 고2 학평의 경우 해당 유형 정답률이 66%와 44%를 기록하였다.

최근 수능 및 학평 출제 소재

최근 수능에서는 영업 비밀 보호와 발명의 혁신적 활용에 관한 글과, 사물의 수명 주기와 수리·재활용의 실제적 과정에 관한 글이 출제되었다. 학평에서는 은행가들의 투기와 물건을 사용하는 구매와의 차이에 관한 글과, 종이가 접히고 구겨져도 유지되는 특성 덕분에 종이접기가 가능하다는 내용의 글이 출제되었다.

학습 전략

유형 설명

글의 논리적 흐름을 고려하여 주어진 문장이 들어갈 알맞은 위치를 찾는 유형이다. 글의 전반적인 시간적·논리적 흐름을 정확히 파악하고, 주어진 문장 안에서 적절한 단서들을 찾아낼 수 있는 능력이 요구된다.

유형 학습 전략

1. 주어진 문장을 먼저 읽고, 주어진 문장에 제시된 연결사, 지시어, 대명사, 정관사 등에 주목하여 단서로 활용한다.
2. 지문을 읽으면서 내용이 급작스럽게 단절되거나, 논리의 비약이 있는 곳을 찾아낸다.
3. 주어진 문장을 넣었을 때 글의 전체적인 흐름이 자연스러운지 확인한다.

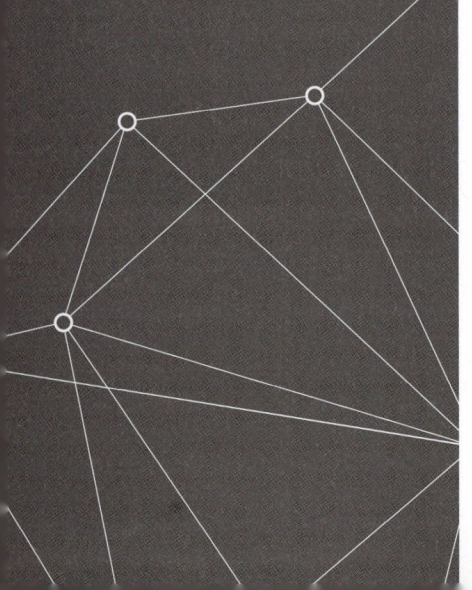

코드 접속하기

Q1

● 2020년 6월 교육청(고2) 38번

글의 흐름으로 보아, 주어진 문장이 들어가기에 가장 적절한 곳은?

정답률 **58%**

> A computer cannot make independent decisions, however, or formulate steps for solving problems, **❶ unless programmed** to do so by humans.

It is important to remember that computers can only carry out instructions that humans give them. Computers can process data accurately at **❷ far** greater speeds than people can, yet they are limited in many respects—most importantly, they lack common sense. (①) However, **❸ combining the strengths of these machines with human strengths creates** synergy. (②) Synergy occurs when combined resources produce output that exceeds the sum of the outputs of the same resources employed separately. (③) A computer works quickly and accurately; humans work relatively slowly and make mistakes. (④) Even with sophisticated artificial intelligence, which enables the computer to learn and then implement what it learns, the initial programming must be done by humans. (⑤) Thus, a human-computer combination **❹ allows the results of human thought to be** translated into efficient processing of large amounts of data.

• 핵심 코드 •

❶ 「주어+be동사」의 생략

시간, 조건, 양보의 부사절의 주어가 주절의 주어와 같고 동사가 be동사일 때, 부사절의 「주어+be동사」는 생략될 수 있다.

> Though **(he was)** sick, he went to school as usual.
> 비록 아팠지만, 그는 평소처럼 학교에 갔다.

❷ 비교급 강조 표현

much, even, far, still, a lot 등은 비교급을 강조하여 '훨씬'의 의미를 나타낸다.

> Tomorrow would have been a **much** better day than today for the family gathering.
> 내일이 오늘보다 가족 모임에 훨씬 더 나았을 것이다.

❸ 동명사구 주어

동명사구가 주어인 경우 동명사 뒤에 따라붙는 목적어, 보어, 수식어 등으로 인해 주어 길이가 길어지므로, 주어가 어디까지인지를 파악하는 것이 중요하다. 또한 동명사 주어는 단수 취급함에 유의한다. 본문에서는 주어가 combining ~ strengths이며, 동사는 creates이다.

❹ allow+목적어+to-v

5형식 동사 allow는 목적격보어로 to부정사를 취하며, '(목적어)가 ~하게 하다, 허락[허용]하다'의 의미를 나타낸다.

> She **allowed me to use** her laptop on Fridays.
> 그녀는 내가 금요일마다 그녀의 노트북을 사용하도록 허락했다.

多빈출 핵심 어휘

independent 형 독립적인 **formulate** 동 만들어내다 **carry out** 수행하다 **instruction** 명 지시 사항 **process** 동 처리하다 **accurately** 부 정확하게 **respect** 명 측면 **common sense** 상식 **strength** 명 강점 **output** 명 산출 **exceed** 동 초과하다 **employ** 동 고용하다; *쓰다, 이용하다 **separately** 부 각각 **sophisticated** 형 정교한 **artificial intelligence** 인공 지능 **implement** 동 시행하다 **translate** 동 변환하다 **efficient** 형 효율적인

Q2
• 2021년 6월 교육청(고2) 39번

글의 흐름으로 보아, 주어진 문장이 들어가기에 가장 적절한 곳은?

정답률 **53%**

---

❶ **While** other competitors were in awe of this incredible volume, Henry Ford dared to ask, "Can we do even better?"

Ransom Olds, the father of the Oldsmobile, could not produce his "horseless carriages" fast enough. In 1901 he had an idea to speed up the manufacturing process — instead of building one car at a time, he created the assembly line. (①) The acceleration in production was unheard-of — from an output of 425 automobiles in 1901 to an impressive 2,500 cars the following year. (②) He was, in fact, able to improve upon Olds's clever idea by introducing conveyor belts to the assembly line. (③) As a result, Ford's production went through the roof. (④) Instead of ❷ taking a day and a half to manufacture a Model T, as in the past, he was now able to spit them out at a rate of one car every ninety minutes. (⑤) The moral of the story is ❸ that good progress is often the herald of great progress.

* in awe of: ~에 깊은 감명을 받은 ** herald: 선구자

• 핵심 코드 •

❶ 접속사 while

접속사 while은 '~하는 동안'의 의미로 시간의 부사절을 이끌기도 하고, '~하는 반면에'라는 뜻으로 대조의 부사절을 이끌기도 한다.

> **While** her husband opposes to the idea, Ann agrees with it.
> Ann의 남편이 그 아이디어에 반대하는 반면, 그녀는 동의한다.

❷ take+시간+to-v

「take+시간/돈/노력+to-v」는 '~하는 데 (시간/돈/노력)이 든다'의 의미이다.

> *He* **took too much time to make** a decision.
> (= It took *him* too much time to make a decision.)
> (= It took too much time *for him* to make a decision.)
> 그가 결정하는 데 너무 많은 시간이 걸렸다.

❸ 명사절을 이끄는 접속사 that

접속사 that이 이끄는 명사절은 주어, 보어, 목적어로 쓰일 수 있다. 단, 주어로 쓰일 때는 보통 가주어 it을 쓴다. 목적어로 쓰일 때는 that을 생략할 수 있지만, 보어로 쓰일 때는 that을 생략할 수 없다.

> *It* surprises me **that** Lucy has been lying all this time.
> Lucy가 지금껏 거짓말을 해왔다는 것이 나를 놀라게 한다.

> The important thing is **that** your parents love you more than anything else.
> 중요한 것은 네 부모님이 어떤 것보다 너를 사랑한다는 거야.

> Did you know **(that)** Alon is going to leave his hometown?
> Alon이 고향을 떠날 것이라는 것을 알았니?

多빈출 핵심 어휘

competitor 몡 경쟁자 **incredible** 혱 놀라운 **volume** 몡 양, 분량 **dare to-v** 감히 ~하다 **carriage** 몡 마차 **manufacturing** 몡 생산 **at a time** 한 번에 **assembly line** 조립 라인 **acceleration** 몡 가속 **unheard-of** 혱 들어본 적 없는, 전대미문의 **output** 몡 생산량 **automobile** 몡 자동차 **impressive** 혱 인상적인 **introduce** 통 소개하다; *도입하다 **go through the roof** 치솟다, 급등하다 **manufacture** 통 생산하다 **spit out** 뱉다 **at a rate of** ~의 비율로[속도로] **moral** 몡 교훈 **progress** 몡 진보

코드 접속하기

정답 및 해설 p. 94

Q3

• 2020년 6월 교육청(고2) 39번

글의 흐름으로 보아, 주어진 문장이 들어가기에 가장 적절한 곳은?

정답률 35%

> We have a continual desire to communicate our feelings and yet at the same time the need to conceal them for proper social functioning.

For hundreds of thousands of years our hunter-gatherer ancestors could survive only by constantly communicating with one another through nonverbal cues. ❶ Developed over so much time, before the invention of language, that is how the human face became so expressive, and gestures so elaborate. (①) ❷ With these counterforces battling inside us, we cannot completely control what we communicate. (②) Our real feelings continually leak out in the form of gestures, tones of voice, facial expressions, and posture. (③) We are not trained, however, to pay attention to people's nonverbal cues. (④) By sheer habit, we fixate on ❸ the words people say, while also thinking about what we'll say next. (⑤) What this means is that we are using only a small percentage of ❸ the potential social skills we all possess.

* counterforce: 반대 세력   ** sheer: 순전한

• 핵심 코드 •

❶ 분사구문: 분사의 생략

분사구문이 being이나 having been으로 시작할 때, 이를 생략하고 과거분사나 형용사로 시작되는 분사구문을 만들 수 있다. 과거분사의 경우 주절의 주어와 수동 관계이다.

❷ with + 목적어 + 분사

「with + 목적어 + 분사」는 '(목적어)가 ~한 채로[~하면서]'의 의미를 나타낸다. 이때 목적어와 분사가 능동 관계일 때는 현재분사(v-ing)를, 수동 관계일 때는 과거분사(p.p.)를 쓴다.

He's just woken up **with tears running** down his face.
그는 눈물이 그의 얼굴에 흐르는 채로 막 일어났다.
They looked at me **with their arms crossed**.
그들은 팔짱을 낀 채 나를 보았다.

❸ 목적격 관계대명사의 생략

목적격 관계대명사 who(m), which, that은 생략이 가능하다. 본문에서는 각각의 선행사 the words, the potential social skills 뒤에 목적격 관계대명사가 생략되었다.

多빈출 핵심 어휘

continual 형 끊임없는 **desire** 명 욕망 **conceal** 동 감추다 **proper** 형 적절한 **hunter-gatherer** 명 수렵 채집인 **ancestor** 명 조상 **survive** 동 생존하다 **constantly** 부 끊임없이 **nonverbal** 형 비언어적인 **cue** 명 신호 **expressive** 형 표현적인 **gesture** 명 몸짓 **elaborate** 형 정교한 **leak out** 새어 나오다 **fixate** 동 고정시키다; *응시하다; 집착하다 **potential** 형 잠재적인 **possess** 동 소유하다

Q4

● 2022년 6월 교육청(고2) 38번

글의 흐름으로 보아, 주어진 문장이 들어가기에 가장 적절한 곳은?

정답률 **52%**

> This temperature is of the surface of the star, the part of the star which is emitting the light that can be seen.

One way of measuring temperature occurs if an object is **❶ hot enough to** visibly **glow**, such as a metal poker that **❷ has been left** in a fire. (①) The color of a glowing object is related to its temperature **❸ :** as the temperature rises, the object is first red and then orange, and finally it gets white, the "hottest" color. (②) The relation between temperature and the color of a glowing object is useful to astronomers. (③) The color of stars is related to their temperature, and **❹ since** people cannot as yet travel the great distances to the stars and measure their temperature in a more precise way, astronomers rely on their color. (④) The interior of the star is at a much higher temperature, though it is concealed. (⑤) But the information obtained from the color of the star is still useful.

• 핵심 코드 •

❶ 형용사[부사]+enough to-v

「형용사[부사]+enough to-v」는 '~할 만큼 충분히 …한[하게]'의 의미로, 「so+형용사[부사]+that+주어+can+동사원형」으로 바꿔 쓸 수 있다.

> He is **smart enough to find** the solution to the problem.
> = He is **so smart that he can find** the solution to the problem.
> 그는 그 문제의 해결법을 찾을 만큼 충분히 똑똑하다.

❷ 현재완료 수동태

현재완료 수동태는 「have[has] been+p.p.」의 형태를 취하며 '~되었다', '~된 적이 있다' 등의 의미를 나타낸다.

> The building **has been** recently **completed**.
> 그 건물은 최근 완공되었다.

❸ 콜론(:)의 역할

콜론(:)은 세부 사항을 추가하거나 설명을 추가하는 역할을 한다.

> There was a problem with the car: it was losing oil.
> 차에는 문제가 있었는데, 기름이 새고 있었다.

❹ 접속사 since의 여러 가지 뜻

① ~한 이후로(접속사)

> Ella has owned dogs **since** she was a little girl.
> Ella는 어렸을 때부터 개를 키웠다.

② ~하기 때문에(접속사)

> **Since** it was Saturday, we stayed up later than usual.
> 토요일이었기 때문에, 우리는 평소보다 늦게까지 깨어 있었다.

多빈출 핵심 어휘

temperature 명 온도 **surface** 명 표면 **emit** 동 방출하다 **measure** 동 측정하다 **visibly** 부 눈에 띄게 **glow** 동 빛나다 **metal poker** 금속 부지깽이 **relate** 동 관련 있다 (**relation** 명 관련성) **astronomer** 명 천문학자 **as yet** 아직 **distance** 명 거리 **precise** 형 정확한 **interior** 명 내부 **conceal** 동 숨기다 **obtain** 동 획득하다, 얻다

01 고득점 ○△✕ • 2022년 3월 교육청(고2) 39번

글의 흐름으로 보아, 주어진 문장이 들어가기에 가장 적절한 곳은?

정답률 40%

> Although sport clubs and leagues may have a fixed supply schedule, it is possible to increase the number of consumers who watch.

A supply schedule refers to the ability of a business to change their production rates to meet the demand of consumers. Some businesses are able to increase their production level quickly in order to meet increased demand. However, sporting clubs have a fixed, or inflexible (inelastic) production capacity. (①) They have what is known as a fixed supply schedule. (②) It is worth noting that this is not the case for sales of clothing, equipment, memberships and memorabilia. (③) But clubs and teams can only play a certain number of times during their season. (④) If fans and members are unable to get into a venue, that revenue is lost forever. (⑤) For example, the supply of a sport product can be increased by providing more seats, changing the venue, extending the playing season or even through new television, radio or Internet distribution.

* memorabilia: 기념품 ** venue: 경기장

02 고득점 ○△✕ • 2024년 3월 교육청(고2) 39번

글의 흐름으로 보아, 주어진 문장이 들어가기에 가장 적절한 곳은?

정답률 28%

> Only then are they able to act quickly in accordance with their internalized expertise and evidence-based experience.

Intuition can be great, but it ought to be hard-earned. (①) Experts, for example, are able to think on their feet because they've invested thousands of hours in learning and practice: their intuition has become data-driven. (②) Yet most people are not experts, though they often think they are. (③) Most of us, especially when we interact with others on social media, act with expert-like speed and conviction, offering a wide range of opinions on global crises, without the substance of knowledge that supports it. (④) And thanks to AI, which ensures that our messages are delivered to an audience more inclined to believing it, our delusions of expertise can be reinforced by our personal filter bubble. (⑤) We have an interesting tendency to find people more open-minded, rational, and sensible when they think just like us.

* intuition: 직관 ** delusion: 착각

03 고득점 [O|△|X] • 2025년 3월 교육청(고2) 39번

글의 흐름으로 보아, 주어진 문장이 들어가기에 가장 적절한 곳은?

정답률 **27%**

> For example, we do not have a term in ordinary language that describes a memory that is not necessarily a memory of something the person having it has experienced.

As a general rule, it's better if your definition corresponds as closely as possible to the way in which the term is ordinarily used in the kinds of debates to which your claims are pertinent. (①) There will be, however, occasions where it is appropriate, even necessary, to coin *special uses* through what philosophers call *stimulative definition*. (②) This would be the case where the current lexicon is not able to make distinctions that you think are philosophically important. (③) Such a thing would occur, for example, if I could somehow share your memories: I would have a memory-type experience, but this would not be of something that I had actually experienced. (④) To call this a memory would be misleading. (⑤) For this reason, philosophers have coined the special term 'quasi-memory' to refer to these hypothetical memory-like experiences.

* pertinent: 관련 있는

04 [O|△|X] • 2023년 9월 교육청(고2) 38번

글의 흐름으로 보아, 주어진 문장이 들어가기에 가장 적절한 곳은?

정답률 **57%**

> You don't sit back and speculate about the meaning of life when you are stressed.

The brain is a high-energy consumer of glucose, which is its fuel. Although the brain accounts for merely 3 percent of a person's body weight, it consumes 20 percent of the available fuel. (①) Your brain can't store fuel, however, so it has to "pay as it goes." (②) Since your brain is incredibly adaptive, it economizes its fuel resources. (③) Thus, during a period of high stress, it shifts away from the analysis of the nuances of a situation to a singular and fixed focus on the stressful situation at hand. (④) Instead, you devote all your energy to trying to figure out what action to take. (⑤) Sometimes, however, this shift from the higher-thinking parts of the brain to the automatic and reflexive parts of the brain can lead you to do something too quickly, without thinking.

* glucose: 포도당

05 ○△✕ • 2023년 6월 교육청(고2) 38번

글의 흐름으로 보아, 주어진 문장이 들어가기에 가장 적절한 곳은?

정답률 53%

> Rather, we have to create a situation that doesn't actually occur in the real world.

The fundamental nature of the experimental method is manipulation and control. Scientists manipulate a variable of interest, and see if there's a difference. At the same time, they attempt to control for the potential effects of all other variables. The importance of controlled experiments in identifying the underlying causes of events cannot be overstated. (①) In the real-uncontrolled-world, variables are often correlated. (②) For example, people who take vitamin supplements may have different eating and exercise habits than people who don't take vitamins. (③) As a result, if we want to study the health effects of vitamins, we can't merely observe the real world, since any of these factors (the vitamins, diet, or exercise) may affect health. (④) That's just what scientific experiments do. (⑤) They try to separate the naturally occurring relationship in the world by manipulating one specific variable at a time, while holding everything else constant.

06 고득점 ○△✕ • 2023년 3월 교육청(고2) 38번

글의 흐름으로 보아, 주어진 문장이 들어가기에 가장 적절한 곳은?

정답률 31%

> In the electric organ the muscle cells are connected in larger chunks, which makes the total current intensity larger than in ordinary muscles.

Electric communication is mainly known in fish. The electric signals are produced in special electric organs. When the signal is discharged the electric organ will be negatively loaded compared to the head and an electric field is created around the fish. (①) A weak electric current is created also in ordinary muscle cells when they contract. (②) The fish varies the signals by changing the form of the electric field or the frequency of discharging. (③) The system is only working over small distances, about one to two meters. (④) This is an advantage since the species using the signal system often live in large groups with several other species. (⑤) If many fish send out signals at the same time, the short range decreases the risk of interference.

多빈출 핵심 어휘

01

- ☐ **fixed** 형 고정된
- ☐ **supply** 명 공급
- ☐ **consumer** 명 소비자
- ☐ **production rate** 생산율
- ☐ **meet** 동 충족하다
- ☐ **demand** 명 수요
  meet the **demand** of consumers 소비자의 수요를 충족하다
- ☐ **production level** 조업도
- ☐ **inflexible** 형 유연하지 못한
- ☐ **inelastic** 형 비탄력적인
- ☐ **capacity** 명 수용력; *능력
- ☐ **sale** 명 판매
- ☐ **equipment** 명 장비, 용품
- ☐ **revenue** 명 수익, 수입
  that **revenue** is lost forever 그 수익은 영원히 손실된다
- ☐ **extend** 동 연장하다
  extend the playing season 경기 시즌을 연장하다
- ☐ **distribution** 명 배급, 배포
  Internet **distribution** 인터넷 배급

02

- ☐ **in accordance with** ~에 따라
- ☐ **internalized** 형 내재된
- ☐ **expertise** 명 전문 지식
- ☐ **hard-earned** 형 힘들여 얻은
- ☐ **on one's feet** 즉각적으로
- ☐ **invest** 동 투자하다
  invest thousands of hours in learning and practice
  수천 시간을 학습과 경험에 투자하다
- ☐ **conviction** 명 확신
- ☐ **offer** 동 제의하다, 제안하다
- ☐ **a wide range of** 다양한, 광범위한
- ☐ **crisis** 명 위기 (*pl.* crises)
  offer a wide range of opinions on global **crises**
  국제적 위기에 대한 다양한 의견을 제시하다
- ☐ **substance** 명 실체
- ☐ **ensure** 동 확실하게 하다
- ☐ **audience** 명 청중, 독자, 관람객
  our messages are delivered to an **audience**
  우리의 메시지가 독자에게 전달된다
- ☐ **inclined** 형 ~하는 경향이 있는, ~하기 쉬운
- ☐ **reinforce** 동 강화하다
- ☐ **tendency** 명 경향
- ☐ **rational** 형 합리적인, 이성적인
- ☐ **sensible** 형 분별 있는

03

- ☐ **correspond** 동 일치하다, 부합하다
- ☐ **occasion** 명 경우
- ☐ **appropriate** 형 적절한
- ☐ **coin** 동 만들다
  coin special uses 특별한 용법을 만들다
- ☐ **stimulative** 형 자극하는
- ☐ **lexicon** 명 어휘
- ☐ **distinction** 명 구분
  is not able to make **distinctions** 구분을 할 수 없다
- ☐ **misleading** 형 오해의 소지가 있는
- ☐ **quasi-memory** 명 유사 기억
- ☐ **hypothetical** 형 가상의

04

- ☐ **speculate** 동 사색하다
- ☐ **fuel** 명 연료
- ☐ **account for** ~을 차지하다
- ☐ **merely** 부 그저, 단지
- ☐ **adaptive** 형 적응할 수 있는
- ☐ **economize** 동 경제적으로 사용하다
- ☐ **analysis** 명 분석
- ☐ **nuance** 명 미묘한 차이
- ☐ **devote** 동 (시간·노력·돈 따위를) 바치다, 쏟다
  devote all your energy 모든 에너지를 쏟다
- ☐ **reflexive** 형 반사적인

05

- ☐ **fundamental** 형 근본적인
- ☐ **manipulate** 동 조작하다
- ☐ **variable** 명 변수, 변인
  manipulate a **variable** of interest 관심 변인을 조작하다
- ☐ **potential** 형 잠재적인
  the **potential** effects of all other **variables**
  다른 모든 변인의 잠재적 영향
- ☐ **identify** 동 식별하다
- ☐ **underlying** 형 근본적인
- ☐ **overstate** 동 과장하다
- ☐ **correlate** 동 서로 관련시키다
- ☐ **supplement** 명 보충제
- ☐ **factor** 명 요소
- ☐ **separate** 동 분리하다
- ☐ **constant** 형 불변의, 일정한

06

- □ **organ** 명 기관, 장기
- □ **chunk** 명 덩어리
- □ **intensity** 명 강도
- □ **signal** 명 신호
- □ **discharge** 동 방출하다
- □ **electric field** 전기장
- □ **frequency** 명 빈도; *주파수
- □ **interference** 명 간섭
  decreases the risk of **interference** 간섭의 위험을 줄인다

13
무관한 문장

출제코드 분석

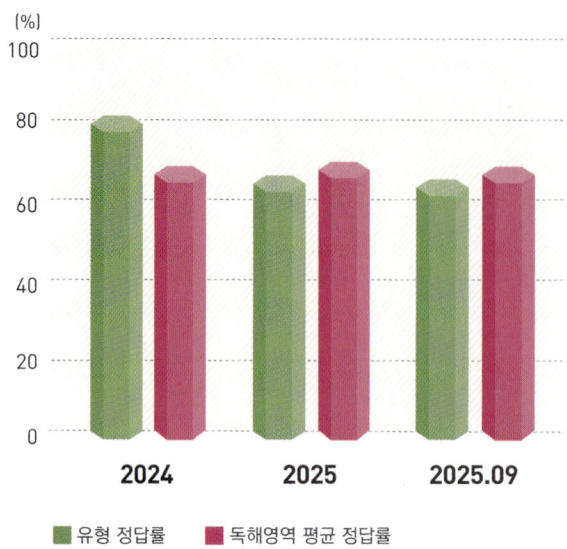

글의 전체 흐름과 관계가 없는 문장을 찾는 유형은 매년 한 문항씩 출제된다. 2025학년도 수능에서 [무관한 문장] 유형의 정답률은 66%로 평균적인 난이도로 출제되었고, 2024학년도 수능에서 해당 유형의 정답률은 79%로 다소 쉽게 출제되었다. 2025년도 9월 고2 학평의 경우 정답률은 65%로 독해영역 평균 정답률(68%)과 비슷한 수치를 기록하였다.

최근 수능 및 학평 출제 소재

최근 수능에서는 자동차 발달이 스포츠 관광 확대에 미친 영향에 관한 글이 출제되었다. 학평에서는 태양의 중력이 빛을 휘게 하는 현상(중력 렌즈 효과)으로 아인슈타인 이론을 입증한 사례에 관한 글이 출제되었다.

학습 전략

유형 설명

글의 전반적인 흐름을 파악하여 글의 논리적인 흐름을 방해하거나 주제와 무관한 내용을 서술하는 문장을 찾는 유형이다. 글의 주제 및 논리적 흐름을 파악할 수 있는 능력이 요구된다.

유형 학습 전략

1. 글의 도입부를 통해 핵심 소재를 파악하고, 앞으로 전개될 내용의 흐름을 예상한다.
2. 글의 핵심 소재를 염두에 둔 채로 각 문장 간의 연결이 서로 자연스러운지 확인하며 글을 읽는다.
3. 흐름과 관계 없는 문장의 경우, 앞 문장에서 언급된 단어나 소재를 활용한 내용이 나오는 경우가 많으므로, 지엽적인 부분보다는 글의 전체적인 흐름에 주목한다.

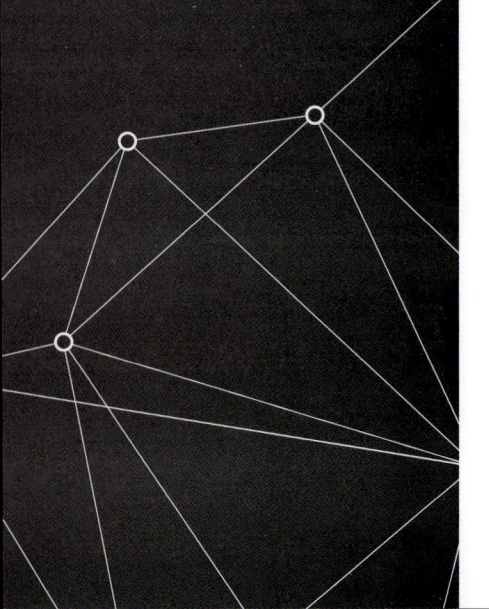

코드 접속하기

정답 및 해설 p. 101

Q1

● 2024년 6월 교육청(고2) 35번

다음 글에서 전체 흐름과 관계 <u>없는</u> 문장은? 정답률 **74%**

❶ As the old joke goes: "Software, free. User manual, $10,000." But it's no joke. A couple of high-profile companies make their living selling instruction and paid support for free software. The copy of code, being mere bits, is free. The lines of free code become valuable to you only through support and guidance. ① A lot of medical and genetic information will go this route in the coming decades. ② Right now getting a full copy of all your DNA is very expensive ($10,000), but soon it won't be. ③ The public exposure of people's personal genetic information will undoubtedly cause serious legal and ethical problems. ④ The price is dropping so fast, it will be $100 soon, and then the next year insurance companies will offer to sequence you for free. ⑤ When a copy of your sequence costs nothing, the interpretation of ❷ what it means, ❷ what you can do about it, and ❸ how to use it—the manual for your genes—will be expensive.

* sequence: (유전자) 배열 순서를 밝히다

• 핵심 코드 •

❶ 접속사 as

접속사 as는 때, 원인, 방법 등 여러 가지 의미로 쓰인다.

She was reading a book **as** she waited for the bus.
그녀는 버스를 기다릴 때 책을 읽고 있었다. [때]

As it was raining heavily, we decided to stay indoors.
비가 심하게 내리고 있었기 때문에, 우리는 실내에 머물기로 결정했다. [원인]

As the saying goes, "Actions speak louder than words."
속담이 말하는 것처럼, "말보다 행동이 중요하다." [방법]

❷ 의문사절

의문사절은 의문사가 이끄는 명사절로, 「의문사 + 주어 + 동사」의 어순이다.

She wondered **how he could improve** his presentation skills.
그녀는 그가 어떻게 발표 기술을 향상시켰는지 궁금했다.

He asked his friend **why the meeting had been rescheduled**.
그는 왜 회의 일정이 변경되었는지 친구에게 물었다.

❸ 의문사 + to부정사

의문사 뒤에 to부정사가 올 수 있으며, 각각 다음과 같은 의미로 쓰인다.
what to-v: 무엇을 ~할지
when to-v: 언제 ~할지
where to-v: 어디서 ~할지
how to-v: 어떻게 ~할지, ~하는 방법

He couldn't decide **what to wear** to the party.
그는 파티에서 무엇을 입을지 결정하지 못했다.

She asked the teacher **how to solve** the math problem.
그녀는 수학 문제를 어떻게 풀지 선생님께 질문했다.

多빈출 핵심 어휘

high-profile 형 세간의 이목을 끄는 **instruction** 명 지침 **mere** 형 겨우 ~의 **guidance** 명 안내 **genetic** 형 유전의 **decade** 명 십 년 **exposure** 명 노출, 폭로 **undoubtedly** 부 틀림없이 **legal** 형 법적인 **ethical** 형 윤리적인 **drop** 동 떨어지다 **insurance** 명 보험 **interpretation** 명 해석, 설명

Q2
● 2020년 9월 교육청(고2) 35번

다음 글에서 전체 흐름과 관계 없는 문장은? 정답률 **56%**

　The major oceans are all interconnected, so that their geographical boundaries are less clear than ❶ those of the continents. As a result, their biotas show fewer clear differences than those on land. ① The oceans themselves are continually moving because the water within each ocean basin slowly rotates. ② These moving waters carry marine organisms from place to place, and also help the dispersal of their young or larvae. ③ In other words, coastal ocean currents not only move animals much less often than expected, but they also trap animals within nearshore regions. ④ ❷ Furthermore, the gradients between the environments of different areas of ocean water mass are very gradual and often extend over wide areas that are inhabited by a great variety of organisms of differing ecological tolerances. ⑤ There are no firm boundaries within the open oceans ❸ although there may be barriers to the movement of organisms.

* biota: 생물 군집　**gradient: 변화도

● 핵심 코드 ●

❶ 지시대명사
앞에 나온 명사의 반복을 피하기 위해 지시대명사를 사용할 경우, 단수명사는 that, 복수명사는 those를 사용한다. 본문에서는 앞에 제시된 명사구 geographical boundaries의 반복을 피하기 위해 지시대명사 those가 쓰였다.

❷ 복잡한 문장 구조
본문에서 문장의 주어를 수식하는 전치사구에 의해 주어 the gradients와 동사 are, extend가 멀리 떨어져 있다. 두 번째 동사 뒤로 wide areas를 선행사로 하는 주격 관계대명사절이 이어진다.

Furthermore, the gradients [between the
　　　　　　　　 주어　　　　 전치사구
environments of different areas of ocean water mass]
are very gradual and often extend over wide areas
동사1　　　　　　　　　　 동사2　　　　　 선행사
[that are inhabited by a great variety of organisms
주격 관계대명사절
of differing ecological tolerances].

❸ 접속사 although와 전치사 despite
although는 양보의 의미를 나타내어 '비록 ~일지라도, ~이기는 하나'의 뜻으로 쓰이며, though로 바꿔 쓸 수 있다. despite도 동일한 뜻으로 쓰이지만 「주어＋동사」로 이루어진 절이 아닌 명사(구)를 이끄는 전치사임에 유의한다.

although＋절　　　　　 despite＋명사(구)
＝though　　　　　　　 ＝in spite of

Although there was much opposition, Congress
　　　　　 절
passed the bill.
＝Despite much opposition, Congress passed the
　　　　 명사구
bill.
많은 반대에도 불구하고, 의회는 그 법안을 통과시켰다.

多빈출 핵심 어휘

ocean 명 대양　**interconnected** 형 상호 연결된 **geographical** 형 지리적인　**boundary** 명 경계　**continent** 명 대륙　**continually** 부 끊임없이　**basin** 명 양푼, 대야; *분지　**rotate** 동 회전하다　**carry** 동 나르다; 운반하다 **marine** 형 해양의　**organism** 명 유기체, 생물(체)　**from place to place** 여기저기로　**dispersal** 명 분산; 확산　**larva** 명 유충, 애벌레　**coastal** 형 해안[연안]의　**current** 명 흐름, 해류　**trap** 동 가두다　**nearshore** 형 연안의, 해변의　**mass** 명 덩어리　**gradual** 형 점진적인　**extend** 동 뻗다, 이르다, 달하다　**inhabit** 동 서식하다　**ecological** 형 생태학적인 **tolerance** 명 관용; *내성　**barrier** 명 장벽, 방해물

코드 접속하기

Q3
● 2022년 9월 교육청(고2) 35번

다음 글에서 전체 흐름과 관계 <u>없는</u> 문장은? [정답률] **62%**

Taking a stand is important because you become a beacon for those individuals ❶ who are your people, your tribe, and your audience. ① When you raise your viewpoint up like a flag, people know where to find you; it becomes a rallying point. ② Displaying your perspective ❷ lets prospective (and current) customers know that you don't just sell your products or services. ③ The best marketing is never just about selling a product or service, but about taking a stand—showing an audience why they should believe in ❸ what you're marketing enough to want it at any cost, simply because they agree with ❸ what you're doing. ④ If you want to retain your existing customers, you need to create ways that a customer can feel like another member of the team, participating in the process of product development. ⑤ Products can be changed or adjusted if they aren't functioning, but rallying points align with the values and meaning behind ❸ what you do.

* beacon: 햇불 ** rallying point: 집합 지점

・핵심 코드・

❶ 주격 관계대명사 who

관계대명사는 접속사의 역할과 대명사의 역할을 동시에 수행하며, 관계대명사가 이끄는 절은 선행사를 수식하거나 서술하는 역할을 한다. 선행사가 사람인 경우에는 주격 관계대명사로 who나 that을 사용한다.

I have a meeting with Mr. Richard who[that] wants to discuss this month's performance.
나는 이번 달 성과를 의논하고 싶어하는 Richard 씨와 회의가 있다.

❷ let + 목적어 + 동사원형

사역동사 let은 목적격보어로 동사원형을 쓰며 「let + 목적어 + 동사원형」은 '(목적어)가 ~하게 하다'의 의미로 해석한다.

My boss let me work from home yesterday.
나의 상사는 어제 내가 집에서 일하게 했다.

❸ 관계대명사 what

선행사를 포함하는 관계대명사 what은 '~하는 것(들)'의 의미로 명사절을 이끌며, the thing(s) that[which]으로 바꿔 쓸 수 있다.

Tom didn't understand what the teacher said.
= Tom didn't understand the thing that[which] the teacher said.
Tom은 선생님이 말한 것을 이해하지 못했다.

多빈출 핵심 어휘

take a stand 태도를 취하다 **tribe** 몡 부족; *집단, 무리 **viewpoint** 몡 관점, 시각 **prospective** 혱 장래의 **retain** 동 유지하다 **adjust** 동 조정하다 **align with** ~와 같은 선상에 있다

Q4

2021년 6월 교육청(고2) 35번

다음 글에서 전체 흐름과 관계 없는 문장은? 정답률 **73%**

An interesting phenomenon that arose from social media is the concept of *social proof*. It's easier for a person to accept new values or ideas when they see that others have already done so. ① If ❶ the person they see accepting the new idea happens to be a friend, then social proof has even more power by exerting peer pressure as well as relying on the trust that people put in the judgments of their close friends. ② For example, a video about some issue may be controversial on its own but more credible if it got thousands of *likes*. ③ ❷ When expressing feelings of liking to friends, you can express them using nonverbal cues such as facial expressions. ④ If a friend recommends the video to you, in many cases, the credibility of the idea it presents will rise in direct proportion to the trust you place in the friend recommending the video. ⑤ This is the power of social media and part of ❸ the reason why videos or "posts" can become "viral."

* exert: 발휘하다   ** viral: 바이러스성의, 입소문이 나는

• 핵심 코드 •

❶ 지각동사+목적어+현재분사

지각동사의 목적격보어로 원형부정사, 현재분사, 과거분사가 올 수 있다. 현재분사가 목적격보어로 쓰이는 경우, 원형부정사를 썼을 때와는 달리 진행의 의미가 강조된다. 과거분사는 목적어와 목적격보어의 관계가 수동일 때 쓴다.

I **saw** you **crossing** the road.
나는 네가 길을 건너고 있는 것을 봤어.

I **saw** you **cross** the road.
나는 네가 길을 건너는 것을 봤어.

I **heard** your name **called**.
나는 네 이름이 불리는 것을 들었어.

❷ 접속사+분사구문

분사구문의 의미를 명확하게 하고 싶을 때 접속사를 남겨둘 수 있다.

When taking a shower, she heard the phone ring.
샤워를 하고 있을 때, 그녀는 전화벨이 울리는 것을 들었다.

❸ 관계부사 why

관계부사 why는 이유를 나타내는 선행사 the reason을 수식하는 관계사절을 이끌며, 관계사절 안에서 부사 역할을 한다. 선행사 the reason이나 관계부사 why는 생략할 수 있다.

Tell me **the reason why** you came here this late.
(= Tell me **the reason** you came here this late.)
(= Tell me **why** you came here this late.)
네가 이렇게 늦게 여기에 온 이유를 나에게 말해라.

多빈출 핵심 어휘

phenomenon 명 현상 **arise** 동 생겨나다 **concept** 명 개념 **proof** 명 증거 **accept** 동 받아들이다 **value** 명 가치 **peer pressure** 또래 압력 **rely on** ~에 의존하다 **trust** 명 신뢰 **judgment** 명 판단 **issue** 명 문제 **controversial** 형 논쟁의 대상인 **credible** 형 신뢰할 수 있는 **express** 동 표현하다 **nonverbal** 형 비언어적인 **cue** 명 신호 **facial expression** 표정 **recommend** 동 추천하다 **credibility** 명 신뢰 **present** 동 제시하다 **direct proportion** 정비례 **place** 동 두다, 놓다 **post** 명 게시물

코드 공략하기

정답 및 해설 p. 105

01 ○△× • 2024년 3월 교육청(고2) 35번

다음 글에서 전체 흐름과 관계 <u>없는</u> 문장은? 정답률 **61%**

We are the only species that seasons its food, deliberately altering it with the highly flavored plant parts we call herbs and spices. It's quite possible that our taste for spices has an evolutionary root. ① Many spices have antibacterial properties — in fact, common seasonings such as garlic, onion, and oregano inhibit the growth of almost every bacterium tested. ② And the cultures that make the heaviest use of spices — think of the garlic and black pepper of Thai food, the ginger and coriander of India, the chili peppers of Mexico — come from warmer climates, where bacterial spoilage is a bigger issue. ③ The changing climate can have a significant impact on the production and availability of spices, influencing their growth patterns and ultimately affecting global spice markets. ④ In contrast, the most lightly spiced cuisines — those of Scandinavia and northern Europe — are from cooler climates. ⑤ Our uniquely human attention to flavor, in this case the flavor of spices, turns out to have arisen as a matter of life and death.

* cuisine: 요리(법)

02 ○△× • 2022년 3월 교육청(고2) 35번

다음 글에서 전체 흐름과 관계 <u>없는</u> 문장은? 정답률 **59%**

Today's "digital natives" have grown up immersed in digital technologies and possess the technical aptitude to utilize the powers of their devices fully. ① But although they know which apps to use or which websites to visit, they do not necessarily understand the workings behind the touch screen. ② People need technological literacy if they are to understand machines' mechanics and uses. ③ In much the same way as factory workers a hundred years ago needed to understand the basic structures of engines, we need to understand the elemental principles behind our devices. ④ The lifespan of devices depends on the quality of software operating them as well as the structure of hardware. ⑤ This empowers us to deploy software and hardware to their fullest utility, maximizing our powers to achieve and create.

* deploy: 사용하다

03 ○△✕ • 2023년 6월 교육청(고2) 35번

다음 글에서 전체 흐름과 관계 없는 문장은? 정답률 **62%**

Before getting licensed to drive a cab in London, a person has to pass an incredibly difficult test with an intimidating name—"The Knowledge." ① The test involves memorizing the layout of more than 20,000 streets in the Greater London area—a feat that involves an incredible amount of memory resources. ② In fact, fewer than 50 percent of the people who sign up for taxi driver training pass the test, even after spending two or three years studying for it! ③ And as it turns out, the brains of London cabbies are different from non-cab-driving humans in ways that reflect their herculean memory efforts. ④ In other words, they must hold a full driving license, issued by the Driver and Vehicle Licensing Authority, for at least a year. ⑤ In fact, the part of the brain that has been most frequently associated with spatial memory, the tail of the sea horse-shaped brain region called the hippocampus, is *bigger* than average in these taxi drivers.

*herculean: 초인적인 **hippocampus: 해마

04 ○△✕ • 2023년 3월 교육청(고2) 35번

다음 글에서 전체 흐름과 관계 없는 문장은? 정답률 **58%**

Human processes differ from rational processes in their outcome. A process is *rational* if it always does the right thing based on the current information, given an ideal performance measure. In short, rational processes go by the book and assume that the book is actually correct. ① Human processes involve instinct, intuition, and other variables that don't necessarily reflect the book and may not even consider the existing data. ② As an example, the rational way to drive a car is to always follow the laws. ③ Likewise, pedestrian crossing signs vary depending on the country with differing appearances of a person crossing the street. ④ However, traffic isn't rational; if you follow the laws precisely, you end up stuck somewhere because other drivers aren't following the laws precisely. ⑤ To be successful, a self-driving car must therefore act humanly, rather than rationally.

05 고득점 ○△× • 2023년 9월 교육청(고2) 35번

다음 글에서 전체 흐름과 관계 없는 문장은? 정답률 37%

The irony of early democracy in Europe is that it thrived and prospered precisely because European rulers for a very long time were remarkably weak. ① For more than a millennium after the fall of Rome, European rulers lacked the ability to assess what their people were producing and to levy substantial taxes based on this. ② The most striking way to illustrate European weakness is to show how little revenue they collected. ③ For this reason, tax collectors in Europe were able to collect a huge amount of revenue and therefore had a great influence on how society should function. ④ Europeans would eventually develop strong systems of revenue collection, but it took them an awfully long time to do so. ⑤ In medieval times, and for part of the early modern era, Chinese emperors and Muslim caliphs were able to extract much more of economic production than any European ruler with the exception of small city-states.

* levy: 부과하다 ** caliph: 칼리프(과거 이슬람 국가의 통치자)

06 ○△× • 2024년 9월 교육청(고2) 35번

다음 글에서 전체 흐름과 관계 없는 문장은? 정답률 73%

Minimal processing can be one of the best ways to keep original flavors and taste, without any need to add artificial flavoring or additives, or too much salt. This would also be the efficient way to keep most nutrients, especially the most sensitive ones such as many vitamins and anti-oxidants. ① Milling of cereals is one of the most harsh processes which dramatically affect nutrient content. ② While grains are naturally very rich in micronutrients, anti-oxidants and fiber (i.e. in wholemeal flour or flakes), milling usually removes the vast majority of minerals, vitamins and fibers to raise white flour. ③ To increase grain production, the use of chemical fertilizers should be minimized, and insect-resistant grain varieties should be developed. ④ Such a spoilage of key nutrients and fiber is no longer acceptable in the context of a sustainable diet aiming at an optimal nutrient density and health protection. ⑤ In contrast, fermentation of various foodstuffs or germination of grains are traditional, locally accessible, low-energy and highly nutritious processes of sounded interest.

* fermentation: 발효 ** germination: 발아

多빈출 핵심 어휘

01

- □ **season** 동 양념을 하다
  season its food 음식에 양념을 하다
- □ **deliberately** 부 의도적으로
- □ **alter** 동 바꾸다
- □ **flavored** 형 ~ 맛이 나는
- □ **spice** 명 향신료
- □ **evolutionary** 형 진화적인
- □ **antibacterial** 형 항균의
- □ **property** 명 특성
- □ **seasoning** 명 조미료
- □ **inhibit** 동 억제하다
  inhibit the growth of almost every bacterium tested
  거의 모든 확인된 박테리아의 성장을 억제하다
- □ **coriander** 명 고수
- □ **spoilage** 명 부패
- □ **significant** 형 중요한, 상당한
- □ **availability** 명 이용 가능성
- □ **ultimately** 부 궁극적으로

02

- □ **native** 명 원주민
- □ **immersed in** ~에 몰입한
  grow up **immersed in** digital technologies
  디지털 기술에 몰입한 채로 성장하다
- □ **aptitude** 명 소질, 재능
- □ **utilize** 동 활용하다
- □ **device** 명 기기
- □ **literacy** 명 글을 읽고 쓸 줄 아는 능력; *(특정 분야·문제에
  관한) 지식, 능력
  technological **literacy** 기술 활용 능력
- □ **mechanics** 명 《pl.》 (일이 이뤄지는) 방법
- □ **structure** 명 구조
- □ **elemental** 형 기본[근본]적인
- □ **principle** 명 원리, 원칙
  the **elemental principles** behind our devices
  기기 뒤에 숨겨진 기본 원리
- □ **lifespan** 명 수명
- □ **operate** 동 작동시키다
- □ **empower** 동 할 수 있게 하다
  empower us to deploy software
  우리가 소프트웨어를 사용할 수 있게 하다
- □ **utility** 명 유용(성), 유익
- □ **maximize** 동 극대화하다

03

- □ **license** 동 면허[허가]를 내주다 명 면허, 자격
- □ **intimidating** 형 위협적인
- □ **involve** 동 수반[포함]하다
- □ **feat** 명 재주, 기술
- □ **resource** 명 자원
  involves an incredible amount of memory **resources**
  엄청난 양의 기억 자원을 포함한다
- □ **sign up for** ~에 등록하다
- □ **reflect** 동 반영하다
- □ **issue** 동 발행[발급]하다
- □ **be associated with** ~와 연관되다
- □ **spatial** 형 공간의, 공간적인

04

- □ **rational** 형 이성적인
  rational process 이성적인 과정
- □ **outcome** 명 결과
- □ **instinct** 명 본능
- □ **intuition** 명 직관
- □ **variable** 명 변수, 변인
- □ **pedestrian** 명 보행자
- □ **appearance** 명 겉(모습), 모양
- □ **precisely** 부 정확히
- □ **self-driving car** 자율 주행 자동차
- □ **humanly** 부 인간적으로

05

- □ **thrive** 동 번영하다
- □ **prosper** 동 번영하다
- □ **remarkably** 부 현저하게, 두드러지게
- □ **assess** 동 평가하다
- □ **substantial** 형 상당한
- □ **illustrate** 동 설명하다
- □ **revenue** 명 (정부·기관의) 수익, 세입
- □ **medieval** 형 중세의
- □ **extract** 동 얻어내다

06

- □ **processing** 명 과정
- □ **artificial** 형 인공의
- □ **flavoring** 명 조미료, 향료
- □ **additive** 명 첨가물
  add **artificial flavoring** or **additives** 인공 향료나 첨가물을 넣다
- □ **nutrient** 명 영양소
- □ **sensitive** 형 민감한
- □ **anti-oxidant** 명 항산화물질
- □ **mill** 동 제분하다
- □ **harsh** 형 가혹한
- □ **content** 명 내용물, 함량
- □ **grain** 명 곡물
- □ **micronutrient** 명 미량 영양소
- □ **fiber** 명 섬유; *섬유질
- □ **remove** 동 제거하다
- □ **the vast majority of** 거의 대부분의
- □ **chemical fertilizer** 화학비료
- □ **minimize** 동 최소화하다
  the use of **chemical fertilizers** should be **minimized**
  화학비료 사용이 최소화되어야 한다
- □ **insect-resistant** 형 해충에 강한
- □ **spoilage** 명 손상
- □ **acceptable** 형 받아들여질 수 있는
- □ **sustainable** 형 지속 가능한
- □ **aim** 동 목표로 하다
- □ **optimal** 형 최적의
- □ **density** 명 밀도
  aiming at an **optimal nutrient density** and health protection
  최적의 영양소 밀도와 건강 보호를 목표로 하는
- □ **sound** 동 소리를 내다; *알리다

14

요약문

출제코드 분석

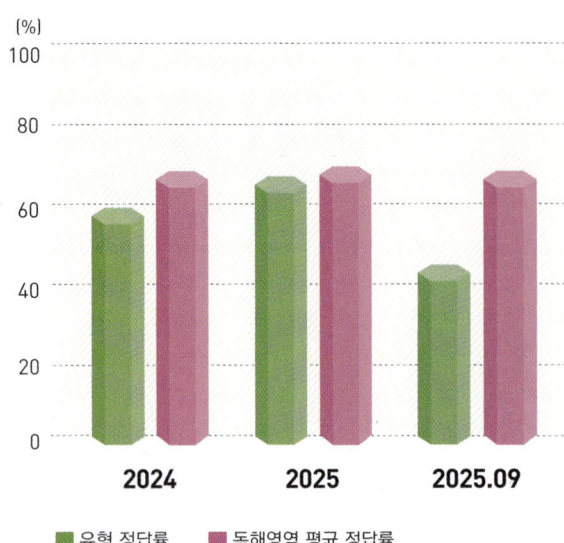

글의 내용을 요약하는 문장의 빈칸에 들어갈 말을 찾는 유형은 매년 한 문항씩 출제된다. 2025학년도 수능에서 [요약문] 유형의 정답률은 67%로 독해영역 평균 정답률(69%)과 비슷한 수치였다. 2024학년도 수능에서의 정답률은 58%로 독해영역 평균 정답률(68%)보다 낮았다. 2025년도 9월 고2 학평의 경우 해당 유형 정답률은 45%로, 독해영역 평균 정답률(68%)보다 상당히 낮은 편이었다.

최근 수능 및 학평 출제 소재

최근 수능에서는 합성 성분과 천연 성분의 안전성 비교에 관한 글이 출제되었다. 학평에서는 어미 고양이가 자기 새끼를 구별할 수 있음에도 불구하고 우는 새끼를 모두 구조하는 전략에 관한 글이 출제되었다.

학습 전략

유형 설명

글의 내용을 한 문장으로 정리한 요약문의 빈칸에 들어갈 알맞은 단어나 구를 찾는 유형이다. 대부분의 독해 유형과 마찬가지로 글의 주제 파악이 필수적이며, 주로 추상적이거나 학술적인 내용을 다루고 있어 변별력 있는 문항으로 출제되고 있다.

유형 학습 전략

1. 글의 소재와 글에서 다루어지는 사건 등을 토대로 글의 주제를 파악한다.
2. 반복적으로 등장하는 핵심 어구와 문장을 연결하는 연결사 등에 집중하며 글을 읽는다.
3. 본문에 나왔던 핵심 어구가 선택지에서는 다른 어휘로 제시되는 경우가 많으므로, 이에 유의하여 글의 주제와 내용을 적절히 드러내는 선택지를 찾는다.

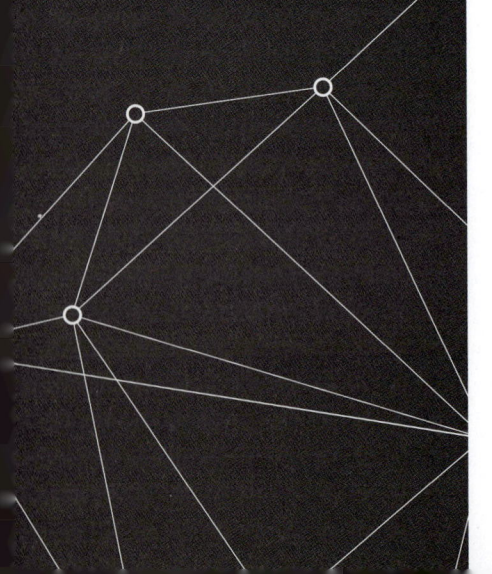

코드 접속하기

정답 및 해설 p. 110

Q1
● 2022년 9월 교육청(고2) 40번

다음 글의 내용을 한 문장으로 요약하고자 한다. 빈칸 (A), (B)에 들어갈 말로 가장 적절한 것은?　정답률 **59%**

Greenwashing involves misleading a consumer into thinking a good or service is more environmentally friendly ❶ than it really is. Greenwashing ranges from making environmental claims required by law, and therefore irrelevant (CFC-free for example), to puffery (exaggerating environmental claims) to fraud. Researchers ❷ have shown that claims on products are often too vague or misleading. Some products are labeled "chemical-free," when the fact is everything contains chemicals, including plants and animals. Products with the highest number of misleading or unverifiable claims were laundry detergents, household cleaners, and paints. ❸ Environmental advocates agree there is still a long way to go to ensure shoppers are adequately informed about the environmental impact of the products they buy. The most common reason for greenwashing is to attract environmentally conscious consumers. Many consumers do not find out about the false claims until after the purchase. Therefore, greenwashing may increase sales in the short term. However, this strategy can seriously backfire when consumers find out they are being deceived.

*CFC: 염화불화탄소　**fraud: 사기

↓

While greenwashing might bring a company profits ____(A)____ by deceiving environmentally conscious consumers, the company will face serious trouble when the consumers figure out they were ____(B)____.

	(A)		(B)
①	permanently	……	manipulated
②	temporarily	……	misinformed
③	momentarily	……	advocated
④	ultimately	……	underestimated
⑤	consistently	……	analyzed

● 핵심 코드 ●

❶ 유사 관계대명사 than

than은 접속사로서 두 절을 연결하는 동시에 종속절 내에서 주어, 목적어, 보어 역할을 하는데 이때 than을 유사 관계대명사라고 한다. 본문에서는 it의 주격보어 역할을 하고 있다.

Don't use more words **than** are necessary. 〈주어 역할〉
필요 이상의 단어들을 사용하지 마시오.

The Milky Way is made up of more stars **than** anybody can count. 〈count의 목적어 역할〉
은하수는 어떤 누가 셀 수 있는 것보다 더 많은 별들로 이루어져 있다.

The window is wider **than** the TV screen is. 〈주격보어 역할〉
그 창문은 TV 스크린보다 더 넓다.

❷ 현재완료 (결과)

「have[has]+p.p.」의 형태를 취하는 현재완료의 용법 중 결과의 의미를 나타내는 현재완료는 '~했다 (그 결과 지금 …인 상태이다)'라는 의미를 나타낸다.

❸ 복잡한 문장 구조

(that)
Environmental advocates agree {there is still
주어　　　　　　　　　동사　목적절

a long way to go {to ensure shoppers are adequately

informed about the environmental impact of
(that)
the products they buy}].

agree의 목적절을 이끄는 접속사 that이 생략된 문장으로, 주절의 주어, 동사와 목적절의 주어, 동사를 구분한다. 목적절의 to go는 a long way를 수식하는 형용사적 용법의 to부정사이며, { }는 목적을 나타내는 부사적 용법의 to부정사이다. they buy는 the products를 수식하는 목적격 관계대명사절로 관계대명사 that이 생략되었다.

多빈출 핵심 어휘

mislead 동 현혹시키다　**irrelevant** 형 무관한, 상관없는
puffery 명 과대 광고　**exaggerate** 동 과장하다
vague 형 희미한; *모호한, 애매한　**chemical** 명 화학 물질
unverifiable 형 증명할 수 없는　**advocate** 명 옹호자, 지지자　**ensure** 동 반드시 ~하게 하다, 보장하다
adequately 부 충분하게, 적절하게　**impact** 명 영향
conscious 형 의식하는, 자각하는; *의식이 있는　**backfire** 동 역화를 일으키다　**deceive** 동 기만하다　[문제]
permanently 부 영구적으로　**manipulate** 동 조종하다
momentarily 부 잠깐 (동안)

Q2

● 2020년 6월 교육청(고2) 40번

다음 글의 내용을 한 문장으로 요약하고자 한다. 빈칸 (A), (B)에 들어갈 말로 가장 적절한 것은? 정답률 **65%**

Why do we help? One widely held view is that self-interest underlies all human interactions, that our constant goal is ❶ to maximize rewards and minimize costs. Accountants call it *cost-benefit analysis*. Philosophers call it *utilitarianism*. Social psychologists call it social exchange theory. If you are considering whether to donate blood, you may weigh the costs of doing so (time, discomfort, and anxiety) against the benefits (reduced guilt, social approval, and good feelings). If the rewards exceed the costs, you will help. ❷ Others believe that we help because we have been socialized to do so, through norms that prescribe how we ought to behave. Through socialization, we learn the reciprocity norm: the expectation that we should return help, not harm, to those who have helped us. In our relations with others of similar status, the reciprocity norm ❸ compels us to give (in favors, gifts, or social invitations) about as much as we receive.

People help because helping gives them _____(A)_____, but also because they are socially learned to _____(B)_____ what others have done for them.

	(A)		(B)
①	advantages	......	repay
②	patience	......	evaluate
③	wisdom	......	forget
④	advantages	......	accept
⑤	patience	......	appreciate

・핵심 코드・

❶ to부정사의 명사적 용법

to부정사는 명사적 용법으로 쓰여 주어, 목적어, 보어의 역할을 할 수 있다.

❷ 복잡한 문장 구조

본문에서 주절의 동사 believe의 목적어 역할을 하는 that절의 주어는 we, 동사는 help이며 접속사 because가 이유의 부사절을 이끈다. 그 뒤로 norms를 선행사로 하는 주격 관계대명사절이 이어지며, 관계사절의 동사는 prescribe, 목적어는 의문사절 how we ought to behave이다.

❸ 목적격보어로 to부정사를 취하는 동사

동사 compel, want, wish, tell, order, ask, teach, allow 등은 목적격보어로 to부정사를 취한다.

I **asked** the man **to drive** carefully but he didn't.
나는 그 남자에게 조심히 운전해 달라고 요청했지만 그는 그러지 않았다.

多빈출 핵심 어휘

underlie 통 기저가 되다, 밑바탕이 되다 **interaction** 명 상호작용 **constant** 형 지속적인 **maximize** 통 극대화하다 **reward** 명 보상 **minimize** 통 최소화하다 **accountant** 명 회계사 **philosopher** 명 철학자 **utilitarianism** 명 공리주의 **psychologist** 명 심리학자 **donate blood** 헌혈하다 **weigh** 통 무게가 ~이다; *(결정을 내리기 전에) 따져보다, 저울질하다 **discomfort** 명 불편함 **benefit** 명 이익 **guilt** 명 죄책감 **approval** 명 인정 **exceed** 통 초과하다 **socialize** 통 사회화하다 **norm** 명 규범 **prescribe** 통 규정하다 **socialization** 명 사회화 **reciprocity norm** 상호성 규범 **compel** 통 강요하다

Q3

• 2022년 3월 교육청(고2) 40번

다음 글의 내용을 한 문장으로 요약하고자 한다. 빈칸 (A), (B)에 들어갈 말로 가장 적절한 것은? **정답률 42%**

Distance is a reliable indicator of the relationship between two people. Strangers stand further apart ❶ **than do acquaintances**, acquaintances stand further apart than friends, and friends stand further apart than romantic partners. Sometimes, of course, these rules are violated. Recall the last time you rode 20 stories in an elevator packed with total strangers. The sardine–like experience no doubt made the situation a bit uncomfortable. With your physical space violated, you ❷ **may have tried** to create "psychological" space ❸ **by avoiding** eye contact, ❹ **focusing** instead on the elevator buttons. ❹ **By reducing** closeness in one nonverbal channel (eye contact), one can compensate for unwanted closeness in another channel (proximity). Similarly, if you are talking with someone who is seated several feet away at a large table, you are likely to maintain constant eye contact— something you might feel uncomfortable doing if you were standing next to each other.

* sardine–like: 승객이 빽빽이 들어찬 ** proximity: 근접성

↓

Physical distance between people is _____(A)_____ by relationship status, but when the distance is not appropriate, people _____(B)_____ their nonverbal communication to establish a comfortable psychological distance.

	(A)		(B)
①	determined	……	adjust
②	concealed	……	interpret
③	influenced	……	ignore
④	predicted	……	stop
⑤	measured	……	decrease

• 핵심 코드 •

❶ than 뒤에서 발생하는 도치

비교급에서 접속사로 쓰인 than 뒤에 주어가 대명사가 아니고 동사가 대동사인 경우, 도치가 일어날 수 있다.

Adults drink more coffee **than do teenagers**.
성인들은 십 대들이 마시는 것보다 더 많은 커피를 마신다.

❷ may[might] have + p.p.

「may[might] have + p.p.」는 '~이었을지도 모른다'는 의미로 과거 사실에 대한 불확실한 추측을 나타낸다.

A man was in the crosswalk. He **may[might] have witnessed** the accident.
한 남자가 그 횡단보도에 있었다. 그가 그 사고를 목격했을지도 모른다.

❸ by v-ing

「by v-ing」는 '~함으로써'의 의미로, by는 전치사이므로 뒤에 동사가 올 때는 동명사 형태로 써야 한다.

❹ 분사구문 (동시동작)

분사구문이란 분사가 이끄는 구가 문장에서 시간, 이유, 조건, 양보, 동시동작, 연속동작(결과) 등을 나타내는 부사구 역할을 하는 것을 말한다. 이 중 동시동작을 나타내는 분사구문은 '~하면서, ~한 채로'의 의미로 해석된다.

多빈출 핵심 어휘

reliable 형 믿을 수 있는 **indicator** 명 지표 **acquaintance** 명 지인 **violate** 동 위반하다 **recall** 동 떠올리다 **story** 명 이야기; *층 **packed with** ~로 가득 찬 **no doubt** 분명히, 틀림없이 **physical** 형 물리적인 **closeness** 명 가까움 **nonverbal** 형 비언어적인 **compensate for** ~을 상쇄하다 **unwanted** 형 원치 않는 **constant** 형 끊임없는 [문제] **status** 명 상태, 지위 **appropriate** 형 적절한 **establish** 동 확립하다 **determine** 동 결정하다 **conceal** 동 숨기다 **measure** 동 측정하다

Q4

● 2024년 3월 교육청(고2) 40번

다음 글의 내용을 한 문장으로 요약하고자 한다. 빈칸 (A), (B)에 들어갈 말로 가장 적절한 것은? 정답률 **52%**

The fast-growing, tremendous amount of data, collected and stored in large and numerous data repositories, has far exceeded our human ability for understanding without powerful tools. As a result, data collected in large data repositories become "data tombs" — data archives that are hardly visited. Important decisions are often made based **❶ not** on the information-rich data stored in data repositories **but** rather on a decision maker's instinct, simply because the decision maker does not have the tools **❷ to extract** the valuable knowledge hidden in the vast amounts of data. Efforts have been made **❷ to develop** expert system and knowledge-based technologies, **❸ which** typically rely on users or domain experts to *manually* input knowledge into knowledge bases. However, this procedure is likely to cause biases and errors and is extremely costly and time consuming. The widening gap between data and information calls for the systematic development of tools that can turn data tombs into "golden nuggets" of knowledge.

* repository: 저장소 ** golden nugget: 금괴

↓

As the vast amounts of data stored in repositories _____(A)_____ human understanding, effective tools to _____(B)_____ valuable knowledge are required for better decision-making.

	(A)		(B)
①	overwhelm	……	obtain
②	overwhelm	……	exchange
③	enhance	……	apply
④	enhance	……	discover
⑤	fulfill	……	access

● 핵심 코드 ●

❶ 상관접속사 not A but (rather) B

「not A but (rather) B」는 'A가 아니라 (오히려) B'의 의미인 상관접속사로, A와 B 자리에는 'on + 명사구'의 문법적으로 대등한 형태가 쓰였다.

❷ to부정사의 형용사적 용법 (한정)

to부정사가 형용사처럼 쓰이면 명사를 뒤에서 수식해 명사의 의미를 한정하는 역할을 한다.

I need a place **to stay** for the night.

나는 밤에 묵을 곳이 필요하다.

The book **to read** for the assignment is on the table.

과제로 읽을 책이 탁자 위에 있다.

❸ 관계대명사의 계속적 용법

관계대명사의 계속적 용법은 관계대명사 앞에 콤마(,)를 두어 나타내거나 삽입절로 표현하며, 선행사에 대한 부수적인 정보를 제공한다.

My new laptop, **which** I bought last week, has already developed a technical issue.

나의 새 노트북은 지난주에 산 것인데 벌써 기술적 문제가 생겼다.

I just finished reading her new book, **which** was absolutely fascinating.

나는 방금 그녀의 새 책을 다 읽었는데, 그것은 정말 흥미로웠다.

多빈출 핵심 어휘

tremendous 형 엄청난 **numerous** 형 많은 **archive** 명 기록 보관소 **instinct** 명 본능 **extract** 동 뽑다, 추출하다 **typically** 부 일반적으로 **rely on** ~에 의지하다 **domain** 명 분야 **manually** 부 수동으로 **procedure** 명 절차, 방법 **bias** 명 편견 **costly** 형 많은 비용이 드는 **call for** ~을 요구하다 **systematic** 형 체계적인 [문제] **overwhelm** 동 압도하다 **enhance** 동 높이다, 향상시키다 **access** 동 접근하다

01 고득점 ○△✕ · 2025년 9월 교육청(고2) 40번

다음 글의 내용을 한 문장으로 요약하고자 한다. 빈칸 (A), (B)에 들어갈 말로 가장 적절한 것은? 정답률 45%

Mother cats can tell which kittens belong to them — when litters are mixed up they use their kittens' scent to distinguish them from offspring of other mothers. Despite this, when faced with a selection of kittens who have wandered from the nest, her own and others that aren't hers, a mother cat doesn't appear to favor her own offspring when retrieving them. The reason for this is uncertain, although distress vocalizations from kittens that are lost from their nest are known to be very powerful, so it may just be hard for the mother to resist retrieving them, regardless of whether they are hers. In the wild, a squeaking kitten out in the open is likely to attract predators, which is bad news for any other kittens around it. A rapid rescue of any crying kitten would be a good strategy to prevent them from drawing unwanted attention.

* squeak: 끽(찍)하는 소리를 내다

↓

Although mother cats can identify their own offspring, they are likely to _____(A)_____ any lost crying kittens, possibly to reduce the chances of being _____(B)_____ by predators.

(A)		(B)
① raise	……	deceived
② collect	……	detected
③ collect	……	distracted
④ abandon	……	awakened
⑤ abandon	……	chased

02 ○△✕ · 2024년 6월 교육청(고2) 40번

다음 글의 내용을 한 문장으로 요약하고자 한다. 빈칸 (A), (B)에 들어갈 말로 가장 적절한 것은? 정답률 56%

Many things spark *envy*: ownership, status, health, youth, talent, popularity, beauty. It is often confused with jealousy because the physical reactions are identical. The difference: the subject of *envy* is a thing (status, money, health etc.). The subject of jealousy is the behaviour of a third person. *Envy* needs two people. Jealousy, on the other hand, requires three: Peter is jealous of Sam because the beautiful girl next door rings him instead. Paradoxically, with envy we direct resentments toward those who are most similar to us in age, career and residence. We don't envy businesspeople from the century before last. We don't envy millionaires on the other side of the globe. As a writer, I don't envy musicians, managers or dentists, but other writers. As a CEO you envy other, bigger CEOs. As a supermodel you envy more successful supermodels. Aristotle knew this: 'Potters envy potters.'

↓

Jealousy involves three parties, focusing on the _____(A)_____ of a third person, whereas envy involves two individuals whose personal circumstances are most _____(B)_____, with one person resenting the other.

(A)		(B)
① actions	……	different
② possessions	……	unique
③ goals	……	ordinary
④ possessions	……	favorable
⑤ actions	……	alike

03 ○△✕ • 2023년 3월 교육청(고2) 40번

다음 글의 내용을 한 문장으로 요약하고자 한다. 빈칸 (A), (B)에 들어갈 말로 가장 적절한 것은? 정답률 59%

A young child may be puzzled when asked to distinguish between the directions of right and left. But that same child may have no difficulty in determining the directions of up and down or back and front. Scientists propose that this occurs because, although we experience three dimensions, only two had a strong influence on our evolution: the vertical dimension as defined by gravity and, in mobile species, the front/back dimension as defined by the positioning of sensory and feeding mechanisms. These influence our perception of vertical versus horizontal, far versus close, and the search for dangers from above (such as an eagle) or below (such as a snake). However, the left-right axis is not as relevant in nature. A bear is equally dangerous from its left or the right side, but not if it is upside down. In fact, when observing a scene containing plants, animals, and man-made objects such as cars or street signs, we can only tell when left and right have been inverted if we observe those artificial items.

* axis: 축

Having affected the evolution of our ___(A)___ perception, vertical and front/back dimensions are easily perceived, but the left-right axis, which is not ___(B)___ in nature, doesn't come instantly to us.

	(A)		(B)
①	spatial	……	significant
②	spatial	……	scarce
③	auditory	……	different
④	cultural	……	accessible
⑤	cultural	……	desirable

04 ○△✕ • 2022년 6월 교육청(고2) 40번

다음 글의 내용을 한 문장으로 요약하고자 한다. 빈칸 (A), (B)에 들어갈 말로 가장 적절한 것은? 정답률 58%

The great irony of performance psychology is that it teaches each sportsman to believe, as far as he is able, that he will win. No man doubts. No man indulges his inner skepticism. That is the logic of sports psychology. But only one man *can* win. That is the logic of sport. Note the difference between a scientist and an athlete. Doubt is a scientist's stock in trade. Progress is made by focusing on the evidence that refutes a theory and by improving the theory accordingly. Skepticism is the rocket fuel of scientific advance. But doubt, to an athlete, is poison. Progress is made by ignoring the evidence; it is about creating a mindset that is immune to doubt and uncertainty. Just to reiterate: From a rational perspective, this is nothing less than crazy. Why should an athlete convince himself he will win when he knows that there is every possibility he will lose? Because, to win, one must proportion one's belief, not to the evidence, but to whatever the mind can usefully get away with.

* reiterate: 되풀이하다

Unlike scientists whose ___(A)___ attitude is needed to make scientific progress, sports psychology says that to succeed, athletes must ___(B)___ feelings of uncertainty about whether they can win.

	(A)		(B)
①	confident	……	keep
②	skeptical	……	eliminate
③	arrogant	……	express
④	critical	……	keep
⑤	stubborn	……	eliminate

05 ○△✕ • 2023년 6월 교육청(고2) 40번

다음 글의 내용을 한 문장으로 요약하고자 한다. 빈칸 (A), (B)에 들어갈 말로 가장 적절한 것은? 정답률 60%

People behave in highly predictable ways when they experience certain thoughts. When they agree, they nod their heads. So far, no surprise, but according to an area of research known as "proprioceptive psychology," the process also works in reverse. Get people to behave in a certain way and you cause them to have certain thoughts. The idea was initially controversial, but fortunately it was supported by a compelling experiment. Participants in a study were asked to fixate on various products moving across a large computer screen and then indicate whether the items appealed to them. Some of the items moved vertically (causing the participants to nod their heads while watching), and others moved horizontally (resulting in a side-to-side head movement). Participants preferred vertically moving products without being aware that their "yes" and "no" head movements had played a key role in their decisions.

↓

In one study, participants responded ____(A)____ to products on a computer screen when they moved their heads up and down, which showed that their decisions were unconsciously influenced by their ____(B)____ .

	(A)		(B)
①	favorably	······	behavior
②	favorably	······	instinct
③	unfavorably	······	feeling
④	unfavorably	······	gesture
⑤	irrationally	······	prejudice

06 고득점 ○△✕ • 2023년 9월 교육청(고2) 40번

다음 글의 내용을 한 문장으로 요약하고자 한다. 빈칸 (A), (B)에 들어갈 말로 가장 적절한 것은? 정답률 49%

In 2006, researchers conducted a study on the motivations for helping after the September 11th terrorist attacks against the United States. In the study, they found that individuals who gave money, blood, goods, or other forms of assistance because of other-focused motives (giving to reduce another's discomfort) were almost four times more likely to still be giving support one year later than those whose original motivation was to reduce personal distress. This effect likely stems from differences in emotional arousal. The events of September 11th emotionally affected people throughout the United States. Those who gave to reduce their own distress reduced their emotional arousal with their initial gift, discharging that emotional distress. However, those who gave to reduce others' distress did not stop empathizing with victims who continued to struggle long after the attacks.

* distress: (정신적) 고통   ** arousal: 자극

↓

A study found that the act of giving was less likely to be ____(A)____ when driven by self-centered motives rather than by other-focused motives, possibly because of the ____(B)____ in emotional arousal.

	(A)		(B)
①	sustained	······	decline
②	sustained	······	maximization
③	indirect	······	variation
④	discouraged	······	reduction
⑤	discouraged	······	increase

多빈출 핵심 어휘

01

- [ ] **belong to**   ~에 속하다, ~의 것이다
- [ ] **litter**   몡 새끼
- [ ] **scent**   몡 냄새, 향기
- [ ] **distinguish**   동 구별하다
- [ ] **offspring**   몡 자식, 새끼
  distinguish them from **offspring** of other mothers
  그것들을 다른 어미의 새끼와 구별하다
- [ ] **selection**   몡 선별
- [ ] **wander**   동 돌아다니다, 헤매다
- [ ] **nest**   몡 둥지, 보금자리
  wander from the **nest** 보금자리에서 벗어나 헤매다
- [ ] **favor**   동 선호하다, 편애하다
- [ ] **retrieve**   동 되찾다
- [ ] **distress**   몡 고통; *조난
- [ ] **vocalization**   몡 발성
- [ ] **resist**   동 저항하다, 거부하다
- [ ] **attract**   동 끌어들이다, 유인하다
- [ ] **predator**   몡 포식자
  be likely to **attract predators** 포식자를 유인할 가능성이 높다
- [ ] **attention**   몡 주의, 관심
- [ ] **detect**   동 발견하다, 탐지하다
- [ ] **abandon**   동 버리다

02

- [ ] **ownership**   몡 소유권
- [ ] **confuse**   동 혼란스럽게 하다
  It is often **confused** with jealousy 그것은 종종 질투와 혼동된다
- [ ] **reaction**   몡 반응
- [ ] **identical**   형 동일한
- [ ] **subject**   몡 주제; *대상
- [ ] **behaviour**   몡 행동
  the **behaviour** of a third person 제3자의 행동
- [ ] **paradoxically**   부 역설적이게도
- [ ] **direct**   동 감독하다; *향하게 하다
- [ ] **resentment**   몡 분함, 억울함, 적의
- [ ] **residence**   몡 거주지
- [ ] **millionaire**   몡 백만장자
- [ ] **involve**   동 포함하다, 수반하다
- [ ] **party**   몡 파티; *당사자
- [ ] **individual**   몡 개인, 사람
- [ ] **circumstance**   몡 상황
- [ ] **resent**   동 분해하다, 불쾌해하다
- [ ] **alike**   형 비슷한

03

- [ ] **puzzle**   동 당황하게 하다
- [ ] **dimension**   몡 차원
  experience three **dimensions** 세 가지 차원을 경험하다
- [ ] **evolution**   몡 진화
- [ ] **vertical**   형 수직의
- [ ] **gravity**   몡 중력
- [ ] **positioning**   몡 배치
- [ ] **horizontal**   형 수평의
- [ ] **relevant**   형 관련 있는; *유의미한
- [ ] **equally**   부 똑같이
- [ ] **upside down**   거꾸로, 거꾸로 뒤집혀
- [ ] **invert**   동 뒤바꾸다, 뒤집다
- [ ] **artificial**   형 인공적인

04

- [ ] **doubt**   동 의심하다 몡 의심
- [ ] **indulge**   동 채우다, 충족시키다
- [ ] **skepticism**   몡 회의론 (skeptical 형 회의적인)
- [ ] **logic**   몡 논리
- [ ] **note**   동 주목하다
- [ ] **athlete**   몡 운동선수
- [ ] **stock in trade**   일상인 요소
  doubt is a scientist's **stock in trade** 의심은 과학자의 일상적인 업무이다
- [ ] **progress**   몡 진보
- [ ] **refute**   동 반박하다
  the evidence that **refutes** a theory 이론을 반박하는 증거
- [ ] **accordingly**   부 그에 따라
- [ ] **fuel**   몡 연료
- [ ] **advance**   몡 진보
  scientific **advance** 과학적 진보
- [ ] **poison**   몡 독
- [ ] **ignore**   동 무시하다
- [ ] **mindset**   몡 사고방식
- [ ] **be immune to**   ~에 영향받지 않다
  a **mindset** that **is immune to** doubt 의심에 영향을 받지 않는 사고방식
- [ ] **uncertainty**   몡 불확실성
- [ ] **convince**   동 확신시키다
  an athlete **convince** himself he will win
  운동선수는 자신이 이길 것이라고 확신한다
- [ ] **possibility**   몡 가능성
- [ ] **proportion**   동 할당하다
- [ ] **get away with**   ~을 잘[그럭저럭] 해내다
- [ ] **eliminate**   동 없애다, 제거하다
- [ ] **stubborn**   형 완고한

05

- predictable ㆍ형 예측 가능한
  behave in highly **predictable** ways 매우 예측 가능한 방식으로 행동하다
- proprioceptive ㆍ형 자기 수용의
- in reverse 반대로, 거꾸로
  the process also works **in reverse** 그 과정은 역으로도 작용한다
- initially ㆍ부 처음에
- controversial ㆍ형 논란이 많은
- compelling ㆍ형 설득력 있는
  was supported by a **compelling** experiment
  설득력 있는 실험으로 뒷받침되었다
- fixate ㆍ동 고정하다
- indicate ㆍ동 나타내다
- appeal to ~에게 매력적이다
- vertically ㆍ부 수직으로
- horizontally ㆍ부 수평으로, 좌우로
- unconsciously ㆍ부 무의식적으로

06

- conduct ㆍ동 수행하다
- assistance ㆍ명 도움
- discomfort ㆍ명 불편, 곤란
- stem from ~에서 비롯되다
- initial ㆍ형 초기의
- discharge ㆍ동 해소하다
  discharge that emotional distress 그 감정적 고통을 해소하다
- empathize ㆍ동 공감하다
- victim ㆍ명 피해자
- struggle ㆍ동 분투[고투]하다

15

장문

출제코드 분석

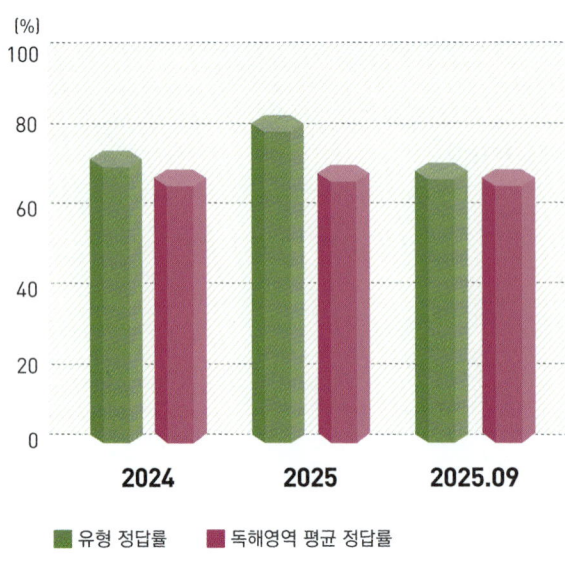

[%]
■ 유형 정답률　■ 독해영역 평균 정답률

장문 유형은 수능 독해영역에서 매년 5문항씩 출제된다. 2025학년도 수능에서 2문항 장문의 정답률은 41번(제목)이 69%, 42번(문맥 속 어휘 추론)이 70%를 기록했다. 3문항 장문의 평균 정답률은 91%였다. 2024학년도 수능에서 2문항 장문의 정답률은 41번(제목)이 59%, 42번(문맥 속 어휘 추론)이 58%를 기록했다. 3문항 장문의 평균 정답률은 83%로 2문항 장문의 난이도가 더 높은 편이었다. 2025년도 9월 고2 학평의 경우 41번, 42번 장문의 평균 정답률은 55%로 독해영역 평균 정답률보다 낮았으며, 3문항 장문의 평균 정답률은 84%로 독해영역 평균 정답률보다 높았다.

최근 수능 및 학평 출제 소재

최근 수능에서는 인간 손의 해부학적 특징과 진화적 중요성에 관한 글과, 아버지와 아들의 관계 회복을 다룬 이야기가 출제되었다. 학평에서는 동물이 체지방과 저장 식량을 활용하는 두 가지 에너지 저장 전략의 장단점에 관한 글과, 아버지의 자동차 구입을 도우며 따뜻한 가족의 순간을 만든 내용의 글이 출제되었다.

학습 전략

유형 설명

하나의 긴 글을 읽고 2문항(글의 제목, 빈칸/어휘 추론)을 푸는 유형과, 네 개의 단락으로 이루어진 글을 읽고 3문항(글의 순서 배열, 지칭 추론, 내용 일치/불일치)을 푸는 유형이 있다. 긴 글을 빠르게 읽고, 문제 풀이에 필요한 핵심 정보를 찾아내는 능력이 요구된다.

유형 학습 전략

1. 글의 제목을 찾는 문항은 중심 소재와 핵심 어구를 바탕으로 글의 주제를 파악한다.
2. 빈칸 추론 문항은 빈칸 전후 문맥에 주목하여 구체적인 사례들을 일반화하거나 주제를 재진술하는 내용을 찾는다.
3. 어휘 추론 유형은 평소 반의어, 유의어, 철자가 비슷한 단어를 외우고, 문제가 출제된 문장 및 앞뒤 문장을 통해 문맥을 파악하여 문맥상 어울리지 않는 단어를 찾는다.
4. 글의 순서 배열 문항은 각 단락의 연결 고리가 되는 연결사나 대명사, 지시어 등에 주목한다.
5. 지칭 추론 문항의 경우 각 대명사가 포함된 문장이나 앞 문장에서 각 대명사가 가리키는 대상을 확인한다.
6. 내용 일치 문항은 선택지의 순서와 글의 흐름이 동일하므로 선택지를 먼저 보고 글을 읽으며 차례로 내용을 대조한다.

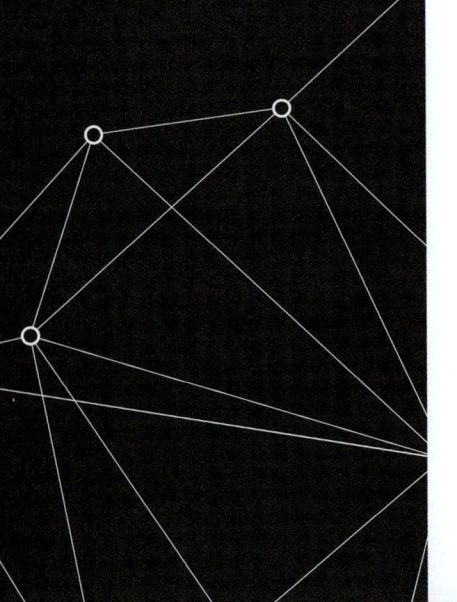

코드 접속하기

정답 및 해설 p. 120

Q1~Q2
• 2022년 3월 교육청(고2) 41~42번

다음 글을 읽고, 물음에 답하시오.

Being able to have a good fight doesn't just make us more civil; it also develops our creative muscles. In a classic study, highly creative architects were more likely than their technically competent but less original peers to come from homes with (a) plenty of friction. They often grew up in households that were "tense but secure," ❶ as psychologist Robert Albert notes: "The creative person–to–be comes from a family that is anything but (b) harmonious." The parents weren't physically or verbally abusive, but they didn't shy away from conflict, either. Instead of telling their children to be seen but not heard, they (c) encouraged them to stand up for themselves. The kids learned to dish it out — and take it. That's exactly what happened to Wilbur and Orville Wright, who invented the airplane.

When the Wright brothers said ❷ they thought together, what they really meant is that they fought together. When they were solving problems, they had arguments that lasted ❸ not just for hours but for weeks and months at a time. They didn't have such (d) ceaseless fights because they were angry. They kept quarreling because they enjoyed it and learned from the experience. "I like scrapping with Orv," Wilbur reflected. ❶ As you'll see, it was one of their most passionate and prolonged arguments that led them to (e) support a critical assumption that had prevented humans from soaring through the skies.

* dish it out: 남을 비판하다   ** scrap with: ~과 다투다

Q1 윗글의 제목으로 가장 적절한 것은? 정답률 **59%**

① The Power of Constructive Conflict
② Lighten Tense Moments with Humor
③ Strategies to Cope with Family Stress
④ Compromise: A Key to Resolving Conflict
⑤ Rivalry Between Brothers: A Serious Crisis

Q2 고득점 밑줄 친 (a)~(e) 중에서 문맥상 낱말의 쓰임이 적절하지 않은 것은? 정답률 **17%**

① (a)   ② (b)   ③ (c)   ④ (d)   ⑤ (e)

• 핵심 코드 •

❶ **접속사 as**

접속사 as는 때, 원인, 양보, 방법 등 여러 가지 의미를 가지고 있으므로 문맥에 맞게 해석한다. 본문에 쓰인 as는 둘 다 '~대로'라는 의미로 방식을 나타낸다.

❷ **명사절을 이끄는 접속사 that의 생략**

접속사 that이 이끄는 명사절은 주어, 보어, 목적어로 쓰일 수 있다. 목적어로 쓰일 때는 생략할 수 있고, 주어나 보어로 쓰일 때는 생략할 수 없다.

❸ **상관접속사**

두 개 이상의 어구가 짝을 이루어 쓰이는 접속사를 상관접속사라고 한다. 이때 상관접속사에 의해 연결되는 단어, 구, 절은 품사나 문법적 구조가 대등해야 한다.

• not A but B: A가 아니라 B
• both A and B: A와 B 둘 다
• either A or B: A 또는 B
• neither A nor B: A도 B도 아닌
• not just[only] A but (also) B: A뿐만 아니라 B도 (= B as well as A)

多빈출 핵심 어휘

civil 형 정중한, 예의 바른 **classic** 형 고전적인 **technically** 부 기술적으로 **competent** 형 유능한 **original** 형 독창적인 **peer** 명 동료 **friction** 명 마찰(력); *충돌, 불화 **tense** 형 긴박한, 긴장된 **secure** 형 안전한 **note** 동 언급하다 **verbally** 부 언어적으로 **abusive** 형 학대하는 **shy away from** ~을 피하다 **conflict** 명 갈등 **stand up for** ~의 입장을 내세우다 **argument** 명 논쟁 **last** 동 지속되다 **ceaseless** 형 끊임없는 **quarrel** 동 싸우다, 말다툼하다 **reflect** 동 비추다; *회고하다 **prolonged** 형 장기적인 **critical** 형 결정적인, 중대한 **assumption** 명 가정 **soar** 동 날아오르다 [문제] **constructive** 형 건설적인 **cope with** ~에 대처[대응]하다 **compromise** 명 타협[절충] **resolve** 동 해결하다 **rivalry** 명 경쟁 (의식) **crisis** 명 위기

Q3~Q5 •───────── • 2022년 6월 교육청(고2) 43~45번

다음 글을 읽고, 물음에 답하시오.

(A)

A businessman boarded a flight. Arriving at his seat, he greeted his travel companions: a middle–aged woman sitting at the window, and a little boy sitting in the aisle seat. After putting his bag in the overhead bin, he took his place between them. After the flight took off, he began a conversation with the little boy. He appeared to be about the same age as (a) his son and was busy with a coloring book.

(B)

As the plane rose and fell several times, people got nervous and sat up in their seats. The man was also nervous and grabbing (b) his seat ❶ <mark>as tightly as he could</mark>. Meanwhile, the little boy was sitting quietly beside (c) him. His coloring book and crayons were put away neatly in the seat pocket in front of him, and his hands were calmly resting on his legs. Incredibly, he didn't seem worried at all.

(C)

Then, suddenly, the turbulence ended. The pilot apologized for the bumpy ride and announced that they would be landing soon. As the plane began its descent, the man said to the little boy, "You are just a little boy, but (d) I ❷ <mark>have never met</mark> a braver person in all my life! Tell me, how is it that you remained so calm while all of us adults were so afraid?" Looking him in the eyes, he said, "My father is the pilot, and he's taking me home."

* turbulence: 난기류

• 핵심 코드 •

❶ as+원급+as+주어+can

「as+원급+as+주어+can」은 '가능한 한 ~한[하게], …가 할 수 있는 한 ~한[하게]'라는 의미이며 「as+원급+as possible」로 바꿔 쓸 수 있다.

> If you come to class late, please enter **as quietly as you can**.
> = If you come to class late, please enter **as quietly as possible**.
> 만약 수업에 늦으면, 가능한 한 조용히 들어오시기 바랍니다.

❷ 현재완료 (경험)

「have[has]+p.p.」의 형태를 취하는 현재완료의 용법 중 경험의 의미를 나타내는 현재완료는 과거부터 현재까지의 경험을 나타내며 ever, never, before, once, ~ times 등과 자주 쓰인다.

> **I have never seen** a baby as cute as my niece!
> 나는 내 조카만큼 귀여운 아기를 본적이 없어!

多빈출 핵심 어휘

board 图 승선[승차/탑승]하다 **greet** 图 맞다, 환영하다 **companion** 图 동반자, 동행 **aisle** 图 통로 **overhead bin** (여객기의 객석 위에 있는) 짐 넣는 곳 **rise** 图 오르다, 올라가다 **fall** 图 떨어지다 **nervous** 閔 불안해하는 **incredibly** 图 믿을 수 없게 **apologize** 图 사과하다 **bumpy** 閔 울퉁불퉁한; *평탄치 않은 **land** 图 내려앉다, 착륙하다 **descent** 图 내려오기, 하강 **remain** 图 계속[여전히] ~이다

코드 접속하기

정답 및 해설 p. 121

(D)

He asked the boy a few usual questions, such as his age, his hobbies, as well as his favorite animal. He found ❸ it strange that such a young boy would be traveling alone, so he ❹ decided to keep an eye on (e) him to make sure he was okay. About an hour into the flight, the plane suddenly began experiencing turbulence. The pilot told everyone to fasten their seat belts and remain calm, as they had encountered rough weather.

Q3 주어진 글 (A)에 이어질 내용을 순서에 맞게 배열한 것으로 가장 적절한 것은? 정답률 **83%**

① (B) – (D) – (C)
② (C) – (B) – (D)
③ (C) – (D) – (B)
④ (D) – (B) – (C)
⑤ (D) – (C) – (B)

Q4 밑줄 친 (a)~(e) 중에서 가리키는 대상이 나머지 넷과 다른 것은? 정답률 **80%**

① (a)   ② (b)   ③ (c)   ④ (d)   ⑤ (e)

Q5 윗글에 관한 내용으로 적절하지 않은 것은? 정답률 **85%**

① 사업가는 중년 여성과 소년 사이에 앉았다.
② 비행기가 오르락내리락하자 사람들은 긴장했다.
③ 소년은 색칠 공부 책과 크레용을 가방에 넣었다.
④ 소년은 자신의 아버지가 조종사라고 말했다.
⑤ 조종사는 사람들에게 안전벨트를 매고 침착하라고 말했다.

• 핵심 코드 •

❸ 가목적어 it

접속사 that이 이끄는 명사절이 목적어로 쓰였을 경우 목적어 자리에 가목적어 it을 쓰고, 진목적어인 that절은 문장 뒤로 보낸다.

Everyone else felt **it** a little rude **that Harriet started eating first.**
다른 모두는 Harriet이 먼저 먹기 시작한 것이 약간 무례하다고 느꼈다.

❹ to부정사를 목적어로 취하는 동사

decide, want, wish, hope, choose, refuse, expect, agree, fail, tend, promise 등의 동사들은 목적어로 to부정사를 취한다.

The manager **promised to provide** customers with the best service.
그 관리자는 고객들에게 최상의 서비스를 제공할 것을 약속했다.

多빈출 핵심 어휘

keep an eye on ~을 계속 지켜보다 **fasten one's seat belt** 안전 벨트를 매다 **encounter** 통 맞닥뜨리다[부딪히다] **rough** 형 (표면이) 고르지[매끄럽지] 않은; *(날씨가) 거친

코드 접속하기

Q6~Q7
● 2023년 3월 교육청(고2) 41~42번

다음 글을 읽고, 물음에 답하시오.

Creative people aren't all cut from the same cloth. They have (a) varying levels of maturity and sensitivity. They have different approaches to work. And ❶ they're each motivated by different things. Managing people is about being aware of their unique personalities. It's also about empathy and adaptability, and knowing how the things you do and say will be interpreted and adapting accordingly. ❷ Who you are and what you say may not be the (b) same from one person to the next. For instance, if you're ❸ asking someone to work a second weekend in a row, or telling them they aren't getting that deserved promotion just yet, you need to bear in mind the (c) group. Vincent will have a very different reaction to the news than Emily, and they will each be more receptive to the news if it's bundled with different things. Perhaps that promotion news will land (d) easier if Vincent is given a few extra vacation days for the holidays, while you can promise Emily a bigger promotion a year from now. Consider each person's complex positive and negative personality traits, their life circumstances, and their mindset in the moment when deciding what to say and how to say it. Personal connection, compassion, and an individualized management style are (e) key to drawing consistent, rock star-level work out of everyone.

Q6 윗글의 제목으로 가장 적절한 것은? 정답률 **46%**

① Know Each Person to Guarantee Best Performance
② Flexible Hours: An Appealing Working Condition
③ Talk to Employees More Often in Hard Times
④ How Empathy and Recognition Are Different
⑤ Why Creativity Suffers in Competition

Q7 밑줄 친 (a)~(e) 중에서 문맥상 낱말의 쓰임이 적절하지 않은 것은? 정답률 **37%**

① (a)　　② (b)　　③ (c)　　④ (d)　　⑤ (e)

• 핵심 코드 •

❶ 수동태

수동태는 「be＋p.p.(＋by＋행위자)」의 형태를 취하며 '(~에 의해) …되다'의 의미를 나타낸다. 보통 「by＋행위자」를 생략하고, 행위자를 밝힐 필요가 있을 때에만 언급한다.

The article **was written by** me.
그 기사는 내가 쓴 것이다.

The car **was repaired by** the mechanic.
그 자동차는 정비사가 수리했다.

The window **was broken (by** a ball).
그 창문은 (공에 의해) 깨졌다.

Homework must **be finished** today.
숙제는 오늘 끝내야 한다.

❷ 의문사절

의문사가 이끄는 명사절은 문장에서 주어, 목적어, 보어 역할을 하며, 「의문사＋주어＋동사」의 어순을 따른다.

Who you are doesn't matter. (주어)
당신이 누구인지는 중요하지 않다.

I don't know **why she lied to me**. (목적어)
그녀가 왜 나에게 거짓말을 했는지 모르겠다.

The problem is **when the accident occurred**. (보어)
문제는 언제 그 사고가 발생했는지이다.

❸ ask＋목적어＋to-v

5형식 동사 ask는 목적격보어로 to부정사를 취하며, '(목적어)에게 ~하라고 요청하다'라는 의미를 나타낸다.

My parents **asked me to clean** my room.
부모님은 나에게 방을 청소하라고 하셨다.

He **asked me to lend** him some money.
그는 나에게 돈을 빌려달라고 요청했다.

I **asked my friend to help** me with my homework.
나는 친구에게 숙제를 도와달라고 요청했다.

다빈출 핵심 어휘

creative 형 창의적인　**cut from the same cloth** 같은 부류인　**maturity** 명 성숙도　**sensitivity** 명 민감성　**approach** 명 접근법　**be aware of** ~을 알다　**unique** 형 고유한　**personality** 명 개성, 성격　**empathy** 명 공감　**adaptability** 명 적응성　**in a row** 연속으로, 잇달아　**deserve** 동 ~을 받아 마땅하다　**promotion** 명 승진　**receptive** 형 수용하는, 받아들이는　**bundle** 동 묶다　**mindset** 명 사고방식　**consistent** 형 일관된　**rock star-level** 록 스타와 같은 수준의

코드 공략하기

정답 및 해설 p. 124

01~02 ○△✕ ● 2025년 9월 교육청(고2) 41~42번

다음 글을 읽고, 물음에 답하시오.

Many animals pursue a mixed strategy of accumulating both body fat and food, which leads one to ask, "What are the relative advantages and disadvantages of these two forms of energy storage?" Maximum fat deposition (a) increases with body mass whereas maximum food storage is not constrained by body size. This means that animals, especially small animals, can accumulate much greater energy reserves in the form of stored food than they can in the form of body fat. Further, stored food is more (b) economical than body fat because fat contributes to body mass, and metabolic rate increases with body mass. In other words, there is a metabolic expense to maintaining fat. Excessive fat accumulations may also have a (c) negative effect on an animal's ability to avoid predators. And, if maintaining a high body temperature is advantageous, animals might be expected to accumulate more energy in the form of a food store than as body fat. On the other hand, stored food may rot over time, may be removed by robbers, or may simply be lost. Many animals must expend energy managing and protecting their food stores. Eating food and converting it to fat (d) intensifies these types of losses and the energetic costs of managing stored food. A large accumulation of body fat adds to an animal's fasting capacity, especially large animals, permitting some animals to enter prolonged dormancy in the relative security of a hibernaculum. Thus, both fat accumulation and food storage have some decided (e) advantages.

* dormancy: 휴면 상태   ** hibernaculum: 동면 장소

01 윗글의 제목으로 가장 적절한 것은? 정답률 **52%**

① The Body Sizes of Animals: Is Bigger Better?
② Fat Storage and Its Impact on Body Temperature
③ Energy Reserves: The Role of Fat in Animal Sleep
④ How Animals Convert Food into Body Fat for Survival
⑤ Animal Energy Storage: Why Inside and Why Outside?

02 밑줄 친 (a)~(e) 중에서 문맥상 낱말의 쓰임이 적절하지 않은 것은? 정답률 **58%**

① (a)   ② (b)   ③ (c)   ④ (d)   ⑤ (e)

03~05 ☐△✕ ····•· 2021년 3월 교육청(고2) 43~45번

다음 글을 읽고, 물음에 답하시오.

(A)

Once upon a time there lived a poor but cheerful shoemaker. He was so happy, he sang all day long. The children loved to stand around his window to listen to (a) him. Next door to the shoemaker lived a rich man. He used to sit up all night to count his gold. In the morning, he went to bed, but he could not sleep because of the sound of the shoemaker's singing.

(B)

He could not sleep, or work, or sing—and, worst of all, the children no longer came to see (b) him. At last, the shoemaker felt so unhappy that he seized his bag of gold and ran next door to the rich man. "Please take back your gold," he said. "The worry of it is making me ill, and I have lost all of my friends. I would rather be a poor shoemaker, as I was before." And so the shoemaker was happy again and sang all day at his work.

(C)

There was so much there that the shoemaker was afraid to let it out of his sight. So he took it to bed with him. But he could not sleep for worrying about it. Very early in the morning, he got up and brought his gold down from the bedroom. He had decided to hide it up the chimney instead. But he was still uneasy, and in a little while he dug a hole in the garden and buried his bag of gold in it. It was no use trying to work. (c) He was too worried about the safety of his gold. And as for singing, he was too miserable to utter a note.

(D)

One day, (d) he thought of a way of stopping the singing. He wrote a letter to the shoemaker asking him to visit. The shoemaker came at once, and to his surprise the rich man gave him a bag of gold. When he got home again, the shoemaker opened the bag. (e) He had never seen so much gold before! When he sat down at his bench and began, carefully, to count it, the children watched through the window.

03 주어진 글 (A)에 이어질 내용을 순서에 맞게 배열한 것으로 가장 적절한 것은? 정답률 77%

① (B) – (D) – (C)　　② (C) – (B) – (D)

③ (C) – (D) – (B)　　④ (D) – (B) – (C)

⑤ (D) – (C) – (B)

04 밑줄 친 (a)~(e) 중에서 가리키는 대상이 나머지 넷과 다른 것은? 정답률 78%

① (a)　② (b)　③ (c)　④ (d)　⑤ (e)

05 윗글의 shoemaker에 관한 내용으로 적절하지 않은 것은? 정답률 77%

① 그의 노래로 인해 옆집 사람이 잠을 잘 수 없었다.

② 예전처럼 가난하게 살고 싶지 않다고 말했다.

③ 정원에 구멍을 파고 금화가 든 가방을 묻었다.

④ 부자가 보낸 편지에 즉시 그를 만나러 갔다.

⑤ 금화를 셀 때 아이들이 그 모습을 봤다.

06~07 ○△✕ • 2020년 3월 교육청(고2) 41~42번

다음 글을 읽고, 물음에 답하시오.

Animal studies have dealt with the distances creatures may keep between themselves and members of other species. These distances determine the functioning of the so-called 'flight or fight' mechanism. As an animal senses what it considers to be a predator approaching within its 'flight' distance, it will quite simply run away. The distance at which this happens is amazingly (a) consistent, and Hediger, a Swiss biologist, claimed to have measured it remarkably precisely for some of the species that he studied. Naturally, it varies from species to species, and usually the larger the animal the (b) shorter its flight distance. I have had to use a long focus lens to take photographs of giraffes, which have very large flight distances. By contrast, I have several times nearly stepped on a squirrel in my garden before it drew attention to itself by suddenly escaping! We can only assume that this (c) variation in distance matches the animal's own assessment of its ability to accelerate and run.

The 'fight' distance is always (d) smaller than the flight distance. If a perceived predator approaches within the flight distance but the animal is trapped by obstacles or other predators and cannot (e) flee, it must stand its ground. Eventually, however, attack becomes the best form of defence, and so the trapped animal will turn and fight.

06 윗글의 제목으로 가장 적절한 것은? 정답률 **70%**

① How Animals Migrate Without Getting Lost
② Flight or Fight Mechanism: Still in Our Brain
③ Why the Size Matters in the Survival of Animals
④ Distances: A Determining Factor for Flight or Attack
⑤ Competition for Food Between Large and Small Animals

07 밑줄 친 (a)~(e) 중에서 문맥상 낱말의 쓰임이 적절하지 않은 것은? 정답률 **51%**

① (a)   ② (b)   ③ (c)   ④ (d)   ⑤ (e)

08~10 ○△✕ ········• 2021년 6월 교육청(고2) 43~45번

다음 글을 읽고, 물음에 답하시오.

(A)

Victor applied for the position of office cleaner at a very big company. The manager interviewed him, then gave him a test: cleaning, stocking, and supplying designated facility areas. After observing what (a) he was doing, the manager said, "You are hired. Give me your email address, and I'll send you some documents to fill out."

(B)

(b) He then sold the tomatoes in a door to door round. In two hours, he succeeded to double his capital. He repeated the operation three times and returned home with 60 dollars. Victor realized that he could survive by this way, and started to go every day earlier, and returned late. Thus, (c) his money doubled or tripled each day. Shortly later, he bought a cart, then a truck, and then he had his own fleet of delivery vehicles.

(C)

Victor replied, "I don't have a computer, nor an email." "I'm sorry," said the manager. And he added, "If you don't have an email, how do you intend to do this job? This job requires you to have an email address. I can't hire you." Victor left with no hope at all. (d) He didn't know what to do, with only 10 dollars in his pocket. He then decided to go to the supermarket and bought a 10kg box of tomatoes.

(D)

Several years later, Victor's company became the biggest food company in his city. He started to plan his family's future, and decided to get a life insurance. He called an insurance broker. When the conversation was concluded, (e) he asked him his email. Victor replied: "I don't have an email." The broker replied curiously, "You don't have an email, and yet have succeeded to build an empire. Do you imagine what you could have been if you had an email?" He thought for a while, and replied, "An office cleaner!"

08 주어진 글 (A)에 이어질 내용을 순서에 맞게 배열한 것으로 가장 적절한 것은? 정답률 **87%**

① (B) – (D) – (C)   ② (C) – (B) – (D)
③ (C) – (D) – (B)   ④ (D) – (B) – (C)
⑤ (D) – (C) – (B)

09 밑줄 친 (a)~(e) 중에서 가리키는 대상이 나머지 넷과 다른 것은? 정답률 **86%**

① (a)   ② (b)   ③ (c)   ④ (d)   ⑤ (e)

10 윗글의 Victor에 관한 내용으로 적절하지 <u>않은</u> 것은? 정답률 **89%**

① 사무실 청소부 자리에 지원하였다.
② 2시간 만에 자본금을 두 배로 만들었다.
③ 슈퍼마켓에 가서 토마토를 샀다.
④ 그의 회사는 도시에서 가장 큰 식품 회사가 되었다.
⑤ 이메일이 있다고 보험 중개인에게 답했다.

11~12 ○△✕ ● 2025년 6월 교육청(고2) 41~42번

다음 글을 읽고, 물음에 답하시오.

Shoppers confronted with the choice of thirty different varieties of gourmet chocolates are more likely to walk away without buying any, compared with when they are presented with only half a dozen choices. If employees are given a free trip to Paris, they are happy. If you give them a free trip to Hawaii, they are happy. But if you offer them the choice between the two destinations, they are less happy, no matter what they choose. Why might choice be so (a) disruptive? The reason is that choice forces us to make comparisons and acknowledge relative (b) disadvantages. People who choose Paris complain that it doesn't have the ocean and those who choose Hawaii regret that it doesn't have the museums. Psychologist Barry Schwartz calls this the 'tyranny of choice' because rather than providing freedom, it actually (c) constrains our decision-making. He argues that (d) narrower choice increases unhappiness because we worry that we are going to make the wrong decision and so we get stressed about trying to process all the comparisons in an effort to get it right. This both increases our fear of making the wrong choice and raises expectations that we should be able to get the best choice. Having made the choice, we then (e) start to regret, wondering whether it was the right one.

11 윗글의 제목으로 가장 적절한 것은? 정답률 **53%**

① Superiority Sparked by Comparison Ruins Us
② Irony of Choice as an Unexpected Trap
③ Don't Get Drowned by the Flood of Regret!
④ More Choices, More Chances to Be Happy
⑤ Comparison: The Secret to Making Wise Choices

12 밑줄 친 (a)~(e) 중에서 문맥상 낱말의 쓰임이 적절하지 <u>않은</u> 것은? 정답률 **66%**

① (a)　　② (b)　　③ (c)　　④ (d)　　⑤ (e)

13~15 ○△✕ ● 2023년 6월 교육청(고2) 43~45번

다음 글을 읽고, 물음에 답하시오.

(A)

Henrietta is one of the greatest "queens of song." She had to go through a severe struggle before (a) <u>she</u> attained the enviable position as the greatest singer Germany had produced. At the beginning of her career she was hissed off a Vienna stage by the friends of her rival, Amelia. But in spite of this defeat, Henrietta endured until all Europe was at her feet.

* hiss off: 야유하여 쫓아내다

(B)

The answer was, "That's my mother, Amelia Steininger. She used to be a great singer, but she lost her voice, and she cried so much about it that now (b) <u>she</u> can't see anymore." Henrietta inquired their address and then told the child, "Tell your mother an old acquaintance will call on her this afternoon." She searched out their place and undertook the care of both mother and daughter. At her request, a skilled doctor tried to restore Amelia's sight, but it was in vain.

(C)

But Henrietta's kindness to (c) <u>her</u> former rival did not stop here. The next week she gave a benefit concert for the poor woman, and it was said that on that occasion Henrietta sang as (d) <u>she</u> had never sung before. And who can doubt that with the applause of that vast audience there was mingled the applause of the angels in heaven who rejoice over the good deeds of those below?

(D)

Many years later, when Henrietta was at the height of her fame, one day she was riding through the streets of Berlin. Soon she came across a little girl leading a blind woman. She was touched by the woman's helplessness, and she impulsively beckoned the child to (e) <u>her</u>, saying "Come here, my child. Who is that you are leading by the hand?"

13 주어진 글 (A)에 이어질 내용을 순서에 맞게 배열한 것으로 가장 적절한 것은? 정답률 **75%**

① (B) – (D) – (C)　　　② (C) – (B) – (D)
③ (C) – (D) – (B)　　　④ (D) – (B) – (C)
⑤ (D) – (C) – (B)

14 밑줄 친 (a)~(e) 중에서 가리키는 대상이 나머지 넷과 <u>다른</u> 것은? 정답률 **65%**

① (a)　　② (b)　　③ (c)　　④ (d)　　⑤ (e)

15 윗글에 관한 내용으로 적절하지 <u>않은</u> 것은? 정답률 **81%**

① Amelia와 Henrietta는 라이벌 관계였다.
② Henrietta는 모녀의 거처를 찾아내서 그들을 돌보았다.
③ 숙련된 의사가 Amelia의 시력을 회복시켰다.
④ 불쌍한 여성을 위해 Henrietta는 자선 콘서트를 열었다.
⑤ Henrietta는 눈먼 여성을 데리고 가는 여자 아이와 마주쳤다.

01~02

□ **pursue** 동 추구하다
pursue a mixed strategy 혼합 전략을 추구하다

□ **accumulate** 동 축적하다

□ **relative** 형 상대적인

□ **deposition** 명 퇴적, 축적물

□ **body mass** 체질량

□ **constrain** 동 제한하다

□ **reserve** 명 비축(량)

□ **economical** 형 경제적인

□ **contribute** 동 기여하다

□ **metabolic rate** 신진대사율

□ **expense** 명 비용

□ **maintain** 동 유지하다

□ **excessive** 형 과도한

□ **have an effect on** ~에 영향을 미치다

□ **advantageous** 형 이로운, 유리한

□ **rot** 동 썩다, 상하다

□ **expend** 동 소비하다
expend energy managing and protecting their food stores
저장된 식량을 관리하고 보호하는 데 에너지를 소비하다

□ **convert** 동 전환하다

□ **intensify** 동 강화하다

□ **loss** 명 손실

□ **fasting** 명 금식

□ **capacity** 명 능력

□ **permit** 동 허락하다, 가능하게 하다

□ **security** 명 안전함

□ **decided** 형 확실한, 결정적인

03~05

□ **cheerful** 형 발랄한, 쾌활한

□ **sit up all night** 밤을 새다

□ **count** 동 세다

□ **worst of all** 무엇보다 최악은

□ **no longer** 더 이상 ~ 않다
no longer came to see him 더 이상 그를 보러 오지 않았다

□ **seize** 동 움켜쥐다
seized his bag of gold 금화가 든 가방을 움켜쥐었다

□ **take back** 도로 가져가다

□ **ill** 형 아픈

□ **out of sight** 보이지 않는 곳에
Out of sight, out of mind. 눈에서 멀어지면 마음에서도 멀어진다.

□ **hide** 동 숨기다

□ **chimney** 명 굴뚝

□ **uneasy** 형 불안한
He was still uneasy. 그는 여전히 불안했다.

□ **in a little while** 잠시 후에

□ **dig** 동 파다

□ **bury** 동 묻다

□ **as for** ~에 관해서라면

□ **miserable** 형 몹시 불행한, 비참한

□ **utter** 동 (입으로 소리를) 내다

□ **note** 명 음, 음표
He was too miserable to utter a note.
그는 너무 비참해서 한 음도 낼 수 없었다.

□ **at once** 즉시, 당장
He came at once. 그는 즉시 왔다.

06~07

□ **deal with** ~을 다루다
deal with economic issues 경제 이슈들을 다루다

□ **determine** 동 알아내다; *결정하다

□ **functioning** 명 기능, 작용

□ **flight** 명 도주, 도망

□ **fight** 명 공격, 싸움

□ **mechanism** 명 메커니즘

□ **predator** 명 포식자, 포식 동물

□ **consistent** 형 일관된

□ **precisely** 부 정확하게

□ **assume** 동 추정하다, 가정하다

□ **assessment** 명 평가; *판단

□ **accelerate** 동 속력을 내다, 빨라지다

□ **perceive** 동 인식하다

□ **trap** 동 가두다

□ **flee** 동 달아나다, 도망하다

□ **stand one's ground** 물러나지 않고 버티다

□ **migrate** 동 이동하다, 이주하다
migrate south for the winter 겨울을 나기 위해 남쪽으로 이동하다

□ **survival** 명 생존

□ **competition** 명 경쟁

多빈출 핵심 어휘

08~10

- **apply for** ~에 지원하다
- **position** 몡 (일)자리, 직위
  applied for the **position** of office cleaner
  사무실 청소부 자리에 지원했다
- **interview** 동 인터뷰하다
- **stock** 동 (식품·책 등으로) 채우다[갖추다]
- **designated** 혱 지정된
- **facility** 몡 시설
- **observe** 동 관찰하다
  observed what he was doing 그가 하고 있던 것을 관찰했다
- **hire** 동 고용하다
  You are **hired**. 당신은 채용되었습니다.
- **document** 몡 서류
- **fill out** 작성하다
  some **documents** to **fill out** 작성할 몇 가지 서류
- **door to door** 집집마다
- **double** 동 두 배로 만들다[되다]
- **capital** 동 자본금
- **repeat** 동 반복하다
- **operation** 몡 작업
  repeated the **operation** three times 그 작업을 세 번 반복하다
- **realize** 동 깨닫다
- **survive** 동 살아남다
- **triple** 동 세 배로 만들다[되다]
- **fleet** 몡 함대; *(한 회사의) 보유 차량
- **vehicle** 몡 차량
  his own **fleet** of delivery **vehicles** 그 자신의 배달 차량들
- **intend** 동 의도[작정]하다, (…하려고) 생각하다
- **require** 동 요구하다
- **life insurance** 생명 보험
- **insurance broker** 보험 중개인
- **conversation** 몡 대화
- **conclude** 동 끝내다
- **curiously** 부 신기한 듯이, 호기심에서
- **empire** 몡 제국
  to build an **empire** 제국을 건설하다

11~12

- **confront** 동 직면하게 만들다
- **destination** 몡 목적지

08~10 (우측)

- **disruptive** 혱 혼란스러운
- **comparison** 몡 비교
  force us to make **comparisons**
  우리로 하여금 비교를 하도록 강요하다
- **acknowledge** 동 인정하다
- **tyranny** 몡 독재, 횡포
- **in an effort to-v** ~하려는 노력으로
- **expectation** 몡 기대
  raise **expectations** 기대를 높이다
- **regret** 동 후회하다

13~15

- **go through** ~을 겪다
  go through a severe struggle 혹독한 시련을 겪다
- **enviable** 혱 부러워할 만한
- **acquaintance** 몡 아는 사람, 지인
- **call on** ~을 방문하다
- **in vain** 허사가 되어[헛되이]
- **benefit concert** 자선 음악회
- **applause** 몡 박수, 갈채
- **mingle** 동 섞다, 섞이다
- **come across** ~을 우연히 발견하다
- **impulsively** 부 충동적으로
- **beckon** 동 손짓하다

MEMO

MEMO

MEMO

MEMO

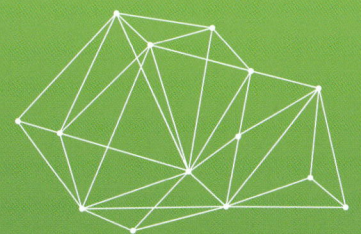

다빈출코드
빠른 정답 찾기

영어영역 **고2 독해**

고2

유형 01 글의 목적
코드 접속하기
Q1 ①   Q2 ①   Q3 ⑤   Q4 ②

코드 공략하기
01 ⑤   02 ⑤   03 ②   04 ④   05 ②   06 ②

유형 02 심경
코드 접속하기
Q1 ①   Q2 ②   Q3 ①   Q4 ⑤

코드 공략하기
01 ①   02 ①   03 ①   04 ①   05 ⑤   06 ①

유형 03 주장·요지
코드 접속하기
Q1 ②   Q2 ③   Q3 ⑤   Q4 ②

코드 공략하기
01 ②   02 ④   03 ⑤   04 ②   05 ⑤   06 ③

유형 04 주제
코드 접속하기
Q1 ④   Q2 ⑤   Q3 ②   Q4 ②

코드 공략하기
01 ①   02 ④   03 ②   04 ⑤   05 ⑤   06 ②

유형 05 제목
코드 접속하기
Q1 ①   Q2 ④   Q3 ④   Q4 ⑤

코드 공략하기
01 ③   02 ①   03 ⑤   04 ⑤   05 ④   06 ⑤

유형 06 도표
코드 접속하기
Q1 ④   Q2 ④   Q3 ④   Q4 ③

코드 공략하기
01 ③   02 ⑤   03 ⑤   04 ⑤   05 ②   06 ③   07 ④
08 ③

유형 07 내용 일치
코드 접속하기
Q1 ③   Q2 ④   Q3 ⑤   Q4 ④

코드 공략하기
01 ④   02 ③   03 ③   04 ④   05 ④   06 ④

유형 08 실용문
코드 접속하기
Q1 ⑤   Q2 ②   Q3 ⑤   Q4 ④

코드 공략하기
01 ③   02 ⑤   03 ④   04 ④   05 ③   06 ③   07 ②
08 ⑤

유형 09 함의 추론
코드 접속하기
Q1 ①   Q2 ①   Q3 ⑤   Q4 ④

코드 공략하기
01 ⑤   02 ①   03 ①   04 ④   05 ④   06 ③

유형 10 빈칸 추론
코드 접속하기
Q1 ⑤   Q2 ③   Q3 ②   Q4 ④

코드 공략하기
01 ③   02 ①   03 ②   04 ①   05 ①   06 ①   07 ③
08 ①   09 ①   10 ④

유형 11 글의 순서
코드 접속하기
Q1 ②   Q2 ③   Q3 ②   Q4 ②

코드 공략하기
01 ②   02 ⑤   03 ⑤   04 ②   05 ②   06 ④   07 ③
08 ③

유형 12 문장 삽입
코드 접속하기
Q1 ④   Q2 ②   Q3 ①   Q4 ④

코드 공략하기
01 ⑤   02 ③   03 ④   04 ⑤   05 ⑤   06 ②

유형 13 무관한 문장
코드 접속하기
Q1 ③   Q2 ③   Q3 ④   Q4 ③

코드 공략하기
01 ③   02 ④   03 ④   04 ③   05 ③   06 ③

유형 14 요약문
코드 접속하기
Q1 ②   Q2 ①   Q3 ①   Q4 ①

코드 공략하기
01 ②   02 ⑤   03 ①   04 ②   05 ①   06 ①

유형 15 장문
코드 접속하기
Q1 ①   Q2 ⑤   Q3 ④   Q4 ⑤   Q5 ③   Q6 ①   Q7 ③

코드 공략하기
01 ①   02 ④   03 ⑤   04 ④   05 ②   06 ④   07 ②
08 ②   09 ④   10 ⑤   11 ④   12 ④   13 ④   14 ②
15 ③

다빈출 코드
고2 독해

영어영역 고1 독해 / 고2 독해 / 듣기 / 어법·어휘

1. 최근 수능/학평 출제경향을 가장 잘 보여주는 기출 우수문항 선별 수록
2. 모든 지문에 대한 직독직해, 끊어 읽기, 구문해설, 오답풀이 제공

www.nebooks.co.kr ▼

NE능률

빠른 독해를 위한
바른 선택

빠바 시리즈
400
만부 돌파!

빠른독해 **바른독해**

이상엽 박세광 권은숙 류혜원
NE능률 영어교육연구소
신유승 이지엽 손원희

구문독해

교재구성
**미리
보기**

시리즈 구성

기초세우기

구문독해

유형독해

수능실전

1 최신 수능 경향 반영
최신 수능 경향에 맞춘 독해 지문 교체와
수능 기출 문장 중심으로 구성 된 구문 훈련

2 실전 대비 기능 강화
실제 사용에 기반한 사례별 구문 학습과 최신 수능 경향을 반영한
수능 독해 Mini Test로 수능 유형 훈련

3 서술형 주관식 문제
내신 및 수능 출제 경향에 맞춘 서술형 및 주관식 문제 재정비

BOOK LIST

도/서/목/록

어휘 · 문법 · 구문

능률 VOCA

대한민국 어휘서의 표준
초등 기본 | 초등 필수
중등 기본 | 중등 필수 | 중등 고난도 | 중등 숙어
고등 기본 | 수능 필수 | 수능 고난도
어원편 중등 | 어원편 고등

GRAMMAR ZONE

대한민국 영문법 교재의 표준
중등 기본 | 중등 필수 |
고등 기본 | 고등 필수 | Complete

필히 통하는 시리즈

시험에 필히 통하는 고등 영문법과 서술형
필히 통하는 고등 영문법 기본편 | 실력편
필히 통하는 고등 서술형 기본편 | 실전편

문마고

문제로 마스터하는 고등 영문법

천문장

구문이 독해로 연결되는 해석 공식
입문 | 기본 | 완성

다빈출코드

학평기출문제집

2026
학평대비

영어영역

고2 독해

해설편

NE능률

다빈출코드

학평기출문제집

2026
학평대비

영어영역

고2 독해

해설편

코드 접속하기

pp.9~12

Q1 ① Q2 ① Q3 ⑤ Q4 ②

Q1

정답 ① 정답률 92%

정답 풀이

세계적인 바이올린 연주자에게 축제의 개막 행사에서 공연을 해주길 요청하는 글이므로, 글의 목적으로는 ① '개막 행사에서 연주를 요청하려고'가 가장 적절하다.

친절한 지문분석

Dear Mr. Stanton:
Stanton 씨에게

We / at the Future Music School / have been providing music
저희 Future Music School에서는 음악 교육을 제공해오고 있습니다
현재완료 진행형

education / to talented children / for 10 years. We hold an annual
재능 있는 아이들에게 십 년 동안 저희는 매년 축제를 개최합니다
~ 동안(전치사)

festival / to give our students a chance [to share their music with
우리 학생들에게 기회를 주기 위해 그들의 음악을 지역 사회와 나눌
to부정사의 부사적 용법(목적) to부정사의 형용사적 용법

the community] / and we always invite a famous musician [to
그리고 저희는 항상 유명한 음악가를 초청합니다
to부정사의 형용사적 용법

perform / in the opening event]. Your reputation / as a world-class
연주할 개막 행사에서 당신의 명성이 세계적인 바이올린
주어 1 ~로서(전치사)

violinist / precedes you / and the students consider you the
연주자로서의 자자하고 학생들은 당신을 음악가로 생각합니다
동사 1 주어 2 동사 2

musician [who has influenced them the most]. That's why / we
그들에게 가장 큰 영향을 준 그것이 이유입니다 저희가
주격 관계대명사절 ~한 이유이다

want to ask you to perform / at the opening event of the festival.
당신에게 공연해 주시기를 요청하는 축제의 개막 행사에서
ask+목적어+to-v: (목적어)에게 ~할 것을 요청하다

It would be an honor / for them / to watch / one of the most famous
큰 영광일 것입니다 그들이 보는 것은 역대 가장 유명한 연주자
가주어 의미상 주어 진주어

violinists of all time / play at the show. It would make the festival /
중 한 분이 공연에서 연주하는 것을 당신의 연주는 축제를 만들어 줄 것입니다
watch+목적어+동사원형: (목적어)가 ~하는 것을 보다

more colorful and splendid. We look forward to receiving a
더 다채롭고 훌륭하게 저희는 긍정적인 답변을 받기를 기대하겠습니다
look forward to v-ing: ~을 기대하다

positive reply.

Sincerely,
마음을 담아

Steven Forman
Steven Forman

지문 해석

Stanton 씨에게:
저희 Future Music School에서는 십 년 동안 재능 있는 아이들에게 음악 교육을 제공해오고 있습니다. 저희는 학생들에게 그들의 음악을 지역 사회와 나눌 기회를 주기 위해 매년 축제를 개최하며, 개막 행사에서 연주할 유명한 음악가를 항상 초청합니다. 세계적인 바이올린 연주자로서의 당신의 명성이 자자하고 학생들은 당신을 그들에게 가장 큰 영향을 준

음악가로 생각합니다. 그것이 저희가 당신에게 축제의 개막 행사에서 공연해 주시기를 요청하는 이유입니다. 그들이 공연에서 역대 가장 유명한 바이올린 연주자 중 한 분이 연주하는 것을 보는 것은 큰 영광일 것입니다. 당신의 연주는 축제를 더 다채롭고 훌륭하게 만들어 줄 것입니다. 긍정적인 답변을 받기를 기대하겠습니다.
마음을 담아,
Steven Forman

지문 흐름

Future Music School에서는 십 년 동안 재능 있는 아이들에게 음악 교육을 제공해오고 있고, 매년 축제를 개최하며, 항상 개막 행사에서 연주할 유명한 음악가를 초청함	········ 도입
↓	
세계적인 바이올린 연주자로서의 당신의 명성이 자자하고 학생들은 당신을 그들에게 가장 큰 영향을 준 음악가로 생각함	········ 전개
↓	
그것이 저희가 당신에게 축제의 개막 행사에서 공연해 주기를 요청하는 이유임	········ 글의 목적
↓	
학생들이 공연에서 역대 가장 유명한 바이올린 연주자 중 한 분이 연주하는 것을 보는 것은 큰 영광일 것임	········ 부연
↓	
당신의 연주는 축제를 더 다채롭고 훌륭하게 만들어 줄 것이며, 긍정적인 답변을 받기를 기대함	········ 끝인사

친절한 오답 풀이

오답 선택지	선택률	오답 이유
② 공연 스케줄 변경을 공지하려고	2%	공연 스케줄을 변경한다는 내용에 대해서는 언급되지 않았다.
③ 학교 행사 취소를 통보하려고	2%	학교 행사를 취소한다는 내용은 언급되지 않았다.
④ 모금 행사 참여를 독려하려고	1%	모금 행사 참여를 독려하는 내용은 언급되지 않았다.
⑤ 올해의 음악가 상 수상을 축하하려고	2%	올해의 음악가 상은 지문에서 언급되지 않았다.

Q2

정답 ① 정답률 78%

정답 풀이

학교에서 부모에게 학생의 학교 결석 시 결석 사유를 등록할 것을 당부하는 내용이므로, 글의 목적으로는 ① '자녀의 결석 사유를 등록해 줄 것을 요청하려고'가 가장 적절하다.

친절한 지문분석

Dear parents,
친애하는 부모님께

Regular attendance at school is essential / in maximizing student
학교에 정상적으로 출석하는 것이 필수적입니다 학생의 잠재력을 극대화하는 데
in v-ing: ~에 있어서

potential. Recently, we've become concerned / about the number
있어서 최근에, 우리는 우려하고 있습니다 승인되지 않은 결석 수에 대해
현재완료(계속) the number of+복수명사: ~의 수

of unapproved absences / across all grades. I would like to further
전 학년에 걸쳐 저는 더 명확히 하고 싶습니다

clarify [that your role as a parent is / to approve any school absence].
부모로서의 당신의 역할이 학교 결석을 승인하는 것이라는 점을
목적절 ~로서(전치사) to부정사의 명사적 용법(보어)

Parents must provide an explanation for absences / to the school /
학부모들은 결석에 대한 해명을 제공해야 합니다 학교에

[within 7 days from the first day of any period of absence]. Where
결석 기간의 첫날로부터 7일 이내에
전치사구
~하는 경우에(접속사)

an explanation has not been received / [within the 7-day time
해명이 주어지지 않을 경우
현재완료 수동태
7일의 기간 내에
전치사구(부사구)

frame], / the school will record the absence as unjustified / on the
학교는 그 결석을 정당하지 않은 것으로 기록할 것입니다
학생부에

student's record. Please ensure [that you go to the parent portal
반드시 해 주십시오
명령문(동사원형)
학부모 포털 사이트에 들어가서
목적절

site / and register the reason / any time {your child is absent}].
사유를 등록해 주십시오
자녀가 결석할 때마다
(when/that)
관계부사절

Please approve all absences, / so that your child will not be at a
모든 결석을 승인해 주십시오
자녀가 불이익에 처하지 않도록
~하도록(접속사)

disadvantage. Many thanks for your cooperation.
협조해 주셔서 대단히 감사합니다

Sincerely,
Natalie Brown, Vice Principal
Natalie Brown 교감 드림

지문 해석

친애하는 부모님께,
학생의 잠재력을 극대화하는 데는 학교에 정상적으로 출석하는 것이 필수적입니다. 최근에, 우리는 전 학년에 걸쳐 승인되지 않은 결석 수에 대해 우려하고 있습니다. 저는 부모로서의 당신의 역할이 학교 결석을 승인하는 것이라는 점을 더 명확히 하고 싶습니다. 학부모들은 결석 기간의 첫날로부터 7일 이내에 결석에 대한 해명을 학교에 제공해야 합니다. 7일의 기간 내에 해명이 주어지지 않을 경우, 학교는 그 결석을 정당하지 않은 것으로 학생부에 기록할 것입니다. 반드시 학부모 포털 사이트에 들어가서 자녀가 결석할 때마다 사유를 등록해 주십시오. 자녀가 불이익에 처하지 않도록 모든 결석을 승인해 주십시오. 협조해 주셔서 대단히 감사합니다.
Natalie Brown 교감 드림

지문 흐름

학생의 잠재력을 극대화하는 데는 학교에 정상적으로 출석하는 것이 필수적임	········	도입
↓		
최근 전 학년에 걸쳐 승인되지 않은 결석 수에 대해 우려함	········	문제 상황
↓		
부모로서의 역할은 학교 결석을 승인하는 것이며, 결석에 대한 설명을 학교에 제공해야 함	········	글의 목적
↓		
기간 내에 해명이 주어지지 않을 경우, 학교는 결석을 정당하지 않은 것으로 학생부에 기록할 것임	········	부연
↓		
반드시 자녀가 결석할 때마다 사유를 등록할 것을 당부	········	글의 목적 재진술

친절한 오답 풀이

오답 선택지	선택률	오답 이유
② 학교 홈페이지의 일시적 운영 중단을 공지하려고	1%	학교 홈페이지의 운영 중단에 대한 내용은 언급되지 않았다.
③ 자녀가 지각하지 않도록 부모의 지도를 당부하려고	3%	지각에 대한 내용은 언급되지 않았다.
④ 방과 후 프로그램에 대한 부모의 관심을 독려하려고	1%	방과 후 프로그램에 대한 내용은 언급되지 않았다.
⑤ 인정 결석은 최대 7일까지 허용된다는 것을 안내하려고	17%	7일 이내에 결석 사유를 등록하지 않으면 미인정 결석으로 기록할 것이라고 했지, 인정 결석 허용 일수에 대해서는 언급되지 않았다.

Q3

정답 ⑤ 정답률 94%

정답 풀이

스토리텔링 프로그램에서 아이들에게 책을 읽어 주는 자원봉사를 해주길 요청하는 글이므로, 글의 목적으로는 ⑤ '책 읽어 주기 자원봉사에 참여해 줄 것을 요청하려고'가 가장 적절하다.

친절한 지문분석

Dear Ms. Stevens,
Stevens 씨께,

My name is Peter Watson, / and I'm the manager of the Springton
제 이름은 Peter Watson입니다
그리고 저는 Springton 도서관의 관리자입니다

Library. Our storytelling program has been so well-attended /
우리 스토리텔링 프로그램에 많은 분들이 참석해주셔서
현재완료
so ~ that …: 너무 ~해서 …하다

that we are planning to expand the program / to 6 days each week.
우리는 프로그램을 확대하는 것을 계획 중입니다
주 6일로
plan to-v: ~하는 것을 계획하다

This means / [that we need to recruit more volunteers / to read to
이는 의미입니다
우리가 더 많은 자원봉사자를 모집해야 함을
아이들에게
목적절
(that) to부정사의 형용사적 용법

the children]. People still talk about the week / {you filled in for us /
책을 읽어 줄
사람들은 아직도 일주일에 대해 이야기합니다
당신이 우리를 위해 채워 준
목적격 관계대명사절

when one of our volunteers couldn't come}]. You really brought
자원봉사자 중 한 명이 올 수 없었을 때
당신은 정말 그 이야기들에
시간의 부사절

those stories to life! So, would you be willing to read to the
생명을 불어넣었죠
그런 이유로 미취학 아동들에게 책을 읽어 줄 의향이 있으십니까
bring ~ to life: ~에 생명을 불어넣다
be willing to-v: 기꺼이 ~하다

preschoolers / for an hour, / from 10 to 11 a.m. every Friday?
한 시간 동안
매주 금요일 오전 10시부터 11시까지
(that)
from A to B: A부터 B까지

I hope [you will take this opportunity / {to let more children hear
저는 당신이 이 기회를 받아들이기를 바랍니다
더 많은 아이들이 당신의 목소리를
목적절
to부정사의 형용사적 용법

your voice}]. We are looking forward to your positive reply.
듣게 해 줄
우리는 당신의 긍정적인 답변을 기다리고 있습니다
look forward to: ~을 고대하다

Best regards,
Peter Watson
Peter Watson 드림

지문 해석

Stevens 씨께,
제 이름은 Peter Watson이고, 저는 Springton 도서관의 관리자입니다. 우리의 스토리텔링 프로그램에 많은 분들이 참석해주셔서 우리는 프로그램을 주 6일로 확대하는 것을 계획 중입니다. 이것은 우리가 아이들에게 책을 읽어 줄 자원봉사자를 더 많이 모집해야 할 필요가 있음을 의미합니다. 사람들은 자원봉사자 중 한 명이 올 수 없었을 때 당신이 우리를 위해 채워 준 일주일을 아직도 이야기합니다. 당신은 정말 그 이야기들에 생명을 불어넣었죠! 그런 이유로, 매주 금요일 오전 10시부터 11시까지 한 시간 동안 미취학 아동들에게 책을 읽어 줄 의향이 있으십니까? 당신이 이 기회를 받아들여서 더 많은 아이들이 당신의 목소리를 듣게 되길 바랍니다. 우리는 당신의 긍정적인 답변을 기다리고 있습니다.
Peter Watson 드림

Springton 도서관의 스토리텔링 프로그램 확대를 계획 ········ 도입
중이어서 책을 읽어 주는 자원봉사자가 더 필요함

↓

당신이 과거에 책 읽어 주기 자원봉사를 대신 해주었을 ········ 전개
때 훌륭히 해냄

↓

매주 금요일 오전 한 시간 동안 진행되는 책 읽어주기 자원 ········ 글의 목적
봉사를 할 의향이 있는지 물음

↓

당신이 이 기회를 받아들이기를 바라며, 긍정적인 답변을 ········ 끝인사
받기를 기대함

친절한 오답 풀이

오답 선택지	선택률	오답 이유
① 도서관의 운영 시간 연장을 제안하려고	2%	도서관 운영 시간 연장에 관해서는 언급되지 않았다.
② 봉사 활동 시간이 변경된 것을 안내하려고	1%	봉사 활동 시간이 변경되었다는 내용은 언급되지 않았다.
③ 독서 토론 수업에 참여할 아동을 모집하려고	2%	독서 토론 수업에 아동을 모집한다는 내용은 언급되지 않았다.
④ 봉사 활동에 참여하지 못하게 된 것을 사과하려고	2%	과거에 자원봉사자 중 한 명이 올 수 없었던 적이 있다고 한 것이지, 필자가 봉사 활동에 참여하지 못하게 된 것이 아니다.

Q4   정답 ②   정답률 91%

정답 풀이

좋아하는 화가의 미술 작품을 구매할 수 있는지 문의하는 글이므로, 글의 목적으로는 ② '미술 작품의 구매 가능 여부를 문의하려고'가 가장 적절하다.

친절한 지문분석

It was a pleasure meeting you / at your gallery last week. I appreciate
만나서 즐거웠습니다   지난주에 귀하의 화랑에서   귀하의 노력에
가주어   진주어

your effort [to select and exhibit diverse artwork]. As I mentioned, /
감사드립니다   다양한 미술 작품을 선정하고 전시한   제가 말씀드렸듯이
to부정사의 형용사적 용법

I greatly admire Robert D. Parker's paintings, [which emphasize
저는 Robert D. Parker의 그림을 대단히 좋아하는데   그의 그림은
주격 관계대명사절(계속적 용법)

the beauty of nature]. Over the past few days, / I have been
자연의 아름다움을 강조합니다   지난 며칠 동안   저는 조사하고
현재완료 진행형(have been v-ing)

researching and learning / about Robert D. Parker's online viewing
알아보았습니다   Robert D. Parker의 온라인 전시 공간에 관해

room / through your gallery's website. I'm especially interested in
귀하의 화랑 웹사이트를 통해   저는 그림을 구매하는 것에
be interested in v-ing: ~하는 데 관심을 가지다

purchasing the painting [that depicts the horizon, titled <Sunrise>].
특히 관심이 있습니다   〈Sunrise〉라는 제목이 붙은, 지평선을 묘사한
주격 관계대명사절

I would like to know / if the piece is still available for purchase.
저는 알고 싶습니다   그 작품을 여전히 구매할 수 있는지를
~인지(접속사)

It would be a great pleasure [to house this wonderful piece of art].
큰 기쁨이 될 것입니다   이 훌륭한 미술 작품을 소장할 수 있다면
가주어   진주어

I look forward to your reply / to this inquiry.
귀하의 답변을 손꼽아 기다립니다   이 문의에 대한
look forward to+명사: ~을 고대하다

지문 해석

지난주에 귀하의 화랑에서 만나서 즐거웠습니다. 다양한 미술 작품을 선정하고 전시한 귀하의 노력에 감사드립니다. 제가 말씀드렸듯이, 저는 Robert D. Parker의 그림을 대단히 좋아하는데, 그의 그림은 자연의 아름다움을 강조합니다. 지난 며칠 동안, 저는 귀하의 화랑 웹사이트를 통해 Robert D. Parker의 온라인 전시 공간에 관해 조사하고 알아보았습니다. 저는 〈Sunrise〉라는 제목이 붙은, 지평선을 묘사한 그림을 구매하는 것에 특히 관심이 있습니다. 저는 그 작품을 여전히 구매할 수 있는지를 알고 싶습니다. 이 훌륭한 미술 작품을 소장할 수 있다면 큰 기쁨이 될 것입니다. 이 문의에 대한 귀하의 답변을 손꼽아 기다립니다.

지문 흐름

다양한 미술 작품을 선정하고 전시한 화랑의 노력에 감 ········ 도입
사함

↓

Robert D. Parker의 그림을 좋아해서, 화랑 웹사이 ········ 전개
트를 통해 그의 온라인 전시 공간에 관해 조사함

↓

〈Sunrise〉라는 제목이 붙은 그림을 구매하는 것에 특 ········ 글의 목적
히 관심이 있음

↓

작품을 소장할 수 있으면 큰 기쁨이 될 것임 ········ 글의 목적 재진술

↓

이 문의에 대한 귀하의 답변을 손꼽아 기다림 ········ 끝인사

친절한 오답 풀이

오답 선택지	선택률	오답 이유
① 좋아하는 화가와의 만남을 요청하려고	3%	화가와의 만남을 요청하는 내용은 언급되지 않았다.
③ 소장 중인 미술 작품의 감정을 의뢰하려고	3%	작품의 감정을 의뢰하는 내용은 언급되지 않았다.
④ 미술 작품의 소유자 변경 내역을 확인하려고	1%	작품의 소유자 변경 내역을 확인하는 내용은 언급되지 않았다.
⑤ 기획 중인 전시회에 참여하는 화가를 홍보하려고	2%	화가를 홍보하는 내용은 언급되지 않았다.

코드 공략하기   pp.13~15

01 ⑤   02 ⑤   03 ②   04 ④   05 ②   06 ②

01   정답 ⑤   정답률 91%

정답 풀이

소방 안전 규정에 따라 주민의 안전을 위해 복도에 놓인 개인 물품을 기한 내에 치워 달라고 말하는 내용이므로, 글의 목적으로는 ⑤ '복도에 놓인 개인 물품을 치울 것을 요청하려고'가 가장 적절하다.

친절한 지문분석

Notice to Hilltop Apartment Residents
Hilltop 아파트 주민 대상 공지

In accordance with fire safety regulations, / it is essential to
소방 안전 규정에 따라   모든 복도에는
가주어

keep all hallways free of personal belongings / such as bicycles,
개인 물품이 없도록 하는 것이 중요합니다   자전거,
진주어

boxes, and small furniture. Hallways serve as critical evacuation
상자, 작은 가구와 같은   복도는 비상시에 중요한 대피 통로 역할을 하며
~로서(전치사)

routes during emergencies, / and anything [left there] could block
                              그곳에 놓여 있는 것은 무엇이든 길을 막을 수 있습니다
                              과거분사구   동사 1

the way / and pose serious safety risks. To ensure the safety
그리고 심각한 안전상의 위험을 야기할 수 있습니다 모든 주민들의
동사 2   to부정사의 부사적 용법(목적)

of all residents, / we request / [that any personal items {placed
안전을 보장하기 위해 요청 드립니다 복도에 놓인 모든 개인 물품들을
목적절   과거분사구

in the hallways} be removed / by Monday, April 14th].
다 치워 주시기를   4월 14일 월요일까지

Please note / [that not following this may result in penalties].
유의해 주시기 바랍니다 이를 따르지 않는 것은 벌금으로 이어질 수 있다는 점을
목적절

We appreciate your cooperation / in maintaining a safe environment.
협조해 주셔서 감사합니다   안전한 환경을 유지하는 데

지문 해석

Hilltop 아파트 주민 대상 공지

소방 안전 규정에 따라 모든 복도에는 자전거, 상자, 작은 가구와 같은 개인 물품이 없도록 하는 것이 중요합니다. 복도는 비상시에 중요한 대피 통로 역할을 하며, 그곳에 놓여 있는 것은 무엇이든 길을 막아 심각한 안전상의 위험을 야기할 수 있습니다. 모든 주민들의 안전을 보장하기 위해, 복도에 놓인 모든 개인 물품들을 4월 14일 월요일까지 다 치워 주시기를 요청 드립니다. 이를 따르지 않는 것은 벌금으로 이어질 수 있다는 점을 유의해 주시기 바랍니다. 안전한 환경을 유지하는 데 협조해 주셔서 감사합니다.

지문 흐름

소방 안전 규정상 복도에 개인 물품을 두면 안 됨	………	도입
↓		
복도는 비상시 대피 통로로, 이를 막으면 위험을 야기할 수 있음	………	부연
↓		
복도의 개인 물품을 기한 내에 치울 것을 요청함	………	글의 목적
↓		
불이행 시 벌금이 부과될 수 있음	………	글의 목적 강조

친절한 오답 풀이

오답 선택지	선택률	오답 이유
① 화재 발생 시 대피 요령을 안내하려고	1%	복도가 비상시 대피 통로가 된다는 언급은 있었으나, 화재 대피 요령에 관해서는 언급되지 않았다.
② 소형 가구의 분리 배출 방법을 공지하려고	3%	복도의 개인 물품의 예시로 소형 가구가 언급되었으나, 이의 분리 배출 방법에 관한 언급은 없었다.
③ 소방 안전 규정 위반으로 벌금이 부과되었음을 알리려고	1%	복도의 개인 물품을 치우지 않는 경우 벌금이 부과될 수 있다는 언급은 있었으나, 소방 안전 규정 위반으로 벌금이 부과되었다는 내용은 아니다.
④ 주인 없이 방치된 물품이 폐기되었음을 통보하려고	1%	유기된 물품에 관해서는 언급되지 않았다.

02 정답 ⑤ 정답률 93%

정답 풀이

버스가 꽉 차지 않음에도 무정차 통과를 하는 것에 대해 문제를 제기하고 있으므로, 글의 목적으로는 ⑤ '버스 정류장 무정차 통과에 대한 시정을 요구하려고'가 가장 적절하다.

친절한 지문분석

To whom it may concern,
관계자분께

I would like to draw your attention to a problem / [that frequently
저는 한 문제에 대해 귀하의 주의를 환기하고 싶습니다   35번 버스에서
주격 관계대명사절

occurs with the No. 35 buses]. There is a bus stop about halfway
자주 발생하는   Fenny Road를 따라 중간쯤 버스 정류장이 있고

along Fenny Road, / [at which the No. 35 buses are supposed to
그곳에서 35번 버스가 정차하게 되어 있습니다
전치사+관계대명사   be supposed to-v: ~하기로 되어 있다

stop]. It would appear, however, that / some of your drivers are
그러나 ~인 것으로 보입니다   버스 기사들 중 일부는 이 버스 정류장을
It appears that: ~인 것 같다, ~인 듯하다

either unaware of this bus stop / or for some reason choose
인식하지 못하거나   어떤 이유에서인지 그것을 무시하기로 선택하여
either A or B: A 또는 B   무슨 이유로, 어떤 까닭인지

[to ignore it], / [driving past even though the buses are not full].
                    버스가 꽉 차지 않았음에도 운전해 지나쳐 가는
to부정사의 명사적 용법(목적어) 분사구문(결과)

I would be grateful [if you could remind your drivers / {that this
기사들에게 상기시켜 주시면 감사하겠습니다   이 버스 정류장
조건의 부사절   목적절 1

bus stop exists} and / {that they should be prepared to stop at it}].
이 존재하고   그곳에 정차할 준비가 되어 있어야 한다는 것을
목적절 2(병렬구조)

I look forward to seeing an improvement in this service soon.
곧 이 서비스가 개선되기를 기대합니다
look forward to v-ing: ~하는 것을 기대하다

Yours faithfully,
John Williams
John Williams 드림

지문 해석

관계자분께

35번 버스에서 자주 발생하는 문제에 대해 귀하의 주의를 환기하고 싶습니다. Fenny Road를 따라 중간쯤 버스 정류장이 있고, 그곳에서 35번 버스가 정차하게 되어 있습니다. 그러나 버스 기사들 중 일부는 이 버스 정류장을 인식하지 못하거나 어떤 이유에서인지 그것을 무시하기로 선택하여 버스가 꽉 차지 않았음에도 운전해 지나쳐 가는 것으로 보입니다. 기사들에게 이 버스 정류장이 존재하고 그곳에 정차할 준비가 되어 있어야 한다는 것을 상기시켜 주시면 감사하겠습니다. 곧 이 서비스가 개선되기를 기대합니다.

John Williams 드림

지문 흐름

35번 버스에서 자주 발생하는 문제에 대해 주의를 환기하고 싶음	………	도입
↓		
Fenny Road의 중간쯤 버스 정류장이 있고, 그곳에서 35번 버스가 정차하게 되어 있음	………	전개
↓		
버스 기사들 중 일부는 이 버스 정류장을 인식하지 못하거나 무시하여 버스가 꽉 차지 않았음에도 운전해 지나쳐 가는 것으로 보임	………	문제 상황
↓		
기사들에게 이 버스 정류장이 존재하고 그곳에 정차할 준비가 되어 있어야 한다는 것을 상기시켜 주길 바람	………	글의 목적
↓		
서비스가 개선되기를 기대함	………	결론

친절한 오답 풀이

오답 선택지	선택률	오답 이유
① 버스 운전기사 채용 계획을 문의하려고	2%	버스 운전기사 채용 계획에 대해서는 언급되지 않았다.
② 버스 정류장의 위치 변경을 요청하려고	3%	버스 정류장의 위치 변경을 요청하는 내용은 언급되지 않았다.

③ 도로 공사로 인한 소음에 대해 항의하려고	1%	도로 공사로 인한 소음에 대해서는 언급되지 않았다.
④ 출퇴근 시간의 버스 배차 간격 단축을 제안하려고	2%	출퇴근 시간의 버스 배차 간격 단축에 대해서는 언급되지 않았다.

03 정답 ② 정답률 95%

정답 풀이

아파트 정원가꾸기 날 행사에 참여하여 행사를 더 멋지게 만들어 달라고 말하는 내용이므로, 글의 목적으로는 ② '정원가꾸기 날 행사에 참여할 것을 독려하려고'가 가장 적절하다.

친절한 지문분석

Dear Residents,
주민들께

My name is Kari Patterson, / and I'm the manager of the River
제 이름은 Kari Patterson입니다   그리고 저는 River View 아파트의 관리인입니다

View Apartments. It's time to take advantage of the sunny weather /
화창한 날씨를 이용할 때입니다
　　　　　　　　　　　to부정사의 형용사적 용법

[to make our community more beautiful]. On Saturday, July 13 at
우리의 커뮤니티를 더욱 아름답게 만들기 위해   7월 13일 토요일 오전 9시에
　동사　　목적어　　　　목적격보어
to부정사의 부사적 용법(목적)

9 a.m., / residents will meet in the north parking lot. We will divide
주민들은 북쪽 주차장에서 만날 예정입니다   우리는 팀을 나눌

into teams / [to plant flowers and small trees, pull weeds, and put
것입니다   꽃과 작은 나무를 심고, 잡초를 뽑고, 잔디밭에 다채로운 장식을 하기 위해
　　　　to부정사의 부사적 용법(목적)

colorful decorations on the lawn]. Please join us / for this year's
　　　　　　　　　　　　　　　우리와 함께 해 주세요   올해 정원가꾸기 날에
　　　　　　　　　　　　　　(that)　명령문(동사원형)

Gardening Day, / and remember no special skills or tools
그리고 특별한 기술이나 도구는 필요하지 않다는 것을 기억하세요
　　　　명령문(동사원형) 목적절

are required]. Last year, / we had a great time working together, /
작년에   우리는 함께 일하며 즐거운 시간을 보냈습니다
수동태

so come out and make this year's event even better!
그러니 오셔서 올해 행사도 더 멋지게 만들어 주세요
명령문(동사원형) 명령문(동사원형)   비교급 강조

Warm regards,
따뜻한 마음을 담아

Kari Patterson
Kari Patterson

지문 해석

주민들께,
제 이름은 Kari Patterson이고, 저는 River View 아파트의 관리인입니다. 우리의 커뮤니티를 더욱 아름답게 만들기 위해 화창한 날씨를 이용할 때입니다. 7월 13일 토요일 오전 9시에, 주민들은 북쪽 주차장에서 만날 예정입니다. 우리는 팀을 나누어 꽃과 작은 나무를 심고, 잡초를 뽑고, 잔디밭에 다채로운 장식을 할 것입니다. 올해 정원가꾸기 날에 우리와 함께 해 주시고, 특별한 기술이나 도구는 필요하지 않다는 것을 기억하세요. 작년에, 우리는 함께 일하며 즐거운 시간을 보냈으니, 오셔서 올해 행사도 더 멋지게 만들어 주세요!
따뜻한 마음을 담아,
Kari Patterson

지문 흐름

River View 아파트의 관리인인 Kari Patterson 자신 소개	………	첫인사
↓		
커뮤니티를 더욱 아름답게 만들기 위해 화창한 날씨를 이용할 때임	………	도입
↓		
주민들은 7월 13일 토요일 오전 9시에 북쪽 주차장에서 만나 꽃과 작은 나무를 심고, 잡초를 뽑고, 잔디밭에 다채로운 장식을 할 예정임	………	상술
↓		
올해 정원가꾸기 날에 함께 해서 더 멋진 행사를 만들어 줄 것을 독려함	………	글의 목적

친절한 오답 풀이

오답 선택지	선택률	오답 이유
① 아파트 내 정원 조성에 대한 의견을 수렴하려고	2%	아파트 내 정원가꾸기 행사에 대해 안내하고 있지만, 정원 조성에 대한 의견을 달라고 하지는 않았다.
③ 쓰레기를 지정된 장소에 버릴 것을 당부하려고	3%	쓰레기 처리에 관해서는 언급되지 않았다.
④ 지하 주차장 공사 일정에 대해 공지하려고	1%	주민들이 주차장에서 모일 예정이라고 했으나, 지하 주차장 공사 일정에 관해서는 언급되지 않았다.
⑤ 정원박람회 개최 날짜 변경을 안내하려고	0%	정원박람회는 언급되지 않았다.

04 정답 ④ 정답률 92%

정답 풀이

필자는 잡지사의 고객 서비스팀에게 자신의 시력이 좋지 않기 때문에 잡지를 읽는 데 어려움이 있다고 말하며 큰 글자판의 잡지가 있는지 묻고 있으므로, 글의 목적으로는 ④ '잡지의 큰 글자판이 있는지 문의하려고'가 가장 적절하다.

친절한 지문분석

Dear Customer Service,
고객 서비스팀께

I am writing / in regard to my magazine subscription. Currently, /
저는 글을 씁니다   저의 잡지 구독과 관련하여   현재
　　　　～에 관해서

I have just over a year to go / on my subscription / to Economy
저는 일 년 조금 넘게 남았습니다   저의 구독이   《Economy
동사 1

Tomorrow / and would like to continue / my subscription /
Tomorrow》의   그리고 저는 계속하고 싶습니다   저의 구독을
　　　　동사 2(병렬구조)

[as I have enjoyed / the magazine / for many years]. Unfortunately, /
저는 즐거웠기 때문에   귀사의 잡지를   수년간   안타깝게도
이유의 부사절

due to my bad eyesight, / I have trouble / reading your magazine.
저의 좋지 않은 시력 때문에   저는 어려움이 있습니다 귀사의 잡지를 읽는 데
～ 때문에(전치사)   have trouble v-ing: ～을 하는 데 애를 먹다

My doctor has told me / that I need to look for / large print
저의 주치의는 저에게 말했습니다   제가 찾아봐야 할 필요가 있다고   큰 글자판의
　　　　현재완료　　목적절

magazines and books]. I'd like to know / [whether there's a large
책과 잡지를   저는 알고 싶습니다   큰 글자판이 있는지
　　　　　　　　　　　　　　　　　　목적절

print version / of your magazine]. Please contact me / [if this is
귀사 잡지의 / 저에게 연락 부탁드립니다 / 귀사가 이를
조건의 부사절

something you offer]. Thank you for your time. I look forward to
제공한다면 / 시간 내주셔서 감사합니다 / 저는 조만간 소식을 들을 수
look forward to v-ing: ~하기를 기대하다

hearing from you soon.
있기를 기대합니다

Sincerely,
Martin Gray
Martin Gray 드림

고객 서비스팀께,

저는 잡지 구독과 관련하여 글을 씁니다. 현재 저의 〈Economy Tomorrow〉 구독이 일 년 조금 넘게 남았는데, 저는 수년간 귀사의 잡지를 즐겨왔기 때문에 구독을 계속하고 싶습니다. 안타깝게도, 저의 좋지 않은 시력 때문에 귀사의 잡지를 읽는 데 어려움이 있습니다. 저의 주치의는 큰 글자판의 책과 잡지를 찾아봐야 할 필요가 있다고 저에게 말했습니다. 저는 귀사 잡지의 큰 글자판이 있는지 알고 싶습니다. 귀사가 이를 제공한다면 저에게 연락 부탁드립니다. 시간 내주셔서 감사합니다. 조만간 소식을 들을 수 있기를 기대합니다.

Martin Gray 드림

지문 흐름

필자의 잡지 구독이 일 년 조금 넘게 남았으며, 필자는 수년간 그 잡지를 즐겨왔기 때문에 구독을 유지하고 싶음	도입
필자의 시력이 좋지 않아 잡지를 읽는 데 어려움을 겪고 있음	문제 상황
필자의 주치의는 필자가 큰 글자판의 책과 잡지를 찾아봐야 한다고 말함	부연
필자는 해당 잡지의 큰 글자판이 있는지 알고 싶어하며, 이를 제공한다면 연락을 부탁함	글의 목적

친절한 오답 풀이

오답 선택지	선택률	오답 이유
① 잡지 기삿거리를 제보하려고	2%	잡지 기삿거리를 제보하는 내용은 언급되지 않았다.
② 구독 기간 변경을 신청하려고	2%	잡지의 구독 기간의 변경을 신청하는 내용은 언급되지 않았다.
③ 구독료 인상에 대해 항의하려고	2%	구독료 인상에 대한 내용은 언급되지 않았다.
⑤ 잡지 기사 내용에 대한 정정을 요구하려고	3%	잡지 기사의 내용에 대한 정정을 요구하는 내용은 언급되지 않았다.

05   정답 ②   정답률 89%

정답 풀이

Greenville 커뮤니티 센터에서 연례 공예품 박람회를 위해 대여 부스 공간을 제공하니 웹사이트에서 예약하라고 하는 내용이므로, 글의 목적으로는 ② '공예품 박람회의 부스 예약을 안내하려고'가 가장 적절하다.

친절한 지문분석

Dear Art Crafts People of Greenville,
친애하는 Greenville의 공예가들에게

For the annual Crafts Fair / on May 25 from 1 p.m. to 6 p.m., / the
연례 공예품 박람회를 위해서 / 5월 25일 오후 1시부터 6시까지 열리는

Greenville Community Center is providing booth spaces to rent /
Greenville 커뮤니티 센터에서는 대여 부스 공간을 제공합니다
to부정사의 형용사적 용법

as in previous years. To reserve your space, / please visit our
지난 몇 년간처럼 / 공간을 예약하려면 / 저희 웹사이트를 방문하여
to부정사의 부사적 용법(목적) / 동사 1

website / and complete a registration form / by April 20. The rental
신청서를 작성하시기 바랍니다 / 4월 20일까지 / 대여 요금은
동사 2(병렬구조)

fee is $50. All the money [we receive from rental fees] / goes to
50달러입니다 / 부스 대여료로 받은 모든 돈은 / 연중 예정된
(that) 목적격 관계대명사절

support upcoming activities throughout the year. We expect all
활동을 지원하는 데 사용됩니다 / 우리는 모든 이용할 수
to부정사의 부사적 용법(목적) / 동사

available spaces to be fully booked soon, / so don't get left out.
있는 공간이 곧 모두 예약될 것으로 예상합니다 / 그러니 놓치지 마세요
목적어 / 목적격보어

We hope to see you at the fair.
박람회에서 뵙기를 바랍니다

친애하는 Greenville의 공예가들에게

5월 25일 오후 1시부터 6시까지 열리는 연례 공예품 박람회를 위해서, Greenville 커뮤니티 센터에서는 지난 몇 년간처럼 대여 부스 공간을 제공합니다. 공간을 예약하려면 저희 웹사이트를 방문하여 4월 20일까지 신청서를 작성하시기 바랍니다. 대여 요금은 50달러입니다. 부스 대여료로 받은 모든 돈은 연중 예정된 활동을 지원하는 데 사용됩니다. 모든 이용할 수 있는 공간이 곧 모두 예약될 것으로 예상되니 놓치지 마세요. 박람회에서 뵙기를 바랍니다.

지문 흐름

Greenville 커뮤니티 센터에서는 5월 25일 오후 1시부터 6시까지 열리는 연례 공예품 박람회의 대여 부스 공간을 제공함	글의 목적
공간 예약을 위해서는 4월 20일까지 웹사이트에서 신청서를 작성해야 함	상술 1
대여 요금은 50달러이며, 부스 대여료로 인한 수익금은 연중 예정된 활동 지원에 사용됨	상술 2
공간이 금방 예약될 것으로 예상되니 서두를 것을 당부하며, 박람회에서 보길 기대함	글의 목적 재진술

친절한 오답 풀이

오답 선택지	선택률	오답 이유
① 지역 예술가를 위한 정기 후원을 요청하려고	4%	부스 대여료 수익금으로 활동 지원이 있을 것이라고 했으나, 지역 예술가를 위한 정기 후원에 관해서는 언급되지 않았다.
③ 대여 물품의 반환 방법을 설명하려고	4%	대여 물품 및 반환 방법에 관해서는 언급되지 않았다.
④ 지역 예술가가 만든 물품을 홍보하려고	1%	지역 예술가가 만든 물품에 관해서는 언급되지 않았다.
⑤ 지역 행사 일정의 변경 사항을 공지하려고	2%	행사 일정의 변경 여부에 관해서는 언급되지 않았다.

스페인어 강사로서의 헌신에 감사함	········	도입
학생들의 스페인어 발전과 자신감을 향상시킴	········	부연
계약 갱신 시점에서, 다음 학년도 계약 연장을 제안하려고 함	········	글의 목적
참여를 지속함으로써 학생들의 학습 경험 및 학업 성취 향상을 기대함	········	글의 목적 재진술

정답 풀이

그간의 기여에 고마움을 표하며 스페인어 강사에게 계약 연장을 제안하는 내용이므로, 글의 목적으로는 ② '스페인어 강사의 계약 연장을 제안하려고'가 가장 적절하다.

친절한 지문분석

Dear Ms. Lopez,
Lopez님께

We want to express our gratitude / for your dedication / as a
우리는 감사를 표하고 싶습니다　　　　당신의 헌신에
　　　　　　　　　　　　　　　　　　　　　~로서(전치사)

Spanish instructor. With exceptional teaching skills, / you have
스페인어 강사로서의　　뛰어난 교수 능력으로　　당신은

significantly improved / our students' progress and confidence
크게 향상시켜 주셨습니다　　스페인어에서의 우리 학생들의 발전과 자신감을

in Spanish. [As the year is about to end], / it is time for us
한 해가 막 끝나가면서　　우리가 당신의
시간의 부사절　be about to-v: 막 ~하려고 하다　의미상 주어

[to reflect on your contributions / and consider the renewal of
to부정사의 형용사적 용법　　　　　(to)
기여를 되짚어볼 때가 되었습니다　　그리고 당신의 계약 갱신을 고려할

your contract]. [Given your positive impact], / we would like to
당신의 긍정적인 영향을 감안하여　　우리는 당신의
분사구문(이유)

offer an extension of your contract / for the next academic year.
계약 연장을 제안하고 싶습니다　　다음 학년도

We believe / your continued involvement will further enhance /
　　　　　(that)
　　　　　목적절
우리는 믿습니다　당신의 지속적인 참여가 더욱 향상시킬 것이라

our students' learning experience and academic achievement].
우리 학생들의 학습 경험과 학업 성취를

We look forward to your response.
우리는 당신의 답변을 기다리겠습니다

Sincerely,
진심을 담아

James Martin
Principal
교장 James Martin

친절한 오답 풀이

오답 선택지	선택률	오답 이유
① 강당 보수 공사를 위한 협조를 구하려고	1%	강당 보수 공사는 글의 내용과 무관하다.
③ 수업 개선을 위한 세미나 개최를 안내하려고	1%	세미나 개최는 언급되지 않았다.
④ 교내 말하기 대회 심사 위원으로 위촉하려고	0%	교내 말하기 대회는 언급되지 않았다.
⑤ 새롭게 개설되는 스페인어 특강을 홍보하려고	3%	스페인어 강사에게 쓴 글이지만, 스페인어 특강 관련 내용은 아니다.

지문 해석

Lopez님께,
우리는 스페인어 강사로서의 당신의 헌신에 감사를 표하고 싶습니다. 뛰어난 교수 능력으로, 당신은 스페인어에서의 우리 학생들의 발전과 자신감을 크게 향상시켜 주셨습니다. 한 해가 막 끝나가면서, 우리가 당신의 기여를 되짚어보고 당신의 계약 갱신을 고려할 때가 되었습니다. 당신의 긍정적인 영향을 감안하여, 우리는 다음 학년도 당신의 계약 연장을 제안하고 싶습니다. 우리는 당신의 지속적인 참여가 우리 학생들의 학습 경험과 학업 성취를 더욱 향상시킬 것이라 믿습니다. 우리는 당신의 답변을 기다리겠습니다.
진심을 담아,
교장 James Martin

02 심경

코드 접속하기

pp.19~22

Q1 ①　　**Q2** ②　　**Q3** ①　　**Q4** ⑤

Q1

정답 ①　　정답률 88%

정답 풀이

쇼가 시작되기 전 마지막 순간에 옷을 갈아입을 시간이 오자 안절부절못하고 초조해하는 상황이므로, 'I'의 심경으로는 ① tense and nervous(긴장하고 초조한)가 가장 적절하다.

친절한 지문분석

Hours later / —[when my back aches from sitting, / my hair is
몇 시간 후　　　　앉아 있어서 허리가 아프고　　　머리는
　　　　　　　　시간의 부사절　　　　　　 절 1　　　　 절 2

styled and dry, / and my almost invisible makeup has been applied] /
모양이 잡혀서 마르고　 거의 보이지 않는 화장을 했을 때
　　　　　　　(that) 절 3(병렬구조)

—Ash tells me / [it's time to change / into my dress]. We've been
Ash는 내게 말한다　 갈아입을 시간이라고　 드레스로　　 우리는 기다리고
　　　　　 직접목적어　(being)　(that)　　　　　　(that)

waiting / until the last minute, [afraid / [any refreshments I eat
있었다　　 마지막 순간까지　 두려워　 내가 먹는 다과가
　　　　　　　　　 분사구문(동시동작) 목적절　　목적격 관계대명사절

might accidentally fall onto it and stain it}]. There's only thirty
우연히 드레스에 떨어져 얼룩지게 할까　　　　 30분밖에 남지 않았다
　　　동사 1　　　　　　　동사 2(병렬구조)

minutes left / [until the show starts], / and the nerves [that have
쇼가 시작될 때까지　 그리고 Ash를 괴롭히던 초조함이
　시간의 부사절　　　　　　　　　　　　 주격 관계대명사절

been torturing Ash] seem to have escaped her, / [choosing a new
그녀에게서 빠져나온 것 같다　　　새로운 희생자로 나를
현재완료 진행형　　　완료부정사　　　　분사구문(연속동작)

victim in me]. My palms are sweating, / and I have butterflies in
선택하고　　　　 내 손바닥에서 땀이 나고 있다　 그리고 나는 안절부절못한다

my stomach. Nearly all the models are ready, / some of them
거의 모든 모델이 준비가 되었고　　　일부 모델이 이미
　　　　　　　　　　　　　　　　(being) 분사구문의 의미상 주어

[already dressed in their nineteenth-century costumes]. Ash
19세기 복장을 입고 있다　　　　　　　　　　　　 Ash가
분사구문(동시동작)

tightens my corset.
내 코르셋을 조인다

지문 해석

몇 시간 후, 앉아 있어서 허리가 아프고 머리는 모양이 잡혀서 마르고 거의 보이지 않는 화장을 했을 때 Ash는 나에게 드레스로 갈아입을 시간이라고 말한다. 내가 먹는 다과가 우연히 드레스에 떨어져 얼룩지게 할까 두려워 우리는 마지막 순간까지 기다리고 있었다. 쇼가 시작될 때까지 30분밖에 남지 않았고 Ash를 괴롭히던 초조함이 그녀에게서 빠져나와 새로운 희생자로 나를 선택한 것 같다. 내 손바닥에서 땀이 나고, 나는 안절부절못한다. 거의 모든 모델이 준비가 되었고, 일부 모델은 이미 19세기 복장을 입고 있다. Ash가 내 코르셋을 조인다.

지문 흐름

몇 시간 후, 앉아 있어서 허리가 아프고 머리와 화장이 다 되었을 때 Ash가 옷 갈아입을 시간이라고 말함	┈┈	상황 1
↓		
드레스에 다과를 흘려 얼룩질까 두려워 마지막 순간까지 드레스를 입지 않고 기다림	┈┈	부연
↓		
쇼가 30분 남자 Ash의 초조함이 내게 옮겨온 듯 손바닥에서 땀이 나고 안절부절못함	┈┈	심경
↓		
거의 모든 모델이 준비되었고 일부는 이미 복장을 마친 상황에서 Ash가 내 코르셋을 조임	┈┈	상황 2

친절한 오답 풀이

오답 선택지	선택률	오답 이유
② 자랑스럽고 자신감 있는	3%	쇼가 시작되기 전 준비하며 초조하게 기다리는 상황이므로, 자랑스럽고 자신감 있는(proud and confident) 감정은 글의 상황에서 느낄 수 있는 감정과 반대된다.
③ 안도하고 기쁜	4%	안도하고 기쁜(relieved and pleased) 감정은 글의 상황에서 느낄 수 있는 감정과 반대된다.
④ 무관심하고 지루한	1%	손에서 땀이 나고 안절부절못하고 있으므로 무관심하고 지루한(indifferent and bored) 감정은 적절하지 않다.
⑤ 짜증 나고 실망한	3%	쇼 시작을 초조하게 기다리는 상황이므로 짜증 나고 실망한(irritated and disappointed) 감정은 적절하지 않다.

Q2

정답 ②　　정답률 82%

정답 풀이

개업식 날 카페를 둘러보며 무언가 빠졌다는 느낌에 의심을 키우지만, 텅 빈 벽에 풍경화를 그리며 카페가 성공하리라고 확신하는 내용이므로, Isabel의 심경 변화로는 ② doubtful(확신이 없는) → confident(확신하는)가 가장 적절하다.

친절한 지문분석

On opening day, / Isabel arrives at the cafe very early / with
개업식 날　　　 Isabel은 카페에 매우 일찍 도착한다

nervous anticipation. She looks around the cafe, / but she can't
초조한 기대감을 품고　　　그녀는 카페를 둘러보지만

shake off the feeling [that something is missing]. [As she sets out
느낌을 떨쳐 낼 수 없다　 무언가 빠졌다는　　　 컵과 숟가락, 접시를
　　　　　　　　 = 　　동격절　　　　　　　　시간의 부사절

cups, spoons, and plates], Isabel's doubts grow. She looks around, /
차려 놓으며　　　　　　　Isabel의 의심은 커진다　 그녀는 주변을 둘러본다

[trying to imagine {what else she could do} to make the cafe
상상하기 위해 애쓰면서　 자신이 무엇을 더 할 수 있을지를　 카페를 완벽하게 만들기 위해
분사구문(동시동작)　　　 목적절(의문사절)　　　　 to부정사의 부사적 용법(목적)

perfect], but nothing comes to mind. Then, in a sudden burst of
　　　 하지만 아무것도 머릿속에 떠오르지 않는다　 그때 갑작스러운 영감의 폭발과 함께

inspiration, / Isabel grabs her paintbrush / and transforms the blank
　　　　　 Isabel은 그녀의 붓을 쥐고　　　텅 빈 벽을 풍경화로
　　　　　　　　　　　　　　　　　　　transform A into B: A를 B로 변화시키다

walls into landscapes, [adding flowers and trees]. [As she paints],
변화시킨다　　　　　　　 꽃과 나무를 더해서　　　 그림을 그리면서
　　　　　　　　　　　　분사구문(동시동작)　　　 시간의 부사절

her doubts begin to fade. [Looking at her handiwork], [which is
그녀의 불안도 서서히 사라지기 시작한다   그녀의 작품을 보며
　　　　　　　　　　　　　　　분사구문(동시동작)　　　　　주격 관계대명사절(삽입절)

beautifully done], she is certain [that the cafe will be a success].
아름답게 완성된   그녀는 확신한다   카페가 성공하리라고
　　　　　　　　　　　　　　　　目的節

'Now, success is not exactly guaranteed,' [she thinks to herself], /
'자, 성공이 확실히 보장되지는 않았지만'   그녀는 스스로 생각한다
　　　　　　　　　　　　　　　　　　　　　삽입절

'but I'll definitely get there.'
'나는 분명 그곳에 도달할 거야.'라고

지문 해석

개업식 날, Isabel은 초조한 기대감을 품고 카페에 매우 일찍 도착한다. 그녀는 카페를 둘러보지만, 무엇인가 빠졌다는 느낌을 떨쳐낼 수 없다. 컵과 숟가락, 접시를 차려 놓으며 Isabel의 의심은 커진다. 그녀는 카페를 완벽하게 만들기 위해 자신이 무엇을 더 할 수 있을지를 상상하기 위해 애쓰면서 주변을 둘러보지만, 아무것도 머릿속에 떠오르지 않는다. 그때, 갑작스러운 영감의 폭발과 함께, Isabel은 그녀의 붓을 쥐고 꽃과 나무를 더해서 텅 빈 벽을 풍경화로 변화시킨다. 그림을 그리면서, 그녀의 불안도 서서히 사라지기 시작한다. 아름답게 완성된 그녀의 작품을 보며, 그녀는 카페가 성공하리라고 확신한다. '자, 성공이 확실히 보장되지는 않았지만, 나는 분명 그곳에 도달할 거야.'라고 스스로 생각한다.

지문 흐름

개업식 날, Isabel은 카페에 무엇인가 빠졌다는 느낌이 듦	⋯⋯	상황 1
컵, 숟가락, 접시를 차려 놓으며 의심이 커짐	⋯⋯	필자의 심경 1
카페를 완벽하게 만들기 위해 무엇을 더 할지 상상해 보지만 떠오르는 것이 없음	⋯⋯	전개
갑자기 텅 빈 벽에 풍경화를 그리며 불안이 서서히 사라짐	⋯⋯	상황 2
아름답게 완성된 그림을 보며 카페가 성공하리라고 확신함	⋯⋯	필자의 심경 2

친절한 오답 풀이

오답 선택지	선택률	오답 이유
① 침착한 → 놀란	2%	글의 초반에 카페가 잘될지 의심스러운 상황이므로 침착한(calm) 감정과는 거리가 멀다.
③ 부러워하는 → 기뻐하는	12%	부러워하는(envious) 감정은 지문의 내용과 무관하다.
④ 고마워하는 → 무서워하는	2%	고마워하는(grateful) 감정은 지문의 내용과 무관하고, 후반부에서 카페가 성공하리라고 확신하고 있으므로 무서워하는(frightened) 감정과는 거리가 멀다.
⑤ 무관심한 → 불안한	2%	무관심한(indifferent) 감정은 지문의 내용과 무관하고, 후반부에 성공을 확신하므로 불안한(uneasy) 감정과는 상반된다.

Q3　　　　　정답 ①　　　　정답률 97%

정답 풀이

계주 결승전 경주에서 초조하게 바통을 건네받기를 기다리던 Emma가 다른 주자를 제치고 결국 1위로 결승선을 통과했으므로, Emma의 심경 변화로는 ① nervous(초조한) → excited(신이 난)가 가장 적절하다.

친절한 지문분석

It was the championship race. Emma was the final runner / on her
결승전 경주였다   Emma는 마지막 주자였다   그녀의

---

relay team. She anxiously waited in her spot / for her teammate
계주 팀의   그녀는 그녀의 자리에서 초조하게 기다렸다   팀 동료가 그녀에게 바통을
　　　　　　　　　　　　　　　　　　　　　　　　　　　　　　(that) 의미상 주어

[to pass her the baton]. Emma wasn't sure she could perform
건네주기를   Emma는 확신하지 못했다   그녀가 자신의 역할을 수행할
to부정사의 명사적 용법(목적어)　　　　　　　　　　　명사절

her role / without making a mistake]. Her hands shook / [as she
수 있을지   실수를 하지 않고   그녀의 손이 떨렸다   생각하면서
　　　　　　　　　　　　　　　　　　　　　　　　　　　　　시간의 부사절

thought, "What if I drop the baton?"] She felt her heart rate
"만약 내가 바통을 떨어뜨리면 어떡하지?"라고   그녀는 심박수가 증가하는 것을 느꼈다
　~라면 어떨까　　　　　　　　　　　　　　지각동사　　　　목적어

increasing / [as her teammate approached]. But / [as she started
그녀의 팀 동료가 다가올수록   하지만 그녀가 달리기 시작했을 때
목적격보어(현재분사)　시간의 부사절　　　　　　　　　　　　　　시간의 부사절

running], / she received the baton smoothly. In the final 10 meters, /
그녀는 순조롭게 바통을 받았다   마지막 10미터에서

she passed two other runners / and crossed the finish line in first
그녀는 두 명의 다른 주자를 제쳤다   그리고 1위로 결승선을 통과했다
　　　　　동사 1　　　　　　　　　　　　　　　동사 2(병렬구조)

place! She raised her hands in the air, / and a huge smile came
그녀는 두 손을 하늘로 치켜들었다   그리고 얼굴에 큰 미소를 지었다

across her face. [As her teammates hugged her], / she shouted, /
팀 동료들이 그녀를 안아주자   그녀는 소리쳤다
　　　　　　　시간의 부사절

"We did it!" All of her hard training / had been worth it.
"우리가 해냈어!"라고   그녀의 모든 힘든 훈련이   그럴만한 가치가 있었다

지문 해석

결승전 경주였다. Emma는 그녀의 계주 팀의 마지막 주자였다. 그녀는 그녀의 자리에서 팀 동료가 그녀에게 바통을 건네주기를 초조하게 기다렸다. Emma는 그녀가 실수를 하지 않고 자신의 역할을 수행할 수 있을지 확신하지 못했다. "만약 내가 바통을 떨어뜨리면 어떡하지?" 라고 생각하면서 그녀의 손이 떨렸다. 그녀는 그녀의 팀 동료가 다가올수록 심박수가 증가하는 것을 느꼈다. 하지만 그녀가 달리기 시작했을 때, 그녀는 순조롭게 바통을 받았다. 마지막 10미터에서, 그녀는 두 명의 다른 주자를 제치고 나서 1위로 결승선을 통과했다! 그녀는 두 손을 하늘로 치켜들고, 얼굴에 큰 미소를 지었다. 팀 동료들이 그녀를 안아주자, 그녀는 "우리가 해냈어!"라고 소리쳤다. 그녀의 모든 힘든 훈련이 그럴만한 가치가 있었다.

지문 흐름

Emma는 계주 결승전 경주의 마지막 주자임	⋯⋯	상황 1
바통을 건네받기를 초조하게 기다리며 실수 없이 역할을 수행할 수 있을지 확신하지 못함	⋯⋯	심경 1
순조롭게 바통을 이어받은 후, 1위로 결승선을 통과함	⋯⋯	상황 2
두 손을 하늘로 치켜들고 미소를 지으며, "우리가 해냈어!" 라고 소리침	⋯⋯	심경 2

친절한 오답 풀이

오답 선택지	선택률	오답 이유
② 의심스러운 → 후회하는	1%	글의 후반부에 1등으로 결승선을 통과한 후 웃었으므로 후회하는(regretful) 감정은 적절하지 않다.
③ 자신감 있는 → 속상한	1%	글의 초반부에 초조해하며 자신이 잘할 수 있을지 확신이 없다고 했으므로 자신감 있는(confident) 감정은 적절하지 않으며, 후반부에 1등으로 결승선을 통과했다고 했으므로 속상한(upset) 감정은 적절하지 않다.

④ 희망에 찬 → 실망한	1%	글의 초반부에 초조해하며 자신이 잘할 수 있을지 확신이 없다고 했으므로 희망에 찬(hopeful) 감정은 적절하지 않으며, 후반부에 1등으로 결승선을 통과했다고 했으므로 실망한(disappointed) 감정은 적절하지 않다.
⑤ 무관심한 → 즐거워 하는	1%	글의 초반부에 바통을 건네받기를 초조하게 기다리고 있었으므로 무관심한(indifferent) 감정은 적절하지 않다.

Q4 정답 ⑤ 정답률 89%

정답 풀이

지역 미술 대회에 참가한 Sarah는 다른 사람들의 작품들을 보면서 자신감이 떨어졌다가 수상자 발표 마지막 순간에 1등 수상자로 호명되었으므로, Sarah의 심경 변화로는 ⑤ discouraged(낙담한) → delighted(기쁜)가 가장 적절하다.

친절한 지문분석

Sarah, a young artist [with a love for painting], / entered a local
그림 그리기를 좋아하는 젊은 예술가 Sarah는   지역 미술 대회에
동격의 콤마   전치사구(형용사구)

art contest. As she looked at the amazing artworks / [made by
참가했다   그녀가 놀라운 예술 작품들을 보면서   다른 사람들이 만든
시간의 부사절   과거분사구

others], / her confidence dropped. She quietly thought, / 'I might
그녀의 자신감은 떨어졌다.   그녀는 조용히 생각했다   '내가 상을

not win an award.' The moment of judgment arrived, / and the
받지 못할 수도 있겠네.'라고   심사의 순간이 다가왔다   그리고

judges began announcing winners one by one. It wasn't until
심사위원들은 수상자를 한 명씩 발표하기 시작했다   마지막에야였다
begin v-ing[to-v]: ~하기 시작하다

the end / that she heard her name. The head of the judges said, /
그녀가 자신의 이름을 들은 것은   심사위원장이 말했다 /
It was not A until that B: A하고 나서야 B하다

"Congratulations, Sarah Parker! You won first prize. We loved the
"축하해요, Sarah Parker!   당신이 1등을 했습니다   우리는 당신 작품의

uniqueness of your work." Sarah was overcome with joy, / and
독창성이 정말 좋았습니다."   Sarah는 기쁨에 휩싸였다   그리고

she couldn't stop smiling. This experience meant more than just
웃음을 멈출 수 없었다   이 경험은 단순한 우승 이상의 의미를 지녔고
stop v-ing: ~하는 것을 멈추다

winning; / it confirmed her identity as an artist.
그녀에게 예술가로서의 정체성을 확인해 주었다
전치사의 목적어(동명사)   ~로서(전치사)

지문 해석

그림 그리기를 좋아하는 젊은 예술가 Sarah는 지역 미술 대회에 참가했다. 다른 사람들이 만든 놀라운 예술 작품들을 보면서 그녀의 자신감은 떨어졌다. 그녀는 '내가 상을 받지 못할 수도 있겠네.'라고 조용히 생각했다. 심사의 순간이 다가왔고, 심사위원들은 수상자를 한 명씩 발표하기 시작했다. 그녀는 마지막에야 자신의 이름을 들었다. 심사위원장이 "축하해요, Sarah Parker! 당신이 1등을 했습니다. 당신 작품의 독창성이 정말 좋았습니다."라고 말했다. Sarah는 기쁨에 휩싸였고 미소가 가시지 않았다. 이 경험은 단순한 우승 이상의 의미를 지녔고, 그녀에게 예술가로서의 정체성을 확인해 주었다.

지문 흐름

그림 그리기를 좋아하는 젊은 예술가 Sarah는 지역 미술 대회에 참가함	⋯⋯ 상황 1
↓	
Sarah는 다른 사람의 놀라운 예술 작품들을 보면서 자신감이 떨어짐	⋯⋯ 심경 1
↓	
심사위원들이 마지막 수상자로 1등 Sarah를 발표함	⋯⋯ 상황 2
↓	
Sarah는 기쁨에 휩싸이고 미소가 가시지 않았으며, 예술가로서의 정체성을 확인해 주는 경험이었음	⋯⋯ 심경 2

친절한 오답 풀이

오답 선택지	선택률	오답 이유
① 희망에 찬 → 유감스러워하는	2%	글의 초반부에 다른 사람의 작품을 보고 자신감이 떨어졌다고 했으므로 희망에 찬(hopeful) 감정은 적절하지 않고, 후반부에 1등 수상자가 되어 기쁨에 휩싸였다고 했으므로 유감스러워하는(regretful) 감정은 적절하지 않다.
② 안도하는 → 고마워하는	4%	글의 초반부에 상을 받지 못할 수도 있다고 생각했으므로 안도하는(relieved) 감정은 적절하지 않다.
③ 들뜬 → 실망한	12%	글의 초반부에 다른 사람의 작품을 보고 자신감이 떨어졌다고 했으므로 들뜬(excited) 감정은 적절하지 않고, 후반부에 1등 수상자가 되어 기쁨에 휩싸였다고 했으므로 실망한(disappointed) 감정은 적절하지 않다.
④ 우울한 → 겁먹은	4%	글의 후반부에 1등 수상자가 되어 기쁨에 휩싸였다고 했으므로 겁먹은(frightened) 감정은 적절하지 않으며, 후반부에 1등 수상자가 되어 기쁨에 휩싸였다고 했으므로 겁먹은(frightened) 감정은 적절하지 않다.

코드 공략하기 pp.23~25

01 ①	02 ①	03 ①	04 ①	05 ⑤	06 ①

01 정답 ① 정답률 90%

정답 풀이

기차에 타서 자신의 자리에 다른 사람이 앉은 것을 보고 표를 확인하자 자신의 실수라는 것을 알고 당황했으나, 자리가 있다는 승무원의 말에 표를 새로 교환하고는 걱정이 사라지고 긴장이 풀렸으므로, Nathan의 심경 변화로는 ① embarrassed(당황한) → relieved(안도하는)가 가장 적절하다.

친절한 지문분석

Nathan boarded the train / on Saturday evening. [As he made his
Nathan은 기차에 탔다   토요일 저녁에   그가 그의 자리로
시간의 부사절

way to his seat], / he found someone already sitting there.
다가갔을 때   그는 이미 누군가가 그곳에 앉아 있는 것을 발견했다
지각동사   목적격보어

Confused, / he checked his ticket / and realized his mistake / —it
당황하며   그는 자신의 표를 확인했다   그리고 자신의 실수를 깨달았다
분사구문

was for Sunday, not Saturday! A flush of panic spread across his
그것은 토요일이 아닌 일요일일 것이었다   그의 얼굴이 당황하여 화끈거렸다

face. He quickly approached a train attendant / and explained the
그는 서둘러 기차 승무원에게 다가갔다   그리고 상황을 설명했다

situation. "Is there anything [I can do / {to resolve this}]?" /
제가 할 수 있는 일이 있을까요↗   이것을 해결하기 위해
(that) 목적격 관계대명사절   to부정사의 부사적 용법(목적)

Nathan asked. "Don't worry, sir. We still have seats available," /
Nathan이 물었다   걱정 마세요, 손님   아직 이용 가능한 자리가 있습니다

the attendant said / with a reassuring smile. ❶ Nathan exchanged
승무원이 말했다   안심시키는 미소를 지으며   Nathan은 이전의 표를

his old ticket for a new one, / [his worries melting away].
새 표로 교환하였고   그의 걱정은 사라졌다
분사구문(연속동작)

[Settling into his seat], / he let out a deep breath, / [feeling the
그의 자리에 앉으며   그는 깊은 숨을 내쉬었고
분사구문(동시동작)   분사구문(연속동작)

tension in his shoulders ease] / [as the train began to move].
어깨의 긴장이 풀리는 것을 느꼈다   기차가 움직이기 시작하자
시간의 부사절

❶ [ ]는 연속동작을 나타내는 분사구문으로, 분사구문의 주어(his worries)가 주절의 주어(Nathan)와 다르기 때문에 분사 앞에 주어를 명시하였다.

지문 해석

Nathan은 토요일 저녁에 기차에 탔다. 그가 자리로 다가갔을 때, 이미 누군가가 그곳에 앉아 있는 것을 발견했다. 당황하며, 그는 자신의 표를 확인했고 실수를 깨달았다. 토요일이 아닌 일요일 표였던 것이다! 그의 얼굴이 당황하여 화끈거렸다. 그는 서둘러 기차 승무원에게 다가가 상황을 설명했다. "이것을 해결하기 위해 제가 할 수 있는 일이 있을까요?" Nathan이 물었다. "걱정 마세요, 손님. 아직 이용 가능한 자리가 있습니다," 승무원이 안심시키는 미소를 지으며 말했다. Nathan은 이전의 표를 새 표로 교환하였고, 그의 걱정은 사라졌다. 그의 자리에 앉으며, 그는 깊은 숨을 내쉬었고, 기차가 움직이기 시작하자 어깨의 긴장이 풀리는 것을 느꼈다.

지문 흐름

기차에 탄 Nathan은 자신의 자리에 다른 사람이 앉아 있는 것을 발견함	········ 도입
↓	
자신의 실수를 깨닫고 당황함	········ 부연 & 심경 1
↓	
승무원에게 상황을 설명하고 표를 새로 교환함	········ 전개
↓	
걱정이 사라지고, 자리에 앉자 긴장이 풀림	········ 심경 2

친절한 오답 풀이

오답 선택지	선택률	오답 이유
② 무관심한 → 놀란	4%	기차 좌석을 착각한 문제 상황에서 무관심한 (indifferent) 것은 어울리지 않으며, 문제가 해결된 상황에서 놀란(surprised) 심경은 어색하다.
③ 희망에 찬 → 실망한	1%	기차 좌석을 착각한 문제 상황에서 희망에 찬 (hopeful) 심경은 적절하지 않으며, 다시 자리를 구해 앉고 기차가 출발했으므로 실망한 (disappointed) 것은 어색하다.
④ 부끄러운 → 동정적인	2%	문제가 해결되어 기차가 출발한 상황과 동정적인 (sympathetic) 심경은 어울리지 않는다.
⑤ 지루한 → 신이 난	2%	기차 좌석을 착각한 문제 상황에서 지루한(bored) 심경은 어색하다.

정답 풀이

문을 열고 들어갔을 때 방안에 있는 남자의 모습을 보고 소리를 지르며 심장이 요동치는 상황이었으나 자신과 똑같이 움직이는 것을 보고 거울인 것을 깨닫고 차분해진 상황이므로, 'I'의 심경 변화로는 ① terrified → relieved(두려운 → 안도한)가 가장 적절하다.

친절한 지문분석

I walked up to the little dark brown door / and knocked. Nobody
나는 작고 짙은 갈색 문으로 걸어갔다   그리고 문을 두드렸다 아무도 대답이
동사 1   동사 2

answered. I pushed on the door carefully. [When the door swung
없었다   나는 조심스럽게 그 문을 밀었다   그 문이 활짝 열렸을 때
시간의 부사절

open / with a rusty creak], / a man was standing / in a back
녹슬어서 삐걱거리는 소리와 함께   한 남자가 서 있었다   그 방의

corner of the room. My hands flew over my mouth / [as I started
뒤쪽 구석에   내 두 손이 빠르게 입 위로 갔다   내가 소리를
시간의 부사절

to scream]. He was just standing there, / [watching me]! [As my
지르기 시작하며   그는 거기 서 있었다   나를 지켜보며   내 심장이
분사구문(동시동작)   시간의 부사절

heart continued to race], / I saw [that he had also put his hands /
계속 요동칠 때   나는 보았다   그 역시 두 손을 올린 것을
목적절   과거완료

over his mouth]. Wait a minute... It was a mirror! I took a deep
그의 입 위로   잠깐   그것은 거울이었다   나는 심호흡을
동사 1

breath / and walked past a table / to the old mirror / [that stood
했다   그리고 테이블을 지나 걸어갔다   오래된 거울로   방 뒤쪽에
동사 2   ~을 지나(전치사)   주격 관계대명사절

in the back of the room]. I felt my heartbeat returning to normal, /
세워져 있는   나는 심장 박동이 정상으로 돌아오는 것을 느꼈다
지각동사   목적격보어(현재분사)

and calmly looked at my reflection / in the mirror.
그리고 차분하게 (반사된) 내 모습을 바라보았다   거울 속에

지문 해석

나는 작고 짙은 갈색 문으로 걸어가서 문을 두드렸다. 아무도 대답이 없었다. 나는 조심스럽게 그 문을 밀었다. 녹슬어서 삐걱거리는 소리와 함께 그 문이 활짝 열렸을 때, 한 남자가 그 방의 뒤쪽 구석에 서 있었다. 나는 소리를 지르기 시작하며 두 손을 입에 갖다 댔다. 그는 나를 지켜보면서, 거기 서 있었다! 내 심장이 계속 요동칠 때, 나는 그 역시 두 손을 그의 입 위로 올린 것을 보았다. 잠깐… 그것은 거울이었다! 나는 심호흡을 하고 테이블을 지나 방 뒤쪽에 세워져 있는 오래된 거울로 걸어갔다. 나는 심장 박동이 정상으로 돌아오는 것을 느꼈고, 차분하게 거울 속 내 모습을 바라보았다.

지문 흐름

짙은 갈색 문을 두드렸으나 대답이 없자 문을 밀고 들어감	········ 도입
↓	
문이 열렸을 때 한 남자가 방 뒤쪽 구석에 서 있었음	········ 상황 1
↓	
나는 소리지르며 두 손을 입에 갖다 댔고 심장이 요동칠 때 남자도 손을 입 위로 올린 것을 발견함	········ 심경 1
↓	
거울인 것을 깨닫고 심호흡을 한 후 거울 쪽으로 걸어감	········ 상황 2
↓	
심장 박동이 정상으로 돌아왔고 차분하게 거울 속 모습을 바라봄	········ 심경 2

오답 선택지	선택률	오답 이유
② 희망에 찬 → 초조한	1%	글의 전반부에 소리를 지르며 두려움을 느꼈으므로 희망에 찬(hopeful) 감정은 적절하지 않으며, 후반부에 차분해졌다고 했으므로 초조한(nervous) 감정은 적절하지 않다.
③ 자신감 있는 → 불안한	2%	글의 전반부에 두려움을 느끼는 상황이므로 자신감 있는(confident) 감정은 적절하지 않다.
④ 짜증 난 → 감사하는	2%	두려움을 느끼다가 차분해진 상황이므로 감사하는(grateful) 감정은 적절하지 않다.
⑤ 실망한 → 신이 난	2%	글 전반부에 소리를 지르며 두려움을 느끼는 상황이므로 실망한(disappointed) 감정은 적절하지 않으며, 글 후반부에 차분해진 상황이므로 신이 난(thrilled) 감정은 적절하지 않다.

03   정답 ①   정답률 90%

정답 풀이

직장에서 발표를 하는 날 얼어붙었을 뿐만 아니라 핀과 바늘로 찌르는 듯한 느낌이 들며 목소리가 나오지 않는 상황에서 결국 발표를 계속할 수 없는 상황이므로, 'I'의 심경으로는 ① panicked(당황한)가 가장 적절하다.

친절한 지문분석

It was a day / [I was due to give a presentation at work], / not (when)
날이었다   내가 직장에서 발표를 하기로 한   내가 자주
  (that) 관계부사절   be due to-v: ~하기로 하다   부연 설명

something [I'd do often]. [As I stood up to begin], / I froze.
하곤 했던 것이 아닌   시작하려고 일어섰을 때   나는 얼어붙었다
목적격 관계대명사절 would: ~하곤 했다   시간의 부사절   to부정사의 부사적 용법(목적)

A chilly 'pins-and-needles' feeling crept over me, / [starting in
'핀과 바늘로 찌르는 듯한' 차가운 느낌이 나를 엄습했다   손에서
주어   동사   분사구문(동시동작)

my hands]. Time seemed to stand still / [as I struggled to start
시작해서   시간이 정지해 있는 것 같았다   내가 말하기 시작하려고
  seem to-v: ~처럼 보이다   시간의 부사절

speaking], / and I felt a pressure around my throat, / [as though
애쓸 때   그리고 나는 목 부근에서 압박감을 느꼈다   마치
start v-ing[to-v]: ~하기 시작하다   마치 ~인 것처럼

my voice was trapped and couldn't come out]. [Gazing around
내 목소리가 갇혀서 빠져나올 수 없는 것 같았다   흐릿한 형체의
동사 1(수동태)   (that) 동사 2   분사구문(동시동작)

at the blur of faces], / I realized / [they were all waiting for me
얼굴들을 둘러보며   나는 깨달았다   그들 모두 내가 시작하기를 기다리고
  (that) 목적절   wait for+목적어+to-v:

to begin], / but by now / I knew [I couldn't continue].
있다는 것을   그러나 이제   나는 내가 계속할 수 없다는 것을 알았다
(목적어)가 ~하기를 기다리다   목적절

지문 해석

내가 직장에서 발표를 하기로 한 날이었고 내가 자주 하곤 했던 것이 아니었다. 시작하려고 일어섰을 때 나는 얼어붙었다. '핀과 바늘로 찌르는 듯한' 차가운 느낌이 손에서 시작해서 나를 엄습했다. 내가 말하기 시작하려고 애쓸 때 시간이 정지해 있는 것 같았고 나는 목 부근에서 압박감을 느꼈는데 마치 내 목소리가 갇혀서 빠져나올 수 없는 것 같았다. 흐릿한 형체의 얼굴들을 둘러보며 나는 그들이 모두 내가 시작하기를 기다리고 있다는 것을 깨달았지만 그때쯤 나는 내가 계속할 수 없다는 것을 알았다.

내가 직장에서 발표를 하기로 한 날이었고 내가 자주 하곤 했던 것이 아니었음	……… 도입
↓	
시작하려고 일어섰을 때 얼어붙었고, 핀과 바늘로 찌르는 듯한 차가운 느낌이 엄습함	……… 심경 1
↓	
말하기 시작하려고 애쓸 때 시간이 정지해 있는 것 같았고 목 부근에서 압박감을 느꼈는데 마치 목소리가 갇혀서 빠져나올 수 없는 것 같았음	……… 심경 2
↓	
흐릿한 형체의 얼굴들을 둘러보며 모두 내가 시작하기를 기다리고 있다는 것을 깨달았지만 그때쯤 계속할 수 없다는 것을 알았음	……… 심경 3

오답 선택지	선택률	오답 이유
② 화가 난	2%	화가 난(angry) 감정은 내용과 무관하다.
③ 안도한	3%	발표를 앞두고 긴장하고 있는 상황이므로, 안도한(relieved) 감정은 내용과 반대된다.
④ 감사한	2%	감사한(grateful) 감정은 내용과 무관하다.
⑤ 지루한	1%	지루한(bored) 감정은 본문의 상황에서 느낄 수 있는 감정과 반대된다.

04   정답 ①   정답률 88%

정답 풀이

간절히 기다리던 편지가 도착하자마자 내용을 확인하고 펄쩍펄쩍 뛰며 기뻐하는 상황이므로, Ester의 심경 변화로는 ① anticipating(기대하는) → excited(신이 난)가 가장 적절하다.

친절한 지문분석

Ester stood up / as soon as she heard / the hum of a hover engine
Ester는 일어섰다   그녀가 듣자마자   밖에 호버 엔진의 윙윙거리는 소리를
  ~하자 마자(접속사)

outside. "Mail," she shouted and ran down the third set of stairs /
"편지"라고 외치며 그녀는 계단을 세 칸씩 뛰어내려가
  동사 1   동사 2

and swung open the door. It was pouring now, / but she ran out
문을 열었다   비가 쏟아지고 있었다   하지만 그녀는 빗속으로
동사 3(병렬구조)

into the rain. She was facing the mailbox. There was a single,
뛰어나갔다   그녀는 우체통을 마주하고 있었다   안에는 뜯지 않은 편지 한 통이
  과거진행형

unopened letter inside. She was sure [this must be {what she
들어 있었다   그녀는 확신했다   이것이 그녀가 간절히 기다리고 있던
  목적절   ~임에 틀림없다(강한 추측)
  관계대명사절(보어)

was eagerly waiting for}]. Without hesitation, / she tore open the
것임에 틀림없다고   망설임 없이   그녀는 봉투를 뜯어서 열었다
  ~없이(전치사)

envelope. She pulled out the paper and unfolded it. The letter said, /
  그녀는 종이를 꺼내 펼쳤다   편지에는 쓰여 있었다

'Thank you for applying to our company. / We would like to invite
'우리 회사에 지원해 주셔서 감사합니다   우리는 당신을 초대하고 싶습니다
전치사의 목적어(동명사)

you / to our internship program. We look forward to seeing you
you / 인턴십 프로그램에   우리는 당신을 곧 뵙기를 기대합니다.'라고
  look forward to v-ing: ~하기를 기대하다

soon.' She jumped up and down / and looked down at the letter
그녀는 펄쩍펄쩍 뛰며 　　　　　　다시 편지를 내려다보았다
　　　　　　　　　　　　　　look down at: ~을 내려다보다

again. She couldn't wait to tell this news / to her family.
그녀는 이 소식을 빨리 전하고 싶었다 　　　　　　가족들에게
can't wait to-v: ~하고 싶다

지문 해석

밖에 호버 엔진의 윙윙거리는 소리가 들리자마자 Ester는 일어섰다. "편지"라고 외치며 그녀는 계단을 세 칸씩 뛰어내려가 문을 확 열었다. 비가 쏟아지고 있었지만 그녀는 빗속으로 뛰어나갔다. 그녀는 우체통을 마주하고 있었다. 안에는 뜯지 않은 편지 한 통이 들어 있었다. 그녀는 이것이 그녀가 간절히 기다리고 있던 것임에 틀림없다고 확신했다. 망설임 없이 그녀는 봉투를 뜯어서 열었다. 그녀는 종이를 꺼내 펼쳤다. 편지에는 '우리 회사에 지원해 주셔서 감사합니다. 우리는 당신을 인턴십 프로그램에 초대하고 싶습니다. 우리는 당신을 곧 뵙기를 기대합니다.'라고 쓰여 있었다. 그녀는 펄쩍펄쩍 뛰며 다시 편지를 내려다보았다. 그녀는 이 소식을 가족들에게 빨리 전하고 싶었다.

지문 흐름

Ester는 "편지"라고 외치며 빗속으로 뛰어나가 우체통 안의 편지를 확인함	········	상황 1
↓		
그녀가 간절히 기다리던 것임을 확신하며 봉투를 뜯어 열어봄	········	심경 1
↓		
편지에는 Ester가 지원한 회사의 인턴십 프로그램에 그녀를 초대한다고 쓰여 있음	········	상황 2
↓		
펄쩍펄쩍 뛰며 이 소식을 가족들에게 전하고 싶어 함	········	심경 2

친절한 오답 풀이

오답 선택지	선택률	오답 이유
② 확신하는 → 부끄러운	1%	부끄러운(ashamed) 감정은 지문의 내용과 무관하다.
③ 호기심이 많은 → 당황스러운	3%	당황스러운(embarrassed) 감정은 지문의 내용과 무관하다.
④ 놀란 → 혼란스러워하는	2%	혼란스러워하는(confused) 감정은 지문의 내용과 무관하다.
⑤ 무관심한 → 감사하는	5%	간절히 기다리고 있던 편지라고 했으므로, 무관심한(indifferent) 감정은 지문의 내용과 반대된다.

05 정답 ⑤ 정답률 95%

정답 풀이

Peter는 열이 나는 딸을 안고 병원에 갔는데 딸이 주사를 맞은 후 열이 내린 상황이므로, Peter의 심경 변화로는 ⑤ worried(걱정하는) → relieved(안도하는)가 가장 적절하다.

친절한 지문분석

❶ Peter stepped out of the freezing night air / and into the brightly
Peter는 얼어붙을 듯한 밤공기를 벗어나 　　　　　환히 불이 켜진 병원 로비로
　　　　　　　　　　　　　　　　　　　　　　과거분사구

lit hospital lobby, / [holding his three-year-old daughter in his
들어섰다 　　　그의 세 살 난 딸을 자신의 팔에 안고
　　　　　　　분사구문(동시동작)

arms]. The harsh light made her look even more unwell, / her
얼어붙을 듯한 밤공기를 벗어나 　강렬한 조명이 그녀를 훨씬 더 아파 보이게 만들었고 　그녀의
　　　　사역동사+목적어+목적격보어(동사원형) 훨씬(비교급 강조)

face all red and sweaty. Her fever had started suddenly, / just
얼굴은 온통 빨갛고 땀으로 젖어 있었다 　그녀의 열은 갑자기 시작되었다

---

before dinner, / but it wouldn't go down / despite his efforts.
저녁 식사 직전에 　　그런데 열이 내리지 않았다 　　그의 노력에도 불구하고

At the front desk, / he explained her symptoms, / [his concern
접수대에서 　　　　그는 그녀의 증상을 설명하였고 　그의 걱정이
　　　　　　　　　　　　　　　　　　　　　　　　의미상 주어
　　　　　　　　　　　　　　　　　　　　　　　분사구문(부대상황)

growing with every moment]. They were quickly led to the doctor, /
매 순간 커졌다 　　　　그들은 신속히 의사에게 안내되었고

[who reassured him and carefully examined his daughter]. [After
의사는 그를 안심시키며 그의 딸을 세심히 진찰했다 　　　　　　　시간의 부사절
주격 관계대명사절(계속적 용법)

the doctor gave her a shot], / her fever went down / and she seemed
의사가 그녀에게 주사를 놓은 후 　그녀의 열이 내렸다 　그리고 그녀는 한결

more comfortable. [As Peter watched her sleep peacefully that
편안해 보였다 　　　　　Peter는 그날 밤 그녀가 평화롭게 잠자는 것을 지켜보며
　　　　　　　　　　　시간의 부사절 지각동사 목적어 목적격보어(동사원형)

night], / he felt a wave of calm wash over him.
그는 안도의 물결이 그에게 밀려오는 것을 느꼈다
　　　　지각동사 목적어 　목적격보어(동사원형)

❶ 전치사구 out of the freezing night air와 into the brightly lit hospital lobby가 등위접속사 and로 병렬 연결되어 stepped에 이어진다.

지문 해석

Peter는 그의 세 살 난 딸을 자신의 팔에 안고, 얼어붙을 듯한 밤공기를 벗어나 환히 불이 켜진 병원 로비로 들어섰다. 강렬한 조명이 그녀를 훨씬 더 아파 보이게 만들었고, 그녀의 얼굴은 온통 빨갛고 땀으로 젖어 있었다. 그녀의 열은 저녁 식사 직전에, 갑자기 시작되었는데, 그의 노력에도 불구하고 열이 내리지 않았다. 접수대에서, 그는 그녀의 증상을 설명하였고, 매 순간 그의 걱정이 커졌다. 그들은 신속히 의사에게 안내되었고, 의사는 그를 안심시키며 그의 딸을 세심히 진찰했다. 의사가 그녀에게 주사를 놓은 후, 그녀의 열이 내렸고 그녀는 한결 편안해 보였다. Peter는 그날 밤 그녀가 평화롭게 잠자는 것을 지켜보며, 그는 안도의 물결이 그에게 밀려오는 것을 느꼈다.

지문 흐름

Peter는 아픈 딸을 데리고 추운 밤공기를 지나 병원에 감	········	도입
↓		
딸의 갑자기 시작된 열은 Peter의 노력에도 불구하고 내리지 않음	········	상황 1
↓		
접수대에서 딸의 증상을 설명하면서 걱정이 커짐	········	심경 1
↓		
의사가 딸을 진찰하고, 주사를 맞은 딸은 열이 내림	········	상황 2
↓		
밤에 평화롭게 자는 딸을 보며 안도함	········	심경 2

친절한 오답 풀이

오답 선택지	선택률	오답 이유
① 화가 난 → 자랑스러운	2%	아픈 딸을 안고 병원을 찾은 상황과 화가 난(angry) 심경은 어울리지 않으며, 딸의 증상이 완화됐을 때 자랑스러운(proud) 심경은 다소 어색하다.
② 지루한 → 황홀해하는	1%	아픈 딸을 데리고 병원에 간 상황에서 지루한(bored) 것은 적절하지 않다.
③ 자신감 있는 → 혼란스러운	1%	아픈 딸의 증상을 설명하면서 걱정이 커졌다고 했으므로 자신감 있는(confident) 심경과는 상반되며, 딸의 회복에 혼란스러운(confused) 심경은 적절하지 않다.
④ 희망에 찬 → 실망한	1%	병원 접수대에서 걱정이 커졌다고 직접적으로 언급되어 있으므로 희망에 찬(hopeful) 심경과는 상반되며, 딸의 증상이 완화되었는데 실망한(disappointed) 심경은 적절하지 않다.

정답 풀이

Evan의 가족이 아버지의 일을 위해 시드니를 떠나야 하는데, Evan은 그 이야기를 듣고 놀라고 학교와 친구들을 떠나는 것에 대해 걱정하고 있는 상황이므로, Evan의 심경으로는 ① shocked and worried(충격적이고 걱정스러운)가 가장 적절하다.

친절한 지문분석

Evan's eyes opened wide / and his mouth made the shape of an
Evan은 눈이 휘둥그레졌다   그리고 입이 O자 모양을 만들었다

O, / [which happened / whenever something surprised him]. "You
이런 일이 생겼다   무언가 그를 놀라게 할 때마다
주격 관계대명사절(계속적 용법)   ~할 때마다(복합관계부사)

don't mean [we're leaving Sydney]? / he asked. His mother had
우리가 시드니를 떠난다는 말은 아니시죠   그가 물었다   그의 어머니는
목적절(that 생략됨)   미래를 나타내는 현재진행형   과거완료(완료)

just told him / [they were leaving Sydney / for his father's work].
막 그에게 말했다   그들이 시드니를 떠난다고   아버지의 일을 위해
간접목적어   직접목적어(that 생략됨)

"But what about school?" / said Evan, [interrupting her], / a thing
그런데 학교는 어쩌고요   Evan이 그녀를 가로막으며 말했다
(that)   분사구문(부대상황)   동격의 쉼표

he knew he was not supposed to do] / but [which he felt he
그가 알기로 하지 않았어야 하는 행동인   하지만 그가 느끼기에
목적격 관계대명사절   삽입절   목적격 관계대명사절   삽입절

would be forgiven for / on this occasion]. "And what about Carl
용서를 받을 수 있을 것인   이번만큼은   그리고 Carl과
수동태

and Daniel and Martin? How will they know / [where I am] /
Daniel과 Martin은요   그들이 어떻게 알 수 있죠   내가 어디에 있는지
목적절(의문사절)

[when we want to do things together]?" His mother told him /
우리가 함께 무언가를 하고 싶을 때   그의 어머니는 그에게 말했다
시간의 부사절   간접목적어

[that he would have to say goodbye to his friends / for the time
그가 친구들과 작별인사를 해야 한다고   지금 당장은
직접목적어 1

being] / but [that she was sure / Evan would see them again}].
하지만 그녀는 확신한다고   Evan이 그들을 다시 보게 될 것이라고
직접목적어 2   be sure (that)+주어+동사: ~하다고 확신하다
(that)

"Say goodbye to them? Say goodbye to them?" He kept
그들에게 작별을 말하라고요?   작별인사요?   그는 계속해서
keep v-ing: 계속해서 ~하다

repeating himself, / [sounding more and more anxious / with
되뇌었다   목소리에는 점점 더 근심이 어렸다
분사구문(부대상황)   비교급+and+비교급: 점점 더 ~한/하게

every repetition].
되뇔 때마다

지문 해석

Evan은 눈이 휘둥그레지고 입이 (알파벳) O자 모양을 만들었는데, 무언가 그를 놀라게 할 때마다 이런 일이 생겼다. "우리가 시드니를 떠난다는 말은 아니시죠?"라고 그가 물었다. 그의 어머니는 막 그에게 그들이 아버지의 일을 위해 시드니를 떠난다고 그에게 말한 참이었다. Evan은 어머니의 말을 가로막으며, 하면 안 되는 행동이지만 이번만큼은 용서를 받을 수 있을 것이라 느끼며 "그런데 학교는 어쩌고요?"라고 말했다. "Carl과 Daniel과 Martin은요? 우리가 함께 무언가를 하고 싶을 때 그들이 내가 어디에 있는지 어떻게 알 수 있죠?" 그의 어머니는 그에게 지금 당장은 친구들과 작별인사를 해야 하지만 Evan이 그들을 다시 보게 될 것이라고 확신한다고 말했다. "그들에게 작별을 말하라고요? 작별인사를 요?" 그는 계속해서 되뇌었고, 되뇔 때마다 목소리에는 점점 더 근심이 어렸다.

지문 흐름

Evan은 무언가에 놀라서 눈이 휘둥그레지고 입이 O자 모양을 만들며, 그들이 시드니를 떠나는 것이냐고 어머니에게 되물음	도입
↓	
어머니는 막 그에게 그들이 아버지의 일을 위해 시드니를 떠난다고 말한 참이었음	문제 상황
↓	
Evan은 어머니의 말을 가로막으며, 학교와 친구들은 어떻게 하냐고 물음	Evan의 반응
↓	
어머니는 그에게 지금 당장은 친구들과 작별인사를 해야 하지만 그들을 다시 보게 될 것이라고 말함	어머니의 반응
↓	
그들에게 작별인사를 말해야 하냐고 그는 계속해서 되뇌었고, 되뇔 때마다 목소리에는 더욱 근심이 어림	Evan의 심경

친절한 오답 풀이

오답 선택지	선택률	오답 이유
② 신나고 기쁜	2%	시드니를 떠나 친구들과 작별을 해야 하는 상황이므로, 신나고 기쁜(excited and pleased) 감정과는 상반된다.
③ 감사하고 안도하는	2%	글의 후반부에서 목소리에서 근심이 어렸다고 했으므로, 감사하고 안도하는(grateful and relieved) 감정과는 상반된다.
④ 지루하고 무관심한	1%	글의 도입부에 무언가에 놀라서 눈이 휘둥그레지고 입이 O자 모양이 되었다고 했으므로, 지루하고 무관심한(bored and indifferent) 감정과는 상반된다.
⑤ 질투하고 부러워하는	3%	살던 도시를 떠나 친구들과 작별을 해야 하는 상황이므로, 질투하고 부러워하는(jealous and envious) 감정과는 무관하다.

코드 접속하기

pp.29~32

Q1 ②　　**Q2** ③　　**Q3** ⑤　　**Q4** ②

Q1	정답 ②	정답률 93%

정답 풀이

성공으로 가는 과정에서 도움을 준 사람들을 잊지 않고 항상 그들에게 감사해야 한다는 내용이므로, 필자의 주장으로는 ② '성공에 도움을 준 사람들에게 감사하는 마음을 가져야 한다'가 가장 적절하다.

친절한 지문분석

In the rush / towards individual achievement and recognition, /
질주 속에서　　개인의 성취와 인정을 향한
　　　　　~을 향한(전치사)

the majority of those [who make it] / forget their humble
성공한 대다수의 사람들은　　　　그들의 작은 시작을 잊는다
　　　　　　　　주격 관계대명사절

beginnings. They often forget / those [who helped them / on their
　　　　그들은 종종 잊는다　　자신을 도와준 사람들을　　그들이 성공으로
　　　　　　　　　　　　주격 관계대명사절

way up]. [If you forget / {where you came from}], / [if you neglect
가는 과정에서　당신이 잊어버린다면　당신이 어디서 왔는지　당신이 소홀히 한다면
　　　　조건의 부사절　　목적절　　　　　조건의 부사절

those {who were there for you / when things were tough and
당신 곁에 있어 준 사람들을　　상황이 힘들고 진척이 없을 때
　　주격 관계대명사절

slow}], / then your success is valueless. No one can make it up
　　　　당신의 성공은 가치가 없다　　아무도 성공할 수 없다

there / without the help of others. There are parents, friends,
　　다른 사람의 도움 없이는　　　부모님, 친구, 조언자,

advisers, and coaches / [that help]. You need to be grateful / to all
코치들이 있다　　　도움을 주는　당신은 감사할 필요가 있다　　당신을
　　　　　　주격 관계대명사절

of those [who helped you]. Gratitude is the glue / [that keeps you
도와준 사람들 모두에게　　감사는 접착제이다　　당신과 다른 사람들을
　　주격 관계대명사절　　　　　　주격 관계대명사절

connected to others]. It is the bridge / [that keeps you connected
연결해 주는　　　그것은 다리이다　　당신을 사람들과 계속해서 연결해
　　　　　　　　　　주격 관계대명사절

with those / {who were there for you in the past} / and {who are
주는　　당신을 위해 과거에 그곳에 있었던　　그리고 마지막에도
　　　주격 관계대명사절 1　　　　　　　　(that)

likely to be there in the end}]. Relationships and the way [you treat
그곳에 있을 것 같은　　관계와 당신이 다른 사람들을 대하는 방식이
주격 관계대명사절 2　　　　　　　　　　　관계부사절

others] / determine your real success.
　　당신의 진정한 성공을 결정한다

지문 해석

개인의 성취와 인정을 향한 질주 속에서, 성공한 대다수의 사람들은 그들의 작은 시작을 잊는다. 그들은 종종 성공으로 가는 과정에서 자신을 도와준 사람들을 잊는다. 당신이 어디서 왔는지 잊어버리고, 상황이 힘들고 진척이 없을 때 곁에 있어 준 사람들을 소홀히 한다면, 당신의 성공은 가치가 없다. 아무도 다른 사람의 도움 없이는 성공할 수 없다. 도움을 주는 부모님, 친구, 조언자, 코치들이 있다. 당신은 당신을 도와준 사람들 모두에게 감사할 필요가 있다. 감사는 당신과 다른 사람들을 연결해 주는 접착제이다. 그것은 당신을 위해 과거에 그곳에 있었고 마지막에도 그곳에 있을 것 같은 사람들과 당신을 계속해서 연결해 주는 다리이다. 관계 그리고 당신이 다른 사람들을 대하는 방식이 당신의 진정한 성공을 결정한다.

지문 흐름

성공한 대다수의 사람들은 성공으로 가는 과정에서 자신을 도와준 사람들을 잊음	도입
↓	
당신이 어디서 왔는지를 잊고 힘들고 진척 없는 상황에서 곁에 있어 준 사람들을 소홀히 한다면 성공은 가치가 없음	전개
↓	
아무도 다른 사람의 도움 없이는 성공할 수 없으며 도움을 주는 여러 사람들이 있음	부연
↓	
당신을 도와준 사람들 모두에게 감사할 필요가 있음	필자의 주장
↓	
감사는 당신을 다른 사람들과 연결해 주는 접착제이며, 과거와 최후에 당신 곁에 있는 사람들과 당신을 연결해 주는 다리임	상술
↓	
관계 및 다른 사람을 대하는 방식이 진정한 성공을 결정함	주장 재진술

친절한 오답 풀이

오답 선택지	선택률	오답 이유
① 원만한 인간관계를 위하여 사고의 유연성을 길러야 한다.	2%	사고의 유연성에 대한 내용은 글과 무관하다.
③ 자신의 분야에서 성공하기 위해서는 경험의 폭을 넓혀야 한다.	2%	경험의 폭을 넓혀야 한다는 내용은 언급되지 않았다.
④ 원하는 직업을 갖기 위해서는 다른 사람의 조언을 경청해야 한다.	2%	다른 사람의 조언을 경청해야 한다는 내용은 언급되지 않았다.
⑤ 타인의 시선을 의식하지 않고 부단히 새로운 일에 도전해야 한다.	1%	타인의 시선을 의식하지 말고 새로운 일에 도전하라는 내용은 글과 무관하다.

Q2	정답 ③	정답률 74%

정답 풀이

'자연의 균형'은 잘못된 통념이며, 생태계는 역동적이고 겉보기에는 변하지 않는 채로 오랜 기간 동안 지속될지 모르지만 결국은 변한다는 내용이므로, 글의 요지로는 ③ '자연은 정적이지 않고 역동적으로 계속 변한다'가 가장 적절하다.

친절한 지문분석

Fears [of damaging ecosystems] / are based on the sound
생태계를 망치는 데 대한 두려움은　　　건전한 환경 보호주의자의 원칙을
주어　　전치사구(형용사구)　　　　동사(수동태)

conservationist principle / [that we should aim to minimize the
바탕으로 한다　　　　=　우리가 (환경) 파괴를 최소화하는 것을
　　　　(which/that)　　　　동격절

disruption / {we cause}], / but there is a risk / [that this principle
목표로 해야 한다는　우리가 초래하는　그러나 위험이 있다　이 원칙이
　　　　　목적격 관계대명사절　　　　　　동격절

may be confused / with the old idea of a 'balance of nature.'
혼동될지도 모른다는　'자연의 균형'이라는　　오래된 생각과
　　　　　　　　　　　동격의 of

This supposes a perfect order of nature / [that will seek to
이것은 완벽한 자연의 질서를 전제로 한다　　그 자체를 유지하려고
　　　　　　　　　　　　　주격 관계대명사절

maintain itself] / and [that we should not change]. It is a romantic,
노력하는　　　그리고 우리가 바꾸어서는 안 되는　　그것은 낭만적인
　　　　　　　목적격 관계대명사절　(is)

not to say idyllic, notion, / but deeply misleading / [because it
개념이다, 목가적이지는 않아도　　하지만 매우 잘못된 인식을 준다　그것은
삽입구　　　　　　　　　　　　　　　　　　　이유의 부사절

supposes a static condition]. Ecosystems are dynamic, / and
정적인 상태를 전제로 하기 때문에　생태계는 역동적이다　　그리고

[although some may endure, / apparently unchanged, / for
일부는 지속될지 모르지만   겉보기에는 변화하지 않는 채로
양보의 부사절   분사구문(부대상황)

periods / {that are long in comparison with the human lifespan}],
기간 동안 └─ 인간의 수명과 비교해 보면 오랜
          주격 관계대명사절

they must and do change eventually. Species come and go, /
그것은 결국 변할 것이 틀림없고 정말 변한다   종(種)들은 생겼다 사라진다
            조동사 do(강조)

climates change, / plant and animal communities adapt to altered
기후는 변한다   동식물 군집은 달라진 환경에 적응한다

circumstances, / and [when examined in fine detail] / such
                    그리고 미세하게 자세히 검토되면
                    접속사+분사구문

adaptation and consequent change can be seen / to be taking
그런 적응과 결과적인 변화는 보일 수 있다   끊임없이
주어   동사(수동태)

place constantly. The 'balance of nature' is a myth. Our planet is
일어나고 있는 것으로 '자연의 균형'은 잘못된 통념이다   우리의 지구는

dynamic, / and so are the arrangements / [by which its
역동적이다   그리고 방식도 그러하다
              so+동사+주어(도치구문)   목적격 관계대명사절(전치사+관계대명사)

inhabitants live together].
지구의 서식자들이 함께 사는

지문 해석

생태계를 망치는 것에 대한 두려움은 우리가 초래하는 (환경) 파괴를 최소화하는 것을 목표로 해야 한다는 건전한 환경 보호주의자의 원칙을 바탕으로 하지만, 이 원칙이 '자연의 균형'이라는 오래된 생각과 혼동될지도 모른다는 위험이 있다. 이것은 그 자체를 유지하려고 노력하고 우리가 바꾸어서는 안 되는 완벽한 자연의 질서를 전제로 한다. 그것은 목가적이라고까지는 할 수 없어도 낭만적인 개념이지만 정적인 상태를 전제로 하기 때문에 매우 잘못된 인식을 준다. 생태계는 역동적이고, 일부는 겉보기에는 변화하지 않는 채로 인간의 수명과 비교해 보면 오랜 기간 동안 지속될지 모르지만, 그것은 결국 변할 것이 틀림없고 정말 변한다. (생물) 종(種)들은 생겼다 사라지고 기후는 변하며 동식물 군집은 달라진 환경에 적응하고 미세하게 자세히 검토되면 그런 적응과 결과적인 변화는 끊임없이 일어나고 있는 것으로 보일 수 있다. '자연의 균형'은 잘못된 통념이다. 지구는 역동적이고 지구의 서식자들이 함께 사는 방식도 그러하다.

지문 흐름

생태계를 망치는 것에 대한 두려움은 환경 파괴를 최소화하는 것을 목표로 해야 한다는 원칙을 바탕으로 하지만, 이 원칙이 '자연의 균형'이라는 오래된 생각과 혼동될 위험이 있음	⋯⋯ 도입
이는 그 자체를 유지하려고 노력하고 우리가 바꾸어서는 안 되는 완벽한 자연의 질서를 전제로 하는데, 이것은 정적인 상태를 전제로 하기 때문에 매우 잘못된 인식을 줌	⋯⋯ 부연
생태계는 역동적이고, 일부는 겉보기에는 변화하지 않는 채로 오랜 기간 동안 지속될지 모르지만, 그것은 결국 변할 것임에 틀림없고 정말 변함	⋯⋯ 요지
생물 종(種)들은 생겼다 사라지고 기후는 변하며 동식물 군집은 달라진 환경에 적응하고 그런 적응과 결과적인 변화는 항상 일어남	⋯⋯ 상술
'자연의 균형'은 잘못된 통념이며, 지구는 역동적이고 지구의 서식자들이 함께 사는 방식도 역동적임	⋯⋯ 요지 재진술

친절한 오답 풀이

오답 선택지	선택률	오답 이유
① 생물 다양성이 높은 생태계가 기후 변화에 더 잘 적응한다.	4%	기후가 변한다는 언급만 있을 뿐 생물 다양성과 기후 변화의 관계에 대한 내용은 언급되지 않았다.
② 인간의 부적절한 개입은 자연의 균형을 깨뜨린다.	10%	도입부에 우리가 초래하는 환경 파괴가 언급되기는 하지만 인간의 개입이 자연의 균형을 깨뜨린다는 내용은 언급되지 않았다.
④ 모든 생물은 적자생존의 원칙에 순응하기 마련이다.	3%	적자생존의 원칙은 글과 무관하다.
⑤ 동식물은 상호 경쟁을 통해 생태계의 균형을 이룬다.	7%	상호 경쟁을 통한 생태계의 균형 유지는 글과 무관하다.

Q3

정답 풀이

맹점은 다른 사람에게는 보이지만 당신에게는 보이지 않는 부분으로 위험할 수 있기 때문에 당신에게 그것을 알려줄 동료들을 만들어야 한다는 내용이므로, 글의 요지로는 ⑤ '자신의 맹점을 인지하도록 도와줄 수 있는 사람이 필요하다'가 가장 적절하다.

친절한 지문분석

Personal blind spots are areas [that are visible to others / but not
개인의 맹점은 부분이다   다른 사람들에게는 보이지만   당신에게는 아닌
                                주격 관계대명사절

to you]. The developmental challenge of blind spots is [that you
           맹점이 지닌 발달상의 어려움은   당신이
                          주어   동사 보어절

don't know {what you don't know}]. Like that area / in the side
모른다는 것이다 당신이 무엇을 모르는지   그 부분과 같이   당신 차의
              목적절(의문사절)   ~와 같이(전치사)

mirror of your car [where you can't see that truck / in the lane next
사이드미러 속의   당신이 그 트럭을 볼 수 없는   당신의 옆 차선의
                  관계부사절(that area 수식)

to you], personal blind spots can easily be overlooked [because
           개인의 맹점은 쉽게 간과될 수 있다
                          수동태   이유의 부사절

you are completely unaware / of their presence]. They can be
당신이 완전히 인지하지 못하기 때문에   그것의 존재를   그것들은 똑같이
                              (which/that)

equally dangerous / as well. That truck you don't see]? It's really
위험할 수 있다   마찬가지로   그 트럭   당신이 보지 못하는   그것은 정말
                                        목적격 관계대명사절

there! So are your blind spots. [Just because you don't see them],
거기에 있다 그래서 당신의 맹점도 그러하다 당신이 그것들을 볼 수 없다고 해서
          so+동사+주어(도치구문)   주어

doesn't mean [they can't run you over]. This is [where you need
의미하는 것은 아니다 그것들이 당신을 칠 수 없음을 이것은 ~이다 당신이 요청해야 하는 부분
        동사 (that) 목적절   관계부사절

to enlist / the help of others]. You have to develop / a crew of
다른 사람에게 다른 사람의 도움을   당신은 만들어야 한다   특별한 동료들

special people, ❶ people [who are willing to hold up that mirror], /
사람들은   기꺼이 그 거울을 들고
동격의 쉼표   주격 관계대명사절 1 be willing to-v: 기꺼이 ~하다

[who not only know you well enough / to see that truck], / [but
충분히 당신을 잘 알 뿐만 아니라   그 트럭을 볼 만큼
주격 관계대명사절 2   enough to-v: ~할 만큼 충분히
not only A but also B: A뿐만 아니라 B도

who also care enough about you / to let you know / {that it's there}].
또한 충분히 당신을 위하는   당신에게 알려 줄 만큼   그것이 거기에 있다는 것을
주격 관계대명사절 3   let+목적어+동사원형: (목적어)가 ~하게 해 주다   (= that truck)
                                                              목적절

❶ people 이하는 앞의 special people을 부연 설명하는 동격 어구이다. 주격 관계대명사절 1, 2, 3의 선행사는 모두 people이다.

지문 해석

개인의 맹점은 다른 사람들에게는 보이지만 당신에게는 보이지 않는 부분이다. 맹점이 지닌 발달상의 어려움은 당신은 당신이 무엇을 모르는지 모른다는 것이다. 당신이 옆 차선의 그 트럭을 볼 수 없는 당신 차의 사이드미러 속의 그 부분과 같이, 개인의 맹점은 당신이 그것의

존재를 완전히 인지하지 못하기 때문에 쉽게 간과될 수 있다. 그것들은 마찬가지로 똑같이 위험할 수 있다. 당신이 보지 못하는 그 트럭? 그것은 정말 거기에 있다! 그래서 당신의 맹점도 그러하다. 당신이 그것들을 볼 수 없다고 해서 그것들이 당신을 칠 수 없음을 의미하는 것은 아니다. 이것이 당신이 다른 사람에게 도움을 요청해야 할 부분이다. 당신은 기꺼이 그 거울을 들고, 그 트럭을 볼 정도로 충분히 당신을 잘 알 뿐만 아니라 또한 트럭이 거기에 있다는 것을 당신에게 알려 줄 만큼 충분히 당신을 위하는 이런 특별한 동료들을 만들어야 한다.

지문 흐름

맹점은 다른 사람들에게는 보이지만 당신에게는 보이지 않는 부분이고, 맹점이 지닌 발달상의 어려움은 당신이 무엇을 모르는지 모른다는 것임	········ 도입
↓	
옆 차선의 트럭을 볼 수 없는 차의 사이드미러 속의 그 부분과 같이, 개인의 맹점은 당신이 그것의 존재를 완전히 인지하지 못하기 때문에 쉽게 간과될 수 있음	········ 비유
↓	
그 트럭은 당신이 보지 못하지만 위험할 수 있고, 맹점 역시 마찬가지임	········ 전개
↓	
당신은 기꺼이 그 거울을 들고, 그 트럭을 볼 수 있을 정도로 충분히 당신을 잘 알 뿐만 아니라 트럭이 거기에 있다는 것 또한 알려 줄 만큼 충분히 당신을 아끼는 동료들을 만들어야 함	········ 요지

친절한 오답 풀이

오답 선택지	선택률	오답 이유
① 모르는 부분을 인정하고 질문하는 것이 중요하다.	6%	모르는 부분을 인정하고 질문하라는 내용은 언급되지 않았다.
② 폭넓은 인간관계는 성공에 결정적인 영향을 미친다.	4%	폭넓은 인간관계가 성공에 결정적인 영향을 미친다는 내용은 언급되지 않았다.
③ 자기발전은 실수를 기회로 만드는 능력에서 비롯된다.	4%	실수를 기회로 만듦으로써 발전한다는 내용은 지문과 무관하다.
④ 주변에 관심을 가지고 타인을 도와주는 것이 바람직하다.	12%	자신의 맹점을 보도록 도와줄 사람을 만들라는 내용이므로, 타인을 도와주라는 것은 지문의 내용과 상반된다.

Q4
정답 ② 정답률 66%

정답 풀이

AI에 의한 일상적인 업무의 자동화가 오히려 감성 지능이 높은 사람들의 가치를 높여줄 것이라는 내용이므로, 글의 요지로는 ② '미래의 직장에서는 감성 지능의 가치가 더욱 높아질 것이다'가 가장 적절하다.

친절한 지문분석

Perhaps, the advent of Artificial Intelligence (AI) in the workplace /
아마도, 업무 현장에서 인공 지능(AI)의 출현은

may bode well for Emotional Intelligence (EI). As AI gains
감성 지능(EI)에 좋은 징조가 될 수 있다   AI가 추진력을 받고
~함에 따라(접속사) 동사 1(병렬구조)

momentum / and replaces people in jobs at every level, /
모든 수준의 일자리에서 사람들을 대체함에 따라
동사 2

predictions are, / there will be a premium [placed on people {who
전망이 있다   프리미엄이 있을 것이라는   사람들에게 주어진
삽입절   과거분사구   주격 관계대명사절

have high ability in EI}]. The emotional messages [people send
높은 EI 능력을 가진   감정적인 메시지들은
(which/that) 목적격 관계대명사절

and respond to while interacting] are, / at this point, / far beyond
사람들이 상호 작용하는 동안 보내고 반응하는   이러한 점에서   훨씬 넘어선다
삽입구

the ability of AI programs to mimic. As we get further into the age
AI 프로그램의 모방하는 능력을   우리가 스마트 기기의 시대로 접어들수록
to부정사의 형용사적 용법

of the smart machine, / it is likely that sensing and managing
감정을 감지하고 관리하는 것은 남을 것이다
~할 것 같다   동명사구(주어)

emotions will remain / one type of intelligence [that puzzles AI].
지능의 한 유형으로   AI를 당혹하게 하는
(that)   주격 관계대명사절

This means {people and jobs {involving EI} are safe / from being
이것은 의미한다   EI와 관련된 사람들과 직업들이 안전하다는 것을   동명사의 수동태
목적절   현재분사구

taken over by machines]. In a survey, / almost three out of four
기계에 의해 점령되는 것으로부터   한 설문 조사에서   경영 간부 네 명 중 세 명 정도가

executives see EI / as a "must-have" skill for the workplace
EI를 보고 있다   향후 업무 현장의 '필수' 기술로
~로서(전치사)

in the future / as the automatizing of routine tasks bumps up /
일상적인 업무의 자동화가 부딪히기 때문에
~때문에, ~이므로(접속사)

against the impossibility of creating effective AI / for activities
효과적인 AI를 만드는 것이 불가능하다는 점에

[that require emotional skill].
정서적 기술이 필요한 활동에
주격 관계대명사절

지문 해석

아마도, 업무 현장에서 인공 지능(AI)의 출현은 감성 지능(EI)에 좋은 징조가 될 수 있다. AI가 추진력을 받고 모든 수준의 일자리에서 사람들을 대체함에 따라, 높은 EI 능력을 가진 사람들에게 주어지는 프리미엄이 있을 것이라는 전망이 있다. 사람들이 상호 작용하는 동안 보내고 반응하는 감정적인 메시지들은, 이러한 점에서, AI 프로그램의 모방하는 능력을 훨씬 넘어선다. 우리가 스마트 기기의 시대로 접어들수록, 감정을 감지하고 관리하는 것은 AI를 당혹하게 하는 지능의 한 유형으로 남을 것이다. 이것은 EI와 관련된 사람들과 직업들이 기계에 의해 점령되는 것으로부터 안전하다는 것을 의미한다. 한 설문 조사에서, 경영 간부 네 명 중 세 명 정도가 EI를 향후 업무 현장의 '필수' 기술로 보고 있는데, 일상적인 업무의 자동화가 정서적 기술이 필요한 활동에 효과적인 AI를 만드는 것이 불가능하다는 점에 부딪히기 때문이다.

지문 흐름

업무 현장에서 인공 지능(AI)의 출현은 감성 지능(EI)에 좋은 징조가 될 수 있음	········ 도입
AI가 일자리에서 사람들을 대체함에 따라, 높은 EI 능력을 가진 사람들에게 주어지는 프리미엄이 있을 것이라는 전망이 있음	········ 요지
감정적인 메시지들은 AI 프로그램의 모방 능력을 훨씬 넘어서기에, 감정을 감지하고 관리하는 것은 AI를 당혹하게 하는 지능의 한 유형일 것임	········ 근거1
이것은 EI와 관련된 사람들과 직업들이 기계에 의해 점령되는 것으로부터 안전하다는 것을 의미함	········ 부연
한 설문 조사에서, 경영 간부 네 명 중 세 명 정도가 EI를 향후 업무 현장의 '필수' 기술로 봄	········ 근거2

오답 선택지	선택률	오답 이유
① 감성 지능의 결여는 직장 내 대인 관계 갈등을 심화시킨다.	1%	직장 내 대인 관계 갈등에 대한 내용은 언급되지 않았다.
③ 미래 사회에서는 감성 지능을 갖춘 기계가 보편화될 것이다.	26%	정서적 기술이 필요한 활동에 효과적인 AI를 만드는 것이 불가능하다고 했으므로, 감성 지능을 갖춘 기계가 보편화될 것이라는 내용은 지문과 상반된다.
④ 미래에는 대부분의 직장 업무를 인공 지능이 대신할 것이다.	5%	EI와 관련된 직업들은 기계에 의해 점령되는 것으로부터 안전하다고 했으므로, 미래에 대부분의 직장 업무를 인공 지능이 대신할 것이라는 내용은 지문과 맞지 않다.
⑤ 인간과 인공 지능 간의 상호 작용은 감성 지능의 발달을 저해한다.	3%	감성 지능의 발달 저해에 대한 내용은 언급되지 않았다.

코드 공략하기

pp.33~35

01 ② **02** ④ **03** ⑤ **04** ② **05** ⑤ **06** ③

01

정답 ② 정답률 96%

정답 풀이

찻잎이 물과 접촉해야 차가 만들어지듯 리더는 사람들과 접촉해야 한다는 내용이므로, 필자의 주장으로는 ② '리더는 장벽 없이 다른 사람들과 접촉할 수 있어야 한다'가 가장 적절하다.

친절한 지문분석

Imagine / [(that) you have the best tea in the world / and you put it into
상상해 보라   당신이 세상에서 제일 좋은 찻잎을 가지고 있고   당신이 그것을 백에 넣는다고
목적절

a bag / {that's impermeable}]. It won't work. You just won't be
스며들지 않는   그것은 작용하지 않을 것이다   당신은 그저
주격 관계대명사절

able to make a cup of tea. For the teabag to work, / it needs to
차 한 잔을 만들 수 없을 것이다   티백이 작용하려면   그것은 구멍이
의미상 주어   to부정사의 부사적 용법(목적)

be porous. You need the tea and the water to come in contact
있어야 한다   당신은 찻잎과 물이 서로 접촉할 수 있도록 해야 한다
목적어   목적격보어(to부정사)

with each other. In our lives too, / we cannot survive and thrive in
우리 삶에서도 마찬가지로   우리는 고립된 채로는 살아갈 수도 성장할

isolation. Leaders need to be careful / not to build walls around
수도 없다   리더는 주의해야 한다   그들 자신의 주변에 벽을 쌓지 않도록
to부정사의 부사적 용법(목적)

themselves / [that prevent people from reaching out to them].
사람들이 그들에게 다가오지 못하게 막는
주격 관계대명사절   prevent+목적어+v-ing: ~가 …하는 것을 막다

As a leader, / you need to be able to touch other people. The tea
리더로서   당신은 다른 사람들과 접촉할 수 있어야 한다   찻잎은
~로서(전치사)

was meant to mix with the water. Similarly / all of us were
물과 섞이도록 의도되었다   마찬가지로   우리 모두는 설계되었다

designed / to work with other people, with teams, and with society
다른 사람들, 팀, 그리고 더 크게는 사회와 함께 일하도록

at large.

당신이 세상에서 제일 좋은 찻잎을 가지고 있고 당신이 그것을 스며들지 않는 백에 넣는다고 상상해 보라. 그것은 작용하지 않을 것이다. 당신은 그저 차 한 잔을 만들 수 없을 것이다. 티백이 작용하려면, 그것은 구멍이 있어야 한다. 당신은 찻잎과 물이 서로 접촉할 수 있도록 해야 한다. 우리 삶에서도 마찬가지로, 우리는 고립된 채로는 살아갈 수도 성장할 수도 없다. 리더는 사람들이 그들에게 다가오지 못하게 막는 벽을 그들 자신의 주변에 쌓지 않도록 주의해야 한다. 리더로서, 당신은 다른 사람들과 접촉할 수 있어야 한다. 찻잎은 물과 섞이도록 의도되었다. 마찬가지로 우리 모두는 다른 사람들, 팀, 그리고 더 크게는 사회와 함께 일하도록 설계되었다.

좋은 차를 스미지 않는 티백에 넣으면 티백이 작용하지 않아 차 한 잔도 만들 수 없음	……… 도입(비유)
↓	
티백이 작용하려면 구멍이 필요하며, 차와 물을 접촉시켜야 함	……… 전개
↓	
리더는 사람들이 다가오는 것을 막는 벽을 쌓지 않아야 하며, 사람들과 접촉해야 함	……… 필자의 주장
↓	
우리 모두는 다른 사람들, 팀, 사회와 함께 일하도록 설계됨	……… 부연

오답 선택지	선택률	오답 이유
① 리더는 팀원들에게 영감을 줄 수 있는 비전을 제시해야 한다.	1%	리더의 비전 제시에 관해서는 언급되지 않았다.
③ 리더는 변화에 대처할 수 있는 적응력을 갖추어야 한다.	1%	리더의 변화 대응력은 언급되지 않았다.
④ 리더는 타인의 의견보다 자신의 판단을 믿어야 한다.	1%	리더가 자신의 판단을 믿어야 한다는 내용은 없었다.
⑤ 리더는 내면의 강점을 키우는 데 집중해야 한다.	0%	리더가 내면의 강점을 키워야 한다는 내용은 없었다.

02

정답 ④ 정답률 89%

정답 풀이

정부의 기업 구제가 좋은 의도에도 불구하고 부정적으로 영향을 미쳐 위험하고 형편없는 의사 결정을 조장할 수 있다고 했으므로, 글의 요지로는 ④ '정부의 구제는 기업의 의사 결정에 부정적인 영향을 미칠 수 있다'가 가장 적절하다.

친절한 지문분석

[If a firm is going to be saved by the government], / it might be
기업이 정부로부터 구제받으려면   더 쉬울지도 모른다
조건의 부사절   가주어

easier / [to concentrate on lobbying the government for more
          더 많은 돈을 받기 위해 정부에 로비하는 것에 집중하는 것이
          진주어

money / rather than taking the harder decision of restructuring the
더 많은 돈을   회사를 구조조정 하는 어려운 결정을 내리기보다는
            ~보다는

company / {to be able to be profitable and viable in the long term}].
회사를   장기적으로 수익성이 나고 성장할 수 있도록
            to부정사의 부사적 용법(목적)

This is an example of something / [known as moral hazard] / —
이것은 어떤 것의 한 예이다   도덕적 해이라고 알려진
                                    과거분사구 (which/that)

[when government support alters the decisions {firms take}].
정부의 지원이 기업이 내리는 결정을 바꿀 때
시간의 부사절   목적격 관계대명사절

For example, / [if governments rescue banks / {who get into
예를 들어   만약 정부가 은행을 구제한다면   어려움에 처한
조건의 부사절   주격 관계대명사절

difficulty}], / as they did during the credit crisis of 2007–08, /
2007-08년 신용 위기 때 그들이 그랬던 것처럼
~처럼(접속사)   = rescued

this could encourage banks to take greater risks in the future /
이것은 은행이 앞으로 더 큰 위험을 감수하도록 조장할 수 있다
= 앞 절(governments rescue banks who get into difficulty)
encourage+목적어+to-v: (목적어)가 ~하도록 장려하다

because they know / [there is a possibility {that governments will
그 이유는 그들이 알기 때문이다   정부가 개입할 가능성이 있다는 것을
= banks   (that) 목적절   = 동격절

intervene / <if they lose money>}]. [Although the government
그들이 손해를 보는 경우   정부의 구제는 좋은 의도일지라도
조건의 부사절   양보의 부사절

rescue may be well intended], / it can negatively affect the behavior
그것은 은행의 행동에 부정적으로 영향을 미칠 수 있다

of banks, / [encouraging risky and poor decision making].
그래서 위험하고 형편없는 의사 결정을 조장할 수 있다
분사구문(결과)

지문 해석

기업이 정부로부터 구제받으려면, 장기적으로 수익성이 나고 성장할 수 있도록 회사를 구조조정 하는 어려운 결정을 내리기보다는 더 많은 돈을 받기 위해 정부에 로비하는 것에 집중하는 것이 더 쉬울지도 모른다. 이것은 도덕적 해이라고 알려진 것의 한 예이다—정부의 지원이 기업이 내리는 결정을 바꿀 때. 예를 들어, 2007-08 신용 위기 때 그들이 그랬던 것처럼, 만약 정부가 어려움에 처한 은행을 구제한다면, 이것은 은행이 앞으로 더 큰 위험을 감수하도록 조장할 수 있는데 그 이유는 그들이 손해를 보는 경우 정부가 개입할 가능성이 있다는 것을 그들이 알기 때문이다. 정부의 구제는 좋은 의도일지라도, 그것은 은행의 행동에 부정적으로 영향을 미쳐, 위험하고 형편없는 의사 결정을 조장할 수 있다.

지문 흐름

기업이 정부로부터 구제받으려면 구조조정 하는 것보다 정부에 로비하는 것에 집중하는 것이 더 쉬울 수 있음	········ 도입
↓	
이는 정부의 지원이 기업의 의사 결정을 바꾸는 '도덕적 해이'임	········ 상술
↓	
2007-08년 신용 위기 사례처럼, 정부의 은행 구제는 은행이 더 큰 위험을 감수하도록 조장할 수 있음	········ 예시
↓	
정부의 구제는 은행의 행동에 부정적으로 영향을 미쳐 위험하고 형편없는 의사 결정을 조장할 수 있음	········ 요지

친절한 오답 풀이

오답 선택지	선택률	오답 이유
① 기업에 대한 정부의 지원이 새로운 기술의 도입을 촉진한다.	3%	정부의 기업 지원이 위험하고 형편없는 의사 결정을 조장할 수 있다고 했으므로, 새로운 기술의 도입을 촉진한다는 것은 글의 내용과 상반된다.
② 현명한 소비자들은 윤리적 기업의 제품을 선택하는 경향이 있다.	1%	현명한 소비자들이 윤리적 기업의 제품을 선호한다는 내용은 언급되지 않았다.
③ 정부와 기업은 협력으로 사회적 문제의 해결책을 모색할 수 있다.	5%	정부의 기업 구제가 미치는 부정적인 영향에 관한 글로, 정부와 기업이 협력하여 사회적 문제의 해결책을 모색한다는 것은 글의 내용과 무관하다.
⑤ 합리적 의사 결정은 다양한 대안에 대한 평가를 통해 이루어진다.	2%	합리적 의사 결정에 관해서는 언급되지 않았다.

03   정답 ⑤   정답률 78%

정답 풀이

원하지 않는 일이라도 수용적인 태도로 하면 과업을 성취할 적합한 방법을 찾을 기회를 가질 수 있다는 내용이므로, 필자의 주장으로는 ⑤ '원치 않는 일을 해야만 할 때 수용적인 태도를 갖춰야 한다'가 가장 적절하다.

친절한 지문분석

The more people have to do unwanted things / the more chances
사람들은 원하지 않는 일을 더 해야 할수록
the+비교급 ~, the+비교급 ...: ~하면 할수록 더 ...하다   (the) chances are that:
~할 가능성이 있다

are that they create unpleasant environment / for themselves and
불편한 환경을 만들 가능성이 더 커진다   그들 자신과 다른 사람에게

others. [If you hate the thing you do / but have to do it nonetheless],
만약 여러분이 자기가 하는 일을 싫어하지만   그럼에도 불구하고 해야 한다면
조건의 부사절

you have choice / between hating the thing / and accepting [that
여러분은 선택할 수 있다   그것을 싫어하는 것과   그것이 완료될 필요가 있다는 것을
between A and B: A와 B 사이   목적절

it needs to be done]. Either way / you will do it. [Doing it from
받아들이는 것 사이에서   어느 쪽이든   여러분은 그 일을 할 것이다   증오의 영역에서
주어(동명사구)

place of hatred] / will develop hatred / towards the self and others
그것을 하는 것은   증오를 키울 것이다   여러분 자신과 여러분 주변의 사람들을 향한

around you; [doing it from the place of acceptance] / will create
수용의 영역에서 그것을 하는 것은
주어(동명사구)

compassion towards the self / and allow for opportunities [to find
자신을 향한 연민을 일으킬 것이다   그리고 기회를 갖게 될 것이다
to부정사의 형용사적 용법

a more suitable way of accomplishing the task]. [If you decide
그 과업을 성취할 더 적합한 방법을 찾을   여러분이 받아들이기로
조건의 부사절

to accept / the fact {that your task has to be done}], start from
한다면   과업이 완료되어야 한다는 사실을   인식하는 것으로부터
= 동격절

recognizing [that your situation is a gift from life]; this will help
시작하라   여러분의 상황이 삶으로부터의 선물임을   이는 여러분이
목적절

you to see it / as a lesson in acceptance.
그것을 여기게 도울 것이다   수용의 교훈으로
help+목적어+to-v: (목적어)가 ~하도록 돕다

지문 해석

사람들은 원하지 않는 일을 더 해야 할수록, 그들 자신과 다른 사람에게 불편한 환경을 만들 가능성이 더 커진다. 만약 여러분이 자기가 하는 일을 싫어하지만, 그럼에도 불구하고 해야 한다면, 여러분은 그것을 싫어하는 것과 그것이 완료될 필요가 있다는 것을 받아들이는 것 중 하나를 선택할 수 있다. 어느 쪽이든 여러분은 그 일을 할 것이다. 증오의 영역에서 그것

을 한다면 여러분 자신과 여러분 주변의 사람들을 향한 증오를 키울 것이고 수용의 영역에서 그것을 한다면 자신을 향한 연민을 일으키고 그 과업을 성취할 더 적합한 방법을 찾을 기회를 갖게 될 것이다. 여러분의 과업이 완료되어야 한다는 사실을 받아들이기로 한다면 여러분의 상황이 삶으로부터의 선물임을 인식하는 것으로부터 시작하라. 이는 여러분이 그것을 수용의 교훈으로 여기게 도울 것이다.

지문 흐름

사람들은 원하지 않는 일을 더 해야 할수록 불편한 환경을 만들 가능성이 커짐	········ 도입
↓	
싫지만 해야 한다면, 그것을 싫어하는 것과 그것이 완료될 필요가 있다는 것을 받아들이는 것 중 하나를 선택해야 함	········ 전개
↓	
그것을 증오의 영역에서 하면 증오를 키우고, 수용의 영역에서 하면 과업을 성취할 적합한 방법을 찾을 기회를 가지게 됨	········ 필자의 주장
↓	
과업이 완료되어야 한다는 사실을 받아들이기로 한다면 이 상황이 삶으로부터의 선물임을 인식하는 것부터 시작하는 것이 도움이 됨	········ 부연

| 친절한 오답 풀이 |

오답 선택지	선택률	오답 이유
① 창의력을 기르려면 익숙한 환경에서 벗어나야 한다.	5%	창의력을 기르려면 익숙한 환경에서 벗어나야 한다는 내용은 언급되지 않았다.
② 상대방의 무리한 요구는 최대한 분명하게 거절해야 한다.	2%	무리한 요구는 분명하게 거절해야 한다는 내용은 언급되지 않았다.
③ 주어진 과업을 정확하게 파악한 후에 일을 시작해야 한다.	11%	주어진 과업이 완료되어야 한다는 사실을 수용하라는 내용이므로, 과업을 정확히 파악한 후에 일을 시작하라는 내용은 지문과 무관하다.
④ 효율적으로 일을 처리하기 위해 좋아하는 일부터 해야 한다.	4%	싫어하는 일을 하는 태도에 대한 내용이므로, 좋아하는 일부터 하라는 것은 지문의 내용과 무관하다.

04   정답 ②   정답률 54%

정답 풀이

젖병을 예로 들어 인간의 근본적인 경험을 바꾸었음에도 불구하고 새로운 기술의 영향을 과대평가하는 빠른 속도의 사회에서는 기존 기술이 간과되고 있다고 했으므로, 글의 요지로는 ② '새로운 기술에 비해 기존 기술의 영향력이 간과되고 있다'가 가장 적절하다.

친절한 지문분석

We tend to overrate the impact of new technologies / in part
우리는 새로운 기술의 영향을 과대평가하는 경향이 있는데   부분적으로
tend to-v: ~하는 경향이 있다

[because older technologies have become absorbed into the
그 이유는 기존 기술이 우리 삶의 일부로 흡수되었기 때문이다
이유의 부사절

furniture of our lives, / so as to be almost invisible]. Take the
눈에 거의 보이지 않을 만큼   젖병을 예로

baby bottle. Here is a simple implement / [that has transformed a
들어 보자   여기에 단순한 도구가 있다   인간으로서의 근본적인 경험을 바꾼
주격 관계대명사절

fundamental human experience / for vast numbers of infants and
수많은 유아와 엄마들의

mothers], / yet it finds no place in our histories of technology.
하지만 그것은 기술의 역사에서 그 자리를 찾지 못한다
= the baby bottle

This technology might be thought of / as a classic time-shifting
이 기술은 여겨진다   전형적으로 시간을 조절하는 장치라고
~로서(전치사)

device, / [as it enables mothers to exercise more control / over the
이는 엄마가 더 많은 통제력을 발휘할 수 있게 하기 때문이다   수유 시간에
이유의 부사절   enable+목적어+to-v: (목적어가) ~할 수 있게 하다

timing of feeding]. It can also function [to save time], / [as bottle
대해   또한 젖병 수유는 시간을 절약하는 기능도 하는데   이는 다른 사람이
to부정사의 부사적 용법(목적)   이유의 부사절

feeding allows for someone else to substitute for the mother's time].
엄마의 (수유) 시간을 대신하도록 허락하기 때문이다
to부정사의 명사적 용법

Potentially, therefore, / it has huge implications for the management
따라서, 잠재적으로   그것(젖병)은 시간 관리에 큰 영향을 미친다
= the baby bottle

of time / in everyday life, / yet it is entirely overlooked /
일상 생활의   하지만 완전히 간과되고 있다

in discussions of high-speed society.
빠른 속도의 사회적 논의에서는

지문 해석

우리는 새로운 기술의 영향을 과대평가하는 경향이 있는데, 부분적으로 그 이유는 기존 기술이 눈에 거의 보이지 않을 만큼 우리 삶의 일부로 흡수되었기 때문이다. 젖병을 예로 들어 보자. 여기에 수많은 유아와 엄마들의 인간으로서의 근본적인 경험을 바꾼 단순한 도구가 있지만, 그것은 기술의 역사에서 그 자리를 찾지 못한다. 이 기술은 전형적으로 시간을 조절하는 장치라고 여겨지는데 이는 엄마가 수유 시간에 대해 더 많은 통제력을 발휘할 수 있게 하기 때문이다. 또한 젖병 수유는 시간을 절약하는 기능도 하는데, 이는 다른 사람이 엄마의 (수유) 시간을 대신하도록 허락하기 때문이다. 따라서, 잠재적으로 그것(젖병)은 일상 생활의 시간 관리에 큰 영향을 미치지만, 빠른 속도의 사회적 논의에서는 완전히 간과되고 있다.

지문 흐름

기존 기술이 우리 삶의 일부로 흡수되어서, 새로운 기술의 영향을 과대평가하는 경향이 있음	········ 도입
↓	
젖병은 수많은 유아와 엄마들의 인간으로서의 근본적인 경험을 바꿨으나, 기술의 역사에서 그 자리를 찾지 못함	········ 예시
↓	
젖병은 시간을 조절하고 절약하는 기능을 하는 장치임	········ 상술
↓	
젖병은 일상 생활의 시간 관리에 큰 영향을 미치지만, 빠른 속도의 사회적 논의에서는 간과됨	········ 요지

| 친절한 오답 풀이 |

오답 선택지	선택률	오답 이유
① 새로운 기술은 효율적인 시간 관리에 도움이 된다.	31%	젖병 수유가 시간을 절약하는 기능을 한다고 했으나 젖병은 새로운 기술이 아니라 기존 기술의 사례로 언급되었다.
③ 현대 사회의 새로운 기술이 양육자의 역할을 대체하고 있다.	9%	젖병 수유가 엄마의 수유 역할을 다른 사람이 대신하도록 허락했다고 했으므로, 양육자의 역할을 대체하고 있다고 볼 수 있다. 하지만 젖병은 현대 사회의 새로운 기술이 아닌, 기존 기술에 해당한다.
④ 새로운 기술의 사용을 장려하는 사회적 인식이 요구된다.	3%	새로운 기술의 영향은 과대평가되고 기존 기술은 간과되고 있다고 했으므로, 새로운 기술의 사용을 장려해야 한다는 것은 글의 내용과 상반된다.
⑤ 기존 기술의 활용은 새로운 기술의 개발에 도움이 된다.	4%	기존 기술의 활용이 새로운 기술 개발에 도움이 된다는 내용은 언급되지 않았다.

정답 풀이

일상의 작은 습관들을 만들면 그 결정을 고수할 가능성이 더 높고 결국 장기적인 성공으로 이어진다는 내용이므로, 글의 요지로는 ⑤ '장기적인 성공을 위해 작은 습관부터 시작하는 것이 필요하다'가 가장 적절하다.

친절한 지문분석

When it comes to the decision [to get more exercise], / you are
더 많은 운동을 하려는 결정에 관해 말하자면   당신은
~에 관한 한   to부정사의 형용사적 용법

setting goals / [that are similar to running a half marathon / with
목표들을 세우고 있다   하프 마라톤을 뛰는 것과 비슷한
주격 관계대명사절   전치사의 목적어(동명사)

very little training]! You make a decision [to buy a gym
거의 훈련을 하지 않고   당신은 헬스장 회원권을 사기로 결정한다
거의 ~하지 않다   동사 1   to부정사의 형용사적 용법

membership] / and decide to spend an hour at the gym every
그리고 헬스장에서 매일 한 시간을 보내기로 결정한다
동사 2(병렬구조)

day. Well, you might stick to that for a day or two, / but chances
글쎄 당신은 하루나 이틀은 그것을 고수할 수도 있을 것이다   하지만

(that)
are you won't be able to continue to meet that commitment /
당신이 그 다짐을 계속 이행할 수는 없을 것 같다
(the) chances are (that) ~: ~할 것 같다(=it's likely that ~)   continue to-v[v-ing]: 계속 ~하다

in the long term. [If, however, you make a commitment / {to go
장기적으로   하지만 만약 당신이 다짐한다면   하루에
조건의 부사절   (to)   to부정사의 형용사적 용법

jogging for a few minutes a day / or add a few sit-ups to your
몇 분씩 조깅을 하기로   또는 당신의 일상에 몇 번의 윗몸 일으키기를
go v-ing: ~하러 가다

daily routine / before bed}], / then you are far more likely to stick
더하기로   자기 전에   그러면 당신의 결정을 훨씬 더 고수할 것 같다
be likely to-v: ~할 것 같다   far: 훨씬(비교급 강조)

to your decision / and to create a habit [that offers you long-term
그리고 당신에게 장기적인 결과를 제공하는 습관을 만들 것 (같다)
주격 관계대명사절

results]. The key is to start small. Small habits lead to long-term
핵심은 작게 시작하는 것이다   작은 습관들은 장기적인
to부정사의 명사적 용법(보어)

success.
성공으로 이어진다

지문 해석

더 많은 운동을 하려는 결정에 관해 말하자면, 당신은 거의 훈련을 하지 않고 하프 마라톤을 뛰는 것과 비슷한 목표들을 세우고 있다! 당신은 헬스장 회원권을 사기로 결정하고 매일 헬스장에서 한 시간을 보내기로 결정한다. 글쎄, 당신은 하루나 이틀은 그것을 고수할 수도 있겠지만, 장기적으로 그 다짐을 계속 이행할 수는 없을 것 같다. 하지만, 만약 당신이 하루에 몇 분씩 조깅을 하거나 당신의 일상에 몇 번의 윗몸 일으키기를 잠자리에 들기 전에 더하기로 다짐한다면, 당신은 당신의 결정을 고수하고 장기적으로 결과를 낼 수 있는 습관을 만들 가능성이 훨씬 더 높다. 핵심은 작게 시작하는 것이다. 작은 습관들은 장기적인 성공으로 이어진다.

지문 흐름

더 많은 운동을 하려는 결정에 관해, 당신은 거의 훈련을 하지 않고 하프 마라톤을 뛰는 것과 비슷한 목표들을 세우고 있음	········	도입
당신은 헬스장 회원권을 사고 매일 헬스장에서 한 시간을 보내기로 결정하지만, 장기적으로는 그 다짐을 계속 이행할 수 없을 것임	········	예시 1
만약 하루에 몇 분씩 조깅을 하거나 자기 전에 몇 번의 윗몸 일으키기를 하기로 한다면, 당신의 결정을 고수하고 장기적인 결과를 제공하는 습관을 만들 가능성이 훨씬 더 높음	········	예시 2
핵심은 작게 시작하는 것이고, 작은 습관들은 장기적인 성공으로 이어짐	········	요지

친절한 오답 풀이

오답 선택지	선택률	오답 이유
① 상황에 따른 유연한 태도가 목표 달성에 효과적이다.	1%	목표 달성에 효과적인 것으로 제시된 것은 유연한 태도가 아니라 작은 것으로 시작하는 것이다.
② 올바른 식습관과 규칙적인 운동이 건강 유지에 도움이 된다.	1%	지문에서 운동을 예시로 들기는 했지만, 식습관과 운동이 건강 유지에 도움이 된다는 내용과는 거리가 멀다.
③ 나쁜 습관을 고치기 위해서는 장기적인 계획이 필수적이다.	1%	장기적인 결과나 성공이 언급되기는 했지만, 나쁜 습관을 고치기 위한 장기적인 계획에 대해서는 언급되지 않았다.
④ 꿈을 이루기 위해서는 원대한 목표를 세우는 것이 중요하다.	1%	꿈을 이루기 위한 큰 목표를 세우는 것은 글의 내용과 반대된다.

정답 풀이

선수의 팬은 선수에게 받을 것만 생각할 것이 아니라 팬으로서의 의무도 생각해야 한다는 내용이므로, 필자의 주장으로는 ③ '팬은 선수에게 요구하는 만큼 자신의 의무도 고민해야 한다'가 가장 적절하다.

친절한 지문분석

Fans / [who are inclined to spend a lot of time / thinking about
팬은   많은 시간을 보내는 성향이 있는   팬인 자신에게
주격 관계대명사절   be inclined to-v: ~하는 성향[경향]이 있다

{what athletes owe them as fans}] / should also think about
(운동)선수가 무엇을 해 주어야 하는지 생각하는 데   상응하는 의무에 대해서도
의문사절

the corresponding obligations / [that fans might have as fans].
생각해야 한다   팬이 '팬으로서' 가지고 있는
목적격 관계대명사절

One / [who thinks only about {what they are entitled to receive
사람은   친구로부터 무엇을 받을 자격이 있는지에 대해서만 생각하는
주격 관계대명사절   의문사절

from their friends} / without ever giving a moment's thought to
자신이 친구에게 무엇을 해 주어야 하는지에 대해서는 잠시도

{what they owe their friends}] / is, to put it mildly, not a very
생각하지 않고   부드럽게 말하자면 그리 좋은 친구가 아니다
의문사절

good friend. Similarly, / fans / [who only think about {what
마찬가지로   팬은   선수가 자신에게 무엇을 해 주어야 하는지에
주격 관계대명사절   의문사절

athletes owe them} / without ever thinking about {what they
대해서만 생각하는   자신이 선수에게 무엇을 해 주어야 하는지에 대해서는
                                              의문사절

owe to athletes}] / have failed to take the fan/athlete relationship
전혀 생각하지 않으면서   팬-선수의 관계를 그다지 진지하게 받아들이지 못한 것이다

all that seriously. As in nearly every other area of human life, /
                  인간의 삶의 거의 모든 다른 영역에서처럼
                  ~처럼(전치사)

[whatever special rights fans may possess] / are limited by
팬이 가질 수 있는 어떠한 특별한 권리도   (이에) 상응하는
복합관계대명사절

a corresponding set of obligations, / and fans / [who never think
일련의 의무에 의해 제한된다   그리고 팬은   자신이 어떻게 더 나은
                                              주격 관계대명사절

about {how they can be better fans}] / [even as they confidently
팬이 될 수 있는지에 대해서는 전혀 생각하지 않는   확신에 차 말하는 그 순간에
        의문사절   시간의 부사절

opine about / {what athletes owe them}] / are hardly fulfilling
           선수가 자신에게 무엇을 해 주어야 하는지   자신의 의무를 다하고
              의문사절

their end of the bargain.
있다고 하기 어렵다

지문 해석

팬인 자신에게 (운동)선수가 무엇을 해 주어야 하는지 생각하는 데 많은 시간을 보내는 성향이 있는 팬은 '팬으로서' 가지고 있는 상응하는 의무에 대해서도 생각해야 한다. 자신이 친구에게 무엇을 해 주어야 하는지에 대해서는 잠시도 생각하지 않고 친구로부터 무엇을 받을 자격이 있는지에 대해서만 생각하는 사람은, 부드럽게 말하자면, 그리 좋은 친구가 아니다. 마찬가지로, 자신이 선수에게 무엇을 해 주어야 하는지에 대해서는 전혀 생각하지 않으면서 선수가 자신에게 무엇을 해 주어야 하는지에 대해서만 생각하는 팬은 팬-선수의 관계를 그다지 진지하게 받아들이지 못한 것이다. 인간의 삶의 거의 모든 다른 영역에서처럼, 팬이 가질 수 있는 어떠한 특별한 권리도 (이에) 상응하는 일련의 의무에 의해 제한되며, 선수가 자신에게 무엇을 해 주어야 하는지는 확신에 차 말하면서도 자신이 어떻게 더 나은 팬이 될 수 있는지에 대해서는 전혀 생각하지 않는 팬은 자신의 의무를 다하고 있다고 하기 어렵다.

지문 흐름

선수의 팬은 팬으로서의 의무를 생각해야 함	………	필자의 주장
↓		
친구에게 무엇을 해 줄지는 생각하지 않고 받을 생각만 하는 사람은 좋은 친구가 아님	………	부연 1(비유)
↓		
선수에게 무엇을 해 줄지 생각하지 않고 선수가 자신에게 무엇을 해 줘야 하는지만 생각하는 것은 진지한 팬-선수 관계가 아님	………	부연 2
↓		
팬의 권리는 의무에 의해 제한되며, 더 나은 팬이 되는 방법을 생각하지 않는 팬은 의무를 다하는 것이 아님	………	강조 및 마무리

▎친절한 오답 풀이

오답 선택지	선택률	오답 이유
① 팬과 선수는 승리를 위해 동반자 관계를 유지해야 한다.	9%	팬과 선수를 동반자 관계로 언급하지는 않았다.
② 팬은 팀의 경기 결과보다 자기의 삶에 더 집중해야 한다.	4%	팬이 자신의 삶에 더 집중해야 한다는 언급은 없었다.
④ 선수는 팬의 기대를 충족시키기 위해 경기력을 향상해야 한다.	2%	선수가 경기력을 향상해야 한다는 언급은 없었다.
⑤ 선수는 팬을 친구처럼 여기고 팬과 적극적으로 소통해야 한다.	13%	선수와 팬의 적극적인 소통에 관한 언급은 없었다.

04 주제

코드 접속하기   pp.39~42

Q1 ④   **Q2** ⑤   **Q3** ②   **Q4** ②

Q1   정답 ④   정답률 36%

정답 풀이

교육과정 전반에 걸쳐 동일한 용어가 사용될 때 학생들이 서로 다른 학문을 자연스럽게 연결한다는 내용의 글이므로, 글의 주제로는 ④ '교육과정을 통합하기 위한 공통 언어 사용의 필요성'이 가장 적절하다.

친절한 지문분석

Education must focus on the trunk of the tree of knowledge, /
교육은 지식의 나무 줄기에 초점을 맞춰야 한다

[revealing the ways {in which the branches, twigs, and leaves all /
방식을 밝히면서   나뭇가지, 잔가지, 잎이 모두
분사구문   전치사+관계대명사

emerge from a common core}]. Tools [for thinking] stem from
공통의 핵심에서 나오는   사고를 위한 도구는 이 핵심에서 비롯된다
                          주어   전치사구   동사

this core, [providing a common language {with which practitioners
           공통 언어를 제공하면서
           분사구문   전치사+관계대명사

in different fields may share / their experience of the process of
   다양한 분야의 실무자들이 공유하는   혁신 과정에 대한 경험을
전치사구   동사 1(병렬구조)

innovation / and discover links / between their creative activities}].
          그리고 연결 고리를 발견할 수 있는 그들의 창의적 활동 사이의
              동사 2   전치사구(형용사구)

[When the same terms are employed / across the curriculum], /
동일한 용어가 사용될 때   교육과정 전반에 걸쳐
시간의 부사절   수동태

students begin to link different subjects and classes. [If they
학생들은 서로 다른 과목들과 수업들을 연결하기 시작한다
                                          조건의 부사절

practice abstracting in writing class, / if they work on abstracting
글쓰기 수업에서 추상을 연습하면   회화나 소묘 수업에서 추상을

in painting or drawing class, / and if, in all cases, they call it
연습하면   그리고 모든 경우에 그들이 그것을 추상이라고
                                        삽입구

abstracting], they begin to understand how to think / beyond
일컫는다면   그들은 사고하는 방법을 이해하기 시작한다
                        how to-v: 어떻게 ~할지, ~하는 방법

disciplinary boundaries. They see how to transform their thoughts /
학문의 경계를 넘어   그들은 그들의 생각을 바꾸는 방법을 알게 된다

from one mode of conception and expression to another.
개념과 표현의 한 방식에서 다른 방식으로
from A to B: A부터 B까지

Linking the disciplines comes naturally / [when the terms and tools
학문들을 연결하는 것은 자연스럽게 이루어진다   용어들과 도구들이 제시될 때
동명사구(주어)   동사   시간의 부사절

are presented / as part of a universal imagination].
               보편적 상상력의 일부로
수동태

지문 해석

교육은 나뭇가지, 잔가지, 잎이 모두 공통의 핵심에서 나오는 방식을 밝히면서, 지식의 나무 줄기에 초점을 맞춰야 한다. 사고를 위한 도구는 이 핵심에서 비롯되는데, 이는 다양한 분야

의 실무자들이 혁신 과정에 대한 경험을 공유하고 그들의 창의적 활동 사이의 연결 고리를 발견할 수 있는 공통 언어를 제공한다. 교육과정 전반에 걸쳐 동일한 용어가 사용될 때, 학생들은 서로 다른 과목들과 수업들을 연결하기 시작한다. 글쓰기 수업에서 추상을 연습하고, 회화나 소묘 수업에서 추상을 연습하고, 그리고 모든 경우에 그들이 그것을 추상이라고 일컫는다면, 그들은 학문의 경계를 넘어 사고하는 방법을 이해하기 시작한다. 그들은 개념과 표현의 한 방식에서 다른 방식으로 그들의 생각을 바꾸는 방법을 알게 된다. 용어들과 도구들이 보편적 상상력의 일부로 제시될 때 학문들을 연결하는 것은 자연스럽게 이루어진다.

지문 흐름

교육은 지식의 나무 줄기에 초점을 맞춰야 함	⋯⋯⋯	도입
사고를 위한 도구는 공통 언어를 제공하는 핵심에서 비롯됨	⋯⋯⋯	전개
교육과정 전반에 걸쳐 동일한 용어가 사용될 때, 학생들은 서로 다른 과목들과 수업들을 연결함	⋯⋯⋯	주제
글쓰기와 그리기 수업에서 추상을 연습하고, 그것을 추상이라고 일컫는다면, 학생들은 학문의 경계를 넘어 사고하는 방법을 이해하기 시작함	⋯⋯⋯	예시
학생들은 개념과 표현의 한 방식에서 다른 방식으로 생각을 바꾸는 방법을 알게 됨	⋯⋯⋯	부연
용어들과 도구들이 보편적 상상력의 일부로 제시될 때 학문들을 연결하는 것은 자연스럽게 이루어짐	⋯⋯⋯	결론 (주제 재진술)

친절한 오답 풀이

오답 선택지	선택률	오답 이유
① 학문 간의 의미 있는 연결을 찾는 데 겪는 어려움	10%	공통 언어를 사용하면 학문들을 연결하는 것이 자연스럽게 이루어진다고 했으므로, 연결을 찾는 어려움은 지문의 내용과 맞지 않다.
② 공통 언어를 다양한 분야에 적용하는 것의 단점	9%	공통 언어를 다양한 분야에 적용하는 것의 단점에 관한 내용은 언급되지 않았다.
③ 교육과정 다양화가 학생들의 창의성에 미치는 영향	28%	교육과정 다양화가 학생들의 창의성에 미치는 영향에 관한 내용은 언급되지 않았다.
⑤ 추상적인 생각을 구체적인 표현으로 바꾸는 것의 유용성	17%	추상적인 생각을 구체적인 표현으로 바꾸는 것의 유용성에 관한 내용은 언급되지 않았다.

Q2   정답 ⑤   정답률 42%

정답 풀이

인종은 생물학적 실체가 아니며 신체적 특성으로 인종을 구별하는 방식은 문화적인 구성이라는 내용이므로, 글의 주제로는 ⑤ '생물학적 구성 개념으로서 인종에 대한 오해'가 가장 적절하다.

친절한 지문분석

Individual human beings differ from one another physically /
개별 인간은 신체적으로 서로 다르다
~와 다르다

in a multitude of visible and invisible ways. [If races / —as most
많은 가시적이고 비가시적인 면에서   만약 인종이   대부분의
많은   조건의 부사절   ~듯이(접속사)

people define them— / are real biological entities], / then people
사람이 그것을 정의하듯이   정말 생물학적 실체라면   그렇다면

of African ancestry would share a wide variety of traits /
아프리카계 혈통인 사람들은 매우 다양한 특성을 공유할 것이다
매우 다양한

[while people of European ancestry would share a wide variety
유럽계 혈통인 사람들은 매우 다양한 '다른 특성'을 공유할 것인 반면
대조의 부사절

of different traits]. But once we add traits / [that are less visible /
하지만 우리가 특성들을 추가해 보면   덜 가시적인
일단 ~하면   주격 관계대명사절

than skin coloration, hair texture, and the like], / we find [that the
피부색, 머릿결 등등보다   우리는 알게 된다   목적절
(that)

people {we identify as "the same race"} / are less and less like
우리가 '같은' 인종이라고 식별하는 사람들이   서로 점점 덜 닮았다는 것을
우리가   '같은' 인종이라고 식별하는 사람들이   비교급+and+비교급: 점점 더 ~한
목적격 관계대명사절

one another / and more and more like people / {we identify
그리고 사람들과 더욱더 닮았다는 것을   우리가 '다른 인종'
(that)   목적격 관계대명사절

as "different races}]." Add to this point / [that the physical features /
이라고 식별하는   이 점에 추가해 보라   신체적 특성이
목적절

{used to identify a person / as a representative of some race
어떤 사람을 식별하는 데 사용되는   어떤 인종의 전형이라고
과거분사구   identify A as B: A를 B로 식별하다

(e.g. skin coloration)} / are continuously variable, / so that one
(예를 들어, 피부색)   지속적으로 변할 수 있다   그래서 말할 수

cannot say / {where "brown skin" becomes "white skin}]."
없는 것을   어디서 '갈색 피부'가 '흰 피부'가 되는지를
목적절(의문사절)

[Although the physical differences themselves are real], / the way
비록 신체적 차이 그 자체가 실재하더라도   그 방식은
(that)   양보의 부사절

{we use physical differences / to classify people into discrete races] /
우리가 신체적 차이를 사용하는 방식은   사람들을 별개의 인종으로 분류하기 위해
관계부사절   to부정사의 부사적 용법(목적)

is a cultural construction.
문화적 구성이다

지문 해석

개별 인간은 많은 가시적이고 비가시적인 면에서 신체적으로 서로 다르다. 대부분의 사람이 그것을 정의하듯이 인종이 정말 생물학적 실체라면, 아프리카계 혈통인 사람들은 매우 다양한 특성을 공유하는 한편, 유럽계 혈통인 사람들은 매우 다양한 '다른 특성'을 공유할 것이다. 하지만 우리가 피부색, 머릿결 등등보다 덜 가시적인 특성들을 추가해 보면, 우리가 '같은 인종'이라고 식별하는 사람들이 서로 점점 덜 닮았고 우리가 '다른 인종'이라고 식별하는 사람들과 더욱더 닮았다는 것을 알게 된다. 어떤 사람을 어떤 인종의 전형이라고 식별하는 데 사용되는 신체적 특성(예를 들어, 피부색)이 지속적으로 변할 수 있어서 어디서 '갈색 피부'가 '흰 피부'가 되는지를 말할 수 없는 것을 이 점에 추가해 보라. 비록 신체적 차이 그 자체가 실재하더라도, 사람들을 별개의 인종으로 분류하기 위해 우리가 신체적 차이를 사용하는 방식은 문화적 구성이다.

지문 흐름

개별 인간은 가시적이고 비가시적인 많은 면에서 신체적으로 서로 다름	⋯⋯⋯	도입
인종이 생물학적 실체라면 아프리카계 사람들이 공유하는 다양한 특성과 유럽계 사람들이 공유하는 다양한 특성은 서로 다를 것임	⋯⋯⋯	전제
하지만 덜 가시적인 특성들을 추가해 보면 같은 인종과는 서로 다르고 오히려 다른 인종과 더 비슷함을 알 수 있음	⋯⋯⋯	반론 1
추가적으로, 인종 식별에 사용되는 피부색 같은 신체적 특성은 지속적으로 변할 수 있어 어디서 '갈색 피부'가 '흰 피부'가 되는지를 말할 수 없음	⋯⋯⋯	반론 2
신체적 차이는 실재하지만 인종 분류를 위해 우리가 그 차이를 사용하는 방식은 문화적 구성임	⋯⋯⋯	결론(주제)

오답 선택지	선택률	오답 이유
① 서로 다른 인종 간 신체적 차이의 원인	28%	서로 다른 인종 간에 신체적 차이가 있는 원인에 관해서는 언급되지 않았으며, 오히려 신체적 차이로 인종을 구별하는 데는 한계가 있다고 했다.
② 다양한 인종 간의 문화적 차이	22%	인종 구분이 문화적 구성이라는 내용은 언급되었지만, 인종 간의 문화적 차이에 관한 내용은 언급되지 않았다.
③ 인종 차별을 극복하기 위한 사회 정책	5%	인종 차별을 극복하기 위한 사회 정책은 지문의 내용과 무관하다.
④ 진화에서 환경 요인의 중요성	3%	진화에서 환경 요인의 중요성은 지문의 내용과 무관하다.

Q3 　　정답 ② 　　정답률 85%

정답 풀이

상상력이 이 세상에 어떤 결과를 만들지 않는 반면, 창의성은 상상력을 작동시키는 것을 포함하며 결과를 가져오는 적용된 상상력이라는 내용이므로, 글의 주제로는 ② '상상력의 실현으로서의 창의성'이 가장 적절하다.

친절한 지문분석

Creativity is a step further on / from imagination. Imagination
창의성은 한 단계 더 나아간 것이다　　상상력으로부터　　상상력은

can be an entirely private process / of internal consciousness.
전적으로 사적인 과정일 수 있다　　내적 의식의

You might be lying motionless on your bed / in a fever of
당신은 움직임 없이 침대에 누워 있을지도 모른다　　상상력의

imagination / and no one would ever know. Private imaginings
흥분 속에서　　그리고 아무도 알지 못할 것이다　　사적인 상상의 산물은
　　　　　　　　전체 부정(아무도 ~ 않다)

may have no outcomes in the world / at all. Creativity does.
세상에서 어떤 결과도 없을지도 모른다　전혀　창의성은 그렇다
　　　　　　　　　　　　　　　대동사(=has outcomes)

Being creative involves doing something. It would be odd / [to
창의적인 것은 무언가 하는 것을 수반한다　　　　이상할 것이다
주어(동명사구)　　involve v-ing: ~하는 것을 포함하다　가주어　　진주어

❶ describe as creative / someone [who never did anything]. To
창의적이라고 묘사하는 것은　　절대로 무언가를 하지 않은 사람을
describe+목적어+as: (목적어)를 ~라고 묘사하다　주격 관계대명사절

call somebody creative suggests / [they are actively producing
누군가를 창의적이라고 부르는 것은 암시한다　그들이 어떤 것을 적극적으로
주어(to부정사구)　　동사　(that) 목적절

something / in a deliberate way]. People are not creative in the
만들어 내고 있다는 것을　신중하게　　사람들은 일반적으로는 창의적이지 않다
　　　　　　　　　　　　　　　　　　　보통,

abstract; / they are creative in something: / in mathematics, in
　　그들은 어떤 것에서 창의적이다　　수학에서, 공학에서,
일반적으로

engineering, in writing, in music, in business, in whatever.
글쓰기에서, 음악에서, 사업에서, 무엇에서든지

Creativity involves putting your imagination to work. In a sense, /
창의성은 상상력을 작동시키는 것을 포함한다　　　어떤 면에서
put+목적어+to work: (목적어)를 작동시키다, 일하게 하다

creativity is applied imagination.
창의성은 적용된 상상력이다

❶ 목적어가 관계대명사절의 수식을 받아 길어져서 목적어를 부사구 뒤에 위치시켰다.

지문 해석

창의성은 상상력으로부터 한 단계 더 나아간 것이다. 상상력은 내적 의식의 전적으로 사적인 과정일 수 있다. 당신은 상상력의 흥분 속에서 당신의 침대 위에서 움직임 없이 누워 있을지도 모르고, 아무도 그런 사실을 알지 못할 것이다. 사적인 상상의 산물은 전혀 이 세상에서 어떤 결과도 없을지도 모른다. 창의성은 그렇다(결과를 가진다). 창의적인 것은 무언가 하는 것을 수반한다. 절대로 무언가를 하지 않은 사람을 창의적이라고 묘사하는 것은 이상할 것이다. 누군가를 창의적이라고 부르는 것은 그들이 신중하게 어떤 것을 적극적으로 만들어 내고 있다는 것을 암시한다. 사람들은 일반적으로는 창의적이지 않다. 그들은 어떤 것에서 창의적인데, 수학에서, 공학에서, 글쓰기에서, 음악에서, 사업에서, 무엇에서든지 (창의적이다). 창의성은 당신의 상상력을 작동시키는 것을 포함한다. 어떤 면에서, 창의성은 적용된 상상력이다.

지문 흐름

창의성은 상상력으로부터 한 단계 더 나아간 것임	도입
↓	
상상력은 내적 의식의 전적으로 사적인 과정일 수 있으며, 사적인 상상의 산물은 이 세상에서 어떤 결과도 가지고 있지 않을지도 모름	전개
↓	
반면 창의성은 결과를 가지는데, 창의적인 것은 무언가를 하는 것을 수반함	비교
↓	
누군가를 창의적이라고 부르는 것은 그들이 신중하게 어떤 것을 적극적으로 만들어 내고 있다는 것을 암시함	상술 1
↓	
사람들은 일반적으로는 창의적이지 않고, 구체적인 어떤 분야에서 창의적임	상술 2
↓	
창의성은 당신의 상상력을 작동시키는 것을 포함하며, 어떤 면에서 창의성은 적용된 상상력임	주제

오답 선택지	선택률	오답 이유
① 상상력의 다양한 의미	3%	상상력과 비교하여 창의성의 정의를 설명하는 글로, 상상력의 다양한 의미는 지문의 내용과 거리가 멀다.
③ 상상력이 풍부한 사람들을 매력적으로 만드는 요소	4%	상상력이 풍부한 사람들을 매력적으로 만드는 요소는 지문의 내용과 무관하다.
④ 창의성을 향상하기 위한 예술 교육의 필요성	2%	창의성 향상을 위한 예술 교육의 필요성에 대해서는 언급되지 않았다.
⑤ 창의적 태도가 학업 성취에 미치는 영향	4%	창의적 태도와 학업 성취의 관계에 대해서는 언급되지 않았다.

Q4 　　정답 ② 　　정답률 76%

정답 풀이

행동이 통제되는 않는 아이는 행동에 대한 제한이 설정되고 시행될 때 개선되며, 부모들은 어디에 제한을 두고 그것이 어떻게 시행될지에 대한 합의를 해야 한다는 내용이므로, 글의 주제로는 ② '아이들의 행동에 제한을 둘 때의 고려 사항'이 가장 적절하다.

친절한 지문분석

A child [whose behavior is out of control] / improves [when
아이는　　행동이 통제되지 않는　　개선된다
주어　　소유격 관계대명사절　　(are)　동사　시간의 부사절

clear limits on their behavior / are set and enforced]. However, /
그들의 행동에 대한 분명한 제한이　설정되고 시행될 때　그러나
　　　　　　　　　　수동태

parents must agree on / [where a limit will be set] / and [how it will
부모들은 합의해야 한다　어디에 제한이 설정될지와　어떻게 그것이 시행될지
　　　　　　　목적절(의문사절)　수동태　목적절(의문사절)

be enforced]. The limit and the consequence of breaking the limit /
제한과 그 제한을 깨뜨리는 것의 결과는
　　　　　　수동태　　　　　　　　　　　　　　주어

must be clearly presented / to the child. Enforcement of the limit /
분명하게 제시되어야 한다　　아이에게　　　제한의 시행은
　　동사　　수동태　　　　　　　　　　　　　　　주어

should be consistent and firm. Too many limits are difficult /
일관성 있고 단호해야 한다　　　　너무 많은 제한은 어렵고
　　동사　　　　　　　　　　　　　주어　　　동사 1

to learn / and may spoil / the normal development of autonomy.
배우기가　　저해할지도 모른다　자율성의 정상적 발달을
to부정사의 부사적 용법　동사 2

The limit must be reasonable / in terms of the child's age,
제한은 합당해야 한다　　　아이의 나이, 기질, 그리고 발달 수준의 측면에서
　　　　　　　　　　　　　　　~라는 측면에서

temperament, and developmental level. To be effective, / both
　　　　　　　　　　　　　　　　효과적이기 위해
　　　　　　　　　　　　　　　　to부정사의 부사적 용법(목적)

parents (and other adults in the home) / must enforce limits.
양쪽 부모가 그리고 가정의 다른 어른들도　　제한을 시행해야 한다

　　　　　　　　　　　　　　　　　　　　　　　(may)
Otherwise, / children may effectively split the parents / and seek to
그렇지 않으면　아이들은 효과적으로 부모들을 따로 뗄지도 모르고　제한을 시험하려고
　　　　　　　　　　　　　　동사 1　　　　　　　　　　　　　　동사 2

test the limits / with the more indulgent parent. In all situations, /
할지도 모른다　좀 더 멋대로 하게 하는 부모에게　　모든 상황에서
seek to-v: ~하도록 (시도)하다　　　　　　　　　(must be)

to be effective, / punishment must be brief / and linked directly
효과적이려면　　처벌은 간결해야 하고　　행동과 직접적으로 관련
to부정사의 부사적 용법(목적)　　동사 1　　　　동사 2

to a behavior.
있어야 한다

지문 해석

행동이 통제되지 않는 아이는 행동에 대한 분명한 제한이 설정되고 시행될 때 개선된다. 그러나 부모들은 어디에 제한이 설정될지와 어떻게 그것이 시행될지를 합의해야 한다. 제한과 그 제한을 깨뜨리는 것의 결과는 아이에게 분명하게 제시되어야 한다. 제한의 시행은 일관성 있고 단호해야 한다. 너무 많은 제한은 배우기 어렵고 자율성의 정상적 발달을 저해할지도 모른다. 제한은 아이의 나이, 기질, 발달 수준의 측면에서 합당해야 한다. 효과적이기 위해 양쪽 부모가 (그리고 가정의 다른 어른들도) 제한을 시행해야 한다. 그렇지 않으면, 아이들은 효과적으로 부모들을 따로 떼어서 좀 더 멋대로 하게 하는 부모에게 제한을 시험하려고 할지도 모른다. 모든 상황에서 효과적이려면, 처벌은 간결하고 행동과 직접적으로 관련 있어야 한다.

지문 흐름

행동이 통제되지 않는 아이는 행동에 대한 분명한 제한이 설정되고 시행될 때 개선됨	……… 도입
↓	
그러나 부모들은 어디에 제한을 두고 어떻게 그것이 시행될지에 대해 합의를 해야 함	……… 주제
↓	
제한과 그 제한을 깨뜨리는 것의 결과는 아이에게 분명하게 제시되어야 함	……… 상술 1
↓	
제한의 시행은 일관성 있고 단호해야 함	……… 상술 2
↓	
너무 많은 제한은 배우기 어렵고 자율성의 정상적 발달을 저해할지도 모름	……… 상술 3
↓	
제한은 아이의 나이, 기질, 발달 수준의 측면에서 합당해야 함	……… 상술 4
↓	
효과적이려면 어른 모두가 제한을 시행해야 함	……… 상술 5
↓	
모든 상황에서 효과적이려면, 처벌은 간결하고 행동과 직접적으로 관련 있어야 함	……… 상술 6

오답 선택지	선택률	오답 이유
① 상과 벌을 공평하게 주는 방법들	4%	상과 벌을 공평하게 주는 방법에 대해서는 언급되지 않았다.
③ 훈육에 있어서 부모 참여의 필요성 증가	7%	부모가 아이들의 행동에 제한을 어디에 그리고 어떻게 두는지에 대해서는 언급되었지만, 부모의 훈육 참여의 필요성이 증가한다는 내용과는 거리가 멀다.
④ 양육자의 성격이 아이들의 발달에 주는 영향	7%	양육자의 성격이 아이들의 발달에 영향을 준다는 내용은 언급되지 않았다.
⑤ 아이들이 사회적으로 옳은 일을 하도록 격려하는 이유들	4%	아이들의 행동에 제한을 둔다는 내용은 언급되었으나, 아이들이 사회적으로 옳은 일을 하도록 격려한다는 내용은 언급되지 않았다.

코드 공략하기　　　　pp.43~45

01 ①　02 ④　03 ②　04 ⑤　05 ⑤　06 ②

01　　　　　정답 ①　　정답률 77%

정답 풀이

당장 받을 수 있는 보상을 더 크게 여기는 심리적 경향을 말하고 있으므로, 글의 주제로는 ① '보상의 즉각성이 의사결정에 미치는 영향'이 가장 적절하다.

친절한 지문분석

Would you rather receive $1,000 in a year / or $1,100 in a year
당신은 차라리 1년 후에 1,000달러를 받을 것인가　　아니면 1년 1개월 후에 1,100달러를

and a month? Most people will opt for the larger sum in thirteen
받을 것인가　　대부분의 사람들은 13개월 후의 더 큰 금액을 선택할 것이다

months / —where else will you find a monthly interest rate of
—10퍼센트의 월 이율을 다른 어느 곳에서 찾을 것인가

10 percent. A wise choice, / [since the interest will compensate
현명한 선택인데　　왜냐하면 이자가 당신에게 후하게 보상해 줄 것이기
　　　　　　　　　　이유의 부사절

you generously / for any risks {you face} / by waiting the extra
때문이다　　　　당신이 직면하는 어떤 위험에 대해서도　추가로 몇 주를 기다림으로써
　　　　　　　　　　(which/that) 목적격 관계대명사절

few weeks]. Second question: / Would you prefer $1,000 today
두 번째 질문:　　당신은 오늘 당장 현금 1,000달러를 선호하는가

cash on the table / or $1,100 in a month? [If you think like most
아니면 한 달 후 1,100달러를 (선호하는가)　만약 당신이 대부분의 사람들
　　　　　　　　　　　　　　　　　　　조건의 부사절

people], / you'll take the $1,000 right away. This is amazing.
처럼 생각한다면　당신은 즉시 1,000달러를 가져갈 것이다　　이는 놀랍다

In both cases, / [if you hold out for just a month longer], / you
두 경우 모두　　당신이 한 달만 더 오래 기다린다면　　　당신은
　　　　　　　　조건의 부사절

get $100 more. In the first case, / it's simple enough. You figure: /
100달러를 더 받는다　첫 번째 경우　　그것은 충분히 간단하다　당신은 판단한다

"I've already waited twelve months; / what's one more?"
나는 이미 12개월을 기다렸어　　　한 달 더가 뭐라고

Not in the second case. The introduction of "now" / causes us to
두 번째 경우는 아니다　　'지금'의 도입은　　　우리가 일관되지
　　　　　　　　　　　　　　　　　cause+목적어+to-v: (목적어가) ~하게 하다

make inconsistent decisions. Science calls this phenomenon
않은 결정을 내리게 만든다　과학은 이러한 현상을 '하이퍼볼릭 디스카운팅'이라고
　　　　　　　　　　　　　　　call+목적어+목적격보어: ~을 …라고 부르다

hyperbolic discounting. The closer a reward is, / the higher our
부른다   보상이 더 가까울수록   우리의
                                          the+비교급 ~, the+비교급 …: ~하면 할수록 더 …하다

"emotional interest rate" rises / and the more we are willing to
'감정적 이율'이 더 높이 상승한다   그리고 우리는 더 기꺼이 포기하려 한다

give up / in exchange for it.
            그것을 대가로

지문 해석

당신은 차라리 1년 후에 1,000달러를 받을 것인가 아니면 1년 1개월 후에 1,100달러를 받을 것인가? 대부분의 사람들은 13개월 후의 더 큰 금액을 선택할 것이다 —10퍼센트의 월 이율을 다른 어느 곳에서 찾을 것인가. 현명한 선택인데, 왜냐하면 추가로 몇 주를 기다림으로써 당신이 직면하는 어떤 위험에 대해서도 이자가 당신에게 후하게 보상해 줄 것이기 때문이다. 두 번째 질문: 당신은 오늘 당장 현금 1,000달러를 선호하는가 아니면 한 달 후 1,100달러를 선호하는가? 만약 당신이 대부분의 사람들처럼 생각한다면, 당신은 즉시 1,000달러를 가져갈 것이다. 이는 놀랍다. 두 경우 모두, 당신이 한 달만 더 오래 기다린다면, 100달러를 더 받는다. 첫 번째 경우, 그것은 충분히 간단하다. 당신은 판단한다: "나는 이미 12개월을 기다렸어; 한 달 더가 뭐라고?" 두 번째 경우는 아니다 '지금'의 도입은 우리가 일관되지 않은 결정을 내리게 만든다. 과학은 이러한 현상을 '하이퍼볼릭 디스카운팅(hyperbolic discounting)'이라고 부른다. 보상이 더 가까울수록, 우리의 '감정적 이율'이 더 높이 상승하고 우리는 그것을 대가로 더 기꺼이 포기하려 한다.

지문 흐름

대개 1년 후의 1,000달러 또는 1년 1개월 후의 1,100달러 중 후자를 택함	……… 상황 1
↓	
기다림에 수반되는 위험을 이자가 보상해 주므로 이는 현명한 선택임	……… 상술
↓	
당장의 1,000달러 또는 한 달 후 1,100달러 중 전자를 택할 것임	……… 상황 2
↓	
두 상황 모두 한 달을 더 기다리면 100달러를 더 받을 수 있지만, 두 번째 경우에는 '지금'이 개입하면서 하이퍼볼릭 디스카운팅 현상이 나타남	……… 상술
↓	
보상이 가까울수록 감정적 이율이 상승하기 때문에 보상을 포기함	……… 결론

친절한 오답 풀이

오답 선택지	선택률	오답 이유
② 경제적 이익을 평가하는 데 있어 위험 인식의 역할	5%	기다림에 수반되는 위험을 이자가 보상해 준다는 언급을 이 선택지와는 구별해야 한다.
③ 경제적 안정성을 위한 단기 투자의 문제점	6%	투자와는 무관한 글이다.
④ 자금 관리와 미래의 성공 간의 연관성	4%	자금 관리가 미래의 성공에 미치는 영향은 언급되지 않았다.
⑤ 재정적 보상과 감정적 보상의 균형을 맞추는 것의 필요성	8%	감정적 이율(보상)이 재정적 보상에 대한 선호에 영향을 미친다는 내용이지, 둘의 균형에 관한 글은 아니다.

 배경지식

하이퍼볼릭 디스카운팅(hyperbolic discounting)

하이퍼볼릭 디스카운팅은 George Loewenstein과 Dick Schellifer가 1980년대 후반에 제시한 개념으로, 사람들이 미래의 보상보다 즉시 얻을 수 있는 보상을 더 선호하는 경향을 설명한다. 예를 들어, 내일 받을 100달러보다 지금 50달러를 선택하는 경우가 많다. 이 이론은 사람들이 미래의 보상을 작게 평가하고, 즉시 받는 보상을 더 중요하게 생각한다고 주장한다. 우리가 자기 통제력 부족 때문에 미래에 대한 결정을 잘 내리지 못하는 이유를 이해하는 데 중요한 역할을 하는 이론이다.

---

02   정답 ④   정답률 56%

정답 풀이

근대의 과학적인 시대 이전에 창의성은 초인적인 힘에 기인한 것으로 여겼고 모든 새로운 생각은 신에게서 유래한 것이라 믿었다는 내용이므로, 글의 주제로는 ④ '근대 이전의 시대에 창의성의 원천으로서의 신'이 가장 적절하다.

친절한 지문분석

Before the modern scientific era, / creativity was attributed to a
근대의 과학적인 시대 이전에   창의성은 초인적인 힘에 기인한
                                        수동태

superhuman force; / all novel ideas originated with the gods. After
것으로 여겼다   모든 새로운 생각은 신에게서 유래했다   결국

all, / how could a person create something / [that did not exist /
어떻게 인간이 어떤 것을 만들 수 있었겠는가   존재하지 않았던
                                            주격 관계대명사절

before the divine act of creation]? In fact, / the Latin meaning of
신의 창조 행위 이전에   사실   '영감을 주다'라는 동사의
                                                    주어

the verb "inspire" / is "to breathe into," / [reflecting the belief /
라틴어의 의미는   '숨결을 불어넣다'이다   믿음을 반영한다
동사   분사구문(부대상황)

{that creative inspiration was similar to the moment in creation /
창의적 영감은 창조의 순간과 비슷했다는
동격절(=the belief)

when God first breathed life into man}]. Plato argued / [that the
신이 처음에 인간에게 생명을 불어 넣었을 때   Plato는 주장했다
시간의 부사절   목적절

poet was possessed by divine inspiration], / and Plotin wrote /
시인은 신이 내린 영감에 사로잡혔다고   그리고 Plotin은 썼다
수동태

[that art could only be beautiful / {if it descended from God}]. The
예술은 오직 아름다울 수 있다고   그것이 신으로부터 내려온 경우에만
목적절   조건의 부사절

artist's job was not to imitate nature / but rather to reveal the
예술가의 일은 자연을 모방하는 것이 아니라   오히려 자연의 신성하고
        not A but B: A가 아니라 B   to부정사의 명사적 용법(주격보어)

sacred and transcendent qualities of nature. Art could only be a
초월적인 특성을 드러내는 것이다   예술은 엉성한 모조품에

pale imitation / of the perfection of the world of ideas. Greek
불과한 것일 수 있었다   관념[이데아]의 세계의 완벽함의   그리스의

artists did not blindly imitate / [what they saw in reality]; / instead /
예술가들은 맹목적으로 모방하지 않았다   그들이 현실에서 본 것을   대신
                                        관계대명사절

they tried to represent the pure, true forms / [underlying reality], /
순수하고 진정한 형태를 나타내려 애썼다   현실의 기저를 이루는
        try to-v: ~하려고 애쓰다   현재분사구

[resulting in a sort of compromise / between abstraction and
그 결과 일종의 타협을 야기했다   추상과 정확성 간의
분사구문(결과)   between A and B: A와 B 사이에

accuracy].

지문 해석

근대의 과학적인 시대 이전에 창의성은 초인적인 힘에 기인한 것으로 여겼는데 모든 새로운 생각은 신에게서 유래했다는 것이다. 결국 신의 창조 행위 이전에 존재하지 않았던 것을 어떻게 인간이 만들 수 있었겠는가? 사실, '영감을 주다'라는 동사의 라틴어 의미는 '숨결을 불어넣다'이고 창의적 영감은 신이 처음에 인간에게 생명을 불어 넣은 창조의 순간과 비슷했다는 믿음을 반영한다. Plato(플라톤)는 시인은 신이 내린 영감에 사로잡혔다고 주장했고 Plotin(플로티노스)은 예술은 그것이 신으로부터 내려온 경우에만 아름다울 수 있다고 썼다. 예술가의 일은 자연을 모방하는 것이 아니라 오히려 자연의 신성하고 초월적인 특성을 드러내는 것이었다. 예술은 관념[이데아]의 세계의 완벽함을 엉성하게 흉내낸 것에 불과한 것일 수 있었다. 그리스의 예술가들은 그들이 현실에서 본 것을 맹목적으로 모방하지 않았고 그 대신 현실의 기저를 이루는 순수하고 진정한 형태를 나타내려고 애썼는데 그 결과 추상과 정확성 간의 일종의 타협을 야기했다.

근대의 과학적인 시대 이전, 창의성은 초인적인 힘에 기인한 것으로 여겼으며 모든 새로운 생각은 신에게서 유래한 것이라 믿음	주제
'영감을 주다'라는 동사의 라틴어는 '숨결을 불어넣다'를 의미하고, 창의적 영감은 신이 처음에 인간에게 생명을 불어넣었을 때 창조의 순간과 비슷했다는 믿음을 반영함	부연
Plato는 시인은 신이 내린 영감에 사로잡혔다고 주장했고 Plotin은 예술은 그것이 신으로부터 내려온 경우에만 아름다울 수 있다고 썼음	인용
예술가의 일은 자연을 모방하는 것이 아니라 오히려 자연의 신성하고 초월적인 특성을 드러내는 것이었음	상술 1
예술은 관념[이데아]의 세계의 완벽함을 엉성하게 흉내낸 것에 불과한 것이었음	상술 2
그리스 예술가들은 현실에서 본 것을 맹목적으로 모방하지 않았고 현실의 기저를 이루는 순수하고 진정한 형태를 나타내려고 애썼는데, 그 결과 추상과 정확성 간의 일종의 타협을 야기함	예시

친절한 오답 풀이

오답 선택지	선택률	오답 이유
① 예술가의 역할에 관한 상충되는 견해들	8%	예술가의 역할을 언급하고 그리스 예술가들의 예시를 들고 있으나 상충되는 의견들에 대해서는 언급되지 않았다.
② 모방이 창의성에 미치는 긍정적인 영향	12%	모방이 창의성에 긍정적인 영향을 미친다는 내용과는 거리가 멀다.
③ 종교적 믿음을 공유하는 것에 대한 예술의 기여	12%	신에 대해 계속 언급하고는 있으나, 종교적 믿음을 공유하는 것이 예술에 기여한다는 내용은 언급되지 않았다.
⑤ 고대에 철학과 예술 간의 협력	9%	철학자 Plato와 Plotin이 밝힌 예술에 대한 견해가 있을 뿐, 고대에 철학과 예술 간의 협력이 있었다는 내용은 언급되지 않았다.

03　　정답 ②　　정답률 83%

정답 풀이

과학이 다양한 집단의 사람들에 의해 행해질 때 과학의 객관성과 진실성에 있어서 더 큰 자신감을 가질 수 있다는 내용의 글이므로, 글의 주제로는 ② '과학의 실행에 있어 다양한 관점의 필요성'이 가장 적절하다.

친절한 지문분석

[If there is little or no diversity of views, / and all scientists see,
만약 견해의 다양성이 거의 또는 전혀 없다면　　그리고 모든 과학자들이 비슷한
조건의 부사절

think, and question the world in a similar way], then they will not, /
방식으로 세상을 보고, 생각하고, 의문을 제기한다면　　그러면 그들은 않을 것이다
　　　　　　　　　　　　　　　　　　　　　　　　　　　(that)

as a community, / be as objective as they maintain they are, /
하나의 공동체로서　　자신들이 주장하는 것만큼 객관적이지　　　　　목적절
~로서(전치사)　　원급 비교

or at least aspire to be]. The solution is [that there should be far
또는 적어도 그렇게 되기를 열망하는 것만큼　해결책은 훨씬 더 많은 다양성이 있어야 한다는 것이다
aspire to-v: ~하기를 열망하다　　보어절　　비교급 강조

greater diversity / in the practice of science: / in gender, ethnicity,
　　더 큰 다양성이　　　　과학의 실행에 있어　　　　　　성별, 인종, 그리고 사회적

and social and cultural backgrounds]. Science works / [because
문화적 배경에서　　　　　　　　　　　과학은 작동한다　　　그것이 사람들에
　　　　　　　　　　　　　　　　　　　　　　　　　이유의 부사절

it is carried out by people / {who pursue their curiosity about the
의해 수행되기 때문에　　　　　자연 세계에 대한 호기심을 추구하고
= science　　　　　　　　주격 관계대명사절
　　　　　　　　　　　　관계사절 동사 1

natural world / and test their and each other's ideas / from as many
자연 세계를　　그들의 그리고 서로의 아이디어를 검증하는　　　가능한 한 다양한
　　　　　　　관계사절 동사 2　　　　　　　　　　　　　　　가능한 한 ~

varied perspectives and angles as possible}]. [When science is done
관점과 각도에서　　　　　　　　　　　　　　　과학이 다양한 집단의 사람들에
　　　　　　　　　　　　　　　　　　　　　시간의 부사절　　　수동태

by a diverse group of people], / and [if consensus builds up about
의해 행해질 때　　　　　　　　그리고 만약 과학 지식의 특정 영역에 대한 의견 일치
　　　　　　　　　　　　　　　　　　　조건의 부사절

a particular area of scientific knowledge], / then we can have more
가 이루어진다면　　　　　　　　　　그러면 우리는 더 큰 자신감을 가질

confidence / in its objectivity and truth.
수 있다　　　그것의 객관성과 진실성에 있어서

지문 해석

만약 견해의 다양성이 거의 또는 전혀 없고, 모든 과학자들이 비슷한 방식으로 세상을 보고, 생각하고, 의문을 제기한다면, 그러면 그들은, 하나의 공동체로서, 자신들이 주장하는 것만큼, 혹은 적어도 그렇게 되기를 열망하는 것만큼, 객관적이지 않을 것이다. 해결책은 과학의 실행에 있어 훨씬 더 많은 다양성이 있어야 한다는 것이다: 성별, 인종, 그리고 사회적 문화적 배경에서. 과학은 그것이 자연 세계에 대한 호기심을 추구하고 가능한 한 다양한 관점과 각도에서 그들의 그리고 서로의 아이디어를 검증하는 사람들에 의해 수행되기 때문에 작동한다. 과학이 다양한 집단의 사람들에 의해 행해질 때, 그리고 만약 과학 지식의 특정 영역에 대한 의견 일치가 이루어진다면, 그러면 우리는 그것의 객관성과 진실성에 있어서 더 큰 자신감을 가질 수 있다.

지문 흐름

견해의 다양성 없이 모든 과학자들이 비슷한 방식으로 세상을 보고, 생각하고, 의문을 제기한다면, 객관적이지 않을 것임	문제 제기
과학의 실행에 있어 훨씬 더 많은 다양성이 있어야 함	주제
과학은 자연 세계에 대한 호기심을 추구하고 다양한 관점에서 서로의 아이디어를 검증함으로써 작동함	상술
과학이 다양한 집단의 사람들에 의해 행해지고 의견 일치가 이루어진다면, 과학의 객관성과 진실성에 있어서 더 큰 자신감을 가질 수 있음	주제 재진술

친절한 오답 풀이

오답 선택지	선택률	오답 이유
① 시행착오를 통한 과학 지식 습득의 가치	4%	과학 지식 습득 과정에서의 시행착오에 관한 내용은 언급되지 않았다.
③ 과학자들 사이에서 좋은 관계를 맺는 것의 이점	5%	과학자들 사이의 관계에 관한 내용은 언급되지 않았다.
④ 실험 설계에 있어 핵심 요소인 호기심	4%	자연 세계에 대한 호기심 추구에 관해서는 언급하였으나, 실험 설계에 관해서는 언급되지 않았다.
⑤ 과학 연구에 있어서 전문화의 중요성	4%	과학 연구의 전문화는 글의 내용과 무관하다.

04

정답 풀이

뇌가 얼굴과 이름을 기억하는 데 있어 두 경우(단순히 사람을 인식하는 것과 원래의 기억을 회상하는 것)의 차이를 말하고 있으므로, 글의 주제로는 ⑤ '기억 시스템에서 회상과 친숙함의 구별'이 가장 적절하다.

친절한 지문분석

[If the brain has already stored someone's face and name], /
뇌가 이미 누군가의 얼굴과 이름을 저장했다면
조건의 부사절

why do we still end up remembering one / and not the other?
왜 우리는 여전히 하나를 기억하고　　　　다른 하나는 기억하지 못하게 되는 것일까

This is because / the brain has something of a two-tier memory
이는 ~ 때문이다　　뇌가 2단계의 기억 시스템을 가진 무언가를 작동하도록 만들기 (때문이다)
이것은 ~ 때문이다

system at work / when it comes to retrieving memories, /
　　　　기억을 생각해 내는 것에 있어서
　　　　　　　　　　동명사구

and this gives rise to a common yet infuriating sensation: /
그리고 이것이 흔하지만 짜증 나는 감정을 유발한다

recognising someone, / but not being able to remember how
누군가를 알아볼 수는 있는　　하지만 어떻게, 왜 (아는지)는 기억하지 못하는
　　　　　　　병렬구조

or why, / or [what their name is]. This happens / [because the
또는 그 사람의 이름이 무엇인지는　　이는 발생한다　　뇌가
　　　　　의문사절　　　　　　　이유의 부사절

brain differentiates / between familiarity and recall]. To clarify, /
구별하기 때문에　　친숙함과 회상을　　　명확하게 하자면

familiarity (or recognition) is [when you encounter someone
친숙함(또는 인식)은 누군가 또는 무언가를 마주치는 경우이다
　　　　　　　관계부사절

or something / and you know {you've done so before}]. But
　　그리고 이전에 그런 적이 있다는 것을 아는 (경우이다)　　하지만
　　　　　　　(that) 목적절

beyond that, / you've got nothing; / all [you can say] is [this
그 이상으로는　　당신이 아는 것이 없고　　당신이 말할 수 있는 것은 이
　　　　　　　　　　　목적격 관계대명사절　　보어절

person/thing is already in your memories]. Recall is [when you
사람/사물이 이미 기억 속에 있다는 것뿐이다　　회상은 원래의 기억에 접근할
　　　　　　　　　　　　　　관계부사절

can access the original memory / of {how and why you know
수 있는 경우이다　　이 사람을 어떻게, 왜 알고 있는지에 대한
　　　　　　　　　　　의문사절

this person}]; / recognition is just flagging up the fact / [that
인식은 단지 사실만을 표시해 줄 뿐이다
　　　　　　동격절

the memory exists].
기억이 존재한다는

지문 해석

뇌가 이미 누군가의 얼굴과 이름을 저장했다면, 왜 우리는 여전히 하나는 기억하고 다른 하나는 기억하지 못하게 되는 것일까? 이는 기억을 생각해 내는 것에 있어서 뇌가 2단계의 기억 시스템을 가진 무언가를 작동하도록 만들기 때문이며, 이것이 누군가를 알아볼 수는 있지만 어떻게, 왜 (아는지) 또는 그 사람의 이름이 무엇인지는 기억하지 못하는, 흔하지만 짜증 나는 감정을 유발한다. 이는 뇌가 친숙함과 회상을 구별하기 때문에 발생한다. 명확하게 하자면, 친숙함(또는 인식)은 누군가 또는 무언가를 마주쳤고 이전에 그런 적이 있다는 것을 아는 경우이다. 하지만 그 이상으로는, 당신이 아는 것이 없고, 당신이 말할 수 있는 것은 이 사람/사물이 이미 기억 속에 있다는 것뿐이다. 회상은 이 사람을 어떻게, 왜 알고 있는지에 대한 원래의 기억에 접근할 수 있는 경우이며, 인식은 단지 기억이 존재한다는 사실만을 표시해 줄 뿐이다.

지문 흐름

얼굴은 기억하지만 이름은 기억하지 못하는 현상이 일어나기도 함	……	도입
이는 뇌가 기억을 떠올릴 때 두 단계로 작동하는 시스템을 갖고 있기 때문임	……	전개
뇌는 친숙함과 회상을 구별하는데, 이 때문에 인식은 가능하지만 세부 정보는 회상하지 못할 수 있음	……	부연
회상은 기억에 접근할 수 있는 경우인 반면, 친숙함(인식)은 기억이 존재한다는 사실만 표시함	……	상술

친절한 오답 풀이

오답 선택지	선택률	오답 이유
① 부분적인 기억에서 세부 사항을 회상하는 과정	11%	세부 사항을 회상하는 과정은 글과 무관하다.
② 감정적 반응이 기억 회상 패턴에 미치는 영향	4%	감정이 기억 회상에 어떻게 영향을 미치는지는 언급되지 않았다.
③ 얼굴과 이름 인식과 관련된 기억 상실의 위험	3%	얼굴과 이름을 기억하지 못하는 것의 위험성은 글과 무관하다.
④ 얼굴과 이름 인식의 어려움을 관리하는 방법	8%	얼굴과 이름 인식의 문제를 해결하는 방법은 글과 무관하다.

05

정답 풀이

인지적 공감과 정서적 공감을 포함하여 사업에서 '공감'이란 말이 다양하게 해석되고 적용된다는 내용이므로, 글의 주제로는 ⑤ '사업에서 공감에 대한 다른 해석'이 가장 적절하다.

친절한 지문분석

Empathy is frequently listed / as one of the most desired skills /
공감은 목록에 종종 오른다　　가장 바라는 기술 중 하나로
　　　　　　　　　　　　~로서(전치사) (it is)

in an employer or employee, / [although without specifying exactly /
고용주나 직원에게　　정확히 밝혀지는 않지만
　　　　　　　　　접속사+분사구문

{what is meant by empathy}]. ❶ Some businesses stress cognitive
'공감'이 무엇을 의미하는지　　일부 기업은 인지적 공감을 강조하여
목적절(의문사절)

empathy, / [emphasizing the need for leaders to understand / the
공감,　　리더가 이해할 필요성에 중점을 둔다
　　　　분사구문(부대상황)　　의미상 주어　　to부정사의 형용사적 용법

perspective of employees and customers / {when negotiating
직원과 고객의 관점을　　거래를 협상하고 결정을 내릴 때
　　　　　　　　　　　접속사+분사구문

deals and making decisions}]. Others stress affective empathy and
　　　　　　　　다른 기업은 정서적 공감과 공감적 관심을 강조하여

empathic concern, / [emphasizing the ability of leaders / to gain
　　　　　리더의 능력에 중점을 둔다　　직원과 고객의
　　　　　분사구문(부대상황)　　to부정사의 형용사적 용법

trust from employees and customers / by treating them / with real
신뢰를 얻는　　그들을 대함으로써　　진정한 관심과
　　　　　　　　　by v-ing: ~함으로써
　　　　　　　　　　= employees and customers

concern and compassion]. / [When some consultants argue / {that
동정심으로　　일부 자문 위원이 주장할 때
　　　　　시간의 부사절　　　목적절

successful companies foster empathy}], / [what that translates to]
성공하려는 기업은 공감 능력을 길러야 한다고　　　　　그것이 의미하는 바는 ~이다
　　　　　　　　　　　　　　　　　　　　　　　관계대명사절(주어)
　　　　　　　　　　　　　= 앞의 절(successful companies foster empathy)

is / [that companies should conduct good market research]. In
기업이 훌륭한 시장 조사를 수행해야 한다는 것
보어절

other words, / an "empathic" company understands the needs and
다시 말해　　　'공감적인' 기업은 고객의 필요와 요구를 이해한다
　　　　　　　　　　　　　　　　　　　　　　동사 1

wants of its customers / and seeks to fulfill those needs and wants.
그리고 그 필요와 요구를 충족시키기 위해 노력한다
동사 2　to부정사의 명사적 용법(목적어)

[When some people speak of design with empathy], / [what that
일부 사람들이 공감을 담은 디자인을 말할 때　　　　　　그것이 의미하는
시간의 부사절　　　　　　　　　　　　　　　　　관계대명사절(주어)

translates to] is / [that companies should take into account the
바는 ~이다　　　회사가 다양한 사람들의 구체적인 필요 사항을 고려해야 한다는 것
　　　　　　　　보어절

specific needs of different populations / — ❷ the blind, the deaf,
　　　　　　　　　　　　　　　　　　　시각 장애인, 청각 장애인, 노인,

the elderly, non-English speakers, the colorblind, and so on / —
비영어권 화자, 색맹 등

{when designing products}].
제품을 디자인할 때
접속사+분사구문

❶ 여럿 중에서 '(임의의 수의) 어떤 것[사람]들'은 some, '다른 어떤 것[사람]들'은 others
로 표현한다.
❷ 「the+형용사[분사]」는 '~한 사람들'이라는 의미로 복수 보통명사를 나타낸다.

지문 해석

'공감'이 무엇을 의미하는지 정확히 밝히지는 않지만, 공감은 고용주나 직원에게 가장 바라
는 기술 중 하나로 목록에 종종 오른다. 일부 기업은 인지적 공감을 강조하여 리더가 거래를
협상하고 결정을 내릴 때 직원과 고객의 관점을 이해할 필요성에 중점을 둔다. 다른 기업은
정서적 공감과 공감적 관심을 강조하여 진정한 관심과 동정심으로 직원과 고객을 대함으로
써 그들의 신뢰를 얻는 리더의 능력에 중점을 둔다. 일부 자문 위원이 성공하려는 기업은 공
감 능력을 길러야 한다고 주장할 때, 그것이 의미하는 바는 기업이 훌륭한 시장 조사를 수행
해야 한다는 것이다. 다시 말해, '공감적인' 기업은 고객의 필요와 요구를 이해하고, 그 필요
와 요구를 충족시키기 위해 노력한다. 일부 사람들이 공감을 담은 디자인을 말할 때, 그것이
의미하는 바는 회사가 제품을 디자인할 때 시각 장애인, 청각 장애인, 노인, 비영어권 화자,
색맹 등 다양한 사람들의 구체적인 필요 사항을 고려해야 한다는 것이다.

지문 흐름

공감은 고용주나 직원에게 가장 바라는 기술 중 하나임	………	도입
리더가 거래를 협상하고 결정을 내릴 때 직원과 고객의 관점을 이해할 필요성에 중점을 두어 인지적 공감을 강조함	………	상술 1
진정한 관심과 동정심으로 직원과 고객을 대함으로써 그들의 신뢰를 얻는 리더의 능력에 중점을 두어 정서적 공감과 공감적 관심을 강조함	………	상술 2
성공하려는 기업은 공감 능력을 길러야 하는데 이는 시장 조사를 잘 수행하여 고객의 필요와 요구를 이해하고 이를 충족시키기 위해 노력하는 것을 의미함	………	상술 3
공감을 담은 디자인은 다양한 사람들의 구체적인 필요 사항을 고려해야 한다는 의미임	………	부연

친절한 오답 풀이

오답 선택지	선택률	오답 이유
① 훌륭한 시장 조사의 다양한 이점	5%	시장 조사의 이점에 대해서는 언급되지 않았다.
② 사업상 의사 결정을 하는 데 있어서의 부정적 요소	2%	사업상 의사 결정의 부정적 요소에 대해서는 언급되지 않았다.
③ 공감적 관심을 가지고 제품을 디자인하는 데 있어서의 어려움	13%	공감적 관심을 가지고 제품을 디자인해야 한다는 언급은 있었으나, 그 어려움에 대한 언급은 없었다.
④ 직원들 사이에서 인지적 공감을 만들어 내려는 노력	33%	리더의 인지적 공감의 필요성에 대한 언급은 있었으나, 그 노력에 관해서는 언급되지 않았다.

06　　　정답 ②　　　정답률 76%

정답 풀이

과학을 보는 관점에는 과학을 특정한 시기와 장소에서 발생하며 그 맥락 안에서 이해해야
하는 역사적 활동이라고 보는 관점과, 문화적 관점과 가치에 영향을 받지 않는 객관적인 일
이라고 보는 서로 다른 관점이 있다는 내용이므로, 글의 주제로는 ② '과학이 문화적 맥락으
로부터 자유로운지 또는 그렇지 않은지에 관한 견해'가 가장 적절하다.

친절한 지문분석

People seem to recognize / that the arts are cultural activities /
사람들은 인식하는 것 같다　　　　예술이 문화적 활동이라고
　　seem to-v: ~하는 것 같다　　명사절을 이끄는 접속사

[that draw on (or react against) certain cultural traditions, certain
특정 문화적 전통, 특정 공유 지식, 그리고 특정 가치와 아이디어에 기반한(또는 이에 반하는)
주격 관계대명사절

shared understanding, and certain values and ideas / {that are
　　　　　　　　　　　　　　　　　　　　　　　　그 예술이
　　　　　　　　　　　　　　　　　　　　　주격 관계대명사절

characteristic of the time and place <in which the art is created>}].
만들어진 시기와 장소에 특유한
　　　　　　　　　　　　　　전치사+관계대명사절

In the case of science, / however, / opinions differ. Some scientists, /
과학의 경우에는　　　　　하지만　　　의견이 다르다　　일부 과학자들은

[like the great biologist J. B. S. Haldane], / see science in a similar
위대한 생물학자 J. B. S. Haldane과 같은　　　　　유사한 관점에서 과학을 본다
전치사구

light / — as a historical activity / [that occurs in a particular time
역사적 활동으로 (보는 것이다)　　　특정한 시기와 장소에서 발생하는
　　　　　　　　　　　　　　　　주격 관계대명사절 1

and place], / and [that needs to be understood within that context].
　　　　　　　　그리고 그 맥락 안에서 이해될 필요가 있는
　　　　　　　　주격 관계대명사절 2

Others, / however, / see science as a purely "objective" pursuit, /
다른 사람들은　하지만　　과학을 순전히 '객관적인' 일로 본다
　　　　　　　　　　　　see A as B: A를 B로 보다

[uninfluenced by the cultural viewpoint and values / of those {who
문화적 관점과 가치에 의해 영향을 받지 않는　　　　　그것을 만들어 내는
과거분사구　　　　　　　　　　　　　　　　　　　주격 관계대명사절

create it}]. In describing this view of science, / philosopher Hugh
사람들의　　　과학에 대한 이러한 관점을 묘사할 때　　　철학자 Hugh Lacey는

Lacey speaks of the belief / [that there is an underlying order of
믿음에 대해 말한다　　　　＝　　　세계의 근원적인 질서가 있다는
　　　　　　　　　　　　　　동격절

the world / {which is simply there <to be discovered>}] / — the
세계 / 단순히 거기에 있어서 발견되는
　　　주격 관계대명사절　　　to부정사의 부사적 용법(결과)

world of pure "fact" / [stripped of any link with value]. The aim
순전한 '사실'의 세계　　가치와 어떠한 연관도 없는　　　과학의 목적은
　　　　　　　　　　　과거분사구

of science / according to this view / is to represent this world of
이러한 관점에 따라 　　　　이러한 순전한 '사실'의 세계를 나타내는 것이다
　　　　to부정사의 명사적 용법(보어)

　　　　　　　　　　　　　　　　　　　　(that)
pure "fact", / independently of any relationship / it might bear
어떠한 관계와도 무관하게 　　　　　　　　그것이 인간의
　　　　　　　　　　　　　　　　목적격 관계대명사절
　　　　　　　　　　　　　　　　= the world of pure "fact"

contingently to human practices and experiences].
관습 및 경험과 혹여라도 맺을 수 있는

지문 해석

사람들은 예술을 그것이 만들어진 시기와 장소에 특유한 특정 문화적 전통, 특정 공유 지식, 그리고 특정 가치와 아이디어에 기반한(또는 이에 반하는) 문화적 활동이라고 인식하는 것 같다. 하지만 과학의 경우에는 의견이 다르다. 위대한 생물학자 J. B. S. Haldane과 같은 일부 과학자들은 유사한 관점에서 과학을 보는데, 특정한 시기와 장소에서 발생하고 그 맥락 안에서 이해될 필요가 있는 역사적 활동으로 보는 것이다. 하지만 다른 사람들은 과학을 그것을 만들어 내는 사람들의 문화적 관점과 가치에 의해 영향을 받지 않는 순전히 '객관적인' 일로 본다. 과학에 대한 이러한 관점을 묘사할 때, 철학자 Hugh Lacey는 단순히 거기에 있어서 발견되는 세계의 근원적인 질서가 있다는 믿음에 대해 말하는데, 이것은 가치와 어떠한 연관도 없는 순전한 '사실'의 세계이다. 이러한 관점에 따라 과학의 목적은 이러한 순전한 '사실'의 세계를 나타내는 것인데, 그것이 인간의 관습 및 경험과 혹여라도 맺을 수 있는 어떠한 관계와도 무관하게 말이다.

지문 흐름

사람들은 예술을 특정 문화적 전통, 공유 지식, 가치 및 아이디어에 기반한(또는 이에 반하는) 문화적 활동이라고 인식함	도입
↓	
과학의 경우에는 의견이 다름	주제
↓	
과학을 특정한 시기와 장소에서 발생하며 그 맥락 안에서 이해해야 하는 역사적 활동으로 봄	관점 1
↓	
과학을 사람들의 문화적 관점과 가치에 영향을 받지 않는 '객관적인' 일로 봄	관점 2
↓	
철학자 Hugh Lacey는 세계의 근원적인 질서, 즉 가치와 연관이 없는 순전한 '사실'의 세계가 있다는 믿음을 말함	상술 1
↓	
이러한 관점에서 과학의 목적은 인간의 관습 및 경험과 무관하게 순전한 '사실'의 세계를 나타내는 것임	상술 2

친절한 오답 풀이

오답 선택지	선택률	오답 이유
① 어떻게 실험 데이터가 측정되어야 하는지에 관한 오해	3%	실험 데이터의 측정 방법에 관해서는 언급되지 않았다.
③ 과학적 추구에 있어 문화적 편견을 최소화하는 방법	7%	문화적 편견의 최소화 방법에 관해서는 언급되지 않았다.
④ 과학적 연구의 객관성을 확보하는 데 있어서의 어려움	8%	과학적 연구의 객관성 확보에 관해서는 언급되지 않았다.
⑤ 문화적 현상을 분석하는 데 있어서의 과학의 역할	9%	과학이 문화적 현상 분석에서 하는 역할에 관해서는 언급되지 않았다.

코드 접속하기　　　　　　　　　　pp.49~52

Q1 ①　　Q2 ④　　Q3 ④　　Q4 ⑤

Q1　　　　　　　정답 ①　　　정답률 77%

정답 풀이

건물은 말이 아닌 여러 방식으로 우리에게 메시지를 전달한다는 내용이므로, 글의 제목으로는 ① '건물도 그들만의 방식으로 말을 한다!'가 가장 적절하다.

친절한 지문분석

A building is an inanimate object, / but it is not an inarticulate
빌딩은 무생물이다 　　　　　　　　　하지만 표현을 제대로 하지 못하는 사물은

one. Even the simplest house always makes a statement, /
아니다 아무리 단순한 집이라도 항상 진술을 한다
= object

one [expressed / in brick and stone, / in wood and glass, /
그것은 표현된다 　 벽돌과 돌로 　　　　나무와 유리로
= a statement 　과거분사구

rather than in words] / ─ but no less loud and obvious. [When we
말보다는 　　　　　　　하지만 꽤 크고 명확하다 　　　　　시간의 부사절
A rather than B: B보다는 A 부연 설명 　못지 않게

see a rusting trailer / {surrounded by weeds and abandoned cars}, /
녹슨 트레일러를 볼 때 　 잡초와 버려진 자동차로 둘러싸인
　　　　　　　과거분사구

or a brand-new mini-mansion / with a high wall], / we instantly
혹은 아주 새로운 소형 저택을 (볼 때) 　 높은 벽을 가진 　　우리는 즉시
　　　　　　　　　　　　　　　　　　　(being)

get a message. In both of these cases, / [though in different
메시지를 받는다 　이 두 경우 모두 　　　　비록 다른 어조이지만
　　　　　　　　　　　　　　　접속사+분사구문

accents], / it is "Stay Out of Here." It is not only houses, / of course, /
　　　　그것은 "여기에 들어오지 마시오"이다 집뿐만이 아니다 　　물론
　　　　　「it ~ that ....」 강조구문

that communicate with us. All kinds of buildings / ─ churches,
우리와 소통하는 것은 　　　　모든 종류의 건물들이 　즉 교회
　　　　　　　　　　　　　　　　　부연 설명

museums, schools, hospitals, restaurants, and offices — / speak to
박물관, 학교, 병원, 식당, 사무실 등 　　　　　　　우리에게

us silently. Sometimes the statement is deliberate. A store or
조용히 말한다 　때때로 그 진술은 의도적이다 　가게나

restaurant can be designed / so that it welcomes / mostly
레스토랑은 설계될 수 있다 　　맞이하도록 　　　주로
　　　수동태 　　~하도록(접속사)

low-income or high-income customers. Buildings tell us / ❶[what
주로 저소득층 또는 고소득층 고객을 　　건물은 우리에게 말한다 　무엇을
　　　　　　　　　　　　　　　　　간접목적어 직접목적어 1

to think] and [how to act], / [though we may not register their
생각하고 어떻게 행동할지를 　　우리가 그들의 메시지를 의식적으로
직접목적어 2 　　　　　양보의 부사절

messages consciously].
명심하지는 않더라도

❶ 「의문사+to-v」는 what to-v(무엇을 ~할지), how to-v(어떻게 ~할지), when to-v(언제 ~할지), where to-v(어디에 ~할지) 등의 다양한 형태로 쓰이며, what to think와 how to act는 tell의 직접목적어 역할을 하는 명사구로, and로 병렬 연결되었다.

빌딩은 무생물이지만, 표현을 제대로 하지 못하는 사물은 아니다. 아무리 단순한 집이라도 항상 진술을 하는데, 그것은 말보다 벽돌과 돌, 나무와 유리로 표현되지만 꽤 크고 명확하다. 잡초와 버려진 자동차로 둘러싸인 녹슨 트레일러나 높은 벽을 가진 아주 새로운 소형 저택을 볼 때, 우리는 즉시 메시지를 받는다. 이 두 경우 모두, 비록 다른 어조이지만, 그것은 "여기에 들어오지 마시오"이다. 물론 우리와 소통하는 것은 집뿐만이 아니다. 교회, 박물관, 학교, 병원, 식당, 사무실 등 모든 종류의 건물들이 우리에게 조용히 말한다. 때때로 그 진술은 의도적이다. 가게나 레스토랑은 주로 저소득층 또는 고소득층 고객을 맞이하기 위해서 설계될 수 있다. 건물들은 우리가 그들의 메시지를 의식적으로 명심하지는 않더라도 우리에게 무엇을 생각하고 어떻게 행동할지를 알려준다.

지문 흐름

빌딩은 무생물이지만 표현을 제대로 하지 못하는 사물은 아님	도입
↓	
아무리 단순한 집이라도 항상 진술을 하며, 말이 아니라 재료로 표현되지만 꽤 크고 명확함	상술
↓	
버려진 자동차로 둘러싸인 녹슨 트레일러나 높은 벽을 가진 아주 새로운 소형 저택을 볼 때 우리는 즉시 메시지를 받으며, 둘은 다른 어조이지만 모두 "들어오지 마시오"라는 메시지임	예시 1
↓	
우리와 소통하는 것은 집뿐만 아니라 교회, 박물관, 학교 등 모든 종류의 건물이며, 그 진술은 의도적임	부연
↓	
가게나 레스토랑은 저소득층 또는 고소득층 고객을 맞이하기 위해 설계될 수 있음	예시 2
↓	
우리가 건물이 주는 메시지를 의식적으로 명심하지는 않지만 건물은 우리에게 무엇을 생각하고 어떻게 행동할지를 알려줌	주제

▋친절한 오답 풀이 ▋

오답 선택지	선택률	오답 이유
② 건물 디자인은 자연에서 시작한다	4%	건물의 디자인이 자연에서 시작한다는 내용은 언급되지 않았다.
③ 건물의 언어: 너무 모호해서 이해할 수 없다	10%	우리가 건물의 메시지를 의식적으로 명심하지 않는다고 했지만, 건물의 언어가 너무 모호해서 이해할 수 없다는 내용은 언급되지 않았다.
④ 안전과 아름다움 중 무엇이 더 중요한가?	3%	안전과 아름다움 중 무엇이 더 중요한지는 글의 내용과 무관하다.
⑤ 건축가들은 어떻게 건물에 감정을 부여하는가?	6%	건축가들이 건물에 감정을 부여하는 방식은 언급되지 않았다.

Q2

정답 ④　　　정답률 83%

정답 풀이

한 식품에 설탕이 아닌 몇 가지 다른 종류의 감미료가 포함되면 감미료가 라벨 표기 목록의 아래쪽에 기재되어 식품에 첨가되는 설탕의 양을 충분히 전달하지 못한다는 내용이므로, 글의 제목으로는 ④ '식품 라벨에 숨겨진 설탕에 대한 진실'이 가장 적절하다.

◆ 친절한 지문분석 ◆

❶ [If a food contains more sugar / than any other ingredient],
한 식품이 설탕을 더 많이 함유하고 있다면　다른 어떤 성분보다
조건의 부사절　(should)

government regulations require [that sugar be listed first / on the
정부 규정은 요구한다　설탕이 첫 번째로 기재될 것을　라벨에
목적절　수동태

label]. But / [if a food contains several different kinds of
그러나　어떤 식품이 몇 가지 다른 종류의 감미료를 함유하고 있다면
조건의 부사절

sweeteners], they can be listed separately, [which pushes each
그것들은 각각 기재될 수 있다　각각의 것을 민다
수동태　주격 관계대명사절(계속적 용법)

one / farther down the list]. This requirement has led the food
목록에서 더 아래로　이 요구는 식품 업계가 ~하게 했다
현재완료
lead+목적어+to-v: (목적어)가 ~하게 하다

industry / to put in three different sources of sugar / so that they
세 가지 다른 당의 원료를 넣게　그들이 말할 필요가
(that)　~하도록(접속사)

don't have to say [the food has that much sugar]. So / sugar doesn't
없도록　그 식품에 설탕이 그렇게 많이 들어 있다고　그래서 설탕이 첫 번째로
목적절　그렇게(부사)　(is)

appear first. [Whatever the true motive], / ingredient labeling still
나타나지 않는다　진짜 동기가 무엇이든　성분 라벨 표기는 여전히 충분히
복합관계대명사

does not fully convey / the amount of sugar [being added to
전달하지 않는다　설탕의 양을　식품에 첨가되는
현재분사구

food], / certainly not in a language [that's easy for consumers
분명히 언어로 되어있지 않다　소비자가 이해하기 쉬운
주격 관계대명사절　의미상 주어

to understand]. A world-famous cereal brand's label, / for example, /
세계적으로 유명한 한 시리얼 브랜드의 라벨은　예를 들어
to부정사의 부사적 용법(형용사 수식)　주어

indicates [that the cereal has 11 grams of sugar / per serving].
보여준다　시리얼이 11g의 설탕을 함유하고 있다는 것을　1회분에
동사　목적절

❷ But / nowhere does it tell consumers [that more than one-third
그러나　그것은 어디에서도 소비자들에게 알려주지 않는다　상자의 3분의 1 넘게
부정어구　조동사 주어 본동사　목적절　that절의 주어

of the box / contains added sugar].
첨가당을 함유하고 있다고
that절의 동사

❶ '주장·명령·요구·제안' 등의 의미를 지닌 동사 뒤에 당위성을 나타내는 that절이 나오는 경우, that절 안에서 「주어+(should)+동사원형」의 형태를 취한다.
❷ 부정어구 nowhere가 문장의 맨 앞에 와서 도치된 형태로, 「부정어+조동사+주어+본동사」의 어순을 따른다.

지문 해석

한 식품이 다른 어떤 성분보다 설탕을 더 많이 함유하고 있다면, 정부 규정은 설탕이 라벨에 첫 번째로 기재될 것을 요구한다. 그러나 어떤 식품이 몇 가지 다른 종류의 감미료를 함유하고 있다면, 그것들은 각각 기재될 수 있는데, 그것은 각각의 감미료를 목록에서 더 아래로 밀어 내린다. 이 요구는 식품 업계가 그 식품에 설탕이 그렇게 많이 들어 있다고 말할 필요가 없도록 세 가지 다른 당의 원료를 넣게 했다. 그래서 설탕이 첫 번째로 나타나지 않는다. 진짜 동기가 무엇이든, 성분 라벨 표기는 식품에 첨가되는 설탕의 양을 여전히 충분히 전달하지 않으며, 분명히 소비자가 이해하기 쉬운 언어로 되어있지 않다. 예를 들어, 세계적으로 유명한 한 시리얼 브랜드의 라벨은 시리얼이 1회분에 11g의 설탕을 함유하고 있다고 보여준다. 그러나 그것은 (라벨의) 어디에서도 상자의 3분의 1 넘게 첨가당을 함유하고 있다는 것을 소비자들에게 알려주지 않는다.

지문 흐름

한 식품에 다른 성분보다 설탕이 더 많이 함유되면 정부 규정은 설탕이 라벨에 첫 번째로 기재될 것을 요구함	········	도입
↓		
그러나 어떤 식품이 몇 가지 다른 종류의 감미료를 함유하고 있다면 각각 기재될 수 있고, 그것은 각각의 감미료를 목록에서 더 아래로 밀어 내림	········	문제
↓		
이는 식품 업계가 그 식품에 설탕이 많이 들어 있다고 말할 필요가 없도록 여러 다른 당의 원료를 넣게 해서, 설탕이 성분 라벨에 첫 번째로 나타나지 않음	········	전개
↓		
성분 라벨 표기는 식품에 첨가되는 설탕의 양을 충분히 전달하지 못하고 있으며, 분명히 소비자가 이해하기 쉬운 언어가 아님	········	주제
↓		
한 시리얼 브랜드의 라벨은 시리얼이 1회분에 11g의 설탕을 함유하고 있다고 보여주지만, 상자의 3분의 1 넘게 첨가당을 함유하고 있다는 것을 라벨 어디에서도 알려주지 않음	········	예시

친절한 오답 풀이

오답 선택지	선택률	오답 이유
① 인공 감미료: 이로울까 아니면 해로울까?	3%	인공 감미료의 이점이나 해로운 점에 대해서는 언급되지 않았다.
② 성분 라벨 표기로 얻는 소비자 이익	4%	성분 라벨 표기로 소비자들이 불이익을 받을 수도 있는 상황에 대해서 설명하고 있으므로 이는 지문의 내용과 상반된다.
③ 설탕: 여러분의 두뇌를 위한 에너지 촉진제	4%	설탕이 두뇌를 위한 에너지 촉진제라는 내용은 지문에서 언급되지 않았다.
⑤ 설탕 섭취를 줄이기 위해 우리는 무엇을 해야 하는가?	3%	설탕 섭취를 줄이기 위해 해야 할 일은 지문과 무관하다.

Q3

정답 ④ 　　정답률 66%

정답 풀이

승자가 되면 다른 사람에 의해 관찰되고 평가받는 것을 인식하게 되면서 자신의 진정한 모습을 숨기게 되고, 이로 인해 성장과 승리를 멈추게 된다는 내용이므로, 글의 제목으로는 ④ '함정에 빠진 승자: 자의식이 너무 강해 그들 자신이 될 수 없는'이 가장 적절하다.

친절한 지문분석

Winning turns on / a self-conscious awareness [that others are
승리는 촉발한다　자의식적 인식을　　　　　다른 사람이 바라보고
주어(동명사)　동사　　　　　　　　　　　　　동격절

watching]. It's a lot easier / to move under the radar / when no one
있다는　　　　훨씬 더 쉽다　눈에 띄지 않게 움직이기가　　아무도
　　　　　가주어 비교급 강조　진주어

knows you / and no one is paying attention. You can mess up and
여러분을 모르고　(여러분에게) 집중하고 있지 않으면　여러분은 일을 망치고, 난폭해지며,
　　　　　　　　　　　　　　　　　　　　　　　병렬구조

be rough and get dirty / because no one even knows you're there.
비열해져도 되는데　　왜냐하면 여러분이 그곳에 있다는 것을 아무도 심지어 알지 못하기 때문이다

But as soon as you start to win, / and others start to notice, / you're
하지만 여러분이 승리하기 시작하거나　　다른 사람이 알아차리기 시작하자마자　여러분은
　~하자마자(접속사)　　　start to-v[v-ing]: ~하기 시작하다

suddenly aware [that you're being observed]. You're being judged.
갑자기 인식한다　자신이 관찰되고 있다는 것을　　여러분은 평가받고 있다
　　　　　　　목적절　진행형의 수동태(be being+p.p.)

You worry [that others will discover your flaws and weaknesses], /
여러분은 걱정한다　다른 사람이 여러분의 실수와 약점을 발견할 것이라고
　　　　　　　목적절

and you start hiding your true personality, / so you can be / a good
그리고 여러분 본래의 성격을 숨기기 시작한다　　여러분이 될 수 있도록
　　　start to-v[v-ing]: ~하기 시작하다　　so (that)+주어+can ~: (주어)가 ~할 수 있도록

role model and good citizen and a leader [that others can respect].
좋은 본보기이자 훌륭한 시민이고 지도자가　　다른 사람이 존경할 수 있는
병렬구조　　　　　　　　　　　　　　　　　목적격 관계대명사절

There is nothing wrong with that. But [if you do it / at the expense
그것에 문제는 없다　　　　　　하지만 그렇게 한다면　　자신의 진정한
　　　　　　　　　　　　　　　　조건의 부사절

of being who you really are, / [making decisions {that please others /
모습이 되는 것을 희생하면서까지　결정을 내리면서　　　　타인을 기쁘게 하는
　　　　　　　　　　　　　분사구문(동시동작)　　주격 관계대명사절

instead of pleasing yourself}]], you're not going to be / in that
자기 자신을 기쁘게 하기보다　　　여러분은 머물지 못할 것이다　그 지위에
　~ 대신에

position very long. When you start apologizing / for [who you are], /
그리 오래　　　　　사과하기 시작하는 순간　　여러분이 누구인지에 대해
　　　　　　　　　　　　　　　　　　　　　　목적절(의문사절)

you stop growing / and you stop winning. Permanently.
여러분은 성장을 멈추고　승리를 멈추게 된다　　　영원히
　　stop v-ing: ~하는 것을 멈추다

지문 해석

승리는 다른 사람이 바라보고 있다는 자의식적 인식을 촉발한다. 아무도 여러분을 모르고 (여러분에게) 집중하고 있지 않으면 눈에 띄지 않게 움직이기가 훨씬 더 쉽다. 여러분은 일을 망치고, 난폭해지며, 비열해져도 되는데, 왜냐하면 여러분이 그곳에 있다는 것을 아무도 심지어 알지 못하기 때문이다. 하지만 여러분이 승리하기 시작하거나, 다른 사람이 알아차리기 시작하는 순간부터, 여러분은 관찰되고 있다는 것을 갑자기 인식한다. 여러분은 평가받고 있다. 여러분은 다른 사람이 여러분의 실수와 약점을 발견할 것이라고 걱정하고, 여러분이 좋은 본보기이자 훌륭한 시민이고 다른 사람이 존경할 수 있는 지도자가 될 수 있도록 여러분 본래의 성격을 숨기기 시작한다. 그것에 문제는 없다. 하지만 자기 자신을 기쁘게 하기보다, 타인을 기쁘게 하는 결정을 내리면서 자신의 진정한 모습이 되는 것을 희생하면서까지 그렇게 한다면, 여러분은 그 지위에 그리 오래 머물지 못할 것이다. 여러분이 누구인지에 대해 사과하기 시작하는 순간, 여러분은 성장을 멈추고, 승리를 멈추게 된다. 영원히.

지문 흐름

승리는 다른 사람이 바라보고 있다는 자의식적 인식을 촉발함	········	도입
↓		
아무도 여러분을 모르면 움직이기가 훨씬 더 쉬움	········	전개
↓		
아무도 알지 못하기에 일을 망치고, 난폭해지며, 비열해져도 됨	········	부연
↓		
하지만 승리하기 시작하면, 여러분은 관찰되고 평가받고 있다는 것을 인식함	········	문제
↓		
다른 사람을 의식하며, 본래의 성격을 숨기기 시작함	········	결과
↓		
자신의 진정한 모습을 희생시키며 자신보다 타인을 기쁘게 하기 위해 행동하면, 성장과 승리를 영원히 멈추게 됨	········	주제

친절한 오답 풀이

오답 선택지	선택률	오답 이유
① 인생의 경주에서 승리하려고 남을 평가하지 마라	15%	승리하기 시작하면 남에게 평가받는다고는 했지만, 남을 평가하지 말라는 내용은 언급되지 않았다.
② 실망이 비판보다 더 아픈 이유	3%	실망이 비판보다 더 아픈 이유는 글의 내용과 무관하다.
③ 승리 대 패배: 위험하게도 오해의 소지가 있는 사고방식	14%	승리와 패배를 비교한 내용은 언급되지 않았다.
⑤ 정직이 적을 친구로 만드는 최선의 방법인가?	3%	정직에 대한 내용은 언급되지 않았다.

정답 풀이

왼손/오른손에 대한 선호가 결정되는 시기에 관한 통념에 이견을 말하는 글이므로, 글의 제목으로는 ⑤ '잘 쓰는 쪽 손의 시계: 실제로 언제 시작되는가'가 가장 적절하다.

친절한 지문분석

Of central importance for understanding the development of
잘 쓰는 쪽 손의 발달을 이해하는 데 있어서 매우 중요하다
　　　　　　　　　　　　　　　보어

handedness / is the answer to the question / of [when in
질문의 답은　　　　　　발달 과정에서 언제
동사　주어　　　　　　　의문사절

development / it is actually determined {whether a child will
아이가 왼손잡이가 될지 오른손잡이가 될지가 실제로 결정되는지(에 대한)
가주어　　　　　　진주어

be left-handed or right-handed}]. It was long thought / [that
오랫동안 생각되었다
가주어　　　　　　　　진주어

handedness could only be reliably determined / in elementary
잘 쓰는 쪽 손은 확실히 결정될 수 있다고만　　　초등학교에서

school, / {when a child learns to write}]. However, / this
　　아이가 글쓰기를 배우는　　　그러나
　　관계부사절(계속적 용법)

assumption is incorrect. In fact, / scientific studies show /
이 가정은 잘못되었다　　사실　　과학적 연구들은 보여준다

[that left-handedness is established in many children / long before
왼손을 잘 쓰는 것은 많은 아이들에게 확립된다는 것을　초등학교 훨씬
목적절

elementary school] / — interestingly, even before birth / in most
이전에　　　흥미롭게도, 심지어 출생 전에　　대부분의 사람

people. In such studies, / the hand and arm movements of unborn
에게는　그러한 연구들에서　자궁에서 태아의 손과 팔의 움직임이 기록된다

children in the womb are recorded / [using ultrasound images].
초음파 이미지를 사용하여
분사구문(동시동작)

[Using this technique], / it was shown / [that a clear preference
이 기술을 사용하여　밝혀졌다　오른팔 움직임에 대한 명확한 선호가
분사구문(동시동작)　가주어　진주어

for the movement of the right arm exists / as early as 10 weeks
존재한다는 것이　　　수정 후 10주만큼 일찍

after fertilization]. In this study, / ultrasound images of 72 unborn
　　　　　　이 연구에서는　72명의 태아의 초음파 이미지가

(who were)
children / [10 weeks after fertilization] / were evaluated / and 85%
　　　　수정 후 10주가 된　　　평가되었다　그리고 85%가

showed more movements of the right arm / than the left.
오른팔의 더 많은 움직임을 보였다　　　왼팔보다

This number is already very close / to the approximately 89.4%
이 수치는 이미 매우 근접하다　　　성인들 중 약 89.4%의 오른손잡이에

right-handers among adults.

지문 해석

아이가 왼손잡이가 될지 오른손잡이가 될지가 발달 과정에서 언제 실제로 결정되는지에 대한 질문의 답은 잘 쓰는 쪽 손(handedness)의 발달을 이해하는 데 있어서 매우 중요하다. 잘 쓰는 쪽 손은 아이가 글쓰기를 배우는, 초등학교에서 확실히 결정될 수 있다고만 오랫동안 생각되었다. 그러나, 이 가정은 잘못되었다. 사실, 과학적 연구들은 왼손을 잘 쓰는 것은 많은 아이들에게 초등학교 훨씬 이전에 확립된다는 것을 보여준다—흥미롭게도, 대부분의 사람에게는 심지어 출생 전에. 그러한 연구들에서, 자궁에서 태아의 손과 팔의 움직임이 초음파 이미지를 사용하여 기록된다. 이 기술을 사용하여, 오른팔 움직임에 대한 명확한

선호가 수정 후 10주만큼 일찍 존재한다는 것이 밝혀졌다. 이 연구에서는, 수정 후 10주가 된 72명의 태아의 초음파 이미지가 평가되었고 85%가 왼팔보다 오른팔의 더 많은 움직임을 보였다. 이 수치는 이미 성인들 중 약 89.4%의 오른손잡이에 매우 근접하다.

지문 흐름

아이의 왼손/오른손잡이 여부의 결정 시기는 잘 쓰는 쪽 손의 발달을 이해하는 데 중요함	……… 도입
↓	
글쓰기를 배우는 초등학교에서 왼손/오른손잡이가 결정된다고 여겨짐	……… 통념
↓	
왼손을 잘 쓰는 것은 초등학교 훨씬 이전에 확립됨	……… 반론
↓	
수정 후 10주에 태아가 오른팔을 선호한다는 사실이 초음파 영상 기술을 통해 밝혀짐	……… 근거
↓	
태아의 85%가 오른팔 선호를 보이는 것은 성인의 약 89.4%가 오른손잡이인 것과 상통함	……… 상술

친절한 오답 풀이

오답 선택지	선택률	오답 이유
① 왜 잘 쓰는 쪽 손이 환경의 영향을 받을까?	5%	왼손/오른손의 선호가 출생 전에 결정된다고 말하고 있으므로, 환경이 영향을 미친다는 것은 글의 내용과 상반된다.
② 창의력을 키우려면 덜 쓰는 손을 더 많이 사용하라!	5%	창의력은 글의 내용과 무관하다.
③ 지능의 근원을 밝히기 위한 과학적 노력	4%	지능의 근원은 글의 내용과 무관하다.
④ 잘 쓰는 쪽 손, 특별한 재능의 결정적 요소	9%	왼손/오른손에 대한 선호와 재능과의 관계는 글의 내용과 무관하다.

코드 공략하기   pp.53~55

01 ③   **02** ①   **03** ⑤   **04** ⑤   **05** ④   **06** ⑤

정답 풀이

산업 혁명과 함께 제조업의 발달이 사회와 경제를 변화시켰지만 공공 토지와 수로에 유해한 부산물을 버리면서 환경을 해쳤다는 내용이므로, 글의 제목으로는 ③ '산업 발전이 환경에 손상을 입혔다'가 가장 적절하다.

친절한 지문분석

The realization of human domination / over the environment /
인간의 지배의 실현은　　　　　환경에 대한
　　　　　　　　　　　　　　~에 대한(전치사)

began in the late 1700s / with the industrial revolution. Advances
1700년대 후반 시작되었다　　산업 혁명과 함께　　　　제조업의 발달은

in manufacturing transformed societies and economies / [while
사회와 경제를 변화시켰다　　　　　　　　중대한
　　　　　　　　　　　　　　　　접속사+분사구문

producing significant impacts / on the environment]. American
영향을 미치면서　　　　　환경에　　　　미국 사회는

society became structured / on multiple industries' capitalistic
구축되었다　　　　여러 산업의 자본주의적 목표에 따라

goals / [as the development of the steam engine led / to the
　　증기 기관의 발달이 이어지면서
　　시간의 부사절

mechanized production of goods in mass quantities]. Rural
기계화를 통한 상품의 대량 생산으로   시골의

agricultural communities / with economies / [based on handmade
농업 사회는   경제를 가진   수제 상품과 농업에
                                                            과거분사구

goods and agriculture] / were abandoned / for life in urban cities /
기반을 둔   버려졌다   도시에서의 삶을 위해
                              수동태

with large factories / [based on an economy of industrialized
대규모 공장이 있는   산업화된 제조업 경제를 기반으로 한
                        과거분사구

manufacturing]. Innovations in the production of textiles, iron,
직물, 철, 철강 생산의 혁신은 제공했다

and steel provided / increased profits / to private companies.
증대된 이윤을   사기업에

Simultaneously, those industries exerted authority / over the
동시에 그런 산업은 권력을 행사했다   환경에
                                동사 1   ~에 대해(전치사)

environment / and began dumping hazardous by-products / in
그리고 유해한 부산물을 내버리기 시작했다
              동사 2

public lands and waterways.
공공 토지와 수로에

지문 해석

환경에 대한 인간의 지배의 실현은 1700년대 후반 산업 혁명과 함께 시작되었다. 제조업의 발달은 사회와 경제를 변화시키면서 환경에 중대한 영향을 미쳤다. 증기 기관의 발달이 기계화를 통한 상품의 대량 생산으로 이어지면서 미국 사회는 여러 산업의 자본주의적 목표에 따라 구축되었다. 수제 상품과 농업에 기반을 둔 경제를 가진 시골의 농업 사회는 산업화된 제조업 경제를 기반으로 한 대규모 공장이 있는 도시에서의 삶을 위해 버려졌다. 직불, 철, 철강 생산의 혁신은 사기업의 이윤을 증대하였다. 동시에 그런 산업들은 환경에 권력을 행사하였고 공공 토지와 수로에 유해한 부산물을 내버리기 시작했다.

지문 흐름

1700년대 후반 산업 혁명과 함께 인간의 환경 지배가 실현되기 시작함	………	도입
↓		
제조업의 발달은 사회와 경제를 변화시키면서 환경에 중대한 영향을 미침	………	주제
↓		
증기 기관의 발달이 상품 대량 생산으로 이어지면서 미국 사회는 산업들의 자본주의 목표에 따라 구축됨	………	상술 1
↓		
시골의 농업 사회는 도시의 삶을 위해 버려짐	………	상술 2
↓		
직물, 철, 철강 생산 혁신은 사기업 이윤을 증대함	………	상술 3
↓		
그런 산업들은 환경에 권력을 행사하고 유해한 부산물을 내버림	………	상술 4

친절한 오답 풀이

오답 선택지	선택률	오답 이유
① 산업 혁신을 위한 전략	15%	산업 혁신을 위한 전략에 관한 내용은 언급되지 않았다.
② 도시화: 더 나은 삶으로 가는 길	8%	산업화가 환경에 부정적인 영향을 미쳤다는 내용이므로, 도시화가 더 나은 삶으로 가는 길이라는 내용은 지문의 내용과 상반된다.
④ 기술: 지속 가능한 개발의 열쇠	9%	기술이 지속 가능한 개발의 열쇠라는 내용은 지문의 내용과 무관하다.
⑤ 자본주의의 원동력은 욕심이 아니었다	3%	자본주의의 원동력이 욕심이 아니라는 것은 지문의 내용과 무관하다.

정답 풀이

연구자들은 새로운 지식을 얻기 위해 미개척 영역으로 과감히 들어가 볼 필요가 있으며, 이런 미개척 영역에서 예측이 틀려도 괜찮고, 오히려 흔히 결과를 내는 예측들보다는 결과를 내지 않는 예측들로부터 더 많이 배운다는 내용이므로, 글의 제목으로는 ① '연구자여, 틀리는 것을 두려워 말라'가 가장 적절하다.

친절한 지문분석

Some beginning researchers / mistakenly believe / [that a good
일부 처음 시작하는 연구자들은   잘못 믿는다   좋은 가설은
          주어   동사   목적어

hypothesis is one / {that is guaranteed to be right}] / (e.g., alcohol
하나라고   옳다는 것이 보장된   예를 들면 알코올은
              =hypothesis 주격 관계대명사절

will slow down reaction time). However, / [if we already know /
반응 시간을 둔화시킬 것이다   하지만   이미 우리가 알고 있다면
                                                    조건의 부사절
(that)
your hypothesis is true} / {before you test it}], testing your
여러분의 가설이 사실이라고   여러분이 그것을 시험하기 전에   여러분의 가설을
목적절   시간의 부사절   주어(동명사구)

hypothesis / won't tell us anything new. Remember, / research
시험하는 것은   우리에게 어떤 새로운 것도 말해 주지 않을 것이다   기억하라   연구란
                  동사   tell A B: A에게 B를 말하다

is supposed to produce new knowledge. To get new knowledge, /
'새로운' 지식을 생산하기로 되어 있다는 것을   새로운 지식을 얻기 위해서
be supposed to-v: ~하기로 되어 있다   to부정사의 부사적 용법(목적)

you, as a researcher-explorer, / need to leave the safety of the
여러분은 연구자이자 탐험가로서   해변의 안전함(기정 사실)을 떠날
주어   ~로서(전치사)   삽입구   동사

shore (established facts) / and venture into uncharted waters /
필요가 있다   그리고 미개척 영역으로 과감히 들어가 볼
                              (to)

(as Einstein said, / "If we knew [what we were doing], / it would
아인슈타인이 말했듯이   우리가 무엇을 하고 있는지 안다면   그것은
~듯이(접속사)   가정법 과거   목적절(의문사절)

not be called research, would it?"). [If your predictions / about
연구라고 불리지 않을 것이다, 그렇지   여러분의 예측이
                                    조건의 부사절   주어

{what will happen in these uncharted waters} / are wrong], / that's
이런 미개척 영역에서 무엇이 일어날 것인지에 관한   틀린다면   그것은
전치사의 목적절(의문사절)   동사

okay: / Scientists are allowed to make mistakes / (as Bates said, /
괜찮다   과학자는 실수를 저지르는 것이 허용되어 있다   Bates가 말했듯이
        수동태(allow+목적어+to-v: (목적어)가 ~하도록 허락하다)

"Research is the process of [going up alleys / to see if they are
연구는 골목길을 올라가 보는 과정이다   앞이 보이지 않는지 보려고
                      동명사구(전치사의 목적어)   부사적 용법(목적) ~인지(접속사)

blind")]. Indeed, / scientists often learn more / from predictions
                    정말로   과학자는 흔히 더 많이 배운다   결과를 내지 않는
                                      비교급   선행사

[that do not turn out] / than from those [that do].
예측들로부터   결과를 내는 예측들보다는
주격 관계대명사절   = predictions = turn out

지문 해석

일부 처음 시작하는 연구자들은 좋은 가설은 옳다는 것이 보장된 것이라고 잘못 믿는다(예를 들면, '알코올은 반응 시간을 둔화시킬 것이다'). 하지만 여러분의 가설을 여러분이 시험하기 전에 그것이 사실이라고 이미 우리가 알고 있다면 여러분의 가설을 시험하는 것은 우리에게 어떤 새로운 것도 말해 주지 않을 것이다. 연구란 '새로운' 지식을 생산하기로 되어 있다는 것을 기억하라. 새로운 지식을 얻기 위해서 연구자이자 탐험가로서 여러분은 해변의 안전함(기정 사실)을 떠나 미개척 영역으로 과감히 들어가 볼 필요가 있다(아인슈타인이 말했듯이, "우리가 무엇을 하고 있는지 안다면 그것은 연구라고 불리지 않을 것이다, 그렇지?"). 이런 미개척 영역에서 무엇이 일어날 것인지에 관한 여러분의 예측이 틀린다면 그것은 괜찮다. 과학자는 실수를 저지르는 것이 허용되어 있다(Bates가 말했듯이, "연구는 앞이 보이지 않는지(막다른 길인지) 보려고 골목길을 올라가 보는 과정이다"). 정말로 과학자는 흔히 결과를 내는 예측들보다는 결과를 내지 않는 예측들로부터 더 많이 배운다.

일부 처음 시작하는 연구자들은 좋은 가설은 옳다는 것이 .... 통념
보장된 것이라고 잘못 믿음

↓

하지만 가설을 시험하기 전에 그것이 사실이라고 이미 알 .... 반론
고 있다면, 가설을 시험하는 것은 우리에게 어떤 새로운 것
도 말해 주지 않을 것임

↓

연구란 '새로운' 지식을 생산해야 한다는 것을 기억해야 함 .... 전개

↓

새로운 지식을 얻기 위해서 미개척 영역으로 과감히 들어 .... 요지
가 볼 필요가 있으며, 이런 미개척 영역에서 예측이 틀리
더라도 괜찮음

↓

과학자는 실수를 저질러도 괜찮으며, 흔히 결과를 내는 예 .... 부연
측들보다는 결과를 내지 않는 예측들로부터 더 많이 배움

친절한 오답 풀이

오답 선택지	선택률	오답 이유
② 가설은 터무니없는 추측과 다르다	6%	가설과 터무니없는 추측을 비교하는 것에 대해서는 언급되지 않았다.
③ 연구자가 정보 공유를 주저하는 이유	5%	연구자가 정보 공유를 주저하는 이유는 지문과 무관하다.
④ 하나의 작은 실수가 여러분의 연구 전체를 망칠 수 있다	7%	실수를 저질러도 괜찮다는 내용만 있을 뿐, 하나의 실수가 연구 전체를 망친다는 내용은 언급되지 않았다.
⑤ 확실한 사실이 우리의 생각을 바꾸지 않는 이유	2%	확실한 사실이 우리의 생각을 바꾸지 않는 이유에 대해서는 언급되지 않았다.

03   정답 ⑤   정답률 71%

정답 풀이

미국 시트콤이 사회적 갈등과 진보적인 가치를 유머를 통해 수용 가능하게 만들었다는 내용이므로, 글의 제목으로는 ⑤ '시트콤에서 유머는 진보적 가치의 수용을 돕는다'가 가장 적절하다.

친절한 지문분석

Since their start in the early 1950s / U.S. television sitcoms have
1950년대 초반에 시작된 이래로   미국의 텔레비전 시트콤은
~ 이래로(전치사)

charted many of the social conflicts / in U.S. society: / civil rights,
많은 사회 갈등을 보여 주었다   미국 사회의   시민권,

women's rights in the home and in the workplace, children's rights,
가정과 직장에서의 여성 권리, 아동권, 이민과 다문화주의와 같은 것들

immigration and multiculturalism, / as well as evolving conceptions
진화하는 가족 개념뿐만 아니라
~뿐만 아니라

of the family. Each of these issues has been addressed through
이 각각의 쟁점은 유머를 통해 다루어져 왔다

humour / in a way [that has helped to make more progressive
보다 진보적인 가치들이 이전보다 더 수용 가능하도록 하는 데 도움을 주는 방식으로
주격 관계대명사절   make+목적어+형용사(구): (목적어)를 ~하게 만들다

values more acceptable than previously]. Often a character, /
종종 등장인물 한 명

usually someone [marked as a bigot], / resisted one or more of
대개는 편견이 아주 심한 사람이라고 특징지어졌던 누군가가   이러한 발전 중 하나 이상에 저항했다
과거분사구   동사 1

these developments / and was then made to appear ridiculous.
그러고 나서 (그가) 어리석어 보이게 되었다
동사 2

They were cut down / either through their own stupidity, a brief
이들은 배제되었다   자신의 어리석음이나 다른 사람들의 짧은 비난에 의해

scolding from others, / or both. In this way, / the humour of sitcoms
또는 이 두 가지 모두(에 의해)   이러한 방식으로   시트콤의 유머는

acted as a cost-effective means / [to encourage acceptance of a
비용 효율적인 수단으로 작용했다   더 다원적이고 관용적인 사회의 수용을 장려하는
to부정사의 형용사적 용법

more pluralistic and tolerant society].

지문 해석

1950년대 초반에 시작된 이래로, 미국의 텔레비전 시트콤은 미국 사회의 많은 사회 갈등을 보여 주었는데, 진화하는 가족 개념뿐만 아니라 시민권, 가정과 직장에서의 여성 권리, 아동권, 이민과 다문화주의와 같은 것들이다. 이 각각의 쟁점은 유머를 통해 보다 진보적인 가치들이 이전보다 더 수용 가능하도록 하는 데 도움을 주는 방식으로 다루어져 왔다. 종종 등장인물 한 명, 대개는 편견이 아주 심한 사람이라고 특징지어졌던 누군가가 이러한 발전 중 하나 이상에 저항하고 나서 (그가) 어리석어 보이게 되었다. 이들은 자신의 어리석음이나 다른 사람들의 짧은 비난, 또는 이 두 가지 모두에 의해 배제되었다. 이러한 방식으로, 시트콤의 유머는 더 다원적이고 관용적인 사회의 수용을 장려하는 비용 효율적인 수단으로 작용했다.

지문 흐름

미국의 시트콤은 미국 사회의 다양한 갈등을 보여줌 .... 도입

↓

시트콤은 유머를 통해 쟁점을 다루면서 진보적인 가치의 .... 요지
수용 가능성을 높임

↓

시트콤 속 편견이 심한 인물은 사회적 변화에 저항하여 어 .... 부연
리석어 보이게 되며 비난받고 배제됨

↓

시트콤의 유머는 다원적이고 관용적인 사회의 수용을 장 .... 결론
려하는 수단임

친절한 오답 풀이

오답 선택지	선택률	오답 이유
① 왜 시트콤은 진보적 아이디어를 비판하는가?	4%	글에서는 시트콤이 진보적인 가치를 수용하게 하는 역할을 했다고 말하고 있으므로, 글의 내용과 상반된다.
② 다문화 사회에서의 유머의 수용성	13%	글은 시트콤의 유머를 통한 진보적인 가치 수용에 관한 내용이며, 다문화 사회에서의 유머의 수용성은 글의 내용과 무관하다.
③ 사회 변화에 따른 미국 시트콤의 쇠퇴	8%	시트콤이 사회 변화를 어떻게 반영했는지에 관한 글로, 시트콤의 쇠퇴에 관한 언급은 없다.
④ 제작 비용: 왜 TV 광고가 필요한가?	3%	텔레비전 광고의 필요성은 글의 내용과 무관하다.

04   정답 ⑤   정답률 78%

정답 풀이

항상 연락될 수 있어야 한다고 느끼는 아이들의 의무감이 스트레스를 유발할 수 있다는 내용이므로, 글의 제목으로는 ⑤ '연결되지만 스트레스받는다: 디지털 시대의 아이들의 어려움'이 가장 적절하다.

The most prevalent problem [kids report] is / [that they feel like
아이들이 이야기하는 가장 일반적인 문제는 ~이다   그들이 연락될 수 있어야
(which/that) 목적격 관계대명사절   보어절

they need to be accessible / at all times]. [Because technology
한다고 느낀다는 것   항상   기술이 그것을 허용하기 때문에
이유의 부사절

allows for it], / they feel an obligation. It's easy for most of us
                그들은 의무감을 느낀다   우리 대부분은 공감하기 쉬운데
= the situation where kids feel like they
need to be accessible at all times
가주어   의미상 주어

to relate / — you probably feel the same pressure / in your own
아마 여러분도 같은 압박을 느낄 것이다   자신의 삶에서
진주어

life! It is really challenging [to deal with the fact / {that we're
사실에 대처하는 것은 매우 힘들다   =   우리가 인간이고
가주어   진주어   동격절

human and can't always respond instantly}]. For a teen or tween /
항상 즉각적으로 응답할 수 없다는   십대(13~19세)나 십대 초반(10~12세)의 아동에게

[who's still learning the ins and outs / of social interactions], / it's
아직 세부적인 것들을 배우고 있는   사회적 상호 작용의   상황은
주격 관계대명사절

even worse. Here's [how this behavior plays out sometimes]: /
훨씬 더 심각하다 때때로 이 행동이 나타나는 방식은 다음과 같다
비교급 강조   보어절

Your child texts one of his friends, / and the friend doesn't text
여러분의 자녀가 친구 중 한 명에게 문자 메시지를 보낸다   그리고 그 친구가 즉시 답장을 보내지 않는다

back right away. Now it's easy for your child to think, / "This
                이제 여러분의 자녀는 생각하기 쉽다
                가주어   의미상 주어   진주어

person doesn't want to be my friend anymore!" So he texts again,
"얘는 더 이상 내 친구가 되기를 원하지 않는구나!"라고   그래서 다시, 다시, 그리고

and again, and again / — [blowing up their phone]." This can be
또 다시 문자 메시지를 보낸다   '전화기를 폭파하는(과부하 상태로 만드는) 것'이다 이것은
(can be)   분사구문(결과)   동사 1

stress-inducing / and even read as aggressive. But you can see /
스트레스를 유발한다   그리고 심지어 공격적인 것으로 읽힐 수 있다 하지만 여러분은 알 수 있다
                동사 2(수동태)

[how easily this could happen].
이것이 얼마나 쉽게 일어날 수 있는지
목적절

아이들은 항상 연락될 수 있어야 한다는 의무감을 느낌	········ 도입
우리 대부분 공감하며 같은 압박을 느낄 것이고, 항상 즉각적으로 응답할 수 없다는 사실에 대처하기 힘듦	········ 전개
사회적 상호 작용의 세부적인 것들을 배우고 있는 십대나 십대 초반의 아동에게 상황은 훨씬 더 심각함	········ 문제 제기
친구에게 문자 메시지를 보내고 즉시 답장을 받지 못하면 거절감을 느끼고 전화기가 과부하 상태에 이르도록 계속해서 다시 문자 메시지를 보냄	········ 사례
스트레스를 유발하고 공격적으로 보일 수 있는 이와 같은 상황은 쉽게 일어날 수 있음	········ 제언

오답 선택지	선택률	오답 이유
① 상징에서 바이트로: 의사 소통의 역사	2%	의사 소통의 역사는 글의 내용과 무관하다.
② 자녀와 연락이 닿고자 하는 부모의 바람	4%	아이들이 항상 연락이 닿을 수 있어야 한다는 압박을 느낀다고 했으나, 부모가 자녀와 연락이 닿길 바란다는 내용은 언급되지 않았다.
③ 신뢰 형성: 이상적인 인간 관계의 핵심	7%	이상적인 인간 관계에 대한 내용은 언급되지 않았다.
④ 십대 우정에서의 디지털 기술의 긍정적인 역할	9%	십대 아이들 사이의 문자 메시지가 스트레스를 유발하고 공격적이게 읽힐 수 있다고 했으므로, 디지털 기술이 십대 우정에서 긍정적인 역할을 한다는 것은 글의 내용과 상반된다.

아이들이 이야기하는 가장 일반적인 문제는 그들이 항상 연락될 수 있어야 한다고 느낀다는 것이다. 기술이 그것을 허용하기 때문에, 그들은 의무감을 느낀다. 우리 대부분은 공감하기 쉬운데, 아마 여러분도 자신의 삶에서 같은 압박을 느낄 것이다! 우리가 인간이고 항상 즉각적으로 응답할 수 없다는 사실에 대처하는 것은 매우 힘들다. 아직 사회적 상호 작용의 세부적인 것들을 배우고 있는 십대(13~19세)나 십대 초반(10~12세)의 아동에게 상황은 훨씬 더 심각하다. 때때로 이 행동이 나타나는 방식은 다음과 같다. 예를 들어, 여러분의 자녀가 친구 중 한 명에게 문자 메시지를 보내고, 그 친구가 즉시 답장을 보내지 않는다면, 이제 여러분의 자녀는 "얘는 더 이상 내 친구가 되기를 원하지 않는구나!"라고 생각하기 쉽다. 그래서 다시, 다시, 그리고 또 다시 문자 메시지를 보내다가, '전화기를 폭파하는(과부하 상태로 만드는) 것'이다. 이것은 스트레스를 유발하고, 심지어 공격적인 것으로 읽힐 수 있다. 하지만 여러분은 이것이 얼마나 쉽게 일어날 수 있는지 알 수 있다.

05 　　　　정답 ④　　　　정답률 78%

마감일이 단위로 나뉜 반대편에 있을 경우 멀다고 느껴 실행 준비를 할 가능성이 낮기 때문에, 시간 틀에 대한 생각을 바꿔 마감일이 임박하다고 생각하면 적시에 작업을 시작하고 마무리할 수 있다는 내용이므로, 글의 제목으로는 ④ '제시간에 일을 끝내기 위해 당신의 마음을 속여라'가 가장 적절하다.

We tend to break up time into units, / such as weeks, months, and
우리는 시간을 단위로 나누는 경향이 있다   주, 월, 계절과 같은
tend to-v: ~하는 경향이 있다

seasons; / in a series of studies / [among farmers in India and
            일련의 연구에서   인도의 농부들과 북미의 학생들을 대상으로 한
                                    전치사구(형용사구)

students in North America], / psychologists found / [that {if a
                              심리학자들은 발견했다   마감일이 '나뉨'의
                                                    목적절
                                              조건의 부사절

deadline is on the other side of a "break" / — such as in the New
반대편에 있는 경우   새해와 같이

Year} — / we're more likely to see it as remote, / and, as a result, /
        우리는 그것을 멀리 있는 것으로 여길 가능성이 더 많다는 것을   그리고 그 결과
(to)   be likely to-v: ~할 가능성이 있다

be less ready to jump into action]. [What you need to do in that
실행에 옮길 준비를 덜 할 가능성이 더 많다는 것을   그러한 상황에서 당신이 해야 할 일은 ~이다
                                        관계사절(주어)

situation] is / find another way / [to think about the timeframe]. For
            또 다른 방식을 찾는 것   그 시간 틀에 대해 생각하는
                                  to부정사의 형용사적 용법

example, / [if it's November and the deadline is in January], it's
예를 들어   지금이 11월이고 마감일이 1월이라면
　　　　　조건의 부사절 (that)　　　　　　　　　　　　가주어

better [to tell yourself / you have to get it done "this winter" /
당신 자신에게 말하는 것이 더 좋다   당신이 '이번 겨울'에 일을 끝내야 한다고
　진주어　　　　　　　　　　　　　　get+목적어+과거분사: ~을 …되게 하다
　　　　　　　　　tell의 직접목적어(that절)

rather than "next year." }] The best approach is [to view deadlines /
'내년'보다는　　　　　　　최고의 접근법은 마감일을 여기는 것이다
　　　　　　　　　　　　　　　　　to부정사의 명사적 용법(보어)
　　　　　　　　　　　　　　　　　view A as B: A를 B로 보다

as a challenge {that you have to meet / within a period <that's
맞춰야 하는 도전으로　임박한 기간 내에
　　　목적격 관계대명사절　　　　임박한 기간 내에　　　주격 관계대명사절

imminent>}]. That way / the stress is more manageable, / and you
　　　　　　　　그런 식으로　스트레스는 더 잘 관리될 수 있다　　그리고 작업을
　　　　　　　　　　　　　　　(you have a better chance of)

have a better chance of starting / — and therefore finishing — /
시작할 수 있는 가능성이 높아진다　　　따라서 마무리할 수 있는

in good time.
적시에

지문 해석

우리는 시간을 주, 월, 계절과 같은 단위로 나누는 경향이 있다; 인도의 농부들과 북미의 학생들을 대상으로 한 일련의 연구에서, 심리학자들은 마감일이 '나눔'—새해와 같이—의 반대편에 있는 경우, 우리는 그것을 멀리 있는 것으로 여기고, 그 결과, 실행에 옮길 준비를 덜 할 가능성이 더 많다는 사실을 발견했다. 그러한 상황에서 당신이 해야 할 일은 그 시간 틀에 대해 생각하는 또 다른 방식을 찾는 것이다. 예를 들어, 지금이 11월이고 마감일이 1월이라면, '내년'보다는 '이번 겨울'에 일을 끝내야 한다고 자신에게 말하는 것이 더 좋다. 최고의 접근법은 마감일을 임박한 기간 내에 맞춰야 하는 도전으로 여기는 것이다. 그런 식으로 스트레스는 더 잘 관리될 수 있고, 적시에 작업을 시작—따라서 마무리—할 수 있는 가능성이 높아진다.

지문 흐름

우리는 시간을 주, 월, 계절과 같은 단위로 나누는 경향이 있음	도입
마감일이 '나눔'의 반대편에 있는 경우, 멀리 있는 것으로 여겨 실행에 옮길 준비를 덜 하게 됨	문제 제기
그 시간 틀에 대해 생각하는 또 다른 방식을 찾아야 하는데, 지금이 11월이고 마감일이 1월이라면, '내년'보다는 '이번 겨울'에 일을 끝내야 한다고 생각하는 것이 좋음	해결책
마감일을 임박한 기간 내에 맞춰야 하는 도전으로 여기면, 스트레스 관리가 잘 되고 적시에 작업을 시작하고 마무리할 수 있음	결론

친절한 오답 풀이

오답 선택지	선택률	오답 이유
① 마감일 연장: 서두르지 말고, 걱정하지 마라	11%	마감일의 연장은 글의 내용과 무관하다.
② 스트레스는 어떻게 시간 인지에 영향을 미치는가	7%	스트레스가 시간 인지에 어떤 영향을 미치는지에 관한 내용은 언급되지 않았다.
③ 우리는 왜 겨울에 과업 관리를 더 못하는가?	5%	과업 관리의 계절적 연관성에 관한 내용은 언급되지 않았다.
⑤ 더 빨리 시작할수록, 더 많은 실수를 한다	3%	시작 시기와 실수의 연관성은 글의 내용과 무관하다.

정답 풀이

새로운 단어들과 표현들이 계속해서 생겨나기 때문에 셰익스피어마저도 현재 영어를 이해하기 어려울 것이라는 내용이므로, 글의 제목으로는 ⑤ '언어 진화는 셰익스피어도 반문맹자가 되게 한다!'가 가장 적절하다.

친절한 지문분석

New words and expressions emerge continually / in response to
새로운 단어들과 표현들이 계속해서 생겨난다　　　　　　　　~에 응하여

new situations, ideas and feelings. The Oxford English Dictionary
새로운 상황, 생각, 감정에 반응하여　　〈옥스퍼드 영어 사전〉은 등재한다

publishes / supplements of new words and expressions [that have
　　　　　　새로운 단어들과 표현들의 추가분을
　　　　　　　　　　　　　　　　　주격 관계대명사절

entered the language]. Some people deplore this kind of thing /
그 언어에 등장한　　　　　어떤 사람들은 이런 일을 한탄하고

and see it as a drift from correct English. But it was only in the
그것을 올바른 영어에서 벗어난 것으로 본다　　그러나 18세기에 이르러서야
~로서(전치사)　　　　　　　　　　　　　　　　'it ~ that ....' 강조구문

eighteenth century / that any attempt was made to formalize
　　　　　　　　　영어의 철자와 구두법을 공식화하려는 시도가 이루어졌다
　　　　　　　　　　수동태　　to부정사의 형용사적 용법

spelling and punctuation of English at all. The language [we speak
　　　　　　　　　　　　　　　21세기에 우리가 사용하는
　　　　　　　　　　　　　　　목적격 관계대명사절

in the twenty-first century] would be virtually unintelligible to
언어는　　　　　　　　　셰익스피어에게는 사실상 이해되기 어려울 것이며

Shakespeare, / and so would his way of speaking to us. Alvin Toffler
　　　　우리에게도 그의 말하는 방식은 마찬가지일 것이다　　Alvin Toffler는
　　　　so+동사+주어: ~도 마찬가지이다[그렇다]

estimated [that Shakespeare would probably only understand /
추정했다　　셰익스피어가 오직 이해할 것이라고
　　목적절

about 250,000 of the 450,000 words in general use / in the English
일반적으로 사용되는 450,000개의 단어 중 약 250,000개를　　　현재 영어에서

language now]. In other words, / so to speak, / if Shakespeare were
다시 말해서　　이를테면　만약 셰익스피어가
　　　　　　　　삽입구　　가정법 과거

to materialize in London today / he would understand, on average, /
오늘날 런던에 나타난다면　　그는 평균적으로 이해할 것이다
　　　　　　　　　　　　　　　　삽입구

only five out of every nine words / in our vocabulary.
9개의 단어당 5개만　　　　　우리가 사용하는 어휘에서
　　~ 중에서

지문 해석

새로운 상황, 생각, 감정에 반응하여 새로운 단어들과 표현들이 계속해서 생겨난다. 옥스퍼드 영어 사전은 그 언어에 등장한 새로운 단어들과 표현들의 추가분을 등재한다. 어떤 사람들은 이런 일을 한탄하고 그것을 올바른 영어에서 벗어난 것으로 본다. 그러나 영어의 철자와 구두법을 공식화하려는 시도는 18세기에 이르러서야 이루어졌다. 21세기에 우리가 사용하는 언어는 셰익스피어에게는 사실상 이해되기 어려울 것이며, 우리에게도 그의 말하는 방식은 마찬가지일 것이다. Alvin Toffler는 셰익스피어가 현재 영어에서 일반적으로 사용되는 450,000개의 단어 중 약 250,000개만을 이해할 것이라고 추정했다. 다시 말해서, 이를테면 만약 셰익스피어가 오늘날 런던에 나타난다면, 그는 평균적으로 우리가 사용하는 어휘에서 9개의 단어당 5개만 이해할 것이다.

새로운 상황, 생각, 감정에 반응하여 새로운 단어들과 표현들이 계속해서 생겨남	········ 주제
옥스퍼드 영어 사전은 새로운 단어들과 표현들의 추가분을 등재함	········ 부연
어떤 사람들은 이런 일을 한탄하고 그것을 올바른 영어에서 벗어난 것으로 봄	········ 문제
그러나 영어의 철자와 구두법을 공식화하려는 시도는 18세기에 이르러서야 이루어짐	········ 반론
21세기에 우리가 사용하는 언어는 셰익스피어에게는 사실상 이해되기 어려울 것이며, 우리에게도 그의 말하는 방식은 마찬가지일 것임	········ 상술
Alvin Toffler는 셰익스피어가 현재 영어에서 일반적으로 사용되는 9개의 단어당 5개만 이해할 것이라고 추정함	········ 인용

친절한 오답 풀이

오답 선택지	선택률	오답 이유
① 단어의 원래 의미는 시간이 지남에 따라 희미해진다	11%	단어의 의미 변화에 내용은 언급되지 않았다.
② 사전: 점진적인 과거의 연속	13%	옥스퍼드 영어 사전을 언급하긴 했지만, 사전에 대한 내용을 주로 언급하고 있지는 않다.
③ 문학: 새로운 단어 뒤에 숨은 원동력	12%	셰익스피어를 예로 들고 있지만, 문학에 대한 내용은 언급되지 않았다.
④ 계속 확대되는 언어 격차를 어떻게 메울 수 있을까?	7%	언어 격차에 대한 내용은 언급되지 않았다.

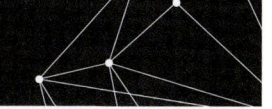

06 도표

코드 접속하기

pp.59~62

Q1 ④   Q2 ④   Q3 ④   Q4 ③

Q1

정답 ④   정답률 85%

정답 풀이

5개국 중에서 자가용을 이용하는 통근자의 비율과 대중교통을 이용하는 통근자의 비율 간의 차이가 가장 큰 국가는 미국이므로, ④ '5개국 중에서, 프랑스가 자가용을 이용하는 통근자의 비율과 대중교통을 이용하는 통근자의 비율 간의 차이가 가장 크다'는 도표의 내용과 일치하지 않는다.

친절한 지문분석

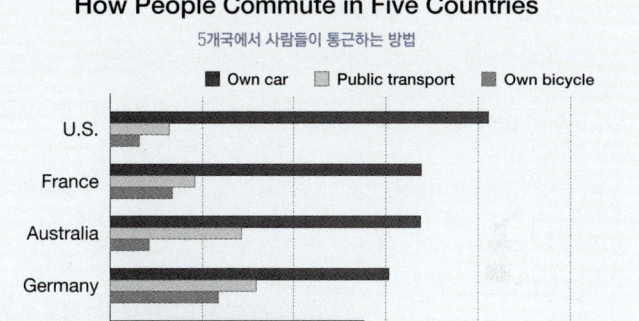

How People Commute in Five Countries
5개국에서 사람들이 통근하는 방법

The above graph shows / [which modes of transportation people
위 그래프는 보여준다   사람들이 어떤 교통수단을 이용하는지
목적절(의문사절)

use / for their daily commute / to work, school, or university /
매일 통근을 위해   직장, 학교, 또는 대학교로

in five selected countries]. In each of the five countries, / [the
선택된 5개국에서   5개국 각각에서
주어

percentage of commuters {using their own car}] is the highest /
자가용을 이용하는 통근자의 비율이 가장 높다
현재분사구   동사

among all three modes of transportation. The U.S. has the
세 가지 교통수단 중에서   미국은 통근자의 비율이

highest percentage of commuters / [using their own car] / among
가장 높다   자가용을 이용하는
현재분사구

the five countries, / but it has the lowest percentages / for the
5개국 중에서   하지만 비율이 가장 낮다
= the U.S.

other two modes of transportation. Public transport is the second
다른 두 교통수단에 대한   대중교통은 두 번째로 인기 있는 교통수단이다

most popular mode of transportation / in all the countries / except
모든 국가에서

for the Netherlands. Among the five countries, / France has the
네덜란드를 제외한   5개국 중에서   프랑스가 가장 큰

biggest gap / between the percentage of commuters [using their
격차를 보인다   자가용을 이용하는 통근자의 비율과   현재분사구
between A and B: A와 B 사이에

own car] and that of commuters [using public transport]. In terms
대중교통을 이용하는 통근자의 비율 사이에
= the percentage　　현재분사구　　~에 관해서

of commuters [using public transport], / Germany leads all of the
대중교통을 이용하는 통근자의 경우에는　　독일이 모든 나라를
현재분사구 (being)

countries, / [immediately followed by Australia].
앞서고　　바로 그 다음이 호주이다
분사구문(부대상황)

지문 해석

위 그래프는 선택된 5개국에서 사람들이 직장, 학교, 또는 대학교로 매일 통근을 위해 어떤 교통수단을 이용하는지 보여준다. 5개국 각각에서 자가용을 이용하는 통근자의 비율이 세 가지 교통수단 중 가장 높다. 미국은 5개국 중에서 자가용을 이용하는 통근자의 비율이 가장 높지만, 다른 두 교통수단의 비율은 가장 낮다. 네덜란드를 제외한 모든 국가에서 대중교통은 두 번째로 인기 있는 교통수단이다. 5개국 중에서, 프랑스가 자가용을 이용하는 통근자의 비율과 대중교통을 이용하는 통근자의 비율 간의 차이가 가장 크다. 대중교통을 이용하는 통근자의 경우에는, 독일이 모든 나라를 앞서고 바로 그 다음이 호주이다.

친절한 오답 풀이

오답 선택지	선택률	오답 이유
① 5개국 각각에서 자가용을 이용하는 통근자의 비율이 세 가지 교통수단 중 가장 높다.	2%	5개국 모두에서 가장 비율이 높은 통근 수단은 자가용이다.
② 미국은 5개국 중에서 자가용을 이용하는 통근자의 비율이 가장 높지만, 다른 두 교통수단의 비율은 가장 낮다.	1%	미국은 통근 시 자가용 이용 비율이 약 80% 이상으로 가장 높으며, 대중교통과 자전거는 모두 나머지 국가들보다 낮은 비율을 보인다.
③ 네덜란드를 제외한 모든 국가에서 대중교통은 두 번째로 인기 있는 교통수단이다.	8%	네덜란드를 제외한 네 국가에서 두 번째로 인기 있는 교통수단은 대중교통이지만, 네덜란드에서는 자전거가 두 번째로 인기 있는 교통수단이다.
⑤ 대중교통을 이용하는 통근자의 경우에는, 독일이 모든 나라를 앞서고 바로 그 다음이 호주이다.	4%	대중교통 통근자 비율이 가장 높은 국가는 독일이며, 그 다음은 호주이다.

Q2　　정답 ④　　정답률 88%

정답 풀이

독일의 공립 중등학교의 교사 1인당 평균 학생 수는 12.8명으로 영국(16.4명)의 절반보다 많으므로, ④ '독일에서 공립 중등학교의 교사 1인당 평균 학생 수는 영국의 절반보다 적었다'는 도표의 내용과 일치하지 않는다.

친절한 지문분석

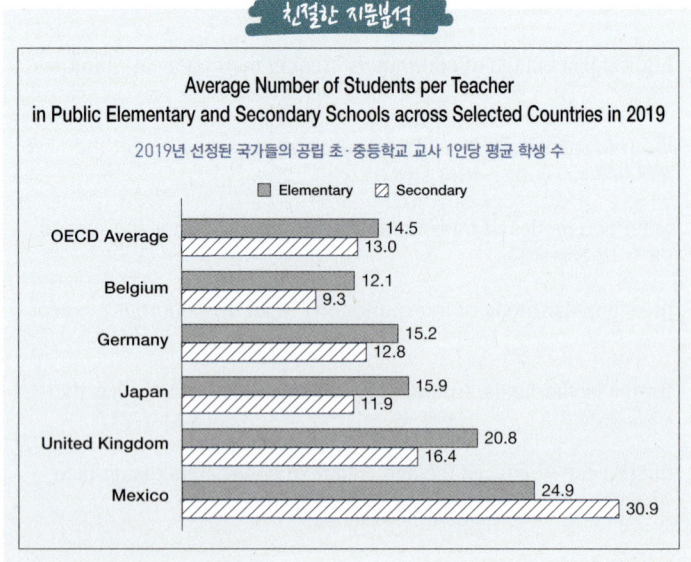

Average Number of Students per Teacher
in Public Elementary and Secondary Schools across Selected Countries in 2019
2019년 선정된 국가들의 공립 초·중등학교 교사 1인당 평균 학생 수

■ Elementary　▨ Secondary

	Elementary	Secondary
OECD Average	14.5	13.0
Belgium	12.1	9.3
Germany	15.2	12.8
Japan	15.9	11.9
United Kingdom	20.8	16.4
Mexico	24.9	30.9

The graph above shows / the average number of students per
위 그래프는 보여 준다　　교사 1인당 평균 학생 수를
the number of+복수명사: ~의 수

teacher / in public elementary and secondary schools / across
공립 초·중등학교에서

selected countries in 2019. Belgium was the only country [with a
2019년 선정된 국가들의　　벨기에는 유일한 나라였다
전치사구(형용사구)

smaller number of students per teacher than the OECD average /
교사 1인당 학생 수가 OECD 평균보다 더 적은
비교급　　~보다

in both public elementary and secondary schools]. In both public
공립 초등학교와 중등학교 모두에서　　공립 초등학교와
both A and B: A와 B 둘 다

elementary and secondary schools, / the average number of
중등학교 모두에서　　교사 1인당 평균 학생 수는

students per teacher / was the largest in Mexico. In public
멕시코에서 가장 많았다　　공립 초등학교에서는
최상급

elementary schools, / there was a smaller number of students per
교사 1인당 평균 학생 수가 더 적었다

teacher on average / in Germany than in Japan, [whereas the
일본보다 독일에서
대조의 부사절

reverse was true in public secondary schools]. The average
공립 중등학교에서는 그 반대였던 반면　　교사 1인당 평균

number of students per teacher / in public secondary schools / in
학생 수는　　공립 중등학교의

Germany / was less than half that in the United Kingdom.
독일의　　영국의 절반보다 더 적었다
~보다 더 적은　　= the average number of students per
teacher in public secondary schools

Of the five countries, / Mexico was the only country / [with more
5개국 중　　멕시코는 유일한 나라였다
~ 중에서(전치사)　　전치사구(형용사구)

students per teacher in public secondary schools / than in public
공립 중등학교의 교사 1인당 학생 수가 더 많은　　공립 초등학교보다

elementary schools].

지문 해석

위 그래프는 2019년 선정된 국가들의 공립 초·중등학교 교사 1인당 평균 학생 수를 보여 준다. 벨기에는 공립 초등학교와 중등학교 모두에서 교사 1인당 학생 수가 OECD 평균보다 더 적은 유일한 나라였다. 공립 초등학교와 중등학교 모두에서, 교사 1인당 평균 학생 수는 멕시코에서 가장 많았다. 공립 초등학교에서는 교사 1인당 평균 학생 수가 일본보다 독일에서 적은 반면, 공립 중등학교에서는 그 반대였다. 독일의 공립 중등학교의 교사 1인당 평균 학생 수는 영국의 절반보다 더 적었다. 5개국 중 멕시코는 공립 중등학교의 교사 1인당 학생 수가 공립 초등학교보다 더 많은 유일한 나라였다.

친절한 오답 풀이

오답 선택지	선택률	오답 이유
① 벨기에는 공립 초등학교와 중등학교 모두에서 교사 1인당 학생 수가 OECD 평균보다 더 적은 유일한 나라였다.	2%	벨기에는 공립 초등학교와 중등학교에서 교사 1인당 학생 수가 각각 12.1명, 9.3명으로, OECD 평균인 14.5명, 13명보다 더 적다.
② 공립 초등학교와 중등학교 모두에서, 교사 1인당 평균 학생 수는 멕시코에서 가장 많았다.	1%	멕시코의 초등학교는 24.9명, 중등학교는 30.9명으로 가장 많았다.
③ 공립 초등학교에서는 교사 1인당 평균 학생 수가 일본보다 독일에서 더 적은 반면, 공립 중등학교에서는 그 반대였다.	7%	독일의 초등학교는 15.2명으로 일본(15.9명)보다 더 적고, 독일의 중등학교는 12.8명으로 일본(11.9명)보다 더 많다.

⑤ 5개국 중 멕시코는 공립 중등학교의 교사 1인당 학생 수가 공립 초등학교 보다 더 많은 유일한 나라였다.	2%	멕시코의 중등학교는 30.9명으로 초등학교(24.9명)보다 더 많다.

Q3

정답 풀이

2018년에서 2019년까지 미국 유제품 수입액의 증가폭은 필리핀이 2천 6백만 달러이고 인도네시아가 7천 4백만 달러로, 인도네시아의 증가폭이 더 크므로, ④ '2018년에서 2019년까지 필리핀의 미국 유제품 수입액의 증가는 같은 기간 인도네시아의 그것보다 더 컸다'는 도표의 내용과 일치하지 않는다.

친절한 지문분석

US Dairy Product Imports in Selected Countries from 2018 to 2020

2018년부터 2020년까지 선택된 국가들의 미국 유제품 수입액

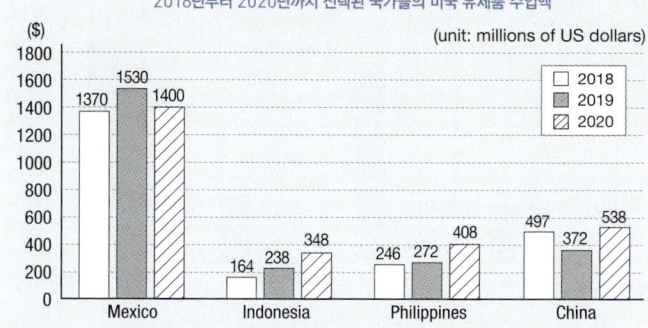

The graph above shows US dairy product imports / [in selected
위 그래프는 미국 유제품 수입액을 보여준다   선택된 국가들의
                                          전치사구(형용사구)

countries] / from 2018 to 2020. Among the four countries above, /
        2018년부터 2020년까지   위의 네 국가 중

Mexico consistently recorded the highest imports of US dairy
멕시코는 일관되게 가장 높은 미국 유제품 수입액을 기록했다

products / from 2018 to 2020. However, / US dairy product
         2018년부터 2020년까지   그러나   멕시코의 미국 유제품

imports [in Mexico] decreased / from 2019 to 2020, / [while the
수입액은 감소했다   2019년부터 2020년까지   반면
       전치사구(형용사구)   대조의 부사절

reverse was true / in the other three countries / during the same
그 반대가 사실이었다   다른 세 나라에서는   같은 기간 동안

period]. In Indonesia, / US dairy product imports in 2020 were
        인도네시아에서   2020년 미국 유제품 수입액은 두 배 이상이었다

more than twice / those in 2018. The increase [in US dairy product
                2018년의 그것들보다 미국 유제품 수입의 증가는
                = US dairy product imports   전치사구(형용사구)

imports] / in the Philippines / from 2018 to 2019 / was larger
          필리핀의   2018년에서 2019년까지

than that in Indonesia / in the same period. China was the only
인도네시아의 그것보다 더 컸다 같은 기간의   중국은 유일한 국가였다
= the increase

country / [where imports of US dairy products dropped / between
          미국 유제품 수입액이 떨어진
          관계부사절

2018 and 2019].
2018년에서 2019년 사이에

지문 해석

위 그래프는 2018년부터 2020년까지 선택된 국가들의 미국 유제품 수입액을 보여준다. 위의 네 국가 중, 멕시코는 2018년부터 2020년까지 일관되게 가장 높은 미국 유제품 수입액을 기록했다. 그러나, 멕시코의 미국 유제품 수입액은 2019년부터 2020년까지 감소했고, 반면 같은 기간 동안 다른 세 나라에서는 그 반대가 사실이었다. 인도네시아에서, 2020년 미국 유제품 수입액은 2018년의 그것들보다 두 배 이상이었다. 2018년에서 2019년까지 필리핀의 미국 유제품 수입액의 증가는 같은 기간 인도네시아의 그것보다 더 컸다. 중국은 2018년에서 2019년 사이에 미국 유제품 수입액이 떨어진 유일한 국가였다.

친절한 오답 풀이

오답 선택지	선택률	오답 이유
① 위의 네 국가 중, 멕시코는 2018년부터 2020년까지 일관되게 가장 높은 미국 유제품 수입액을 기록했다.	1%	2018년부터 2020년까지 미국 유제품 수입액이 가장 큰 국가는 멕시코다.
② 그러나, 멕시코의 미국 유제품 수입액은 2019년부터 2020년까지 감소했고, 반면 같은 기간 동안 다른 세 나라에서는 그 반대가 사실이었다.	6%	멕시코의 미국 유제품 수입액은 2019년 15억 3천만 달러에서 2020년 14억 달러로 감소한 반면, 나머지 세 나라는 증가했다.
③ 인도네시아에서, 2020년 미국 유제품 수입액은 2018년의 그것들보다 두 배 이상이었다.	5%	2020년 인도네시아의 미국 유제품 수입액은 3억 4천 8백만 달러이므로 2018년의 1억 6천 4백만 달러의 두 배가 넘는다.
⑤ 중국은 2018년에서 2019년 사이에 미국 유제품 수입액이 떨어진 유일한 국가였다.	2%	중국을 제외한 세 나라는 2018년에서 2019년 사이 미국 유제품 수입액이 증가하였으나, 중국은 4억 9천 7백만 달러에서 3억 7천 2백만 달러로 감소했다.

Q4

정답 풀이

14세에서 15세 연령 집단에서 매일 또는 일주일에 여러 번 책을 읽은 십 대의 비율은 31%이고, 같은 연령 집단 내에서 전혀 책을 읽지 않은 십 대의 비율은 14%이므로, 그 차이는 2배 이상이다. 따라서 ③ '14세에서 15세 연령 집단에서 매일 또는 일주일에 여러 번 책을 읽은 십 대의 비율은 같은 연령 집단 내에서 전혀 책을 읽지 않은 십 대의 비율보다 3배 더 높았다'는 도표의 내용과 일치하지 않는다.

친절한 지문분석

How Often Do You Read a Book? (Germany 2022)

당신은 얼마나 자주 책을 읽는가? (독일 2022)

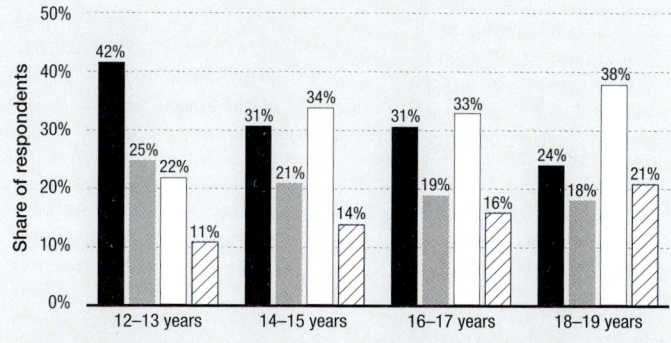

Note: All percentages may not total 100% due to rounding.

The above graph shows / how often German children and young
위 그래프는 보여 준다   얼마나 자주 독일의 어린이와 젊은 성인이

adults / read books in 2022 / according to age groups. In each age
         2022년에 책을 읽었는지를 연령 집단에 따르면   각각의 연령
                                ~에 따르면

group / except 12 to 13-year-olds, / those who said they read books
집단에서   12세에서 13세 연령 집단을 제외한   책을 읽었다고 말한 사람들은
~한 사람들

once a month or less / accounted for the largest proportion. Of the
월 1회 또는 그 미만으로   가장 높은 비율을 차지했다

(that)

12 to 13-year-old group, / 42% stated they read daily or several
12세에서 13세 연령 집단에서   42%가 매일 또는 일주일에 여러 번 책을 읽었다고 말했고
목적절

times a week], / [which was the highest share within that group].
그것은 그 집단 내에서 가장 높은 비율이었다
주격 관계대명사절(계속적 용법)

In the 14 to 15-year-old group, / the percentage of teenagers [who
14세에서 15세 연령 집단에서   매일 또는 일주일에 여러 번 책을 읽은
주격 관계대명사절

read daily or several times a week] / was three times higher than
십 대의 비율은   그것(=비율)보다 3배 더 더 높았다
배수사+비교급+than: ~보다 몇 배 더 …한

that / of those [who never read a book] / in the same age group. In
전혀 책을 읽지 않은 십 대의   같은 연령 집단 내에서
= the percentage   주격 관계대명사절

the 16 to 17-year-old group, / those who read between once a week
16세에서 17세 연령 집단에서   1주에 한 번에서 2주에 한 번 책을 읽은 이들은
between A and B: A와 B사이에

and once every two weeks / were less than 20%. More than one
                          20%보다 더 낮았다   5분의 1보다 많은 수가
~보다 적은   ~보다 많은

fifth / of the age group of 18 to 19 years / responded [that they
18세에서 19세 연령 집단의   어떠한 책도
목적절

never read any book].
전혀 읽지 않았다고 응답했다

지문 해석

위 그래프는 2022년 독일의 어린이와 젊은 성인이 책을 얼마나 자주 읽었는지를 연령 집단에 따라 보여 준다. 12세에서 13세 연령 집단을 제외한 각각의 연령 집단에서 월 1회 또는 그 미만으로 책을 읽었다고 말한 이들이 가장 높은 비율을 차지했다. 12세에서 13세 연령 집단에서 42%가 매일 또는 일주일에 여러 번 책을 읽었다고 말했고, 그것은 그 집단 내에서 가장 높은 비율이었다. 14세에서 15세 연령 집단에서 매일 또는 일주일에 여러 번 책을 읽은 십 대의 비율은 같은 연령 집단 내에서 전혀 책을 읽지 않은 십 대의 비율보다 3배 더 높았다. 16세에서 17세 연령 집단에서 1주에 한 번에서 2주에 한 번 책을 읽은 이들의 비율은 20%보다 더 낮았다. 18세에서 19세 연령 집단의 5분의 1보다 많은 수가 어떠한 책도 전혀 읽지 않았다고 응답했다.

친절한 오답 풀이

오답 선택지	선택률	오답 이유
① 12세에서 13세 연령 집단을 제외한 각각의 연령 집단에서 월 1회 또는 그 미만으로 책을 읽었다고 말한 이들이 가장 높은 비율을 차지했다.	9%	12세에서 13세 연령 집단을 제외하고, 월 1회 또는 그 미만으로 책을 읽은 이들은 각각 34%, 33%, 38%로, 해당 집단 내에서 가장 높은 비율을 차지한다.
② 12세에서 13세 연령 집단에서 42%가 매일 또는 일주일에 여러 번 책을 읽었다고 말했고, 그것은 그 집단 내에서 가장 높은 비율이었다.	1%	12세에서 13세 연령 집단에서 매일 또는 일주일에 여러 번 책을 읽은 이들은 42%로, 집단 내에서 가장 높은 비율이다.
④ 16세에서 17세 연령 집단에서 1주에 한 번에서 2주에 한 번 책을 읽은 이들의 비율은 20%보다 더 낮았다.	5%	16세에서 17세 연령 집단에서 1주에 한 번에서 2주에 한 번 책을 읽은 이들의 비율은 19%로, 20%보다 더 낮다.
⑤ 18세에서 19세 연령 집단의 5분의 1보다 많은 수가 어떠한 책도 전혀 읽지 않았다고 응답했다.	7%	18세에서 19세 연령 집단에서 어떠한 책도 읽지 않은 이들은 21%로, 전체의 5분의 1보다 많은 수를 차지한다.

01 ③ **02** ⑤ **03** ⑤ **04** ⑤ **05** ② **06** ③ **07** ④ **08** ③

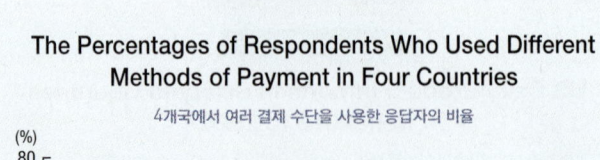

01   정답 ③   정답률 91%

정답 풀이

미국에서 신용 카드나 직불 카드를 사용한 응답자의 비율(65%)은 중국(36%)의 두 배에 미치지 않으므로, ③ '미국에서 신용 카드 또는 직불 카드를 사용한 응답자의 비율은 중국에서의 그것의 두 배보다 더 많았다'는 도표의 내용과 일치하지 않는다.

친절한 지문분석

The Percentages of Respondents Who Used Different Methods of Payment in Four Countries

4개국에서 여러 결제 수단을 사용한 응답자의 비율

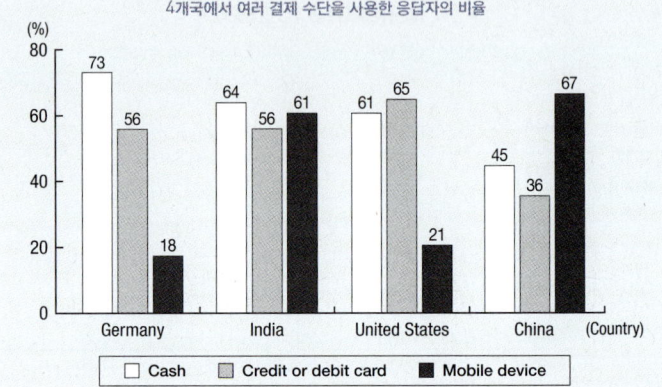

The above graph, / [which was based on a survey {conducted from
위 그래프는   2022년 4월부터 2023년 3월까지 실시된 조사에 근거하여
주어   주격 관계대명사절(계속적 용법)   과거분사구

April of 2022 to March of 2023}], / shows the percentages of
                                    4개국의 응답자의 비율을 보여준다
                                    동사

respondents in four countries / [who used different methods of
                                여러 결제 수단을 사용한
                                주격 관계대명사절

payment]. Overall, / the percentage of respondents [who used
전반적으로   현금을 사용한 응답자의 비율이 60%를 넘었다
                                                주격 관계대명사절

cash] exceeded 60% / in three out of the four countries. The
                    4개국 중 3개국에서

percentage of respondents [who used credit or debit cards
독일에서 신용 또는 직불 카드를 사용한 응답자의 비율은
                        주격 관계대명사절

in Germany] / was the same as that in India, / at 56%. The
인도에서의 그것과 같았다   56%로
                        = the percentage of respondents
                        who used credit or debit cards

percentage of respondents [who used credit or debit cards in
미국에서 신용 또는 직불 카드를 사용한 응답자의 비율은
                        주격 관계대명사절

the United States] / was more than double that in China. The
                    중국에서의 그것의 두 배보다 더 많았다
                                    = the percentage of respondents
                                    who used credit or debit cards

percentage of respondents [who used mobile devices in Germany] /
독일에서 모바일 기기를 사용한 응답자의 비율은
                        주격 관계대명사절

was 3 percentage points lower than that in the United States.
미국에서의 그것보다 3퍼센트 포인트 더 낮았다
                                = the percentage of respondents
                                who used mobile devices

Among the four countries, / China recorded the highest
4개국 중   중국이 모바일 기기를 사용한 응답자의

percentage of respondents [who used mobile devices],
가장 높은 비율을 기록했고   ↑
                         주격 관계대명사절

[followed by India].
분사구문(부대상황)
인도가 그다음이었다

위 그래프는, 2022년 4월부터 2023년 3월까지 실시된 조사에 근거하여, 여러 결제 수단을 사용한 4개국 응답자의 비율을 보여준다. 전반적으로, 4개국 중 3개국에서 현금을 사용한 응답자의 비율이 60%를 넘었다. 독일에서 신용 카드나 직불 카드를 사용한 응답자의 비율은 56%로 인도에서의 그것과 같았다. 미국에서 신용 카드나 직불 카드를 사용한 응답자의 비율은 중국에서의 그것의 두 배보다 더 많았다. 독일에서 모바일 기기를 사용한 응답자의 비율은 미국에서의 그것보다 3퍼센트 포인트 더 낮았다. 4개국 중, 중국이 모바일 기기를 사용한 응답자의 가장 높은 비율을 기록했고, 인도가 그다음이었다.

친절한 오답 풀이

오답 선택지	선택률	오답 이유
① 전반적으로, 4개국 중 3개국에서 현금을 사용한 응답자의 비율이 60%를 넘었다.	2%	현금을 사용한 응답자의 비율은 독일(73%), 인도(64%), 미국(61%)의 3개국에서 60%를 넘었다.
② 독일에서 신용 카드나 직불 카드를 사용한 응답자의 비율은 56%로 인도에서의 그것과 같았다.	1%	독일과 인도에서 신용 카드나 직불 카드를 사용한 응답자의 비율은 56%로 같다.
④ 독일에서 모바일 기기를 사용한 응답자의 비율은 미국에서의 그것보다 3퍼센트 포인트 더 낮았다.	2%	모바일 기기를 사용한 응답자의 비율은 독일에서 18%이고, 미국에서 21%였다.
⑤ 4개국 중, 중국이 모바일 기기를 사용한 응답자의 가장 높은 비율을 기록했고, 인도가 그다음이었다.	4%	모바일 기기를 사용한 응답자의 비율은 중국에서 67%로 가장 높고, 그다음으로 인도에서 61%였다.

02 정답 ⑤   정답률 88%

정답 풀이

2019년에 창경궁의 한국인 방문객 수는 874명으로 외국인 방문객 수인 94명의 10배보다 적으므로, ⑤ '2019년에 창경궁의 한국인 방문객 수는 외국인 방문객 수의 10배보다 많았다'는 도표의 내용과 일치하지 않는다.

친절한 지문분석

The Number of Korean and Foreign Visitors to Korean Palaces
한국의 궁에 방문한 한국인 방문객과 외국인 방문객의 수

Changgyeonggung Palace (in thousands)

	Korean	Foreign	Total
2018	1,716	345	2,061
2019	874	94	968
Overall Total			3,029

Deoksugung Palace (in thousands)

	Korean	Foreign	Total
2018	767	77	844
2019	2,414	369	2,783
Overall Total			3,627

※ Note: Details may not add to total due to rounding.

The tables above show / the number of Korean and foreign visitors /
위 도표는 보여준다   한국인 방문객과 외국인 방문객의 수를
                         ~의 수

to Korean palaces / in 2018 and 2019. For the two-year period of
한국의 궁에 (방문한)   2018년과 2019년에   2018년부터 2019년까지 2년의 기간

2018 to 2019, / the overall total number [of visitors {to Deoksugung
동안   덕수궁의 총 방문객 수는   ↑
                                    주어   전치사구(형용사구)

Palace}] / was larger / than that to Changgyeonggung Palace.
더 컸다   창경궁의 총 방문객의 수보다
동사   비교급   = the overall total number of visitors

[While the total number [of visitors {to Changgyeonggung Palace}]] /
창경궁의 총 방문객 수는
양보의 부사절 부사절의 주어

decreased from 2018 to 2019], / the total number [of visitors
2018년부터 2019년까지 감소했으나   덕수궁의 방문객 수는
부사절의 동사   주어

{to Deoksugung Palace}]] / increased during the same period.
                         같은 기간 동안 증가했다
                              동사

During both 2018 and 2019, / the two palaces had more
2018년과 2019년 두 해 모두   그 두 궁은 한국인 방문객이
                                        비교급

Korean visitors / than foreign visitors. In 2018, / the number
더 많았다   외국 방문객보다   2018년에   덕수궁의 한국인
                                                주어

[of Korean visitors to Deoksugung Palace] / was less / than half
방문객 수는   더 적었다
                                    동사   비교급: ~보다 더 적은

the number of Korean visitors to Changgyeonggung Palace.
창경궁의 한국인 방문객 수의 절반보다

In 2019, / the number [of Korean visitors to Changgyeonggung
2019년에   창경궁의 한국인 방문객 수는
                    주어

Palace] / was more / than 10 times the number of foreign visitors.
더 많았다   외국인 방문객 수의 10배보다
동사   비교급: ~보다 더 많은

위 도표는 2018년과 2019년에 한국의 궁을 방문한 한국인 방문객과 외국인 방문객의 수를 보여준다. 2018년부터 2019년까지 2년의 기간 동안 덕수궁의 총 방문객 수는 창경궁의 총 방문객의 수보다 컸다. 2018년부터 2019년까지 창경궁의 총 방문객 수는 감소했으나, 같은 기간 동안 덕수궁의 방문객 수는 증가했다. 2018년과 2019년 두 해 모두, 그 두 궁은 한국인 방문객이 외국 방문객보다 많았다. 2018년에 덕수궁의 한국인 방문객 수는 창경궁의 한국인 방문객 수의 절반보다 적었다. 2019년에 창경궁의 한국인 방문객 수는 외국인 방문객 수의 10배보다 많았다.

친절한 오답 풀이

오답 선택지	선택률	오답 이유
① 2018년부터 2019년까지 2년의 기간 동안 덕수궁의 총 방문객 수는 창경궁의 총 방문객의 수보다 컸다.	2%	2018년부터 2019년까지 덕수궁의 총 방문객 수는 3,627명으로 창경궁의 총 방문객 수인 3,029명보다 많다.
② 2018년부터 2019년까지 창경궁의 총 방문객 수는 감소했으나, 같은 기간 동안 덕수궁의 방문객 수는 증가했다.	2%	2018년부터 2019년까지 창경궁의 총 방문객 수는 2,061명에서 968명으로 감소했으나, 덕수궁의 방문객 수는 844명에서 2,783명으로 증가했다.
③ 2018년과 2019년 두 해 모두, 그 두 궁은 한국인 방문객이 외국 방문객보다 많았다.	4%	2018년과 2019년에, 창경궁의 한국인 방문객 수는 각각 1,716명, 874명으로, 외국인 방문객 수 345명, 94명보다 많았으며, 덕수궁의 한국인 방문객 수는 767명, 2,414명으로, 외국인 방문객 수 77명, 369명보다 많았다.
④ 2018년에 덕수궁의 한국인 방문객 수는 창경궁의 한국인 방문객 수의 절반보다 적었다.	4%	2018년에 덕수궁의 한국인 방문객 수는 767명으로 창경궁의 한국인 방문객 수인 1,716명의 절반보다 적었다.

정답 풀이

생선과 해산물은 미국과 브라질에서는 각각 5.4g, 2.2g으로 가장 적게 섭취한 동물성 단백질 공급원이었는데, 일본에서는 16.9g으로 가장 높은 순위를 차지했으므로, ⑤ '생선과 해산물은 미국과 브라질에서 가장 적게 섭취한 동물성 단백질 공급원이었는데, 일본에서는 두 번째로 높은 순위를 차지했다'는 도표의 내용과 일치하지 않는다.

친절한 지문분석

Animal Protein Consumption, 2020
measured as the average daily supply per person (unit: g)
1인당 일일 평균 공급량으로 측정된
2020년 동물성 단백질 섭취량

■ Poultry ▨ Meat ▧ Eggs and Dairy ☐ Fish and Seafood

Country	Amount of Consumption	Total
U.S.	20.6 / 22.4 / 26.4 / 5.4	74.8
Brazil	15.8 / 18.0 / 17.3 / 2.2	53.3
Japan	8.6 / 10.0 / 13.9 / 16.9	49.4

5 10 15 20 25 30 (unit: g)

The graph above shows the animal protein consumption /
위 그래프는 동물성 단백질 섭취량을 나타낸다

[measured as the average daily supply per person / in three
1인당 일일 평균 공급량으로 측정한   2020년 3개국의
과거분사구

different countries in 2020]. The U.S. showed the largest amount
미국은 1인당 총 동물성 단백질 섭취량이 가장 많은 것으로
최상급

of total animal protein consumption per person / among the three
나타났다   3개국 중

countries. Eggs and Dairy was the top animal protein consumption
달걀과 유제품이 가장 많은 동물성 단백질 공급원이었다

source / among four categories in the U.S., / [followed by Meat
미국에서 네 가지 범주 가운데   육류와 가금류가 각각 22.4g과
분사구문(부대상황)

and Poultry at 22.4g and 20.6g, respectively]. Unlike the U.S., /
20.6g으로 그 뒤를 이었다   미국과 달리

Brazil consumed the most animal protein from Meat, / [with
브라질은 가장 많은 동물성 단백질을 육류로부터 섭취했다
최상급

Eggs and Dairy being the second most]. Japan had less than 50g of
달걀과 유제품을 두 번째로 많이 섭취했다   일본은 1인당 50g 미만의 총 동물성
with+목적어+분사: (목적어)가 ~한 채로[~하면서]

the total animal protein consumption per person, / [which was the
단백질을 섭취했다   이는 가장
주격 관계대명사절(계속적 용법)

smallest / among the three countries]. Fish and Seafood, / [which
적은 양이었다 세 나라 중   생선과 해산물은
최상급   주어 주격 관계대명사절(계속적 용법)

was the least consumed animal protein consumption source / in the
가장 적게 섭취한 동물성 단백질 공급원이었는데   미국과 브라질에서
최상급

U.S. and Brazil], / ranked the second highest / in Japan.
두 번째로 높은 순위를 차지했다   일본에서는
동사

지문 해석

위 그래프는 2020년 3개국의 1인당 일일 평균 공급량으로 측정한 동물성 단백질 섭취량을 나타낸다. 미국은 3개국 중 1인당 총 동물성 단백질 섭취량이 가장 많은 것으로 나타났다. 달걀과 유제품이 미국에서 네 가지 범주 가운데 가장 많은 동물성 단백질 공급원이었고, 육류와 가금류가 각각 22.4g과 20.6g으로 뒤를 이었다. 미국과 달리, 브라질은 가장 많은 동물성 단백질을 육류로부터 섭취했고, 달걀과 유제품을 두 번째로 많이 섭취했다. 일본은 1인당 50g 미만의 총 동물성 단백질을 섭취했고, 이는 세 나라 중 가장 적은 양이었다. 생선과 해산물은 미국과 브라질에서 가장 적게 섭취한 동물성 단백질 공급원이었는데, 일본에서는 두 번째로 높은 순위를 차지했다.

친절한 오답 풀이

오답 선택지	선택률	오답 이유
① 미국은 3개국 중 1인당 총 동물성 단백질 섭취량이 가장 많은 것으로 나타났다.	1%	1인당 총 동물성 단백질 섭취량은 미국 74.8g, 브라질 53.3g, 일본 49.4g으로, 미국이 가장 많다.
② 달걀과 유제품이 미국에서 네 가지 범주 가운데 가장 많은 동물성 단백질 공급원이었고, 육류와 가금류가 각각 22.4g과 20.6g으로 뒤를 이었다.	1%	미국에서는 달걀과 유제품 섭취량이 26.4g으로 가장 많고, 그 뒤를 이어 육류가 22.4g, 가금류가 20.6g이다.
③ 미국과 달리, 브라질은 가장 많은 동물성 단백질을 육류로부터 섭취했고, 달걀과 유제품을 두 번째로 많이 섭취했다.	5%	미국은 가장 많은 동물성 단백질을 유제품(26.4g)으로부터 섭취한 반면, 브라질은 가장 많은 동물성 단백질을 육류(18.0g)로부터, 두 번째로 많은 동물성 단백질을 달걀과 유제품(17.3g)으로부터 섭취했다.
④ 일본은 1인당 50g 미만의 총 동물성 단백질을 섭취했고, 이는 세 나라 중 가장 적은 양이었다.	2%	일본의 1인당 총 동물성 단백질 섭취량은 49.4g으로, 미국 74.8g, 브라질 53.3g에 비해 가장 적다.

정답 풀이

2017년에 매립된 직물의 양은 11,150,000톤으로 2000년에 매립된 양인 6,280,000톤의 두 배보다 적었으므로, ⑤ '2017년에 매립된 직물의 양은 2000년에 매립된 직물의 양의 두 배 이상이었다'는 도표의 내용과 일치하지 않는다.

친절한 지문분석

Materials Landfilled
as Municipal Waste in the U.S.
미국에서 도시 폐기물로 매립된 물질들

(unit: thousand of tons)

2000		2017	
Material	**Amount**	**Material**	**Amount**
Paper	40,450	Plastics	26,820
Plastics	19,950	Paper	18,350
Metals	10,290	Metals	13,800
Wood	9,910	Wood	12,140
Glass	8,100	Textiles	11,150
Textiles	6,280	Glass	6,870
Other Materials	6,360	Other Materials	7,930
Total	**101,340**	**Total**	**97,060**

※ Note: Details may not add to totals due to rounding.
주의: 반올림으로 인해 세부적인 것은 합계에 추가되지 않을 수 있음

The tables above show / the materials landfilled / as municipal
위의 표는 보여준다   매립된 물질들을   도시 폐기물로

waste / in the U.S. in 2000 and 2017. The total amount / [of
2000년과 2017년에 미국에서   총량은   전치사구(형용사구)

materials landfilled in 2017] / was smaller than in 2000. While
2017년에 매립된 물질들의   2000보다 적었다   동사 비교급+than: ~보다 더 …하다

paper was the material most landfilled / as municipal waste /
종이는 가장 많이 매립된 물질이었지만   도시 폐기물로

in 2000, / plastics were the most landfilled material / in 2017.
2000년에   플라스틱이 가장 많이 매립된 물질이었다   2017년에는

In 2000, / metals and wood were the third and fourth most
2000년에   금속과 나무는 세 번째와 네 번째로 가장 많이 매립된 물질이었다
          주어   동사

landfilled materials, / respectively, / and this remained the same /
                각각   그리고 이것은 동일하게 유지되었다
                                   = 앞 절 내용

in 2017. More glass was landfilled than textiles / in 2000, / but
2017년에   유리가 직물보다 더 많이 매립되었다   2000년에   하지만

more textiles were landfilled than glass / in 2017. The amount /
직물이 유리보다 더 많이 매립되었다   2017년에는   양은
                                              주어

[of textiles landfilled in 2017] / was more than twice that in 2000.
2017년에 매립된 직물의   2000년에 매립된 직물의 양의 두 배 이상이었다
전치사구(형용사구)   동사   = the amount of textiles landfilled

지문 해석

위의 표는 2000년과 2017년 미국에서 도시 폐기물로 매립된 물질들을 보여준다. 2017년에 매립된 물질들의 총량은 2000년보다 적었다. 종이는 2000년에 도시 폐기물로 가장 많이 매립된 물질이었지만, 2017년에는 플라스틱이 가장 많이 매립된 물질이었다. 2000년에 금속과 나무는 각각 세 번째와 네 번째로 가장 많이 매립된 물질이었고, 이것은 2017년에 동일하게 유지되었다. 2000년에 유리가 직물보다 더 많이 매립되었지만, 2017년에는 직물이 유리보다 더 많이 매립되었다. 2017년에 매립된 직물의 양은 2000년에 매립된 직물의 양의 두 배 이상이었다.

친절한 오답 풀이

오답 선택지	선택률	오답 이유
① 2017년에 매립된 물질들의 총량은 2000년보다 적었다.	2%	2017년 매립된 물질들의 합계 향은 97,060,000톤으로 2000년의 합계 양인 101,340,000톤보다 적다.
② 종이는 2000년에 도시 폐기물로 가장 많이 매립된 물질이었지만, 2017년에는 플라스틱이 가장 많이 매립된 물질이었다.	3%	2000년에 종이가 40,450,000톤으로 그 해 가장 많이 매립되었지만, 2017년에는 플라스틱이 26,820,000톤으로 가장 많이 매립된 물질이었다.
③ 2000년에 금속과 나무는 각각 세 번째와 네 번째로 가장 많이 매립된 물질이었고, 이것은 2017년에 동일하게 유지되었다.	3%	2000년에는 금속과 나무가 세 번째와 네 번째로 가장 많이 매립된 물질이었고, 2017년에는 금속과 나무가 동일하게 세 번째와 네 번째로 가장 많이 매립된 물질이었다.
④ 2000년에 유리가 직물보다 더 많이 매립되었지만, 2017년에는 직물이 유리보다 더 많이 매립되었다.	4%	2000년에는 유리가 8,100,000톤, 직물이 6,280,000톤으로 유리가 직물보다 더 많이 매립되었지만, 2017년에는 직물이 11,150,000톤, 유리가 6,870,000톤으로 직물이 유리보다 더 많이 매립되었다.

정답 풀이

오스트리아의 전기 자전거 구매 이유 중 스포츠 활동이 41%로 가장 높았으나, 통근 목적인 18%의 세 배가 되지는 않았으므로, ② '오스트리아에서는, 스포츠 활동의 비율이 41%로 가장 높았고, 이것은 통근의 비율보다 세 배 더 높았다'는 도표의 내용과 일치하지 않는다.

친절한 지문분석

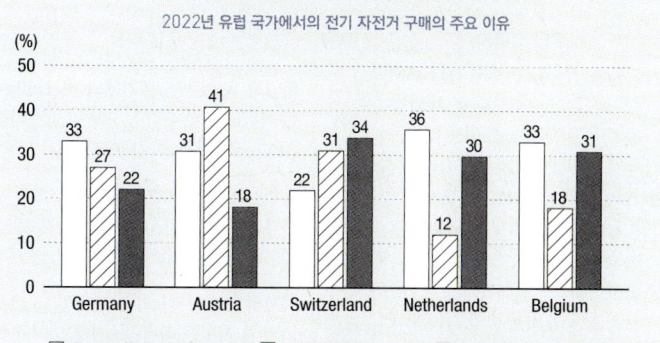

Primary Reasons for E-bike Purchase in European Countries, 2022

2022년 유럽 국가에서의 전기 자전거 구매의 주요 이유

Note: Percentages do not add up to 100% due to missing data.

The graph above shows the percentages / of the primary reasons
위 그래프는 비율을 보여 준다   전기 자전거 구매의 주요 이유의

for E-bike purchase / in five European countries / in 2022.
                다섯 개 유럽 국가에서의   2022년

In Germany, / recreational purpose accounted for the highest
독일에서는   레크리에이션 목적이 가장 높은 비율을 차지했다

percentage / of reasons for E-bike purchase, / [which was also
전기 자전거 구매 이유 중   이는 마찬가지였다
                              주격 관계대명사절(계속적 용법)

the case / in the Netherlands and Belgium]. In Austria, /
네덜란드와 벨기에에서도   오스트리아에서는

the percentage [of sporting activity] was the highest / at 41%, /
스포츠 활동의 비율이 가장 높았고   41%로
          전치사구(형용사구)

[which was three times higher / than that of commute to work].
이것은 세 배 더 높았다   통근의 비율보다
주격 관계대명사절(계속적 용법)   = the percentage
                      배수사+비교급+than: ~보다 몇 배 더 …한

Switzerland was the only country [where the percentage of
스위스는 유일한 나라였다   레크리에이션 목적의 비율이
                        관계부사절

recreational purpose was below 30%]. The gap / [between the
30%보다 낮은   차이는
                      주어   전치사구(형용사구)

percentage of recreational purpose and that of sporting activity] /
레크리에이션 목적의 비율과 스포츠 활동의 비율 간의

was smaller in Germany / than in the Netherlands. The Netherlands
독일에서 더 작았다   네덜란드에서보다   네덜란드와
동사

and Belgium showed the same ranking order / for reasons for
벨기에는 같은 순위를 보였는데   전기 자전거 구매 이유에 대해

E-bike purchase, / [where recreational purpose ranked first, /
               레크리에이션 목적이 1위를 차지했고
               관계부사절(계속적 용법)

{followed by commute to work}, / {while sporting activity ranked
통근이 그 뒤를 이었으며   반면에 스포츠 활동이 가장 낮은 순위를 차지했다
분사구문(부대상황)   대조의 부사절

lowest}].

위 그래프는 2022년 다섯 개 유럽 국가에서의 전기 자전거 구매의 주요 이유의 비율을 보여 준다. 독일에서는, 레크리에이션 목적이 전기 자전거 구매 이유 중 가장 높은 비율을 차지했고, 이는 네덜란드와 벨기에에서도 마찬가지였다. 오스트리아에서는, 스포츠 활동의 비율이 41%로 가장 높았고, 이것은 통근의 비율보다 세 배 더 높았다. 스위스는 레크리에이션 목적의 비율이 30%보다 낮은 유일한 나라였다. 레크리에이션 목적의 비율과 스포츠 활동의 비율 간의 차이는 네덜란드에서보다 독일에서 더 작았다. 네덜란드와 벨기에는 전기 자전거 구매 이유에 대해 같은 순위를 보였는데, 레크리에이션 목적이 1위이고, 통근이 그 뒤를 이었으며, 스포츠 활동이 가장 낮았다.

친절한 오답 풀이

오답 선택지	선택률	오답 이유
① 독일에서는, 레크리에이션 목적이 전기 자전거 구매 이유로 가장 높은 비율을 차지했고, 이는 네덜란드와 벨기에에서도 마찬가지였다.	5%	독일과 네덜란드, 벨기에의 레크리에이션 목적의 전기 자전거 구매 비율은 각각 33%, 36%, 33%로 가장 높았다.
③ 스위스는 레크리에이션 목적의 비율이 30%보다 낮은 유일한 나라였다.	7%	스위스의 레크리에이션 목적 비율은 22%이고, 나머지 네 나라는 각각 33%, 31%, 36%, 33%로 모두 30%가 넘는다.
④ 레크리에이션 목적의 비율과 스포츠 활동의 비율 간의 차이는 네덜란드에서보다 독일에서 더 작았다.	10%	레크리에이션 목적과 스포츠 활동 목적의 비율 차이는 네덜란드가 24%이고 독일이 6%로, 독일이 더 작았다.
⑤ 네덜란드와 벨기에는 전기 자전거 구매 이유에 대해 같은 순위를 보였는데, 레크리에이션 목적이 1위이고, 통근이 그 뒤를 이었으며, 스포츠 활동이 가장 낮았다.	8%	네덜란드와 벨기에에 모두 전기 자전거 구매 이유의 1위는 레크리에이션, 2위가 통근, 3위가 스포츠 활동이었다.

06 정답 ③ 정답률 84%

정답 풀이

2020년의 1인당 CO_2 배출량은 중국이 7.7톤, 몽골이 11.3톤으로, 몽골의 배출량이 중국의 배출량(보다) 두 배가 넘지 않으므로, ③ '그러나, 2020년에는, 1인당 CO_2 배출량에 있어서 몽골이 중국을 능가했는데, 몽골의 배출량은 중국의 배출량보다 두 배 이상이었다'는 도표의 내용과 일치하지 않는다.

친절한 지문분석

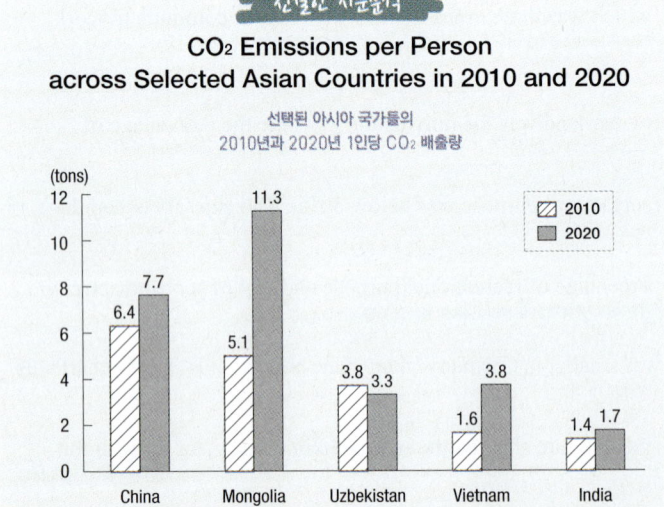

**CO₂ Emissions per Person
across Selected Asian Countries in 2010 and 2020**

선택된 아시아 국가들의
2010년과 2020년 1인당 CO₂ 배출량

The graph above shows the amount of CO_2 emissions per person /
위 그래프는 1인당 CO₂ 배출량을 보여준다

[across selected Asian countries in 2010 and 2020]. All the countries
선택된 아시아 국가들의 2010년과 2020년의   우즈베키스탄을 제외한
전치사구

[except Uzbekistan] / had a greater amount of CO_2 emissions per
모든 국가들은   2020년의 1인당 CO₂ 배출량이 더 많았다
전치사구   비교급

person in 2020 / than that in 2010. In 2010, / the amount of CO_2
2010년의 배출량보다   2010년에는   중국의 1인당 CO₂ 배출량이
                    = the amount of CO₂ emissions per person

emissions per person of China was the largest / among the five
가장 많았다   5개국 중

countries, / [followed by that of Mongolia]. However, / in 2020, /
           몽골의 배출량이 그 뒤를 이었다   그러나   2020년에는
           분사구문(부대상황) = the amount of CO₂ emissions per person

Mongolia surpassed China / in terms of the amount of CO_2
몽골이 중국을 능가했다   1인당 CO₂ 배출량에 있어서

emissions per person, / ❶ [with the amount of Mongolia (being)
                         몽골의 배출량은 중국의 배출량보다 두 배 이상이었다

more than twice that of China]. In 2010, / Uzbekistan produced
                              2010년에는   우즈베키스탄이 더 많은 1인당 CO₂
                              = the amount of CO₂ emissions per person

a larger amount of CO_2 emissions per person / than Vietnam, /
배출량을 만들어 냈다   베트남보다
비교급

[while the opposite was true in 2020]. [Among the five countries], /
반면에 2020년에는 그 반대였다   5개국 중
양보의 부사절   전치사구

India was the only one / [where the amount of CO_2 emissions per
인도는 유일한 국가였다   1인당 CO₂ 배출량이 2톤 미만인
                        관계부사절

person was less than 2 tons / in 2020].
                              2020년에

❶ 「with + 목적어 + 분사」는 '(목적어)가 ~한 채로[~하면서]'의 의미를 나타낸다. 여기서는 현재분사 being이 생략되었다.

지문 해석

위 그래프는 선택된 아시아 국가들의 2010년과 2020년 1인당 CO_2 배출량을 보여준다. 우즈베키스탄을 제외한 모든 국가들은 2010년의 배출량보다 2020년의 1인당 CO_2 배출량이 더 많았다. 2010년에는, 중국의 1인당 CO_2 배출량이 5개국 중 가장 많았고, 몽골의 배출량이 그 뒤를 이었다. 그러나, 2020년에는, 1인당 CO_2 배출량에 있어서 몽골이 중국을 능가했는데, 몽골의 배출량은 중국의 배출량보다 두 배 이상이었다. 2010년에는, 우즈베키스탄이 베트남보다 더 많은 1인당 CO_2 배출량을 만들어 냈지만, 2020년에는 그 반대였다. 5개국 중, 인도는 2020년에 1인당 CO_2 배출량이 2톤 미만인 유일한 국가였다.

친절한 오답 풀이

오답 선택지	선택률	오답 이유
① 우즈베키스탄을 제외한 모든 국가들은 2010년의 배출량보다 2020년의 1인당 CO_2 배출량이 더 많았다.	4%	우즈베키스탄은 1인당 CO_2 배출이 2010년 3.8톤에서 2020년 3.3톤으로 감소하였으나, 나머지 국가들은 2010년보다 2020년에 증가하였다.
② 2010년에는, 중국의 1인당 CO_2 배출량이 5개국 중 가장 많았고, 몽골의 배출량이 그 뒤를 이었다.	1%	2010년에는 중국의 1인당 CO_2 배출량이 6.4톤으로 가장 많았고, 몽골이 5.1톤으로 그 뒤를 이었다.
④ 2010년에는, 우즈베키스탄이 베트남보다 더 많은 1인당 CO_2 배출량을 만들어 냈지만, 2020년에는 그 반대였다.	6%	2010년에는 우즈베키스탄(3.8톤)이 베트남(1.6톤)보다 1인당 CO_2 배출량이 더 많았고, 2020년에는 베트남(3.8톤)이 우즈베키스탄(3.3톤)보다 1인당 CO_2 배출량이 더 많았다.
⑤ 5개국 중, 인도는 2020년에 1인당 CO_2 배출량이 2톤 미만인 유일한 국가였다.	5%	2020년에는 인도의 1인당 CO_2 배출량이 1.7톤으로, 5개국 중 유일하게 2톤 미만이었다.

정답 풀이

45-54세 집단에서 성인에게 무급 돌봄을 제공하는 사람의 비율(26.3%)은 35-44세 집단에서 성인에게 무급 돌봄을 제공하는 사람의 비율(17.2%)의 두 배가 넘지 않으므로, ④ '45-54세 집단에서 성인에게 무급 돌봄을 제공하는 사람의 비율은 35-44세 집단의 비율보다 두 배 넘게 높았다'는 도표의 내용과 일치하지 않는다.

친절한 지문분석

Proportion of People Who Provide Unpaid Care to Children and Adults in Canada in 2022

2022년 캐나다의 아동과 성인에게 무급 돌봄을 제공하는 사람의 비율

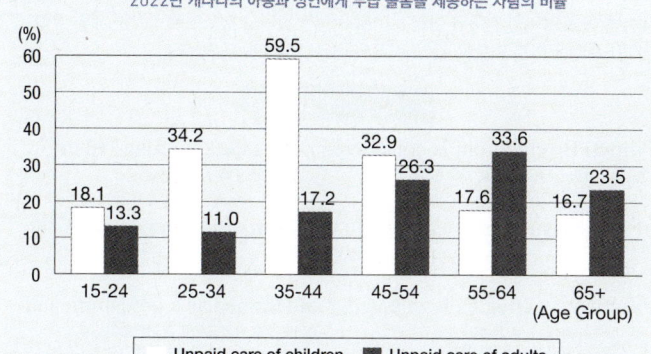

The graph above shows the percentage of people / [who provided
위 그래프는 사람의 비율을 보여준다   아동과 성인에게
                   주격 관계대명사절

unpaid care to children and adults] / by age group / in Canada
무급 돌봄을 제공한   연령 집단별   2022년 캐나다의

in 2022. Notably, / the 35-44 group had the highest percentage
       특히   35-44세 집단은 사람의 비율이 가장 높았다

of individuals / [providing unpaid care to children], / [reaching
             아동에게 무급 돌봄을 제공하는   이는 59.5퍼센트에
                 현재분사구   분사구문(부대상황)

59.5%]. However, / the highest percentage of individuals /
달했다   하지만   사람의 가장 높은 비율은

[providing unpaid care to adults] / was found in the 55-64 group.
   성인에게 무급 돌봄을 제공하는   55-64세 집단에서 발견되었다
현재분사구

Compared to the 25-34 group, / the 15-24 group had a lower
25-34세 집단에 비해   15-24세 집단은 더 낮은 사람의 비율을 보였다
~에 비해   목적어 1

percentage of individuals / [providing unpaid care to children]
                    아동에게 무급 돌봄을 제공하는
                     현재분사구

and a higher percentage of individuals / [providing unpaid care
그리고 더 높은 사람의 비율을 (보였다)   성인에게 무급 돌봄을 제공하는
   목적어 2   현재분사구

to adults]. The percentage of people / [providing unpaid care to
사람의 비율은   성인에게 무급 돌봄을 제공하는
                    현재분사구

adults] / in the 45-54 group / was more than twice as high as /
       45-54세 집단에서   두 배 넘게 더 높았다
                 배수사+as ~ as ...: ···보다 (몇) 배 더 ~한

that in the 35-44 group. The 55-64 group and the 65 and older
35-44세 집단의 그것(비율)보다   55-64세 집단과 65세 이상 집단은 보였다
= the percentage of people providing unpaid care to adults

group showed / a similar percentage of individuals / [providing
          비슷한 사람의 비율을   아동에게 무급
                               현재분사구

unpaid care to children], / with a difference of less than 1 percentage
돌봄을 제공하는   1퍼센트포인트 미만의 차이로

point.

지문 해석

위 그래프는 2022년 캐나다의 연령 집단별 아동과 성인에게 무급 돌봄을 제공한 사람의 비율을 보여준다. 특히 35-44세 집단은 아동에게 무급 돌봄을 제공하는 사람의 비율이 가장 높았는데, 이는 59.5퍼센트에 달했다. 하지만 성인에게 무급 돌봄을 제공하는 사람의 가장 높은 비율은 55-64세 집단에서 발견되었다. 25-34세 집단에 비해, 15-24세 집단은 아동에게 무급 돌봄을 제공하는 사람의 비율이 더 낮았고, 성인에게 무급 돌봄을 제공하는 사람의 비율이 더 높았다. 45-54세 집단에서 성인에게 무급 돌봄을 제공하는 사람의 비율은 35-44세 집단의 비율보다 두 배 넘게 더 높았다. 55-64세 집단과 65세 이상 집단은 아동에게 무급 돌봄을 제공하는 사람의 비율이 1퍼센트포인트 미만의 차이로 비슷한 비율을 보였다.

친절한 오답 풀이

오답 선택지	선택률	오답 이유
① 특히 35-44세 집단은 아동에게 무급 돌봄을 제공하는 사람의 비율이 가장 높았는데, 이는 59.5퍼센트에 달했다.	1%	아동에게 무급 돌봄을 제공하는 사람의 비율은 35-44세 집단이 59.5퍼센트로 가장 높았다.
② 하지만 성인에게 무급 돌봄을 제공하는 사람의 가장 높은 비율은 55-64세 집단에서 발견되었다.	1%	성인에게 무급 돌봄을 제공하는 사람의 비율은 55-64세 집단이 33.6퍼센트로 가장 높았다.
③ 25-34세 집단에 비해, 15-24세 집단은 아동에게 무급 돌봄을 제공하는 사람의 비율이 더 낮았고, 성인에게 무급 돌봄을 제공하는 사람의 비율이 더 높았다.	6%	아동에게 무급 돌봄을 제공하는 사람의 비율의 경우, 15-24세 집단이 18.1퍼센트로 34.2퍼센트인 25-34세 집단보다 더 낮았다. 성인에게 무급 돌봄을 제공하는 사람의 비율의 경우, 15-24세 집단이 13.3퍼센트로 11.0퍼센트인 25-34세 집단보다 더 높았다.
⑤ 55-64세 집단과 65세 이상 집단은 아동에게 무급 돌봄을 제공하는 사람의 비율이 1퍼센트포인트 미만의 차이로 비슷한 비율을 보였다.	3%	아동에게 무급 돌봄을 제공하는 사람의 비율의 경우, 55-64세 집단이 17.6퍼센트, 65세 이상 집단이 16.7퍼센트로 0.9퍼센트포인트의 차이를 보였다.

정답 풀이

중국에서 GDP에 대한 여행 및 관광의 기여는 2020년에 6,670억 달러로 2019년 1조 6,650억 달러의 3분의 1보다 크므로, ③ '중국에서, 2020년에 GDP에 대한 여행 및 관광의 기여는 2019년의 그것의 3분의 1미만이었다'는 도표의 내용과 일치하지 않는다.

친절한 지문분석

Travel and Tourism's Contribution to GDP

GDP에 대한 여행과 관광의 기여

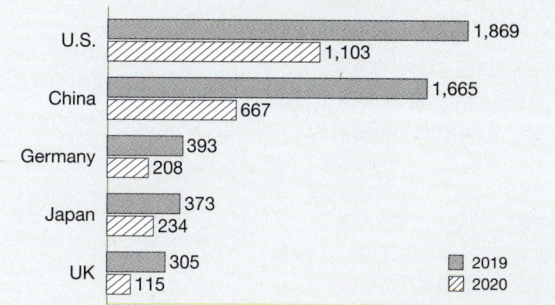

The above graph shows / travel and tourism's contribution to GDP /
위 그래프는 보여준다   GDP에 대한 여행 및 관광의 기여를

for each of the five countries / in 2019 and in 2020. In all five
5개국 각각의   2019년과 2020년에   5개국

countries, / [travel and tourism's contribution to GDP in 2020]
모두에서　　　2020년에 GDP에 대한 여행 및 관광의 기여는 감소하였다
　　　　　　　　　주어

decreased / compared to the previous year. Both in 2019 and in
동사　　　　　전년과 비교하여　　　　　　　　2019년과 2020년 둘 다에서
　　　　　　　~와 비교하여　　　　　　　　both A and B: A와 B 둘 다

2020, / the U.S. showed / the largest contribution of travel and
미국이 나타냈다　　　GDP에 대한 여행 및 관광의 가장 큰 기여를
　　　　　　　　　　　　　　　　　　　　　　(being)

tourism to GDP / among the five countries, / [followed by China].
　　　　　　　　5개국 중에서　　　　　　중국이 그 뒤를 이었다
　　　　　　　　　　　　　　　　　　　　분사구문(부대상황)

In China, / travel and tourism's contribution to GDP in 2020 was
중국에서　　2020년에 GDP에 대한 여행 및 관광의 기여는 더 적었다

less / than a third that in 2019. In 2019, / Germany showed a
2019년의 그것의 3분의 1보다　　2019년에　　독일은 더 큰 기여를 나타냈다
(of)　　　　　　　　　= travel and tourism's contribution to GDP

larger contribution / of travel and tourism to GDP / than Japan, /
　　　　　　　　　GDP에 대한 여행 및 관광의　　　　일본보다

[whereas the reverse was true in 2020]. In 2020, / the UK was the
2020년에는 그 반대였던 반면　　　　　　　　2020년에는　영국이 유일한 국가였다
대조의 부사절

only country / [where the contribution of travel and tourism to GDP /
　　　　　　　　　GDP에 대한 여행 및 관광의 기여가
관계부사절

was less than $200 billion].
2,000억 달러 미만이었던

지문 해석

위 그래프는 2019년과 2020년 5개국 각각의 GDP에 대한 여행 및 관광의 기여를 보여 준다. 5개국 모두에서, 2020년에 GDP에 대한 여행 및 관광의 기여는 전년과 비교하여 감소하였다. 2019년과 2020년 둘 다에서, 5개국 중 미국이 GDP에 대한 여행 및 관광의 가장 큰 기여를 나타냈고, 중국이 그 뒤를 이었다. 중국에서, 2020년에 GDP에 대한 여행 및 관광의 기여는 2019년의 그것의 3분의 1미만이었다. 2019년에, 독일은 GDP에 대한 여행 및 관광의 기여가 일본보다 더 큰 것으로 나타난 반면, 2020년에는 그 반대였다. 2020년에는, 영국이 GDP에 대한 여행 및 관광의 기여가 2,000억 달러 미만인 유일한 국가였다.

친절한 오답 풀이

오답 선택지	선택률	오답 이유
① 5개국 모두에서, 2020년에 GDP에 대한 여행 및 관광의 기여는 전년과 비교하여 감소하였다.	1%	5개국 모두 GDP에 대한 여행 및 관광의 기여는 2019년보다 2020년에 더 낮다.
② 2019년과 2020년 둘 다에서, 5개국 중 미국이 GDP에 대한 여행 및 관광의 가장 큰 기여를 나타냈고, 중국이 그 뒤를 이었다.	4%	GDP에 대한 여행 및 관광의 기여도는 2019년과 2020년에 각각 1조 8,690억 달러와 1조3,030억 달러로 미국이 가장 높고, 2019년과 2020년에 각각 1조 6,650억 달러와 6,670억 달러로 중국이 두 번째로 높다.
④ 2019년에, 독일은 GDP에 대한 여행 및 관광의 기여가 일본보다 더 큰 것으로 나타난 반면, 2020년에는 그 반대였다.	11%	2019년에 독일은 GDP에 대한 여행 및 관광의 기여가 3,930억 달러로 3,730억 달러인 일본보다 높았으나, 2020년에는 2,080억 달러로 2,340억 달러인 일본보다 낮았다.
⑤ 2020년에는, 영국이 GDP에 대한 여행 및 관광의 기여가 2,000억 달러 미만인 유일한 국가였다.	4%	2020년에 영국의 GDP에 대한 여행 및 관광의 관광의 기여는 1,150억 달러이며, 나머지 네 국가는 모두 2,000억 달러 이상이었다.

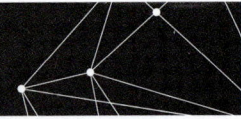

07 내용 일치

코드 접속하기 　　　　　　　　　pp.69~72

Q1 ③ 　　Q2 ④ 　　Q3 ⑤ 　　Q4 ④

Q1 　　　　　정답 ③ 　　　정답률 95%

정답 풀이

25세 무렵에 조각가인 친구와 함께 로마로 여행을 갔다고 했으므로, ③ '25세일 무렵, 조각가인 아버지와 로마로 여행을 갔다'는 글의 내용과 일치하지 않는다.

친절한 지문분석

Filippo Brunelleschi is considered / to be the founding father
Filippo Brunelleschi는 여겨진다　　　　르네상스 건축의 창시자로

of Renaissance architecture. He was born / in Florence in 1377.
　　　　　　　　　　　　　　그는 태어났다　　　1377년에 Florence에서
　　　　　　　　　　　　　　　　　　　　　(was)

Filippo was artistically talented, / and trained as a goldsmith and
Filippo는 예술적으로 재능이 있었고　　　금세공인과 시계공으로 훈련받았다
　　　　　　　　　　　　　　　　　　　수동태

a clockmaker / before becoming an architect. [When he was
　　　　　　　건축가가 되기 전　　　　　　　그가 25세일 무렵
　　　　　　　　　　　　　　　　　　　시간의 부사절

around 25], / he traveled to Rome / with his friend, the sculptor
그는 로마로 여행을 갔다　　　그의 친구인 조각가가
　　　　　　　　　　　　　　　　　　동격의 콤마

Donatello, / [where he studied the remains of ancient Roman
Donatello와 함께　곳에서 그는 고대 로마 건물들의 유적을 연구했다
관계부사절(계속적 용법)

buildings]. His first architectural commission was the Ospedale
그의 첫 번째 건축 임무는 Ospedale degli Innocenti였고

degli Innocenti, / [which is one of the great Renaissance buildings].
그것은 위대한 르네상스 건물들 중 하나이다
주격 관계대명사절(계속적 용법)

A number of other fine works, / [including chapels in Florentine
수많은 다른 훌륭한 작품들은　　　Florence의 교회들의 예배당들을 포함한
전치사구

churches], / strengthened his reputation. And the stunning
　　　　　그의 명성을 공고히 했다　　　　그리고 Il Duomo의 멋진

dome of Il Duomo is his masterpiece. He also designed
돔은 그의 걸작이다　　　　　그는 또한 기계를 설계했다

machinery / [to produce special effects in theatrical productions].
　　　　　연극 작품들의 특수 효과를 만들어내는
to부정사의 형용사적 용법

He died in Florence / and was buried in Il Duomo.
그는 Florence에서 사망했다　　그리고 Il Duomo에 묻혔다

지문 해석

Filippo Brunelleschi는 르네상스 건축의 창시자로 여겨진다. 그는 1377년에 Florence에서 태어났다. Filippo는 예술적으로 재능이 있었고, 건축가가 되기 전 금세공인과 시계공으로 훈련받았다. 그가 25세일 무렵, 그는 그의 친구인, 조각가 Donatello와 함께 로마로 여행을 갔고, 그곳에서 그는 고대 로마 건물들의 유적을 연구했다. 그의 첫 번째 건축 임무는 Ospedale degli Innocenti였고, 그것은 위대한 르네상스 건물들 중 하나이다. Florence의 교회들의 예배당들을 포함한, 수많은 다른 훌륭한 작품들은 그의 명성을 공고히 했다. 그리고 Il Duomo의 멋진 돔은 그의 걸작이다. 그는 또한 연극 작품들의 특수 효과를 만들어내는 기계를 설계했다. 그는 Florence에서 사망했고 Il Duomo에 묻혔다.

친절한 오답 풀이

오답 선택지	선택률	오답 이유
① 1377년에 Florence에서 태어났다.	0%	두 번째 문장인 He was born in Florence in 1377에서 알 수 있다.
② 예술적으로 재능이 있었다.	2%	세 번째 문장의 Filippo was artistically talented에서 알 수 있다.
④ 첫 번째 건축 임무는 Ospedale degli Innocenti였다.	1%	다섯 번째 문장의 His first architectural commission was the Ospedale degli Innocenti에서 알 수 있다.
⑤ 연극 작품들의 특수 효과를 만들기 위한 기계를 설계했다.	2%	여덟 번째 문장인 He also designed machinery to produce special effects in theatrical productions에서 알 수 있다.

Q2　　정답 ④　　정답률 85%

정답 풀이

번식기는 5월 무렵 우기의 끝에 일어난다고 했으므로, ④ '우기가 시작될 무렵 번식기를 가진다'는 글의 내용과 일치하지 않는다.

친절한 지문분석

The impala is / one of the most graceful four-legged animals.
임팔라는　　가장 우아한 네 발 짐승들 중 하나이다
　　　　　　　one of the+최상급+복수명사: 가장 ~한 것 중 하나

Impalas have the ability / to adapt / to different environments of
임팔라들은 능력이 있다　　적응하는　　대초원의 여러 환경에

the savannas. Both male and female impalas are similar in color, /
　　　　　　수컷과 암컷 임팔라 둘 다 색깔이 비슷한데
　　　　　　주어　both A and B: A와 B 둘 다　　동사

with white bellies and black-tipped ears. Male impalas have
배가 하얗고 귀 끝부분이 검다　　　　　　수컷 임팔라들은 길고 뾰족한

long and pointed horns / [which can measure 90 centimeters in
뿔이 있다　　　　　　　길이가 90센티미터가 될 수 있는
　　　　　　　　　　　　주격 관계대명사절

length]. Female impalas have no horns. Impalas feed upon grass,
암컷 임팔라는 뿔이 없다　　　　　임팔라들은 풀, 과일, 그리고

fruits, and leaves from trees. [When conditions are harsh /
나뭇잎을 먹고 산다　　　　　환경이 열악할 때
　　　　　　　　　　　　시간의 부사절

in the dry season], / they come together / to search for food / in
건기에　　　　　　　그들은 모인다　　먹이를 찾기 위해
　　　　　　　　　　　　　　　　　to부정사의 부사적 용법(목적)

mixed herds / [which can number as many as 100-200 individuals].
섞인 무리로　　100에서 200마리의 개체 수에 달할 수 있는
　　　　　　주격 관계대명사절　　원급 비교

The breeding season occurs / at the end of the wet season / around
번식기는 일어난다　　　　우기의 끝에　　　　　5월 무렵

May. Females give birth / in an isolated spot / away from the herd.
암컷들은 출산한다　　고립된 장소에서　　무리에서 떨어져

The average life span of an impala is between 13 and 15 years /
임팔라의 평균 수명은 13년에서 15년 사이이다
　　　　　　주어　　　　　　동사　between A and B: A와 B 사이

in the wild.
야생에서

지문 해석

임팔라는 가장 우아한 네 발 짐승들 중 하나이다. 임팔라들은 대초원의 여러 환경에 적응하는 능력이 있다. 수컷과 암컷 임팔라 둘 다 색깔이 비슷한데, 배가 하얗고 귀 끝부분이 검다. 수컷 임팔라들은 길이가 90센티미터가 될 수 있는 길고 뾰족한 뿔이 있다. 암컷 임팔라는

뿔이 없다. 임팔라들은 풀, 과일, 그리고 나뭇잎을 먹고 산다. 건기에 환경이 열악할 때, 그들은 먹이를 찾기 위해 100에서 200마리의 개체 수에 달할 수 있는 섞인 무리로 모인다. 번식기는 5월 무렵 우기의 끝에 일어난다. 암컷들은 무리에서 떨어져 고립된 장소에서 출산한다. 임팔라의 평균 수명은 야생에서 13년에서 15년 사이이다.

친절한 오답 풀이

오답 선택지	선택률	오답 이유
① 암컷과 수컷 모두 배가 하얗다.	6%	세 번째 문장 Both male and female impalas are similar in color, with white bellies and black-tipped ears에서 알 수 있다.
② 수컷은 길고 뾰족한 뿔이 있다.	3%	네 번째 문장의 Male impalas have long and pointed horns에서 알 수 있다.
③ 풀, 과일, 나뭇잎을 먹고 산다.	2%	여섯 번째 문장 Impalas feed upon grass, fruits, and leaves from trees에서 알 수 있다.
⑤ 평균 수명은 야생에서 13년에서 15년이다.	2%	마지막 문장 The average life span of an impala is between 13 and 15 years in the wild에서 알 수 있다.

Q3　　정답 ⑤　　정답률 90%

정답 풀이

Carl-Gustaf Rossby가 University of Stockholm의 기상 연구소에서 직책을 맡고 10년 후 생을 마감할 때까지 그곳에서 재직했다고 했으므로, ⑤ 'University of Stockholm에 마련된 직책을 거절했다'는 글의 내용과 일치하지 않는다.

친절한 지문분석

Carl-Gustaf Rossby was [one of a group / of notable Scandinavian
Carl-Gustaf Rossby는 집단 중 한 명이었다　　저명한 스칸디나비아 연구자들의
　　　　　　　　　　one of+복수명사: ~ 중 하나

researchers] / [who worked / with the Norwegian meteorologist
　　　　　　　　일했던　　　노르웨이 기상학자인 Vilhelm Bjerknes와 함께
　　　　　　　　주격 관계대명사절

Vilhelm Bjerknes / at the University of Bergen]. While growing
　　　　　　　Bergen 대학에서　　　　　성장하면서
　　　　　　　　　　　　　　　　　　접속사+분사구문

up / in Stockholm, / Rossby received a traditional education.
　　Stockholm에서　　Rossby는 전통적인 교육을 받았다

He earned a degree / in mathematical physics / at the University
그는 학위를 받았다　　수리 물리학에서　　　　　University of

of Stockholm in 1918, / but [after hearing a lecture by Bjerknes], /
Stockholm에서 1918년에　　하지만 Bjerknes의 강의를 듣고 나서
　　　　　　　　　　　(being)　접속사+분사구문

and [apparently bored with Stockholm], / he moved / to the newly
그리고 짐작하건대 Stockholm에 지루함을 느껴　　그는 옮겼다　　새로 설립된
분사구문(이유)

established Geophysical Institute / in Bergen. In 1925, / Rossby
지구 물리학 연구소로　　　　　　Bergen에　1925년에　Rossby는
과거분사구

received a scholarship / from the Sweden-America Foundation /
장학금을 받았다　　　　　스웨덴-미국 재단으로부터

to go to the United States, / [where he joined / the United States
미국으로 가기 위한　　　그는 그곳에서 합류했다　미국 기상국에
to부정사의 형용사적 용법　　　관계부사절(계속적 용법)

Weather Bureau]. [Based in part on his practical experience / in
　　　　　　　　그의 실질적인 경험의 일부를 바탕으로
　　　　　　　　(Being) 분사구문

weather forecasting], / Rossby had become a supporter / of the
일기 예보에 대한　　　　Rossby는 지지자가 되었다
　　　　　　　　　　　　과거완료

"polar front theory," / [which explains the cyclonic circulation /
'polar front theory'의   사이클론 순환을 설명하는
주격 관계대명사절(계속적 용법)

{that develops at the boundary / between warm and cold air
경계에서 발생하는   고온 기단과 저온 기단 사이의
주격 관계대명사절   between A and B: A와 B 사이에

masses}]. In 1947, / Rossby accepted / the chair of the Institute
1947년에   Rossby는 받아들였다   기상 연구소의 직책을
과거완료

of Meteorology, / [which had been set up for him / at the University
그를 위해 마련된   University of
주격 관계대명사절(계속적 용법)

of Stockholm, / {where he remained / until his death ten years
Stockholm에   그곳에서 그는 머물렀다   10년 후에 생을 마감할 때까지
관계부사절(계속적 용법)

later}].

지문 해석

Carl-Gustaf Rossby는 Bergen 대학에서 노르웨이 기상학자인 Vilhelm Bjerknes와 함께 일했던 저명한 스칸디나비아 연구자들 중 한 명이었다. Stockholm 에서 성장하면서, Rossby는 전통적인 교육을 받았다. 그는 1918년에 University of Stockholm에서 수리 물리학 학위를 받았지만, Bjerknes의 강의를 듣고 나서, 짐작하건대 Stockholm에 지루함을 느껴, Bergen에 새로 설립된 지구 물리학 연구소로 옮겼다. 1925년에 Rossby는 스웨덴-미국 재단으로부터 장학금을 받아 미국으로 갔고, 그곳에서 미국 기상국에 합류했다. 일기 예보에 대한 그의 실질적인 경험을 일부 바탕으로 하여, Rossby는 고온 기단과 저온 기단 사이의 경계에서 발생하는 사이클론 순환을 설명하는 'polar front theory'의 지지자가 되었다. 1947년에 Rossby는 University of Stockholm에 그를 위해 마련된 기상 연구소의 직책을 받아들였고, 그곳에서 10년 후에 생을 마감할 때까지 재직했다.

친절한 오답 풀이

오답 선택지	선택률	오답 이유
① Stockholm에서 성장하면서 전통적인 교육을 받았다.	2%	두 번째 문장인 While growing up in Stockholm, Rossby received a traditional education에서 알 수 있다.
② University of Stockholm 에서 수리 물리학 학위를 받았다.	3%	세 번째 문장의 He earned a degree in mathematical physics at the University of Stockholm에서 알 수 있다.
③ 1925년에 장학금을 받았다.	3%	네 번째 문장의 In 1925, Rossby received a scholarship에서 알 수 있다.
④ polar front theory를 지지했다.	2%	다섯 번째 문장의 Rossby had become a supporter of the "polar front theory에서 알 수 있다.

배경지식

칼 구스타프 로스비(Carl-Gustaf Rossby)

칼 구스타프 로스비는 스웨덴 스톡홀름 출신인 미국의 기상학자로, 스톡홀름 대학 졸업 이후 노르웨이의 베르겐 지구물리학 연구소와 라이프치히 대학 등에서 공부하였으며 1926년에는 미국의 기상국에서 근무하였다. 1928년 매사추세츠 공과 대학에 기상학 교실을 창설한 후 1931년 기상학 주임교수가 되어 기상학 및 해양학에 대한 많은 연구 결과를 발표하였다. 1939년 기상국 부국장, 1941년 시카고대학 기상학 주임교수를 맡으며 기상역학 부문에서 활약하였다. 1947년부터는 모교인 스톡홀름 대학에서 기상학 교수를 겸하며 스톡홀름에 국제적인 기상학 연구소를 설립하여 기단분석용 '로스뷔 선도'를 고안하고, 절대와도 보존을 연구했으며, 장파를 발견하고, 편서풍 및 제트류를 연구하는 등의 많은 업적을 남겼다.

Q4   정답 ④   정답률 94%

정답 풀이

제왕나비는 북부 주의 추운 겨울에 살아남을 수 없다고 했으므로, ④ '북부 주의 추운 겨울 기온에 잘 버틴다'는 글의 내용과 일치하지 않는다.

친절한 지문분석

The monarch butterfly has lovely bright colors / [splashed on its
제왕나비는 예쁘고 밝은 색이 있다   날개에 얼룩무늬로
과거분사구

wings]. The wings have white spots / on the outer margins. The
장식된   날개에는 흰 점들이 있다   바깥쪽 가장자리에

hind wings are rounded, / and they are lighter in color / than the
뒷날개는 둥글다   그리고 그것들은 더 밝은 색을 띤다   앞날개보다
비교급

front wings. The body is black / with white spots. The mother
앞날개보다   몸통은 검은 색이다   흰 점이 있는   어미 나비는

butterfly lays only one egg / on the underside of milkweed leaves, /
오직 한 개의 알만 낳는다   밀크위드 잎의 아래쪽에

[which hatches / about three to five days later]. The monarch loves
그것은 부화한다   약 3일에서 5일 후에   제왕나비는 날아다니는
주격 관계대명사절(계속적 용법)

[to fly around / in the warm sunshine], / from March through
것을 좋아한다   따뜻한 햇살을 받으며   3월부터 10월까지
목적어(to부정사의 명사적 용법)

October, / all across the United States. The monarch cannot
미국 전역에서   제왕나비는 살아남을 수 없다

survive / the cold winter temperatures [of the northern states]. So,
북부 주의 추운 겨울 기온에   그래서
전치사구(형용사구)

it very wisely migrates / from the northern states to the south, /
그것은 현명하게 이주한다   북부 주에서 남부로
동사 1

and hibernates. The monarch is the only insect / [that can fly / more
그리고 동면한다   제왕나비는 유일한 곤충이다   날 수 있는
동사 2(병렬구조)   주격 관계대명사절

than four thousand kilometers / to a warmer climate].
4천 킬로미터 넘게   더 따뜻한 지방으로

지문 해석

제왕나비는 날개에 예쁘고 밝은 색의 얼룩무늬가 있다. 날개 바깥쪽 가장자리에 흰 점들이 있다. 뒷날개는 둥글고, 앞날개보다 더 밝은 색을 띤다. 몸통은 검은 바탕에 흰 점이 있다. 어미 나비는 밀크위드 잎의 아래쪽에 오직 한 개의 알만 낳고, 그것은 약 3일에서 5일 후에 부화한다. 제왕나비는 3월부터 10월까지 미국 전역에서 따뜻한 햇살을 받으며 날아다니는 것을 좋아한다. 제왕나비는 북부 주의 추운 겨울 기온에 살아남을 수 없다. 그래서, 그것은 매우 현명하게 북부 주에서 남부로 이주하여 동면한다. 제왕나비는 더 따뜻한 지방으로 4천 킬로미터 넘게 날 수 있는 유일한 곤충이다.

친절한 오답 풀이

오답 선택지	선택률	오답 이유
① 날개의 바깥 가장자리에 흰 점이 있다.	2%	두 번째 문장 The wings have white spots on the outer margins에서 알 수 있다.
② 뒷날개는 앞날개보다 색이 더 밝다.	2%	세 번째 문장의 they(= the hind wings) are lighter in color than the front wings에서 알 수 있다.
③ 알은 약 3일에서 5일 후에 부화한다.	2%	다섯 번째 문장의 which(= one egg) hatches about three to five days later에서 알 수 있다.
⑤ 4천 킬로미터 넘게 날 수 있다.	1%	아홉 번째 문장 The monarch is the only insect that can fly more than four thousand kilometers to a warmer climate에서 알 수 있다.

| 01 ④ | 02 ③ | 03 ③ | 04 ④ | 05 ④ | 06 ④ |

01   정답 ④   정답률 90%

정답 풀이

미국으로 초청받아 캘리포니아 공과대학(Caltech)에서 공학자들에게 윈드 터널 설계에 관한 조언을 하였다고 했으므로, ④ 'Caltech의 공학자를 초청하여 조언을 구했다'는 글의 내용과 일치하지 않는다.

친절한 지문분석

Theodore von Kármán, a Hungarian-American engineer, / was
Theodore von Kármán은 헝가리계 미국인 공학자로
동격의 콤마

one of the greatest minds of the twentieth century. He was born in
20세기의 가장 위대한 지성인 중 한 명이었다   그는 헝가리에서 태어났다
one of the+복수명사: ~ 중 하나

Hungary / and at an early age, / he showed a talent for math and
그리고 어린 시절에   그는 수학과 과학에 재능을 보였다
전치사구

science. In 1908, / he received a doctoral degree in engineering /
1908년에   그는 공학 박사 학위를 받았다

at the University of Göttingen in Germany. In the 1920s, / he began
독일 University of Göttingen에서   1920년대에   그는 다니기

traveling / as a lecturer and consultant to industry. He was invited
시작했다   관련 분야의 강연자 겸 자문 위원으로   그는 미국으로 초청되어
   ~로서(전치사)   *수동태*

to the United States / to advise engineers on the design of a wind
     공학자들에게 윈드 터널 설계에 관한 조언을 하였다
전치사구   *to부정사의 부사적 용법(결과)*

tunnel / at California Institute of Technology (Caltech). He became
캘리포니아 공과대학(Caltech)에서   그는

the director of the Guggenheim Aeronautical Laboratory at Caltech /
Caltech의 Guggenheim Aeronautical Laboratory의 소장이 되었다

in 1930. Later, / he was awarded the National Medal of Science /
1930년에   나중에는   그는 National Medal of Science를 받았다
     수동태   *award A B: A에게 B를 수여하다*

for his leadership in science and engineering.
과학과 공학 분야에서의 리더십으로

지문 해석

Theodore von Kármán은 헝가리계 미국인 공학자로, 20세기의 가장 위대한 지성인 중 한 명이었다. 그는 헝가리에서 태어나 어린 시절 수학과 과학에 재능을 보였다. 1908년, 독일 University of Göttingen에서 공학 박사 학위를 받았다. 1920년대에, 관련 분야의 강연자 겸 자문 위원으로 다니기 시작했다. 미국으로 초청되어 캘리포니아 공과대학 (Caltech)에서 공학자들에게 윈드 터널 설계에 관한 조언을 하였다. 1930년에 Caltech의 Guggenheim Aeronautical Laboratory의 소장이 되었다. 나중에는 과학과 공학 분야에서의 리더십으로 National Medal of Science를 받았다.

친절한 오답 풀이

오답 선택지	선택률	오답 이유
① 어린 시절 수학과 과학에 재능을 보였다.	1%	두 번째 문장인 he showed a talent for math and science에서 알 수 있다.
② University of Göttingen 에서 공학 박사 학위를 받았다.	3%	세 번째 문장인 he received a doctoral degree in engineering at the University of Göttingen에서 알 수 있다.
③ 1920년대에 강연자 겸 자문 위원으로 다니기 시작했다.	5%	네 번째 문장인 In the 1920s, he began traveling as a lecturer and consultant to industry에서 알 수 있다.
⑤ National Medal of Science를 받았다.	1%	일곱 번째 문장인 he was awarded the National Medal of Science에서 알 수 있다.

02   정답 ③   정답률 93%

정답 풀이

Ingrid Bergman은 연극으로 데뷔했으나 영화계에서 일하는 데 더 관심이 있었다고 했으므로, ③ '영화를 통해 데뷔했으나 연극에 더 관심이 있었다'는 글의 내용과 일치하지 않는다.

친절한 지문분석

Ingrid Bergman was born in Stockholm, Sweden / on August 29,
Ingrid Bergman은 스웨덴의 스톡홀름에서 태어났다   1915년 8월 29일

1915. Her mother was German and her father Swedish. Her
그녀의 어머니는 독일인이었고 아버지는 스웨덴인이었다   그녀의
                           (was)

mother died [when she was three], / and her father passed away
어머니는 그녀가 세 살 때 돌아가셨다   그리고 그녀의 아버지는 그녀가
     시간의 부사절

[when she was 12]. Eventually she was brought up by her Uncle
열두 살 때 돌아가셨다   결국 그녀는 Otto 삼촌과 Hulda 숙모에 의해
시간의 부사절   *수동태*

Otto and Aunt Hulda. She was interested in acting from an early
키워졌다   그녀는 어릴 때부터 연기에 관심이 있었다
     be interested in v-ing: ~하는 데 관심을 가지다

age. [When she was 17], she attended the Royal Dramatic Theater
그녀가 열일곱 살 때 그녀는 Royal Dramatic Theater School에 다녔다
   시간의 부사절

School / in Stockholm. She made her debut on the stage / but
   스톡홀름에 있는   그녀는 무대(연극)에 데뷔했다   하지만
     make one's debut: 데뷔하다

was more interested / in working in films. In the early 1940s, / she
더 관심이 있었다   영화계에서 일하는 데   1940년대 초에   그녀는

gained star status in Hollywood, / [playing many roles as the
할리우드에서 스타의 지위를 얻었다   그리고 영화의 여주인공으로 많은
     분사구문(부대상황)   *~로서(전치사)*

heroine of the film]. Bergman was considered to have /
역할을 맡았다   Bergman은 가진 것으로 여겨졌다
     수동태

tremendous acting talent, an angelic natural beauty / and the
굉장한 연기 재능과 천사 같은 자연적인 미모를   그리고

willingness to work hard / to get the best out of films. She
기꺼이 열심히 일하려는 마음을   영화에서 최상의 것을 얻기 위해   그녀는
   to부정사의 형용사적 용법   *to부정사의 부사적 용법(목적)*

was fluent in five languages / and appeared in a range of films,
다섯 개의 언어에 유창했다   그리고 다양한 영화와 연극, TV 작품에

plays and TV productions.
출연했다

지문 해석

Ingrid Bergman은 1915년 8월 29일에 스웨덴의 스톡홀름에서 태어났다. 그녀의 어머니는 독일인이었고 아버지는 스웨덴인이었다. 그녀의 어머니는 그녀가 세 살 때 돌아가셨고, 아버지는 그녀가 열두 살 때 돌아가셨다. 결국 그녀는 Otto 삼촌과 Hulda 숙모에 의해 키워졌다. 그녀는 어릴 때부터 연기에 관심이 있었다. 그녀가 열일곱 살 때 스톡홀름에 있는 Royal Dramatic Theater School(왕립 연극 학교)에 다녔다. 그녀는 연극으로 데뷔했지만 영화계에서 일하는 데 더 관심이 있었다. 1940년대 초에 그녀는 할리우드에서 스타의 지위를 얻었고 영화의 여주인공으로 많은 역할을 맡았다. Bergman은 굉장한 연기 재능과 천사 같은 자연적인 미모, 영화에서 최상의 것을 얻으려고 기꺼이 열심히 일하려는 태도를 가진 것으로 여겨졌다. 그녀는 다섯 개의 언어에 유창했고 다양한 영화, 연극, 그리고 TV 작품에 출연했다.

오답 선택지	선택률	오답 이유
① 어머니는 독일인이었고 아 버지는 스웨덴인이었다.	1%	두 번째 문장 Her mother was German and her father Swedish에서 알 수 있다.
② 17세에 Royal Dramatic Theater School에 다녔다.	1%	여섯 번째 문장 When she was 17, she attended the Royal Dramatic Theater School in Stockholm에서 알 수 있다.
④ 1940년대 초에 할리우드에 서 스타의 지위를 얻었다.	1%	여덟 번째 문장의 In the early 1940s, she gained star status in Hollywood에서 알 수 있다.
⑤ 다섯 개의 언어에 유창 했다.	1%	마지막 문장의 She was fluent in five languages에서 알 수 있다.

운 분류 체계는 전통적인 방식을 따르는 많은 광물학자들과의 갈등으로 이어졌다. 1812년에, Mohs는 Joanneum의 광물학 교수로 임명되었고, 그곳에서 모스 굳기계를 개발했다. 그는 Leoben의 Mining University에서 그의 훌륭한 경력을 마무리했고 이탈리아에서 66세의 나이로 사망했다.

┃친절한 오답 풀이 ┃

오답 선택지	선택률	오답 이유
① 어린 시절 과학에 뚜렷한 흥 미를 보였다.	1%	두 번째 문장인 He displayed a marked interest in science at an early age에서 알 수 있다.
② University of Halle에서 화학, 수학, 물리학을 공 부했다.	2%	세 번째 문장의 He studied chemistry, mathematics, and physics at the University of Halle에서 알 수 있다.
④ 1812년에 Joanneum의 광 물학 교수로 임명되었다.	1%	여섯 번째 문장의 In 1812, Mohs was appointed Professor of Mineralogy at the Joanneum에서 알 수 있다.
⑤ 이탈리아에서 66세의 나이 로 사망했다.	1%	마지막 문장의 died at the age of 66 in Italy에서 알 수 있다.

배경지식

Friedrich Mohs의 광물 분류
Friedrich Mohs의 광물 분류 방법은 기존의 전통적인 광물 분류 방법과 큰 차이를 보였다. 전통적인 방법은 광물의 화학적 조성이나 특정한 물리적 속성을 바탕으로 분류가 이루어진 반면, Mohs는 광물의 경도라는 단 하나의 물리적 속성에 집중하여 분류를 시도했다. 각 광물을 서로 긁을 수 있는 능력에 따라 1에서 10까지의 숫자 체계를 만들었으며, 이는 광물을 다른 광물로 긁었을 때 얼마나 쉽게 긁히는지를 기준으로 삼은 것이다. 이 새로운 방식은 광물학자들 사이에서 논란을 일으켰지만, 실용적이고 직관적인 방법으로 빠르게 받아들여졌다.

03   정답 ③   정답률 95%

정답 풀이

Friedrich Mohs의 분류 체계는 전통적인 방식을 따르는 광물학자들과의 갈등으로 이어졌다고 했으므로, ③ '전통적인 방식을 따르는 많은 광물학자들과 협력했다'는 글의 내용과 일치하지 않는다.

친절한 지문분석

Friedrich Mohs , a well-known mineralogist, / was born on
잘 알려진 광물학자인 Friedrich Mohs는
동격의 콤마

January 29, 1773, in Gernrode, Germany. He displayed a marked
1773년 1월 29일 독일의 Gernrode에서 태어났다   그는 과학에 뚜렷한 흥미를 보였다

interest in science / at an early age. He studied chemistry,
    어린 시절에   그는 화학, 수학, 물리학을 공부했다

mathematics, and physics / at the University of Halle / and also
    University of Halle에서   그리고 또한

studied mineralogy / at the Mining Academy. In his late twenties, /
광물학을 공부했다   Mining Academy에서   20대 후반에

he went to Austria / and classified minerals / by their physical
그는 오스트리아로 갔다   그리고 광물을 분류했다   물리적 속성에 따라

attributes. This new classification system of his led to conflicts /
   그의 이러한 새로운 분류 체계는 갈등으로 이어졌다

[with many mineralogists / {who followed the conventional
   많은 광물학자들과의   전통적인 방식을 따르는
   전치사구(형용사구)   주격 관계대명사절

methods}]. In 1812, / Mohs was appointed Professor of Mineralogy
   1812년에   Mohs는 Joanneum의 광물학 교수로 임명되었고

at the Joanneum, / [where he developed the Mohs Scale of
   그곳에서 그는 모스 굳기계를 개발했다
   관계부사절(계속적 용법)

Mineral Hardness]. Mohs ended his remarkable career / at the
   Mohs는 그의 훌륭한 경력을 마무리했다

Mining University in Leoben / and died at the age of 66 in Italy.
   Leoben의 Mining University에서   그리고 이탈리아에서 66세의 나이로 사망했다

지문 해석

잘 알려진 광물학자인 Friedrich Mohs는 1773년 1월 29일 독일의 Gernrode에서 태어났다. 그는 어린 시절 과학에 뚜렷한 흥미를 보였다. 그는 University of Halle에서 화학, 수학, 물리학을 공부했고, 또한 Mining Academy에서 광물학을 공부했다. 20대 후반에, 그는 오스트리아로 가서 물리적 속성에 따라 광물을 분류했다. 그의 이러한 새로

04   정답 ④   정답률 81%

정답 풀이

그녀는 1976년에 미국시각장애예방협회(AiPB)를 공동 설립했다고 했으므로, ④ '1976년에 AiPB를 단독으로 설립했다'는 글의 내용과 일치하지 않는다.

친절한 지문분석

Patricia Bath spent her life advocating / for eye health. [Born in
Patricia Bath는 옹호하는 데 자신의 삶을 보냈다   눈 건강을   1942년에
   spend+시간+v-ing: ~하면서 (시간)을 보내다   분사구문(연속동작)

1942], / she was raised in the Harlem area of New York City. She
태어나   그녀는 뉴욕 시의 Harlem 지역에서 성장했다   그녀는

graduated from Howard University's College of Medicine / in
Howard 의과 대학을 졸업했다   1968년에

1968. It was during her time as a medical intern / [that she saw /
   수련의로서 시간을 보내는 동안이었다   그녀가 알게 된 것이
   「it ~ that ...」 강조구문   ~로서(전치사)

{that many poor people and Black people were becoming blind /
   많은 가난한 사람과 흑인이 눈이 멀게 되고 있음을
   목적절   과거진행형

because of the lack of eye care}]. She decided to concentrate on
   눈 관리 부족으로   그녀는 안과학에 집중하기로
   ~ 때문에(전치사)   decide to-v: ~하기로 결심하다

ophthalmology, / [which is the branch of medicine / {that works
결심했다   의학 분야인   눈 질병과
   주격 관계대명사절(계속적 용법)   주격 관계대명사절

with eye diseases and disorders}]. [As her career progressed], /
장애를 연구하는   경력이 쌓이면서
                          시간의 부사절

Bath taught students in medical schools / and trained other
그녀는 의과 대학에서 학생을 가르쳤다   그리고 다른 의사들을

doctors. In 1976, / she co-founded the American Institute for the
훈련시켰다   1976년에   그녀는 미국시각장애예방협회(AiPB)를

Prevention of Blindness (AiPB) / with the basic principle / [that
공동 설립했다   기본 원칙으로 하여   동격절
                                        =

"eyesight is a basic human right."] In the 1980s, / Bath began
"시력은 기본적인 인권이다"라는   1980년대에   Bath는
                                begin v-ing[to-v]: ~하기 시작하다

researching the use of lasers / in eye treatments. Her research
레이저 사용을 연구하기 시작했다   눈 치료에서   그녀의 연구는 이르렀다

led / to her [becoming the first African-American female doctor /
             그녀가 최초의 아프리카계 미국 흑인 여성 의사가 되는 데
동명사의 의미상 주어   전치사의 목적어(동명사구)

{to receive a patent for a medical device}].
의료 장비로 특허를 받은
to부정사의 형용사적 용법

지문 해석

Patricia Bath는 눈 건강을 옹호하는 데 자신의 삶을 보냈다. 1942년에 태어나, 그녀는 뉴욕 시의 Harlem 지역에서 성장했다. 그녀는 Howard 의과 대학을 1968년에 졸업했다. 수련의로서 시간을 보내는 동안 그녀는 눈 관리 부족으로 많은 가난한 사람과 흑인이 눈이 멀게 되고 있음을 알게 되었다. 그녀는 눈 질병과 장애를 연구하는 의학 분야인 안과학에 몰두하기로 결심했다. 경력이 쌓이면서 그녀는 의과 대학에서 학생을 가르쳤고 다른 의사들을 훈련시켰다. 1976년에 그녀는 "시력은 기본적인 인권이다"라는 기본 원칙 아래 미국 시각장애예방협회(AiPB)를 공동 설립했다. 1980년대에 Bath는 눈 치료에서 레이저 사용을 연구하기 시작했다. 그녀의 연구는 그녀를 의료 장비 특허를 받은 최초의 아프리카계 미국 흑인 여성 의사가 되는 데 이르렀다.

친절한 오답 풀이

오답 선택지	선택률	오답 이유
① 뉴욕 시의 Harlem 지역에서 성장했다.	1%	두 번째 문장의 she was raised in the Harlem area of New York City에서 알 수 있다.
② 1968년에 의과 대학을 졸업했다.	3%	세 번째 문장 She graduated from Howard University's College of Medicine in 1968에서 알 수 있다.
③ 의과 대학에서 학생을 가르쳤다.	8%	여섯 번째 문장의 Bath taught students in medical schools and trained other doctors에서 알 수 있다.
⑤ 의료 장비 특허를 받았다.	7%	마지막 문장 Her research led to her becoming the first African-American female doctor to receive a patent for a medical device에서 알 수 있다.

05 정답 ④ 정답률 78%

정답 풀이

Ray는 후원자인 Francis Willughby와 함께 영국과 유럽을 여행했다고 했으므로, ④ 'Francis Willughby에게 후원받아 홀로 유럽을 여행하였다'는 글의 내용과 일치하지 않는다.

[Born in 1627 in Black Notley, Essex, England], John Ray was
1627년 잉글랜드 Essex주 Black Notley에서 태어난   John Ray는
분사구문

the son of the village blacksmith. At 16, he went to Cambridge
마을 대장장이의 아들이었다   16세에 그는 Cambridge 대학교에 들어가서

University, [where he studied widely / and lectured on topics from
폭넓게 공부하고   그리스어부터 수학까지 강의를 하다가
관계부사절(계속적 용법)

Greek to mathematics], [before joining the priesthood in 1660].
                      1660년에 성직자의 길로 들어섰다
from A to B: A부터 B까지   접속사+분사구문

To recover from an illness in 1650, / he had taken to nature walks /
1650년 병에서 회복하기 위해   그는 자연을 산책하기 시작했고
to부정사의 부사적 용법(목적)   (Being) 과거완료

and developed an interest in botany. Accompanied by his wealthy
식물학에 대한 관심을 키웠다   부유한 학생이자 후원자인
                          분사구문(부대상황), be accompanied by: ~을 동반하다

student and supporter Francis Willughby], Ray toured Britain
Francis Willughby와 함께   Ray는 1660년대에 영국과

and Europe in the 1660s, [studying and collecting plants and
유럽을 여행했다   식물과 동물을 연구하고 수집하면서
                    분사구문(동시동작)

animals]. He married Margaret Oakley in 1673 / and, after leaving
          그는 1673년 Margaret Oakley와 결혼했고   Willughby 집안을 떠난
          동사 1(병렬구조)   접속사+분사구문(삽입절)

Willughby's household, / lived quietly in Black Notley to the age
후에는   Black Notley에서 77세까지 조용히 살았다
                     동사 2

of 77. He spent his later years studying samples / in order to
그는 표본을 연구하면서 말년을 보냈다
spend+시간+v-ing: ~하는 데 시간을 보내다   in order to-v: ~하기 위해

assemble plant and animal catalogues. He wrote more than twenty
동식물 목록을 만들기 위해   그는 20편 이상의 저서를 썼다

works / on theology and his travels, as well as on plants and their
식물과 그것의 형태 및 기능뿐만 아니라 신학과 그의 여행에 관한
                              B as well as A: A뿐만 아니라 B도

form and function.

지문 해석

1627년 잉글랜드 Essex주 Black Notley에서 태어난 John Ray는 마을 대장장이의 아들이었다. 16세에 그는 Cambridge 대학교에 들어가서 폭넓게 공부하고 그리스어부터 수학까지 강의를 하다가 1660년에 성직자의 길로 들어섰다. 1650년 병에서 회복하기 위해, 그는 자연을 산책하기 시작했고 식물학에 대한 관심을 키웠다. 부유한 학생이자 후원자인 Francis Willughby와 함께 Ray는 1660년대에 영국과 유럽을 여행하면서 식물과 동물을 연구하고 수집했다. 그는 1673년 Margaret Oakley와 결혼했고, Willughby 집안을 떠난 후에는 Black Notley에서 77세까지 조용히 살았다. 그는 동식물 목록을 만들기 위해 표본을 연구하면서 말년을 보냈다. 그는 식물과 그것의 형태 및 기능뿐만 아니라 신학과 그의 여행에 관한 20편 이상의 저서를 썼다.

친절한 오답 풀이

오답 선택지	선택률	오답 이유
① 마을 대장장이의 아들이었다.	4%	첫 번째 문장의 John Ray was the son of the village blacksmith에서 알 수 있다.
② 성직자의 길로 들어서기 전 Cambridge 대학에 다녔다.	6%	두 번째 문장의 he went to Cambridge University, ..., before joining the priesthood에서 알 수 있다.
③ 병에서 회복하기 위해 자연을 산책하기 시작했다.	7%	세 번째 문장의 To recover from an illness in 1650, he had taken to nature walks에서 알 수 있다.
⑤ 동식물의 목록을 만들기 위해 표본을 연구하며 말년을 보냈다.	4%	여섯 번째 문장 He spent his later years studying samples in order to assemble plant and animal catalogues에서 알 수 있다.

정답 풀이

소위 서투른 기술로 인해 자기 시대 예술 비평가들로부터 비판받았다고 했으므로, ④ '능숙한 사진 기술로 자기 시대 예술 비평가에게 인정받았다'는 글의 내용과 일치하지 않는다.

친절한 지문분석

British photographer Julia Margaret Cameron / is considered
영국인 사진작가인 Julia Margaret Cameron은

one of the greatest portrait photographers / of the 19th century.
가장 뛰어난 인물 사진작가 중 한 명으로 여겨진다   19세기의
one of the+최상급+복수명사: 가장 ~한 것 중 하나

[Born in Calcutta, India, into a British family], Cameron was
인도 캘커타의 영국인 가족에서 태어나   Cameron은
분사구문(연속동작)   (Being)

educated in France. Given a camera as a gift / by her daughter / in
프랑스에서 교육받았다   카메라를 선물로 받고서   자신의 딸로부터
      분사구문(연속동작)

December 1863], she quickly and energetically devoted herself to
1863년 12월에   그녀는 곧 활기차게 사진 촬영 기술에 전념했다
      devote oneself to: ~에 전념하다

the art of photography. She cleared out a chicken coop / and
   그녀는 닭장을 비우고

converted it into studio space / [where she began to work as a
그곳을 스튜디오 공간으로 바꾸어   그곳에서 사진작가로 일하기 시작했다
convert A into B: A를 B로 바꾸다   관계부사절

photographer]. Cameron made illustrative studio photographs, /
   Cameron은 화보 같은 스튜디오 사진을 찍었는데

[convincing friends and family members / to pose for photographs, /
친구들과 가족 구성원을 설득하고   사진을 위해 자세를 취하도록
분사구문 1(병렬구조)

fitting them in theatrical costumes / and carefully composing them
그들에게 연극 의상을 입히고   신중하게 그들을 장면으로 구성했다
분사구문 2   (Being)   분사구문 3

into scenes. Criticized for her so-called bad technique / by art
   그녀의 소위 서투른 기술로 인해 비판받으면서도
   분사구문

critics in her own time], / she ignored convention / and experimented
자기 시대 예술 비평가들로부터   그녀는 관습을 무시하고
      동사 1(병렬구조)   동사 2

with composition and focus. Later critics appreciated / her valuing
구도와 초점을 실험했다   훗날 비평가들은 높이 평가했다   그녀가 정신적
      동명사의 의미상 주어   동명사

of spiritual depth / over technical perfection / and now consider
깊이에 가치를 둔 것을   기술적 완벽함보다   그리고 오늘날 그녀의 인물

her portraits / to be among the finest expressions / of the artistic
사진을 여긴다   가장 뛰어나게 표현한 작품 중의 하나로
   to부정사의 명사적 용법(목적격보어)

possibilities of the medium.
그 표현 수단(사진)의 예술적 가능성을

지문 해석

영국인 사진작가인 Julia Margaret Cameron은 19세기의 가장 뛰어난 인물 사진작가 중 한 명으로 여겨진다. 인도 캘커타의 영국인 가족에서 태어난 Cameron은 프랑스에서 교육받았다. 1863년 12월에 자신의 딸로부터 카메라를 선물로 받고서, 그녀는 곧 활기차게 사진 촬영 기술에 전념했다. 그녀는 닭장을 비우고 그곳을 스튜디오 공간으로 바꾸어 그곳에서 사진작가로 일하기 시작했다. Cameron은 화보 같은 스튜디오 사진을 찍었는데 사진을 위해 친구들과 가족 구성원이 자세를 취하도록 설득하고 그들에게 연극 의상을 입히고 신중하게 그들을 장면으로 구성했다. 그녀의 소위 서투른 기술로 인해 자기 시대 예술 비평가들로부터 비판받으면서도, 그녀는 관습을 무시하고 구도와 초점을 실험했다. 훗날 비평가들은 그녀가 기술적 완벽함보다 정신적 깊이에 가치를 둔 것을 높이 평가했으며, 오늘날 그녀의 인물 사진을 그 표현 수단(사진)의 예술적 가능성을 가장 뛰어나게 표현한 것들 중의 하나로 여긴다.

친절한 오답 풀이

오답 선택지	선택률	오답 이유
① 인도에서 태어나고 프랑스에서 교육받았다.	1%	두 번째 문장의 Born in Calcutta, India, Cameron was educated in France에서 알 수 있다.
② 딸로부터 카메라를 선물로 받았다.	1%	세 번째 문장의 Given a camera as a gift by her daughter에서 알 수 있다.
③ 친구들과 가족 구성원에게 연극 의상을 입히고 촬영했다.	3%	다섯 번째 문장의 fitting them in theatrical costumes에서 알 수 있다.
④ 정신적 깊이에 가치를 둔 점을 훗날 높이 평가받았다.	3%	마지막 문장의 Later critics appreciated her valuing of spiritual depth에서 알 수 있다.

08 실용문

코드 접속하기

pp.79~82

| Q1 ⑤ | Q2 ② | Q3 ⑤ | Q4 ④ |

Q1

정답 ⑤ 　　정답률 95%

정답 풀이

행사는 무료로 스트리밍될 예정이라고 하였으므로, ⑤ '유료로 스트리밍될 것이다'는 안내문의 내용과 일치하지 않는다.

친절한 지문분석

2022 Bluehill Virtual Gala
2022 Bluehill 가상 행사

You're invited / to the 2022 Bluehill Virtual Gala / [hosted by the
여러분은 초대되었습니다　2022 Bluehill 가상 행사에　　　　　　　Bluehill 커뮤니티
　　　　　　　　　　　　　　　　　　　　　과거분사구

Bluehill Community Center]. We'll have an online party / to raise
센터가 주최하는　　　　　　우리는 온라인 파티를 할 것입니다　　자선
　　　　　　　　　　　　　　　　　　　　　to부정사의 형용사적 용법

funds for our charity programs! [Because we can't gather
프로그램 기금을 마련하기 위한　　　　우리는 함께 모일 수 없어서
　　　　　　　　　　　　이유의 부사절

together / in person this year], / we are joining together virtually.
올해에는 직접　　　　우리는 가상으로 함께 모일 것입니다

– Our Virtual Gala is on April 2 / from 6 p.m. to 8 p.m.
가상 행사는 4월 2일입니다　　오후 6시부터 8시까지
　　　　　　　　　　　　from A to B: A에서 B까지

– It will include / musical performances, special lectures, and live
그것은 포함할 것입니다　음악 공연과 특별 강연, 그리고 라이브 경매를

auctions!

– Our MC will be Edward Jones, / the famous actor from *A Good*
사회자는 Edward Jones일 것입니다　　〈A Good Neighbor〉의 유명한
　　　　　　　　　　　　동격의 쉼표

Neighbor.
배우인

Everyone is welcome. This event will stream for free!
누구나 참가할 수 있습니다　이 행사는 무료로 스트리밍될 것입니다

[To join the party], / simply visit www.bluehillgala.org.
파티에 참가하려면　　www.bluehillgala.org를 방문하기만 하면 됩니다
to부정사의 부사적 용법(목적)　　명령문(동사원형)

지문 해석

2022 Bluehill 가상 행사

Bluehill 커뮤니티 센터가 주최하는 2022 Bluehill 가상 행사에 여러분을 초대합니다. 우리는 자선 프로그램 기금을 마련하기 위한 온라인 파티를 할 것입니다! 올해는 직접 함께 모일 수 없어서 가상으로 함께 모일 것입니다.

– 가상 행사는 4월 2일 오후 6시부터 8시까지입니다.
– 음악 공연과 특별 강연, 라이브 경매가 포함될 것입니다!
– 사회자는 〈A Good Neighbor〉의 유명한 배우인 Edward Jones일 것입니다.

누구나 참가할 수 있습니다. 이 행사는 무료로 스트리밍될 것입니다!
파티에 참가하려면 www.bluehillgala.org를 방문하기만 하면 됩니다.

친절한 오답 풀이

오답 선택지	선택률	오답 이유
① 자선 프로그램 기금 마련을 위한 온라인 파티이다.	2%	두 번째 문장인 We'll have an online party to raise funds for our charity programs에서 알 수 있다.
② 4월 2일 오후 6시부터 8시까지 진행된다.	0%	네 번째 문장인 Our Virtual Gala is on April 2 from 6 p.m. to 8 p.m.에서 알 수 있다.
③ 음악 공연과 특별 강연, 라이브 경매가 있을 것이다.	1%	다섯 번째 문장인 It will include musical performances, special lectures, and live auctions에서 알 수 있다.
④ 배우 Edward Jones가 사회를 볼 것이다.	2%	여섯 번째 문장인 Our MC will be Edward Jones, the famous actor from *A Good Neighbor*에서 알 수 있다.

Q2

정답 ② 　　정답률 82%

정답 풀이

Key Benefits의 세 번째 항목 It automatically stops running after 8 minutes에서 알 수 있듯이, ② '8분 후에 자동으로 작동을 멈춘다'는 안내문의 내용과 일치한다.

친절한 지문분석

Bright Cat Toy
Bright Cat Toy

Attract your cat's attention / and satisfy their hunting instincts /
여러분 고양이의 관심을 끌고　　　　　그들의 사냥 본능을 충족시키세요
동사 1　　　　　　　　　　　　　동사 2

with a unique electronic cat toy.
독특한 전자 고양이 장난감으로

Key Benefits
주요 이점

■ The feather appears randomly / in the 6 holes.
깃털이 무작위로 나옵니다　　　　6개의 구멍에서

■ Feathers can be exchanged easily.
깃털은 쉽게 교체될 수 있습니다

■ It automatically stops running / after 8 minutes.
그것은 자동으로 작동을 멈춥니다　　8분 후
　　　　　　　stop v-ing: ~하는 것을 멈추다

■ It is fully charged / in 30 minutes / via USB-cable, / and it runs
그것은 완전히 충전되고　30분 만에　　USB 케이블을 통해　　그것은 5시간 동안
　　수동태

for 5 hours.
작동합니다

How to Use
사용법

■ Short press the button / to power on / off the device.
버튼을 짧게 누르세요　　　기기의 전원을 켜거나 끄려면
　　　　　　　　　　to부정사의 부사적 용법(목적)

■ Long press the button / to change feathers.
버튼을 길게 누르세요　　깃털을 바꾸려면
　　　　　　　　　to부정사의 부사적 용법(목적)

What's in the Box
상자 속 내용물

■ Bright Cat Toy: 1 piece
Bright Cat Toy　　1개

■ Feather: 2 pieces (1 installed, 1 extra)
깃털　　　2개　　　(장착된 것 1개, 여분 1개)

Bright Cat Toy

독특한 전자 고양이 장난감으로 여러분 고양이의 관심을 끌고 그들의 사냥 본능을 충족시키세요.

주요 이점

- 깃털이 6개의 구멍에서 무작위로 나옵니다.
- 깃털은 쉽게 교체될 수 있습니다.
- 그것은 8분 후 자동으로 작동을 멈춥니다.
- 그것은 USB 케이블을 통해 30분 만에 완전히 충전되며, 5시간 동안 작동합니다.

사용법

- 기기의 전원을 켜거나 끄려면 버튼을 짧게 누르세요.
- 깃털을 바꾸려면 버튼을 길게 누르세요.

상자 속 내용물

- Bright Cat Toy: 1개
- 깃털: 2개 (장착된 것 1개, 여분 1개)

친절한 오답 풀이

오답 선택지	선택률	오답 이유
① 구멍에서 정해진 순서대로 깃털이 나온다.	4%	깃털이 구멍에서 무작위로 나온다.
③ 완전히 충전하는 데 5시간이 걸린다.	4%	완전히 충전하는 데 30분이 걸린다.
④ 켜거나 끄려면 버튼을 길게 눌러야 한다.	5%	기기의 전원을 켜거나 끄려면 버튼을 짧게 눌러야 한다.
⑤ 총 세 개의 깃털이 제공된다.	3%	총 2개의 깃털이 제공된다.

Q3 정답 ⑤ 정답률 93%

정답 풀이

참가비에 캐나다행 항공권을 제외한 모든 것이 포함된다고 했으므로, ⑤ '참가비에 캐나다행 항공권이 포함된다'는 안내문의 내용과 일치하지 않는다.

친절한 지문분석

Youth Leaders Camp
청소년 리더 캠프

This camp is an annual event / [to improve your leadership]. We
이 캠프는 연례행사입니다 | 여러분의 리더십을 향상하기 위한 | 우리는
to부정사의 형용사적 용법

look forward to meeting you / soon in Canada.
여러분과 만나기를 고대합니다 | 캐나다에서 곧
look forward to v-ing: ~하기를 고대하다

Dates: July 5 – 7, 2025
날짜: 2025년 7월 5일 – 7일

Ages: 17 – 19
연령: 17세 – 19세

Place: University of Drakemont
장소: Drakemont 대학교

Programs
프로그램

- Day 1: Team Building & Leadership Skills Workshop
  첫째 날: 팀 구성 및 리더십 역량 워크숍

- Day 2: Culture Tour
  둘째 날: 문화 탐방

- Day 3: Leadership Project Planning & Presentations
  셋째 날: 리더십 프로젝트 기획 및 발표

Participation Fee: $700
참가비: 700달러

Notes
참고 사항

- Registration is only available online / at www.ylc2025.com.
  등록은 온라인으로만 가능합니다 | www.ylc2025.com에서

- Participation fee includes everything / except for the flight
  참가비에 모든 것이 포함됩니다 | 캐나다행 항공권을 제외한
  ~을 제외하고

tickets to Canada.

For more information, / please visit our website.
더 많은 정보를 위해 | 우리 웹사이트를 방문해 주시기 바랍니다

청소년 리더 캠프

이 캠프는 여러분의 리더십을 향상하기 위한 연례행사입니다. 우리는 여러분과 캐나다에서 곧 만나기를 고대합니다.

날짜: 2025년 7월 5일 – 7일
연령: 17세 – 19세
장소: Drakemont 대학교
프로그램
- 첫째 날: 팀 구성 및 리더십 역량 워크숍
- 둘째 날: 문화 탐방
- 셋째 날: 리더십 프로젝트 기획 및 발표
참가비: 700달러
참고 사항
- 등록은 www.ylc2025.com에서 온라인으로만 가능합니다.
- 참가비에 캐나다행 항공권을 제외한 모든 것이 포함됩니다.
  더 많은 정보를 위해, 우리 웹사이트를 방문해 주시기 바랍니다.

친절한 오답 풀이

오답 선택지	선택률	오답 이유
① 리더십 향상을 위한 연례행사이다.	4%	첫 번째 문장인 This camp is an annual event to improve your leadership에서 알 수 있다.
② 17세에서 19세까지 참여할 수 있다.	0%	두 번째 항목인 Ages: 17–19에서 알 수 있다.
③ 둘째 날에는 문화 탐방이 진행된다.	1%	네 번째 항목 Programs의 Day 2: Culture Tour에서 알 수 있다.
④ 온라인으로만 등록이 가능하다.	2%	여섯 번째 항목 Notes의 Registration is only available online에서 알 수 있다.

Q4 정답 ④ 정답률 93%

정답 풀이

Guidelines 항목의 Children must be accompanied by legal guardians에서 알 수 있듯이, ④ '어린이는 법적 보호자를 동반해야 한다'는 안내문의 내용과 일치한다.

친절한 지문분석

Family Night-hiking Event
가족 야간 하이킹 이벤트

Join us for a fun-filled night / of hiking and family bonding!
즐거움이 가득한 밤을 함께하세요 | 하이킹과 가족 간의 유대로

Date: Saturday, May 4
날짜: 5월 4일, 토요일

Time: 6 p.m. — 9 p.m.
시간: 오후 6시 – 오후 9시

Location: Skyline Preserve
장소: Skyline 보호 구역

Cost
비용

• Adults: $20
성인: 20달러

• Children under 19: $10
19세 미만 어린이: 10달러
~ 미만인

Guidelines
지침

• Children must be accompanied / by legal guardians.
어린이는 동반해야 합니다   법적 보호자를
조동사+수동태

• Bring a flashlight and a bottle of water.
손전등과 물 한 병을 가져오세요

• Follow the instructions of the guides / at all times.
안내원의 지시를 따라 주세요   항상

Registration
등록

• Visit www.familyhiking.com and register / by April 26.
www.familyhiking.com에 방문하여 등록하세요   4월 26일까지
동사 1(명령문)   동사 2(명령문)

• A free first aid kit is provided / for all [who register by April 12].
구급상자가 무료로 제공됩니다   4월 12일까지 등록하시는 모든 분께
수동태   주격 관계대명사절

지문 해석

가족 야간 하이킹 이벤트

하이킹과 가족 간의 유대로 즐거움이 가득한 밤을 함께하세요!

날짜: 5월 4일, 토요일
시간: 오후 6시 – 오후 9시
장소: Skyline 보호 구역
비용
• 성인: 20달러
• 19세 미만 어린이: 10달러
지침
• 어린이는 법적 보호자를 동반해야 합니다.
• 손전등과 물 한 병을 가져오세요.
• 항상 안내원의 지시를 따라 주세요.
등록
• www.familyhiking.com에 방문하여 4월 26일까지 등록하세요.
• 4월 12일까지 등록하시는 모든 분께 구급상자가 무료로 제공됩니다.

친절한 오답 풀이

오답 선택지	선택률	오답 이유
① 토요일과 일요일 이틀간 진행된다.	1%	토요일에 진행된다.
② 오후 5시에 시작된다.	2%	오후 6시에 시작한다.
③ 어른과 어린이의 참가비는 같다.	1%	어른의 참가비는 20달러, 19세 미만 어린이의 참가비는 10달러이다.
⑤ 추첨을 통해 구급상자가 무료로 제공된다.	3%	4월 12일까지 등록하는 모든 사람들에게 구급상자가 무료로 제공된다.

---

01 ③	02 ⑤	03 ④	04 ④	05 ③	06 ③	07 ②	08 ⑤

01   정답 ③   정답률 95%

정답 풀이

점심 식사가 제공된다고 했으므로, ③ '점심 식사는 제공되지 않는다'는 안내문의 내용과 일치하지 않는다.

친절한 지문분석

Casting Call for Movie Extras
영화 엑스트라 모집 공고

Step into the world of cinema / and become an extra / in an
영화계에 발을 내딛으세요   그리고 엑스트라가 되어 보세요
동사 1(명령문)   동사 2(명령문)
exciting upcoming movie!
곧 개봉할 흥미진진한 영화의

Filming Time: Sunday, April 20th, 2025, 8 a.m. — 4 p.m.
촬영 일시: 2025년 4월 20일 일요일, 오전 8시 – 오후 4시

Place: At the Golden Film Production Studio
장소: Golden 영화 제작 스튜디오

Scenes
장면

• Chatting in a hallway
복도에서 대화하기

• Dining at a restaurant
레스토랑에서 식사하기

Payment: $100 (Lunch provided)
보수: $100 (점심 식사 제공)

Who Can Apply
지원 자격

• Applicants must be 18 years or older.
지원자는 18세 이상이어야 합니다

• Applicants [with previous acting experience] / will be given
이전의 연기 경험이 있는 지원자가   우대받습니다
전치사구(형용사구)   수여동사의 수동태
priority.

How to Apply:
지원 방법:
how to-v: ~하는 방법
Email the application to goldenstudio@movie.com / by Thursday,
지원서를 goldenstudio@movie.com에 이메일로 보내 주세요
명령문
April 10th, 2025.
2025년 4월 10일 목요일까지

지문 해석

영화 엑스트라 모집 공고

영화계에 발을 내딛고, 곧 개봉할 흥미진진한 영화의 엑스트라가 되어 보세요!

촬영 일시: 2025년 4월 20일 일요일, 오전 8시 – 오후 4시
장소: Golden 영화 제작 스튜디오
장면
• 복도에서 대화하기

- 레스토랑에서 식사하기

보수: $100 (점심 식사 제공)

지원 자격
- 지원자는 18세 이상이어야 합니다.
- 이전의 연기 경험이 있는 지원자를 우대합니다.

지원 방법:
지원서를 2025년 4월 10일 목요일까지 goldenstudio@movie.com에 이메일로 보내 주세요.

▌친절한 오답 풀이

오답 선택지	선택률	오답 이유
① 촬영은 일요일에 진행된다.	1%	첫 번째 항목의 Filming Time: Sunday에서 알 수 있다.
② 식사하는 장면이 촬영된다.	2%	세 번째 항목 Scenes의 Dining at a restaurant에서 알 수 있다.
④ 지원자는 18세 이상이어야 한다.	1%	다섯 번째 항목 Who Can Apply의 Applicants must be 18 years or older에서 알 수 있다.
⑤ 연기 경험이 있는 지원자를 우대한다.	1%	다섯 번째 항목 Who Can Apply의 Applicants with previous acting experience will be given priority에서 알 수 있다.

---

02   정답 ⑤   정답률 95%

정답 풀이

가격의 첫 번째 항목인 Basic version: Free에서 알 수 있듯이 기본 버전은 무료이므로, ⑤ '기본 버전은 1년에 30달러이다'는 안내문의 내용과 일치하지 않는다.

▌친절한 지문분석

Have a Good Night App
Have a Good Night 앱

This smart app helps you have a refreshing sleep!
이 스마트 앱은 당신이 상쾌한 잠을 자도록 도와드립니다
help+목적어+동사원형: (목적어)가 ~하도록 돕다

FEATURES
특징

■ **Sounds for Sleep**
수면을 위한 소리

– Providing relaxing sounds for sleep
수면을 위한 편안한 소리를 제공함
동명사

■ **Sleep Recorder**
수면 녹음기

– Recording sounds such as coughing or snoring [while sleeping]
기침이나 코골이와 같은 소리를 녹음함 / 자는 동안
동명사   ~와 같은   접속사+분사구문

■ **Sleep Pattern Tracker**
수면 패턴 추적기

– Checking and analyzing the user's sleep pattern
이용자의 수면 패턴을 확인하고 분석함
동명사   동명사

■ **Stress-Free Alarm Tones**
스트레스가 없는 알람음

– Adjusting alarm tones / to the user's sleep pattern
알람음을 조정함   이용자의 수면 패턴에 따라
동명사

PRICE
가격

■ **Basic version:** Free
기본 버전: 무료

■ **Premium version (extra soundtracks):** $30 per year
프리미엄 버전 (추가 사운드트랙): 1년에 $30

Click HERE to Download the App!
여기를 클릭해서 앱을 다운로드하세요

지문 해석

Have a Good Night 앱

이 스마트 앱은 당신이 상쾌한 잠을 자도록 도와드립니다!

특징
■ **수면을 위한 소리**
– 수면을 위한 편안한 소리를 제공함

■ **수면 녹음기**
– 자는 동안 기침이나 코골이와 같은 소리를 녹음함

■ **수면 패턴 추적기**
– 이용자의 수면 패턴을 확인하고 분석함

■ **스트레스가 없는 알람음**
– 이용자의 수면 패턴에 따라 알람음을 조정함

가격
■ 기본 버전: 무료
■ 프리미엄 버전 (추가 사운드트랙): 1년에 $30

여기를 클릭해서 앱을 다운로드하세요!

▌친절한 오답 풀이

오답 선택지	선택률	오답 이유
① 수면을 위한 편안한 소리를 제공한다.	1%	특징의 첫 번째 항목인 Providing relaxing sounds for sleep에서 알 수 있다.
② 자는 동안 기침이나 코를 고는 소리를 녹음한다.	1%	특징의 두 번째 항목인 Recording sounds such as coughing or snoring while sleeping에서 알 수 있다.
③ 이용자의 수면 패턴을 확인하고 분석한다.	1%	특징의 세 번째 항목인 Checking and analyzing the user's sleep pattern에서 알 수 있다.
④ 수면 패턴에 따라 알람음을 조정한다.	2%	특징의 네 번째 항목인 Adjusting alarm tones to the user's sleep pattern에서 알 수 있다.

---

03   정답 ④   정답률 92%

정답 풀이

How to Operate 부분의 To connect to the printer wirelessly, download the 'EZ Printer App' on your mobile device에서 알 수 있듯이, ④ '무선 연결을 위해 앱을 다운로드해야 한다'는 안내문의 내용과 일치한다.

▌친절한 지문분석

EZ Portable Photo Printer
EZ 휴대용 사진 프린터

User Manual
사용자 설명서

Note on LED Indicator
LED 표시기에 대한 유의 사항

- White: Power on
  환색: 전원 켜짐

- Red: Battery charging
  빨간색: 배터리 충전 중

How to Operate
작동하는 방법
how to-v: ~하는 방법

- Press the power button / to turn the printer on.
  전원 버튼을 누르시오   프린터를 켜려면
  명령문   to부정사의 부사적 용법(목적)

- Press the power button twice / to turn the printer off.
  전원 버튼을 두 번 누르시오   프린터를 끄려면
  명령문   to부정사의 부사적 용법(목적)

- To charge the battery, / connect the cable to the USB port.
  배터리를 충전하려면   케이블을 USB 포트에 연결하시오
  to부정사의 부사적 용법(목적)   connect A to B: A를 B에 연결하다

  It takes 60 – 90 minutes / for a full charge.
  60~90분이 소요됩니다   완전 충전을 위해서는

- To connect to the printer wirelessly, / download the 'EZ Printer
  프린터에 무선으로 연결하려면   'EZ Printer App'을 다운로드하시오
  to부정사의 부사적 용법(목적)   명령문

  App' / on your mobile device.
  당신의 모바일 장치에

How to Load Photo Paper
인화지 장착하는 방법
how to-v: ~하는 방법

- Lift the printer's top cover.
  프린터의 상단 덮개를 들어 올리시오
  명령문

- Insert the photo paper / with any logos facing downward.
  인화지를 넣으시오   로고가 아래로 향하도록
  명령문   with+목적어+v-ing: (목적어)가 ~하는 상태로

EZ 휴대용 사진 프린터
사용자 설명서

LED 표시기에 대한 유의 사항
- 흰색: 전원 켜짐
- 빨간색: 배터리 충전 중

작동 방법
- 프린터를 켜려면 전원 버튼을 누르시오.
- 프린터를 끄려면 전원 버튼을 두 번 누르시오.
- 배터리를 충전하려면, 케이블을 USB 포트에 연결하시오. 완전 충전은 60~90분이 소요됩니다.
- 프린터에 무선으로 연결하기 위해서, 모바일 장치에 'EZ Printer App'을 다운로드하시오.

인화지 장착 방법
- 프린터의 상단 덮개를 들어 올리시오.
- 인화지를 로고가 아래로 향하도록 넣으시오.

친절한 오답 풀이

오답 선택지	선택률	오답 이유
① LED 표시기의 흰색은 충전 중임을 나타낸다.	1%	LED 표시기의 흰색은 전원 켜짐을 나타낸다.
② 전원 버튼을 한 번 누르면 전원이 꺼진다.	1%	전원 버튼을 한 번 누르면 프린터가 켜지고, 두 번 눌러야 전원이 꺼진다.
③ 배터리가 완전히 충전되는 데 2시간 이상 걸린다.	2%	배터리가 완전히 충전되는 데는 60분에서 90분이 소요된다.
⑤ 인화지를 로고가 위로 향하도록 넣어야 한다.	3%	인화지를 로고가 아래로 향하도록 넣어야 한다.

Notes 항목의 Garbage bags will be provided에서 알 수 있듯이, ④ '쓰레기봉투는 제공될 것이다'는 안내문의 내용과 일치한다.

친절한 지문분석

Plogging Run
Plogging Run

Jog, walk, pick up trash, and conserve the Earth!
뛰고, 걷고, 쓰레기를 줍고, 지구를 보존하세요
동사 1   동사 2   동사 3   동사 4

When: September 13, 2025
언제: 2025년 9월 13일

Where: Lake Union
어디서: Lake Union

Details
세부 사항

- The event starts / at 11:00 a.m.
  행사는 시작됩니다   오전 11시에

- There is no participation fee.
  참가비는 없습니다

- You'll walk and run around the lake / [while picking up trash].
  당신은 호수 주변을 걷고 달릴 것입니다   쓰레기를 주우며
  접속사+분사구문

Notes
참고 사항

- Wear comfortable athletic clothes and running shoes / for your
  편안한 운동복과 운동화를 착용하세요   당신의
  명령문

  safety.
  안전을 위해

- Garbage bags will be provided.
  쓰레기봉투는 제공될 것입니다

- [If it rains], / the event will be cancelled.
  비가 오면   행사는 취소될 것입니다
  조건의 부사절

  [If you have any questions], / please email us at information@
  질문이 있으면   우리에게 information@ploggingrun.org로
  조건의 부사절   명령문

  ploggingrun.org.
  이메일을 보내 주세요

Plogging Run
뛰고, 걷고, 쓰레기를 줍고, 지구를 보존하세요!

언제: 2025년 9월 13일
어디서: Lake Union
세부 사항
- 행사는 오전 11시에 시작됩니다.
- 참가비는 없습니다.
- 당신은 쓰레기를 주우며 호수 주변을 걷고 달릴 것입니다.
참고 사항
- 안전을 위해 편안한 운동복과 운동화를 착용하세요.
- 쓰레기봉투는 제공될 것입니다.
- 비가 오면, 행사는 취소될 것입니다.
질문이 있으면, 우리에게 information@ploggingrun.org로 이메일을 보내 주세요.

오답 선택지	선택률	오답 이유
① 8월 13일에 개최된다.	1%	9월 13일에 개최된다.
② 오전 10시에 시작된다.	2%	오전 11시에 시작된다.
③ 참가비를 지불해야 한다.	1%	참가비는 없다.
⑤ 날씨와 무관하게 진행될 것이다.	2%	비가 오면 행사는 취소된다.

05 　　정답 ③　　정답률 93%

정답 풀이

Main Events의 Quiz Show 부분, receive two movie tickets에서 알 수 있듯이, ③ '퀴즈 쇼 챔피언은 영화 티켓 두 장을 받는다'는 안내문의 내용과 일치한다.

친절한 지문분석

South High School Reunion
South 고등학교 동창회

Class of 2011
2011년 동기생

Don't you miss your old friends from high school? Come meet
여러분은 고등학교의 오랜 친구들이 그립지 않습니까　　　　　그들을 만나러
　　　　　　　　　　　　　　　　　　　come+동사원형: ~하러 오다

them / and remember your high school days!
오세요　　그리고 여러분의 고등학교 시절을 기억하세요

◎ **When & Where**
　일시 & 장소

- Saturday, November 6th, 2021 / 7:00 p.m. – 10:00 p.m.
　2021년 11월 6일 토요일　　　　　　오후 7시에서 오후 10시까지

- Bay Street Park
　Bay Street 공원

◎ **Ticket Reservation (per person)**
　티켓 예약 (1인당)

- Ticket price: $40
　티켓 가격: 40달러

- [If you reserve by October 15th], / the price will be $30.
　10월 15일까지 예약하면　　　　　　티켓 가격은 30달러입니다
　조건의 부사절

- Refunds will only be available / until October 31st.
　환불은 오직 가능합니다　　　　　　　10월 31일까지

◎ **Main Events**
　주요 행사

- Quiz Show: / Answer 50 questions / [about our old buddies,
　퀴즈쇼　　50개의 문제에 답하세요　　우리의 오랜 친구들과
　　　　　　　　　　　　　　　　전치사구(형용사구)

teachers, and memories]. The champion will receive two movie
선생님들과 추억에 관한　　　　　챔피언은 영화 티켓 두 장을 받게 될 것입니다

tickets.
- The barbecue party will start / at 8:00 p.m.
　바비큐 파티는 시작될 것입니다　　오후 8시에

◎ **Notes**
　주의 사항

- Dress Code: / Wear a red jacket / [to show your South High
　복장 규정　　　빨간색 재킷을 입으세요　　　South 고등학교의 정신을 보여주기 위해
　　　　　　　　　　　　　　　　　　　to부정사의 부사적 용법

School spirit].

- Feel free to invite / up to three friends.
　부담없이 초대하세요　　　세 명의 친구까지
　feel free to-v: 부담없이 ~하다　~까지

South 고등학교 동창회
2011년 동기생

여러분은 고등학교의 오랜 친구들이 그립지 않습니까? 여러분의 고등학교 시절을 기억하고 그들을 만나러 오세요!

◎ **일시 & 장소**
- 2021년 11월 6일 토요일 오후 7시에서 오후 10시까지
- Bay Street 공원

◎ **티켓 예약 (1인당)**
- 티켓 가격: 40달러
- 10월 15일까지 예약하면 티켓 가격은 30달러입니다.
- 10월 31일까지만 환불이 가능합니다.

◎ **주요 행사**
- 퀴즈쇼: 우리의 오랜 친구들과 선생님들, 추억에 관한 50개의 문제에 답하세요. 챔피언은 영화 티켓 두 장을 받게 될 것입니다.
- 바비큐 파티는 오후 8시에 시작될 것입니다.

◎ **주의 사항**
- 복장 규정: South 고등학교의 정신을 보여주기 위해 빨간색 재킷을 입으세요.
- 친구는 세 명까지 초대할 수 있습니다.

오답 선택지	선택률	오답 이유
① 오후 7시부터 오후 11시까지 진행된다.	2%	오후 7시부터 10시까지 진행된다고 했다.
② 11월 1일 이후에 티켓 환불이 가능하다.	1%	10월 31일까지만 환불이 가능하다고 했다.
④ 정해진 복장 규정은 없다.	2%	빨간색 재킷을 입으라고 했다.
⑤ 친구는 네 명까지 초대할 수 있다.	1%	친구는 세 명까지 초대할 수 있다고 했다.

06 　　정답 ③　　정답률 95%

정답 풀이

등록은 4월 22일부터 4월 24까지라고 했으므로, ③ '4월 24일부터 시작된다'는 안내문의 내용과 일치하지 않는다.

친절한 지문분석

Basic Latte Art Class
기초 라떼 아트 수업

Make perfect lattes / and present them in the most beautiful way!
완벽한 라떼를 만드세요　　그리고 가장 아름다운 방법으로 표현해 보세요
동사 1(명령문)　　　　　　동사 2(명령문)

In this class, / you will learn / [how to steam and pour milk].
이 수업에서　　여러분은 배울 것입니다　우유를 데우고 따르는 방법을
　　　　　　　　　　　　　　　　how to-v: ~하는 방법

You will make three latte art designs / on your own: / heart, tulip,
여러분은 세 가지 라떼 아트 디자인을 만들 것입니다　　　　직접　　　　　하트, 튤립,

and leaf.
그리고 나뭇잎을

Date: April 27, 2024
날짜: 2024년 4월 27일

Time: 9 a.m. – 1 p.m.
시간: 오전 9시 – 오후 1시

Place: Camefort Community Center
장소: Camefort 커뮤니티 센터

Registration & Fee
등록 & 비용

• Register online at www.camefortcc.com, / from April 22 to April 24.
www.camefortcc.com에서 온라인으로 등록하세요　　　4월 22일부터 4월 24일까지

• $60 per person (cost of ingredients included)
1인당 60달러 (재료비 포함)
　　　~당

Notes
참고사항

• Dairy alternatives will be available / for nonmilk drinkers.
대체 유제품을 사용할 수 있습니다　　　　우유를 마시지 않는 사람은

• Students can get a 10% discount.
학생은 10% 할인을 받을 수 있습니다

기초 라떼 아트 수업

완벽한 라떼를 만들어 가장 아름다운 방법으로 표현해 보세요! 이 수업에서, 여러분은 우유를 데우고 따르는 방법을 배울 것입니다. 여러분은 세 가지 라떼 아트 디자인(하트, 튤립, 그리고 나뭇잎)을 직접 만들 것입니다.

날짜: 2024년 4월 27일
시간: 오전 9시 – 오후 1시
장소: Camefort 커뮤니티 센터
등록 & 비용
· 4월 22일부터 4월 24일까지 www.camefortcc.com에서 온라인으로 등록하세요.
· 1인당 60달러 (재료비 포함)
참고사항
· 우유를 마시지 않는 사람은 대체 유제품을 사용할 수 있습니다.
· 학생은 10% 할인을 받을 수 있습니다.

친절한 오답 풀이

오답 선택지	선택률	오답 이유
① 세 가지 라떼 아트 디자인을 직접 만들 것이다.	1%	세 번째 문장인 You will make three latte art designs on your own: heart, tulip, and leaf에서 알 수 있다.
② 수업은 4시간 동안 진행된다.	1%	두 번째 항목인 Time: 9 a.m. – 1 p.m.에서 알 수 있다.
④ 비용에 재료비가 포함되어 있다.	2%	네 번째 항목인 Registration & Fee의 cost of ingredients included에서 알 수 있다.
⑤ 우유를 마시지 않는 사람은 대체 유제품을 사용할 수 있다.	1%	다섯 번째 항목인 Notes의 Dairy alternatives will be available for nonmilk drinkers에서 알 수 있다.

07　　　　　정답 ②　　　　정답률 84%

Content 항목의 All participants will write about the same topic에서 알 수 있듯이, ② '참가자들은 동일한 주제에 대하여 글을 쓴다'는 안내문의 내용과 일치한다.

친절한 지문분석

7-Day Story Writing Competition
7일 이야기 쓰기 경연 대회

Is writing your talent? This is the stage / for you.
글쓰기가 당신의 재능인가　　　이것이 무대이다　　　당신을 위한

When: From Monday, Dec. 5th to Sunday, Dec. 11th, 2022
언제:　　2022년 12월 5일 월요일부터 12월 11일 일요일까지
　　　　from A to B: A에서 B까지

Age: 17 and over
연령:　17세 이상

Content
내용

• All participants will write / about the same topic.
모든 참가자들은 글을 쓸 것이다　　　동일한 주제에 대하여

• You will be randomly assigned / one of 12 literary genres /
당신은 무작위로 배정받을 것이다　　　12가지 문학 장르 중 하나를
조동사+수동태　　　　　　　　　one of+복수명사: ~ 중에 하나
for your story.
당신의 이야기를 위해

• You'll have exactly 7 days / [to write and submit your story].
　　　　　　　　　　　　　　　　　　　　　　　(to)
당신에게는 정확하게 7일이 있을 것이다　　　　이야기를 작성하고 제출할
　　　　　　　　　　　　　　　to부정사의 형용사적 용법(목적)

Submission
제출

• Only one entry / per person
한 출품작만　　　　1인당

• You can revise and resubmit / your entry / until the deadline.
당신은 수정하여 재제출 할 수 있다　　　당신의 출품작을　　마감 기한까지

Prize
시상

• We will choose 12 finalists, / one from each genre, / and the 12
우리는 12명의 결승 진출자를 선발할 것이다　각 장르에서 한 명씩　　그리고 12편의
　　　　　　　　　　　　　　　　　　　　　(will be)
entries will be published online / and shared / via social media.
작품들은 인터넷에 게재될 것이다　　　그리고 공유될 것이다　소셜 미디어를 통해
　　　　동사 1　　　　　　　　　　　　동사 2(병렬구조)

• From the 12 finalists, / one overall winner will be chosen /
12명의 결승 진출자들 중　　　한 명의 전체 우승자가 선발될 것이다
(will be)
and awarded $500.　　　　　　　　　　　　　　　동사 1
그리고 500달러를 받을 것이다
　　동사 2(병렬구조)

※ To register / and for more information, / visit our website /
등록을 하기 위해서　　그리고 더 많은 정보를 위해서　　우리의 웹사이트를 방문하라
to부정사의 부사적 용법(목적)　　　　　　　　　명령문
at www.7challenge_globestory.com.
www.7challenge_globestory.com에

7일 이야기 쓰기 경연 대회

글쓰기가 당신의 재능인가요? 여기 당신을 위한 무대가 있습니다.

언제: 2022년 12월 5일 월요일부터 12월 11일 일요일까지

연령: 17세 이상

내용
- 모든 참가자들은 동일한 주제에 대하여 글을 씁니다.
- 당신은 당신의 이야기를 위해 12가지 문학 장르 중 하나를 무작위로 배정받습니다.
- 당신이 이야기를 작성하고 제출하는 데 정확하게 7일이 있습니다.

제출
- 1인당 한 출품작만
- 당신은 마감 기한까지 출품작을 수정하여 재제출 할 수 있습니다.

시상
- 우리는 각 장르에서 한 명씩 12명의 결승 진출자를 선발할 것이고, 12편의 작품들은 인터넷에 게재되고 소셜 미디어를 통해 공유될 것입니다.
- 12명의 결승 진출자들 중에서 한 명의 전체 우승자가 선발되어, 500달러를 받을 것입니다.
- ※ 등록을 하거나 더 많은 정보를 위해서, www.7challenge_globestory.com에 방문하세요.

┃ 친절한 오답 풀이 ┃

오답 선택지	선택률	오답 이유
① 17세 미만 누구나 참여할 수 있다.	1%	참가 가능 연령은 17세 이상이다.
③ 참가자들은 12가지 문학 장르 중 하나를 선택할 수 있다.	7%	참가자들에게12가지 문학 장르 중 하나가 무작위로 배정될 것이다.
④ 1인당 출품작을 최대 3편까지 제출할 수 있다.	3%	1인당 하나의 출품작만 제출할 수 있다.
⑤ 결승 진출자 전원에게 상금이 수여된다.	4%	결승 진출자들 중 한명의 우승자에게만 상금이 수여된다.

08 　　　　　정답 ⑤ 　　　　정답률 96%

정답 풀이

Notes 항목에서 점심 식사는 참가비에 포함된다고 했으므로, ⑤ '점심 식사는 참가비에 포함되지 않는다'는 안내문의 내용과 일치하지 않는다.

친절한 지문분석

2024 Future Engineers Camp
2024 미래 엔지니어 캠프

Calling all young creators! Join us at Southside Maker Space /
모든 젊은 크리에이터들을 모집합니다　　Southside Maker Space에 와서 함께 해요

to explore the wonders of engineering / with exciting activities.
공학기술의 경이로움을 탐험하기 위해　　　　흥미진진한 활동과 함께
to부정사의 부사적 용법(목적)

Date: Saturday, July 20 & Sunday, July 21
날짜: 7월 20일 토요일 & 7월 21일 일요일

Time: 10 a.m. – 4 p.m.
시간: 오전 10시 – 오후 4시

Ages: 14 to 16
연령: 14세에서 16세

Participation Fee: $100
참가비: 100달러

Day 1 – Robotics Workshop
1일 차 – 로봇 공학 워크숍

- Learn basic coding skills.
  기본적인 코딩 기술을 배웁니다

- Work in teams / to build mini-robots.
  팀을 이루어　　　미니 로봇을 만듭니다
  to부정사의 부사적 용법(목적)

Day 2 – Flying Challenge
2일 차 – 플라잉 챌린지

- Make and test toy airplanes.
  장난감 비행기를 만들고 테스트합니다

- Participate in an airplane flying race.
  비행기 날리기 경주에 참가합니다

Notes
참고사항

- Lunch is included / in the participation fee.
  점심 식사는 포함됩니다　　참가비에

- All tools and materials [for the projects] / are provided.
  프로젝트를 위한 모든 도구들과 재료들이　　　　제공됩니다
  주어　　　　　　전치사구(형용사구)　　　동사(수동태)

For more information, / please visit www.southsidemaker.com.
더 많은 정보를 위해서는　　　www.southsidemaker.com을 방문하세요

지문 해석

2024 미래 엔지니어 캠프

모든 젊은 크리에이터들을 모집합니다! 흥미진진한 활동과 함께 공학기술의 경이로움을 탐험하기 위해 Southside Maker Space에 와서 함께 해요.

날짜: 7월 20일 토요일 & 7월 21일 일요일
시간: 오전 10시 – 오후 4시
연령: 14세에서 16세
참가비: 100달러

1일 차 – 로봇 공학 워크숍
- 기본적인 코딩 기술을 배웁니다.
- 팀을 이루어 미니 로봇을 만듭니다.

2일 차 – 플라잉 챌린지
- 장난감 비행기를 만들고 테스트합니다.
- 비행기 날리기 경주에 참가합니다.

참고사항
- 점심 식사는 참가비에 포함됩니다.
- 프로젝트를 위한 모든 도구들과 재료들이 제공됩니다.

더 많은 정보를 위해서는, www.southsidemaker.com을 방문하세요.

┃ 친절한 오답 풀이 ┃

오답 선택지	선택률	오답 이유
① 오전 10시부터 오후 4시까지 진행된다.	1%	두 번째 항목인 Time: 10 a.m. – 4 p.m.에서 알 수 있다.
② 참가비는 100달러이다.	1%	네 번째 항목인 Participation Fee: $100에서 알 수 있다.
③ 기본적인 코딩 기술을 배운다.	1%	Day 1의 첫 번째 항목인 Learn basic coding skills에서 알 수 있다.
④ 장난감 비행기를 만들고 테스트한다.	2%	Day 2의 첫 번째 항목인 Make and test toy airplanes에서 알 수 있다.

09 함의 추론

코드 접속하기

pp.89~92

Q1 ① Q2 ① Q3 ⑤ Q4 ④

Q1
정답 ① 정답률 65%

정답 풀이

밑줄 친 부분은 '집을 거저나 다름없이 판다'는 뜻으로, 기업은 상품의 가격을 낮추거나 서비스를 증진시킴으로써 고객 만족을 높일 수는 있지만 이는 더 낮은 이윤으로 이어질지도 모르기 때문에 수익을 내면서 고객 가치를 창출하는 미묘한 균형이 필요하다고 했으므로, 밑줄 친 부분이 의미하는 바는 ① '기업의 수익성을 위험에 빠뜨리다'가 가장 적절하다.

친절한 지문분석

For companies [interested in {delighting customers}], / exceptional
고객들을 즐겁게 하는 것에 관심이 있는 기업들에게 뛰어난 가치와
　　　　　　과거분사구　　　동명사구(전치사의 목적어)

value and service become part of the overall company culture.
서비스는 기업 문화 전반의 일부가 된다

For example, / year after year, / Pazano ranks at or near the top /
예를 들어　　해마다　　Pazano는 최상위 또는 상위권을 차지한다
　　　　　　　　　　　　전치사 1　전치사 2

of the hospitality industry / in terms of customer satisfaction.
서비스업의　　　　　　고객 만족이라는 측면에서
　　　　　　　　　　　　~ 면에서

The company's passion for [satisfying customers] is summed up /
고객을 만족시키기 위한 그 기업의 열정은 요약되어 있다
　　　　　　동명사구(전치사의 목적어)　　　수동태

in its credo, / [which promises / {that its luxury hotels will deliver /
그것의 신조에　　이는 약속한다　　그 기업의 고급 호텔이 제공할 것을
　　　　　　주격 관계대명사절(계속적 용법)　목적절

a truly memorable experience}]. Although a customer-centered
진정으로 기억될 만한 경험을　　　　고객 중심 기업은 추구하지만
　　　　　　　　　　　　　　　　비록 ~일지라도

firm seeks / [to deliver high customer satisfaction / relative to
높은 고객 만족을 제공하는 것을　　　　　경쟁사에 비해
to부정사의 명사적 용법(목적어)

competitors], / it does not attempt [to maximize / customer
그것은 '최대화'하려고 하지는 않는다　　고객 만족을
= a customer-centered firm　to부정사의 명사적 용법(목적어)

satisfaction]. A company can always increase / customer satisfaction /
기업은 항상 높일 수 있다　　　　　고객 만족을

by lowering its price / or increasing its services. But this may
가격을 낮춤으로써　　　혹은 서비스를 증진시킴으로써　　하지만 이것은
by v-ing: ~함으로써　　(by)

result in lower profits. Thus, / the purpose of marketing is
더 낮은 이윤으로 이어질지도 모른다　따라서　마케팅의 목적은 창출하는 것이다
~로 이어지다

[to generate / customer value profitably]. This requires / a very
고객 가치를 수익성 있게　　　　　　이것은 필요로 한다　매우
to부정사의 명사적 용법(보어)

delicate balance: / the marketer must continue / [to generate /
미묘한 균형을　　　마케팅 담당자는 계속해야 한다　　창출하는 것을
　　　　부연 설명　　　　　　　　　　to부정사의 명사적 용법(목적어)

more customer value and satisfaction] / but not 'give away the
더 높은 고객 가치와 만족을　　　　　하지만　　'집을 거저나 다름없이
　　　　　　　　　　　　　　　　　　　(to)

house'.
팔아서' 안 된다

지문 해석

고객들을 즐겁게 하는 데 관심이 있는 기업들에게, 뛰어난 가치와 서비스는 기업 문화 전반의 일부가 된다. 예를 들어, 해마다, 고객 만족이라는 측면에서 Pazano는 서비스업 중 최상위 또는 상위권을 차지한다. 고객을 만족시키기 위한 그 기업의 열정은 그것의 신조에 요약되어 있고, 이는 그 기업의 고급 호텔이 진정으로 기억될 만한 경험을 제공할 것을 약속한다. 고객 중심 기업은 경쟁사에 비해 높은 고객 만족을 제공하는 것을 추구하지만, 그것은 고객 만족을 '최대화'하려고 하지는 않는다. 기업은 가격을 낮추거나 서비스를 증진시킴으로써 고객 만족을 항상 높일 수 있다. 하지만 이것은 더 낮은 이윤으로 이어질지도 모른다. 따라서, 마케팅의 목적은 수익성 있게 고객 가치를 창출하는 것이다. 이것은 매우 미묘한 균형을 필요로 한다: 마케팅 담당자는 더 높은 고객 가치와 만족을 계속해서 창출해야 하지만 '집을 거저나 다름없이 팔아서는' 안 된다.

지문 흐름

뛰어난 가치와 서비스는 기업 문화 전반의 일부가 됨	………	도입
Pazano는 고객 만족의 측면에서 서비스업 중 최상위 또는 상위권을 차지하며 기업의 신조 역시 이를 반영함	………	예시
고객 중심 기업은 경쟁사에 비해 높은 고객 만족을 추구하지만, 고객 만족을 최대화하려고 하지는 않음	………	상술 1
가격을 낮추거나 서비스를 증진시키는 것은 더 낮은 이윤으로 이어질지도 모름	………	상술 2
마케팅의 목적은 수익성 있게 고객 가치를 창출하는 것이며, 이것은 매우 미묘한 균형을 필요로 함	………	결론

친절한 오답 풀이

오답 선택지	선택률	오답 이유
② 경쟁자의 강점을 간과하다	4%	기업의 성공적인 마케팅을 위해서 경쟁자의 강점을 간과하지 말아야 한다는 내용은 글에서 언급되지 않았다.
③ 기업의 평판에 피해를 주다	7%	기업의 성공적인 마케팅을 위해서 기업의 평판에 피해를 주지 말아야 한다는 내용은 글에서 언급되지 않았다.
④ 더 많은 고객 불평을 발생시키다	12%	기업의 성공적인 마케팅을 위해서 더 많은 고객 불평을 발생시키지 말아야 한다는 내용은 글에서 언급되지 않았다.
⑤ 고객 중심의 마케팅을 버리다	11%	기업의 성공적인 마케팅을 위해서 수익성 있게 고객 가치를 창출할 균형을 찾아야 한다고 했지 고객 중심의 마케팅을 버리라고 하지는 않았다.

Q2
정답 ① 정답률 63%

정답 풀이

밑줄 친 부분은 '마라톤을 위해 훈련하는 것'이라는 뜻으로, 전체 코스를 달리지 않고 더 짧은 거리를 달리거나 여러 가지 운동을 조합한 훈련법으로 몸 상태를 좋게 만들어 장거리의 마라톤을 달릴 수 있는 최적의 상태를 만든다는 의미이므로, 밑줄 친 부분이 의미하는 바는 ① '실제 재난에 대응할 수 있는 잠재력을 기르기'가 가장 적절하다.

친절한 지문분석

The known fact of contingencies, / without knowing precisely /
비상사태에 관해 알려진 사실은　　　　　정확히 아는 것이 없이
　　　　주어　　　　　　　　　　　　without v-ing: ~하지 않고

[what those contingencies will be], / shows [that disaster
그 비상사태가 어떤 것일지　　　　　재난 대비가 똑같은 것이
　목적절(의문사절)　　　　　　　동사　목적절

preparation is not the same thing / as disaster rehearsal. No
아니라는 것을 보여 준다　　　　재난 예행연습과　　아무리
　　　　　　　the same ~ as …: …와 똑같은 ~

matter how many mock disasters are staged / according to prior
많은 모의 재난이 조직되더라도   사전 계획에 따라
no matter how + 형용사/부사: 아무리 (형용사/부사)하더라도   수동태

plans, / the real disaster will never mirror any one of them.
실제 재난은 그것들 중 어느 하나라도 결코 그대로 반영하지 않을 것이다

Disaster-preparation planning is more like / [training for a
재난 대비 계획 세우기는 더 비슷하다   마라톤을 위해 훈련하는 것과
                    more A than B: B라기보다는 A인   동명사구(전치사의 목적어)

marathon] / than [training for a high-jump competition or a
                높이뛰기 시합이나 단거리 달리기 경주를 위해 훈련하는 것이라기보다는
                            동명사구(전치사의 목적어)

sprinting event]. Marathon runners do not practice / by running
                마라톤 선수들은 연습하지 않는다   26마일 전체
                                        by v-ing: ~함으로써

the full course of twenty-six miles; / rather, they get into shape /
코스를 달리는 것으로   오히려 몸 상태를 좋게 만든다

by running shorter distances / and building up their endurance /
더 짧은 거리를 달림으로써   그리고 자신의 지구력을 강화함으로써
by v-ing: ~함으로써

with cross-training. [If they have prepared successfully], / then
여러 운동을 조합한 훈련법으로 만약 그들이 성공적으로 준비했다면   그러면
                        조건의 부사절   현재완료

they are in optimal condition to run the marathon / over its
그들은 마라톤을 달릴 수 있는 최적의 상태에 있다   미리 정해진
                    to부정사의 형용사적 용법

predetermined course and length, / [assuming a range of
코스와 길이에 걸쳐   다양한 기상 조건을
                                분사구문(동시동작)

weather conditions, / ❶ predicted or not]. This is normal
가정하면서   예상된 아니든   이것이 보통의
                (whether such range of weather conditions were)

marathon preparation.
마라톤 준비이다

❶ 영어에서는 유추하기 쉬운 것은 종종 생략하여 문장을 더욱 간결하게 한다.

지문 해석

비상사태에 관해 알려진 사실은, 그 비상사태가 어떤 것일지 정확히 아는 것이 없이, 재난 대비가 재난 예행연습과 똑같은 것이 아니라는 것을 보여 준다. 아무리 많은 모의 재난이 사전 계획에 따라 조직되더라도 실제 재난은 그것들 중 어느 하나라도 결코 그대로 반영하지 않을 것이다. 재난 대비 계획 세우기는 높이뛰기 시합이나 단거리 달리기 경주를 위해 훈련하는 것이라기보다는 마라톤을 위해 훈련하는 것과 더 비슷하다. 마라톤 선수들은 26마일 전체 코스를 달리는 것으로 연습하는 것이 아니라 오히려 더 짧은 거리를 달리고 여러 운동을 조합한 훈련법으로 자신의 지구력을 강화함으로써 몸 상태를 좋게 만든다. 만약 그들이 성공적으로 준비했다면, 그들은 마라톤의 미리 정해진 코스와 길이에 걸쳐 예상된 아니든 다양한 기상 조건을 가정하면서 마라톤을 달릴 수 있는 최적의 상태에 있다. 이것이 보통의 마라톤 준비이다.

지문 흐름

재난 대비는 재난 예행연습과 똑같은 것이 아님	·········	도입
↓		
많은 모의 재난이 사전 계획에 따라 조직되더라도 실제 재난은 그것들 중 어느 하나라도 그대로 반영하지 않을 것임	·········	부연
↓		
재난 대비 계획 세우기는 높이뛰기 시합이나 단거리 달리기 경주를 위해 훈련하는 것이라기보다는 마라톤 훈련과 더 비슷함	·········	주제
↓		
마라톤 선수들은 전체 코스를 달리지 않고 더 짧은 거리를 달리고 여러 가지 운동을 조합한 훈련법으로 몸 상태를 좋게 만듦	·········	상술 1
↓		
만약 그들이 성공적으로 준비했다면 마라톤의 미리 정해진 코스와 길이에 걸쳐 다양한 기상 조건을 가정하면서 마라톤을 달릴 수 있는 최적의 상태에 있음	·········	상술 2

친절한 오답 풀이

오답 선택지	선택률	오답 이유
② 재난에 대한 장기적인 복구 계획을 수립하기	16%	장기적인 복구 계획을 수립한다는 것은 지문의 내용과 반대된다.
③ 관련 기관들 간의 협조 구하기	4%	관련 기관들의 협조를 구한다는 것은 언급되지 않았다.
④ 비상사태를 위해 기본적인 재난 대비 물자를 비축하기	12%	기본적인 재난 대비 물자를 비축한다는 내용은 언급되지 않았다.
⑤ 가능한 한 자주 달리기 선수의 속도를 검사하기	3%	달리기 선수의 속도를 자주 검사한다는 내용은 언급되지 않았다.

Q3 ⬛ 정답 ⑤ 정답률 42%

정답 풀이

밑줄 친 부분은 '끊임없이 가면을 쓴다'는 뜻으로, 사회적으로 행동하기 위해 그 맥락에 따라 연기를 한다는 의미이므로, 밑줄 친 부분이 의미하는 바는 ⑤ '주어진 사회적 맥락에 근거하여 우리의 행동을 조절하는 것'이 가장 적절하다.

친절한 지문분석

Over the centuries / various writers and thinkers, [looking at
수 세기에 걸쳐   다양한 작가와 사상가들은   인간들을 바라보며
                    주어   분사구문(동시동작)

humans / from an outside perspective], / have been struck / by the
인간을   외부의 관점에서   마주해왔다   동사 현재완료 수동태

theatrical quality of social life. The most famous quote [expressing
사회적 삶의 연극적 속성과   가장 유명한 명언은   이것을 표현하는
                            주어   현재분사구

this] / comes from Shakespeare: / "All the world's a stage, / And all
         세익스피어에게서 비롯된다   모든 세상은 연극 무대이고
        동사

the men and women merely players; / They have their exits and
모든 남성과 여성은 단지 배우일 뿐이다   그들은 그들의 출구와 그들의 입구가 있다

their entrances, / And one man in his time / plays many parts."
                그리고 한 인간은 일생동안   다양한 역할을 연기한다
                        주어   동사

[If the theater and actors were traditionally represented / by the
만약 연극과 배우들이 전통적으로 표현된다면
조건의 부사절

image of masks], / writers such as Shakespeare / are implying
가면의 이미지에 의해   세익스피어와 같은 작가들은   암시하고 있는 것이다
                    주어   ~와 같은   동사

[that all of us are constantly wearing masks. Some people are
우리 모두는 끊임없이 가면을 쓰고 있다는 것을   어떤 사람들은 더 나은
목적절

better actors / than others. Evil types [such as Iago in the play
배우이다   다른 사람보다 악역들은   연극 Othello 속 Iago와 같은
                                주어   ~와 같은

Othello] / are able to conceal their hostile intentions / behind a
            그들의 적대적 의도를 숨길 수 있다   친근한 미소 뒤에
            동사 be able to-v: ~할 수 있다

friendly smile. Others are able to act / with more confidence and
                다른 사람들은 연기할 수 있다   더 큰 자신감과 허세를 가지고

bravado / ◯ they often become leaders. People with excellent
            그들은 주로 리더가 된다   훌륭한 연기력을 지닌 사람들은
부연 설명   주어

acting skills / can better navigate / our complex social environments /
            더 잘 헤쳐나갈 수 있고   우리의 복잡한 사회적 환경을
(can)   동사 1

and get ahead.
앞서갈 수 있다
동사 2

지문 해석

수 세기에 걸쳐 다양한 작가와 사상가들은 외부의 관점에서 인간들을 바라보며 사회적 삶의 연극적 속성과 마주해왔다. 이것을 표현하는 가장 유명한 명언은 셰익스피어에게서 비롯된다. "모든 세상은 연극 무대이고, 모든 남성과 여성은 단지 배우일 뿐이다. 그들은 그들의 출구와 그들의 입구가 있다. 그리고 일생동안 한 인간은 다양한 역할을 연기한다." 만약 연극과 배우들이 전통적으로 가면의 이미지에 의해 표현된다면, 셰익스피어와 같은 작가들은 우리 모두는 끊임없이 가면을 쓰고 있다는 것을 암시하고 있는 것이다. 어떤 사람들은 다른 사람보다 더 나은 배우이다. 연극 Othello 속 Iago와 같은 악역들은 그들의 적대적 의도를 친근한 미소 뒤에 숨길 수 있다. 다른 사람들은 더 큰 자신감과 허세를 가지고 연기할 수 있는데, 그들은 주로 리더가 된다. 훌륭한 연기력을 지닌 사람들은 우리의 복잡한 사회적 환경을 더 잘 헤쳐나갈 수 있고 앞서갈 수 있다.

지문 흐름

작가와 사상가들은 외부의 관점에서 인간들을 바라보며 사회적 삶의 연극적 속성과 마주해옴	도입
셰익스피어는 세상은 연극 무대이고 인간은 일생동안 다양한 역할을 연기한다고 말함	상술
우리는 가면을 쓰고 있으며, 어떤 사람들은 다른 사람보다 더 나은 배우임	전개
연극 Othello 속 Iago와 같은 악역들은 그들의 적대적 의도를 친근한 미소 뒤에 숨길 수 있음	예시 1
더 큰 자신감과 허세를 가지고 연기할 수 있는 사람들은 주로 리더가 됨	예시 2
훌륭한 연기력을 지닌 사람들은 복잡한 사회적 환경을 더 잘 헤쳐나갈 수 있고 앞서갈 수 있음	결론

친절한 오답 풀이

오답 선택지	선택률	오답 이유
① 해로운 외부의 힘으로부터 우리의 얼굴을 보호하는 것	10%	해로운 외부의 힘으로부터 우리의 얼굴을 보호한다는 것은 언급되지 않았다.
② 우리의 연기력을 보여주기 위해 무대에서 공연하는 것	29%	사회적인 삶을 연극에 비유했지만, 연극적인 요소만 진술한 내용이므로 적절하지 않다.
③ 경쟁에서 다른 사람들을 이김으로써 자신감을 느끼는 것	8%	경쟁에 있어 다른 사람을 이겨 자신감을 얻는다는 내용은 언급되지 않았다.
④ 다른 사람들이 기대하는 것과 완전히 반대로 하는 것	10%	다른 사람들이 기대하는 것과 반대의 것을 한다는 내용은 언급되지 않았다.

Q4 정답 ④ 정답률 52%

정답 풀이

밑줄 친 부분은 '경사면 위에 공을 잡아 두고 있는 것'이라는 뜻으로, 경사면 위의 공이 손을 놓으면 내려가는 불안정한 상태인 것처럼, 높은 수확량을 위해 생태계를 불안정하게 유지한다는 내용이다. 따라서 밑줄 친 부분이 의미하는 바는 ④ '높은 채소 수확량을 위해 불안정한 생태계를 유지하는 것'이 가장 적절하다.

친절한 지문분석

The concept of ecosystem states should be familiar / to anyone
생태계 상태라는 개념은 익숙할 것이다
동격의 of

[with a home vegetable garden]. The garden is a small ecosystem /
가정용 텃밭이 있는 누구에게나   텃밭은 작은 생태계이다
전치사구(형용사구)

[that the grower attempts to keep in a specific state, / namely
재배자가 특정한 상태를 유지하려고 애쓰는   즉
목적격 관계대명사절

the maximization of fruit and vegetable production]. [To achieve
과일과 채소 생산의 극대화를   이를 달성하기 위해
                                                 to부정사의 부사적 용법(목적)

this], / the grower is almost always intervening in the dynamics
          재배자는 거의 항상 생태계의 역학 관계에 개입한다

of the ecosystem; / they remove unwanted plants / [that begin to
                  그들은 원치 않는 식물을 제거한다   자라나기 시작하는
                          동사 1   주격 관계대명사절

grow] / and perhaps spray insecticides and fence off the patch /
        그리고 어쩌면 살충제를 뿌리고 밭에 울타리를 칠 수도 있다
              동사 2   동사 3

[to stop insects and other animals from consuming the vegetables].
곤충과 다른 동물들이 채소를 먹는 것을 막기 위해
to부정사의 부사적 용법(목적)   stop+목적어+from v-ing: ~가 …하는 것을 막다

[Since maximizing vegetable growth is an inherently unstable
채소의 성장을 극대화하는 것은 본질적으로 불안정한 상태이기 때문에
이유의 부사절   주어(동명사구)

state / for the ecosystem], / the grower is effectively keeping the
        생태계에게는   재배자는 사실상 공을 잡아 두고 있는 것이다

ball / on a slope. [If the grower stops intervening, / even for a day], /
      경사면 위에   만약 재배자가 개입을 멈춘다면   단 하루만이라도
                     조건의 부사절

the ecosystem, that small patch of ground, / will naturally begin to
그 생태계, 즉   그 땅의 작은 밭   자연히 변화하기 시작할 것이다
                  =
        동격의 콤마

shift / to a more stable state. Vegetables may still grow, / but yield
       더 안정된 상태로   채소는 여전히 자랄 것이다   하지만 수확량은

will almost certainly be lower / [as other plants crowd out the
거의 틀림없이 더 낮을 것이다   다른 식물이 채소를 밀어내기 때문에
                                    이유의 부사절

vegetables / and wildlife consume the produce].
           그리고 야생 동물이 작물을 먹기 (때문에)

지문 해석

생태계 상태라는 개념은 가정용 텃밭이 있는 누구에게나 익숙할 것이다. 텃밭은 재배자가 특정한 상태, 즉 과일과 채소 생산의 극대화를 유지하려고 애쓰는 작은 생태계이다. 이를 달성하기 위해, 재배자는 거의 항상 생태계의 역학 관계에 개입한다. 즉, 자라나기 시작하는 원치 않는 식물을 제거하고, 곤충과 다른 동물들이 채소를 먹는 것을 막기 위해 어쩌면 살충제를 뿌리고 밭에 울타리를 칠 수도 있다. 채소의 성장을 극대화하는 것은 생태계에게는 본질적으로 불안정한 상태이기 때문에, 재배자는 사실상 경사면 위에 공을 잡아 두고 있는 것이다. 만약, 단 하루만이라도, 재배자가 개입을 멈춘다면, 그 생태계, 즉 그 땅의 작은 밭은 자연히 더 안정된 상태로 변화하기 시작할 것이다. 채소는 여전히 자라겠지만, 다른 식물이 채소를 밀어내고 야생 동물이 작물을 먹기 때문에 수확량은 거의 틀림없이 더 낮을 것이다.

지문 흐름

재배자는 생산 극대화를 위해 가정용 텃밭이라는 작은 생태계에 개입함	도입
원치 않는 식물을 제거하고 살충제를 뿌리고 울타리를 치기도 함	상술
채소의 성장 극대화가 생태계에게는 불안정한 상태임	전개
재배자가 개입을 멈추면, 텃밭은 안정된 상태로 변하지만 수확량은 감소함	결론

오답 선택지	선택률	오답 이유
① 인간의 개입 없이 텃밭의 환경을 개선하는 것	17%	인간이 텃밭에 개입하여 생산을 극대화하는 것에 관한 글이므로, 글의 내용과 상반된다.
② 텃밭의 생태계를 변화시켜 안정성을 극대화하는 것	14%	재배자가 생태계에 개입하여 불안정한 상태가 되는 상황을 설명하고 있으므로, 글의 내용과 상반된다.
③ 식물 다양성 증가와 생태계 안정성의 균형을 맞추는 것	12%	식물의 다양성은 글의 내용과 무관하다.
⑤ 야생에서 식물의 조화로운 성장을 촉진하는 것	4%	인간의 개입을 통한 식물의 성장 촉진을 다룬 글로, 야생에서의 식물의 성장과는 무관하다.

코드 공략하기
pp.93~95

01 ⑤   **02** ①   **03** ①   **04** ④   **05** ④   **06** ③

01
정답 ⑤   정답률 46%

정답 풀이

밑줄 친 부분은 '모든 사람은 그만의 지평선을 가지고 있다'라는 뜻으로, 사람의 욕망이 개인마다 달라 한계를 규정하기 어렵다고 말하고 있으므로, 밑줄 친 부분이 의미하는 바는 ⑤ '사람이 얻고자 하는 것의 한계는 사람마다 다르다'가 가장 적절하다.

친절한 지문분석

It is difficult, / [if not impossible], / [to define the limits / {which
어렵다   불가능하지는 않더라도   한계를 규정하는 것은
가주어   = if it is not impossible   진주어   목적격 관계대명사절

reason should impose on the desire for wealth}]; / [for there is no
이성이 부에 대한 욕망에 두어야 할   왜냐하면
이유의 부사절

absolute or definite amount of wealth / {which will satisfy a man}].
절대적이거나 정해진 부의 양은 없기 때문이다   한 사람을 만족시킬
주격 관계대명사절

The amount is always relative, / that is to say, / just so much as
그 양은 항상 상대적인데   즉
between A and B: A와 B 사이에

will maintain the proportion / between [what he wants] and [what
비율을 유지할 정도만큼이다   그가 원하는 것과 그가 얻는 것 사이의
관계대명사절   관계대명사절

he gets]; / [for to measure a man's happiness / only by {what
왜냐하면 한 사람의 행복을 평가하는 것은   그가 얻는 것만으로
이유의 부사절   to부정사의 명사적 용법(주어)   관계대명사절

he gets}, / and not also by {what he expects to get}, / is as
그리고 그가 얻기를 기대하는 것으로까지는 (평가하지) 않는 것은   동사
관계대명사절

pointless as to try and express a fraction / {which shall have a
분수를 표현하려는 것만큼 무의미하기 (때문이다)   마치 분자는 있지만
to부정사의 명사적 용법   주격 관계대명사절

numerator but no denominator}]. A man never feels the loss / of
분모가 없는   한 사람은 결코 상실감을 느끼지 않는다

things [which it never occurs to him to ask for]; / he is just as
그가 요구할 생각을 전혀 하지 않는 것들에 대해서는   그는 그것들이
목적격 관계대명사절

happy without them; / [whilst another, {who may have a hundred
없어도 그만큼 행복하다   반면 백 배나 많은 것을 가지고 있을지 모를 다른 사람은
대조 부사절   주어   주격 관계대명사절(계속적 용법)
(= while)

times as much}, / feels miserable / {because he has not got the
비참함을 느낀다   그가 한 가지를 가지지 못했기 때문에
동사   이유의 부사절

one thing / {he wants>}]. In fact, / every man has a horizon of his
그가 원하는   사실   모든 사람은 그만의 지평선을 가지고 있다
(that)
목적격 관계대명사절

own, / and he will expect / as much as [he thinks] it is possible
그리고 그는 기대할 것이다   그가 얻을 수 있다고 생각하는 만큼을
삽입절   가주어

for him to get.
의미상 주어 진주어

지문 해석

이성이 부에 대한 욕망에 두어야 할 한계를 규정하는 것은, 불가능하지는 않더라도, 어렵다; 왜냐하면 한 사람을 만족시킬 절대적이거나 정해진 부의 양은 없기 때문이다. 그 양은 항상 상대적인데, 즉, 그가 원하는 것과 그가 얻는 것 사이의 비율을 유지할 정도만큼이다; 왜냐하면 한 사람의 행복을 그가 얻는 것만으로 평가하고, 그가 얻기를 기대하는 것으로까지는 평가하지 않는 것은, 마치 분자는 있지만 분모가 없는 분수를 표현하려는 것만큼 무의미하기 때문이다. 한 사람은 그가 요구할 생각을 전혀 하지 않는 것들에 대해서는 결코 상실감을 느끼지 않는다; 그는 그것들이 없어도 그만큼 행복하다; 반면, 백 배나 많은 것을 가지고 있을지 모를, 다른 사람은 그가 원하는 한 가지를 그가 가지지 못했기 때문에 비참함을 느낀다. 사실, 모든 사람은 그만의 지평선을 가지고 있으며, 그는 그가 얻을 수 있다고 생각하는 만큼을 기대할 것이다.

지문 흐름

이성이 부에 대한 욕망의 한계를 규정하기 어려움	········	요지
↓		
누군가를 만족시킬 부의 양은 절대적이지 않고, 원하는 것과 얻는 것 사이의 비율을 유지하는 정도로, 항상 상대적임	········	근거
↓		
누군가가 얻고자 기대하는 것을 배제하고 얻는 것만으로 행복을 평가하는 것은 무의미함	········	전개
↓		
요구할 생각이 없는 것에 상실감을 느끼지 않으며 그것 없이도 행복하지만, 많이 가졌더라도 원하는 것을 갖지 못하면 비참함을 느낌	········	상술
↓		
각자 원하고 기대하는 정도가 다름	········	제언

오답 선택지	선택률	오답 이유
① 사람의 성공은 얼마나 많은 목표를 성취했는가로 평가된다	4%	성공의 기준으로서의 목표 성취는 글과 무관하다.
② 각자는 자신이 원하는 것을 얻기 위한 자기만의 방법이 있다	13%	각자 자신이 원하고 기대하는 바가 다르다는 내용이지만, 그것을 얻기 위한 방법은 언급되지 않았다.
③ 사람이 마음 속으로 원하는 것에 대한 한계는 존재할 수 없다	29%	원하는 것에 대한 각자의 한계가 다르다고 말하고 있으므로, 한계가 없다는 것은 글의 내용과 다르다.
④ 행복에 대한 사람의 기준은 사회적 규범에 맞춰져 있다	7%	사람의 욕구와 기대가 각자 다르기 때문에 그에 따라 행복도 다르게 평가되어야 한다고 말하고 있으므로, 글의 내용과 상반된다.

02
정답 ①   정답률 70%

정답 풀이

밑줄 친 부분은 '대리석과 황금 아래에 노예 상태가 존재한다'는 뜻으로, 성공한 사람들은 그들이 누리는 것에 대한 대가로 그들의 생각을 솔직히 말할 수 없고, 다른 유형의 사람이 되거나 심지어 부당한 일을 하도록 요구받는다고 했으므로, 밑줄 친 부분이 의미하는 바는 ① '당신의 성공은 당신이 원하지 않는 방식으로 행동하도록 요구한다'가 가장 적절하다.

Take a look at / some of the most powerful, rich, and famous
살펴봐라   가장 힘있고, 부유하며, 유명한 사람들 중 몇몇을

people / in the world. Ignore the trappings of their success / and
세계에서   그들의 성공의 장식을 무시해라   그리고
     목적어 1

what they're able to buy. Look instead at / [what they're forced to
그들이 살 수 있는 것을   대신 봐라   그들이 대가로 맞바꿔야 하는 것을
목적어 2(관계대명사절)   목적절
     be forced to-v: ~하도록 강요 당하다

trade in return] / — look at [what success has cost them]. Mostly?
성공이 그들에게 치르게 한 것을 봐라   대부분은
     목적절

Freedom. Their work demands / [they wear a suit]. Their success
자유이다   그들의 업무는 요구한다   그들이 정장을 입는 것을   그들의 성공은 특정
     (that) 목적절

depends on [attending certain parties], / [kissing up to people {they
파티에 참석하는 것에 달려 있다   그들이 좋아하지 않는 사람들에게 (who/that)
동명사구(전치사구 목적어)   분사구문(동시동작) 목적격 관계대명사절

don't like}]. It will require / — inevitably — / [realizing {they are
아첨하며   그것은 요구할 것이다   필연적으로   그들이 말할 수 없다는 것을
          목적어   목적절

unable to say / <what they actually think>}]. Worse, / it demands /
깨닫는 것을   그들이 실제로 생각하는 것을   더 나쁜 것은   그것은 요구한다는 것이다
     목적절

[that they become a different type of person / or do bad things].
그들이 다른 유형의 사람이 되도록   또는 부당한 일을 하도록
목적절

Sure, it might pay well / — but they haven't truly examined the
물론, 그것은 많은 이익이 될지도 모른다   그러나 그들은 그 거래를 제대로 고찰한 적이 없다

transaction. As Seneca put it, / "Slavery resides under marble
Seneca가 말했듯이   "대리석과 황금 아래에 노예 상태가 존재한다."
     ~하듯이(접속사)

and gold." Too many successful people are prisoners in jails / of
     너무 많은 성공한 사람들은 감옥의 죄수들이다

their own making. Is that [what you want]? Is that [what you're
그들이 스스로 만든   그것이 당신이 원하는 것인가   그것이 당신이 목표로 하여 열심히
         보어절   보어절

working hard toward]? Let's hope not.
일하고 있는 것인가   그렇지 않기를 바라자

지문 해석

세계에서 가장 힘있고, 부유하며, 유명한 사람들 중 몇몇을 살펴봐라. 그들의 성공의 장식과 그들이 살 수 있는 것을 무시해라. 대신 그들이 대가로 맞바꿔야 하는 것을 봐라—성공이 그들에게 치르게 한 것을 봐라. 대부분은? 자유이다. 그들의 업무는 그들이 정장을 입는 것을 요구한다. 그들의 성공은 특정 파티에 참석하여, 그들이 좋아하지 않는 사람들에게 아첨하는 것에 달려 있다. 그것은 요구할 것이다—필연적으로—그들이 실제로 생각하는 것을 말할 수 없다는 사실을 깨닫는 것을. 더 나쁜 것은, 그것은 그들이 다른 유형의 사람이 되거나 부당한 일을 하도록 요구한다는 것이다. 물론, 그것은 많은 이익이 될지도 모른다—그러나 그들은 그 거래를 제대로 고찰한 적이 없다. Seneca가 말했듯이, "대리석과 황금 아래에 노예 상태가 존재한다." 너무 많은 성공한 사람들은 그들이 스스로 만든 감옥의 죄수들이다. 그것이 당신이 원하는 것인가? 그것이 당신이 목표로 하여 열심히 일하고 있는 것인가? 그렇지 않기를 바라자.

지문 흐름

힘있고 부유하고 유명한 사람들은 성공의 대가로 자유와 맞바꿔야 함	⋯⋯	도입
↓		
정장을 입어야 하고, 파티에 참석하여 좋아하지 않는 사람들에게 아첨해야 함	⋯⋯	상술 1
↓		
자신의 생각을 말할 수 없으며, 그들이 다른 유형의 사람이 되거나 부당한 일을 하도록 요구받음	⋯⋯	상술 2
↓		
그들은 이러한 거래를 제대로 고찰한 적이 없고, 그들 스스로 만든 감옥의 죄수들임	⋯⋯	주제
↓		
당신이 목표로 하여 열심히 일하고 있는 것이 이런 것이 아니기를 바람	⋯⋯	제언

친절한 오답 풀이

오답 선택지	선택률	오답 이유
② 타인의 도움 없이는 명성을 얻을 수 없다.	5%	명성을 얻는 데 있어 타인의 도움에 관한 내용은 언급되지 않았다.
③ 스스로를 타인과 비교하는 것은 당신을 비참하게 만든다.	6%	타인과의 비교에 관한 내용은 언급되지 않았다.
④ 고된 노동이 미래의 영광과 행복을 보장한다.	6%	고된 노동과 미래의 영광과 행복의 관계에 대해서는 언급되지 않았다.
⑤ 당신의 성공의 출현에 자유가 존재한다.	13%	성공의 대가로 자유를 잃게 된다고 했으므로, 글의 내용과 상반된다.

---

03   정답 ①   정답률 64%

정답 풀이

밑줄 친 부분은 '재즈 밴드를 구성하라'는 뜻으로, 정보화 시대 상황에서는 규칙과 과정이 중요한 것이 아니라 변화를 극대화하기 위해 창의성, 속도, 명민함이 중요하다고 했으므로, 밑줄 친 부분이 의미하는 바는 즉흥성을 특징으로 하는 음악 장르인 재즈에 빗대어 말한 것으로 ① '조직 내에서 변화를 촉진하라'가 가장 적절하다.

친절한 지문분석

In today's information age, / in many companies and on many
오늘날 정보화 시대에는   많은 기업과 팀에서

teams, / the objective is no longer error prevention and replicability.
목표는 더 이상 오류 방지와 반복 가능성이 아니다

On the contrary, / it's creativity, speed, and keenness. In the
반대로   그것은 창의성, 속도 그리고 명민함이다   산업화 시대에서
     = the objective

industrial era, / the goal was to minimize variation. But / in creative
목표는 변화를 최소화하는 것이었다   그런데   창의적 기업에
     to부정사의 명사적 용법(보어)

companies / today, / [maximizing variation] is more essential.
서는   오늘날의   변화를 극대화하는 것이 더 필수적이다
     주어(동명사구)

In these situations, / the biggest risk isn't [making a mistake or
이러한 상황에서   가장 큰 위험은 실수를 하거나 일관성을 잃는 것이 아니다
     보어(동명사구)

losing consistency]; / it's [failing / {to attract top talent}, / {to
그것은 실패하는 것이다   가장 재능 있는 사람을 끌어들이는 것에
     = the biggest risk   to부정사구 1   to부정사구 2
       보어(동명사구)

invent new products}, / or {to change direction quickly} / {when
새로운 제품을 만드는 것에   혹은 방향을 빠르게 바꾸는 것에   상황이
     to부정사구 3(병렬구조)   시간의 부사절

the environment shifts}]. Consistency and repeatability are more
변할 때 　　　　　일관성과 반복 가능성은 새로운 생각을 짓누를 가능성이 더 높다
　　　　　be more likely to-v: ~할 가능성이 더 높다

likely to suppress fresh thinking / than to bring your company
to부정사구 1 　　　　　　　to부정사구 2(병렬구조)
　　　　　　　　　여러분의 회사에 이익을 가져오기보다

profit. A lot of little mistakes, / [while sometimes painful], /
많은 작은 실수는 　　　　때때로 고통스럽지만
　　　　　　접속사+분사구문 (being)

help the organization learn quickly / and are a critical part of the
조직이 빠르게 배우는 것을 돕는다 　　　　그리고 혁신 주기의 중요한 부분이다
동사 1 　　　　　　　　　　　동사 2

innovation cycle. In these situations, / rules and process are no
이러한 상황에서 　　　　규칙과 과정은 더 이상 최선의 답이 아니다

longer the best answer. A symphony isn't [what you're going for].
교향악단은 여러분이 추구하는 것이 아니다
　　　　　　　　　　목적격 관계대명사절

Leave the conductor and the sheet music behind. Build a jazz
지휘자와 악보는 내버려 두어라 　　　　　　재즈 밴드를 구성하라

band / instead.
대신

지문 해석

오늘날 정보화 시대에는, 많은 기업과 팀에서 목표는 더 이상 오류 방지와 반복 가능성이 아니다. 반대로, 그것은 창의성, 속도 그리고 명민함이다. 산업화 시대에서, 목표는 변화를 최소화하는 것이었다. 그런데 오늘날의 창의적 기업에서는 변화를 극대화하는 것이 더 필수적이다. 이러한 상황에서, 가장 큰 위험은 실수를 하거나 일관성을 잃는 것이 아니라, 가장 재능 있는 사람을 끌어들이는 것, 새로운 제품을 만드는 것, 혹은 상황이 변할 때 방향을 빠르게 바꾸는 것에 실패하는 것이다. 일관성과 반복 가능성은 여러분의 회사에 이익을 가져오기보다 새로운 생각을 짓누를 가능성이 더 높다. 많은 작은 실수는 때때로 고통스럽지만, 조직이 빠르게 배우는 것을 도우며 혁신 주기의 중요한 부분이다. 이러한 상황에서, 규칙과 과정은 더 이상 최선의 답이 아니다. 교향악단은 여러분이 추구하는 것이 아니다. 지휘자와 악보는 내버려 두어라. 대신 재즈 밴드를 구성하라.

지문 흐름

정보화 시대에서 기업과 팀의 목표는 오류 방지와 반복 가능성이 아니라, 창의성, 속도, 명민함임	……	요지
↓		
산업화 시대에서의 목표는 변화를 최소화하는 것이었으나, 오늘날의 창의적 기업에서는 변화를 극대화하는 것이 더 필수적임	……	상술 1
↓		
가장 큰 위험은 실수하거나 일관성을 잃는 것이 아니라, 재능 있는 사람을 끌어들이지 못하거나, 새로운 제품을 만들지 못하거나, 상황이 변할 때 방향을 빠르게 바꾸지 못하는 것임	……	상술 2
↓		
일관성과 반복 가능성은 회사에 이익을 가져오기보다 새로운 생각을 짓누를 수 있음	……	상술 3 (대조)
↓		
많은 작은 실수는 조직이 빠르게 배우도록 돕는 혁신 주기의 중요한 부분임	……	상술 4
↓		
교향악단을 추구할 게 아니라, 지휘자와 악보는 내버려 두고 재즈 밴드를 구성해야 함	……	요지 재진술 (비유)

▮ 친절한 오답 풀이 ▮

오답 선택지	선택률	오답 이유
② 사업에서 변동성의 범위를 제한하라.	5%	창의적 기업에서는 변화를 극대화하는 것이 필수적이라고 했으므로, 글의 내용과 상반된다.
③ 위험 감수를 최소화하는 새로운 방법을 고안하라.	18%	위험 감수를 최소화하는 방법에 관한 내용은 언급되지 않았다.
④ 다가오는 변화를 예측하기 위해 팀워크를 증진하라.	7%	변화 예측을 위해 팀워크를 증진하라는 내용은 언급되지 않았다.

⑤ 충분한 기간의 시간 동안 혁신을 공유하라.	5%	혁신 공유에 관한 내용은 언급되지 않았다.

04 　　　　　　정답 ④　　정답률 56%

정답 풀이

밑줄 친 부분은 '우리는 여전히 가속 페달에 벽돌을 테이프로 묶어 두고 있었다'라는 뜻으로, 20년 전의 의학을 (가상의) 1950년대 자율 주행 자동차에 빗대어 설명하는 부분이다. 1950년대의 자율 주행 기술에 한계가 있었던 이유는 자동차를 자율적이고도 안전하게 작동할 수 있도록 해 주는 도구가 그 당시에 없었기 때문이라고 했으므로, 밑줄 친 부분이 의미하는 바는 ④ '발전된 도구의 결핍이 환자를 이해하는 데 있어 도전이 되었다'가 가장 적절하다.

친절한 지문분석

If you had wanted to create a "self-driving" car / in the 1950s, / your
만약 '자율 주행' 자동차를 만들고 싶었다면 　　　　　1950년대에
가정법 과거완료

best option might have been to strap a brick / to the accelerator.
가장 좋은 선택은 벽돌을 끈으로 묶는 것이었을 것이다 　　　가속 페달에
　　　to부정사의 명사적 용법(보어) 　전치사구(부사구)

Yes, the vehicle would have been able to move forward / on its
물론, 자동차가 앞으로 나아갈 수는 있었을 것이다 　　　　스스로
　　　가정법 과거완료

own, / but it could not slow down, stop, or turn / to avoid barriers.
하지만 속도를 줄이거나 멈추거나 또는 방향을 전환할 수는 없었다 　장애물을 피하기 위해
　　　　(that) 　　　　　　　to부정사의 부사적 용법(목적)

Obviously not ideal. But does that mean / [the entire concept of the
분명히 이상적이지는 않다 　그러나 그것이 의미할까 　　자율 주행 자동차라는 전체 개념이
　　　　　　　　　　　　　　목적절

self-driving car is not worth pursuing]? No, it only means / [that at
추구할 만한 가치가 없다는 것을 　　　아니다, 그것은 단지 의미할 뿐이다
　　　　　　　　　　　　　　　　　목적절

the time / we did not yet have the tools / {we now possess / <to help
그 당시에는 　우리가 아직 도구를 갖고 있지 않았다는 것을 　우리가 지금은 갖고 있는 　자동차를
　　　　　(which/that) 목적격 관계대명사절
　　　　　　　　　　　　　to부정사의 형용사적 용법

enable vehicles to operate / both autonomously and safely>}].
작동할 수 있도록 해 주는 　　자율적이고도 안전하게
enable+목적어+to-v: (목적어)가 ~할 수 있게 하다

This once-distant dream now seems / within our reach. It is much
한때 멀게만 느껴졌던 이 꿈이 이제 보인다 　　　우리의 손이 닿는 곳에 있는 것처럼

the same story / in medicine. Two decades ago, / we were still
이는 마찬가지이다 　의학에서도 　20년 전에 　　우리는 여전히 가속 페달에

taping bricks to accelerators. Today, we are approaching the point /
벽돌을 테이프로 묶어 두고 있었다 　오늘날, 우리는 지점에 접근하고 있다
전치사구(부사구)

[where we can begin to bring some appropriate technology / to
방식에 맞는 적절한 기술을 도입하기 시작하는
관계부사절 　　to부정사의 명사적 용법(목적어) 　bring ~ to bear: ~을 도입하다

bear in ways / {that advance our understanding of patients / as
　　　　　　환자를 이해하는 것을 증진하는
주격 관계대명사절 　　　　　　　　~로서(전치사)

unique individuals}]. In fact, / many patients are already wearing
고유한 개인으로서 　사실 　많은 환자들이 이미 장치를 착용하고 있다

devices / [that monitor their conditions in real time], [which allows
자신의 상태를 실시간으로 관찰하는 　　　이는 의사가 환자에게
　　　주격 관계대명사절 　　　　　주격 관계대명사절(계속적 용법)

doctors to talk to their patients / in a specific, refined, and feedback-
말할 수 있도록 해 준다 　　　구체적이고도 정제되었으며 피드백을 기반으로 하는
allow+목적어+to-v: (목적어)가 ~하게 하다

driven way / {that was not even possible a decade ago}].
방식으로 　　　십 년 전에는 전혀 가능하지 않았던
　　　　　주격 관계대명사절

만약 '자율 주행' 자동차를 1950년대에 만들고 싶었다면, 가장 좋은 선택은 가속 페달에 벽돌을 끈으로 묶는 것이었을 것이다. 물론, 자동차가 스스로 앞으로 나아갈 수는 있었겠지만, 속도를 줄이거나 멈추거나 또는 장애물을 피하기 위해 방향을 전환할 수는 없었다. 분명히, 이상적이지는 않다. 그러나 그것이 자율 주행 자동차라는 전체 개념이 추구할 만한 가치가 없다는 의미일까? 아니다, 그것은 단지 우리가 지금은 갖고 있는, 자동차를 자율적이고도 안전하게 작동할 수 있도록 해 주는 도구를, 그 당시에는 우리가 아직 갖고 있지 않았다는 것을 의미할 뿐이다. 한때 멀게만 느껴졌던 이 꿈이 이제 우리의 손이 닿는 곳에 있는 것처럼 보인다. 이는 의학에서도 마찬가지이다. 20년 전에, 우리는 여전히 가속 페달에 벽돌을 테이프로 묶어 두고 있었다. 오늘날, 우리는 환자를 고유한 개인으로서 이해하는 것을 증진하는 방식에 맞는 적절한 기술을 도입하기 시작하는 지점에 접근하고 있다. 사실, 많은 환자들이 이미 자신의 상태를 실시간으로 관찰하는 장치를 착용하고 있는데, 이는 의사가 구체적이고도 정제되었으며 피드백을 기반으로 하는, 십 년 전에는 전혀 가능하지 않았던 방식으로 환자에게 말할 수 있도록 해 준다.

지문 흐름

1950년대에 자율 주행 자동차가 있었다면 가속 페달에 벽돌을 끈으로 묶어 속도를 줄이거나 멈추거나 방향 전환을 할 수 없었을 것임	………	도입
↓		
자율 주행 자동차라는 개념이 추구할 만한 가치가 없다는 의미가 아니라, 아직 적절한 도구가 없었다는 것을 의미함	………	전개
↓		
한때 멀게만 느껴졌던 이 꿈이 이제 우리의 손이 닿는 곳에 있는 것처럼 보이는데, 의학도 마찬가지임	………	주제
↓		
20년 전에는 가속 페달에 벽돌을 테이프로 묶어 두고 있는 수준이었지만, 오늘날에는 고유한 개인으로서의 환자 이해를 증진하는 방식에 맞는 적절한 기술을 도입하기 시작하는 지점에 접근하고 있음	………	상술
↓		
많은 환자들이 자신의 상태를 실시간으로 관찰하는 장치를 착용하고 있어, 의사가 구체적이고도 정제되었으며 피드백을 기반으로 하는 방식으로 환자에게 말할 수 있도록 함	………	부연

친절한 오답 풀이

오답 선택지	선택률	오답 이유
① 의학 교육의 중요성이 간과되었다	3%	의학 교육은 글의 내용과 무관하다.
② 자율 주행 자동차가 환자들을 자유롭게 돌아다닐 수 있게 했다	7%	자율 주행 자동차가 환자들의 기동성에 미친 영향에 대해서는 언급되지 않았다.
③ 그 당시에는 안전한 주행을 위한 장치가 없었다	20%	자율 주행을 위한 안전 장치가 없었던 1950년대의 상황에 빗대어 20년 전의 의학에 대해 기술하는 부분이므로, 주행 장치에 대한 내용과는 무관하다.
⑤ 적절한 기술이 신약 개발의 성공을 이끌었다	14%	신약 개발에 대한 내용은 언급되지 않았다.

05   정답 ④   정답률 53%

정답 풀이

밑줄 친 부분은 '우리가 완전히 우리의 분별력을 잃었다'라는 뜻으로, 지역 특색 음식이 더 이상 지역 고유의 음식이 아니고 대신 전국적으로 유행하는 식단을 가지고 있다고 했으므로, 밑줄 친 문장이 의미하는 바는 ④ '우리의 독특한 음식 정체성에 대해 완전히 혼란스러워졌다'가 가장 적절하다.

친절한 지문분석

North America's native cuisine met the same unfortunate fate as
북미의 토착 요리는 원주민들과 같은 불행한 운명을 맞이했다
the same ~ as ...: …와 똑같은 ~

its native people, / save for a few relics like the Thanksgiving
추수감사절 칠면조와 같은 몇 가지 전해 내려오는 풍속을 제외하고
~을 제외하고는   ~처럼[같이](전치사)

turkey. Certainly, we still have regional specialties, / but the
확실히, 우리는 여전히 지역 특색 음식을 가지고 있지만

Carolina barbecue will almost certainly have California tomatoes
Carolina 바비큐는 거의 확실히 California 토마토를 소스에 넣을 것이고

in its sauce, / and the Louisiana gumbo is just as likely to contain
Louisiana 검보도 인도네시아 양식 새우를 포함할 것이다
be likely to-v: ~할 가능성이 있다

Indonesian farmed shrimp. [If either of these shows up on a fast-
만약 이것들 중 하나가 패스트푸드 메뉴에 나타난다면
조건의 부사절   ~중 어느 한쪽   동사(3인칭 단수)

food menu / with lots of added fats or HFCS], we seem unable
지방이나 액상 과당이 많이 첨가되어   우리는 그 변질을 식별하거나
(to)

either to discern or resist the corruption. We have yet to come up
막을 수 없을 것 같다   우리는 아직 생각해내지 못했다
either A or B: A 또는 B   ~을 생각해내다

with / a strong set of generalized norms, [passed down through
강력한 일반화된 규범을   가계를 통해 전해져 내려오는
과거분사구(삽입구)

families], / for savoring and sensibly consuming [what our land
음미하고 현명하게 소비하기 위해   우리의 땅과 기후가
전치사+동명사   관계사절(목적절)

and climate give us]. We have, instead, a string of fad diets
우리에게 주는 것을   대신, 우리는 일련의 유행하는 식단을 가진다

[convulsing our bookstores and bellies, / one after another, / at the
서점과 배에 큰 소동을 일으키는   잇따라
현재분사구   잇따라

scale of the national best seller]. Nine out of ten nutritionists view
전국적인 베스트 셀러의 규모로   10명 중 9명의 영양학자들은 이것을 증거로 본다

this as evidence [that we have entirely lost our marbles].
=   우리가 완전히 우리의 분별력을 잃었다는
view A as B: A를 B로 보다   동격절

지문 해석

추수감사절 칠면조와 같은 몇 가지 전해 내려오는 풍속을 제외하고, 북미의 토착 요리는 그곳의 원주민들과 같은 불행한 운명을 맞이했다. 확실히, 우리는 여전히 지역 특색 음식을 가지고 있지만, Carolina 바비큐는 거의 확실히 California 토마토를 소스에 넣을 것이고, Louisiana 검보도 인도네시아 양식 새우를 포함할 것이다. 만약 이것들 중 하나가 지방이나 액상 과당이 많이 첨가되어 패스트푸드 메뉴에 나타난다면, 우리는 그 변질을 식별하거나 막을 수 없을 것 같다. 우리는 아직 우리의 땅과 기후가 우리에게 주는 것을 음미하고 현명하게 소비하기 위해, 가계를 통해 전해져 내려오는 강력한 일반화된 규범을 생각해내지 못했다. 대신, 우리는 전국적인 베스트 셀러의 규모로 서점과 배에 큰 소동을 일으키는 일련의 유행하는 식단을 잇따라 가진다. 10명 중 9명의 영양학자들은 이것을 우리가 완전히 우리의 분별력을 잃었다는 증거로 본다.

지문 흐름

몇몇 음식을 제외하고 북미의 토착 요리는 불행한 운명을 맞이함	………	주제
↓		
Carolina 바비큐는 California 토마토를 소스에 넣을 것이고, Louisiana 검보도 인도네시아 양식 새우를 포함할 것임	………	사례
↓		
이 요리가 패스트푸드 메뉴에 나타난다면, 변질을 식별하거나 막을 수 없을 것임	………	전개
↓		
가계를 통해 전해져 내려오는 강력한 일반화된 규범을 생각해 내지 못하고, 유행하는 식단을 가짐	………	주제 재진술
↓		
많은 영양학자들은 이것을 우리가 완전히 분별력을 잃었다는 증거로 봄	………	부연

오답 선택지	선택률	오답 이유
① 우리의 복잡한 먹이 사슬이 완전히 파괴했다	5%	복잡한 먹이 사슬을 완전히 파괴했다는 내용은 글에서 언급되지 않았다.
② 우리의 고전 요리법의 부활을 생생하게 목격했다	7%	고전 요리법의 부활에 대한 내용은 글에서 언급되지 않았다.
③ 건강한 음식에 대한 접근을 완전히 거부했다	22%	건강한 음식에 대한 접근을 거부했다는 내용은 언급되지 않았다.
⑤ 우리의 지역 음식의 문화적 중요성을 완전히 인식했다	13%	지역 음식의 문화적 중요성에 대한 내용은 언급되지 않았다.

06   정답 ③   정답률 67%

정답 풀이

밑줄 친 부분은 '앞서 '생각한다''는 뜻으로, 다양성은 숲에 안전을 제공하며 균류도 안정적인 조건에 의존하기 때문에 한 종의 나무가 우세해지지 않도록 다른 종들을 보호한다고 했으므로, 밑줄 친 부분이 의미하는 바는 ③ '다양성이 숲의 안정성을 이끈다는 것을 아는'이 가장 적절하다.

친절한 지문분석

I suspect / (that) fungi are a little more forward "thinking" / than their
나는 짐작한다   목적절   균류가 조금 더 앞서 '생각한다'고   비교급   자신의 더 큰

larger partners]. Among trees, / each species fights other species.
상대보다   나무들 사이에서   각 종은 다른 종들과 싸운다

Let's assume / (that) the beeches {native to Central Europe} could
가정해 보자   목적절 중부 유럽 태생의 너도밤나무가 우세하게 나타날 수 있다고   형용사구

emerge victorious / in most forests there]. Would this really be an
   그곳의 숲 대부분에서   이게 정말 이점일까

advantage? What would happen / if a new pathogen came along /
어떻게 될까   만약 새로운 병원균이 나타나면   가정법 과거

[that infected most of the beeches and killed them]? In that case, /
대부분의 너도밤나무를 감염시켜 죽게 만드는   그런 경우
주격 관계대명사절

wouldn't it be more advantageous / if there were a certain number
더 유리하지 않을까   주변에 일정한 수의 다른 종이 있다면
가정법 과거

of other species around / — oaks, maples, or firs — / [that would
   참나무, 단풍나무 또는 전나무와 같은   계속 자라서
주격 관계대명사절   가정법 과거

continue to grow and provide the shade / {needed for a new
그늘을 제공하는   새로운 세대의 어린 너도밤나무가
to부정사의 명사적 용법(목적어)   과거분사구   의미상 주어

generation of young beeches to sprout and grow up}]? Diversity
싹을 틔우고 자라는 데 필요한   다양성은 안전을
to부정사의 부사적 용법(목적)

provides security / for ancient forests. [Because fungi are also
제공한다   오래된 숲에   균류도 또한 안정적인 조건에 매우
이유의 부사절

very dependent on stable conditions], / they support other species
의존하기 때문에   그들은 땅 속에서 다른 종을 지원한다

underground / and protect them from complete collapse / [to ensure /
그리고 그것들을 완전한 붕괴로부터 보호한다   확실히 하기 위해
to부정사의 부사적 용법(목적)

{that one species of tree doesn't manage to dominate}].
한 종의 나무가 우세해지지 않도록
목적절

지문 해석

나는 균류가 자신의 더 큰 상대보다 조금 더 앞서 '생각한다'고 짐작한다. 나무들 사이에서 각 종은 다른 종들과 싸운다. 중부 유럽 태생의 너도밤나무가 그곳의 숲 대부분에서 우세하게 나타날 수 있다고 가정해 보자. 이게 정말 이점일까? 만약 대부분의 너도밤나무를 감염시켜 죽게 만드는 새로운 병원균이 나타나면 어떻게 될까? 그런 경우, 주변에 참나무, 단풍나무 또는 전나무와 같은 일정한 수의 다른 종이 계속 자라서 새로운 세대의 어린 너도밤나무가 싹을 틔우고 자라는 데 필요한 그늘을 제공한다면 더 유리하지 않을까? 다양성은 오래된 숲에 안전을 제공한다. 균류도 또한 안정적인 조건에 매우 의존하기 때문에, 그들은 한 종의 나무가 우세해지지 않도록 확실히 하기 위해 땅 속에서 다른 종을 지원하고 그것들을 완전한 붕괴로부터 보호한다.

지문 흐름

균류가 더 큰 상대보다 조금 더 앞서 '생각한다'고 짐작함	……	도입
나무들 사이에서 각 종은 다른 종들과 싸움	……	전개
중부 유럽 태생의 너도밤나무가 그곳 숲에서 우세하다면 이점일 것인지	……	의문점 제기
너도밤나무를 감염시켜 죽게 만드는 새로운 병원균이 나타나면, 주변에 다른 종이 자라서 어린 너도밤나무에게 필요한 그늘을 제공하는 것이 더 유리함	……	반론
다양성은 숲에 안전을 제공하며, 균류는 안정적인 조건에 의존하기 때문에 한 종이 우세하지 않도록 다른 종을 지원하고 보호함	……	주제

┃ 친절한 오답 풀이 ┃

오답 선택지	선택률	오답 이유
① 외래종의 침입에 책임이 있는	5%	외래종의 침입은 글의 내용과 무관하다.
② 한 종의 우세를 열렬히 지원하는	11%	한 종이 우세해지지 않도록 다른 종을 지원한다고 했으므로, 글의 내용과 상반된다.
④ 숲이 붕괴된 후에 재건하는 것을 돕는 데 무관심한	7%	숲이 붕괴되지 않도록 보호한다고 했으므로, 글의 내용과 상반된다.
⑤ 그것들의 영역이 다른 종에 의해 점거되지 않도록 조심하는	8%	균류의 영역 보호에 관한 내용은 언급되지 않았다.

10 빈칸 추론

코드 접속하기
pp.99~102

Q1 ⑤　　Q2 ③　　Q3 ②　　Q4 ④

Q1
정답 ⑤　　정답률 53%

정답 풀이
가시광선을 제외한 모든 파장의 스펙트럼은 우리를 통해 흐르고 있지만 우리 몸에 그것을 감지할 수 있는 수용체가 없어 인지하지 못한다고 했으므로, 빈칸에는 ⑤ '우리의 생명 작용에 의해 제한되는'이 들어가는 것이 가장 적절하다.

친절한 지문분석

Color is an interpretation of wavelengths, / one [that only exists
색은 파장에 대한 해석이다　　　　　내부에서만 존재하는 것
동격의 쉼표　　주격 관계대명사절

internally]. And it gets stranger, / because the wavelengths [we're
그리고 그것은 더 생소해진다　　왜냐하면 우리가 말하고 있는 파장은
(that)

talking about] / involve only [what we call "visible light"], [a
포함한다　　　우리가 '가시광선'이라고 부르는 것만을
목적격 관계대명사절　　목적절(관계대명사절)　　동격의 쉼표

spectrum of wavelengths / {that runs from red to violet}]. But visible
파장의 스펙트럼인　　　빨간색에서 보라색까지 이어지는　　그러나
주격 관계대명사절

light constitutes / only a tiny fraction / [of the electromagnetic
가시광선은 구성한다　　극히 일부만을　　전자기 스펙트럼의
전치사구(형용사구)

spectrum] / ─less than one ten-trillionth of it. All the rest of the
그것의 10조 분의 1보다 적게　　나머지 모든
부연 설명

spectrum / ─ [including radio waves, microwaves, X-rays, gamma
스펙트럼　　전파, 마이크로파, X선, 감마선, 휴대폰 통화, 와이파이 등을 포함해
전치사구

rays, cell phone conversations, wi-fi, and so on] ─ all of this is
이 모든 것은

flowing / through us right now, / and we're completely unaware
흐르고 있다　　지금 우리를 통해　　그리고 우리는 그것을 완전히 알지 못한다

of it. This is because we don't have / any specialized biological
이는 우리는 가지고 있지 않기 때문이다　　어떠한 특별한 생물학적

receptors / [to pick up on these signals / from other parts of the
수용체도　　이러한 신호를 포착할 수 있는　　스펙트럼의 다른 부분으로부터
to부정사의 형용사적 용법

spectrum]. The slice of reality / [that we can see] / is limited / by
현실의 단면은　　우리가 볼 수 있는　　제한된다
목적격 관계대명사절　　동사(수동태)

our biology.
우리의 생명 작용에 의해

지문 해석
색은 파장에 대한 해석으로, 내부에서만 존재하는 것이다. 그리고 우리가 말하고 있는 파장은 빨간색에서 보라색까지 이어지는 파장의 스펙트럼인 '가시광선'이라고 부르는 것만을 포함하기 때문에, 더 생소하게 느껴진다. 그러나 가시광선은 전자기 스펙트럼의 극히 일부만을 구성하는데, 그중 10조 분의 1도 되지 않는다. 전파, 마이크로파, X선, 감마선, 휴대폰 통화, 와이파이 등 나머지 모든 스펙트럼이 지금 우리를 통해 흐르고 있으며, 우리는 이 모든 것을 완전히 알지 못한다. 이것은 우리가 스펙트럼의 다른 부분으로부터 이러한 신호를 포착할 수 있는 어떤 특별한 생물학적 수용체도 가지고 있지 않기 때문이다. 우리가 볼 수 있는 현실의 단면은 우리의 생명 작용에 의해 제한된다.

지문 흐름

색은 파장에 대한 해석으로 내부에만 존재하며, 이 파장은 빨간색에서 보라색까지 이어지는 파장의 스펙트럼인 '가시광선'만을 포함하여 더 생소함	도입
그러나 가시광선은 전자기 스펙트럼의 극히 일부에 불과함	전개
다양한 나머지 모든 스펙트럼이 우리를 통해 흐르고 있지만 우리는 이러한 신호를 포착할 수 있는 수용체가 없기 때문에 이를 알지 못함	요지
우리가 볼 수 있는 현실의 단면은 우리의 생명 작용에 의해 제한됨	부연

친절한 오답 풀이

오답 선택지	선택률	오답 이유
① 다른 파장에 의해 방해받는다	20%	우리의 현실의 단면을 다른 파장이 방해한다는 내용은 언급되지 않았다.
② 우리의 상상에서 나온다	7%	가시광선과 나머지 파장들 모두 실재하는 파장이므로, 우리의 현실의 단면이 우리의 상상에서 유래한다는 것은 지문의 내용과 상반된다.
③ 모든 감각을 통해 감지된다	12%	파장에 대한 수용체가 없어 감지할 수 있는 파장이 제한적이라는 내용이므로, 우리의 현실의 단면이 모든 감각을 통해 감지된다는 내용은 적절하지 않다.
④ 우리의 고정 관념에 의해 걸러진다	9%	우리의 고정 관념에 관한 내용은 언급되지 않았다.

Q2
정답 ③　　정답률 62%

정답 풀이
키가 크고 발이 긴 무용수가 신체적 한계로 불가능한 동작을 위해 애쓰는 상황과 공중에서 반 회전을 완성하려고 애쓰는 무용수의 사례를 들어, 자신의 신체적 한계와 물리적 법칙을 이해하는 것의 중요성을 설명하고 있으므로, 빈칸에는 ③ '제약'이 들어가는 것이 가장 적절하다.

친절한 지문분석

Dancers often push themselves / [to the limits of their physical
무용수는 종종 자신을 밀어붙인다　　자신의 신체 능력의 한계까지
전치사구(부사구)

capabilities]. But that push is misguided / [if it is directed toward
그러나 그렇게 밀어붙이는 것은 잘못 이해한 것이다　　그것이 물리적으로
조건의 부사절
= that push

accomplishing something {physically impossible}]. For instance, /
불가능한 것을 달성하는 쪽으로 향하게 된다면　　예를 들어
동명사(전치사의 목적어)　　형용사구

a tall dancer [with long feet] / may wish to perform repetitive
키가 크고 발이 긴 무용수가　　반복적인 수직 점프를 수행하고 싶을 수 있다
전치사구(형용사구)　　wish to-v: ~하기를 바라다　　(he is)

vertical jumps / to fast music, / [pointing his feet / {while in the
빠른 음악에 맞춰　　발끝을 뾰족하게 하면서　　공중에서
전치사구(부사구)　　분사구문(동시동작)　　시간의 부사절

air}] / and [lowering his heels to the floor / between jumps]. That
그리고 발뒤꿈치를 바닥에 내리면서　　점프 사이에　　그것은
분사구문 2(병렬구조)　　전치사구(부사구)　　전치사구(부사구)

may be impossible / no matter how strong the dancer is. But a
불가능할 수 있다　　무용수가 아무리 힘이 좋을지라도　　하지만
no matter how+형용사/부사: 아무리 (형용사/부사)하더라도

short-footed dancer may have no trouble! Another dancer may be
발이 짧은 무용수는 전혀 문제가 없을 것이다　　또 다른 무용수는 애쓰고 있을 수 있다

struggling / to complete a half-turn in the air. [Understanding the
공중에서 반 회전을 완성하려고   연관성을 이해하는 것은
struggle to-v: ~하려고 애쓰다   주어(동명사구)

connection / {between a rapid turn rate and the alignment of the
빠른 회전 속도와 회전축에 가깝게 몸을 정렬하는 의
전치사구(형용사구) between A and B: A와 B 사이에

body close to the rotation axis}] / tells her / how to accomplish
그 무용수에게 알려 준다 성공적으로 회전을
전치사구(부사구)   동사   how to-v: 어떻게 ~할지, ~하는 방법

her turn successfully. In both of these cases, / [understanding
해내는 방법을   이 두 경우 모두에서   제약을 이해하고
주어(동명사구)

and working within the constraints / {imposed by nature} / and
그 안에서 움직이는 것은   선천적으로 주어지는
과거분사구

{described by physical laws}] / allows dancers to work efficiently,
그리고 물리적 법칙에 의해 설명되는   무용수가 효율적으로 움직이게 해 준다
과거분사구   동사 allow+목적어+to-v: (목적어)가 ~하게 하다

[minimizing potential risk of injury].
잠재적인 부상 위험을 최소화하면서
분사구문(동시동작)

지문 해석

무용수는 종종 자신의 신체 능력의 한계까지 자신을 밀어붙인다. 그러나 그렇게 밀어붙이는 것이 물리적으로 불가능한 것을 달성하는 쪽으로 향하게 된다면, 잘못 이해한 것이다. 예를 들어, 키가 크고 발이 긴 무용수가 공중에서 발끝을 뾰족하게 하고 점프 사이에 발뒤꿈치를 바닥에 내리면서 빠른 음악에 맞춰 반복적인 수직 점프를 수행하고 싶을 수 있다. 무용수가 아무리 힘이 좋을지라도 그것은 불가능할 수 있다. 하지만 발이 짧은 무용수는 전혀 문제가 없을 것이다! 또 다른 무용수는 공중에서 반 회전을 완성하려고 애쓰고 있을 수 있다. 빠른 회전 속도와 회전축에 가깝게 몸을 정렬하는 것의 연관성을 이해하는 것은 그 무용수에게 성공적으로 회전을 해내는 방법을 알려 준다. 이 두 경우 모두에서, 선천적으로 주어지고 물리적 법칙에 의해 설명되는 제약을 이해하고 그 안에서 움직이는 것은 잠재적인 부상 위험을 최소화하면서 무용수가 효율적으로 움직이게 해 준다.

지문 흐름

무용수는 종종 자신의 신체 능력의 한계까지 자신을 밀어붙임	……… 도입
↓	
물리적으로 불가능한 것을 달성하는 쪽으로 향한다면 잘못 이해한 것임	……… 문제 제기
↓	
발이 짧은 무용수에게는 문제없는 점프(공중에서 발끝을 뾰족하게 하고 점프 사이에 발뒤꿈치를 바닥에 내리면서 하는 빠른 반복적인 수직 점프)가 키가 크고 발이 긴 무용수에게는 불가능할 수 있음	……… 상술 1
↓	
빠른 회전 속도와 회전축에 가깝게 몸을 정렬하는 것의 연관성을 이해하는 것은 공중에서 반 회전을 완성하려고 애쓰는 무용수에게 성공적인 회전 방법을 알려 줌	……… 상술 2
↓	
선천적으로 주어지고 물리적 법칙에 의해 설명되는 제약을 이해하고 움직이면, 잠재적인 부상 위험을 최소화하면서 효율적으로 움직일 수 있음	……… 요지

친절한 오답 풀이

오답 선택지	선택률	오답 이유
① 습관	13%	무용수의 습관에 관해서는 언급되지 않았다.
② 문화	6%	문화는 지문의 내용과 무관하다.
④ 적의	12%	적의는 지문의 내용과 무관하다.
⑤ 도덕성	8%	무용수의 도덕성에 관해서는 언급되지 않았다.

Q3
정답 ②   정답률 37%

정답 풀이

연구자들은 우정이 유아기 때 형성되는 것이 아니라 집을 오가거나 동네 주변을 걸어 다니면서 이루어지는 짧고 수동적인 접촉에 근거하여 발달하는 것 같다고 믿었으므로, 빈칸에는 ② '물리적 공간'이 들어가는 것이 가장 적절하다.

친절한 지문분석

Psychologists Leon Festinger, Stanley Schachter, and sociologist
심리학자 Leon Festinger, Stanley Schachter, 그리고 사회학자 Kurt Back은

Kurt Back / began to wonder [how friendships form]. Why do
궁금해하기 시작했다   우정이 어떻게 형성되는지
목적절(간접의문문)

some strangers build lasting friendships, / while others struggle
왜 몇몇 타인들은 지속적인 우정을 쌓고   다른 이들은 기본적인
~인 반면에(접속사)

to get past basic platitudes? Some experts explained that /
상투적인 말을 넘어서는 데 어려움을 겪는 반면에 몇몇 전문가들은 설명하였다
struggle to-v: ~하려고 애쓰다

friendship formation could be traced to infancy, / [where children
우정 형성이 유아기로 거슬러 올라갈 수 있다고   그 시기에 아이들은
~로 거슬러 올라가다   관계부사절

acquired / the values, beliefs, and attitudes {that would bind or
습득했다   가치, 신념, 그리고 태도를   그들을 결합시키거나
주격 관계대명사절

separate them / later in life}]. But Festinger, Schachter, and Back
분리시킬 수도 있는   훗날 삶에서   그러나 Festinger, Schachter, 그리고 Back은

pursued a different theory. The researchers believed [that
다른 이론을 추구하였다   그 연구자들은 믿었다
목적절

physical space was the key to friendship formation; / that
물리적 공간이 우정 형성의 핵심이라고

"friendships are likely to develop / on the basis of brief and
우정은 발달하는 것 같고   짧고 수동적인 접촉에 근거하여

passive contacts / {made going to and from home / or walking
집을 오가거나   동네 주변을 걸어 다니면서
과거분사구

about the neighborhood}]." In their view, / it wasn't so much that
이루어지는   그들의 관점에서는
not so much A but B: A라고 하기보다는 오히려 B이다

people [with similar attitudes] became friends, / but rather that
유사한 태도를 지닌 사람들이 친구가 된다기보다는
전치사구(형용사)

people [who passed each other during the day] / tended to
그날 동안 서로를 지나쳐 가는 사람들이   친구가 되는 경향이 있다
주격 관계대명사절   동사 1

become friends / and so came to adopt similar attitudes / over
그래서 유사한 태도를 받아들이게 되었다   시간이
동사 2

time.
지남에 따라

지문 해석

심리학자 Leon Festinger, Stanley Schachter, 그리고 사회학자 Kurt Back은 우정이 어떻게 형성되는지 궁금해하기 시작했다. 왜 몇몇 타인들은 지속적인 우정을 쌓는 반면, 다른 이들은 기본적인 상투적인 말을 넘어서는 데 어려움을 겪을까? 몇몇 전문가들은 우정 형성이 유아기로 거슬러 올라갈 수 있다고 설명하였고, 그 시기에 아이들은 훗날 삶에서 그들을 결합시키거나 분리시킬 수도 있는 가치, 신념, 그리고 태도를 습득했다. 그러나 Festinger, Schachter, 그리고 Back은 다른 이론을 추구하였다. 그 연구자들은 물리적 공간이 우정 형성의 핵심이라고 믿었다; "우정은 집을 오가거나 동네 주변을 걸어 다니면서 이루어지는 짧고 수동적인 접촉에 근거하여 발달하는 것 같다."라고 믿었다. 그들의 관점에서는 유사한 태도를 지닌 사람들이 친구가 된다기보다는 그날 동안 서로를 지나쳐 가는 사람들이 친구가 되는 경향이 있고 그래서 시간이 지남에 따라 유사한 태도를 받아들이게 되었다.

지문 흐름

심리학자 세 사람이 우정이 어떻게 형성되는지 궁금해 하기 시작함	········ 도입
어떤 전문가들은 우정 형성이 유아기로 거슬러 올라가며 그 시기에 훗날 삶에 영향을 주는 가치 등을 습득했다고 설명함	········ 기존 이론
하지만 이 세 연구자들은 물리적 공간이 우정 형성의 핵심이라고 믿었음	········ 반론
그들은 우정이 주변의 짧고 수동적인 접촉에 근거하여 발달하며, 서로 지나쳐 가는 사람들이 친구가 되는 경향이 있고, 시간이 지나면서 서로 유사한 태도를 갖게 되었다고 믿게 됨	········ 주제 설명

친절한 오답 풀이

오답 선택지	선택률	오답 이유
① 공유된 가치	17%	공유된 가치에 대해서는 언급되지 않았다.
③ 의식적인 노력	11%	의식적인 노력에 대해서는 언급되지 않았다.
④ 비슷한 특성	24%	비슷한 특성으로 우정이 형성되는 것이 아니라 접촉의 결과로 비슷한 태도를 갖게 되었다고 보았다.
⑤ 심리적 지지	9%	심리적 지지에 대해서는 언급되지 않았다.

Q4 정답 ④ 정답률 59%

정답 풀이

개별 기억과 관련된 신경 세포는 각기 달라도 모든 정신 활동과 인지 신경 활성화는 함께 작동하기 때문에 기억력 기술만을 사용하는 것은 특정 기억력 요소에 도움이 될 수 있으나 진정한 기억력 향상을 의미하지는 않는다고 했으므로, 빈칸에는 ④ '뇌의 모든 기능을 작동시켜야'가 들어가는 것이 가장 적절하다.

친절한 지문분석

[When you're driving a car] / [your memory / of {how to operate the vehicle}] / comes from one set of brain cells; / [the memory / of {how to navigate the streets / to get to your destination}] / springs from another set of neurons; / [the memory of driving rules and following street signs] / originates from another family of brain cells; / and [the thoughts and feelings {you have / about the driving experience itself}], / [including any close calls / with other cars], / come from yet another group of cells. You do not have conscious awareness / of all these separate mental plays and cognitive neural firings], yet they somehow work together / in beautiful harmony / to synthesize your overall experience. In fact, / we don't even know the real difference / [between {how we remember} and {how we think}]. But, we do know / [they are strongly intertwined]. That is [why truly improving memory can never simply be / about {using memory tricks}], / [although they can be helpful / in {strengthening certain components of memory}]. Here's the bottom line: / [To improve and preserve memory / at the cognitive level], / you have to work on all functions of your brain.

지문 해석

자동차를 운전할 때, 차량을 조작하는 방법에 관한 기억은 한 세트의 뇌세포에서 나오고, 목적지에 도착하기 위해 도로를 주행하는 방법에 관한 기억은 또 다른 세트의 신경 세포로부터 발생하며, 운전 규칙에 관한 기억과 도로 표지를 따르는 것에 관한 기억은 또 다른 뇌세포 집단으로부터 생기고, 다른 자동차와의 위기일발을 포함하여 운전 경험 자체에 대해 여러분이 가지고 있는 생각과 느낌은 또 다른 세포 집단에서 나온다. 여러분은 이 모든 별개의 정신적 활동과 인지적 신경 활성화에 관한 의식적인 인지를 하고 있지는 않지만, 그것들은 여러분의 전반적인 경험을 종합하기 위해 아름다운 조화를 이루며 어떻게든 함께 작동한다. 사실, 우리가 기억하는 방식과 우리가 생각하는 방식 사이의 진정한 차이를 우리는 알지도 못한다. 하지만, 우리는 그것들이 강력하게 뒤얽혀 있다는 것을 정말로 알고 있다. 그런 이유로 기억력 기술이 기억력의 특정 구성 요소를 강화하는 데 도움이 될 수 있다 하더라도, 진정으로 기억력을 향상시키는 것은 결코 기억력 기술을 사용하는 것에 관한 것일 수 없다. 요컨대, 인지적 수준에서 기억력을 개선하고 보존하기 위해서는 뇌의 모든 기능을 작동시켜야 한다.

지문 흐름

운전 시 차량 조작법, 도로 주행법, 운전 규칙과 도로 표지법에 관한 기억, 그리고 운전 경험 자체에 대한 생각과 느낌은 모두 각각 다른 뇌세포 집단에서 나옴	········ 도입
우리는 이 별개의 정신적 활동과 인지적 신경 활성화를 의식적으로 인지하지는 않지만, 그것들은 전반적 경험을 종합하기 위해 조화롭게 작동함	········ 부연
우리는 기억의 방식과 생각의 방식 사이의 차이조차 알지 못하지만, 그것들이 강력하게 뒤얽혀 있다는 것은 알고 있음	········ 전개
기억력 기술이 기억력의 특정 구성 요소 강화에 도움이 될지라도, 진정한 기억력 향상은 결코 기억력 기술 사용에 관한 것이 아님	········ 요지
인지적 수준의 기억력 개선 및 보존을 위해서는 뇌의 모든 기능을 작동시켜야 함	········ 부연

코드 공략하기

pp.103~107

01 ③	02 ①	03 ②	04 ①	05 ①	06 ①	07 ③
08 ①	09 ①	10 ④				

01 　　정답 ③　　정답률 45%

정답 풀이

개인적인 연관성을 갖는 정보가 효과적으로 처리된다는 내용이므로, 효과적인 의사소통자는 추상적인 것을 개인적인 것으로 만든다는 내용이 되어야 자연스럽다. 따라서 빈칸에는 ③ '개인적인'이 들어가는 것이 가장 적절하다.

친절한 지문분석

We might forget an anecdote / about a stranger / [because it makes
우리는 일화를 잊을지 모른다　　낯선 사람에 관한　　그것이 연관성이 거의
　　　　　　　　　　　　　　　　　　　이유의 부사절

few connections / with our existing associations], but we won't
없기 때문에　　　우리의 기존 연상들과　　　하지만 우리는

forget a piece of gossip / about our cousin. There's one complex
소문의 한 부분을 잊지 않을 것이다　우리의 사촌에 관한　　하나의 복잡한 네트워크가 있다

network / [that is larger / and quicker to access / than all others] /
더 크고　　접근하기에 더 빠른　　다른 모든 것보다
　　　　주격 관계대명사절　　　to부정사의 부사적 용법(형용사 수식)

— the self. We've been thinking about ourselves / in our whole
바로 자아이다　우리는 우리 자신에 대해 생각해 왔다　　　평생

lives. (In fact, / there were entire years during junior high / [when
사실　　　중학교 시절 몇 년 동안 내내가 있었다
　　　　　　　　　　　　　　　　　　　　　　　　관계부사절

we weren't capable of thinking about much else].) So [if a new
우리는 많은 다른 것들을 생각할 수 없었던　　　　그래서 어떤 새로운
　　　　　　　　　　　　　　　　　　　　　　　　조건의 부사절

piece of information has something to do with us], / it will be more
정보가 '우리'와 관련이 있다면　　　　　　　그것은 더 쉽게 그리고
　　　　have something to do with: ~와 관계가 있다

easily and thoroughly processed. It hits even closer to home /
더 철저하게 처리될 것이다　　　그것은 훨씬 더 가깝게 와닿는다
　　　　　　　　　　　　　　　　　　비교급 강조

than our actual home / — we can take a vacation away from our
우리의 실제 집보다　　　　　우리는 집으로부터 떠나 휴가를 갈 수 있다

home, / but not from ourselves. The most effective communicators
하지만 '우리 자신'으로부터는 아니다　가장 효과적인 의사소통자는 방법을 찾는다
　　　　　= cannot take a vacation away from ourselves

find ways / to make the abstract personal. Consider the warning /
추상적인 것을 개인적으로 만드는　　　경고를 생각해 보라
동격의 to부정사　　　　　　　　　　　　동사(명령문)
make+목적어+형용사: (목적어)를 ~하게 만들다

[that law schools give] / to motivate first-year law students /
로스쿨이 주는　　　　　1학년 법대생들을 동기 부여하기 위해
목적격 관계대명사절　　　to부정사의 부사적 용법(목적)

concerning the rigors of their program. Hearing / [that "the
그들의 프로그램의 엄격함에 대해　　　　듣는 것은
　　　　　　　　　　　　　　　　　주어(동명사)　목적절

first-year dropout rate is 33%"] / is an abstract statistic. ["Look
"첫 해 중도 탈락률은 33%입니다"라고　추상적인 통계이다　　　"당신의
　　　　　　　　　　　　　　　　　　　동사　　　　　　　　주어

to your left, / look to your right. One of the three of you / won't
왼쪽을 보세요　당신의 오른쪽을 보세요　당신들 세 명 중 한 명은　　내년 가을에

be joining us next fall"] / wakes up the self.
우리와 함께하지 않을 것입니다"는　자아를 깨운다
　　　　　　　　　　　　　　　　동사

지문 해석

우리는 그것이 우리의 기존 연상들과 연관성이 거의 없기 때문에 낯선 사람에 관한 일화는 잊을지 모르지만, 우리의 사촌에 관한 소문의 한 부분도 잊지 않을 것이다. 다른 모든 것보다 더 크고 접근하기에 더 빠른 하나의 복잡한 네트워크가 있다—바로 자아이다. 우리는 평생 우리 자신에 대해 생각해 왔다. (사실, 중학교 시절 몇 년 동안 내내 우리는 많은 다른 것들을 생각할 수 없었다.) 그래서 어떤 새로운 정보가 '우리'와 관련이 있다면, 그것은 더 쉽게 그리고 더 철저하게 처리될 것이다. 그것은 우리의 실제 집보다 훨씬 더 가깝게 와닿는다—우리는 집으로부터 떠나 휴가를 갈 수 있지만, '우리 자신'으로부터는 아니다. 가장 효과적인 의사소통자는 추상적인 것을 개인적으로 만드는 방법을 찾는다. 로스쿨이 그들의 프로그램의 엄격함에 대해 1학년 법대생들을 동기 부여하기 위해 주는 경고를 생각해 보라. "첫 해 중도 탈락률은 33%입니다"라고 듣는 것은 추상적인 통계이다. "당신의 왼쪽을 보세요, 당신의 오른쪽을 보세요. 당신들 세 명 중 한 명은 내년 가을에 우리와 함께하지 않을 것입니다"는 자아를 깨운다.

지문 흐름

기존 연상과 연결되지 않는 낯선 사람에 관한 이야기와 달리, 개인적인 연관이 있는 이야기는 쉽게 잊지 않음	········ 도입
↓	
우리는 가장 크고 빠르게 접근하는 복잡한 네트워크인 자아를 지녔고, 평생 자신에 대해 생각함	········ 전개
↓	
우리와 관련된 새로운 정보는 더 쉽고 철저하게 처리되므로 추상적인 것을 개인적으로 만드는 것이 효과적인 의사소통임	········ 요지
↓	
추상적인 통계를 제시하는 경고보다 우리와 연관된 경고가 효과적임	········ 예시

친절한 오답 풀이

02 　　정답 ①　　정답률 35%

정답 풀이

고객에게서 직접 수입을 끌어내는 전문직 종사자와 달리, 언론인들은 그들을 고용한 뉴스 기관을 통해서만 대중에게 봉사할 수 있으며, 뉴스 기관의 수입 대부분이 대중이 아니라 광

고주에게서 나온다고 했으므로, 빈칸에는 ① '그것의 독립성의 부족'이 들어가는 것이 가장 적절하다.

[What is unusual about journalism / as a profession] is / its lack of
저널리즘에 관해 특이한 점은 / 직업으로서 / 그것의 독립성의
주어(관계대명사절) / 동사

independence. In theory, / practitioners [in the classic professions], /
부족이다 / 이론적으로 / 고전적인 전문적인 직종의 전문 종사자들은
주어 / 전치사구(형용사구)

[like medicine or the clergy], / contain the means of production / in
의학이나 성직자와 같은 / 생산 수단을 가지고 있다
전치사구(부사구) / 동사 1

their heads and hands, / and therefore do not have to work / for a
그들의 머리와 손에 / 그러므로 일할 필요가 없다
동사 2

company or an employer. They can draw their income / directly
회사나 고용주를 위해 / 그들은 수입을 끌어낼 수 있다 / 고객이나
draw A from B: B에서 A를 얻다

from their clients or patients. [Because the professionals hold
환자로부터 직접 / 전문직 종사자들이 지식을 보유하고 있기 때문에
이유의 부사절

knowledge], / moreover, / their clients are dependent on them.
지식을 / 게다가 / 그들의 고객들은 그들에게 의존한다

Journalists hold knowledge, / but it is not theoretical in nature; /
언론인들은 지식을 보유하고 있다 / 하지만 그것은 본질적으로 이론적이지 않다

one might argue / [that the public depends on journalists / in
어떤 사람들은 주장할지도 모른다 / 대중이 언론인들에게 의존한다고
목적절

the same way {that patients depend on doctors}], / but in practice /
같은 방식으로 / 환자들이 의사들에게 의존하는 / 하지만 실제로
관계부사절

a journalist can serve the public / usually only by working / for a
언론인은 대중들에게 봉사할 수 있다 / 일반적으로 일해야만
by v-ing: ~함으로써

news organization, / [which can fire her or him at will]. Journalists'
뉴스 기관을 위해 / 그 기관은 그녀나 그를 마음대로 해고할 수 있다 / 언론인들의
주격 관계대명사절(계속적 용법)

income depends / not on the public, / but on the employing
수입은 의존한다 / 대중이 아니라 / 고용한 뉴스 기관에
not A but B: A가 아니라 B

news organization, / [which often derives / the large majority of its
뉴스 기관에 / 이는 흔히 얻는 / 수익의 대부분을
주격 관계대명사절(계속적 용법)

revenue / from advertisers].
수익을 / 광고주들로부터

지문 해석

직업으로서의 저널리즘에 관해 특이한 점은 그것의 독립성의 부족이다. 이론적으로, 의학이나 성직자와 같은, 고전적인 전문직에 종사하는 사람들은 그들의 머리와 손에 생산 수단을 가지고 있으므로, 회사나 고용주를 위해 일할 필요가 없다. 그들은 고객이나 환자로부터 직접 수입을 끌어낼 수 있다. 게다가, 전문직 종사자들이 지식을 보유하고 있기 때문에, 그들의 고객은 그들에게 의존한다. 언론인들은 지식을 보유하고 있지만, 그것은 본질적으로 이론적이지 않다; 어떤 사람들은 환자들이 의사들에게 의존하는 것과 같은 방식으로 대중이 언론인들에게 의존한다고 주장할지도 모르지만, 실제로 언론인은 일반적으로 뉴스 기관을 위해 일해야만 대중들에게 봉사할 수 있으며, 그 기관은 그녀나 그를 마음대로 해고할 수 있다. 언론인들의 수입은 대중이 아닌, 고용한 뉴스 기관에 의존하는데, 이는 흔히 광고주들로부터 수익의 대부분을 얻는다.

지문 흐름

직업으로서의 저널리즘의 특이점은 독립성 부족임	········ 주제
↓	
고전적 전문직 종사자들은 생산 수단을 직접 보유하므로 고용주를 위해 일할 필요가 없으며, 고객으로부터 직접 수입을 끌어낼 수 있음	········ 대조
↓	
또한, 전문직 종사자들은 지식을 보유하므로 고객들이 그들에게 의존함	········ 부연
↓	
언론인들이 보유한 지식은 본질적으로 이론적이지 않으며, 전문직 종사자들과 달리 언론인은 뉴스 기관에서 일해야만 대중들에게 봉사할 수 있고 그 기관은 언론인을 마음대로 해고할 수 있음	········ 근거
↓	
언론인들의 수입은 대중이 아니라 그들을 고용한 뉴스 기관에 의존하며, 뉴스 기관은 대부분의 수익을 광고주들로부터 얻음	········ 상술

친절한 오답 풀이

오답 선택지	선택률	오답 이유
② 진실에 대한 끊임없는 탐구	10%	진실에 대한 탐구에 관해서는 언급되지 않았다.
③ 여론의 무시	27%	저널리즘이 여론을 무시하는 것에 관해서는 언급되지 않았다.
④ 소득과 신뢰 사이에서 그것의 균형	16%	뉴스 기관의 수익이 대부분 광고주에서 나온다고 했을 뿐, 소득과 신뢰 사이의 균형에 관해서는 언급되지 않았다.
⑤ 사회적 영향에 대한 그것의 과신	12%	저널리즘의 사회적 영향에 관해서는 언급되지 않았다.

03　　정답 ②　　정답률 29%

정답 풀이

빈칸 앞에서 리더들이 섣부른 결정들을 내리는 것이 결정 실패의 주된 원인이라고 했으며, 뒤에서 리더가 결정을 밀어붙이지 않고 팀이 함께 모든 문제를 검토하도록 도와서 임금 삭감에 동의하는 결정을 이끌었다고 했으므로, 빈칸에는 ② '인내심을 발휘하는'이 들어가는 것이 가장 적절하다.

While leaders often face enormous pressures / to make decisions
리더들이 자주 거대한 압박에 직면하지만 / 빠르게 결정해야 하는
반면에(접속사) / to부정사의 형용사적 용법

quickly, / premature decisions are the leading cause / of
섣부른 결정들은 주된 원인이다

decision failure. This is primarily because leaders respond / to the
결정 실패의 / 이것은 주로 리더들이 반응하기 때문이다
이것은 ~ 때문이다

superficial issue of a decision / rather than taking the time to
결정의 피상적인 문제에 / 근원적인 문제들을 탐색하는 데 시간을
~보다는 / take+시간+to-v: ~하는 데 (시간)이 걸리다

explore the underlying issues. Bob Carlson is a good example /
보내기보다는 / Bob Carlson은 좋은 예이다

of a leader [exercising patience / in the face of diverse issues].
인내심을 발휘하는 리더의 / 다양한 문제들에 직면했을 때
현재분사구

In the economic downturn of early 2001, / Reell Precision
2001년 초의 경기 침체기에 / Reell Precision

Manufacturing faced a 30 percent drop / in revenues. Some
Manufacturing은 30퍼센트 하락에 직면했다 / 총수입에서

members of the senior leadership team / favored layoffs / and
몇몇의 고위 지도자 팀의 구성원들은   해고를 선호했다   그리고
주어 1   동사 1

some favored salary reductions. While it would have been easy
몇몇은 임금 삭감을 선호했다   결정을 밀어붙이는 것이 쉬웠을 테지만
주어 2 동사 2   반면에(접속사) 가주어 가정법 과거완료

[to push for a decision / or call for a vote] / in order to ease
          또는 투표를 요청하는 것이   경제적 압박의
진주어   in order to-v: ~하기 위하여

the tension of the economic pressures, / as co-CEO, Bob Carlson
긴장 상태를 완화하기 위해서   공동 최고 경영자로서 Bob Carlson은

helped the team work together / and examine all of the issues.
그 팀이 함께 노력하도록 도왔다   그리고 모든 문제를 검토하도록
help+목적어+동사원형: (목적어)가 ~하도록 돕다

The team finally agreed on salary reductions, / [knowing {that, /
그 팀은 마침내 임금 삭감에 동의했다   아는 상태로
                                            분사구문(부대상황) 목적절

to the best of their ability, / they had thoroughly examined /
그들의 능력의 최선을 다해   그들이 철저하게 검토했다는 것을
삽입구   과거완료(완료)

the implications of both possible decisions}].
두 가지 가능한 결정의 영향을

지문 해석

리더들이 자주 빠르게 결정해야 하는 거대한 압박에 직면하지만, 섣부른 결정들은 결정 실패의 주된 원인이다. 이것은 주로 리더들이 근원적인 문제들을 탐색하는 데 시간을 보내기보다는 결정의 피상적인 문제에 반응하기 때문이다. Bob Carlson은 다양한 문제들에 직면했을 때 인내심을 발휘하는 리더의 좋은 예이다. 2001년 초의 경기 침체기에, Reell Precision Manufacturing은 총수입에서 30퍼센트 하락에 직면했다. 몇몇의 고위 지도자 팀의 구성원들은 해고를 선호했고 몇몇은 임금 삭감을 선호했다. 경제적 압박의 긴장 상태를 완화하기 위해서 결정을 밀어붙이거나 투표를 요청하는 것이 쉬웠을 테지만, 공동 최고 경영자로서, Bob Carlson은 그 팀이 함께 노력하고 모든 문제를 검토하도록 도왔다. 그 팀은 마침내, 능력의 최선을 다해, 그들이 두 가지 가능한 결정의 영향을 철저하게 검토했다는 것을 아는 상태에서, 임금 삭감에 동의했다.

지문 흐름

리더들이 종종 빠르게 결정들을 내려야 하는 거대한 압박에 직면하지만, 섣부른 결정들은 결정 실패의 주된 원인임	········ 요지
이는 주로 리더들이 근원적인 문제들을 탐색하는 데 시간을 보내기보다는 결정의 피상적인 문제에 반응하기 때문임	········ 근거
Bob Carlson은 다양한 문제들에 직면했을 때 인내심을 발휘하는 리더의 좋은 예임	········ 예시 도입
경기 침체기에 Reell Precision Manufacturing은 총수입에서 30퍼센트 하락에 직면했고, 몇몇은 해고를 선호했고 몇몇은 임금 삭감을 선호함	········ 문제 상황
결정을 밀어붙이거나 투표를 요청하는 것이 쉬웠을 테지만, Bob Carlson은 그 팀이 함께 노력하고 모든 문제를 검토하도록 도움	········ 해결 방안
그 팀은 마침내 그들이 두 가지 가능한 결정 모두의 영향을 철저하게 검토했다는 것을 아는 상태에서, 임금 삭감에 동의함	········ 결과

친절한 오답 풀이

오답 선택지	선택률	오답 이유
① 해고를 정당화하는	22%	해고가 아니라 임금 삭감을 선택했으므로, 이는 지문의 내용과 다르다.
③ 고용을 증가시키는	13%	해고나 임금 삭감 둘 중 하나를 선택해야 하는 상황이므로, 이는 지문의 내용과 반대된다.

④ 그의 의견을 고수하는	21%	그의 의견을 고수하는 것이 아니라 팀이 두 가지 가능한 결정을 검토하도록 했으므로, 이는 지문의 내용과 반대된다.
⑤ 미숙한 구성원들을 훈련시키는	12%	미숙한 구성원들을 훈련시킨다는 내용은 언급되지 않았다.

04   정답 ①   정답률 28%

정답 풀이

텍스트가 이미지 해석을 특정 방향으로 한정하여 독자를 이끈다고 했으므로, 빈칸에는 ① '독자는 어떤 것을 피하고 다른 것은 받아들인다'가 들어가는 것이 가장 적절하다.

친절한 지문분석

The term "anchoring" was introduced by Roland Barthes / [who
'anchoring'이라는 용어는 Roland Barthes에 의해 도입되었다   주격 관계대명사절

observed {that text is often used next to images / (his focus was
텍스트가 이미지 옆에 자주 사용되는 점을 관찰한   그의 초점은
          목적절

on photographs) / to confine meaning}]. Of all possible literal or
사진들에 있었다   의미를 한정하기 위해   모든 가능한 문자 그대로의 또는
          to부정사의 부사적 용법(목적)

implied interpretations / [an image could elicit], / text would point
함축된 해석 중에서   이미지가 이끌어 낼 수 있는   텍스트는 보는 사람을
                    (which/that) 목적격 관계대명사절

the viewer / towards a desired, specific direction. In advertising, /
향하게 할 것이다 원하는, 특정한 방향으로   광고할 때

as Barthes argues, / the symbolic message does not guide
Barthes가 주장하듯   상징적 메시지는 식별이 아니라 해석을 유도한다
~듯이(접속사)   not A but B: A가 아니라 B

identification but interpretation. The viewer is not asked to
                              보는 사람은 그들이 보는 것을
                              not A but B: A가 아니라 B

recognize [what they see] / but to understand [why they see it] /
인식하도록 요구되는 것이 아니라 왜 그들이 그것을 보는지 이해하도록 (요구된다)
          관계대명사절   의문사절(understand의 목적어 1)

and [what it means to them]. By combining images with text, /
그리고 그것이 그들에게 무엇을 의미하는지   이미지를 텍스트와 결합함으로써
      의문사절(understand의 목적어 2)

advertising produces symbolic meaning / [that is accurate and
광고는 상징적 의미를 만들어 낸다   한편으로는 정확하고
                                        주격 관계대명사절

specific on the one hand, richer on the other], / [thus adding depth
구체적이며, 다른 한편으로는 더욱 풍부한   그 결과 이성적이고
                                            분사구문(결과)

and eliminating breadth of rational and emotional interpretations].
감성적인 해석의 깊이를 더하고 폭은 제거한다

The headline or tagline of an ad directs the reader / through the
광고의 헤드라인이나 끝맺음말이 독자를 안내한다   이미지의
주어   동사

intended meanings of the image, / so that the reader avoids some
의도된 의미를 통해   그래서 독자는 어떤 것은 피하고
                              ~해서 그 결과로   어떤 것

and receives others. It "remote-controls" the reader towards
다른 것은 받아들인다   그것은 독자를 의미 쪽으로 '원격 제어'한다
          다른 것

a meaning / [chosen in advance].
              미리 선택된
          과거분사구

지문 해석

'anchoring'이라는 용어는 의미를 한정하기 위해 텍스트가 이미지 옆에 자주 사용되는 점

을 관찰한 Roland Barthes(그는 사진에 중점을 두었다)에 의해 도입되었다. 이미지가 이끌어 낼 수 있는 모든 가능한 문자 그대로의 또는 함축된 해석 중에서, 텍스트는 보는 사람을 원하는, 특정한 방향으로 향하게 할 것이다. 광고할 때, Barthes가 주장하듯, 상징적 메시지는 식별이 아니라 해석을 유도한다. 보는 사람은 그들이 보는 것을 인식하도록 요구되는 것이 아니라 왜 그들이 그것을 보는지 그리고 그것이 그들에게 무엇을 의미하는지를 이해하도록 요구된다. 이미지를 텍스트와 결합함으로써, 광고는 한편으로는 정확하고 구체적이며, 다른 한편으로는 더욱 풍부한 상징적 의미를 만들어 내어, 그 결과 이성적이고 감성적인 해석의 깊이를 더하고 폭은 제거한다. 광고의 헤드라인이나 끝맺음말이 이미지의 의도된 의미를 통해 독자를 안내하여, 독자는 어떤 것은 피하고 다른 것은 받아들인다. 그것은 독자를 미리 선택된 의미 쪽으로 '원격 제어'한다.

지문 흐름

'anchoring'은 Barthes가 도입한 개념으로, 의미를 한정하기 위해 이미지와 텍스트가 함께 사용되는 것을 설명함	········ 도입
↓	
텍스트는 이미지 해석을 다양한 가능성 중 특정 방향으로 유도함	········ 전개
↓	
광고에서 상징적 메시지는 보는 사람에게 단순히 대상을 인식하는 것이 아니라, 그 이유와 의미를 해석하도록 요구함	········ 사례
↓	
이미지와 텍스트의 결합은 광고에 구체성과 풍부한 상징성을 더해 해석의 깊이를 확장함	········ 부연
↓	
광고의 헤드라인이나 끝맺음말은 독자를 특정 의미로 '원격 제어'함	········ 결론

친절한 오답 풀이

오답 선택지	선택률	오답 이유
② 텍스트의 단서는 청중에게 무시된다	14%	텍스트가 이미지 해석을 한정하여 독자를 이끈다고 했으므로, 글의 내용과 상반된다.
③ 텍스트의 감성적 영향은 완전히 지워진다	22%	이미지와 텍스트가 결합함으로써 독자에게 감성적 해석의 깊이를 더한다고 했으므로, 글의 내용과 상반된다.
④ 보는 이는 이미지의 예술적 질에 집중한다	16%	이미지의 예술적 질은 글의 내용과 무관하다.
⑤ 이미지와 그에 수반하는 텍스트는 분리되어 작동한다	20%	이미지와 텍스트의 결합을 이야기하고 있으므로, 글의 내용과 상반된다.

05 　　정답 ①　　정답률 63%

정답 풀이

우리는 선택지를 빼앗길 때 그것을 더 매력적으로 여긴다고 했으므로, 빈칸에는 ① '부족한 공급'이 들어가는 것이 가장 적절하다.

친절한 지문분석

We collect stamps, coins, vintage cars / [even when they serve no
우리는 우표, 동전, 빈티지 자동차들을 수집한다　　그것들이 실용적인 목적을 수행하지
　　　　　　　　　　　　　　　　　　부사절

practical purpose]. The post office doesn't accept the old stamps, /
않더라도　　우체국은 오래된 우표를 받지 않는다

the banks don't take old coins, / and the vintage cars are no longer
은행은 오래된 동전을 받지 않는다　　그리고 빈티지 자동차는 더 이상 도로에서 허용되지
　　　　　　　　　　　　　　　　　　수동태

allowed on the road. These are all side issues; / the attraction
않는다　　이런 것들은 모두 부수적인 문제이다　　매력은 그들이 부족한

is [that they are in short supply]. In one study, / students were
공급에 있다는 것이다　　한 연구에서　　학생들은 포스터 10장을
　보어절　　　　　　　　　　　　　　　　수동태

asked to arrange ten posters / in order of attractiveness / — with
배열하도록 요청받았다　　매력도의 순서대로　　나중에

the agreement [that afterward they could keep one poster / as a
포스터 1장을 간직할 수 있다는 합의와 함께　　　　　　　　~로서(전치사)
　　　　　　동격절

reward for their participation]. Five minutes later, / they were told /
그들의 참여에 대한 보상으로　　　　　5분 후　　　그들은 들었다
　　　　　　　　　　　　　　　　　　　　수동태

[that the poster {with the third highest rating} / was no longer
세 번째 높은 평가의 포스터가　　　　　　　　더 이상 이용 가능하지
목적절　　주어　　전치사구(형용사구)　　　동사

available]. Then they were asked / to judge all ten from scratch.
않다는 것을　　그런 다음 그들은 요청을 받았다　10개의 포스터를 모두 처음부터 평가하라고
　　　　　　　　수동태

The poster [that was no longer available] was suddenly classified /
더 이상 이용할 수 없는 포스터가 갑자기 분류되었다
　　　주격 관계대명사절　　　　　　　수동태

as the most beautiful. In psychology, / this phenomenon is called
가장 아름다운 것으로　　심리학에서　　　이러한 현상은 리액턴스라고 불린다
~로서(전치사)　　　　　　　　　　　　　　수동태

reactance: / [when we are deprived of an option], / we suddenly
우리가 선택지를 빼앗길 때　　　　　　　　　　우리는 그것을 갑자기
　　시간의 부사절　　수동태

deem it more attractive.
더 매력적으로 여긴다
동사　목적어　목적격보어

지문 해석

우리는 그것들이 실용적인 목적을 수행하지 않더라도 우표, 동전, 빈티지 자동차들을 수집한다. 우체국은 오래된 우표를 받지 않고, 은행은 오래된 동전을 받지 않으며, 그리고 빈티지 자동차는 더 이상 도로에서 허용되지 않는다. 이런 것들은 모두 부수적인 문제이다; 매력은 그들이 부족한 공급에 있다는 것이다. 한 연구에서, 학생들은 포스터 10장을 매력도의 순서대로 배열하도록 요청받았다 — 나중에 그들의 참여에 대한 보상으로 포스터 1장을 간직할 수 있다는 합의와 함께. 5분 후, 그들은 세 번째 높은 평가의 포스터가 더 이상 이용 가능하지 않다는 것을 들었다. 그런 다음 그들은 10개의 포스터를 모두 처음부터 평가하라고 요청을 받았다. 더 이상 이용할 수 없는 포스터가 갑자기 가장 아름다운 것으로 분류되었다. 심리학에서, 이러한 현상은 리액턴스라고 불린다: 우리가 선택지를 빼앗길 때, 우리는 그것을 갑자기 더 매력적으로 여긴다.

지문 흐름

우리는 실용적인 목적이 없어도 우표, 동전, 빈티지 자동차들을 수집함	········ 도입
↓	
우체국은 오래된 우표를 받지 않고, 은행은 오래된 동전을 받지 않으며, 빈티지 자동차는 도로에서 허용되지 않음	········ 부연
↓	
부족한 공급이 매력임	········ 요지
↓	
한 연구에서 학생들이 포스터 10장의 매력도를 평가하는데, 세 번째로 높은 평가를 받았던 포스터가 더 이상 이용할 수 없다는 것을 듣고는 갑자기 가장 아름다운 것으로 분류됨	········ 사례
↓	
이러한 현상은 심리학에서 리액턴스라고 불림	········ 부연
↓	
선택지를 빼앗기면 그것을 갑자기 더 매력적으로 여김	········ 요지 재진술

친절한 오답 풀이

오답 선택지	선택률	오답 이유
② 좋은 모양	12%	모양새는 글의 내용과 무관하다.
③ 현재의 용도	10%	더 이상 실용적인 목적을 수행하지 않더라도 매력이 있다고 했으므로, 현재의 용도는 글의 내용과 상반된다.

| ④ 엄청난 과잉 | 8% | 더 이상 이용 가능하지 않을 때 매력도가 상승한다고 했으므로, 엄청난 과잉은 글의 내용과 상반된다. |
| ⑤ 지속적인 생산 | 8% | 더 이상 이용 가능하지 않을 때 매력도가 상승한다고 했으므로, 지속적인 생산을 통해 공급량이 확보되는 것은 글의 내용과 상반된다. |

 코드+α 배경지식

리액턴스(reactance)
리액턴스, 즉 심리적 반발은 개인이 자신의 자유에 대한 위협으로 인식되는 권고나 규제를 반대로 행동하는 심리적 반응이다. 사람들이 자율성이 제한되거나 도전받는다고 느낄 때, 그들은 그 자유를 회복하려는 동기를 부여하는 정서적 각성을 경험한다. 이는 건강 경고를 무시하거나 조언을 거부하거나 규칙에 반항하는 등 다양한 상황에서 나타날 수 있다. 이 반발은 독립성을 주장하고 통제에 저항하려는 욕구에 의해 발생하며, 인간 행동과 의사 결정에서 자율성의 중요성을 강조한다.

06   정답 ①   정답률 51%

정답 풀이

가상 세계의 능력은 수많은 사람이 그 세상의 존재를 믿을 때 커진다고 했으므로, 빈칸에는 ① '사회로 여겨질 정도로 충분히 큰 규모의 집단이어야만'이 들어가는 것이 가장 적절하다.

친절한 지문분석

Scholars of myth have long argued [that myth gives structure and
신화(를 연구하는) 학자들은 오랫동안 주장해 왔다   신화가 구조와 의미를 부여한다고
     현재완료(계속)   목적절

meaning / to human life]; that meaning is amplified / [when a myth
   인간의 삶에   그 의미는 증폭된다   하나의 신화가
         시간의 부사절

evolves into a world]. A virtual world's ability to fulfill needs grows
하나의 세상으로 진화할 때   욕구를 충족시킬 수 있는 가상 세계의 능력은 커진다
         to부정사의 형용사적 용법

[when lots and lots of people believe in the world]. Conversely, /
수많은 사람이 그 세상의 존재를 믿을 때   이와 반대로
시간의 부사절

a virtual world cannot be long sustained / by a mere handful of
가상 세계는 오래 지속될 수 없다   단지 몇 명뿐인 추종자들에
     수동태

adherents. Consider the difference / between a global sport and
의해서는   차이를 고려해 보라   전 세계적인 스포츠와 게임의
   명령문(동사원형)   between A and B: A와 B사이에

a game [I invent with my nine friends and play regularly]. My
내가 내 친구 9명과 만들어 정기적으로 하는   나의
(which/that) 동사 1(병렬구조)   동사 2
목적격 관계대명사절

game might be a great game, / one [that is completely immersive], /
게임은 훌륭한 게임일 수 있다   완전히 몰입하게 하는 게임이며
     = game   주격 관계대명사절

one [that consumes all of my group's time and attention]. [If its
내 집단의 시간과 관심 모두를 소모하는 게임   하지만
= game   주격 관계대명사절   조건의 부사절

reach is limited to the ten of us, though], then it's ultimately just
그것이 미치는 범위가 우리 10명으로 제한된다면   그것은 최종적으로 그저

a weird hobby, / and it has limited social function. For a virtual
이상한 취미일 뿐이고   제한된 사회적 기능을 가진다   가상 세계가
         의미상 주어

world to provide lasting, wide-ranging value, / its participants
지속적이고 넓은 범위에 퍼지는 가치를 제공하기 위해서는   그것의 참여자들이
to부정사의 부사적 용법(목적)

must be a large enough group / to be considered a society. [When
충분히 큰 규모의 집단이어야만 한다   사회로 여겨질 정도로
         to부정사의 부사적 용법   시간의 부사절

that threshold is reached], / psychological value can turn into
그 기준점에 도달했을 때   심리적 가치가 넓은 범위에 퍼지는

wide-ranging social value.
사회적 가치로 변할 수 있다

지문 해석

신화(를 연구하는) 학자들은 신화가 인간의 삶에 구조와 의미를 부여한다고 오랫동안 주장해 왔다. 그 의미는 하나의 신화가 하나의 세상으로 진화할 때 증폭된다. 욕구를 충족시킬 수 있는 가상 세계의 능력은 수많은 사람이 그 세상의 존재를 믿을 때 커진다. 이와 반대로, 가상 세계는 단지 몇 명뿐인 추종자들에 의해서는 오래 지속될 수 없다. 전 세계적인 스포츠와 내가 내 친구 9명과 만들어 정기적으로 하는 게임의 차이를 고려해 보라. 나의 게임은 훌륭한 게임이고 완전히 몰입하게 하는 게임이며, 내 집단의 시간과 관심 모두를 소모하는 게임일 수 있다. 하지만 그것이 미치는 범위가 우리 10명으로 제한된다면, 그것은 최종적으로 그저 이상한 취미일 뿐이고, 제한된 사회적 기능을 가진다. 가상 세계가 지속적이고 넓은 범위에 퍼지는 가치를 제공하기 위해서는, 그것의 참여자들이 사회로 여겨질 정도로 충분히 큰 규모의 집단이어야만 한다. 그 기준점에 도달했을 때, 심리적 가치가 넓은 범위에 퍼지는 사회적 가치로 변할 수 있다.

지문 흐름

학자들은 신화가 인간의 삶에 구조와 의미를 부여한다고 오랫동안 주장해 왔고, 그 의미는 하나의 신화가 하나의 세상으로 진화할 때 증폭됨	········	도입
↓		
욕구를 충족시킬 수 있는 가상 세계의 능력은 수많은 사람이 그 세상의 존재를 믿을 때 커지고, 단지 몇 명뿐인 추종자들에 의해서는 오래 지속될 수 없음	········	전개
↓		
전 세계적인 스포츠와 비교하여, 내가 내 친구들과 만들어 하는 게임은 훌륭한 게임이라도 그것이 미치는 범위가 소수로 제한된다면, 제한된 사회적 기능을 가짐	········	예시
↓		
가상 세계가 지속적이고 넓은 사회적 가치를 제공하기 위해서는, 그것의 참여자들이 사회로 여겨질 정도로 충분히 큰 규모의 집단이어야만 함	········	요지

친절한 오답 풀이

오답 선택지	선택률	오답 이유
② 믿을 만한 가치가 있게 만드는 역사적 증거를 가져야만	11%	역사적 증거에 대한 내용은 언급되지 않았다.
③ 각자의 가치를 모든 일에 적용해야만	19%	각자의 가치를 모든 일에 적용하라는 내용은 언급되지 않았다.
④ 자존감을 높이기 위해 엄격한 명령에 따라야만	11%	자존감에 대한 내용은 언급되지 않았다.
⑤ 종교적 가치관에 비추어 승인을 받아야만	7%	종교적 가치관에 대한 내용은 언급되지 않았다.

07   정답 ③   정답률 46%

정답 풀이

청소년기에는 참신한 아이디어에 매료되고 영향받지만, 나이가 들수록 새로운 생각과 영향력에 대해 마음을 닫는다고 했으므로, 빈칸에는 ③ '점차적인 마음의 폐쇄'가 들어가는 것이 가장 적절하다.

In adolescence many of us had the experience [of falling under
청소년기에 우리 중 다수는 경험을 했다   위대한 책이나
                                    전치사구

the sway of a great book or writer]. We became entranced by the
작가의 영향을 받는   우리는 책 속의 참신한 아이디어에 매료되었고
~의 지배하에; ~의 영향을 받은

novel ideas in the book, / and [because we were so open to
영향에 매우 열려 있었기 때문에
                  이유의 부사절   ~에(전치사)

influence], these early encounters with exciting ideas / sank deeply
흥미로운 아이디어와의 이러한 초기 만남은   우리의 마음속
                                        동사 1 (병렬구조)

into our minds / and became part of our own thought processes, /
깊이 가라앉았고   우리 자신의 사고 과정의 일부가 되었다
                  동사 2

[affecting us decades after we absorbed them]. Such influences
그것들을 흡수한 지 수십 년이 지난 후에 우리에게 영향을 미치며   그러한 영향들은
분사구문(결과)

enriched our mental landscape, / and in fact our intelligence
우리의 정신적 풍경을 풍부하게 했는데   실제로 우리의 지성은 흡수하는 능력에 달려 있다

depends on the ability to absorb / the lessons and ideas [of those
                      교훈과 생각을   전치사구
               to부정사의 형용사적 용법

who are older and wiser]. Just as the body tightens with age,
더 나이가 많고 더 현명한 사람들의   그러나, 나이가 들면서 몸이 경직되는 것처럼
~하는 사람들   just as ~ so+동사+주어: ~인 것과 마찬가지로

however, / so does the mind. And just as our sense of weakness
마음도 그러하다   그리고 약점과 취약성에 대한 우리의 깨달음이
        동사 주어   just as ~ so+동사+주어: ~인 것과 마찬가지로

and vulnerability / motivated the desire to learn, / so does our
학습 욕구를 자극했듯이   슬며시 다가오는
                        to부정사의 형용사적 용법   동사

creeping sense of superiority slowly close us off / to new ideas
우월감도 서서히 우리를 닫는다   새로운 생각과
        주어   ~에(전치사)

and influences. Some may advocate [that we all become more
영향력에 대해   어떤 사람들은 주장할지도 모르지만   현대 세계에서 우리가 모두 더
                          목적절

skeptical in the modern world], but in fact a far greater danger /
회의적으로 된다고   사실 훨씬 더 큰 위험은
                              비교급 강조

comes from the increasing closing of the mind [that burdens us as
점차적인 마음의 폐쇄에서 온다   개인으로서 우리에게
come from: ~에서 나오다   주격 관계대명사절   ~로서(전치사)

individuals {as we get older}, / and seems to be burdening our
부담을 주고   우리가 나이가 들수록   우리의 문화에 부담을 주는 것처럼 보이는
              시간의 부사절   seem to be v-ing: ~하고 있는 것처럼 보이다

culture / in general].
일반적으로

지문 해석

청소년기에 우리 중 다수는 위대한 책이나 작가의 영향을 받는 경험을 했다. 우리는 책 속의 참신한 아이디어에 매료되었고, 영향에 매우 열려 있었기 때문에, 흥미로운 아이디어와의 이러한 초기 만남은 우리의 마음속 깊이 가라앉았고 우리 자신의 사고 과정의 일부가 되었으며, 그것들을 흡수한 지 수십 년이 지난 후에 우리에게 영향을 미쳤다. 그러한 영향들은 우리의 정신적 풍경을 풍부하게 했는데, 실제로 우리의 지성은 더 나이가 많고 더 현명한 사람들의 교훈과 생각을 흡수하는 능력에 달려 있다. 그러나, 나이가 들면서 몸이 경직되는 것처럼 마음도 그러하다. 그리고 약점과 취약성에 대한 우리의 깨달음이 학습 욕구를 자극했듯이, 슬며시 다가오는 우월감도 새로운 생각과 영향력에 대해 서서히 우리를 차단한다. 어떤 사람들은 현대 세계에서 우리가 모두 더 회의적으로 된다고 주장할지도 모르지만, 사실 훨씬 더 큰 위험은 우리가 나이가 들수록 개인으로서 우리에게 부담을 주고, 일반적으로 우리의 문화에 부담을 주는 것처럼 보이는 점차적인 마음의 폐쇄에서 온다.

지문 흐름

청소년기에 우리는 위대한 책이나 작가의 영향을 받는 경험을 했음	┈┈	도입
우리는 책 속의 참신한 아이디어에 매료되었고, 이는 우리에게 영향을 미침	┈┈	상술 1
이 영향들은 우리의 정신을 풍부하게 했는데, 실제로 우리의 지성은 훌륭한 타인의 교훈과 생각을 흡수하는 능력에 달려 있음	┈┈	상술 2
하지만 나이가 들면서 몸이 경직되는 것처럼 마음도 경직됨	┈┈	문제 제기
약점과 취약성이 학습 욕구를 자극했듯이, 우월감이 새로운 생각과 영향력에 대해 서서히 우리를 차단함	┈┈	부연
어떤 사람들은 현대 세계에서 우리 모두가 더 회의적으로 된다고 주장할지도 모르지만, 사실 큰 위험은 우리가 나이가 들수록 점차적으로 마음을 닫는 데서 옴	┈┈	결론

친절한 오답 풀이

오답 선택지	선택률	오답 이유
① 타인에 대한 높은 의존도	14%	타인에 대한 높은 의존도에 관한 내용은 언급되지 않았다.
② 우리의 열등감에 대한 집착	16%	열등감에 대한 집착에 관한 내용은 언급되지 않았다.
④ 우리의 심리에 대한 오해	15%	우리의 심리에 대한 오해에 관한 내용은 언급되지 않았다.
⑤ 자멸적인 행동 양식	9%	자멸적인 행동 양식에 관한 내용은 언급되지 않았다.

08   정답 ①   정답률 62%

정답 풀이

교향악단의 초기 악기 형태가 동물 또는 동물을 진압하기 위해 사용된 무기로 만들어졌으며, 위대한 작곡가들의 음악을 들으며 동물을 쫓기 시작하는 사람들의 이미지를 떠올릴 수 있다는 내용이 빈칸 뒤에 이어지므로, 빈칸에는 ① '사냥'이 들어가는 것이 가장 적절하다.

Even the most respectable of all musical institutions, the
심지어 모든 음악 단체 중 가장 훌륭한 단체인   =
                                        동격의 쉼표

symphony orchestra, / carries inside its DNA / the legacy of the
교향악단도   자신의 DNA 안에 지니고 있다   사냥의 유산을
                            동사   목적어(후치됨)

hunt. The various instruments in the orchestra / can be traced
      교향악단에 있는 다양한 악기들은   거슬러 올라갈 수 있다
                                              수동태

back / to these primitive origins / ⊖ their earliest forms were
이런 원시적인 기원으로   그것들의 초기 형태는 만들어졌다
                          부연 설명   수동태

made / either from the animal (horn, hide, gut, bone) / or the
동물(뿔, 가죽, 내장, 뼈)로   또는
        either A or B: A 또는 B

weapons [employed in bringing the animal under control / (stick,
무기   동물을 진압하는 데 사용된 무기로   (막대, 활)
            과거분사구   동명사구(전치사의 목적어)

bow)]. Are we wrong / to hear this history in the music itself, / in
        우리가 틀린 것인가   음악 그 자체에서 이러한 역사를 듣는다면
                        to부정사의 부사적 용법(조건)

the formidable aggression and awe-inspiring assertiveness / of
강력한 공격성과 경외감을 자아내는 당당함에서

those monumental symphonies / [that remain the core repertoire /
그 기념비적인 교향곡들의   핵심 레퍼토리로 남아 있는
                              주격 관계대명사절

of the world's leading orchestras]? [Listening to Beethoven,
세계의 주요한 교향악단의   베토벤, 브람스, 말러, 브루크너,
                              분사구문(동시동작)

Brahms, Mahler, Bruckner, Berlioz, Tchaikovsky, Shostakovich, and
베를리오즈, 차이코프스키, 쇼스타코비치 및 다른 위대한 작곡가들의

other great composers], / I can easily summon up images of bands
음악을 들으며   나는 무리 지은 사람들의 이미지를 쉽게 떠올릴 수 있다

of men / [starting to chase animals], / [using sound as a source
      동물을 쫓기 시작하는   지배의 원천이자 상징으로
      현재분사구   분사구문(동시동작) ~로서(전치사)

and symbol of dominance, / an expression of the will to predatory
소리를 사용하면서   = 공격적인 힘에 대한 의지의 표현인
                        동격의 쉼표

power].

지문 해석

심지어 모든 음악 단체 중 가장 훌륭한 단체인 교향악단도 자신의 DNA 안에 사냥의 유산을 지니고 있다. 교향악단에 있는 다양한 악기들은 다음의 원시적인 기원으로 거슬러 올라갈 수 있는데, 그것들의 초기 형태는 동물(뿔, 가죽, 내장, 뼈)이나 동물을 진압하기 위해 사용된 무기(막대, 활)로 만들어졌다. 음악 그 자체에서, 세계의 주요한 교향악단의 핵심 레퍼토리로 남아 있는 기념비적인 교향곡들의 강력한 공격성과 경외감을 자아내는 당당함에서 이러한 역사를 듣는다면 우리가 틀린 것인가? 베토벤, 브람스, 말러, 브루크너, 베를리오즈, 차이코프스키, 쇼스타코비치 및 다른 위대한 작곡가들의 음악을 들으며, 나는 공격적인 힘에 대한 의지의 표현인 지배의 원천이자 상징으로 소리를 사용하면서 동물을 쫓기 시작하는 무리 지은 사람들의 이미지를 쉽게 떠올릴 수 있다.

지문 흐름

교향악단도 자신의 DNA 안에 사냥의 유산을 지니고 있음	········	주제
교향악단에 있는 악기들의 초기 형태는 동물이나 동물을 진압하기 위해 사용된 무기로 만들어짐	········	상술 1
기념비적인 교향곡들의 강력한 공격성과 경외감을 자아내는 당당함에서 이러한 역사를 듣는다면 우리가 틀린 것인지 반문함	········	상술 2
위대한 작곡가들의 음악을 들으며, 소리를 지배의 원천이자 상징으로 사용하면서 동물을 쫓기 시작하는 무리 지은 사람들의 이미지를 쉽게 떠올릴 수 있음	········	상술 3

친절한 오답 풀이

오답 선택지	선택률	오답 이유
② 법	6%	법과 관련된 내용은 지문에서 언급되지 않았다.
③ 자선 (행위)	10%	자선 행위는 지문의 내용과 무관하다.
④ 치료법	15%	치료법은 지문의 내용과 거리가 멀다.
⑤ 춤	4%	춤과 관련된 내용은 지문에서 언급되지 않았다.

09   정답 ①   정답률 47%

정답 풀이

빈칸이 있는 문장은 '어떤 것을 단지 알면 군중에게 반대하는 것을 상당히 더 쉽게 만든다'는 뜻인데, 앞부분에서 한 명이라도 지지하는 사람이 있으면 다수의 압박을 이겨낼 수 있다는 내용이 나오므로, ① '당신이 유일한 저항자가 아니다'라는 것을 알면 군중에 반대하기 쉬워질 것이라는 흐름이 가장 적절하다.

As entrepreneur Derek Sivers put it, / "The first follower is [what
기업가 Derek Sivers가 말했듯이   첫 추종자가
                                      관계사절(보어)

transforms a lone nut into a leader]." If you were sitting with
외로운 괴짜를 지도자로 바꾸는 것이다   만약 당신이
transform A into B: A를 B로 바꾸다

seven other people / and six group members picked the wrong
7명의 다른 사람들과 앉아 있고   (그중) 여섯 명이 틀린 답을 고른다

answer, / but the remaining one chose the correct answer, /
          하지만 나머지 한 사람이 옳은 답을 선택한다면

conformity dropped dramatically. "The presence of a supporting
순응은 급격하게 떨어졌다   한 명의 지지하는 파트너의 존재가

partner / depleted the majority of much of its pressure," / Asch
          다수에게서 그것의 많은 압박을 고갈시켰다라고   Asch가 썼다
          deplete A of B: A에게서 B를 고갈시키다   = the majority's

wrote. [Merely knowing that you're not the only resister] / makes
          단순히 당신이 유일한 저항자가 아니라는 것을 아는 것은   동사
          주어(동명사구)

it substantially easier / to reject the crowd. Emotional strength
상당히 더 쉽게 만든다   군중에게 반대하는 것을   정서적인 힘이
가목적어   진목적어

can be found / even in small numbers. In the words of Margaret
발견될 수 있다   심지어 소수에게서도   Margaret Mead의 말에 따르면

Mead, / "Never doubt that / a small group of thoughtful citizens /
        의심하지 마라   소수의 생각이 깊은 시민이

can change the world; / indeed, / it's the only thing that ever
세상을 바꿀 수 있다는 것을   사실상   그것이 (세상을 바꾼) 유일한 것이다
                                      선행사   주격 관계대명사

has," To feel that you're not alone, / you don't need a whole
        당신이 혼자가 아니라는 것을 느끼기 위해   전체 군중이 필요한 것은 아니다
(changed the world)

crowd to join you. Research by Sigal Barsade and Hakan Ozcelik
당신과 함께할   Sigal Barsade와 Hakan Ozcelik에 의한 연구는 보여준다
to부정사의 형용사적 용법

shows that / in business and government organizations, / [just
보여준다   사업과 정부 조직에서

having one friend] / is enough to significantly decrease
단지 한 명의 친구를 갖는 것이   외로움을 상당히 줄이기에 충분하다는 것을
주어(동명사구)

loneliness.

지문 해석

기업가 Derek Sivers가 말했듯이, "첫 추종자가 외로운 괴짜를 지도자로 바꾸는 것이다." 만약 당신이 7명의 다른 사람들과 앉아 있고 (그중) 여섯 명은 틀린 답을 고르지만 나머지 한 사람이 옳은 답을 선택한다면 순응은 급격하게 떨어진다. "한 명의 지지하는 파트너의 존재가 다수에게서 그것의 많은 압박을 고갈시켰다,"라고 Asch가 썼다. 단순히 당신이 유일한 저항가가 아니라는 것을 아는 것은 군중에게 반대하는 것을 상당히 더 쉽게 만든다. 정서적인 힘이 심지어 소수에게서도 발견될 수 있다. Margaret Mead의 말에 따르면, "소수의 생각이 깊은 시민이 세상을 바꿀 수 있다는 것을 의심하지 마라; 사실상 그것이 (세상을 바꾼) 유일한 것이다." 당신이 혼자가 아니라는 것을 느끼기 위해, 당신과 함께할 전체 군중이 필요한 것은 아니다. Sigal Barsade와 Hakan Ozcelik에 의한 연구는 사업과 정부 조직에서 단지 한 명의 친구를 갖는 것만으로도 외로움을 상당히 줄이기에 충분하다는 것을 보여준다.

첫 추종자가 외로운 괴짜를 지도자로 바꾼다고 기업가 .... 인용
Derek Sivers가 말함

당신이 7명과 있는데 여섯 명이 틀린 답을 고르고 한 사람 .... 예시
이 옳은 답을 선택한다면 순응은 급격하게 떨어지게 되며,
당신이 유일한 저항자가 아니라는 것을 알면 군중에게 반
대하는 것이 더 쉬워짐

정서적인 힘이 심지어 소수에게서도 발견될 수 있으며, ... 주제
Margaret Mead의 말에 따르면 소수의 생각이 깊은 시
민이 세상을 바꿀 수 있음

혼자가 아니라는 것을 느끼기 위해 함께할 전체 군중이 .... 부연
필요한 것은 아니며, 연구에 따르면 사업과 정부 조직에
서 한 명의 친구만 있어도 외로움을 줄이기에 충분하다
는 것을 보여줌

친절한 오답 풀이

오답 선택지	선택률	오답 이유
② 지도자를 물리칠 수 없다	13%	지도자를 물리칠 수 없다는 것을 알면 군중에게 반대하는 것이 더 쉬워진다는 내용은 흐름과 무관하다.
③ 규칙에 순응하는 것이 좋다	9%	규칙에 순응하는 것이 좋다는 것을 알면 군중에게 반대하는 것이 더 쉬워진다는 내용은 흐름과 무관하다.
④ 인간은 혼자 살게 되어 있다	18%	인간은 혼자 살게 되어 있다는 것을 알면 군중에게 반대하는 것이 더 쉬워진다는 내용은 흐름과 무관하다.
⑤ 경쟁은 협력을 좌절시킨다	11%	경쟁은 협력을 좌절시킨다는 것을 알면 군중에게 반대하는 것이 더 쉬워진다는 내용은 흐름과 무관하다.

10   정답 ④   정답률 31%

정답 풀이

자유 놀이는 아이들이 어른과 떨어져 놀면서, 자기 스스로 통제력을 가지고 여러 문제를 해결하는 것을 배울 수 있다는 내용이므로, 빈칸에 들어가기에 가장 적절한 말은 ④ '무력하지'이다.

친절한 지문분석

Free play is nature's means of teaching children [that they are
자유 놀이는 아이들에게 가르치는 자연의 수단이다   자신이 무력하지
            간접목적어   직접목적어(that절)

not helpless]. In play, away from adults, / children really do have
않다는 것을   어른과 떨어져 놀면서   아이들은 통제력을 정말로 가지고
                         조동사 do(강조)

control / and can practice asserting it. In free play, / children learn
그것을 발휘하는 것을 연습할 수 있다   자유 놀이를 통해   아이들은
    (to)   = control   (to)

to make their own decisions, / solve their own problems, / create
스스로 결정을 내리는 것을 배운다   자신들만의 문제를 해결하는 것을   규칙을
to부정사의 명사적 용법(목적어) (to)

and follow rules, / and get along with others as equals / rather
만들고 지키는 것을   동등한 사람으로서 다른 사람과 어울리는 것을
                     ~로서(전치사)

than as obedient or rebellious subordinates. In active outdoor play, /
복종적이거나 반항적인 아랫사람이라기보다는   활동적인 야외 놀이를 통해
A rather than B: B보다는 A

children deliberately dose themselves / with moderate amounts
아이들은 의도적으로 자기 자신에게 준다   적절한 수준의 두려움을

of fear / and they thereby learn how to control / not only their
그렇게 함으로써 그들은 통제하는 법을 배운다   그들의 신체뿐만 아니라
             how to-v: ~하는 방법
        not only A but (also) B: A뿐만 아니라 B도

bodies, but also their fear. In social play / children learn / how to
두려움 또한   사회적인 놀이를 통해   아이들은 배운다   어떻게
                                 목적어 1

negotiate with others, / how to please others, / and how to manage
다른 사람과 협상하고   어떻게 다른 사람을 기쁘게 하며   어떻게 다스리고 극복할 수
      목적어 2   목적어3(병렬구조)

and overcome / the anger [that can arise from conflicts]. None of
있는지를   갈등으로부터 생길 수 있는 분노를   이러한
               주격 관계대명사절

these lessons can be taught / through verbal means; / they can be
교훈 중 어느 것도 배울 수 없다   언어적 수단을 통해서는   그것들은
            수동태   = lessons

learned only through experience, [which free play provides].
오로지 경험을 통해서만 배울 수 있는데   그것은 자유 놀이가 제공하는 것이다
                             목적격 관계대명사절(계속적 용법)

지문 해석

자유 놀이는 아이들에게 자신이 무력하지 않다는 것을 가르치는 자연의 수단이다. 어른과 떨어져 놀면서, 아이들은 통제력을 정말로 가지고 그것을 발휘하는 것을 연습할 수 있다. 자유 놀이를 통해, 아이들은 스스로 결정을 내리고, 자신들만의 문제를 해결하고, 규칙을 만들고 지키며, 복종적이거나 반항적인 아랫사람이라기보다는 동등한 사람으로서 다른 사람과 어울리는 것을 배운다. 활동적인 야외 놀이를 통해, 아이들은 의도적으로 자기 자신에게 적절한 수준의 두려움을 주고, 그렇게 함으로써 그들의 신체뿐만 아니라 두려움 또한 통제하는 법을 배운다. 사회적인 놀이를 통해 아이들은 어떻게 다른 사람과 협상하고, 다른 사람을 기쁘게 하며, 갈등으로부터 생길 수 있는 분노를 다스리고 극복할 수 있는지를 배운다. 이러한 교훈 중 어느 것도 언어적 수단을 통해서는 배울 수 없다. 그것들은 오로지 경험을 통해서만 배울 수 있는데, 그것은 자유 놀이가 제공하는 것이다.

지문 흐름

자유 놀이는 아이들에게 자신이 무력하지 않다는 것을 가 .... 요지
르치는 자연의 수단임

자유 놀이를 통해, 아이들은 통제력을 가지고 스스로 결정 .... 근거 1
을 내리고, 자신들만의 문제를 해결하고, 규칙을 만들고 지
키며, 동등한 사람으로서 다른 사람과 어울리는 것을 배움

활동적인 야외 놀이를 통해, 아이들은 의도적으로 자기 자 .... 근거 2
신에게 적절한 수준의 두려움을 주고, 자신의 신체와 두려
움을 통제하는 법을 배움

사회적인 놀이를 통해, 아이들은 어떻게 다른 사람과 협상 .... 근거 3
하고, 다른 사람을 기쁘게 하며, 갈등으로부터 생길 수 있
는 분노를 다스리고 극복할 수 있는지를 배움

이러한 교훈 중 어느 것도 언어적 수단을 통해서는 배울 수 .... 결론(주제)
없고, 그것들은 오로지 경험을 통해서만 배울 수 있는데,
그것은 자유 놀이가 제공함

친절한 오답 풀이

오답 선택지	선택률	오답 이유
① 시끄럽지	6%	자유 놀이가 아이들이 시끄럽지 않다는 것을 가르친다는 내용은 언급되지 않았다.
② 사교적이지	38%	자유 놀이가 아이들이 사교적이지 않다는 것을 가르친다는 것은 글의 내용과 반대된다.
③ 복잡하지	13%	자유 놀이가 아이들이 복잡하지 않다는 것을 가르친다는 내용은 언급되지 않았다.
⑤ 까다롭지	11%	자유 놀이가 아이들이 까다롭지 않다는 것을 가르친다는 것은 글의 내용과 무관하다.

코드 접속하기

pp.111~114

Q1 ②   Q2 ③   Q3 ②   Q4 ③

Q1

정답 ②   정답률 55%

정답 풀이

기계식 시계의 발명은 승려들에 의해 영향을 받았다는 주어진 글에 이어, 승려들이 기도 시간을 알리기 위해 규칙적인 간격으로 수도원의 종이 울리도록 했으며, 초기의 시계들은 회전하는 드럼통 주위에 감긴 줄에 묶인 무게추에 불과했다는 (B)가 오고, 17세기에 흔들리는 추의 발견이 시계의 광범위한 사용으로 이어졌다는 (A)가 이어진 후, 사람들이 생체 시간보다 기계식 시계의 시간을 따르기 시작했다는 (C)로 이어지는 것이 자연스럽다.

친절한 지문분석

The invention of the mechanical clock was influenced / by monks
기계식 시계의 발명은 영향받았다   승려들에 의해
     주어   동사   수동태

[who lived in monasteries {that were the examples of order and
수도원에 살았던   질서와 규칙적인 일상의 본보기가 되는
주격 관계대명사절   주격 관계대명사절

routine}].

(B) They had to keep accurate time / so that monastery bells could
그들은 정확한 시간을 지켜야 했다   수도원의 종이 울릴 수 있도록
     so that+주어+could ~ : (주어)가 ~할 수 있도록

be rung / at regular intervals / to announce the seven hours of
규칙적인 간격으로   하루의 일곱 시간을 알리기 위해
수동태   to부정사의 부사적 용법(목적)

the day [reserved for prayer]. Early clocks were nothing more
기도를 위해 지정된   초기의 시계들은 무게추에 불과했다
과거분사구

than a weight [tied to a rope {wrapped around a revolving drum}].
     줄에 묶인   회전하는 드럼통 주위에 감긴
     과거분사구   과거분사구

(A) Time was determined / by watching the length of the weighted
시간은 정해졌다   무게가 달린 줄의 길이를 관찰하는 것에 의해서
    수동태

rope. The discovery of the pendulum in the seventeenth century /
17세기의 흔들리는 추의 발견은
     주어

led to the widespread use [of clocks and enormous public clocks].
광범위한 사용으로 이어졌다   시계와 큰 대중 시계의
동사   전치사구(형용사구)

Eventually, / keeping time turned into serving time.
마침내   시간을 지키는 것은 시간에 복종하는 것이 되었다
     주어(동명사구)   동사   전치사의 목적어(동명사)

(C) People started to follow the mechanical time of clocks / rather
사람들은 기계식 시계의 시간을 따르기 시작했다
                                   ~보다는

than their natural body time. They ate at meal time, / rather than
그들의 자연적 생체 시간보다는   그들은 식사 시간에 먹었고   그들이 배고플

[when they were hungry], / and went to bed [when it was time], /
때보다는   시간이 되었을 때 자러 갔다
시간의 부사절   시간의 부사절

rather than [when they were sleepy]. Even / periodicals and
그들이 졸릴 때 보다는   심지어   정기 간행물들과
     시간의 부사절

fashions became "yearly." The world had become orderly.
패션들도 '연간으로' 되었다   세상은 질서 정연하게 되었다
                                    과거완료

지문 해석

기계식 시계의 발명은 질서와 규칙적인 일상의 본보기가 되는 수도원에 살았던 승려들에 의해 영향받았다.

(B) 그들은 기도를 위해 지정된 하루의 일곱 시간을 알리기 위해 수도원의 종이 규칙적인 간격으로 울릴 수 있도록 정확한 시간을 지켜야 했다. 초기의 시계들은 회전하는 드럼통 주위에 감긴 줄에 묶인 무게추에 불과했다.

(A) 시간은 무게가 달린 줄의 길이를 관찰하는 것에 의해서 정해졌다. 17세기의 흔들리는 추의 발견은 시계와 큰 대중 시계의 광범위한 사용으로 이어졌다. 마침내, 시간을 지키는 것은 시간에 복종하는 것이 되었다.

(C) 사람들은 그들의 자연적 생체 시간보다는 기계식 시계의 시간을 따르기 시작했다. 그들은 그들이 배고플 때보다는 식사 시간에 먹었고, 졸릴 때보다는 시간이 되었을 때 자러 갔다. 심지어 정기 간행물들과 패션들도 '연간으로' 되었다. 세상은 질서 정연하게 되었다.

지문 흐름

기계식 시계의 발명은 질서와 규칙적인 일상의 본보기가 되는 수도원의 승려들에 의해 영향받음	········	도입
그들은 기도 시간을 알리기 위해 수도원의 종이 규칙적인 간격으로 울리도록 정확한 시간을 지켜야했음	········	부연
초기의 시계들은 회전하는 드럼통 주위에 감긴 줄에 묶인 무게추에 불과함	········	전개
시간은 무게가 달린 줄의 길이를 관찰하는 것에 의해서 정해짐	········	부연
17세기의 흔들리는 추의 발견은 시계와 큰 대중 시계의 광범위한 사용으로 이어졌고, 시간을 지키는 것은 시간에 복종하는 것이 됨	········	요지
사람들은 자연적 생체 시간보다는 기계식 시계의 시간을 따르기 시작함	········	요지 재진술
그들은 배고플 때보다는 식사 시간에 먹었고, 졸릴 때보다는 시간이 되었을 때 자러 갔고, 정기 간행물들과 패션들도 '연간으로' 되었고, 세상은 질서 정연하게 됨	········	상술

친절한 오답 풀이

오답 선택지	선택률	오답 이유
① (A) – (C) – (B)	7%	(B)에서 초기의 시계들은 회전하는 드럼통 주위에 감긴 줄에 묶인 무게추에 불과했다고 했고, (A)에서 시간은 무게를 단 줄의 길이를 관찰하는 것에 정해졌다는 내용이 나오므로, (B) 다음에 (A)로 이어지는 것이 자연스럽다.
③ (B) – (C) – (A)	11%	17세기에 흔들리는 추의 발견이 시계의 광범위한 사용으로 이어졌다는 (A) 다음에 사람들이 생체 시간보다 기계식 시계의 시간을 따르기 시작했다는 (C)로 이어지는 것이 자연스럽다.
④ (C) – (A) – (B)	10%	(B)의 they가 주어진 글에서 언급된 승려들(monks)을 가리키므로, 주어진 글 다음에 (B)로 이어지는 것이 자연스럽다.
⑤ (C) – (B) – (A)	14%	

Q2

정답 ③   정답률 70%

정답 풀이

네트워크 시장에서 역사가 중요하다는 것을 보여주는 특징의 한 가지 예가 QWERTY 키보드라는 주어진 글에 이어, 이 독특한 배열이 왜 표준이 되었는지 의아해할지도 모른다고 하면서 19세기 QWERTY 키보드가 개발된 배경에 대해 설명하는 (B)가 오고, QWERTY 키보드의 설계 방식과 전자 타이핑 기술이 발전했을 때 많은 사람들이 이미 QWERTY 키보드에 익숙해져 있었다는 배경을 설명하는 (C)가 이어진 후, QWERTY 키보드를 더 효율적인 디자인으로 교체하는 것이 어려웠을 것이라는 내용의 (A)로 이어지는 것이 자연스럽다.

[One interesting feature of network markets] is / [that "history
네트워크 시장의 한 가지 흥미로운 특징은   '역사가 중요하다'는
주어   보어절

matters]." A famous example is the QWERTY keyboard / [used
것이다   한 가지 유명한 예는 QWERTY 키보드이다   당신의
                                                                              과거분사구

with your computer].
컴퓨터와 사용되는

(B) You might wonder / [why this particular configuration of keys, /
당신은 의아해할지도 모른다   왜 이 독특한 키의 배열이
                                  목적절(의문사절)

with its awkward placement of the letters, / became the standard].
어색한 문자 배치를 가진   표준이 되었는지

The QWERTY keyboard [in the 19th century] / was developed / in
19세기 QWERTY 키보드는   개발되었다   수동태
                          전치사구(형용사구)   수동태

the era of manual typewriters / with physical keys.
수동 타자기의 시대에   물리적 키가 있는

(C) The keyboard was designed / [to keep frequently used keys
그 키보드는 설계되었다   자주 사용되는 (E와 O 같은) 키가
                    수동태   to부정사의 부사적 용법(목적)

(like E and O) physically separated / in order to prevent them from
물리적으로 떨어져 있도록   걸리는 것을 막기 위해
keep+목적어+목적격보어: (목적어)를 ~하게 두다   in order to-v: ~하기 위해

jamming]. By the time the technology for electronic typing
            전자 타이핑 기술이 발전했을 무렵에는
            ~할 때 쯤에는

evolved, / millions of people had already learned to type / on
수백만 명의 사람들이 이미 타자 치는 법을 배웠다
                            과거완료(대과거)

millions of QWERTY typewriters.
수백만 개의 QWERTY 타자기에서

(A) [Replacing the QWERTY keyboard / with a more efficient
QWERTY 키보드를 교체하는 것은   더 효율적인 디자인으로
주어(동명사구)   replace A with B: A를 B로 교체하다

design] / would have been both expensive and difficult [to
디자인으로   비용이 많이 들고 조정하기 어려웠을 것이다
                    가정법 과거완료   both A and B: A와 B 둘 다

coordinate]. Thus, the placement of the letters stays / with the
따라서 문자의 배치는 남아 있다   구식 QWERTY로
to부정사의 부사적 용법(형용사 수식)   동사

obsolete QWERTY / on today's English-language keyboards.
구식 QWERTY   오늘날의 영어 키보드에서

지문 해석

네트워크 시장의 한 가지 흥미로운 특징은 '역사가 중요하다'는 것이다. 한 가지 유명한 예는 당신의 컴퓨터와 사용되는 QWERTY 키보드이다.
(B) 당신은 어색한 문자 배치를 가진, 이 독특한 키의 배열이 왜 표준이 되었는지 의아해할지도 모른다. 19세기 QWERTY 키보드는 물리적 키가 있는 수동 타자기의 시대에 개발되었다.
(C) 그 키보드는 자주 사용되는 (E와 O 같은) 키가 걸리는 것을 막기 위해 물리적으로 떨어져 있도록 설계되었다. 전자 타이핑 기술이 발전했을 때 쯤에는, 수백만 명의 사람들이 이미 수백만 개의 QWERTY 타자기에서 타자 치는 법을 배웠다.
(A) QWERTY 키보드를 더 효율적인 디자인으로 교체하는 것은 비용이 많이 들고 조정하기 어려웠을 것이다. 따라서, 오늘날의 영어 키보드에서 문자의 배치는 구식 QWERTY로 남아 있다.

지문 흐름

QWERTY 키보드는 역사가 중요하다는 네트워크 시장의 흥미로운 특징을 보여주는 예로, 당신은 이 독특한 키의 배열이 왜 표준이 되었는지 의아할지도 모름	········ 도입(주제)
↓	
19세기 QWERTY 키보드는 물리적 키가 있는 수동 타자기의 시대에 개발되었으며, 자주 사용되는 키가 걸리지 않도록 떨어져 있게 설계됨	········ 원인 1
↓	
전자 타이핑 기술이 발전했을 때 쯤에는 많은 사람들이 이미 QWERTY 타자기로 타자를 배워서 더 효율적인 디자인으로 교체하는 것은 비용이 많이 들고 조정하기 어려웠을 것임	········ 원인 2
↓	
따라서 오늘날까지 구식 QWERTY가 유지됨	········ 결과

친절한 오답 풀이

오답 선택지	선택률	오답 이유
① (A) – (C) – (B)	2%	QWERTY 키보드 교체가 어려웠을 것이므로 오늘날에도 구식 배치로 남아 있다는 내용의 (A)는 결과에 해당하므로 가장 뒤에 와야 한다.
② (B) – (A) – (C)	8%	전자 타이핑 기술이 발전했을 무렵 이미 많은 사람들이 QWERTY 키보드로 타자를 배웠다는 내용의 (C) 다음에 교체가 어려워 구식 QWERTY 배열이 유지되었다는 (A)로 이어지는 것이 적절하다.
④ (C) – (A) – (B)	7%	전자 타이핑 기술이 발전했을 무렵의 배경을 설명하는 (C)가 QWERTY 키보드 개발의 시대적 배경을 설명하는 (B)보다 먼저 오는 것은 자연스럽지 않다.
⑤ (C) – (B) – (A)	14%	

Q3   정답 ②   정답률 57%

정답 풀이

고대 그리스인들이 'logos'와 'mythos'라는 두 가지 사고방식을 지녔다고 하면서 'logos'의 개념을 설명한 주어진 글 이후에, 'mythos'의 개념에 이어 'logos'를 높이 평가하고 'mythos'를 경시했다는 내용의 (B)가 이어지고, 'mythos'와 'logos'가 뒤얽혀 있고 상호 의존적이라는 내용의 (A)로 이어진 후, 우리의 생각의 틀과 은유가 과학적 발전과 우리가 보는 것을 형성한다는 내용의 (C)로 이어지는 것이 가장 적절하다.

The ancient Greeks used to describe / two very different ways of
고대 그리스인들은 설명하곤 했다   두 가지의 매우 다른
                    used to-v: ~하곤 했다

thinking / —logos and mythos. Logos roughly referred to the
사고방식을   'logos'와 'mythos'라는   'logos'는 대략 세계를 지칭했다

world / [of the logical, the empirical, the scientific].
세계를   논리적, 경험적, 과학적인 것들의
              전치사구(형용사구) the+형용사: 복수 보통명사(~ 사람[것]들)

(B) Mythos referred to the world / [of dreams, storytelling and
'mythos'는 세계를 지칭했다   꿈, 스토리텔링, 그리고 상징의
                                          전치사구(형용사구)

symbols]. Like many rationalists today, / some philosophers of
            오늘날의 많은 합리주의자처럼   그리스의 일부 철학자들은

Greece prized logos / and looked down at mythos. Logic and
'logos'를 높이 평가했다   그리고 'mythos'를 경시했다   논리와 이성은
                        ~을 내려다보다[경시하다]

reason, / they concluded, / make us modern; / storytelling and
그들은 결론지었다   우리를 현대적으로 만든다고 스토리텔링과
                            make+목적어+형용사: (목적어)를 ~하게 만들다

mythmaking are primitive.
신화 창작은 원시적이라고

(A) But [lots of scholars / then and now] / — including many
그러나 많은 학자는   그때나 지금이나   오늘날의 많은
주어

anthropologists, sociologists and philosophers today— / see a
인류학자, 사회학자, 그리고 철학자를 포함하여   동사

more complicated picture, / [where *mythos* and *logos* are
더 복잡한 상황을 인식한다   'mythos'와 'logos'는 뒤얽혀 있고
관계부사절(계속적 용법)

intertwined and interdependent]. Science itself, / according to this
상호 의존적이라는   과학 자체는   이 관점에 따르면

view, / relies on stories.
이야기에 의존한다
rely on: ~에 의존하다[기대다] (that)   to부정사의 부사적 용법(목적)

(C) The frames and metaphors [we use {to understand the world}] /
우리가 세상을 이해하기 위해 사용하는 틀과 은유는
주어   목적격 관계대명사절

shape the scientific discoveries [we make]; / they even shape / [what
우리가 해내는 과학적 발견을 형성한다   그것들은 심지어 형성한다
동사   (that) 목적격 관계대명사절

we see]. [When our frames and metaphors change], / the world
우리가 보는 것을   우리의 생각의 틀과 은유가 바뀌면   세상 자체가
목적절(관계대명사절)   시간의 부사절

itself is transformed. The Copernican Revolution involved / more
변한다   코페르니쿠스 혁명은 포함했다

than just scientific calculation; / it involved a new story / [about
단순한 과학적 계산보다 더 많은 것을   그것은 새로운 이야기를 포함했다
부연 설명   전치사구(형용사구)

the place of Earth in the universe].
우주 속 지구의 위치에 관한

지문 해석

고대 그리스인들은 'logos'와 'mythos'라는 두 가지의 매우 다른 사고방식을 설명하곤 했다. 'logos'는 대략 논리적, 경험적, 과학적 세계를 지칭했다.
(B) 'mythos'는 꿈, 스토리텔링, 그리고 상징의 세계를 지칭했다. 오늘날의 많은 합리주의자처럼, 그리스의 일부 철학자들은 'logos'를 높이 평가하고 'mythos'를 경시했다. 그들은 논리와 이성이 우리를 현대적으로 만들고, 스토리텔링과 신화 만들기를 원시적이라고 결론지었다.
(A) 그러나 오늘날의 많은 인류학자, 사회학자, 그리고 철학자를 포함하여, 그때나 지금이나 많은 학자는 더 복잡하게 상황을 이해하는데, 'mythos'와 'logos'는 뒤얽혀 있고 상호 의존적이라는 것이다. 이 관점에 따르면 과학 자체가 이야기에 의존한다.
(C) 우리가 세상을 이해하기 위해 사용하는 생각의 틀과 은유는 우리가 하는 과학적 발견을 형성하고, 심지어 우리가 보는 것을 형성한다. 우리의 생각의 틀과 은유가 바뀌면 세상 자체가 변한다. 코페르니쿠스 혁명은 단순한 과학적 계산보다 더 많은 것을 포함하는데, 우주 속 지구의 위치에 관한 새로운 이야기를 포함했다.

지문 흐름

고대 그리스인들은 'logos'와 'mythos'라는 두 가지의 매우 다른 사고방식을 설명했는데, 'logos'는 논리적, 경험적, 과학적 세계를 지칭하고 'mythos'는 꿈, 스토리텔링, 상징의 세계를 지칭함	……… 도입
그리스 일부 철학자들은 'logos'를 높이 평가하고 'mythos'를 경시했으며, 논리와 이성이 우리를 현대적으로 만들고 스토리텔링과 신화는 원시적이라고 결론 지음	……… 상술
그러나 많은 학자들은 'mythos'와 'logos'가 서로 뒤얽혀 있고 상호 의존적이라고 이해하며, 이 관점에 따르면 과학 자체는 이야기에 의존함	……… 반론
우리가 세상을 이해하기 위해 사용하는 생각의 틀과 은유는 우리의 과학적 발견과 우리가 세상을 보는 방식을 형성하며, 우리의 생각의 틀과 은유가 바뀌면 세상 자체가 변함	……… 부연
코페르니쿠스 혁명은 단순한 과학적 계산 그 이상을 포함하며, 우주 속 지구의 위치에 대한 새로운 이야기를 포함했음	……… 예시

친절한 오답 풀이

오답 선택지	선택률	오답 이유
① (A) – (C) – (B)	3%	'logos'와 'mythos'를 소개하고 'logos'의 개념을 설명하는 주어진 글 다음에는 'mythos'의 개념을 설명하는 (B)가 이어지는 것이 적절하다.
③ (B) – (C) – (A)	21%	(C)는 'logos'와 'mythos'가 상호 의존적이라는 (A)의 내용에 대한 상술과 예시에 해당하므로 (A) 다음에 (C)가 이어지는 것이 적절하다.
④ (C) – (A) – (B)	8%	'logos'와 'mythos'를 소개하고 'logos'의 개념을 설명하는 주어진 글 다음에는 'mythos'의 개념을 설명하는 (B)가 이어지는 것이 적절하다.
⑤ (C) – (B) – (A)	11%	

Q4   정답 ③   정답률 68%

정답 풀이

61%의 미국인들이 '빈곤층 지원'에 더 많은 돈을 쓰는 정부를 지지한다는 조사 결과를 언급하는 주어진 글에 이어, 이와 반대로 같은 모집단이 '복지'에 더 많은 정부 예산을 쓰는 것을 지지하느냐는 질문에는 21%만이 찬성했고, 개별 복지 프로그램들에 대해서는 사람들이 대체로 찬성한다는 (B)가 이어지고, 이와 달리 만약 '복지'에 관해 질문하면 사람들은 그것에 반대하는데, '복지'라는 단어는 부정적인 함축 의미를 가지고 있기 때문이라는 (C)가 이어진 후, 이와 같이 질문의 틀은 여러 방식으로 답변에 큰 영향을 미칠 수 있다는 내용의 (A)로 이어지는 것이 자연스럽다.

친절한 지문분석

In one survey, / 61 percent of Americans said / [that they
한 조사에서   61%의 미국인들이 말했다   그들이
목적절

supported the government {spending more / on 'assistance to
더 쓰는 정부를 지지한다고   '빈곤층 지원'에
현재분사구

the poor'}].
the+형용사: ~하는 사람들

(B) But / when the same population was asked / [whether they
그러나   같은 모집단이 질문을 받았을 때   그들이
수동태   목적절(의문사절)

supported / {spending more government money on 'welfare'}],
지지하느냐   '복지'에 더 많은 정부 예산을 쓰는 것을
동명사구(목적어)

only 21 percent were in favour. In other words, / [if you ask
단지 21%만이 찬성했다   다시 말해   만약 당신이 사람들에게
in favo(u)r (of): (~에) 찬성하는   조건의 부사절

people about individual welfare programmes / — such as
개별 복지 프로그램들에 대해 물어보면   ~와 같은

giving financial help / to people {who have long-term illnesses} /
재정적 도움을 주는 것과 같은   장기적인 질환을 가진 사람들에게
전치사의 목적어 1(동명사)   주격 관계대명사절

and paying for school meals / for families with low income]— /
그리고 급식비를 대주는 것과 같은   저소득 가정에
전치사의 목적어 2(동명사)

people are broadly in favour of them.
사람들은 대체로 그것들에 찬성한다

(C) But / [if you ask about 'welfare' / — which refers to those
그러나   만약 당신이 '복지'에 관해 질문한다면   그런 정확하게 동일한
조건의 부사절   주격 관계대명사절(계속적 용법)

exact same programmes / {that you've just listed}—] / they're
프로그램을 나타내는   방금 열거한 것과   그들은
목적격 관계대명사절

against it. The word 'welfare' has negative connotations, /
그것에 반대한다   '복지'라는 단어는 부정적인 함축 의미를 가진다

perhaps because of the way / [many politicians and newspapers
아마도 방식 때문에　　　　　　　　　많은 정치인과 신문이 그것을
　　　because of+(대)명사: ~ 때문에　관계부사절

portray it].
묘사하는

(A) Therefore, / the framing of a question can heavily influence
따라서　　　　질문의 틀은 답변에 큰 영향을 미칠 수 있다

the answer / in many ways, / [which matters / {if your aim is
답변을　　　　여러 가지 방식으로　이는 중요하다　만약 당신의 목표가
　　　　　　　　　　　　　　　주격 관계대명사절(계속적 용법)　조건의 부사절

to obtain a 'true measure' / of what people think}]. And next
'진정한 척도'를 얻는 것이라면　　사람들이 생각하는 것에 대한　그리고 다음에
to부정사의 명사적 용법(보어)　　관계대명사절　　　　　next time+주어+동사:

time you hear a politician say / ['surveys prove / {that the
당신이 한 정치인이 말하는 것을 듣게 될 때　설문조사는 입증한다　　그
다음에 ~할 때　지각동사+목적어+동사원형　목적절

majority of the people agree with me}'], / be very wary.
대다수의 국민들이 나에게 동의한다　　　　　매우 조심하라

지문 해석

한 조사에서, 61%의 미국인들이 '빈곤층 지원'에 더 많은 돈을 쓰는 정부를 지지한다고 말했다.
(B) 그러나 같은 모집단이 '복지'에 더 많은 정부 예산을 쓰는 것을 지지하느냐는 질문을 받았을 때, 단지 21%만이 찬성했다. 다시 말해, 만약 당신이 개별 복지 프로그램들에 대해 사람들에게 물어보면—장기적인 질환을 가진 사람들에게 재정적 도움을 주고 저소득 가정의 급식비를 대주는 것과 같은—사람들은 대체로 그것들에 찬성한다.
(C) 그러나 만약 당신이 '복지'에 관해 질문한다면—방금 열거한 것과 정확히 동일한 프로그램을 나타내는—그들은 그것들에 반대한다. '복지'라는 단어는 많은 정치인과 신문이 그것을 묘사하는 방식 때문인지, 부정적인 함축 의미를 가진다.
(A) 따라서, 질문의 틀은 여러 가지 방식으로 답변에 큰 영향을 미칠 수 있으며, 이는 당신의 목표가 사람들이 생각하는 것에 대한 '진정한 척도'를 얻는 것이라면 중요하다. 그리고 다음 번에 당신이 한 정치인이 '설문조사는 대다수의 국민들이 나에게 동의한다는 것을 입증한다'고 말하는 것을 듣게 될 때, 매우 조심하라.

지문 흐름

한 조사에서 61%의 미국인들이 '빈곤층 지원'에 더 많은 돈을 쓰는 정부를 지지한다고 말함	설문 결과 1
그러나 '복지'에 더 많은 정부 예산을 쓰는 것을 지지하느냐는 질문을 받았을 때 21%만이 찬성함	설문 결과 2
즉, 만약 개별 복지 프로그램들에 대해 사람들에게 물어보면 사람들은 대체로 그것들에 찬성함	상술 1
그러나 만약 '복지'에 관해 질문한다면, 그들은 그것에 반대하는데, '복지'라는 단어는 부정적인 함축된 의미를 가지고 있음	상술 2
질문의 틀은 여러 방식으로 답변에 큰 영향을 미칠 수 있으며, 사람들이 생각하는 것에 대한 '진정한 척도'를 얻는 것이 목표라면 질문의 틀이 중요함	주제
다음 번에 한 정치인이 '설문조사는 대다수의 국민들이 나에게 동의한다는 것을 입증한다'고 말할 때, 조심해서 들어야 함	부연

친절한 오답 풀이

오답 선택지	선택률	오답 이유
① (A)-(C)-(B)	2%	(B)에서 언급된 같은 모집단(the same population)은 주어진 글에서 언급된 미국인들(Americans)을 가리키므로, 주어진 글 다음에 (B)로 이어지는 것이 자연스럽다.
② (B)-(A)-(C)	11%	(C)의 those exact same programmes that you've just listed는 (B)의 개별 복지 프로그램을 의미하므로, (B) 다음에 (C)가 이어지는 것이 자연스럽다.
④ (C)-(A)-(B)	5%	
⑤ (C)-(B)-(A)	10%	(C)에서 '복지'라는 단어는 부정적인 함축 의미를 가지고 있기 때문에 조사 결과가 다르다는 내용이 나온 후, 이를 일반화하여 질문의 틀은 여러 방식으로 답변에 큰 영향을 미칠 수 있다는 결론의 (A)로 이어지는 것이 자연스럽다.

코드 공략하기

01 ②　**02** ⑤　**03** ⑤　**04** ②　**05** ②　**06** ④　**07** ③　**08** ③

01
정답 ②　　정답률 45%

정답 풀이

우리는 흔히 과세의 공정성에 관해 논한다는 주어진 글에 이어, 과세는 공정성을 넘어 어떤 활동이 인정 받을 가치가 있고 어떤 활동이 억제되어야 하는지에 대한 사회의 도덕적 판단에까지 이른다는 (B)가 이어지고, '죄악세'는 해롭거나 바람직하지 않은 활동을 하는 데 드는 비용을 증가시킴으로써 그것에 대한 사회의 반대를 표현한다는 예시를 보여주는 (A)가 이어진 후, 모든 세금이 이런 목적을 가진 것은 아니라며 단순히 세입을 올리기 위한 세금을 소개하는 (C)로 이어지는 것이 가장 자연스럽다.

친절한 지문분석

We commonly argue about the fairness of taxation / — [whether
우리는 흔히 과세의 공정성에 관해 논한다　　　　　이런 저런 세금이
　　　　　　　　　　　　　　　　　　　　　　　~인지(접속사)

this or that tax will fall more heavily / on the rich or the poor].
더 과중하게 부과될 것인지　　　　　　부자들이나 가난한 사람들에게
　　　　　　　　　　　　　　　　　the+형용사: ~하는 사람들

(B) But / the expressive dimension of taxation / goes beyond
그러나　과세의 표현적 차원은　　　　　　　　　공정성에 대한
　　　　　　　　　　　　　　　　　　　(which/that)

debates about fairness, / to the moral judgements [societies make /
논쟁을 넘어 선다　　　　　사회가 내리는 도덕적 판단에까지 (이른다)
　　　　　　　　　　　　　　　　　　　목적격 관계대명사절

about {which activities are worthy of honor and recognition}, /
어떤 활동이 명예와 인정을 받을 가치가 있는지에 대한
　　전치사의 목적절 1(의문사절)　be worthy of: ~을 받을 만한, 가치가 있는

and {which ones should be discouraged}]. Sometimes, / these
그리고 어떤 활동이 억제되어야 하는지에 대한　　　　때때로　　　　이런
　　　전치사의 목적절 2(의문사절)　수동태
　　　　　　　　　　　　　　　= activities

judgements are explicit.
판단은 명백하다

(A) Taxes [on tobacco, alcohol, and casinos] are called "sin taxes" /
담배와 술, 카지노에 대한 세금은 '죄악세'라고 불린다
주어　전치사구(형용사구)　　　　　　　　동사(수동태)

[because they seek to discourage activities / {considered harmful
그것들이 활동들을 억제하려고 하기 때문에　　　　　해롭거나 바람직하지 않은
이유의 부사절　　seek to-v: ~하려고 하다　　　　　과거분사구

or undesirable}]. Such taxes express society's disapproval [of
것으로 여겨지는　　　그런 세금은 이런 활동에 대한 사회의 반대를 표현한다
　　　　　　　　　　주어　　　동사

these activities] / by raising the cost of engaging in them.
　　　　　　　　그런 것들을 하는 데 드는 비용을 증가시킴으로써
전치사구(형용사구)　　by v-ing: ~함으로써　　　　　　　(to tax)

Proposals to tax sugary sodas / (to combat obesity) / or carbon
설탕이 든 탄산음료에 세금을 부과하자는 제안은　(비만에 맞서기 위해)　　또는
주어　to부정사의 형용사적 용법　to부정사의 부사적 용법(목적)

emissions (to address climate change) / likewise seek to change
탄소 배출에 (기후 변화에 대처하기 위해)　　　마찬가지로 규범을 바꾸고
　　to부정사의 부사적 용법(목적)　　　　　　　　동사

11 글의 순서 • 85

norms and shape behavior.
(to)
행동을 형성하려 한다

(C) Not all taxes have this aim. We do not tax income / [to express
모든 세금이 이런 목적을 가진 것은 아니다   우리는 소득에 세금을 부과하지 않는다
부분 부정   to부정사의 부사적 용법(목적)

disapproval of paid employment / or to discourage people from
유급 고용에 대한 반대를 표명하기 위해   또는 사람들이 그것을 하는
                        discourage+목적어+from v-ing: (목적어)가 ~하는 것을 막다

engaging in it]. Nor is a general sales tax intended / as a deterrent /
것을 막기 위해   일반 판매세 역시 의도된 것이 아니다   억제책으로서
                도치구문(부정어+동사+주어)   수동태   ~로서(전치사)

to buying things. These are simply ways of raising revenue.
물건을 사는 것의   이것들은 그저 세입을 올리는 방법이다
동명사구(전치사의 목적어)   way of v-ing: ~하는 방법(= way to-v)

지문 해석

우리는 흔히 과세의 공정성, 즉 이런 저런 세금이 부자들에게 더 과중하게 부과될 것인지 가난한 사람들에게 그럴 것인지에 관해 논한다.
(B) 그러나 과세의 표현적 차원은 공정성에 대한 논쟁을 넘어, 어떤 활동이 명예와 인정을 받을 가치가 있고 어떤 활동이 억제되어야 하는지에 대해 사회가 내리는 도덕적 판단에까지 이른다. 때때로 이러한 판단은 명백하다.
(A) 담배와 술, 카지노에 대한 세금은 해롭거나 바람직하지 않은 것으로 간주되는 활동들을 억제하려고 하기 때문에 '죄악세'라고 불린다. 그런 세금은 이러한 활동을 하는 데 드는 비용을 증가시킴으로써 그것에 대한 사회의 반대를 표현한다. 마찬가지로 (비만에 맞서기 위해) 설탕이 든 탄산음료에 세금을 부과하자는 제안이나 (기후 변화에 대처하기 위해) 탄소 배출에 세금을 부과하는 제안은 규범을 바꾸고 행동을 형성하려 한다.
(C) 모든 세금이 이런 목적을 가진 것은 아니다. 우리는 유급 고용에 대한 반대를 표명하거나 사람들이 그것을 하는 것을 막기 위해 소득에 세금을 부과하는 것은 아니다. 일반 판매세 역시 물건을 사는 것의 억제책으로서 의도된 것이 아니다. 이것들은 단순히 세입을 올리는 방법이다.

지문 흐름

우리는 흔히 과세의 공정성에 관해 논함	⋯⋯ 도입
그러나 과세의 표현적 차원은 공정성을 넘어, 어떤 활동이 인정을 받을 가치가 있고 어떤 활동이 억제되어야 하는지에 대해 사회가 내리는 도덕적 판단에까지 이름	⋯⋯ 요지
해롭거나 바람직하지 않은 활동인 담배, 술, 카지노에 대한 세금은 '죄악세'라고 불리는데, 이런 활동을 하는 데 드는 비용을 증가시킴으로써 그것에 대한 사회의 반대를 표현함	⋯⋯ 예시 1
마찬가지로 설탕이 든 탄산음료나 탄소 배출에 세금을 부과하자는 제안은 비만에 맞서고 기후 변화에 대처하기 위해 규범을 바꾸고 행동을 형성하려는 것	⋯⋯ 예시 2
모든 세금이 이런 목적을 가진 것은 아님	⋯⋯ 대조
소득세나 일반 판매세는 유급 고용을 막거나 물건을 사지 못하게 하려는 것이 아니라 단지 세입을 올리는 방법임	⋯⋯ 예시

친절한 오답 풀이

오답 선택지	선택률	오답 이유
① (A)-(C)-(B)	10%	과세가 도덕적 판단에까지 이른다는 (B) 뒤에, '죄악세'는 해롭거나 바람직하지 않은 활동을 하는 데 드는 비용을 증가시킴으로써 그것에 대한 사회의 반대를 표현한다는 예시를 보여주는 (A)가 이어지는 것이 적절하다.
③ (B)-(C)-(A)	16%	(C)의 this aim은 (A)에서 언급하는 '죄악세'의 목적, 즉, 어떤 활동을 억제하려는 것을 나타내므로, (A) 다음에 (C)가 이어지는 것이 적절하다.

| ④ (C)-(A)-(B) | 18% | (B)의 But은 앞에 (B)의 내용과 반대되는 것이 나와야 함을 의미하므로, 과세의 공정성에 대해 설명하는 주어진 글 다음에 과세의 공정성을 넘는 도덕적 차원에 대해 논하는 (B)가 이어지는 것이 적절하다. |
| ⑤ (C)-(B)-(A) | 8% | |

02 정답 ⑤ 정답률 32%

정답 풀이

도서관에서 한 명은 창문을 열기를 원하고 다른 한 명은 그것을 닫기를 원해서 창문을 얼마나 열어 두어야 할지에 대해 논쟁을 벌이는 주어진 글에 이어, 어떤 해결책도 둘을 만족시킬 수 없어 결국 사서 한 명이 각각에게 왜 창문을 열기를 원하고 닫기를 원하는지 이유를 묻는다는 (C)가 이어지고, 사서가 옆방의 창문을 활짝 열어 외풍 없이 신선한 공기를 들여와 두 사람을 만족시켰다는 (B)가 이어진 후, 사서는 두 남자의 언급된 입장에만 집중하는 것이 아니라 근원적인 이해 관계를 살펴보았기 때문에 문제를 해결할 수 있었다고 설명하는 (A)로 이어지는 것이 자연스럽다.

친절한 지문분석

Consider the story of two men quarreling in a library. One wants
두 남자가 도서관에서 싸우는 이야기를 생각해 보자   한 명은
        동명사의 의미상 주어   동명사구(전치사의 목적어)

the window open / and the other wants it closed. They argue back
창문을 열기를 원한다   그리고 다른 한 명은 닫기를 원한다   그들은 논쟁을
one ~, the other …: (둘 중) 하나는 ~, 나머지 하나는 …

and forth / about ❶ [how much to leave it open]: / a crack,
주고받는다   그것을 얼마나 열어 두어야 할지에 대해   조금,
                         목적절(의문사절)   leave+목적어+형용사: (목적어)를 ~하게 두다

halfway, or three-quarters of the way.
절반, 또는 4분의 3 정도

(C) No solution satisfies them both. Enter the librarian. She asks
    어떤 해결책도 둘을 만족시키지 못한다   사서를 투입하라   그녀는 한 명에게
    전체 부정

one / [why he wants the window open]: / "To get some fresh air."
묻는다   왜 그가 창문을 열기를 원하는지   신선한 공기를 쐬기 위해서
        목적절(의문사절)   to부정사의 부사적 용법(목적)

She asks the other / [why he wants it closed]: / "To avoid a draft."
그녀는 다른 사람에게 묻는다   왜 그것이 닫히기를 원하느냐   외풍을 피하기 위해서
                    목적절(의문사절)   to부정사의 부사적 용법(목적)

(B) [After thinking a minute], / she opens wide a window in the
    잠시 생각한 후   그녀는 옆방의 창문을 활짝 연다
    접속사+분사구문

next room, / [bringing in fresh air without a draft]. This story is
다음 방의,   외풍 없이 신선한 공기를 들여온다   이 이야기는
            분사구문(결과)

typical of many negotiations. [Since the parties' problem appears
많은 협상의 전형이다   당사자들의 문제가 입장 충돌처럼
                            이유의 부사절   appear to-v: ~하는 것처럼 보이다

to be a conflict of positions], / they naturally tend to talk about
보이기 때문에   그들은 자연히 입장에 대해 말하는 경향이 있다
                                        tend to-v: ~하는 경향이 있다

positions / —and often reach an impasse.
            그리고 자주 막다른 상황에 이른다

(which/that)
(A) The librarian could not have invented the solution / [she did] /
    사서는 해결책을 생각해 낼 수 없었을 것이다   그녀가 한
    가정법 과거완료   목적격 관계대명사절

if she had focused only on the two men's stated positions / of
만약 그녀가 두 남자의 언급된 입장에만 집중했다면
                                                    동격의 of

[wanting the window open or closed]. Instead, / she looked to /
창문을 열거나 닫기를 원하는   대신   그녀는 살펴보았다
동명사구(전치사의 목적어)

their underlying interests / of fresh air and no draft.
그들의 근원적인 이해 관계를   신선한 공기와 외풍이 없는 것이라는

❶ 「의문사＋to-v」는 명사적 용법으로 쓰이는데, what to-v(무엇을 ~할지), how to-v (~하는 방법), when to-v(언제 ~할지), where to-v(어디에 ~할지) 등이 있다. 「how much to-v」는 '얼마나 ~할지'의 의미이다.

지문 해석

두 남자가 도서관에서 싸우는 이야기를 생각해 보자. 한 명은 창문을 열기를 원하고 다른 한 명은 그것을 닫기를 원한다. 그들은 얼마나 많이 열어 두어야 할지에 대해 논쟁을 주고받는다: 조금, 절반, 또는 4분의 3 정도.
(C) 어떤 해결책도 그들 둘을 만족시키지 못한다. 사서를 투입하라. 그녀는 한 명에게 왜 그가 창문을 열기를 원하는지 묻는다: "신선한 공기를 씌기 위해서." 그녀는 다른 사람에게 왜 그것이 닫히기를 원하냐고 묻는다: "외풍을 피하기 위해서."
(B) 잠시 생각한 후, 그녀는 옆방의 창문을 활짝 열고, 외풍 없이 신선한 공기를 들여온다. 이 이야기는 많은 협상의 전형이다. 당사자들의 문제가 입장 충돌로 보이기 때문에, 그들은 자연히 입장에 대해 말하는 경향이 있다—종종 막다른 상황에 이른다.
(A) 만약 사서가 창문을 열거나 닫기를 원하는 두 남자의 언급된 입장에만 집중했다면 그녀가 낸 해결책을 생각해 낼 수 없었을 것이다. 대신, 그녀는 외풍이 없는 것과 신선한 공기라는 그들의 근원적인 이해 관계를 살펴보았다.

지문 흐름

도서관에서 한 명은 창문을 열기를 원하고 다른 한 명은 그것을 닫기를 원해서, 얼마나 많이 열어 두어야 할지에 대해 논쟁을 벌임	문제 상황
↓	
사서가 한 명에게 왜 그가 창문을 열기를 원하는지 묻고, 다른 사람에게 왜 그것이 닫히기를 원하냐고 물음	해결 방법
↓	
잠시 생각한 후, 그녀는 옆방의 창문을 활짝 열고, 외풍 없이 신선한 공기를 들여옴	해결책 제시
↓	
이 이야기는 많은 협상의 전형으로, 당사자들의 문제가 입장 충돌로 보이기 때문에, 그들은 자연히 입장에 대해 말하는 경향이 있어서 막다른 상황에 이름	주제
↓	
사서가 창문을 열거나 닫기를 원하는 입장에만 집중했다면 해결책을 생각해 낼 수 없었을 것이지만, 대신 그녀는 외풍이 없는 것과 신선한 공기라는 그들의 근원적인 이해 관계를 살펴봄	부연

친절한 오답 풀이

오답 선택지	선택률	오답 이유
① (A)-(C)-(B)	6%	사서가 옆방의 창문을 활짝 열어 외풍 없이 신선한 공기를 들여와 두 사람을 만족시켰다는 (B) 뒤에, 사서는 두 남자의 근원적인 이해 관계를 살펴보았기 때문에 문제를 해결할 수 있었다고 설명하는 (A)가 이어지는 것이 자연스럽다.
② (B)-(A)-(C)	5%	도서관에서 두 사람이 창문을 열지 닫을지에 대해 논쟁을 벌이는 주어진 글 뒤에, 결국 사서가 투입되어 이유를 묻는다는 (C)가 이어지는 것이 자연스럽다.
③ (B)-(C)-(A)	6%	
④ (C)-(A)-(B)	49%	사서가 각각에게 왜 창문을 열기를 원하고 닫기를 원하는지 이유를 묻는다는 (C) 뒤에, 옆방의 창문을 활짝 열어 외풍 없이 신선한 공기를 들여와 두 사람을 만족시켰다는 (B)로 이어지는 것이 자연스럽다.

03   정답 ⑤   정답률 37%

정답 풀이

세상을 위계로 조직화하려는 인간의 본능에 대한 주어진 글에 이어, 위계에 대한 이해를 침해당하면 본능적으로 반응한다는 내용과 누군가가 고속 도로에서 끼어들 때의 무의식적 반응을 예로 든 (C)가 이어지고, 이 도로 상황을 설명하는 (B)가 이어진 다음, 부모와 자녀, 직장 상사의 사례를 드는 (A)로 이어지는 것이 자연스럽다.

We're naturally wired / to organize the world into a hierarchy. We
우리는 본래 설계되어 있다   세상을 위계로 조직하도록   우리는

do this / to help make sense of the world, maintain our beliefs, and
이것을 한다   세상을 이해하고, 우리의 신념을 유지하며,
help의 목적어 1   help의 목적어 2
generally feel better.
일반적으로 기분이 나아지도록 돕기 위해
help의 목적어 3

(C) But / [when someone infringes / on our place in the world /
그러나   누군가가 침해할 때   세상에서의 우리의 위치를
시간의 부사절   on의 목적어 1
and our understanding of {how it works}], / we react without
그리고 그것이 어떻게 작동하는지에 대한 우리의 이해를   우리는 생각하지 않고 반응한다
on의 목적어 2   목적절(의문사절)
thinking. [When someone cuts you off on the highway and road
누군가가 고속 도로에서 여러분에게 끼어들어 운전자의 분노가 발생할 때
시간의 부사절
rage kicks in], / that's your unconscious mind / [saying, "Who are
그것은 여러분의 무의식적인 마음이다   "네가 뭔데
현재분사구
you to cut me off?"]
나에게 끼어들었어?"라고 말하는

(B) You're reacting to a threat / to your inherent sense of hierarchy.
여러분은 위협에 반응하고 있다   여러분의 내재적 위계 의식에 대한
~에 대한(전치사)
On the road / we are all equals. We're all supposed to play / by the
도로 위에서   우리는 모두 평등하다   우리는 모두 행동해야 한다   같은
be supposed to-v: ~해야 한다
same rules. Cutting someone off violates those rules / and implies
규칙에 따라   누군가에게 끼어드는 것은 그러한 규칙을 위반하는 것이다   그리고 더 높은
주어(동명사구)   동사 1   동사 2
higher status.
지위를 의미한다

(A) Or consider / [when you get frustrated with your kids and
또는 생각해 봐라   여러분이 자녀에게 실망하게 되어 "내가 그렇게 말했으니까."라고
명령문   목적절   (consider)
end an argument with "Because I said so."] / (Or the office
말하며 말다툼을 끝낼 때는   또는 사무실에서
equivalent: / "Because I'm the boss.") In these moments / you've
그에 해당하는 것   "내가 상사니까."   이런 순간에   여러분은
stopped thinking / and regressed to your biological tendencies of
생각하는 것을 멈추었다   그리고 위계를 재확인하는 여러분의 생물학적 성향으로 되돌아갔다
reaffirming the hierarchy.

지문 해석

우리는 본래 세상을 위계로 조직하도록 설계되어 있다. 우리는 세상을 이해하고, 우리의 신념을 유지하며, 일반적으로 기분이 나아지도록 하기 위해 이것을 한다.
(C) 그러나 누군가가 세상에서의 우리의 위치와 그것이 어떻게 작동하는지에 대한 우리의 이해를 침해할 때 우리는 생각하지 않고 반응한다. 누군가가 고속 도로에서 여러분에게 끼어들어 운전자의 분노가 발생할 때, 그것은 "네가 뭔데 나에게 끼어들었어?"라고 말하는 여러분의 무의식적인 마음이다.
(B) 여러분은 여러분의 내재적 위계 의식에 대한 위협에 반응하고 있다. 도로 위에서 우리는 모두 평등하다. 우리는 모두 같은 규칙에 따라 행동해야 한다. 누군가에게 끼어드는 것은 그러한 규칙을 위반하는 것이며 더 높은 지위를 의미한다.
(A) 또는 여러분이 자녀에게 실망하게 되어 "내가 그렇게 말했으니까."라고 말하며 말다툼을 끝낼 때(또는 동일한 사무실 상황, "내가 상사니까.")를 생각해 봐라. 이런 순간에 여러분은 생각하는 것을 멈추었고 위계를 재확인하는 여러분의 생물학적 성향으로 되돌아갔다.

인간은 세상을 이해하고, 신념을 유지하며, 나은 기분을 위해 위계로 조직함	········	도입
우리는 위계에 대한 이해를 침해당하면 본능적으로 반응함	········	주제
누군가가 고속 도로에서 끼어들었을 때의 분노는 "네가 뭔데 나에게 끼어들었어?"라는 무의식적인 마음으로, 내재한 위계 의식에 대한 위협에 반응하는 것임	········	사례 1
도로 위에서는 모두가 평등하며 같은 규칙에 따라 행동해야 하는데, 끼어드는 것은 규칙을 위반하는 것이며 더 높은 지위를 뜻함	········	사례 1 해석
자녀에게 "내가 그렇게 말했으니까."라고 말다툼을 끝내거나 사무실에서 "내가 상사니까."라고 말하는 상황은, 생각하지 않고 위계를 재확인하는 생물학적 성향을 드러내는 것임	········	사례 2 및 해석

친절한 오답 풀이

오답 선택지	선택률	오답 이유
① (A) – (C) – (B)	3%	(A)가 Or(또는)로 시작하며 사례를 제시하고 있으므로, (A)보다 먼저 다른 사례가 제시되어야 한다.
② (B) – (A) – (C)	9%	(B)는 (C)에서 언급한 고속 도로 끼어들기 상황에 대한 분석에 해당하므로, (C)보다 뒤에 나와야 한다.
③ (B) – (C) – (A)	29%	
④ (C) – (A) – (B)	21%	고속 도로에서의 위계 침해 상황에 대한 내용이 (C)와 (B)에 걸쳐 이어지고 있으므로, 다른 사례에 해당하는 (A)가 이 사이에 오는 것은 적절하지 않다.

04   정답 ②   정답률 73%

정답 풀이

정책을 평가할 때 문제 해결에만 집중하면 그 정책이 가지는 다른 효과를 무시할 수 있다는 주어진 글에 이어, 이에 대한 예시로 수입되는 철강에 관세를 부과할 경우 국내 철강 노동자들의 일자리는 보호될 수 있다는 (B)가 가장 먼저 이어지고, 그러나 의도하지 않은 결과로 자동차 노동자들의 일자리는 잃을 수 있는데, 그 이유는 국산 차를 만드는 데 필요한 철강 가격이 오르기 때문이라는 (A)가 이어진 후, 가격을 올린 국산 차 판매가 줄어 자동차 노동자들이 일자리를 잃는다는 내용의 (C)로 이어지는 것이 자연스럽다.

친절한 지문분석

[When evaluating a policy], people tend to concentrate / on [how the policy will fix some particular problem] [while ignoring or downplaying other effects {it may have}]. Economists often refer to this situation / as *The Law of Unintended Consequences*.

(B) For instance, suppose [that you impose a tariff on imported steel in order to protect the jobs {of domestic steelworkers}]. [If you impose a high enough tariff], their jobs will indeed be protected / from competition by foreign steel companies.

(A) But an unintended consequence / is [that the jobs {of some autoworkers} will be lost to foreign competition]. Why? The tariff [that protects steelworkers] raises the price of the steel [that domestic automobile makers need / to build their cars].

(C) As a result, domestic automobile manufacturers have to raise / the prices of their cars, [making them relatively less attractive than foreign cars]. Raising prices tends to reduce domestic car sales, / so some domestic autoworkers lose their jobs.

지문 해석

정책을 평가할 때, 사람들은 그것이 어떤 특정한 문제를 어떻게 해결할 것인가에 집중하는 반면, 그 정책이 가질 수 있는 다른 효과는 무시하거나 경시하는 경향이 있다. 경제학자들은 종종 이러한 상황을 '의도하지 않은 결과의 법칙'이라고 부른다.
(B) 예를 들어, 국내 철강 노동자들의 일자리를 보호하기 위해 수입되는 철강에 관세를 부과한다고 가정해 보자. 만약 당신이 충분히 높은 관세를 부과한다면, 그들의 일자리는 실제로 외국 철강 회사들과의 경쟁으로부터 보호될 것이다.
(A) 그러나 하나의 의도하지 않은 결과는 일부 자동차 노동자들의 일자리가 외국 경쟁사에 빼앗기게 된다는 것이다. 왜일까? 철강 노동자들을 보호하는 관세는 국내 자동차 제조업체들이 자동차를 만드는 데 필요한 철강의 가격을 높인다.
(C) 그 결과, 국내 자동차 제조업체들은 자동차 가격을 인상해야 하고, 그것(=국산 차)을 외제 차에 비해 상대적으로 덜 매력적이게 만든다. 가격을 올리는 것은 국산 차 판매를 줄이는 경향이 있어서, 일부 국내 자동차 노동자들은 일자리를 잃는다.

지문 흐름

정책을 평가할 때 사람들은 문제를 어떻게 해결할 것인가에 집중하며, 그 정책이 가질 수 있는 다른 효과는 무시하거나 경시함	········	주제
경제학자들은 종종 이 상황을 '의도하지 않은 결과의 법칙'이라고 부름	········	부연
국내 철강 노동자들의 일자리를 보호하기 위해 수입되는 철강에 관세를 부과할 경우, 철강 노동자들의 일자리는 보호될 수 있음	········	예시(가정)
그러나 의도하지 않은 결과는 일부 자동차 노동자들의 일자리가 외국 경쟁사에 빼앗기게 된다는 것임	········	예시(결과)
관세는 자동차 생산에 필요한 철강의 가격을 높이고, 그 결과 자동차 가격이 인상되어 국산 차를 외제 차에 비해 상대적으로 덜 매력적이게 만듦	········	예시(이유)
가격을 올리는 것은 국산 차 판매를 줄여서, 일부 국내 자동차 노동자들은 일자리를 잃음	········	예시 (결과 재진술)

오답 선택지	선택률	오답 이유
① (A) – (C) – (B)	4%	주어진 글 다음에 그에 대한 예시를 드는 (B)가 이어지는 것이 자연스럽다.
③ (B) – (C) – (A)	12%	국산 차의 가격이 오르는 이유를 언급한 (A)에 이어 그 결과를 보여 주는 (C)가 나오는 것이 적절하다.
④ (C) – (A) – (B)	7%	주어진 글 다음에 그에 대한 예시를 드는 (B)가 이어지는 것이 자연스럽다.
⑤ (C) – (B) – (A)	3%	

05   정답 ②   정답률 53%

정답 풀이

노인과 빈곤층을 위한 재택 간호의 비용 통제를 위해 재택 간호 제공 업체의 관리자가 관리 시스템을 도입했다는 주어진 글에 이어, 이 시스템에서 명시하는 내용과 재택 간호 종사자와 관리자에게 미친 영향에 대해 대략적으로 설명하는 (B)가 나오고, 이 시스템이 관리자의 입장에서는 문제 해결에 기여하지만, 재택 간호 종사자들에게는 자신의 업무를 고객 서비스로 인식한다는 (A)가 이어진 후, 재택 간호 종사자가 제한된 시간과 보고 의무를 서비스 제공의 장애물로 여기기 때문에, 부담을 지게 되고 의욕을 잃게 될 것이라는 (C)로 이어지는 것이 자연스럽다.

친절한 지문분석

In order to bring the ever-increasing costs of home care / for
재택 간호의 계속적으로 증가하는 비용을 가져오기 위해 / 노인과
목적어

elderly and needy persons / under control, / managers of home
빈곤층을 위한 / 통제하에 / 재택 간호 제공 업체의 관리자는
전치사구(부사구)

care providers have introduced management systems.
관리 시스템을 도입했다

(B) These systems specify tasks of home care workers / and
이러한 시스템은 재택 간호 종사자의 업무를 명시한다 / 그리고
목적어 1

the time and budget / [available to perform these tasks]. Electronic
시간과 예산을 / 이러한 업무를 수행하는 데 사용할 수 있는 / 전자 보고
목적어 2   형용사구

reporting systems require home care workers / to report on their
시스템은 재택 간호 종사자에게 요구한다 / 자신의 활동과 소요 시간을
require+목적어+to-v: (목적어)가 ~할 것을 요구하다

activities and the time spent, / [thus making the distribution of
보고하도록 / 그러므로 시간과 비용의 분배를 잘 보이게 만든다
분사구문(결과)   목적어

time and money visible / and, {in the perception of managers},
그리고 관리자의 입장에서는 통제 가능하게
목적격보어 1(형용사)   전치사구(부사구)

controllable].
목적격보어 2(형용사)

(A) This, in the view of managers, / has contributed to the
이것이, 관리자의 관점에서는 / 문제 해결에 기여해 왔다
전치사구(부사구)

resolution of the problem. The home care workers, / on the other
재택 간호 종사자들은 / 반면에

hand, / may perceive their work / not as a set of separate tasks
자신의 업무를 인식할 것이다 / 수행되어야 하는 일련의 분리된 업무가 아니라
perceive+목적어+as: (목적어)를 ~로 인식하다
not A but B: A가 아니라 B

to be performed / as efficiently as possible, / but as a service to
가능한 한 효율적으로 / 제공되는 서비스로
to부정사의 형용사적 용법

be provided / [to a client {with whom they may have developed a
그들이 관계를 맺어온 고객에게
to부정사의 형용사적 용법   전치사구   전치사+관계대명사절

relationship}].

(C) This includes having conversations with clients / and enquiring
이것은 고객과 대화를 나누는 것을 포함한다 / 그리고 고객의 안부를
목적어 1(동명사구)   목적어 2(동명사구)

about the person's wellbeing. Restricted time and the requirement
묻는 것을 / 제한된 시간과 보고를 해야 한다는 요구 사항은
주격 관계대명사절

to report / may be perceived as obstacles / [that make it impossible
장애물로 여겨질 것이다 / 서비스를 제공하는 것을 불가능하게
to부정사의 형용사적 용법   가목적어 목적격보어

{to deliver the service / <that is needed>}]. [If the management
하는 / 필요한 / 만약 관리 시스템이 너무 엄격하면
진목적어   주격 관계대명사절   조건의 부사절

systems are too rigid], / this may result in home care workers
이것은 재택 간호 종사자가 너무 많은 부담을 지게 되고 의욕을
의미상 주어

[becoming overloaded and demotivated].
잃는 결과를 초래할 것이다
목적어(동명사구)

지문 해석

노인과 빈곤층을 위한 재택 간호의 계속적으로 증가하는 비용을 통제하기 위해 재택 간호 제공 업체의 관리자는 관리 시스템을 도입했다.
(B) 이러한 시스템은 재택 간호 종사자의 업무와 이러한 업무를 수행하는 데 사용할 수 있는 시간과 예산을 명시한다. 전자 보고 시스템은 재택 간호 종사자가 자신의 활동과 소요 시간을 보고하도록 요구하므로 시간과 비용의 분배를 잘 보이게 만들고, 관리자의 입장에서는 통제 가능하게 만든다.
(A) 관리자의 관점에서는, 이것이 문제 해결에 기여해 왔다. 반면에, 재택 간호 종사자들은 자신의 업무를 가능한 한 효율적으로 수행되어야 하는 일련의 분리된 업무가 아니라, 그들이 관계를 맺어온 고객에게 제공되는 서비스로 인식할 것이다.
(C) 이것은 고객과 대화를 나누고 고객의 안부를 묻는 것을 포함한다. 제한된 시간과 보고를 해야 한다는 요구 사항은 필요한 서비스를 제공하는 것을 불가능하게 하는 장애물로 여겨질 것이다. 만약 관리 시스템이 너무 엄격하면, 이것은 재택 간호 종사자가 너무 많은 부담을 지게 되고 의욕을 잃는 결과를 초래할 것이다.

지문 흐름

노인과 빈곤층을 위한 재택 간호 비용을 통제하기 위해 재택 간호 관리 시스템을 도입함	········ 도입
이 시스템은 재택 간호 종사자의 업무와 업무 수행 시간 및 예산을 명시함	········ 상술 1
전자 보고 시스템은 재택 간호 종사자의 시간과 비용 분배를 잘 보이게 하고 관리자가 통제 가능하게 함	········ 상술 2
관리자의 관점에서는 문제 해결에 기여하지만, 재택 간호 종사자들은 자신의 업무를 그들이 관계를 맺어온 고객에게 제공되는 서비스로 인식할 것임	········ 문제 제기
제한된 시간과 보고를 해야 한다는 요구 사항은 필요한 서비스를 제공하는 것을 불가능하게 할 수 있음	········ 상술
관리 시스템이 너무 엄격하면, 재택 간호 종사자가 많은 부담을 지게 되고 의욕을 잃는 결과를 초래할 것임	········ 요지

■ 친절한 오답 풀이 ■

오답 선택지	선택률	오답 이유
① (A) – (C) – (B)	4%	재택 간호 업체의 관리자가 관리 시스템을 도입했다는 주어진 글 다음에, 이 시스템에서 명시하는 내용에 대한 설명이 나오는 (C)가 이어지는 것이 자연스럽다.

③ (B)−(C)−(A)	27%	재택 간호 관리 시스템이 재택 간호 종사자에게 부담이 되고 의욕 상실의 결과를 초래할 것이라는 (C)에 앞서 이 원인에 대해 설명하는 (A)가 오는 것이 자연스럽다.
④ (C)−(A)−(B)	9%	재택 간호 업체의 관리자가 관리 시스템을 도입했다는 주어진 글 다음에, 이 시스템에서 명시하는 내용에 대한 설명이 나오는 (C)가 이어지는 것이 자연스럽다.
⑤ (C)−(B)−(A)	7%	

06 정답 ④ 정답률 56%

정답 풀이

나쁜 습관은 바꾸기 쉬움과 바꾸기 어려움의 연속체에 존재한다는 주어진 글에 이어, 그 연속체의 어려움의 끝에 가까워질 때 듣는 언어에 주목해야 한다는 (C)가 오고, 이러한 언어는 도움이 되지 않거나 효과적이지 않은데, 그 예시로 '습관을 깨다'라는 문구에서 '깨다'라는 단어를 제시한 (A)가 이어진 후, 이 단어는 한순간에 많은 힘을 가하면 나쁜 습관이 없어질 것을 암시하지만 거의 효과가 없다고 말하는 (B)로 이어지는 것이 자연스럽다.

친절한 지문분석

Like positive habits, / bad habits exist on a continuum / of easy-to-
긍정적인 습관과 마찬가지로   나쁜 습관은 연속체에 존재한다   바꾸기 쉬움과

change and hard-to-change.
바꾸기 어려움의

(C) [When you get toward the "hard" end of the spectrum,] note
그 연속체의 '어려움'의 끝에 가까워질 때
시간의 부사절 (which/that)   명령문(동사원형)

the language [you hear] — *breaking* bad habits and *battling*
여러분이 듣는 언어에 주목하라   즉 나쁜 습관을 '깨기'와 중독과 '싸우기'
목적격 관계대명사절

addiction. It's as if an unwanted behavior is a nefarious
바람직하지 못한 행동은 마치 사악한 악당인 것 같다
마치 ~인 것처럼

villain [to be aggressively defeated].
격렬하게 패배시켜야 할
to부정사의 형용사적 용법

(A) But this kind of language (and the approaches [it spawns])
그러나 이러한 종류의 언어(그리고 그것이 낳는 접근법)는 이러한 도전에 틀을 씌운다
(which/that) 목적격 관계대명사절

frames these challenges / in a way [that isn't helpful or effective].
방식으로   도움이 되지 않거나 효과적이지 않은
주격 관계대명사절

I specifically hope [we will stop using this phrase]: / "break a
나는 특히 바란다   우리가 이 문구를 그만 사용하기를   '습관을 깨다'라는
목적절   stop v-ing: ~하는 것을 멈추다

habit." This language misguides people. The word "break" sets
이 언어는 사람들을 잘못된 길로 이끈다   '깨다'라는 단어는 잘못된

the wrong expectation / for [how you get rid of a bad habit].
기대를 형성한다   나쁜 습관을 없애는 방법에 대해
관계부사절   ~을 없애다

(B) This word implies [that {if you input a lot of force in one
이 단어는 암시한다   여러분이 한순간에 많은 힘을 가하면
목적절 조건의 부사절

moment}, the habit will be gone]. However, that rarely works, /
그 습관이 없어질 것이라고   하지만 그것은 거의 효과가 없는데

[because you usually cannot get rid of an unwanted habit /
왜냐하면 대체로 여러분이 바람직하지 못한 습관을 없앨 수 없기 때문이다
이유의 부사절

by applying force one time].
한 번 힘을 가함으로써
by v-ing: ~함으로써

지문 해석

긍정적인 습관과 마찬가지로, 나쁜 습관은 바꾸기 쉬움과 바꾸기 어려움의 연속체에 존재한다.
(C) 그 연속체의 '어려움'의 끝에 가까워질 때, 여러분이 듣는 언어, 즉 나쁜 습관을 '깨기'와 중독과 '싸우기'에 주목하라. 바람직하지 못한 행동은 마치 격렬하게 패배시켜야 할 사악한 악당인 것 같다.
(A) 그러나 이러한 종류의 언어(그리고 그것이 낳는 접근법)는 도움이 되지 않거나 효과적이지 않은 방식으로 이러한 도전에 틀을 씌운다. 나는 특히 우리가 '습관을 깨다'라는 문구를 그만 사용하기를 바란다. 이 언어는 사람들을 잘못된 길로 이끈다. '깨다'라는 단어는 나쁜 습관을 없애는 방법에 대해 잘못된 기대를 형성한다.
(B) 이 단어는 여러분이 한순간에 많은 힘을 가하면, 그 습관이 없어질 것이라고 암시한다. 하지만 그것은 거의 효과가 없는데, 왜냐하면 대체로 여러분이 한 번 힘을 가함으로써 바람직하지 못한 습관을 없앨 수 없기 때문이다.

지문 흐름

긍정적인 습관과 마찬가지로, 나쁜 습관은 바꾸기 쉬움과 바꾸기 어려움의 연속체에 존재함	········ 도입
↓	
그 연속체의 '어려움'의 끝에 가까워질 때 듣게 되는 나쁜 습관을 '깨기'와 중독과 '싸우기'와 같은 언어에 주목해야 함	········ 전개
↓	
바람직하지 못한 행동은 마치 격렬하게 패배시켜야 할 사악한 악당인 것 같음	········ 부연
↓	
이러한 언어는 도움이 되지 않거나 효과적이지 않은 방식으로 이러한 도전에 틀을 씌움	········ 요지
↓	
특히 '습관을 깨다'라는 문구에서, '깨다'라는 단어는 나쁜 습관을 없애는 방법에 대해 잘못된 기대를 형성함	········ 예시
↓	
이 단어는 한순간에 많은 힘을 가하면 그 습관이 없어질 것이라고 암시하지만, 그것은 거의 효과가 없음	········ 결론

친절한 오답 풀이

오답 선택지	선택률	오답 이유
① (A)−(C)−(B)	3%	(C)의 the spectrum이 주어진 글에서 언급된 연속체(continuum)를 가리키므로, 주어진 글 다음에 (C)로 이어지는 것이 자연스럽다.
② (B)−(A)−(C)	12%	
③ (B)−(C)−(A)	20%	
⑤ (C)−(B)−(A)	9%	(B)의 This word가 (A)에서 언급된 단어 "break"를 가리키므로, (A) 다음에 (B)로 이어지는 것이 자연스럽다.

07 정답 ③ 정답률 61%

정답 풀이

한 지역에서만 발견되는 종은 토착종이라 불리며 특히 멸종에 취약하다는 주어진 글에 이어, 이에 대한 예시로 황금 두꺼비를 든 (B)가 가장 먼저 이어지고, 이 황금 두꺼비는 멸종된 것으로 보이는데, 그들의 서식지를 지탱해 준 습기에 대해 설명하는 (C)가 이어진 후, 세계적 기후 변화로 습기가 제거되고 황금 두꺼비의 서식지가 말라 버렸다는 내용의 (A)로 이어지는 것이 자연스럽다.

친절한 지문분석

Species [that are found in only one area] are called endemic
오직 한 지역에서만 발견되는 종들은   토착종이라고 불리고
주격 관계대명사절

species / and are especially vulnerable to extinction.
특히 멸종에 취약하다

(B) They exist on islands and in other unique small areas,
그들은 섬들과 다른 독특한 작은 지역들에 있다

[especially in tropical rain forests {where most species are highly
특히 열대 우림의   대부분의 종이 매우 특화된
전치사구   관계부사절

specialized}]. One example is the brilliantly colored golden
한 가지 예는 번쩍이는 색깔의 황금 두꺼비이다

toad [once found only in a small area of lush rain forests / in
무성한 열대 우림의 작은 지역에서만 한때 발견되었던
과거분사구

Costa Rica's mountainous region].
코스타리카의 산악 지역에 있는

(C) Despite living in the country's well-protected Monteverde
그 나라의 잘 보존된 Monteverde Cloud Forest Reserve에서 살았음에도 불구하고
~에도 불구하고(전치사)
전치사의 목적어(동명사)

Cloud Forest Reserve, / by 1989, the golden toad had apparently
1989년쯤 황금 두꺼비는 멸종된 것으로 보였다
삽입구

become extinct. Much of the moisture [that supported its rain
습기의 많은 부분은   그것의 열대 우림 서식지를 지탱해 준
주격 관계대명사절

forest habitat] came in the form of moisture-laden clouds [blowing
습기를 실은 구름의 형태에서 왔다
현재분사구

in from the Caribbean Sea].
카리브해에서 불어 들어오는

(A) But warmer air [from global climate change] caused these
하지만 더 따뜻한 공기가 세계적 기후 변화로 인한   이러한 구름들을
전치사구   cause+목적어+to-v:

clouds to rise, [depriving the forests of moisture], / and the habitat
상승하게 했다   숲에서 습기를 제거했다   그리고 서식지가
(목적어)가 ~하게 하다 분사구문(결과) deprive A of B: A에게서 B를 빼앗다

[for the golden toad and many other species] dried up.
황금 두꺼비와 많은 다른 종들의   완전히 말라 버렸다
전치사구

The golden toad appears to be one of the first victims /
황금 두꺼비는 첫 희생양들 중 하나인 것 같다
appear to-v: ~처럼 보이다 one of the+복수명사: ~ 중 하나

of climate change / [caused largely by global warming].
기후 변화의   주로 지구 온난화로 인한
과거분사구

지문 해석

오직 한 지역에서만 발견되는 종들은 토착종이라고 불리고 특히 멸종에 취약하다.
(B) 그것들은 섬들과 특히 대부분의 종이 매우 특화된 열대 우림의 다른 독특한 작은 지역들에 있다. 한 가지 예는 코스타리카의 산악 지역에 있는 무성한 열대 우림의 작은 지역에서만 한때 발견되었던 번쩍이는 색깔의 황금 두꺼비이다.
(C) 그 나라의 잘 보존된 Monteverde Cloud Forest Reserve에서 살았음에도 불구하고, 1989년쯤 황금 두꺼비는 멸종된 것으로 보였다. 그것의 열대 우림 서식지를 지탱해 준 습기의 많은 부분은 카리브해에서 불어 들어오는 습기를 실은 구름의 형태에서 왔다.
(A) 하지만 세계적 기후 변화로 인한 더 따뜻한 공기가 이러한 구름들을 상승하게 하면서 숲에서 습기를 제거하였으며, 황금 두꺼비와 많은 다른 종들의 서식지가 완전히 말라 버렸다. 황금 두꺼비는 주로 지구 온난화로 인한 기후 변화의 첫 희생양들 중 하나인 것 같다.

지문 흐름

오직 한 지역에서만 발견되는 종들은 토착종이라고 불리고 특히 멸종에 취약함	⋯⋯ 주제
↓	
그것들은 섬들과 독특한 작은 지역들에 있음	⋯⋯ 부연
↓	
한 가지 예는 코스타리카에 있는 열대 우림의 작은 지역에서만 한때 발견되었던 번쩍이는 색깔의 황금 두꺼비임	⋯⋯ 예시
↓	
황금 두꺼비는 멸종된 것으로 보였는데, 그것의 서식지를 지탱해 준 습기의 많은 부분은 카리브해에서 불어오는 습기를 실은 구름에서 왔음	⋯⋯ 예시(상술1)
↓	
세계적 기후 변화로 인한 더 따뜻한 공기가 이러한 구름들을 상승하게 하면서 숲에서 습기를 제거하였으며, 황금 두꺼비의 서식지가 완전히 말라 버림	⋯⋯ 예시(상술2)
↓	
황금 두꺼비는 기후 변화의 첫 희생양들 중 하나임	⋯⋯ 예시(결론)

친절한 오답 풀이

오답 선택지	선택률	오답 이유
① (A) - (C) - (B)	2%	주어진 글 다음에 그에 대한 예시를 드는 (B)로 이어지는 것이 자연스럽다.
② (B) - (A) - (C)	17%	황금 두꺼비 서식지의 습기가 습기를 실은 구름에서 왔다는 내용의 (C)에 이어, 이 구름들이 상승하면서 습기가 제거되고 서식지가 말랐다는 내용의 (A)가 오는 것이 자연스럽다.
④ (C) - (A) - (B)	10%	주어진 글 다음에 그에 대한 예시를 드는 (B)로 이어지는 것이 자연스럽다.
⑤ (C) - (B) - (A)	9%	

08   정답 ③   정답률 69%

정답 풀이

통곡물 시리얼과 초콜릿 시리얼 중 어느 것을 선택해야 할지에 대한 주어진 글에 이어, 건강하게 먹기 위해 등의 이유를 제시하여 통곡물 시리얼을 선택할 수 있다는 (B)가 오고, 건강해지기를 원하는 이유를 대다 보면 이러한 이유가 가치, 느낌, 감정과 같은 비이성에 근거한다는 것을 알 수 있다는 (C)가 이어진 후, 이러한 가치, 느낌, 감정은 추론의 산물이 아니라는 (A)로 이어지는 것이 자연스럽다.

친절한 지문분석

A common but incorrect assumption is [that we are creatures
일반적이지만 잘못된 가정은   우리가 이성의 피조물이라는
보어절

of reason] / when, in fact, we are creatures of both reason and
것이다   사실 우리는 이성과 감정 둘 다의 피조물인데
~인데(접속사) 삽입구   both A and B: A와 B 둘 다

emotion. We cannot get by on reason alone [since any reason
우리는 이성만으로 살아갈 수 없다   어떤 이성도 이유의 부사절

always eventually leads to a feeling]. Should I get a wholegrain
항상 결국 감정으로 이어지기 때문에   통곡물 시리얼을 선택해야 할까

cereal or a chocolate cereal?
혹은 초콜릿 시리얼을 선택해야 할까
A or B: A 혹은 B

(B) I can list all the reasons [I want], / but the reasons have to
나는 내가 원하는 모든 이유를 열거할 수 있지만   그 이유는 무언가에
(which/that) 목적격 관계대명사절

be based on something. For example, [if my goal is to eat healthy],
근거해야 한다   예를 들어   나의 목표가 건강하게 먹는 것이라면
be based on: ~에 근거하다   조건의 부사절

I can choose the wholegrain cereal, / but [what is my reason /
통곡물 시리얼을 선택할 수 있지만   나의 이유는 무엇일까
                                          의문사절

for wanting to be healthy]?
건강해지기를 원하는 것을 뒷받침하는
      전치사의 목적어(동명사)

(C) I can list more and more reasons / such as wanting to live
나는 더 많은 이유를 나열할 수 있다   더 오래 살고 싶은 것,
                              such as: ~ 같은 동명사 1(병렬구조)

longer, spending more quality time with loved ones, etc., / but
사랑하는 사람들과 양질의 시간을 더 많이 보내고 싶은 것 등과 같은   하지만
          동명사 2

what are the reasons for those reasons? You should be able to see
그러한 이유를 뒷받침하는 이유는 무엇인가   여러분은 이제 알 수 있을 것이다

by now [that reasons are ultimately based on non-reason / such as
           이유가 궁극적으로 비이성에 근거한다는 것을   ~같은
              목적절

values, feelings, or emotions].
가치, 느낌, 또는 감정과 같은

(A) [These deep-seated values, feelings, and emotions {we have}] /   (which/that)
이러한 뿌리 깊은 가치, 느낌, 감정은   우리가 가진
     주어   목적격 관계대명사절

are rarely a result of reasoning, / but can certainly be influenced
추론의 산물인 경우가 거의 없지만   물론 추론의 영향을 받을 수 있다
동사   수동태

by reasoning. We have values, feelings, and emotions / [before we
우리는 가치, 느낌, 감정을 가진다   시간의 부사절

begin to reason] / and long before we begin to reason effectively.
추론을 시작하기 전에   그리고 효과적으로 추론을 시작하기 훨씬 전에
                    훨씬 이전에   begin to-v: ~하기 시작하다

지문 해석

일반적이지만 잘못된 한 가정은 우리가 이성의 피조물이라는 것이지만, 사실 우리는 이성
과 감정 둘 다의 피조물이다. 어떤 이성도 항상 결국 감정으로 이어지기 때문에 우리는 이
성만으로 살아갈 수 없다. 통곡물 시리얼을 선택해야 할까, 혹은 초콜릿 시리얼을 선택해
야 할까?
(B) 나는 내가 원하는 모든 이유를 열거할 수 있지만, 그 이유는 무언가에 근거해야 한다. 예
를 들어 건강하게 먹는 것이 나의 목표라면 통곡물 시리얼을 선택할 수 있지만, 건강해지기
를 원하는 것을 뒷받침하는 나의 이유는 무엇일까?
(C) 나는 더 오래 살고 싶은 것, 사랑하는 사람들과 양질의 시간을 더 많이 보내고 싶은 것
등과 같은 더 많은 이유를 나열할 수 있지만, 그러한 이유를 뒷받침하는 이유는 무엇인가?
여러분은 이유가 궁극적으로 가치, 느낌, 또는 감정과 같은 비이성에 근거한다는 것을 이
제 알 수 있을 것이다.
(A) 우리가 가진 이러한 뿌리 깊은 가치, 느낌, 감정은 추론의 산물인 경우가 거의 없지만,
물론 추론의 영향을 받을 수 있다. 우리는 추론을 시작하기 전에 그리고 효과적으로 추론을
시작하기 훨씬 전에 가치, 느낌, 감정을 가진다.

지문 흐름

우리는 이성과 감정 둘 다의 피조물이고, 어떤 이성도 항상 결국 감정으로 이어지기 때문에 이성만으로 살아갈 수 없음	도입(주제)
통곡물 시리얼을 선택해야 할까, 초콜릿 시리얼을 선택해야 할까?	문제 제기
이유를 열거할 수 있지만, 그 이유는 무언가에 근거해야 함	해결 방안
건강하게 먹는 것이 목표라면 통곡물 시리얼을 선택할 수 있지만, 건강해지기를 원하는 이유는 무엇일까?	근거 1 + 문제 제기
더 오래 살고 싶은 것, 사랑하는 사람들과 시간을 더 많이 보내고 싶은 것 등 더 많은 이유를 나열할 수 있지만, 그것을 뒷받침하는 이유는 무엇인가?	근거 2 + 문제 제기
이유가 궁극적으로 가치, 느낌, 감정과 같은 비이성에 근거한다는 것을 알 수 있음	결론
이러한 가치, 느낌, 감정은 추론의 산물이 아니며, 우리는 추론하기 훨씬 전에 가치, 느낌, 감정을 가짐	주제 재진술

친절한 오답 풀이

오답 선택지	선택률	오답 이유
① (A) – (C) – (B)	3%	(B)의 I can choose the wholegrain cereal이 주어진 글에서 제시한 문제에 대한 답이므로, 주어진 글 다음에 (B)로 이어지는 것이 자연스럽다.
② (B) – (A) – (C)	12%	(A)의 These deep-seated values, feelings, and emotions가 (C)의 마지막에서 언급된 values, feelings, or emotions를 가리키므로, (C) 다음에 (A)로 이어지는 것이 자연스럽다.
④ (C) – (A) – (B)	9%	(B)의 I can choose the wholegrain cereal이 주어진 글에서 제시한 문제에 대한 답이므로, 주어진 글 다음에 (B)로 이어지는 것이 자연스럽다.
⑤ (C) – (B) – (A)	7%	

코드 접속하기

pp.123~126

Q1 ④ Q2 ② Q3 ① Q4 ④

Q1

정답 ④   정답률 58%

정답 풀이

주어진 문장의 'however'로 보아 주어진 문장은 이전과 반대되는 내용임을 알 수 있는데, 주어진 문장에서 컴퓨터는 인간에 의해 프로그램 되지 않으면 독립적인 결정이나 문제 해결 단계를 만들 수 없다고 하며 컴퓨터의 한계에 대해 설명하고 있으므로, 이와 반대되는 내용인 인간에 비해 컴퓨터가 뛰어나다는 설명 다음인 ④에 들어가는 것이 가장 적절하다.

친절한 지문분석

It is important / to remember [that computers can only carry out
중요하다 　기억하는 것이 　컴퓨터은 지시 사항들을 단지 수행만 할 수 있다는 것을
가주어 　　진주어 　　　목적절

instructions {that humans give them}]. Computers can process
　　　　　인간이 그것들에게 부여한 　컴퓨터은 정확하게 데이터를
목적격 관계대명사절

data accurately / at far greater speeds / than people can, / yet they
처리할 수 있다 　훨씬 더 빠른 속도로 　사람이 할 수 있는 것보다 　하지만
　　　비교급 강조

are limited / in many respects—most importantly, / they lack
그것들은 제한된다 　많은 측면에서 　가장 중요하게 　　그것들은
수동태 　　　　　부연 설명

common sense. However, / combining the strengths of these
상식이 부족하다 　그러나 　이러한 기계들의 강점과 인간의 강점을 결합하는 것은
　　　　　　　　주어(동명사구)

machines with human strengths / creates synergy. Synergy occurs /
combine A with B: A와 B를 결합하다 　시너지를 생성한다 　시너지는 일어난다
　　　　　　　　　　　동사

[when combined resources produce output {that exceeds the
결합된 자원들이 산출을 생성할 때 　　　　　합을 초과하는
시간의 부사절 　　　　　　　주격 관계대명사절

sum / of the outputs of the same resources employed separately}].
　　각각 사용된 같은 자원들의 산출의
　　　　　　　　　　과거분사구

A computer works quickly and accurately; humans work
컴퓨터는 빠르고 정확하게 작동한다 　　인간은 상대적으로 느리게 일하고
　　　　　　　　　　주어 　　동사 1

relatively slowly / and make mistakes. A computer cannot make
실수를 한다 　컴퓨터는 독립적인 결정을 할 수 없다
　　　　동사 2 　(cannot) 주어 　동사 1

independent decisions, / however, / or formulate steps for solving
　　　　　　그러나 　또는 문제 해결을 위한 단계들을 만들어낼 수 없다
(it is) 　　　　　동사 2 　전치사구(형용사구)

problems, [unless programmed / to do so / by humans]. Even with
프로그램되지 않는 한 　그렇게 하도록 　인간에 의해서
조건의 부사절 　　= make independent decisions or
　　　　　　　formulate steps for solving problems

sophisticated artificial intelligence, / [which enables the computer
정교한 인공 지능조차 　　　컴퓨터가 학습하고 실행하도록 하는
　　　　　　　　주격 관계대명사절(계속적 용법)
　　　　　　　　enable+목적어+to-v: (목적어)가 ~할 수 있게 하다

to learn and then implement {what it learns}], / the initial
(to) 　　　그것이 학습한 것을 　초기의 프로그래밍은
　　　　　　관계대명사절(목적어)

programming must be done by humans. Thus, a human-
인간에 의해 수행되어야 한다 　　따라서 인간-컴퓨터 결합은
　　　수동태

computer combination / allows the results of human thought to be
　　　　　　인간 사고의 결과들이 변환되도록 한다
　　　　　　allow+목적어+to-v: (목적어)가 ~하게 하다

translated / into efficient processing of large amounts of data.
　　　많은 양의 데이터의 효율적 처리로
to부정사의 수동태

지문 해석

컴퓨터들은 인간이 그것들에게 부여한 지시 사항들을 단지 수행만 할 수 있다는 것을 기억하는 것이 중요하다. 컴퓨터들은 사람들이 할 수 있는 것보다 훨씬 더 빠른 속도로 정확하게 데이터를 처리할 수 있지만, 그것들은 많은 측면에서 제한되는데, 가장 중요하게도 그것들은 상식이 부족하다. 그러나, 이러한 기계들의 강점과 인간의 강점을 결합하는 것은 시너지를 생성한다. 시너지는 결합된 자원들이 각각 사용된 같은 자원들의 산출의 합을 초과하는 산출을 생성할 때 일어난다. 컴퓨터는 빠르고 정확하게 작동한다; 인간은 상대적으로 느리게 일하고 실수를 한다. 그러나, 컴퓨터는 인간에 의해서 그렇게 하도록 프로그램되지 않는 한, 독립적인 결정을 하거나 문제 해결을 위한 단계들을 만들어낼 수 없다. 컴퓨터가 학습하고 그것이 학습한 것을 실행하도록 하는 정교한 인공 지능조차, 초기의 프로그래밍은 인간에 의해 수행되어야 한다. 따라서, 인간-컴퓨터 결합은 인간 사고의 결과들이 많은 양의 데이터의 효율적 처리로 변환되도록 한다.

지문 흐름

컴퓨터들은 인간이 부여한 지시 사항들을 단지 수행만 할 수 있음	……… 도입
↓	
컴퓨터들은 사람들이 할 수 있는 것보다 훨씬 더 빠른 속도로 정확하게 데이터를 처리할 수 있지만, 그것들은 많은 측면에서 제한되며, 상식이 부족함	……… 부연
↓	
그러나, 이러한 기계들의 강점과 인간의 강점을 결합하는 것은 시너지를 생성함	……… 반론
↓	
시너지는 결합된 자원들이 각각 사용된 같은 자원들의 산출의 합을 초과하는 산출을 생성할 때 일어남	……… 부연
↓	
컴퓨터는 빠르고 정확하게 작동하고, 인간은 상대적으로 느리게 일하고 실수를 함	……… 비교 1
↓	
컴퓨터는 인간에 의해서 프로그램되지 않는 한, 독립적인 결정을 하거나 문제를 해결하기 위해 단계들을 만들어낼 수 없음	……… 비교 2
↓	
컴퓨터가 학습하고 그것이 학습한 것을 실행하도록 하는 정교한 인공 지능조차, 초기의 프로그래밍은 인간에 의해 수행되어야 함	……… 부연
↓	
따라서, 인간-컴퓨터 결합은 인간 사고의 결과들이 많은 양의 데이터의 효율적 처리로 변환되도록 함	……… 요지

친절한 오답 풀이

오답 선택지	선택률	오답 이유
①	10%	주어진 문장의 however(하지만)로 보아 주어진 문장 앞에는 이와 반대되는 내용인 컴퓨터의 강점에 대한 내용이 나오는 것이 자연스러우므로 ①, ②, ③에 들어가는 것은 적절하지 않다.
②	5%	
③	11%	
⑤	14%	⑤ 앞의 정교한 인공 지능도 인간의 프로그래밍이 필요하다는 내용 다음에, 인간과 컴퓨터가 결합하여 많은 데이터를 효율적인 처리를 할 수 있다는 내용으로 자연스럽게 이어지므로, 주어진 문장이 ⑤에 들어가는 것은 부적절하다.

정답 풀이

주어진 문장의 'this incredible volume'은 1901년 425대의 자동차 생산량에서 이듬해 2,500대의 자동차를 생산할 수 있게 된 것을 가리키고, ② 다음 문장에서 Olds의 훌륭한 아이디어를 개선한 'He'는 Ransom Olds가 아닌 Henry Ford를 가리키므로, 주어진 문장은 ②에 들어가는 것이 가장 적절하다.

친절한 지문분석

Ransom Olds, the father of the Oldsmobile, / could not produce
Oldsmobile의 창립자인 Ransom Olds는   '말 없는 마차'를
            동격의 쉼표

his "horseless carriages" / fast enough. In 1901 / he had an idea /
생산할 수 없었다   충분히 빨리   1901년에   그는 아이디어가 생각났다

[to speed up the manufacturing process] / — instead of
생산 과정의 속도를 높이는   한 번에 한 대의
to부정사의 형용사적 용법

building one car at a time, / he created the assembly line. The
자동차를 만드는 대신에   그는 조립 라인을 고안했다
동명사구(전치사의 목적어)

acceleration in production was unheard-of / — from an output
생산의 가속은 들어본 적이 없는 것이었다   1901년 425대의
                                          from A to B: A에서 B까지

of 425 automobiles in 1901 / to an impressive 2,500 cars the
자동차 생산량에서   이듬해 인상적인 2,500대의 자동차로

following year. [While other competitors were in awe of this
                 다른 경쟁사들은 이 놀라운 분량에 깊은 감명을
                 대조의 부사절

incredible volume], / Henry Ford dared to ask, / "Can we do even
받았지만   Henry Ford는 감히 물었다   "우리가 더 잘할 수
                     dare to-v: 감히 ~하다

better?" He was, in fact, able to improve / upon Olds's clever idea /
있을까?"라고 그는 사실 개선할 수 있었다   Olds의 훌륭한 아이디어를
            be able to-v: ~할 수 있다

by introducing conveyor belts to the assembly line. As a result, /
조립 라인에 컨베이어 벨트를 도입함으로써   그 결과
by v-ing: ~함으로써

Ford's production went through the roof. Instead of [taking a
Ford사의 생산은 최고조에 달했다   Model T를
                                              동명사구(전치사의 목적어)

day and a half to manufacture a Model T], / as in the past, / he
제작하는 데 1.5일이 걸리는 대신에   과거처럼   그는
take+시간+to-v: ~하는 데 (시간이) 걸리다   ~처럼(전치사)

was now able to spit them out / at a rate of one car every
이제 차를 뱉어낼(생산할) 수 있게 됐다   90분마다 한 대씩의 속도로
                                ~의 속도/비율로

ninety minutes. The moral of the story is / [that good progress
90분마다 한 대씩의 속도로   이 이야기의 교훈은 ~이다   좋은 진보는
                                                  보어절

is often the herald of great progress].
자주 위대한 진보의 선구자라는 것이다

지문 해석

Oldsmobile의 창립자인 Ransom Olds는 '말 없는 마차'를 충분히 빨리 생산할 수 없었다. 1901년에, 그는 생산 과정의 속도를 높이는 아이디어가 생각났다—한 번에 한 대의 자동차를 만드는 대신에 조립 라인을 고안했다. 생산의 가속은 들어본 적이 없는 것이었다—1901년 425대의 자동차 생산량에서 이듬해 인상적인 2,500대의 자동차로. 다른 경쟁사들은 이 놀라운 분량에 깊은 감명을 받았지만, Henry Ford는 감히 "우리가 더 잘할 수 있을까?"라고 물었다. 사실 그는 사실 조립 라인에 컨베이어 벨트를 도입함으로써 Olds의 훌륭한 아이디어를 개선할 수 있었다. 그 결과, Ford사의 생산은 최고조에 달했다. 과거처럼, Model T를 제작하는 데 1.5일이 걸리는 대신에, 그는 90분마다 한 대씩의 속도로 차를 뱉어낼(생산할) 수 있게 됐다. 이 이야기의 교훈은 좋은 진보는 자주 위대한 진보의 선구자라는 것이다.

지문 흐름

Oldsmobile의 창립자인 Ransom Olds는 1901년에 한 번에 한 대의 자동차를 만드는 대신 조립 라인을 고안함	진보 1
↓	
1901년 425대의 자동차 생산량에서 이듬해 2,500대의 자동차로 생산 속도가 가속됨	진보의 결과 1
↓	
Henry Ford는 조립 라인에 컨베이어 벨트를 도입함으로써 Olds의 훌륭한 아이디어를 개선함	진보 2
↓	
그 결과, Ford사의 생산은 최고조에 달하여, Model T를 제작하는 데 1.5일이 걸리던 것을 90분마다 한 대씩의 속도로 차를 생산할 수 있게 됨	진보의 결과 2
↓	
이 이야기의 교훈은 좋은 진보는 자주 위대한 진보의 선구자라는 것임	주제

│친절한 오답 풀이│

오답 선택지	선택률	오답 이유
①	4%	주어진 문장의 'this incredible volume'은 1901년 425대의 자동차 생산량에서 이듬해 2,500대의 자동차를 생산할 수 있게 된 것을 가리키므로, 주어진 문장이 이보다 앞선 ①에 들어가는 것은 적절하지 않다.
③	22%	Henry Ford가 어떻게 더 잘할 수 있을지 생각하는 것이 컨베이어 벨트를 도입해서 Ford사의 생산을 최고조로 달하게 만드는 것보다 더 먼저 언급되어야 하므로, 주어진 문장이 ③, ④, ⑤에 들어가는 것은 적절하지 않다.
④	12%	
④	6%	

정답 풀이

① 바로 뒤의 'these counterforces'가 주어진 문장의 내용인 감정을 전달하고자 하는 욕망과 감추고자 하는 욕구가 동시에 있다는 것을 의미하므로, 주어진 문장은 ①에 들어가는 것이 가장 적절하다.

친절한 지문분석

For hundreds of thousands of years / our hunter-gatherer ancestors
수십만 년 동안   우리의 수렵-채집인 조상들은 생존할 수 있었다

could survive / only by constantly communicating with one
                서로 끊임없이 의사소통함으로써만
                by v-ing: ~함으로써

another / through nonverbal cues. [Developed over so much time, /
       비언어적 신호들을 통해서   오랜 시간에 걸쳐 발달되면서
                                 (Being) 분사구문

before the invention of language], / that is [how the human face
언어의 발명 이전에   그것은 인간의 얼굴이 매우 표현적이게
                                            보어절(관계부사절)

became so expressive, / and gestures so elaborate]. We have
된 방식이다   그리고 몸짓이 매우 정교해진   우리는
                                (became)

a continual desire [to communicate our feelings / and yet at the
끊임없는 욕망이 있다   우리의 감정을 전달하고자 하는   그러나 동시에
                    to부정사의 형용사적 용법

same time / the need [to conceal them for proper social
          욕구가   적절한 사회적 기능을 위해 그것들을 감추고자 하는
          (have)   to부정사의 형용사적 용법   = our feelings

functioning]. With these counterforces battling inside us, / we
이 상충하는 힘들이 우리 내면에서 다투면서
with+목적어+v-ing: (목적어)가 ~하는 상태로

cannot completely control [what we communicate]. Our real
우리는 완전히 통제할 수 없다   우리가 전달하는 것을   우리의 진짜 감정은
관계대명사절

feelings continually leak out / in the form / [of gestures, tones of
끊임없이 새어 나온다   ~의 형태로   몸짓, 목소리의 톤, 얼굴 표정,
전치사구(형용사구)

voice, facial expressions, and posture]. We are not trained, /
그리고 자세   우리는 훈련받지 않는다
수동태

however, / to pay attention to people's nonverbal cues. By sheer
그러나   사람들의 비언어적 신호에 주의를 기울이도록   순전한 습관으로
(which/that)

habit, / we fixate on the words [people say], / [while also thinking
습관, 우리는 말에 매달린다   사람들이 하는   동시에 또한 ~에 대해 생각한다
목적격 관계대명사절   접속사+분사구문

about / {what we'll say next}]. [What this means] is / [that we are
우리가 다음번에 말할 것   이것이 의미하는 것은   우리가 사용하고
관계대명사절   주어(관계대명사절)   목적절

using / only a small percentage of the potential social skills /
있다는 것이   잠재적인 사회적 기술들 중 오직 작은 부분만을
(which/that)

{we all possess}].
우리 모두가 소유한
목적격 관계대명사절

지문 해석

수십만 년 동안 우리의 수렵–채집인 조상들은 비언어적 신호들을 통해서 서로 끊임없이 의사소통함으로써만 생존할 수 있었다. 언어의 발명 이전에, 오랜 시간에 걸쳐 발달되면서, 그것이 바로 인간의 얼굴이 매우 표현적이고, 몸짓이 매우 정교해진 방식이다. 우리는 우리의 감정을 전달하고자 하는 끊임없는 욕망이 있는 반면 동시에 적절한 사회적 기능을 위해 그것들을 감추고자 하는 욕구가 있다. 이 상충하는 힘들이 우리 내면에서 다투면서, 우리는 우리가 전달하는 것을 완전히 통제할 수 없다. 우리의 진짜 감정은 몸짓, 목소리의 톤, 얼굴 표정, 그리고 자세의 형태로 끊임없이 새어 나온다. 그러나 우리는 사람들의 비언어적 신호에 주의를 기울이도록 훈련받지 않는다. 순전한 습관으로, 우리는 사람들이 하는 말에 매달리고, 동시에 또한 우리가 다음번에 말할 것에 대해 생각한다. 이것이 의미하는 것은 우리 모두가 소유한 잠재적인 사회적 기술들 중 오직 작은 부분만을 우리가 사용하고 있다는 것이다.

지문 흐름

수십만 년 동안 우리 조상들은 비언어적 신호들을 통해서 서로 끊임없이 의사소통함으로써만 생존할 수 있었으며, 그것이 바로 인간의 얼굴이 매우 표현적이고 몸짓이 매우 정교해진 방식임	……… 도입
우리의 진짜 감정은 몸짓, 목소리의 톤, 얼굴 표정, 자세의 형태로 끊임없이 새어 나옴	……… 전개
그러나 우리는 비언어적 신호에 주의를 기울이도록 훈련받지 않았으며, 습관적으로 사람들이 하는 말에 매달리고, 동시에 또한 우리가 다음번에 말할 것에 대해 생각함	……… 반론
이는 우리 모두가 소유한 잠재적인 사회적 기술들 중 오직 작은 부분만을 사용하고 있다는 것을 의미함	……… 요지

친절한 오답 풀이

오답 선택지	선택률	오답 이유
②	22%	① 뒤 문장의 these counterforces(이 상충하는 힘들)가 주어진 문장의 감정 전달에 대한 욕망과 감정을 감추려는 욕구를 의미하므로, 주어진 문장이 ②, ③, ④, ⑤에 들어가는 것은 적절하지 않다.
③	17%	
④	14%	
⑤	10%	

정답 풀이

주어진 문장에서 별 표면의 온도에 해당하는 'This temperature'는 별의 색으로 측정한 온도를 가리키고, ④ 다음 문장에서 별 내부의 온도와 비교되는 대상은 별 표면 온도가 되어야 하므로, 주어진 문장은 ④에 들어가는 것이 가장 적절하다.

친절한 지문분석

[One way of measuring temperature] occurs / [if an object is hot
온도를 측정하는 한 가지 방법은 생긴다   물체가 충분히 뜨거울 때
주어   동사   조건의 부사절

enough / to visibly glow, / such as a metal poker / {that has been
눈에 띄게 빛이 날 만큼   금속 부지깽이처럼   불 속에 놓아둔
형용사[부사]+enough to-v: ~할 만큼 충분히 ~한[하게]   주격 관계대명사절

left in a fire}]. The color of a glowing object is related / to its
빛나는 물체의 색은 관련이 있다   그것의 온도와
현재완료 수동태

temperature: / as the temperature rises, / the object is first red
온도가 상승함에 따라   물체는 먼저 빨간색 그리고
~함에 따라(접속사)

and then orange, / and finally it gets white, / the "hottest" color.
나서 주황색   그리고 마지막으로 흰색이 된다   = '가장 뜨거운' 색인
동격의 쉼표

The relation [between temperature and the color of a glowing
온도와 빛나는 물체의 색 사이의 관련성은 유용하다
주어   전치사구(형용사구)

object is useful / to astronomers. The color of stars is related / to
천문학자들에게   별의 색은 관련이 있다

their temperature, / and [since people cannot as yet travel the
그것들의 온도와   그리고 사람들이 아직 먼 거리를 이동할 수 없기 때문에
이유의 부사절   동사 1

great distances / to the stars / and measure their temperature /
별까지의   그리고 그것들의 온도를 측정할 수 없어서
(cannot) 동사 2

in a more precise way], / astronomers rely on their color. This
더 정확한 방법으로   천문학자들은 그것들의 색에 의존한다

temperature is [of the surface of the star], / the part of the star /
이 온도는 별 표면의 온도이다   = 별의 부분인
보어(전치사구)   동격의 쉼표

[which is emitting the light / {that can be seen}]. The interior of
빛을 방출하는   보여질 수 있는   별의 내부는
주격 관계대명사절   주격 관계대명사절

the star is at a much higher temperature, / [though it is concealed].
온도가 훨씬 더 높다   비록 그것이 숨겨져 있지만
비교급 강조   양보의 부사절

But the information / [obtained from the color of the star] is still
하지만 정보는   별의 색깔에서 얻은   여전히
주어   과거분사구   동사

useful.
유용하다

지문 해석

온도를 측정하는 한 가지 방법은 불 속에 놓아둔 금속 부지깽이처럼 눈에 띄게 빛이 날 정도로 물체가 뜨거울 때 생긴다. 빛나는 물체의 색은 그것의 온도와 관련이 있다: 온도가 상승함에 따라 물체는 먼저 빨간색 그리고 나서 주황색으로 변하고, 마지막으로 "가장 뜨거운" 색인 흰색이 된다. 온도와 빛나는 물체의 색 사이의 관련성은 천문학자들에게 유용하다. 별의 색은 그것들의 온도와 관련이 있고, 사람들이 아직 별까지의 먼 거리를 이동하고 더 정확한 방법으로 그것들의 온도를 측정할 수 없기 때문에, 천문학자들은 그것들의 색에 의존한다. 이 온도는 보여질 수 있는 빛을 방출하는 별의 부분인, 별 표면의 온도이다. 별의 내부는 비록 숨겨져 있지만, 온도가 훨씬 더 높다. 하지만 별의 색깔에서 얻은 정보는 여전히 유용하다.

빛나는 물체의 색은 온도와 관련이 있는데, 온도가 상승함에 따라 물체의 색이 변함	········	도입
온도와 빛나는 물체의 색 사이의 관련성은 천문학자들에게 유용함	········	전개
별의 색은 온도와 관련이 있고, 아직 별의 정확한 온도 측정이 어렵기 때문에 천문학자들은 별의 색에 의존함	········	주제
이 온도는 별 표면의 온도이며, 별 내부의 온도가 훨씬 더 높지만 별의 색에서 얻은 정보는 여전히 유용함	········	상술

친절한 오답 풀이

오답 선택지	선택률	오답 이유
①	5%	'This temperature'는 별 표면의 온도에 해당하므로, 주어진 문장이 아직 별에 대한 내용이 나오지 않은 ①, ②, ③에 들어가는 것은 적절하지 않다.
②	14%	
③	19%	
⑤	10%	앞 문장이 별 내부 온도에 관한 내용으로 주어진 문장의 'This temperature'가 가리킬 수 있는 내용이 없으므로 주어진 문장이 ⑤에 들어가는 것은 적절하지 않다.

코드 공략하기

pp.127~129

01 ⑤ **02** ② **03** ③ **04** ④ **05** ④ **06** ②

01

정답 ⑤   정답률 40%

정답 풀이

주어진 문장은 스포츠 클럽과 리그가 고정 공급 일정을 가지고 있을지라도 소비자의 수를 늘리는 것이 가능하다는 내용이므로, 스포츠 클럽이 고정 공급을 가지는 이유에 관한 설명이 끝난 다음인 ⑤에 들어가는 것이 가장 적절하다. ⑤ 뒤의 문장에서 소비자를 늘리는 방법의 예시로 스포츠 상품 공급을 늘리는 방안들을 제시하는 것으로도 확인할 수 있다.

친절한 지문분석

A supply schedule refers to the ability of a business / [to change
공급 일정은 업체의 능력을 말한다
                                          to부정사의 형용사적 용법

their production rates / {to meet the demand of consumers}]. Some
생산율을 바꿀 수 있는   소비자의 수요를 충족하기 위해
                         to부정사의 부사적 용법(목적)

businesses are able to increase their production level quickly / in
몇몇 업체는 조업도를 빠르게 늘릴 수 있다
              be able to-v: ~할 수 있다

order to meet increased demand. However, sporting clubs have /
증가한 수요를 충족하기 위해   그러나 스포츠 클럽은 가지고 있다
in order to-v: ~하기 위해

a fixed, or inflexible (inelastic) production capacity. They have /
고정된, 혹은 유연하지 못한(비탄력적인) 생산 능력을   그들은 가지고 있다
                                    가주어   = sporting clubs

[what is known as a fixed supply schedule]. It is worth noting /
고정 공급 일정이라고 알려진 것을   주목할 가치가 있다
목적절(관계대명사절)   worth v-ing: ~할 가치가 있는

[that this is not the case for sales / {of clothing, equipment,
이것이 판매에는 해당하지 않는다는 것을   의류, 장비,
진주어   전치사구(형용사구)

memberships and memorabilia}]. But clubs and teams can only
회원권, 그리고 기념품의   그러나 클럽과 팀은 경기할 수 있다

play / a certain number of times / during their season. [If fans and
일정 횟수만   시즌 동안   팬과 회원이
                                                조건의 부사절

members are unable to get into a venue], / that revenue is lost
경기장에 들어갈 수 없으면   그 수익은 영원히 손실된다
                                                        수동태

forever. [Although sport clubs and leagues may have a fixed
스포츠 클럽과 리그가 고정 공급 일정을 가지고 있을지라도
          양보의 부사절

supply schedule], / it is possible / [to increase the number of
가능하다   소비자의 수를 늘리는 것이
          가주어   진주어

consumers / {who watch}]. For example, / the supply of a sport
          (경기를) 보는   예를 들어   스포츠 제품의 공급을
          주격 관계대명사절   by v-ing: '~함으로써'   (by)

product can be increased / by providing more seats, changing the
늘릴 수 있다   더 많은 좌석을 제공하거나, 경기장을 바꾸거나,
(by)   수동태   동명사 1   동명사 2

venue, extending the playing season / or even through new
경기 시즌을 연장함으로써   또는 심지어 새로운
          동명사 3

television, radio or Internet distribution.
텔레비전, 라디오, 혹은 인터넷 배급을 통해서

지문 해석

공급 일정은 소비자의 수요를 충족하기 위해 생산율을 바꿀 수 있는 업체의 능력을 말한다. 몇몇 업체는 증가한 수요를 충족하기 위해 조업도를 빠르게 늘릴 수 있다. 그러나, 스포츠 클럽은 고정된, 혹은 유연하지 못한(비탄력적인) 생산 능력을 가지고 있다. 그들은 소위 고정 공급 일정이라는 것을 가지고 있다. 이것이 의류, 장비, 회원권, 그리고 기념품 판매에는 해당하지 않는다는 것에 주목할 가치가 있다. 그러나 클럽과 팀은 시즌 동안 일정 횟수만 경기할 수 있다. 팬과 회원이 경기장에 들어갈 수 없으면, 그 수익은 영원히 손실된다. 스포츠 클럽과 리그가 고정 공급 일정을 가지고 있을지라도, (경기를) 보는 소비자의 수를 늘리는 것이 가능하다. 예를 들어, 더 많은 좌석을 제공하거나, 경기장을 바꾸거나, 경기 시즌을 연장하거나, 심지어 새로운 텔레비전, 라디오, 혹은 인터넷 배급으로 스포츠 제품의 공급을 늘릴 수 있다.

지문 흐름

공급 일정은 소비자의 수요를 충족하기 위해 생산율을 바꿀 수 있는 업체의 능력을 말함	········	도입
몇몇 업체는 증가한 수요를 충족하기 위해 조업도를 빠르게 늘릴 수 있지만, 스포츠 클럽은 고정된 생산 능력, 즉 고정 공급 일정을 지님	········	상황
고정 공급 일정은 의류, 장비, 회원권, 기념품 판매에는 해당하지 않지만, 경기는 시즌 동안 일정 횟수만 할 수 있으며, 팬과 회원이 경기장에 들어갈 수 없으면 수익이 영원히 손실됨	········	문제점
스포츠 클럽과 리그가 고정 공급 일정을 가지고 있을지라도, 소비자 수를 늘릴 수 있음	········	해결책
예를 들어, 더 많은 좌석 제공, 경기장 변경, 시즌 연장, 새로운 텔레비전, 라디오, 인터넷 배급으로 스포츠 제품의 공급을 늘릴 수 있음	········	예시

친절한 오답 풀이

오답 선택지	선택률	오답 이유
①	6%	① 이전에는 고정 공급 일정이라는 개념이 도입되지 않았으므로 주어진 문장이 ①에 들어가는 것은 적절하지 않다.
②	18%	스포츠 클럽이 고정 공급 일정을 가지는 이유에 관한 설명이 끝나지 않았으므로 주어진 문장이 ②, ③, ④에 들어가는 것은 적절하지 않다.
③	15%	
④	20%	

정답 풀이

주어진 문장은 그래야만 그들이 내재화된 전문 지식과 증거에 기반한 경험에 따라 빠르게 행동할 수 있다는 내용이며 여기서 '그들'은 전문가를 가리키므로, 전문가들이 즉각적으로 생각할 수 있게 된 이유를 설명하는 문장 다음인 ②에 들어가는 것이 가장 적절하다.

친절한 지문분석

Intuition can be great, / but it ought to be hard-earned. Experts, /
직관은 탁월할 수 있다   하지만 그것은 힘들여 얻은 것이어야 한다   전문가들은
     ought to-v: ~해야 한다

for example, / are able to think on their feet / [because they've
예를 들어   즉각적으로 생각할 수 있다   수천 시간을 학습과 경험에
   즉각적으로   이유의 부사절

invested thousands of hours in learning and practice]: / their
투자했기 때문에   데이터로부터

intuition has become data-driven. Only then are they able to
직관이 얻어졌기 때문에   그래야만 그들이 빠르게 행동할 수 있다
   부정어구   동사   주어

act quickly / in accordance with their internalized expertise and
내재화된 전문 지식과 증거에 기반한 경험에 따라
~에 따라서

evidence-based experience. Yet most people are not experts, /
그러나 대부분의 사람들은 전문가가 아니다

[though they often think they are]. Most of us, / [especially when
종종 스스로를 전문가라고 생각하지만   우리 중 대부분은   특히 소셜 미디어에서
양보의 부사절   주어   시간의 부사절

we interact with others on social media], / act with expert-like
다른 사람들과 소통할 때   전문가와 같은 속도와 확신을
   동사

speed and conviction, [offering a wide range of opinions on global
가지고 행동한다   국제적 위기에 대한 다양한 의견을 제시하며
   분사구문(부대상황)

crises], / without the substance of knowledge [that supports it].
이를 뒷받침하는 지식의 실체 없이
     주격 관계대명사절

And thanks to AI, / [which ensures {that our messages are delivered
그리고 인공 지능 덕분에   우리의 메시지가 독자에게 확실히 전달되도록 하는
   주격 관계대명사절   목적절

to an audience / <more inclined to believing it>}], our delusions
그것을 더 믿으려는 성향이 있는   전문 지식에 대한
형용사구   동명사(전치사의 목적어)

of expertise can be reinforced / by our personal filter bubble.
우리의 착각은 강화될 수 있다   개인적 필터 버블(자신의 관심사에 맞게 필터링된 정보
만을 접하게 되는 현상)에 의해

We have an interesting tendency / [to find people more open-
우리는 흥미로운 경향을 가지고 있다   그들을 더 개방적이고 합리적이며 분별 있다고
     to부정사의 형용사적 용법
   동사   목적어   목적격보어

minded, rational, and sensible] / [when they think just like us].
여기는   남들이 우리와 똑같이 생각할 때
     시간의 부사절

지문 해석

직관은 탁월할 수 있지만, 힘들여 얻은 것이어야 한다. 예를 들어, 전문가들은 수천 시간을 학습과 경험에 투자하여, 데이터로부터 직관이 얻어졌기 때문에 즉각적으로 생각할 수 있다. 그래야만 그들이 내재화된 전문 지식과 증거에 기반한 경험에 따라 빠르게 행동할 수 있다. 그러나 대부분의 사람들은 종종 스스로를 전문가라고 생각하지만 전문가가 아니다. 우리 중 대부분은, 특히 소셜 미디어에서 다른 사람들과 소통할 때, 전문가와 같은 속도와 확신을 가지고 행동하며, 이를 뒷받침하는 지식의 실체 없이 국제적 위기에 대한 다양한 의견을 제시한다. 그리고 우리의 메시지가 그것을 더 믿으려는 성향이 있는 독자에게 확실히 전달되도록 하는 인공 지능 덕분에, 전문 지식에 대한 우리의 착각은 개인적 필터 버블(자신의 관심사에 맞게 필터링된 정보만을 접하게 되는 현상)에 의해 강화될 수 있다. 우리는 남들이 우리와 똑같이 생각할 때 그들을 더 개방적이고 합리적이며 분별 있다고 여기는 흥미로운 경향을 가지고 있다.

지문 흐름

직관은 탁월할 수 있지만, 힘들여 얻은 것이어야 함	………	도입
↓		
전문가들은 수천 시간을 학습과 경험에 투자하여 데이터로부터 직관을 얻었기 때문에 즉각적으로 생각할 수 있음	………	전개
↓		
그래야만 그들이 내재화된 전문 지식과 증거에 기반한 경험에 따라 빠르게 행동할 수 있음	………	부연
↓		
대부분의 사람들은 스스로를 전문가라고 생각하지만 전문가가 아니고, 전문가와 같은 속도와 확신을 가지고 행동하며, 이를 뒷받침하는 지식의 실체 없이 다양한 의견을 제시함	………	문제 제기
↓		
우리의 메시지가 그것을 더 믿으려는 성향이 있는 독자에게 확실히 전달되도록 하는 인공 지능 덕분에, 전문 지식에 대한 우리의 착각은 개인적 필터 버블에 의해 강화될 수 있음	………	문제 제기 및 요지
↓		
우리는 남들이 우리와 똑같이 생각할 때 그들을 더 개방적이고 합리적이며 분별 있다고 여기는 경향을 가지고 있음	………	부연

친절한 오답 풀이

오답 선택지	선택률	오답 이유
①	4%	주어진 문장의 'they'는 전문가를 의미하므로, 전문가에 대한 내용이 아직 나오지 않은 ①에 들어가는 것은 적절하지 않다.
③	20%	'most people'과 'Most of us' 등으로 지칭한 일반 사람들에 대한 내용이 이어지고 있으므로, 전문가에 대한 내용이 나오는 주어진 문장이 ③, ④, ⑤에 들어가는 것은 적절하지 않다.
④	31%	
⑤	17%	

콘드+α 배경지식

필터 버블(filter bubble)

웹사이트와 소셜 미디어 플랫폼의 알고리즘이 사용자의 과거 행동을 기반으로 콘텐츠를 개인화하여 사용자가 기존 신념과 일치하는 정보와 의견만 접하게 되는 현상을 필터 버블이라 한다. 이 선택적 노출은 사용자의 관점을 강화하고 다양한 관점을 접할 기회를 제한한다. 이 용어는 Eli Pariser가 만들었으며, 상반된 견해나 도전적인 정보를 접할 가능성이 줄어들어 극화가 증가하고 비판적 사고가 감소할 위험이 있다고 지적한다. 결과적으로 필터 버블은 세상에 대한 이해를 왜곡하고 정보에 입각한 의사 결정을 방해할 수 있다.

정답 풀이

주어진 문장은 실제 경험이 아닌 기억을 설명할 수 있는 일반적인 용어가 없다는 내용이므로, 기존의 어휘로는 중요한 구분을 할 수 없는 경우가 있다고 말하는 문장 다음인 ③에 들어가는 것이 적절하다. ③ 뒤의 문장에서 실제 경험을 하지 않아도 기억을 가지게 되는 경우에 대한 내용으로 자연스럽게 이어짐을 확인할 수 있다.

친절한 지문분석

As a general rule, / it's better / [if your definition corresponds /
일반적으로   더 좋다   당신의 (용어) 정의가 일치하면
~로서(전치사)   가주어   진주어

as closely as possible to the way / {in which the term is ordinarily
방식에 가능한 비슷하게   그 용어가 일반적으로 사용되는
     전치사+관계대명사

used / in the kinds of debates < to which your claims are pertinent>}].
자신의 주장과 관련 있는 종류의 논의들에서
전치사+관계대명사

There will be, however, occasions / [where it is appropriate, even
그러나 경우도 있을 것이다   적절하고, 심지어 필요한
관계부사절   가주어

necessary, / {to coin *special uses* / through <what philosophers
'특별한 용법'을 만드는 것이   철학자들이 '자극하는 정의'라고 부르는 것을 통해
진주어

call *stimulative definition*>}]. This would be the case / [where the
call *stimulative definition*>}]. 경우가 이에 해당한다
관계대명사절   관계부사절

current lexicon is not able to make distinctions / {that <you think>
현재의 어휘로는 구분을 할 수 없는   당신이 철학적으로
주격 관계대명사절 삽입절

are philosophically important}]. For example, / we do not have
중요하다고 생각하는   예를 들어   용어는 일반 언어에 없다

a term in ordinary language / [that describes a memory / {that is
기억을 설명하는
주격 관계대명사절   주격 관계대명사절

not necessarily a memory of something / the person having it
무언가에 대한 기억이 반드시 아닐 수 있는   그것(기억)을 가진 사람이
(that) 목적격 관계대명사절 현재분사구

has experienced>}]. Such a thing would occur, / for example, /
경험한   그러한 상황이 생길 수 있다   예를 들어

[if I could somehow share your memories]: / I would have a
내가 어떻게든 당신의 기억을 공유할 수 있다면   즉, 나는
조건의 부사절

memory-type experience, / but this would not be of something /
기억 유형의 경험을 갖고 있다   하지만 이것이 어떤 것이 아닐 수도 있다

[that I had actually experienced]. [To call this a memory] / would
내가 실제로 경험한   이것을 기억이라고 부르는 것은
목적격 관계대명사절   주어(to부정사구)
                              call+목적어+목적격보어: (목적어)를 ~라고 부르다

be misleading. For this reason, / philosophers have coined
오해의 소지가 있다   이러한 이유로   철학자들은 '유사 기억'이라는 특별한 용어를

the special term 'quasi-memory' / to refer to these hypothetical
만들어 냈다   =   기억과 유사한 이러한 가상의 경험을 지칭하기
                              to부정사의 부사적 용법(목적)

memory-like experiences.
위해

지문 해석

일반적으로, 당신의 (용어) 정의가 자신의 주장과 관련 있는 종류의 논의들에서 그 용어가 일반적으로 사용되는 방식에 가능한 비슷하게 일치하면 더 좋다. 그러나 철학자들이 '자극하는 정의'라고 부르는 것을 통해 '특별한 용법'을 만드는 것이 적절하고, 심지어 필요한 경우도 있을 것이다. 현재의 어휘로는 당신이 철학적으로 중요하다고 생각하는 구분을 할 수 없는 경우가 이에 해당한다. 예를 들어, 일반 언어에는 그것(기억)을 가진 사람이 경험한 것의 기억은 반드시 아닐 수도 있는 그런 기억을 설명하는 용어가 없다. 예를 들어, 내가 어떻게든 당신의 기억을 공유할 수 있다면 그러한 상황이 생길 수 있다. 즉, 나는 기억 유형의 경험을 갖고 있지만, 이것이 내가 실제로 경험한 것이 아닐 수도 있다. 이것을 기억이라고 부르는 것은 오해의 소지가 있다. 이러한 이유로, 철학자들은 기억과 유사한 이러한 가상의 경험을 지칭하기 위해 '유사 기억'이라는 특별한 용어를 만들어 냈다.

지문 흐름

용어의 정의는 일반적으로 사용되는 방식과 같은 것이 좋음	도입
기존의 어휘로 중요한 구분을 할 수 없는 경우에는 새로운 정의나 용어가 필요함	반론
실제 경험이 아닌 기억을 설명할 수 있는 일반적인 용어는 없음	예시
기억의 공유 상황에서 기억을 가진 사람이 반드시 그것을 경험한 사람이 아닐 수도 있음	부연
이러한 상황에서 기억이라는 기존 용어가 혼란을 일으킬 수 있음	문제 제기
이를 해결하기 위해 철학자들은 '유사 기억'이라는 새로운 용어를 만들어 냄	해결책

친절한 오답 풀이

오답 선택지	선택률	오답 이유
①	6%	기존의 용어가 갖는 한계 상황을 기술하는 예시는, 일반적인 사용 방식과 같은 용어 정의가 좋다는 언급 뒤에 이어질 예시가 아니다.
②	29%	철학자들이 '특별한 용법'을 만드는 것이 필요한 경우가 있다는 언급에 이어, 어떤 경우가 이에 해당하는지 부연 설명하는 중간에 예시가 들어가는 것은 적절하지 않다.
④	23%	기억 유형의 경험이 실제 경험이 아닐 수 있는 상황을 구체적으로 설명하는 문장 뒤에 '예를 들어'라는 말과 함께 기억이라는 용어의 한계에 관한 일반적인 진술이 이어지는 것은 흐름에 맞지 않는다.
⑤	15%	기억이라는 용어를 사용하면 문제가 되기 때문에(원인) 철학자들이 특별한 용어를 만들었다는(결과) 자연스러운 흐름 중에, 기억이라는 용어의 한계가 드러나는 예시 상황이 들어가는 것은 적절하지 않다.

코드+α 배경지식

유사 기억(quasi-memory)

'유사 기억'은 실제로 경험한 사건이 아니라, 기억처럼 느껴지는 경험을 가리키는 철학적 개념이다. 이는 다른 사람의 경험을 자신의 기억처럼 느끼거나, 상상 속에서 존재하는 사건을 마치 실제 경험한 것처럼 기억하는 경우에 해당한다. 예를 들어, 누군가의 기억을 강하게 상상하거나 그 사람의 기억을 공유한다고 느낄 때, 그 경험은 유사 기억으로 분류될 수 있다. 유사 기억은 실제 경험을 바탕으로 한 기억과 구별되며, 그 자체로 기억처럼 느껴지지만 실제로는 경험하지 않은 사건에 대한 인식이다. 이 개념은 기억의 본질과 기억의 신뢰성에 대한 철학적 논의에서 중요한 역할을 한다.

04   정답 ④   정답률 57%

정답 풀이

주어진 문장은 스트레스를 받을 때 편히 앉아서 삶의 의미에 대해 사색하지 않는다는 내용이므로, 그 대신 어떤 행동을 취해야 할지 알아내려고 노력한다는 내용 앞인 ④에 들어가는 것이 가장 적절하다.

친절한 지문분석

The brain is a high-energy consumer of glucose, / [which is
뇌는 포도당의 고에너지 소비자이다   그것의 연료인
주격 관계대명사절(계속적 용법)

its fuel]. [Although the brain accounts for merely 3 percent of a
= the brain's   양보의 부사절
비록 뇌는 사람 체중의 단지 3퍼센트를 차지하지만

person's body weight], / it consumes 20 percent of the available
사용 가능한 연료의 20퍼센트를 소비한다

fuel. Your brain can't store fuel, however, / so it has to "pay as it
그러나 여러분의 뇌는 연료를 저장할 수 없다   따라서 '활동하는 대로 대가를 지불'
삽입어

goes." [Since your brain is incredibly adaptive], / it economizes
해야 한다   여러분의 뇌는 놀라울 정도로 적응력이 뛰어나기 때문에   그것의 연료 자원을
이유의 부사절

its fuel resources. / Thus, during a period of high stress, / it shifts
경제적으로 사용한다   따라서 극심한 스트레스를 받는 기간 동안   그것은 이동
= your brain

away / from the analysis of the nuances of a situation / to a singular
한다   상황의 미묘한 차이의 분석에서   당면한 스트레스
from A to B: A에서 B로

and fixed focus on the stressful situation at hand. You don't sit
상황에 대한 단일하고 고정된 초점으로   여러분은 편히 앉아서

back and speculate about the meaning of life / [when you are
삶의 의미에 대해 사색하지 않는다   스트레스를 받을 때
시간의 부사절

stressed]. Instead, you devote all your energy to trying to figure
대신에 여러분은 알아내려고 노력하는 데 모든 에너지를 쏟는다
devote A to B: A를 B에 바치다

out / [what action to take]. Sometimes, however, this shift /
어떤 행동을 취해야 할지   그러나 때때로 이러한 이동은
목적어(의문사+to-v)

[from the higher-thinking parts of the brain to the automatic and
뇌의 고차원적 사고 영역에서 자동적이고 반사적인 영역으로의
전치사구   from A to B: A에서 B로

reflexive parts of the brain] / can lead you to do something too
여러분이 무언가를 너무 빨리 하도록 이끌 수 있다
lead+목적어+to-v: (목적어)가 ~하게 하다

quickly, / without thinking.
생각 없이

지문 해석

뇌는 그것의 연료인 포도당의 고에너지 소비자이다. 비록 뇌는 사람 체중의 단지 3퍼센트를 차지하지만, 사용 가능한 연료의 20퍼센트를 소비한다. 그러나 여러분의 뇌는 연료를 저장할 수 없고, 따라서 '활동하는 대로 대가를 지불'해야 한다. 여러분의 뇌는 놀라울 정도로 적응력이 뛰어나기 때문에, 그것의 연료 자원을 경제적으로 사용한다. 따라서, 극심한 스트레스를 받는 기간 동안, 뇌는 상황의 미묘한 차이의 분석에서 당면한 스트레스 상황에 대한 단일하고 고정된 초점으로 이동한다. 여러분은 스트레스를 받을 때 편히 앉아서 삶의 의미에 대해 사색하지 않는다. 대신에, 여러분은 어떤 행동을 취해야 할지 알아내려고 노력하는 데 모든 에너지를 쏟는다. 그러나 때때로 뇌의 고차원적이고 반사적인 영역으로의 이러한 이동은 여러분이 무언가를 생각 없이 너무 빨리 하도록 이끌 수 있다.

지문 흐름

뇌는 그것의 연료인 포도당의 고에너지 소비자임	도입
↓	
뇌는 사람 체중의 단지 3퍼센트를 차지하지만, 사용 가능한 연료의 20퍼센트를 소비함	부연
↓	
뇌는 연료를 저장할 수 없으므로, '활동하는 대로 대가를 지불'해야 함	전개
↓	
뇌는 적응력이 뛰어나기 때문에, 그것의 연료 자원을 경제적으로 사용함	요지
↓	
스트레스를 받는 동안, 뇌는 상황의 미묘한 차이의 분석에서 당면한 스트레스 상황에 대한 단일하고 고정된 초점으로 이동함	상술
↓	
스트레스를 받을 때 편히 앉아서 삶의 의미에 대해 사색하지 않는 대신에, 어떤 행동을 취해야 할지 알아내려고 노력하는 데 모든 에너지를 쏟음	예시
↓	
뇌의 고차원적 사고 영역에서 자동적이고 반사적인 영역으로의 이러한 이동은 무언가를 생각 없이 너무 빨리 하도록 이끌 수 있음	비판

친절한 오답 풀이

오답 선택지	선택률	오답 이유
①	3%	주어진 문장의 'when you are stressed'로 보아, 스트레스를 받는 기간 동안의 뇌의 역할을 설명하는 ③ 뒤의 문장보다 앞에 들어가는 것은 적절하지 않다.
②	5%	
③	27%	
⑤	8%	주어진 문장은 스트레스를 받을 때의 행동에 대한 내용이므로, ⑤에 들어가는 것은 적절하지 않다.

05   정답 ④   정답률 53%

정답 풀이

주어진 문장은 오히려 현실 세계에서 실제로 일어나지 않는 상황을 만들어야 한다는 내용이므로, 현실의 통제되지 않은 세계에서의 문제점에 관한 예시가 끝나고 그것이 바로 과학 실험이 하는 일이라고 말하는 문장 앞인 ④에 들어가는 것이 가장 적절하다.

친절한 지문분석

The fundamental nature [of the experimental method] / is
실험 방법의 근본적인 본질은
주어   전치사구   동사

manipulation and control. Scientists manipulate a variable of
조작과 통제이다   과학자들은 관심 변인을 조작하고

interest, / and see if there's a difference. At the same time, / they
차이가 있는지 확인한다   동시에   그들은
~인지(접속사)

attempt to control / for the potential effects [of all other variables].
그들은 통제하려고 시도한다   잠재적 영향을   다른 모든 변인의
attempt to-v: ~하려고 시도하다   전치사구(형용사구)

The importance of controlled experiments / in identifying the
통제된 실험의 중요성은   사건의 근본적인 원인을
in v-ing: ~에 있어서

underlying causes of events / cannot be overstated. In the real-
식별하는 데 있어   아무리 강조해도 지나치지 않다   현실의 통제되지
아무리 강조해도 지나치지 않다

uncontrolled-world, / variables are often correlated. For example,
않은 세계에서   변인들은 종종 상관관계가 있다   예를 들어

people [who take vitamin supplements] may have different eating
비타민 보충제를 섭취하는 사람들은   다른 식습관과 운동 습관을 지닐 수 있다
주격 관계대명사절

and exercise habits / than people [who don't take vitamins].
                    비타민을 섭취하지 않는 사람들과는
different ~ than ...: …와는 다른 ~   주격 관계대명사절

As a result, [if we want to study the health effects of vitamins],
그 결과   만약 우리가 비타민의 건강에 미치는 효과를 연구하고 싶다면
              조건의 부사절

we can't merely observe the real world, [since any of these
우리는 단지 현실 세계만 관찰할 수 없는데   왜냐하면 이러한 요소
                              이유의 부사절

factors (the vitamins, diet, or exercise) may affect health]. Rather,
(비타민, 식단, 운동) 중 어느 것이든 건강에 영향을 미칠 수 있기 때문이다   오히려

we have to create a situation [that doesn't actually occur in the
우리는 상황을 만들어야 한다   현실 세계에서 실제로 일어나지 않는
                              주격 관계대명사절

real world]. That's just [what scientific experiments do]. They
그것이 바로 과학 실험이 하는 일이다   그것들은
              관계대명사절(보어)   = scientific experiments

try to separate the naturally occurring relationship in the world /
세상에서 자연적으로 발생하는 관계를 분리하려고 애쓴다
try to-v: ~하려고 노력하다

by manipulating one specific variable at a time, [while holding
한 번에 하나의 특정 변인을 조작하여   그 밖의 다른 모든 것을
by v-ing: ~함으로써   접속사+분사구문

everything else constant].
일정하게 유지하면서

지문 해석

실험 방법의 근본적인 본질은 조작과 통제이다. 과학자들은 관심 변인을 조작하고, 차이가 있는지 확인한다. 동시에, 다른 모든 변인의 잠재적 영향을 통제하려고 시도한다. 사건의 근본적인 원인을 식별하는 데 있어 통제된 실험의 중요성은 아무리 강조해도 지나치지 않다. 현실의 통제되지 않은 세계에서, 변인들은 종종 상관관계가 있다. 예를 들어, 비타민 보충제를 섭취하는 사람들은 비타민을 섭취하지 않는 사람들과는 다른 식습관과 운동 습관을 지닐 수 있다. 그 결과, 만약 우리가 비타민의 건강에 미치는 효과를 연구하고 싶다면, 우리는 단지 현실 세계만 관찰할 수 없는데, 왜냐하면 이러한 요소(비타민, 식단, 운동) 중 어느 것이든 건강에 영향을 미칠 수 있기 때문이다. <u>오히려, 우리는 현실 세계에서 실제로 일어나지 않는 상황을 만들어야 한다.</u> 그것이 바로 과학 실험이 하는 일이다. 그것들은 그 밖의 다른 모든 것을 일정하게 유지하면서, 한 번에 하나의 특정 변인을 조작하여 세상에서 자연적으로 발생하는 관계를 분리하려고 애쓴다.

지문 흐름

실험 방법의 근본적인 본질은 조작과 통제임	도입
↓	
과학자들은 관심 변인을 조작하는 동시에 다른 모든 변인의 잠재적 영향을 통제함	상술
↓	
사건의 근본적인 원인을 식별하는 데 있어 통제된 실험이 중요함	요지
↓	
현실의 통제되지 않은 세계에서, 변인들은 종종 상관관계가 있음	근거
↓	
비타민 보충제를 섭취하는 사람들은 비타민을 섭취하지 않는 사람들과는 다른 식습관과 운동 습관을 지닐 수 있음	예시
↓	
비타민의 건강에 미치는 효과를 연구하고 싶다면, 비타민, 식단, 운동 중 어느 것이든 건강에 영향을 미칠 수 있기에 단지 현실 세계만 관찰할 수 없음	예시(문제점)
↓	
오히려 현실 세계에서 실제로 일어나지 않는 상황을 만들어야 함	해결책
↓	
그것이 과학 실험이 하는 일이며, 다른 모든 것을 일정하게 유지하면서, 한 번에 하나의 특정 변인을 조작하여 자연적으로 발생하는 관계를 분리하려고 애씀	결론 (요지 재진술)

오답 선택지	선택률	오답 이유
①	7%	주어진 문장은 현실 세계에서 실제로 일어나지 않는 상황을 만들어야 한다는 내용이므로, 현실 세계에 대한 예시 다음에 들어가야 한다.
②	17%	
③	14%	
⑤	10%	과학 실험이 하는 일에 대해 말하고 있으므로 앞 문장과의 연결이 자연스럽다. 따라서 주어진 문장이 ⑤에 들어가는 것은 부적절하다.

06   정답 ②   정답률 31%

정답 풀이

주어진 문장은 전기 기관 안에서 근육 세포가 더 큰 덩어리로 연결되어 있어 일반 근육에서보다 총 전류 강도를 더 크게 만든다는 내용이므로, 일반 근육 세포 안에서도 약한 전류가 발생한다는 내용 다음인 ②에 들어가는 것이 가장 적절하다.

친절한 지문분석

Electric communication is mainly known in fish. The electric
전기적 의사소통은 주로 물고기에서 알려져 있다   전기 신호는
              수동태

signals are produced / in special electric organs. [When the signal
생성된다   특수 전기 기관에서   신호가 방출되면
                                    시간의 부사절

is discharged] / the electric organ will be negatively loaded /
          전기 기관이 음전하를 띠고
미래시제 수동태

compared to the head / and an electric field is created around the
머리에 비해   물고기 주위에 전기장이 생긴다
~와 비교하여

fish. A weak electric current is created / also in ordinary muscle
        약한 전류가 발생한다   일반 근육 세포 안에서도

cells [when they contract]. In the electric organ / the muscle cells
        그것이 수축할 때   전기 기관 안에서   근육 세포는
        시간의 부사절

are connected in larger chunks, [which makes the total current
더 큰 덩어리로 연결되어 있으며   이는 일반 근육에서보다 총 전류 강도를
                            주격 관계대명사절(계속적 용법)

intensity larger than in ordinary muscles]. The fish varies the
더 크게 만든다   물고기는 신호를 다양하게 한다
        비교급+than

signals / by changing the form of the electric field or the frequency
        전기장의 형태나 방출 주파수를 변화시켜
        by v-ing: ~함으로써

of discharging. The system is only working over small distances, /
              이 체계는 짧은 거리에서만 작동한다

about one to two meters. This is an advantage [since the species
약 1~2미터 정도의   이것은 이점이 있다   이 신호 체계를
                                        이유의 부사절

{using the signal system} often live / in large groups with several
        사용하는 종들은 흔히 살기 때문에   큰 무리를 지어 다른 여러 종과 함께
현재분사구

other species]. [If many fish send out signals at the same time],
        많은 물고기가 동시에 신호를 보내면
        조건의 부사절

the short range decreases / the risk of interference.
짧은 (도달 가능) 범위는 줄여 준다   간섭의 위험을

지문 해석

전기적 의사소통은 주로 물고기에서 알려져 있다. 전기 신호는 특수 전기 기관에서 생성된다. 신호가 방출되면 전기 기관은 머리에 비해 음전하를 띠고 물고기 주위에 전기장이 생긴

다. 일반 근육 세포가 수축할 때 약한 전류가 그 안에서도 발생한다. 전기 기관 안에서 근육 세포는 더 큰 덩어리로 연결되어 있으며, 이는 일반 근육에서보다 총 전류 강도를 더 크게 만든다. 물고기는 전기장의 형태나 방출 주파수를 변화시켜 신호를 다양하게 한다. 이 체계는 약 1~2미터 정도의 짧은 거리에서만 작동한다. 이 신호 체계를 사용하는 종들은 흔히 큰 무리를 지어 다른 여러 종과 함께 살기 때문에 이것은 이점이 있다. 많은 물고기가 동시에 신호를 보내면, 짧은 (도달 가능) 범위는 간섭의 위험을 줄여 준다.

친절한 오답 풀이

오답 선택지	선택률	오답 이유
①	17%	주어진 문장의 ordinary muscles와의 비교는, ①의 ordinary muscle cells에 대한 내용 뒤에 나오는 것이 적절하다.
③	18%	③의 뒤 문장부터 글의 후반부는 the signal system에 해당하는 내용이므로, muscle cells에 대한 주어진 문장이 오는 것은 적절하지 않다.
④	30%	
⑤	4%	

코드 접속하기

pp.133~136

Q1 ③　　Q2 ③　　Q3 ④　　Q4 ③

Q1

정답 ③　　정답률 74%

정답 풀이

의료 및 유전 정보에 있어 유전자 배열 사본은 무료화되지만 그것의 활용 방법을 담은 매뉴얼은 비싸질 것이라는 내용의 글이므로, 개인의 유전자 정보 공개가 법적 및 윤리적 문제를 야기할 것이라는 내용의 ③은 글의 흐름과 무관하다.

친절한 지문분석

As the old joke goes: / "Software, free. / User manual, $10,000."
다음과 같은 옛 농담처럼　　소프트웨어, 무료　　사용자 매뉴얼, 10,000달러
~하듯이(접속사)

But it's no joke. A couple of high-profile companies make their
하지만 그것은 농담이 아니다　　세간의 이목을 끄는 몇몇 기업들은 돈을 번다

living / [selling instruction and paid support for free software].
　　　무료 소프트웨어에 대한 지침과 유료 지원을 판매하면서
　　분사구문(동시동작)　selling의 목적어 1　　selling의 목적어 2

The copy of code, / [being mere bits], / is free. The lines of free
코드 사본은　　　　　단지 몇 비트일 뿐인　　무료이다　무료 코드의 배열은 당신에게
　　　　　　　　　현재분사구

code become valuable to you / only through support and guidance.
가치 있게 된다　　　　　지원과 안내를 통해서만
　　　　　　　전치사구(부사구)

A lot of medical and genetic information will go this route / in the
많은 의료 및 유전 정보가 이 경로를 따르게 될 것이다

coming decades. Right now / [getting a full copy of all your DNA]
다가올 수십 년 안에　　지금은　　당신의 모든 DNA의 전체 사본을 얻는 것이 매우 비싸다
　　　　　　　　　　　　주어(동명사구)

is very expensive ($10,000), / but soon it won't be. The public
(10,000달러)　　　　　　하지만 곧 그렇지 않게 될 것이다　사람들의 개인
　　　　　　　　　　　　　　= getting a full copy of all your DNA

exposure [of people's personal genetic information] / will
유전자 정보의 공개는
　　　　전치사구(형용사구)

undoubtedly cause serious legal and ethical problems. The price is
틀림없이 심각한 법적이고 윤리적인 문제를 야기할 것이다　　　　가격이 너무 빨리

dropping so fast, / it will be $100 soon, / and then the next year /
떨어지고 있어　　　곧 100달러가 될 것이고　　그 다음 해에는

insurance companies will offer to sequence you for free. [When a
보험 회사가 무료로 당신의 유전자 배열 순서를 밝혀줄 것을 제안할 것이다　　당신의
　　　　　　　　　to부정사의 명사적 용법(목적어)　　　시간의 부사절

copy of your sequence costs nothing], / the interpretation of [what
배열의 사본에 비용이 들지 않을 때　　　　　그것이 무엇을 의미하는지에 관한 설명은
　　　　　　　　　　　　　　　　　　목적어 1(의문사절)

it means], / [what you can do about it], / and [how to use it] / —
　　　　　　당신이 그것에 관해 무엇을 할 수 있는지　　그리고 그것을 어떻게 사용하는지
= a copy of your sequence
　　　　목적어 2(의문사절)　　　　　　　　　목적어 3

the manual for your genes — / will be expensive.
당신의 유전자 매뉴얼은　　　　비싸질 것이다

지문 해석

다음과 같은 옛 농담처럼: "소프트웨어, 무료. 사용자 매뉴얼, 10,000달러." 하지만 그것은 농담이 아니다. 세간의 이목을 끄는 몇몇 기업들은 무료 소프트웨어에 대한 지침과 유료 지

원을 판매하면서 돈을 번다. 단지 몇 비트일 뿐인 코드 사본은 무료이다. 무료 코드의 배열은 지원과 안내를 통해서만 당신에게 가치 있게 된다. 다가올 수십 년 안에 많은 의료 및 유전 정보가 이 경로를 따르게 될 것이다. 지금은 당신의 모든 DNA의 전체 사본을 얻는 것이 매우 비싸지만 (10,000달러), 곧 그렇지 않게 될 것이다. (사람들의 개인 유전자 정보의 공개는 틀림없이 심각한 법적이고 윤리적인 문제를 야기할 것이다.) 가격이 너무 빨리 떨어지고 있어, 곧 100달러가 될 것이고, 그 다음 해에는 보험 회사가 무료로 당신의 유전자 배열 순서를 밝혀줄 것을 제안할 것이다. 당신의 배열의 사본에 비용이 들지 않을 때, 그것이 무엇을 의미하는지, 당신이 그것에 관해 무엇을 할 수 있는지, 그리고 그것을 어떻게 사용하는지에 관한 설명—당신의 유전자 매뉴얼—은 비싸질 것이다.

지문 흐름

옛 농담 "소프트웨어, 무료. 사용자 매뉴얼, 10,000달러." 는 농담이 아님	········	도입
↓		
무료 소프트웨어에 대한 지침과 유료 지원을 판매하면서 돈을 버는 기업이 있으며, 무료 코드의 배열은 지원과 안내를 통해서만 가치가 생김	········	부연
↓		
의료 및 유전 정보가 이 경로를 따르게 될 것임	········	주제
지금은 DNA의 전체 사본을 얻는 것이 비싸지만 곧 그렇지 않게 될 것임	········	상술 1
↓		
개인 유전자 정보 공개는 심각한 법적, 윤리적인 문제를 야기할 것임	········	무관한 내용
↓		
가격이 빨리 떨어지고 있어, 곧 100달러가 될 것이고, 그 다음 해에는 무료가 될 것임	········	상술 2
↓		
유전자 배열 사본에 비용이 들지 않을 때, 유전자 매뉴얼은 비싸질 것임	········	주제 재진술

친절한 오답 풀이

오답 선택지	선택률	오답 이유
① 다가올 수십 년 안에 많은 의료 및 유전 정보가 이 경로를 따르게 될 것이다.	3%	소프트웨어 분야의 사례와 동일하게, 의료 및 유전 정보도 이 경로를 따르게 된다는 내용이므로, 글의 흐름과 어울린다.
② 지금은 당신의 모든 DNA의 전체 사본을 얻는 것이 매우 비싸지만 (10,000달러), 곧 그렇지 않게 될 것이다.	6%	소프트웨어가 무료인 것과 마찬가지로 DNA 사본도 현재는 비싸지만 그렇지 않게 될 것이라는 내용이므로, 글의 흐름과 어울린다.
④ 가격이 너무 빨리 떨어지고 있어, 곧 100달러가 될 것이고, 그 다음 해에는 보험 회사가 무료로 당신의 유전자 배열 순서를 밝혀줄 것을 제안할 것이다.	14%	DNA 사본이 가격이 떨어져 무료가 된다는 내용이므로, 글의 흐름과 어울린다.
⑤ 당신의 배열의 사본에 비용이 들지 않을 때, 그것이 무엇을 의미하는지, 당신이 그것에 관해 무엇을 할 수 있는지, 그리고 그것을 어떻게 사용하는지에 관한 설명—당신의 유전자 매뉴얼—은 비싸질 것이다.	3%	(유전자) 배열 사본이 무료가 되면 그에 대한 매뉴얼이 비싸질 것이라는 내용이므로, 글의 흐름과 어울린다.

Q2

정답 ③　　　　정답률 56%

정답 풀이

대양은 연결되어 있고 대양 자체가 끊임없이 움직이고 있기 때문에 결과적으로 대양의 생물 군집은 육지보다 덜 명확하다는 내용의 글이므로, 연안 해류가 예상보다 동물들을 덜 이동시키고 근해 지역 내에 동물을 가둔다고 설명하는 ③은 글의 흐름상 적절하지 않다.

친절한 지문분석

The major oceans are all interconnected, / so that
주요 대양은 모두 서로 연결되어 있다　　　　그래서

their geographical boundaries are less clear / than those of
그것들의 지리적 경계가 덜 명확하다　　　　대륙의 경계보다
　　　　　　　　　　　　　　　　　　(= geographical boundaries)

the continents. As a result, / their biotas show fewer
결과적으로　　　그것들의 생물 군집은 명확한 차이를 덜 보여준다

clear differences / than those on land. The oceans themselves
　　　　육지에서의 생물 군집보다　　대양 자체가 끊임없이 움직이고 있다
　　　　(= biotas)　　　　　재귀대명사(강조)

are continually moving [because the water {within each ocean
물이　　　　　　　　각 해저분지 안에서
이유의 부사절　　　전치사구(형용사구)

basin} slowly rotates]. These moving waters carry /
천천히 회전하기 때문에　이 이동하는 물은 운반한다
　　　　　　　　　　주어　　　동사 1

marine organisms / from place to place, / and also help /
해양 생물을　　　　여기저기로　　　또한 돕는다
　　　　　　　　　　　　　　　　　동사 2

the dispersal of their young or larvae. In other words, /
그들의 새끼나 유충의 확산을　　　　다시 말해서

coastal ocean currents not only move animals much less often /
연안 해류는 훨씬 덜 자주 동물들을 이동시킬 뿐만 아니라
　　　　　　not only A but (also) B: A뿐만 아니라 B도　비교급 강조

than expected, / but they also trap animals / within nearshore
예상보다　　　그것들은 동물을 가두기도 한다　　근해 지역 내로

regions. Furthermore, / the gradients [between the environments /
더욱이　　　　변화도는　　　　환경 사이의
　　　　　　　주어　　　전치사구(형용사구)

of different areas of ocean water mass] are very gradual /
다양한 지역의 대양 해수 덩어리　　　매우 점진적이며
　　　　　　　　　　　　　　　동사 1

and often extend over wide areas [that are inhabited / by
종종 넓은 지역에 이른다　　　　서식되어지는
　　동사 2　　　　주격 관계대명사절　수동태

a great variety of organisms / of differing ecological tolerances].
매우 다양한 유기체에 의해　　　생태학적 내성이 다른
다양한

There are no firm boundaries / within the open oceans
확실한 경계는 없다　　　　넓은 대양에

[although there may be barriers / to the movement of organisms].
방해물이 있을 수 있지만　　　유기체의 이동에
양보의 부사절

지문 해석

주요 대양은 모두 서로 연결되어 있어서 그것들의 지리적 경계가 대륙의 경계보다 덜 명확하다. 결과적으로 그것들의 생물 군집은 육지에서의 생물 군집보다 덜 명확한 차이를 보인다. 각 해저분지 안에서 물이 천천히 회전하기 때문에 대양 자체가 끊임없이 움직이고 있다. 이 이동하는 물은 해양 생물을 여기저기로 운반하며, 그들의 새끼나 유충의 확산을 돕기도 한다. (다시 말해서, 연안 해류는 예상보다 훨씬 덜 자주 동물들을 이동시킬 뿐만 아니라 근해 지역 내로 동물을 가두기도 한다.) 더욱이 다양한 지역의 대양 해수 덩어리 환경 사이의 변화도는 매우 점진적이며, 종종 생태학적 내성이 다른 매우 다양한 유기체가 서식하는 넓은 지역에 이른다. 유기체의 이동에 방해물이 있을 수 있지만, 넓은 대양에 확실한 경계는 없다.

주요 대양은 서로 연결되어 있어서 그것들의 지리적 경계가 대륙보다 덜 명확하며, 결과적으로 대양의 생물 군집은 육지보다 명확한 차이를 덜 보임	········	주제
각 해저 분지 안에서 물이 천천히 회전하기 때문에 대양 자체가 끊임없이 움직이고, 이 이동하는 물은 해양 생물을 여기저기로 운반하며, 또한 그들의 새끼나 유충의 확산을 도움	········	상술 1
연안 해류는 예상보다 훨씬 동물들을 덜 이동시킬 뿐만 아니라 근해 지역 내로 동물을 가두기도 함	········	무관한 내용
다양한 지역의 대양 해수 덩어리 환경 사이의 변화도는 점진적이고, 종종 생태학적 내성이 다른 매우 다양한 유기체가 서식하는 넓은 지역에 걸쳐 퍼짐	········	상술 2
유기체의 이동에 방해물이 있을 수 있지만, 넓은 대양에 확실한 경계는 없음	········	주제 재진술

친절한 오답 풀이

오답 선택지	선택률	오답 이유
① 각 해저분지 안에서 물이 천천히 회전하기 때문에 대양 자체가 끊임없이 움직이고 있다.	3%	해저 분지 안의 물이 천천히 회전하므로 대양이 끊임없이 움직인다는 내용이므로, 글의 흐름과 어울린다.
② 이 이동하는 물은 해양 생물을 여기저기로 운반하며, 그들의 새끼나 유충의 확산을 돕기도 한다.	7%	앞 문장에서 언급한 물이 해양 생물을 여기저기로 운반한다는 내용이므로, 글의 흐름과 어울린다.
④ 더욱이 다양한 지역의 대양 해수 덩어리 환경 사이의 변화도는 매우 점진적이며, 종종 생태학적 내성이 다른 매우 다양한 유기체가 서식하는 넓은 지역에 이른다.	25%	대양에서 환경 간의 변화도는 점진적이고 넓은 지역에 걸쳐 퍼져있다는 내용이므로, 글의 흐름과 어울린다.
⑤ 유기체의 이동에 방해물이 있을 수 있지만, 넓은 대양에 확실한 경계는 없다.	7%	대양에는 확실한 경계가 없다는 내용이므로, 글의 흐름과 어울린다.

Q3   정답 ④   정답률 62%

정답 풀이

입장을 취하는 것은 집합 지점이 되기 때문에 중요하며, 잠재적인 고객에게 단순히 제품을 판매하는 것이 아닌 당신의 견해에 대한 동의를 얻는 것이라는 점에서 최고의 마케팅이라는 내용이므로, 고객을 상품 개발 과정에 참여시켜 고객을 유지하라는 내용의 ④는 글의 흐름과 무관하다.

친절한 지문분석

Taking a stand is important / [because you become a beacon for
입장을 취하는 것은 중요하다 / 당신이 그 개개인들에게 햇불이 되기 때문에
동명사구(주어) / 이유의 부사절

those individuals / {who are your people, your tribe, and your
당신의 사람들, 당신의 부족들, 당신의 청중인
주격 관계대명사절

audience}]. [When you raise your viewpoint up like a flag], /
당신이 당신의 견해를 깃발처럼 들 때
시간의 부사절

people know where to find you; / it becomes a rallying point.
사람들은 어디서 당신을 찾아야 할지를 안다 / 그것은 집합 지점이 된다
where to-v: 어디서 ~할지

Displaying your perspective / lets prospective (and current)
당신의 관점을 보여주는 것은 / 장래의 (그리고 현재의) 고객들이 알게 한다
동명사구(주어) / let+목적어+동사원형: (목적어)가 ~하게 하다

customers know / [that you don't just sell your products or
당신이 단지 물건과 서비스만 파는 것이 아니라는 것을
목적절

services]. The best marketing is never just about [selling a product
최고의 마케팅은 결코 제품이나 서비스를 판매하는 것에 대한 것이 아니다
(is) 동명사구 1

or service], / but about [taking a stand] / — showing an audience /
그러나 입장을 취하는 것에 대한 (것이다) / 즉, 청중에게 보여주는 것이다
동명사구 2

[why they should believe / in {what you're marketing}] / enough to
왜 그들이 믿어야 하는지 / 당신이 마케팅하는 것을 / 그것을 원할만큼 충분히
의문사절 / 관계대명사절 / enough to-v: ~할만큼 충분히

want it / at any cost, / simply because they agree with / [what
어떠한 비용에도 / 단순히 청중들이 동의하기 때문에
관계대명사절

you're doing]. [If you want to retain your existing customers], /
당신이 하는 것에 / 만약 당신이 기존의 고객을 유지하고 싶다면
조건의 부사절

you need to create ways / [that a customer can feel like
당신은 방법을 만들어낼 필요가 있다 / 고객이 팀의 또 다른 구성원처럼
관계부사절

another member of the team, / participating in the process of
느끼게 할 / 상품 개발 과정에 참여하면서
분사구문(부대상황) (can be)

product development]. Products can be changed or adjusted /
상품은 바꾸거나 고칠 수 있다
수동태 1 수동태 2(병렬구조)

[if they aren't functioning], / but rallying points align /
기능하고 있지 않으면 / 하지만 집합 지점은 같은 선상에 있다
조건의 부사절

with the values and meaning / behind [what you do].
가치와 의미와 / 당신이 하는 것의 이면에 있는
관계대명사절

지문 해석

입장을 취하는 것은 당신이 당신의 사람들, 당신의 부족들, 당신의 청중인 그 개개인들에게 햇불이 되기 때문에 중요하다. 당신이 당신의 견해를 깃발처럼 들 때, 사람들은 어디서 당신을 찾아야 할지를 안다. 그것은 집합 지점이 된다. 당신의 관점을 보여주는 것은 장래의 (그리고 현재의) 고객들이 당신이 단지 물건과 서비스만 파는 것이 아니라는 것을 알게 한다. 최고의 마케팅은 결코 제품이나 서비스를 판매하는 것에 대한 것이 아니고, 입장을 취하는 것 ─ 즉, 단순히 청중들이 당신이 하는 것에 동의하기 때문에, 왜 그들이 당신이 마케팅하는 것을 어떠한 비용을 지불하더라도 그것을 원할만큼 충분히 믿어야 하는지를 청중에게 보여주는 것에 대한 것이다. (만약 당신이 기존의 고객을 유지하고 싶다면 당신은 고객이 상품 개발 과정에 참여하면서, 팀의 또 다른 구성원처럼 느끼게 할 방법을 만들어낼 필요가 있다.) 상품은 기능하지 않으면 바꾸거나 고칠 수 있지만, 집합 지점은 당신이 하는 것의 이면에 있는 가치와 의미와 같은 선상에 있다.

지문 흐름

당신의 관점을 보여주는 것은 집합 지점이 되므로 중요함	········	주제
최고의 마케팅은 고객들에게 상품과 서비스를 판매하는 것이 아니라 당신의 입장을 취하고 그것에 동의하는 고객들이 물건을 살 수 있도록 하는 것임	········	상술 1
당신은 고객을 상품 개발 과정에 참여시킴으로써 기존의 고객을 유지할 수 있음	········	무관한 내용
상품은 바꾸거나 고칠 수 있지만, 집합 지점은 당신이 하는 것의 가치와 의미와 관련 있음	········	상술 2

오답 선택지	선택률	오답 이유
① 당신이 당신의 견해를 깃발처럼 들 때, 사람들은 어디서 당신을 찾아야 할지를 안다. 그것은 집합 지점이 된다.	6%	입장을 취하는 것이 중요하다고 말하는 앞 문장에 이어서 당신의 견해를 깃발처럼 들면 그것이 집합 지점이 된다는 내용으로, 글의 흐름과 어울린다.
② 당신의 관점을 보여주는 것은 장래의 (그리고 현재의) 고객들이 당신이 단지 물건과 서비스만 파는 것이 아니라는 것을 알게 한다.	9%	당신의 관점을 보여주는 것이 고객들에게 중요하다는 것에 대해서 말하고 있으므로, 글의 흐름과 어울린다.
③ 최고의 마케팅은 결코 제품이나 서비스를 판매하는 것에 대한 것이 아니고, 입장을 취하는 것 — 즉, 단순히 청중들이 당신이 하는 것에 동의하기 때문에, 왜 그들이 당신이 마케팅하는 것을 어떠한 비용을 지불하더라도 그것을 원할만큼 충분히 믿어야 하는지를 청중들에게 보여주는 것에 대한 것이다.	13%	최고의 마케팅은 단순히 판매하는 것이 아니라 당신의 입장을 고객들에게 보여주고 그들이 당신이 하는 것에 동의하는 것이라는 내용이므로, 글의 흐름과 어울린다.
⑤ 상품은 기능하지 않으면 바꾸거나 고칠 수 있지만, 집합 지점은 당신이 하는 것의 이면에 있는 가치와 의미와 같은 선상에 있다.	10%	앞서 언급한 집합 지점을 상품과 비교하여 설명하고 있으므로, 글의 흐름과 어울린다.

Q4 정답 ③ 정답률 73%

소셜 미디어에서 '사회적 증거'는 친구들의 판단을 신뢰하는 데 의존할 뿐만 아니라 또래 압력을 행사함으로써 훨씬 더 큰 힘을 갖게 된다는 내용이므로, 친구에게 표정과 같은 비언어적인 신호로 좋아하는 감정을 나타낸다는 내용인 ③은 글의 흐름과 무관하다.

★ 친절한 지문분석 ★

An interesting phenomenon / [that arose from social media] / is
흥미로운 현상은 ┗ 소셜 미디어에서 생겨난
주어 주격 관계대명사절 동사

the concept of *social proof*. It's easier for a person to accept
'사회적 증거'라는 개념이다 사람이 새로운 가치나 아이디어를
가주어 의미상 주어 진주어

new values or ideas / [when they see / {that others have already
받아들이기가 더 쉽다 그들이 알 때 다른 사람들이 이미 그렇게
시간의 부사절 목적절 현재완료(완료)

done so}]. [If the person {they see accepting the new idea} /
했다는 것을 만약 그들이 새로운 아이디어를 받아들이고 있는 것을 본 사람이
조건의 부사절 목적격 관계대명사절 see+목적어+v-ing:
(목적어)가 ~하고 있는 것을 보다

happens to be a friend], / then social proof has even more
우연히 친구라면 그때 사회적 증거는 훨씬 더 큰 힘을 갖게 된다
happen to-v: 우연히 ~하다 비교급 수식: 훨씬

power / by exerting peer pressure / as well as relying on the
또래 압력을 행사함으로써 신뢰에 의존할 뿐만 아니라
by v-ing: ~함으로써 B as well as A: A뿐만 아니라 B도

trust / [that people put in the judgments {of their close friends}].
사람들이 그들의 친한 친구들의 판단에 두는
목적격 관계대명사절 전치사구(형용사구)

For example, / a video [about some issue] may be controversial /
예를 들어 어떤 문제에 대한 영상은 논란이 될 수 있다
주어 전치사구(형용사구) 동사

on its own / but more credible / [if it got thousands of *likes*].
그 자체로 하지만 더 신뢰할 수 있다 그것이 수 천 개의 '좋아요'를 얻으면
조건의 부사절

[When expressing feelings of liking to friends], / you can express
친구에게 좋아함의 감정을 표현할 때 당신은 그것들을 표현할
접속사+분사구문

them / [using nonverbal cues such as facial expressions]. [If a
수 있다 표정과 같은 비언어적 신호를 이용해 만약에
분사구문(부대상황) ~와 같은 조건의 부사절

friend recommends the video to you], / in many cases, / the
한 친구가 당신에게 영상을 추천한다면 많은 경우에 있어서
(which/that)

credibility of the idea [it presents] will rise / in direct proportion
영상이 제시하는 아이디어의 신뢰도는 상승할 것이다 신뢰도와 정비례하여
주어 (which/that) 목적격 관계대명사절 동사

to the trust / [you place in the friend / {recommending the
당신이 친구에게 부여하는 영상을 추천하는
목적격 관계대명사절 현재분사구

video}]. This is the power of social media / and part of the
이것이 소셜 미디어의 힘이다 그리고 이유의 일부다

reason / [why videos or "posts" can become "viral."]
영상이나 '게시물'이 '입소문이 날' 수 있는
관계부사절

소셜 미디어에서 생겨난 흥미로운 현상은 '사회적 증거'라는 개념이다. 다른 사람들이 이미 그렇게 했다는 것을 알 때 사람은 새로운 가치나 아이디어를 받아들이기가 더 쉽다. 만약 그들이 새로운 아이디어를 받아들이고 있는 것을 보는 그 사람이 우연히 친구라면, 그때 사회적 증거는 친한 친구들의 판단을 신뢰하는 데 의존할 뿐만 아니라 또래 압력을 행사함으로써 훨씬 더 큰 힘을 갖게 된다. 예를 들어, 어떤 문제에 대한 영상은 그 자체로 논란이 될 수 있지만 그것이 수 천 개의 '좋아요'를 얻으면 더 신뢰할 수 있다. (친구에게 좋아함의 감정을 표현할 때 표정과 같은 비언어적 신호를 이용해 그것들을 표현할 수 있다.) 만약에 한 친구가 당신에게 영상을 추천한다면, 많은 경우에 있어서, 영상이 제시하는 아이디어의 신뢰도는 당신이 영상을 추천하는 친구에게 부여하는 신뢰도와 정비례하여 상승할 것이다. 이것이 소셜 미디어의 힘이고 영상이나 '게시물'이 '입소문이 날' 수 있는 이유의 일부다.

소셜 미디어에서 생겨난 흥미로운 현상은 '사회적 증거'라는 개념임	……… 도입
다른 사람들이 이미 그렇게 했다는 것을 알 때 사람은 새로운 가치나 아이디어를 받아들이기가 더 쉬움	……… 전개
사회적 증거는 친한 친구들의 판단을 신뢰하는 데 의존할 뿐만 아니라 또래 압력을 행사함으로써 훨씬 더 큰 힘을 갖게 됨	……… 요지
예를 들어, 어떤 문제에 대한 영상은 그 자체로 논란이 될 수 있으나, 수 천 개의 '좋아요'를 얻으면 더 신뢰할 수 있음	……… 예시 1
친구에게 좋아함의 감정을 표현할 때 표정과 같은 비언어적 신호를 이용해 표현할 수 있음	……… 무관한 내용
한 친구가 당신에게 영상을 추천한다면, 영상이 제시하는 아이디어의 신뢰도는 영상을 추천하는 친구에게 부여하는 신뢰도와 정비례하여 상승함	……… 예시 2
이것이 소셜미디어의 힘이고 영상이나 '게시물'이 '입소문이 날' 수 있는 이유의 일부임	……… 부연

오답 선택지	선택률	오답 이유
① 만약 그들이 새로운 아이디어를 받아들이고 있는 것을 보는 그 사람이 우연히 친구라면, 그때 사회적 증거는 친한 친구들의 판단을 신뢰하는 데 의존할 뿐만 아니라 또래 압력을 행사함으로써 훨씬 더 큰 힘을 갖게 된다.	2%	소셜 미디어에서 사회적 증거가 작용하는 방식에 대한 내용이므로, 글의 흐름과 어울린다.

② 예를 들어, 어떤 문제에 대한 영상은 그 자체로 논란이 될 수 있지만 그것이 수 천 개의 '좋아요'를 얻으면 더 신뢰할 수 있다.	8%	소셜 미디어에서 사회적 증거의 예시를 설명한 내용이므로, 글의 흐름과 어울린다.
④ 만약에 한 친구가 당신에게 영상을 추천한다면, 많은 경우에 있어서, 영상이 제시하는 아이디어의 신뢰도는 당신이 영상을 추천하는 친구에게 부여하는 신뢰도와 정비례하여 상승할 것이다.	12%	소셜 미디어에서 추천 영상에 대한 신뢰도는 친구에게 부여하는 신뢰도와 정비례한다는 내용이므로, 글의 흐름과 어울린다.
⑤ 이것이 소셜 미디어의 힘이고 영상이나 '게시물'이 '입소문이 날' 수 있는 이유의 일부다.	2%	사회적 증거가 작용하는 것이 소셜 미디어의 힘이고 게시물이 입소문이 날 수 있는 이유라는 내용이므로, 글의 흐름과 어울린다.

코드 공략하기

01 ③	02 ④	03 ④	04 ③	05 ③	06 ③

01   정답 ③   정답률 61%

정답 풀이

향신료의 사용이 진화적 뿌리를 가지고 있다는 내용이므로, 변화하는 기후가 향신료의 성장 방식과 세계 향신료 시장에 영향을 미친다는 내용의 ③은 글의 흐름과 무관하다.

친절한 지문분석

We are the only species / [that seasons its food], [deliberately
우리는 유일한 종인데   음식에 양념을 하는   강한 맛을 내는
     주격 관계대명사절   (which/that)   분사구문(동시동작)

altering it with the highly flavored plant parts / we call herbs
식물의 부분을 이용하여 그것을 의도적으로 바꾼다   우리가 허브와
= food   목적격 관계대명사절

and spices}]. It's quite possible / [that our taste for spices has an
향신료라고 부르는   가능성이 높다   향신료에 대한 우리의 미각은 진화적 뿌리를
         가주어   진주어

evolutionary root]. Many spices have antibacterial properties / —
가지고 있을   많은 향신료가 항균성을 가지고 있는데

in fact, common seasonings such as garlic, onion, and oregano
실제로 마늘, 양파, 오레가노와 같은 흔한 조미료들이 억제한다

inhibit / the growth of almost every bacterium tested. And the
억제한다   거의 모든 확인된 박테리아의 성장을   그리고 문화권은
                          과거분사   주어

cultures / [that make the heaviest use of spices] / — think of the
향신료를 가장 많이 사용하는   태국 음식의
      주격 관계대명사절

garlic and black pepper of Thai food, the ginger and coriander of
마늘과 후추, 인도의 생강과 고수, 멕시코의 고추를 생각해 보면

India, the chili peppers of Mexico — / come from warmer climates, /
                    더 따뜻한 기후에서 유래하는데
                   동사

[where bacterial spoilage is a bigger issue]. The changing climate
그곳에서는 박테리아에 의한 (음식의) 부패가 큰 문제이다   변화하는 기후는 많은 영향을
관계부사절(계속적 용법)

can have a significant impact / on the production and availability
미칠 수 있다   향신료의 생산과 이용 가능성에

of spices, / [influencing their growth patterns and ultimately
       그것들(향신료)의 성장 방식에 영향을 주고
       분사구문(결과)

affecting global spice markets]. In contrast, / the most lightly
궁극적으로 세계 향신료 시장에 영향을 미친다   반대로   가장 향신료를 적게 쓰는 요리는
                                주어

spiced cuisines / — those of Scandinavia and northern Europe —
                스칸디나비아와 북유럽의 요리 같이
                = the most lightly spiced cuisines

are from cooler climates. Our uniquely human attention to flavor, /
더 서늘한 기후에서 유래한다   맛에 대한 인간 특유의 관심은
동사   전치사구(형용사구)

[in this case the flavor of spices], / turns out to have arisen / as a
이 경우 향신료의 맛은   생겨난 것으로 드러난다
전치사구(삽입구)   turn out to-v: ~인 것으로 드러나다   ~로서(전치사)

matter of life and death.
사느냐 죽느냐의 문제로서

지문 해석

우리는 음식에 양념을 하는 유일한 종으로, 허브와 향신료라고 부르는 강한 맛을 내는 식물의 부분을 이용하여 그것(음식)을 의도적으로 바꾼다. 향신료에 대한 우리의 미각은 진화적 뿌리를 가지고 있을 가능성이 높다. 많은 향신료가 항균성을 가지고 있는데, 실제로 마늘, 양파, 오레가노와 같은 흔한 조미료들이 거의 모든 확인된 박테리아의 성장을 억제한다. 그리고 태국 음식의 마늘과 후추, 인도의 생강과 고수, 멕시코의 고추를 생각해 보면, 향신료를 가장 많이 사용하는 문화권은 더 따뜻한 기후에서 유래하는데, 그곳에서는 박테리아에 의한 (음식의) 부패가 큰 문제이다. (변화하는 기후는 향신료의 생산과 이용 가능성에 많은 영향을 미칠 수 있기 때문에, 그것들(향신료)의 성장 방식에 영향을 주고, 궁극적으로 세계 향신료 시장에 영향을 미친다.) 반대로, 스칸디나비아와 북유럽의 요리 같이 가장 향신료를 적게 쓰는 요리는 더 서늘한 기후에서 유래한다. 맛에 대한 인간 특유의 관심, 이 경우 향신료의 맛은 사느냐 죽느냐의 문제로서 생겨난 것으로 드러난다.

지문 흐름

우리는 허브와 향신료를 이용하여 음식에 양념을 하는데, 향신료에 대한 미각은 진화적 뿌리를 가지고 있을 가능성이 높음	········	주제
↓		
많은 향신료가 항균성을 가지고 있어 박테리아의 성장을 억제함	········	근거
↓		
태국 음식의 마늘과 후추, 인도의 생강과 고수, 멕시코의 고추 등, 향신료를 가장 많이 사용하는 문화권은 더 따뜻한 기후에서 유래하는데, 그곳에서 박테리아에 의한 음식의 부패는 큰 문제임	········	상술 1
↓		
기후 변화는 향신료의 성장 방식과 세계 향신료 시장에 영향을 미침	········	무관한 내용
↓		
스칸디나비아와 북유럽처럼 향신료를 적게 쓰는 요리는 더 서늘한 기후에서 유래함	········	상술 2
↓		
향신료의 맛은 사느냐 죽느냐의 문제로서 생겨남	········	주제 재진술

친절한 오답 풀이

오답 선택지	선택률	오답 이유
① 많은 향신료가 항균성을 가지고 있는데, 실제로 마늘, 양파, 오레가노와 같은 흔한 조미료들이 거의 모든 확인된 박테리아의 성장을 억제한다.	3%	앞에서 언급한 향신료에 대한 우리의 미각이 진화적 뿌리를 가지고 있다는 것에 대한 근거로, 많은 향신료가 박테리아의 성장을 억제한다는 내용이므로, 글의 흐름과 어울린다.
② 그리고 태국 음식의 마늘과 후추, 인도의 생강과 고수, 멕시코의 고추를 생각해 보면, 향신료를 가장 많이 사용하는 문화권은 더 따뜻한 기후에서 유래하는데, 그곳에서는 박테리아에 의한 (음식의) 부패가 큰 문제이다.	5%	박테리아에 의한 음식의 부패가 큰 문제가 되는 따뜻한 기후의 나라들에서 향신료가 많이 사용된다는 내용이므로, 글의 흐름과 어울린다.
④ 반대로, 스칸디나비아와 북유럽의 요리 같이 가장 향신료를 적게 쓰는 요리는 더 서늘한 기후에서 유래한다.	22%	문장 ②와 상반되는 사례로, 서늘한 기후의 북유럽에서는 (박테리아 억제가 상대적으로 덜 필요하므로) 향신료를 적게 쓴다는 내용이므로, 글의 흐름과 어울린다.

⑤ 맛에 대한 인간 특유의 관심, 이 경우 향신료의 맛은 사느냐 죽느냐의 문제로서 생겨난 것으로 드러난다.	9%	향신료의 맛은 사느냐 죽느냐 즉 진화의 문제로서 생겼다는 내용이므로, 글의 흐름과 어울린다.

---

02   정답 ④   정답률 59%

정답 풀이

우리는 디지털 기기의 작동 원리를 이해할 필요가 있으며, 이를 통해 소프트웨어와 하드웨어를 유용하게 사용하여 우리의 성취 능력이 극대화된다는 내용이므로, 기기의 수명이 하드웨어의 구조뿐만 아니라 소프트웨어의 우수성에도 달려 있다는 내용의 ④는 글의 흐름과 무관하다.

친절한 지문분석

Today's "digital natives" have grown up / immersed (being) in digital
오늘날의 '디지털 원주민'들은 성장했다   디지털 기술에 몰입한 채로
동사 1(현재완료)   분사구문(부대상황)

technologies] / and possess the technical aptitude / [to utilize the
그리고 기술적 소질을 가지고 있다   자기가 가진 기기의
동사 2   to부정사의 형용사적 용법

powers of their devices fully]. But [although they know / {which
힘을 충분히 활용할 수 있는   하지만 그들이 알고 있을지라도   어떤 앱을
양보의 부사절   목적어 1

apps to use} / or {which websites to visit}], / they do not necessarily
사용해야 하는지   혹은 어떤 웹 사이트를 방문해야 하는지   그들이 반드시
목적어 2

understand the workings / behind the touch screen. People need /
작동 방식을 이해한다는 것은 아니다   터치스크린 뒤에 숨겨진   사람들은 필요하다

technological literacy / [if they are to understand machines'
기술 활용 능력이   그들이 기계의 역학과 용도를 이해하려면
조건의 부사절   be to-v: ~하려고 하다(의도)

mechanics and uses]. In much the same way / [as factory workers
거의 똑같은 방식으로   100년 전의 공장 근로자들이
the same ~ as ...; …와 똑같은 ~

a hundred years ago needed to understand / the basic structures
이해할 필요가 있었던 것과 같이   엔진의 기본 구조를

of engines], / we need to understand / the elemental principles /
우리는 이해할 필요가 있다   기본 원리를

[behind our devices]. The lifespan of devices depends on / the
우리의 기기 뒤에 숨겨진   기기의 수명은 달려 있다
전치사구

quality of software / [operating them] / as well as the structure of
소프트웨어의 우수성에   기기를 작동하는   하드웨어의 구조뿐만 아니라
현재분사   B as well as A: A뿐만 아니라 B도

hardware. This empowers us to deploy software and hardware /
이것은 우리가 소프트웨어와 하드웨어를 사용할 수 있게 한다
empower+목적어+to-v: (목적어)가 ~할 수 있게 하다

to their fullest utility, / [maximizing our powers / to
최대한 유용하게   우리의 능력을 극대화하면서
분사구문(부대상황)

achieve and create].
성취하고 만들어 낼 수 있는

지문 해석

오늘날의 '디지털 원주민'들은 디지털 기술에 몰입한 채로 성장했고, 자기가 가진 기기의 힘을 충분히 활용할 수 있는 기술적 소질을 가지고 있다. 하지만 그들이 어떤 앱을 사용해야 하는지 혹은 어떤 웹 사이트를 방문해야 하는지 알고 있을지라도, 터치스크린 뒤에 숨겨진 작동 방식을 반드시 이해한다는 것은 아니다. 사람들이 기계의 역학과 용도를 이해하려면 기술 활용 능력이 필요하다. 100년 전 공장 근로자들이 엔진의 기본 구조를 이해할 필요가 있었던 것과 마찬가지로, 우리는 우리의 기기 뒤에 숨겨진 기본 원리를 이해할 필요가 있다. (기기의 수명은 하드웨어의 구조뿐만 아니라 기기를 작동하는 소프트웨어의 우수성에도 달

려 있다.) 이것은 우리가 소프트웨어와 하드웨어를 최대한 유용하게 사용하여, 성취하고 만들어 낼 수 있는 우리의 능력을 극대화한다.

지문 흐름

오늘날의 '디지털 원주민'들은 디지털 기술에 몰입한 채 성장하여 기술적 소질을 가졌지만 기기의 작동 방식을 반드시 이해하는 것은 아님	········	도입
기계의 역학과 용도를 이해하려면 기술 활용 능력이 필요함	········	요지
100년 전 공장 근로자들이 엔진의 기본 구조를 이해해야 했던 것처럼 우리도 기기의 기본 원리를 이해해야 함	········	비유
기기의 수명은 하드웨어 구조뿐만 아니라 소프트웨어의 우수성에도 달려 있음	········	무관한 내용
이것은 우리가 소프트웨어와 하드웨어를 최대한 유용하게 사용하여 우리의 성취 및 창작 능력을 극대화함	········	부연

친절한 오답 풀이

오답 선택지	선택률	오답 이유
① 하지만 그들이 어떤 앱을 사용해야 하는지 혹은 어떤 웹 사이트를 방문해야 하는지 알고 있을지라도, 터치스크린 뒤에 숨겨진 작동 방식을 반드시 이해한다는 것은 아니다.	6%	디지털 기기의 작동 원리를 이해하지 못하는 '디지털 원주민'들의 한계를 지적하는 내용이므로, 글의 흐름과 어울린다.
② 사람들이 기계의 역학과 용도를 이해하려면 기술 활용 능력이 필요하다.	12%	앞 문장에서 지적한 한계를 해결하기 위한 기술 활용 능력의 필요성에 관한 내용이므로, 글의 흐름과 어울린다.
③ 100년 전 공장 근로자들이 엔진의 기본 구조를 이해할 필요가 있었던 것과 마찬가지로, 우리는 우리의 기기 뒤에 숨겨진 기본 원리를 이해할 필요가 있다.	19%	100년 전 공장 근로자의 예시를 통해 디지털 기기의 원리를 이해할 필요성을 강조하는 내용이므로, 글의 흐름과 어울린다.
⑤ 이것은 우리가 소프트웨어와 하드웨어를 최대한 유용하게 사용하여, 성취하고 만들어 낼 수 있는 우리의 능력을 극대화한다.	4%	디지털 기기의 기본 원리를 이해하는 것의 긍정적인 효과에 관한 내용이므로, 글의 흐름과 어울린다.

---

03   정답 ④   정답률 62%

정답 풀이

초인적인 기억 노력을 해야 하는 런던 택시 운전사들의 두뇌는 택시 운전을 하지 않는 사람들과 다르다는 내용의 글이므로, 운전 면허청에서 발급된 정식 운전면허증을 최소 1년 동안 소지해야 한다는 ④는 글의 흐름상 적절하지 않다.

친절한 지문분석

[Before getting licensed to drive a cab in London], a person has
런던에서 택시 운전면허를 받기 전에   사람은 매우 어려운
접속사+분사구문

to pass an incredibly difficult test / with an intimidating name —
시험을 통과해야 한다   'The Knowledge'라는 위협적인 이름의

"The Knowledge." The test involves memorizing the layout [of
이 시험은 구획을 암기하는 것을 포함하는데
involve v-ing: ~하는 것을 포함하다   전치사구

more than 20,000 streets in the Greater London area] — a feat /
Greater London 지역의 2만 개 이상 거리의   이는 기술이다

[that involves an incredible amount of memory resources]. In fact,
엄청난 양의 기억 자원을 수반하는   실제로
주격 관계대명사절

fewer than 50 percent of the people [who sign up for taxi driver
사람 중 50% 미만이   택시 운전사 훈련에 등록한
~보다 작은   주격 관계대명사절

training] pass the test, / even [after spending two or three years
시험을 통과하는데   심지어 그것을 위해 2, 3년을 공부한 후에 말이다
접속사+분사구문
spend+시간+v-ing: ~하면서 시간을 보내다

studying for it]! And as it turns out, / the brains [of London
그리고 밝혀진 바에 따르면   런던 택시 운전사들의
전치사구

cabbies] are different from non-cab-driving humans / in ways [that
두뇌는   택시 운전을 하지 않는 사람들과 다르다
주격 관계대명사절

reflect their herculean memory efforts]. In other words, they must
그들의 초인적인 기억 노력을 반영하는 방식에서   즉, 그들은 정식 운전면허증을

hold a full driving license, [issued by the Driver and Vehicle
소지해야 한다   운전 면허청에서 발급된
과거분사구(삽입구)

Licensing Authority], for at least a year. In fact, the part of the
최소 1년 동안   실제로 뇌의 부분은

brain [that has been most frequently associated with spatial
공간 기억과 가장 자주 연관되어온
주격 관계대명사절   be associated with: ~와 연관되다

memory, / the tail of the sea horse-shaped brain region / {called the
해마 모양을 한 뇌 영역의 뒷부분이   해마라 불리는
동격의 쉼표   과거분사구

hippocampus}], is bigger than average in these taxi drivers.
이들 택시 운전사들에게서 평균보다 더 크다
비교급 비교

지문 해석

런던에서 택시 운전면허를 받기 전에, 사람은 'The Knowledge'라는 위협적인 이름의 매우 어려운 시험을 통과해야 한다. 이 시험은 Greater London 지역의 2만 개 이상 거리의 구획을 암기하는 것을 포함하는데, 이는 엄청난 양의 기억 자원을 수반하는 기술이다. 실제로 택시 운전사 훈련에 등록한 사람 중 50% 미만이 시험을 통과하는데, 심지어 그것을 위해 2, 3년을 공부한 후에 말이다! 그리고 밝혀진 바에 따르면, 런던 택시 운전사들의 두뇌는 그들의 초인적인 기억 노력을 반영하는 방식에서 택시 운전을 하지 않는 사람들과 다르다. (즉, 그들은 운전 면허청에서 발급된 정식 운전면허증을 최소 1년 동안 소지해야 한다.) 실제로 공간 기억과 가장 자주 연관되어온 뇌의 부분인, 해마라 불리는 해마 모양을 한 뇌 영역의 뒷부분이 이들 택시 운전사들에게서 평균보다 더 크다.

지문 흐름

런던에서 택시 운전면허를 받기 전에, 'The Knowledge'라는 매우 어려운 시험을 통과해야 함	········ 도입
↓	
이 시험은 Greater London 지역의 2만 개 이상 거리의 구획을 암기해야 하는데, 이는 엄청난 양의 기억 자원을 수반하는 기술임	········ 상술
↓	
2, 3년을 공부한 후에도 택시 운전사 훈련에 등록한 사람 중 50% 미만이 시험을 통과함	········ 전개
↓	
초인적인 기억 노력을 하는 런던 택시 운전사들의 두뇌는 택시 운전을 하지 않는 사람들과 다르다는 것이 밝혀짐	········ 주제
↓	
그들은 운전 면허청에서 발급된 정식 운전면허증을 최소 1년 동안 소지해야 함	········ 무관한 내용
↓	
뇌에서 공간 기억과 가장 자주 연관되어온 해마의 뒷부분이 이들 택시 운전사들에게서 평균보다 더 큼	········ 주제 재진술

오답 선택지	선택률	오답 이유
① 이 시험은 Greater London 지역의 2만 개 이상 거리의 구획을 암기하는 것을 포함하는데, 이는 엄청난 양의 기억 자원을 수반하는 기술이다.	2%	이 시험이 엄청난 양의 기억 자원을 포함하는 기술이라는 내용이므로, 글의 흐름과 어울린다.
② 실제로 택시 운전사 훈련에 등록한 사람 중 50% 미만이 시험을 통과하는데, 심지어 그것을 위해 2, 3년을 공부한 후에 말이다!	11%	시험 통과율이 50% 미만일 정도로 어렵다는 내용이므로, 글의 흐름과 어울린다.
③ 그리고 밝혀진 바에 따르면, 런던 택시 운전사들의 두뇌는 그들의 초인적인 기억 노력을 반영하는 방식에서 택시 운전을 하지 않는 사람들과 다르다.	18%	런던 택시 운전자들의 두뇌가 택시 운전을 하지 않는 사람들과 다르다는 내용이므로, 글의 흐름과 어울린다.
⑤ 실제로 공간 기억과 가장 자주 연관되어온 뇌의 부분인, 해마라 불리는 해마 모양을 한 뇌 영역의 뒷부분이 이들 택시 운전사들에게서 평균보다 더 크다.	8%	런던 택시 운전자들의 해마 뒷부분이 평균보다 크다는 내용이므로, 글의 흐름과 어울린다.

04   정답 ③   정답률 58%

정답 풀이

교통 법규를 따르는 것이 이성적인 방식이지만 교통은 이성적이지 않다는 예시를 통해 인간의 과정이 이성적인 과정과 다름을 보여 주는 글이므로, 보행자 횡단 신호가 나라에 따라 다르다는 내용의 ③은 글의 흐름상 적절하지 않다.

친절한 지문분석

Human processes differ from rational processes / in their outcome.
인간의 과정은 이성적인 과정과 다르다   그 결과에 있어서
~와 다르다

A process is rational [if it always does the right thing / {based on
하나의 과정은 '이성적'이다   만일 그 과정이 맞는 일을 항상 수행한다면   과거분사구문
조건의 부사절

the current information}], given an ideal performance measure.
현재의 정보에 근거하여   이상적인 수행 척도를 고려할 때
~을 고려해 볼 때

In short, rational processes / go by the book and / assume [that the
요컨대 이성적인 과정은   책에 나와 있는 규칙대로 하고   간주한다   책은
동사 1(병렬구조)   동사 2   목적절

book is actually correct]. Human processes involve / instinct,
책은 실제로 옳다고   인간의 과정은 포함한다   본능,

intuition, and other variables [that don't necessarily reflect the
직관, 그리고 다른 변인들   책을 반드시 반영하지는 않는
주격 관계대명사절

book] / and may not even consider the existing data. As an
심지어 기존의 데이터를 고려하지 않을 수도 있다   예를 들어

example, the rational way to drive a car / is to always follow the
자동차를 운전하는 이성적인 방식은   항상 법규를 따르는 것이다
to부정사의 형용사적 용법   to부정사의 명사적 용법(보어)

laws. Likewise, pedestrian crossing signs vary / depending on the
이와 비슷하게, 보행자 횡단 신호는 다르다   나라에 따라
~에 따라

country / with differing appearances of a person [crossing the
사람의 모양이 서로 다르다   길을 건너는
현재분사구

street]. However, traffic isn't rational; / [if you follow the laws
그러나 교통(흐름)은 이성적이지 않아서   만일 여러분이 법규를 정확히 따른다면
조건의 부사절

precisely], you end up stuck somewhere [because other drivers
여러분은 결국 어딘가에 갇혀 꼼짝하지도 못하는 결과를 맞게 될 것이다
이유의 부사절

aren't following the laws precisely]. To be successful, / a self-driving
다른 운전자는 법규를 정확히 따르지 않기 때문에   성공하려면   자율 주행 자동차는
             to부정사의 부사적 용법(목적)

car must therefore act humanly, / rather than rationally.
따라서 인간적으로 행동해야 한다   이성적이기보다는
            ~보다는

지문 해석

인간의 과정은 그 결과에 있어서 이성적인 과정과 다르다. 이상적인 수행 척도를 고려할 때, 만일 하나의 과정이 현재의 정보에 근거하여 맞는 일을 항상 수행한다면 그 과정은 '이성적'이다. 요컨대 이성적인 과정은 책에 나와 있는 규칙대로 진행하고, 책은 실제로 옳다고 간주한다. 인간의 과정은 본능, 직관 그리고 책을 반드시 반영하지는 않는 다른 변인들을 포함하며, 심지어 기존의 데이터를 고려하지 않을 수도 있다. 예를 들어, 자동차를 운전하는 이성적인 방식은 항상 법규를 따르는 것이다. (이와 비슷하게, 보행자 횡단 신호는 나라에 따라 다르고, 길을 건너는 사람의 모양이 서로 다르다.) 그러나 교통(흐름)은 이성적이지 않아서 만일 여러분이 법규를 정확히 따른다면 다른 운전자는 법규를 정확히 따르지 않기 때문에 여러분은 결국 어딘가에 갇혀 꼼짝하지도 못하는 결과를 맞게 될 것이다. 따라서 성공하려면, 자율 주행 자동차는 이성적이기보다는 인간적으로 행동해야 한다.

지문 흐름

인간의 과정은 그 결과에 있어서 이성적인 과정과 다름	………	도입
↓		
만일 하나의 과정이 맞는 일을 항상 수행한다면 그 과정은 '이성적'임	………	전개
↓		
이성적인 과정은 책에 나와 있는 규칙대로 진행하고, 책은 실제로 옳다고 간주함	………	상술
↓		
인간의 과정은 본능, 직관, 다른 변인들을 포함하며, 심지어 기존의 데이터를 고려하지 않을 수도 있음	………	반론
↓		
자동차를 운전하는 이성적인 방식은 항상 법규를 따르는 것임	………	예시
↓		
보행자 횡단 신호는 나라에 따라 다르고, 길을 건너는 사람의 모양이 서로 다름	………	무관한 내용
↓		
교통은 이성적이지 않아서 법규를 정확히 따른다고 해도, 다른 운전자가 법규를 정확히 따르지 않기 때문에 결국 어딘가에 갇혀 꼼짝하지도 못하는 결과를 맞게 됨	………	예시
↓		
성공하려면, 자율 주행 자동차는 이성적이기보다는 인간적으로 행동해야 함	………	결론

친절한 오답 풀이

오답 선택지	선택률	오답 이유
① 인간의 과정은 본능, 직관 그리고 책을 반드시 반영하지는 않는 다른 변인들을 포함하며, 심지어 기존의 데이터를 고려하지 않을 수도 있다.	4%	인간의 과정은 이성적이지 않을 수 있다는 내용이므로, 글의 흐름과 어울린다.
② 예를 들어, 자동차를 운전하는 이성적인 방식은 항상 법규를 따르는 것이다.	9%	자동차를 운전하는 이성적인 방식은 법규를 따르는 것이라는 내용이므로, 글의 흐름과 어울린다.
④ 그러나 교통(흐름)은 이성적이지 않아서 만일 여러분이 법규를 정확히 따른다면 다른 운전자는 법규를 정확히 따르지 않기 때문에 여러분은 결국 어딘가에 갇혀 꼼짝 하지도 못하는 결과를 맞게 될 것이다.	16%	인간은 이성적이지 않아 결국 교통(흐름)이 이성적이지 않을 수 있다는 내용이므로, 글의 흐름과 어울린다.
⑤ 따라서 성공하려면, 자율 주행 자동차는 이성적이기보다는 인간적으로 행동해야 한다.	13%	이성적이지 않은 교통(흐름)에서 성공하려면 자율 주행 자동차가 인간적으로 행동해야 한다는 내용이므로, 글의 흐름과 어울린다.

정답 풀이

유럽의 통치자들이 약해서 백성들로부터 거둔 세금이 적었다는 내용의 글이므로, 유럽의 세금 징수원이 막대한 세입을 거둘 수 있었다고 언급하는 ③은 글의 흐름과 무관하다.

친절한 지문분석

The irony of early democracy in Europe is / [that it thrived and
유럽 초기 민주주의의 아이러니는   그것이 번성하고 번영했다는
        보어절 = democracy

prospered / precisely because European rulers for a very long time
것이다   바로 유럽의 통치자들이 매우 오랫동안 현저하게 약했기 때문에

were remarkably weak]. For more than a millennium / after the
        천 년 넘게   로마의 멸망 후

fall of Rome, / European rulers lacked the ability / [to assess
유럽의 통치자들은 능력이 부족했다
        to부정사의 형용사적 용법 1

{what their people were producing} / and to levy substantial taxes
백성들이 생산하는 것을 평가하고   이를 바탕으로 상당한 세금을 부과할
목적절   to부정사의 형용사적 용법 2(병렬구조)

based on this]. The most striking way / [to illustrate European
        가장 눈에 띄는 방법은   유럽의 약함을 설명하는
    = what their people were producing   to부정사의 형용사적 용법

weakness] is / [to show how little revenue they collected]. For this
        그들이 거둔 세입이 얼마나 적은지를 보여 주는 것이다   이러한
        to부정사의 명사적 용법(보어)

reason, / tax collectors in Europe / were able to collect a huge
이유로   유럽의 세금 징수원은   막대한 액수의 세입을 거둘 수 있었고
        be able to-v: ~할 수 있다

amount of revenue / and therefore had a great influence / on [how
        따라서 큰 영향을 미쳤다   사회가 어떻게
        목적절(의문사절)

society should function]. Europeans would eventually develop
기능해야 하는지에   유럽인들은 결국 강력한 세입 징수 체제를 구축했지만

strong systems of revenue collection, / but it took them an awfully
        그렇게 하는 데는 엄청나게 오랜 시간이
        = Europeans

long time to do so. In medieval times, and for part of the early
걸렸다   중세와 초기 근대의 일부 동안

modern era, / Chinese emperors and Muslim caliphs / were able
    중국의 황제들과 이슬람 문명의 칼리프들은   경제적 생산물에서

to extract much more of economic production / than any European
훨씬 더 많은 것을 얻어낼 수 있었다   어떤 유럽 통치자보다도
    비교급 강조

ruler / with the exception of small city-states.
        작은 도시 국가들을 제외하고

지문 해석

유럽 초기 민주주의의 아이러니는 바로 유럽의 통치자들이 매우 오랫동안 현저하게 약했기 때문에 그것이 번성하고 번영했다는 것이다. 로마의 멸망 후 천 년 넘게, 유럽의 통치자들은 백성들이 생산하는 것을 평가하고 이를 바탕으로 상당한 세금을 부과할 능력이 부족했다. 유럽의 약함을 설명하는 가장 눈에 띄는 방법은 그들이 거둔 세입이 얼마나 적은지를 보여 주는 것이다. (이러한 이유로, 유럽의 세금 징수원은 막대한 액수의 세입을 거둘 수 있었고 따라서 사회가 어떻게 기능해야 하는지에 큰 영향을 미쳤다.) 유럽인들은 결국 강력한 세입 징수 체제를 구축했지만, 그렇게 하는 데는 엄청나게 오랜 시간이 걸렸다. 중세와 초기 근대의 일부 동안, 중국의 황제들과 이슬람 문명의 칼리프들은 작은 도시 국가들을 제외하고 어떤 유럽 통치자보다도 경제적 생산물에서 훨씬 더 많은 것을 얻어낼 수 있었다.

유럽 초기 민주주의의 아이러니는 유럽의 통치자들이 매우 오랫동안 약했기 때문에 그것이 번영했다는 것임	········ 도입
유럽의 통치자들은 백성들이 생산하는 것을 평가하고 이를 바탕으로 상당한 세금을 부과할 능력이 부족했음	········ 전개
유럽의 약함을 설명하는 가장 눈에 띄는 방법은 그들이 거둔 세입이 얼마나 적은지를 보여 주는 것임	········ 부연
유럽의 세금 징수원은 막대한 액수의 세입을 거둘 수 있었고 따라서 사회가 어떻게 기능해야 하는지에 큰 영향을 미침	········ 무관한 내용
유럽인들은 결국 강력한 세입 징수 체제를 구축했지만, 그렇게 하는 데는 엄청나게 오랜 시간이 걸림	········ 결과
이 기간 동안, 중국의 황제들과 이슬람 문명의 칼리프들은 어떤 유럽 통치자보다도 경제적 생산물에서 훨씬 더 많은 것을 얻어낼 수 있었음	········ 대조

친절한 오답 풀이

오답 선택지	선택률	오답 이유
① 로마의 멸망 후 천 년 넘게, 유럽의 통치자들은 백성들이 생산하는 것을 평가하고 이를 바탕으로 상당한 세금을 부과할 능력이 부족했다.	2%	유럽의 통치자들은 세금을 부과할 능력이 부족했다는 내용이므로, 글의 흐름과 어울린다.
② 유럽의 약함을 설명하는 가장 눈에 띄는 방법은 그들이 거둔 세입이 얼마나 적은지를 보여 주는 것이다.	19%	유럽의 약함은 그들이 거둔 세입이 적은 것으로 설명할 수 있다는 내용이므로, 글의 흐름과 어울린다.
④ 유럽인들은 결국 강력한 세입 징수 체제를 구축했지만, 그렇게 하는 데는 엄청나게 오랜 시간이 걸렸다.	23%	유럽인들이 강력한 세입 징수 체제를 구축하는 데 오랜 시간이 걸렸다는 내용이므로, 글의 흐름과 어울린다.
⑤ 중세와 초기 근대의 일부 동안, 중국의 황제들과 이슬람 문명의 칼리프들은 작은 도시 국가들을 제외하고 어떤 유럽 통치자보다도 경제적 생산물에서 훨씬 더 많은 것을 얻어낼 수 있었다.	18%	유럽과 달리 중국과 이슬람 문명에서는 통치자들이 많은 경제적 생산물을 얻었다는 내용이므로, 글의 흐름과 어울린다.

06 정답 ③ 정답률 73%

정답 풀이

곡물 제분은 많은 영양소를 제거하기 때문에 최소한의 가공이 좋은 방법이라는 내용의 글이므로, 곡물 생산을 늘리는 방법으로 화학비료 사용 최소화와 해충에 강한 곡물 품종 개발을 말하는 ③은 글의 흐름과 무관하다.

친절한 지문분석

Minimal processing can be one of the best ways / [to keep original
최소한의 가공은 가장 좋은 방법 중 하나일 수 있다   본연의 풍미와 맛을
　　　　　　　　　　　　　　　　　　　to부정사의 명사적 용법

flavors and taste], / without any need [to add artificial flavoring
유지하는   인공 향료나 첨가물, 또는 과도한 소금을 넣을 필요 없이
　　　　　　　　　　　　　　　　to부정사의 명사적 용법

or additives, or too much salt]. This would also be the efficient
　　　　　　　　　　　　　이것은 또한 효율적인 방법일 수 있다

way / [to keep most nutrients], / especially the most sensitive ones /
대부분의 영양소를 유지하는   특히 가장 민감한 영양소
to부정사의 명사적 용법

such as many vitamins and anti-oxidants. Milling of cereals is one
많은 비타민과 항산화물질과 같은   곡물을 제분하는 것은 가장 가혹한
　　　　　　　　　　　　　　　　　　　주어(동명사구)

of the most harsh processes / [which dramatically affect nutrient
과정 중 하나이다   영양소 함량에 크게 영향을 미치는
　　　　　　　　　　　　　　주격 관계대명사절

content]. [While grains are naturally very rich in micronutrients,
곡물에는 (즉 통밀가루 또는 플레이크에는) 미량 영양소, 항산화물질, 그리고 섬유질이
양보의 부사절

anti-oxidants and fiber (i.e. in wholemeal flour or flakes)], / milling
자연적으로 매우 풍부하지만
　　　　　　　　　　　　　　　　　　　　　　　주어(동명사)

usually removes the vast majority of minerals, vitamins and fibers
/
제분이 일반적으로 대부분의 미네랄, 비타민 그리고 섬유질을 제거한다

[to raise white flour]. [To increase grain production], / the use of
흰 밀가루를 만들기 위해   곡물 생산을 늘리려면   화학비료 사용이
to부정사의 부사적 용법(목적)   to부정사의 부사적 용법(목적)

chemical fertilizers should be minimized, / and insect-resistant
최소화되어야 한다   그리고 해충에 강한 곡물 품종이
　　　　　　　조동사+수동태

grain varieties should be developed. Such a spoilage of key
개발되어야 한다   주요 영양소와 섬유질의 그러한 손상은
　　　　조동사+수동태

nutrients and fiber / is no longer acceptable / in the context of
　　　　　　　　　더 이상 받아들여질 수 없다   지속 가능한 식단의 맥락에서

a sustainable diet / [aiming at an optimal nutrient density and
　　　　　　　　　최적의 영양소 밀도와 건강 보호를 목표로 하는
　　　　　　　　　　현재분사구

health protection]. In contrast, / fermentation of various foodstuffs
　　　　　　　대조적으로   다양한 식품의 발효나 곡물의 발아는

or germination of grains / are traditional, locally accessible, low-
　　　　　　　　　　　전통적이고, 현지에서 접근 가능하며, 에너지가 적게 들고,

energy and highly nutritious processes / of sounded interest.
매우 영양가 있는 과정이다   알려진 관심을 받는

지문 해석

최소한의 가공은 인공 향료나 첨가물, 또는 과도한 소금을 넣을 필요 없이 본연의 풍미와 맛을 유지하는 가장 좋은 방법 중 하나일 수 있다. 이것은 또한 대부분의 영양소, 특히 많은 비타민과 항산화물질과 같은 가장 민감한 영양소를 유지하는 효율적인 방법일 수 있다. 곡물을 제분하는 것은 영양소 함량에 크게 영향을 미치는 가장 가혹한 과정 중 하나이다. 곡물에는 (즉 통밀가루 또는 플레이크에는) 미량 영양소, 항산화물질, 그리고 섬유질이 자연적으로 매우 풍부하지만, 제분이 흰 밀가루를 만들기 위해 일반적으로 대부분의 미네랄, 비타민 그리고 섬유질을 제거한다. (곡물 생산을 늘리려면 화학비료 사용이 최소화되어야 하고 해충에 강한 곡물 품종이 개발되어야 한다.) 주요 영양소와 섬유질의 그러한 손상은 최적의 영양소 밀도와 건강 보호를 목표로 하는 지속 가능한 식단의 맥락에서 더 이상 받아들여질 수 없다. 대조적으로, 다양한 식품의 발효나 곡물의 발아는 알려진 관심을 받는 전통적이고, 현지에서 접근 가능하며, 에너지가 적게 들고, 매우 영양가 있는 과정이다.

지문 흐름

최소한의 가공은 인공 향료나 첨가물, 과도한 소금 없이 본연의 풍미와 맛을 유지하고, 대부분의 영양소를 유지하는 효율적인 방법일 수 있음	········ 도입
곡물 제분은 영양소 함량에 영향을 미치는 가혹한 과정으로, 흰 밀가루를 만들기 위해 대부분의 미네랄, 비타민, 섬유질을 제거함	········ 대조
곡물 생산을 늘리려면 화학비료 사용을 최소화하고 해충에 강한 곡물 품종을 개발해야 함	········ 무관한 내용
주요 영양소와 섬유질의 손상은 최적의 영양소 밀도와 건강 보호를 목표로 하는 지속 가능한 식단에 받아들여질 수 없음	········ 전개
식품의 발효나 곡물의 발아는 전통적이고, 현지에서 접근 가능하며, 에너지가 적게 들고, 매우 영양가 있는 과정임	········ 대조

■ 친절한 오답 풀이 ■

오답 선택지	선택률	오답 이유
① 곡물을 제분하는 것은 영양소 함량에 크게 영향을 미치는 가장 가혹한 과정 중 하나이다.	3%	곡물 제분이 영양소 함량에 영향을 미친다는 내용이므로, 글의 흐름과 어울린다.
② 곡물에는 (즉 통밀가루 또는 플레이크에는) 미량 영양소, 항산화물질, 그리고 섬유질이 자연적으로 매우 풍부하지만, 제분이 흰 밀가루를 만들기 위해 일반적으로 대부분의 미네랄, 비타민 그리고 섬유질을 제거한다.	4%	곡물 제분이 많은 영양소를 제거함으로써 영양소 함량에 어떻게 영향을 미치는지 설명하는 내용이므로, 글의 흐름과 어울린다.
④ 주요 영양소와 섬유질의 그러한 손상은 최적의 영양소 밀도와 건강 보호를 목표로 하는 지속 가능한 식단의 맥락에서 더 이상 받아들여질 수 없다.	16%	주요 영양소와 섬유질이 손상되어 최적의 영양소 밀도와 건강 보호를 목표로 하는 지속 가능한 식단에 적합하지 않다는 내용이므로, 제분 과정에서 영양소와 섬유질이 제거된다는 내용에 이어지는 흐름으로 적절하다.
⑤ 대조적으로, 다양한 식품의 발효나 곡물의 발아는 알려진 관심을 받는 전통적이고, 현지에서 접근 가능하며, 에너지가 적게 들고, 매우 영양가 있는 과정이다.	4%	제분과 달리 영양가 있는 과정으로 발효나 곡물 발아를 제시하는 내용이므로, 글의 흐름과 어울린다.

14 요약문

코드 접속하기 pp.143~146

Q1 ② Q2 ① Q3 ① Q4 ①

Q1 정답 ② 정답률 59%

정답 풀이

그린워싱은 어떤 재화나 서비스를 실제보다 더 친환경적이라고 생각하도록 현혹시키며, 이는 단기적으로는 판매량을 증가시킬 수는 있지만 소비자들이 기만당하는 것을 알게 되면 역효과를 불러올 수 있다고 했으므로, (A)에는 temporarily(일시적으로), (B)에는 misinformed(잘못된 정보를 받은)가 들어가는 것이 적절하다.

친절한 지문분석

Greenwashing involves misleading a consumer / into [thinking a good or service is more environmentally friendly / than it really is}]. Greenwashing ranges / from [making environmental claims / {required by law}], / and therefore irrelevant (CFC-free for example), / to puffery (exaggerating environmental claims) / to fraud. Researchers have shown / [that claims on products are often too vague or misleading]. Some products are labeled / "chemical-free," / [when the fact is everything contains chemicals, / including plants and animals]. Products [with the highest number of misleading or unverifiable claims] were / laundry detergents, household cleaners, and paints. Environmental advocates agree / [there is still a long way to go / {to ensure shoppers are adequately informed / about the environmental impact / of the products they buy>}]. The most common reason for greenwashing is / [to attract environmentally conscious consumers]. Many consumers do not find out / about the false claims / until after the purchase. / Therefore, /

greenwashing may increase sales / in the short term.
그린워싱은 판매량을 증가시킬 수도 있다   단기적으로는

However, / this strategy can seriously backfire
하지만   이 전략은 심각하게 역효과를 일으킬 수 있다

(that)
[when consumers find out / they are being deceived]].
소비자들이 알게 될 때   그들이 기만당하고 있다는 것을
시간의 부사절   목적절   진행형수동태

→ [While greenwashing might bring a company profits
그린워싱은 일시적으로 회사에 이익을 가져다줄 수 있는 반면
대조의 부사절

temporarily / by deceiving environmentally conscious consumers],
환경적으로 의식 있는 소비자들을 기만함으로써
by v-ing: ~함으로써

the company will face serious trouble / [when the consumers
그 회사는 심각한 문제에 직면할 것이다   소비자들이 알아챌 때
시간의 부사절

(that)
figure out / they were misinformed}].
그들이 잘못된 정보를 받았다는 것을
목적절

지문 해석

그린워싱은 소비자가 재화나 서비스를 그것이 실제보다 더 친환경적이라고 생각하도록 현혹시키는 것을 포함한다. 그린워싱은 법에 의해 요구되는 환경적 주장을 하는 것, 그래서 무의미한 것(예를 들어 CFC-free)에서부터 과대 광고(환경적 주장을 과장하는 것), 사기에 이르기까지를 포함한다. 연구자들은 제품에 관한 주장이 종종 지나치게 모호하거나 현혹적이라는 점을 보여 주었다. 몇몇 제품에는 사실은 식물과 동물을 포함해서 모든 것에 화학물질이 들어있음에도 '화학물질 없음'이라고 표기되어 있다. 현혹적이고 확인할 수 없는 주장이 가장 많이 포함된 제품들은 세탁 세제, 가정용 세제, 그리고 페인트였다. 환경 옹호자들은 소비자들이 그들이 구매하는 제품의 환경적 영향력에 대하여 적절하게 정보를 제공받는 것을 확실하게 하기 위해서는 여전히 갈 길이 멀다는 점에 동의한다. 그린워싱의 가장 흔한 이유는 환경적으로 의식 있는 소비자들을 유인하는 것이다. 많은 소비자들은 구매 이후까지는 거짓 주장에 대해 알아채지 못한다. 그러므로 그린워싱은 단기적으로는 판매량을 증가시킬 수도 있다. 하지만, 이 전략은 소비자들이 그들이 기만당하고 있다는 것을 알게 될 때 심각하게 역효과를 일으킬 수 있다.

→ 그린워싱은 환경적으로 의식 있는 소비자들을 기만함으로써 (A) 일시적으로 회사에 이익을 가져다줄 수 있는 반면, 회사는 소비자들이 그들이 (B) 잘못된 정보를 받았다고 파악했을 때 심각한 문제에 직면할 것이다.

지문 흐름

그린워싱은 실제보다 제품이 더 친환경적이라고 생각하도록 현혹시키는 것임	········· 정의
↓	
그린워싱은 무의미한 환경적 주장부터 과대 광고, 사기까지를 포함함	········· 부연
↓	
제품들에 대한 환경적 정보는 종종 지나치게 모호하거나 현혹적임	········· 상황
↓	
그린워싱을 하는 가장 흔한 이유는 소비자를 현혹시켜 매출을 올리기 위해서임	········· 상술
↓	
그린워싱이 단기적으로 매출에 도움이 될 수는 있으나 소비자들은 자신들이 기만당했다는 것을 깨달으면 역효과를 일으킬 수 있음	········· 결과

친절한 오답 풀이

오답 선택지	선택률	오답 이유
① (A) 영구적으로 (B) 조종된	14%	그린워싱은 단기적으로 매출에 도움이 될 수 있다고 했으므로 영구적으로(permanently) 회사에 이익을 가져다 준다는 내용은 글의 내용과 상반된다.
③ (A) 잠깐 동안 (B) 지지된	11%	그린워싱이 잠깐 동안(momentarily) 매출에 도움이 될 수 있다는 것은 관련이 있지만, 소비자들이 지지된(advocated) 것을 알아챘을 때 회사가 심각한 문제에 직면할 것이라는 것은 글의 내용과 상반된다.
④ (A) 궁극적으로 (B) 과소평가된	9%	그린워싱은 단기적으로 매출에 도움이 될 수 있다고 했으므로 궁극적으로(ultimately) 회사에 이익을 가져다 준다는 내용은 글의 내용과 상반된다.
⑤ (A) 한결같이 (B) 분석된	7%	그린워싱은 단기적으로 매출이 도움이 될 수 있다고 했으므로 한결같이(consistently) 회사에 이익을 가져다 준다는 내용은 글의 내용과 상반된다.

Q2   정답 ①   정답률 65%

정답 풀이

우리가 다른 사람들을 돕는 이유는 자기 이익이 모든 인간의 상호 작용에 밑바탕이 되고, 사회화를 통해서 우리를 도와준 사람들에게 도움을 돌려줘야 한다고 배우기 때문이라고 했으므로, (A)에는 advantages(이익들), (B)에는 repay(갚다)가 들어가는 것이 적절하다.

친절한 지문분석

Why do we help? One widely held view is [that self-interest
우리는 왜 돕는가   하나의 널리 받아들여지는 관점은   자기 이익이 밑바탕이 된다는 것이다
주어   동사 보어절 1

underlies / all human interactions], / [that our constant goal is /
모든 인간의 상호 작용의   우리의 지속적인 목표는
(to)   보어절 2

to maximize rewards and minimize costs]. Accountants call it
보상을 극대화하고 비용을 최소화하는 것이다   회계사들은 그것을
to부정사의 명사적 용법(주격보어)

cost-benefit analysis. Philosophers call it utilitarianism. Social
'비용-수익 분석'이라고 부른다   철학자들은 그것을 '공리주의'라고 부른다

psychologists call it social exchange theory. [If you are considering /
사회 심리학자들은 그것을 사회적 교환 이론이라고 부른다   만약 당신이 고려하고 있다면
조건의 부사절

whether to donate blood], you may weigh / the costs of doing so /
헌혈할지를   당신은 따져 볼지도 모른다   그렇게 하는 것의 비용들을
의문사+to-v   = donating blood

(time, discomfort, and anxiety) / against the benefits / (reduced
(시간, 불편함, 그리고 걱정)   이익에 대비해서   (of doing so)

guilt, social approval, and good feelings). [If the rewards exceed
(감소된 죄책감, 사회적 인정, 그리고 좋은 감정)   만약 그 보상들이 비용들을
조건의 부사절

the costs], / you will help. Others believe [that we help {because
초과한다면   당신은 도울 것이다. 다른 사람들은 믿는다   우리가 돕는다고
목적절   이유의 부사절

we have been socialized to do so, / through norms [that prescribe
우리가 그렇게 하도록 사회화되어 왔기 때문에   규범들을 통해서
현재완료 수동태   = help   주격 관계대명사절

how we ought to behave}}]. Through socialization, / we learn the
우리가 어떻게 행동해야 하는지를 규정하는   사회화를 통해서   우리는
목적절(의문사절)

reciprocity norm: the expectation [that we should return help, /
상호성 규범을 배운다   기대   우리는 도움을 돌려줘야 한다는
부연 설명   동격절

not harm, / to those {who have helped us}}]. In our relations with
해가 아닌   사람들에게   우리를 도와왔던   유사한 지위의 타인들과의 관계에서
주격 관계대명사절 현재완료

others of similar status, / the reciprocity norm compels us to give /
상호성 규범은 우리가 주도록 강요한다
compel+목적어+to-v: (목적어)가 ~하도록 강요하다

(in favors, gifts, or social invitations) / about as much as we
(호의, 선물들, 혹은 사회적 초대)   대략 우리가 받은 만큼
대략(부사)   원급 비교

receive.

→ People help [because helping gives them advantages], / but also
(not only)
사람들은 돕는다   돕는 것이 그들에게 이익을 주기 때문만이 아니라
이유의 부사절   not only A but also B: A뿐만 아니라 B도

[because they are socially learned to repay {what others have done
그들이 갚아야 한다고 사회적으로 학습되기 때문에   타인이 그들을 위해 한 것을
이유의 부사절   목적절(관계대명사절) 현재완료

for them}].

지문 해석

우리는 왜 돕는가? 하나의 널리 받아들여지는 관점은 자기 이익이 모든 인간의 상호 작용의 밑바탕이 되는 것, 우리의 지속적인 목표는 보상을 극대화하고 비용을 최소화하는 것이라는 것이다. 회계사들은 그것을 '비용-수익 분석'이라고 부른다. 철학자들은 그것을 '공리주의'라고 부른다. 사회 심리학자들은 그것을 사회적 교환 이론이라고 부른다. 만약 당신이 헌혈할지를 고려하고 있다면, 당신은 그렇게 하는 것의 이익들(감소된 죄책감, 사회적 인정, 그리고 좋은 감정) 대비 그렇게 하는 것의 비용들(시간, 불편함, 그리고 걱정)을 따져 볼지도 모른다. 만약 그 보상들이 비용들을 초과한다면 당신은 도울 것이다. 다른 사람들은 우리가 어떻게 행동해야 하는지를 규정하는 규범들을 통해서, 우리가 그렇게 하도록 사회화되어 왔기 때문에 돕는다고 믿는다. 사회화를 통해서 우리는 상호성 규범을 배우는데, 이는 우리는 우리를 도와왔던 사람들에게 해가 아닌, 도움을 돌려줘야 한다는 기대이다. 유사한 지위의 타인들과의 관계에서, 상호성 규범은 우리가 대략 우리가 받은 만큼(호의, 선물들, 혹은 사회적 초대) 주도록 강요한다.

→ 사람들은 돕는 것이 그들에게 (A) 이익들을 주기 때문만이 아니라, 타인이 그들을 위해 한 것을 그들이 (B) 갚아야한다고 사회적으로 학습되기 때문에 돕는다.

지문 흐름

우리는 왜 다른 사람들을 돕는지 의문을 제기함	········	도입
널리 받아들여지는 한 관점은 자기 이익이 모든 인간의 상호 작용의 기초가 되고, 우리의 지속적인 목표는 보상을 극대화하고 비용을 최소화하는 것이라는 것임	········	관점 1
회계사들은 그것을 '비용-수익 분석', 철학자들은 '공리주의', 사회 심리학자들은 사회적 교환 이론이라고 부름	········	부연
만약 당신이 헌혈할지를 고려한다면, 당신은 그렇게 하는 것의 이익들 대비 비용들을 따져 볼 것이고, 만약 그 보상들이 비용들을 초과한다면 당신은 도울 것임	········	예시
다른 사람들은 우리가 어떻게 행동해야 하는지를 규정하는 규범들을 통해서 우리가 그렇게 하도록 사회화되어 왔기 때문에 돕는다고 믿음	········	관점 2
사회화를 통해서 우리는 상호성 규범을 배우는데, 이는 우리를 도와왔던 사람들에게 도움을 돌려줘야 한다는 기대임	········	부연
유사한 지위의 타인들과의 관계에서, 상호성 규범은 대략 우리가 받은 만큼 줄 것을 강요함	········	상술

친절한 오답 풀이

오답 선택지	선택률	오답 이유
② (A) 인내심 (B) 평가하다	5%	타인을 돕는 것이 그들에게 인내심(patience)을 준다는 내용은 언급되지 않았으며, 타인이 그들에게 준 도움을 평가한다는(evaluate) 것의 지문과 무관하다.
③ (A) 지혜 (B) 잊다	4%	타인을 돕는 것이 그들에게 지혜(wisdom)를 준다는 내용은 언급되지 않았고, 타인이 그들에게 준 도움을 잊는(forget) 것은 지문의 내용과 상반된다.
④ (A) 이익들 (B) 받아들이다	14%	타인이 그들에게 준 도움을 받아들이는(accept) 것이 아니라 되갚아야 하므로 이는 적절하지 않다.
⑤ (A) 인내심 (B) 고마워하다	8%	타인이 그들에게 준 도움에 대해 고마워하는(appreciate) 것에 그치는 것이 아니라 이를 되갚는다는 내용이므로 이는 적절하지 않다.

Q3   정답 ①   정답률 42%

정답 풀이

우리는 관계의 친밀성을 기반으로 물리적 거리를 설정하며, 이것이 불가능할 때 심리적 공간을 유지하기 위해 비언어적 채널에서의 근접성을 줄인다고 했으므로, (A)에는 determined(결정되는), (B)에는 adjust(조절하다)가 들어가는 것이 적절하다.

친절한 지문분석

Distance is a reliable indicator / [of the relationship / {between two
거리는 믿을 수 있는 지표이다   관계에 관한   두 사람 간의
전치사구(형용사구)   전치사구(형용사구)

people}]. Strangers stand further apart / ❶ than do acquaintances, /
모르는 사람들은 더 멀리 떨어져 서 있다   지인들보다
than+동사+주어(도치구문)

acquaintances stand further apart / than friends, / and friends
지인들은 더 멀리 떨어져 서 있다   친구들보다   그리고 친구는

stand further apart / than romantic partners. Sometimes, of course, /
더 멀리 떨어져 서 있다   연인들보다   물론 때로는
(when)

these rules are violated. Recall the last time / {you rode 20 stories /
이 규칙들은 위반된다   마지막 때를 떠올려 보라   20개 층을 이동했던
명령문   관계부사절

in an elevator / {packed with total strangers}]. The sardine-like
엘리베이터를 타고   완전히 모르는 사람들로 가득 찬   승객이 빽빽이 들어찬
과거분사구

experience no doubt made the situation a bit uncomfortable.
경험은 분명히 그 상황을 약간 불편하게 만들었을 것이다
분명히

With your physical space violated, / you may have tried to create
물리적 공간이 침범된 상태에서   여러분은 만들어 내려고 했을 수도 있다
with+목적어+p.p.: (목적어)가 ~된 채로   may have+p.p.: ~했을지도 모른다

"psychological" space / by avoiding eye contact, [focusing instead
'심리적' 공간을   눈을 마주치지 않음으로써   그 대신 엘리베이터 버튼에
by v-ing: ~함으로써   분사구문(부대상황)

on the elevator buttons]. By reducing closeness / in one nonverbal
집중하면서   가까움을 줄임으로써   하나의 비언어적인

channel (eye contact), / one can compensate for unwanted
채널(눈맞춤)에서의   누군가는 원치 않는 가까움을 상쇄할 수 있다
~을 상쇄하다

closeness / in another channel (proximity). Similarly, / [if you
또 다른 채널(근접성)에서의   마찬가지로   여러분이
조건의 부사절

are talking with someone / {who is seated several feet away /
누군가와 이야기를 하고 있다면   몇 피트 떨어져 앉아 있는
주격 관계대명사절

at a large table}], / you are likely to maintain constant eye contact /
큰 테이블에서   아마도 계속 눈을 마주칠 것인데
be likely to-v: ~할 것 같다
(that)

—something {you might feel uncomfortable doing / {if you were
(그것은) 하기에는 불편할 수도 있는 것이다   여러분이
목적격 관계대명사절   조건의 부사절

standing next to each other}].
여러분이 서로 옆에 서 있는 경우에

→ Physical distance between people is determined / by
사람들 사이의 물리적 거리는 결정된다
수동태

relationship status, / but [when the distance is not appropriate], /
관계의 상태에 의해   하지만 그 거리가 적절하지 않을 때
시간의 부사절

people adjust their nonverbal communication / [to establish a
사람들은 비언어적 의사소통을 조절한다   편안한 심리적 거리를
to부정사의 부사적 용법(목적)

comfortable psychological distance].
확립하기 위해

❶ 비교의 접속사 than 뒤에 주어가 대명사가 아니고 동사가 대동사인 경우 주어와 동사가 도치될 수 있다.

지문 해석

거리는 두 사람 간의 관계에 관한 믿을 수 있는 지표이다. 모르는 사람들은 지인들보다 더 멀리 떨어져 서 있고, 지인들은 친구들보다 더 멀리 떨어져 서 있고, 친구는 연인들보다 더 멀리 떨어져 서 있다. 물론 때로는 이 규칙들은 위반된다. 완전히 모르는 사람들로 가득 찬, 엘리베이터를 타고 20개 층을 이동했던 마지막 때를 떠올려 보라. 승객이 빽빽이 들어찬 경험은 분명히 그 상황을 약간 불편하게 만들었을 것이다. 물리적 공간이 침범된 상태에서, 여러분은 눈을 마주치지 않고, 그 대신 엘리베이터 버튼에 집중해서 '심리적' 공간을 만들어 내려고 했을 수도 있다. 하나의 비언어적인 채널(눈맞춤)에서의 가까움을 줄임으로써, 또 다른 채널(근접성)에서의 원치 않는 가까움을 상쇄할 수 있다. 마찬가지로, 여러분이 큰 테이블에서 몇 피트 떨어져 앉아 있는 누군가와 이야기를 하고 있다면, 아마도 계속 눈을 마주칠 것인데, (그것은) 여러분이 서로 옆에 서 있는 경우에 하기에는 불편해할 수도 있는 것이다.

→ 사람들 사이의 물리적 거리는 관계의 상태에 의해 (A) 결정되지만, 그 거리가 적절하지 않을 때 사람들은 편안한 심리적 거리를 확립하기 위해 비언어적 의사소통을 (B) 조절한다.

지문 흐름

거리는 두 사람 간의 관계에 관한 믿을 수 있는 지표임	⋯⋯	도입
모르는 사람은 친구보다 더 멀리 떨어져 있고, 지인은 친구보다 더 멀리 떨어져 있고, 친구는 연인보다 더 멀리 떨어져 있음	⋯⋯	상술
때로 이 규칙들은 위반됨	⋯⋯	반론(요지)
엘리베이터 안에서 승객이 빽빽이 들어찬 불편한 상황에서, 물리적 공간이 침범되면 눈을 마주치지 않음으로써 '심리적' 공간을 만들어 내려고 함	⋯⋯	예시 1
비언어적인 채널(눈맞춤)에서의 가까움을 줄임으로써 또 다른 채널(근접성)에서의 원치 않는 가까움을 상쇄할 수 있음	⋯⋯	상술
마찬가지로, 큰 테이블에서 떨어져 앉아 있는 사람과 얘기할 때 계속 눈을 마주칠 것인데, 이는 바로 옆에 있는 경우라면 불편할 수도 있는 행동임	⋯⋯	예시 2

친절한 오답 풀이

오답 선택지	선택률	오답 이유
② (A) 숨겨진 (B) 해석하다	9%	사람들 간의 물리적 거리가 관계의 상태에 의해 숨겨진다(concealed)는 것은 글의 내용과 무관하며, 편안한 심리적 거리를 확립하기 위해 사람들이 비언어적 의사소통을 해석한다(interpret)는 것도 글의 내용과 무관하다.
③ (A) 영향을 받는 (B) 무시하다	24%	사람들 간의 물리적 거리가 관계의 상태에 의해 영향을 받는(influenced) 것은 글의 내용과 관련 있지만, 편안한 심리적 거리를 확립하기 위해 사람들이 비언어적 의사소통을 무시한다(ignore)는 것은 글의 내용과 상반된다.
④ (A) 예측되는 (B) 멈추다	8%	사람들 간의 물리적 거리가 관계의 상태에 의해 예측된다(predicted)는 것은 글의 내용과 무관하며, 편안한 심리적 거리를 확립하기 위해 사람들이 비언어적 의사소통을 멈춘다(stop)는 표현은 적절하지 않다.
⑤ (A) 측정되는 (B) 줄이다	16%	사람들 간의 물리적 거리가 관계의 상태에 의해 측정된다(measured)는 것은 글의 내용과 무관하다.

Q4

정답 ① **정답률 52%**

정답 풀이

데이터 저장소에 저장되어 있는 데이터가 너무 많아 효과적인 도구 없이 이해할 수 없기 때문에 더 나은 의사 결정을 위해서는 가치 있는 지식을 추출할 수 있는 도구가 필요하다고 했으므로, (A)에는 overwhelm(압도하다), (B)에는 obtain(얻다)이 들어가는 것이 적절하다.

The fast-growing, tremendous amount of data, / [collected and
빠르게 증가하는 엄청난 양의 데이터는 / 크고 많은 데이터
주어 과거분사구

stored in large and numerous data repositories], / has far exceeded
저장소에 수집되고 저장되어 / 우리 인간이 이해할 수
동사

our human ability for understanding / without powerful tools.
있는 능력을 훨씬 뛰어넘었다 / 효과적인 도구 없이

As a result, / data [collected in large data repositories] / become
결과적으로 / 대규모 데이터 저장소에서 수집된 데이터는 / '데이터 무덤'이
과거분사구

"data tombs" / — data archives [that are hardly visited]. Important
된다 / 즉 찾는 사람이 거의 없는 데이터 보관소 / 중요한
주격 관계대명사절

decisions are often made / based / not on the information-rich
의사 결정이 종종 내려지기도 한다 / 기반하여 / 데이터 저장소에 저장된 정보가 풍부한 데이터가 아닌
not A but B: A가 아니라 B

data [stored in data repositories] / but rather on a decision maker's
데이터 / 의사 결정자의 직관에
과거분사구

instinct, / [simply because the decision maker does not have the
/ 단지 의사 결정자가 도구를 가지고 있지 않기 때문에
이유의 부사절

tools / {to extract the valuable knowledge / <hidden in the vast
도구 / 가치 있는 지식을 추출할 수 있는 / 방대한 양의 데이터에 숨겨진
to부정사의 형용사적 용법 과거분사구

amounts of data>}]. Efforts have been made / to develop expert
/ 노력이 있어 왔다 / 전문가 시스템과 지식 기반
현재완료 수동태 to부정사의 형용사적 용법

system and knowledge-based technologies], / [which typically
기술을 개발하려는 / 이는 일반적으로 사용자나
주격 관계대명사절(계속적 용법)

rely on users or domain experts / to manually input knowledge
분야(별) 전문가에 의존한다 / 지식을 '수동으로' 지식 기반에 입력하는

into knowledge bases]. However, / this procedure is likely to cause
/ 하지만 / 이 방법은 편견과 오류를 일으키기 쉽다
동사 1

biases and errors / and is extremely costly and time consuming.
/ 그리고 비용과 시간이 엄청나게 든다
동사 2

The widening gap [between data and information] / calls for the
점점 더 벌어지는 데이터와 정보 간의 격차는 / 도구의 체계적인
전치사구(형용사구)

systematic development of tools / [that can turn data tombs /
개발을 요구한다 / 데이터 무덤을 바꿀
주격 관계대명사절

into "golden nuggets" of knowledge].
지식의 '금괴'로

→ [As the vast amounts of data {stored in repositories} /
왜냐하면 저장소에 저장된 방대한 양의 데이터는
이유의 부사절 과거분사구

overwhelm human understanding], / effective tools [to obtain
인간의 이해를 압도하기 (때문에) / 가치 있는 지식을 얻기 위한 효과적인
to부정사의 형용사적 용법

valuable knowledge] are required / for better decision-making.
도구가 요구된다 / 더 나은 의사 결정을 위해

지문 해석

빠르게 증가하는 엄청난 양의 데이터는, 크고 많은 데이터 저장소에 수집되고 저장되어, 우리 인간이 효과적인 도구 없이 이해할 수 있는 능력을 훨씬 뛰어넘었다. 결과적으로, 대규모 데이터 저장소에서 수집된 데이터는 '데이터 무덤', 즉 찾는 사람이 거의 없는 데이터 보관소가 된다. 중요한 의사 결정이 종종 데이터 저장소에 저장된 정보가 풍부한 데이터가 아닌 의사 결정자의 직관에 기반하여 내려지기도 하는데, 이는 단지 의사 결정자가 방대한 양

의 데이터에 숨겨진 가치 있는 지식을 추출할 수 있는 도구를 가지고 있지 않기 때문이다. 전문가 시스템과 지식 기반 기술을 개발하려는 노력이 있어 왔는데, 이는 일반적으로 사용자나 분야(별) 전문가가 지식을 '수동으로' 지식 기반에 입력하는 것에 의존한다. 하지만, 이 방법은 편견과 오류를 일으키기 쉽고 비용과 시간이 엄청나게 든다. 점점 더 벌어지는 데이터와 정보 간의 격차로 인해 데이터 무덤을 지식의 '금괴'로 바꿀 수 있는 도구의 체계적인 개발이 요구된다.

→ 저장소에 저장된 방대한 양의 데이터는 인간의 이해를 (A) 압도하기 때문에, 더 나은 의사 결정을 위해 가치 있는 지식을 (B) 얻기 위한 효과적인 도구가 요구된다.

지문 흐름

엄청난 양의 데이터가 데이터 저장소에 저장되어 인간은 효과적인 도구 없이 이해할 수 없어, 데이터 무덤이 됨	………	도입
데이터 저장소에 저장된 풍부한 데이터가 아닌 의사 결정자의 직관에 기반하여 의사 결정이 내려지기도 하는데, 이는 가치 있는 지식을 추출할 도구가 없기 때문임	………	문제 제기
전문가 시스템 및 지식 기반 기술의 개발 노력이 있었지만, 지식을 '수동으로' 지식 기반에 입력함	………	해결책
이는 편견과 오류를 일으키기 쉽고 비용과 시간이 엄청나게 듦	………	문제점
데이터 무덤을 지식의 '금괴'로 바꿀 수 있는 도구의 체계적인 개발이 필요함	………	요지

친절한 오답 풀이

오답 선택지	선택률	오답 이유
② (A) 압도하다 (B) 교환하다	19%	더 나은 의사 결정을 위해 가치 있는 지식을 교환하는 (exchange) 효과적인 도구가 요구된다는 것은 글의 내용과 무관하다.
③ (A) 향상시키다 (B) 적용하다	12%	저장소에 저장된 방대한 양의 데이터가 인간의 이해를 향상시킨다는(enhance) 것은 글의 내용과 상반되고, 더 나은 의사 결정을 위해 가치 있는 지식을 적용하는(apply) 효과적인 도구가 요구된다는 것은 글의 내용과 무관하다.
④ (A) 향상시키다 (B) 발견하다	15%	저장소에 저장된 방대한 양의 데이터가 인간의 이해를 향상시킨다는(enhance) 것은 글의 내용과 상반된다.
⑤ (A) 만족시키다 (B) 접근하다	3%	저장소에 저장된 방대한 양의 데이터가 인간의 이해를 만족시킨다는(fulfill) 것은 글의 내용과 상반된다.

코드 공략하기

pp.147~149

01 ② **02** ⑤ **03** ① **04** ② **05** ① **06** ①

01

정답 ②   정답률 45%

정답 풀이

길을 잃은 새끼 고양이의 발성이 강력해서 포식자를 유인할 가능성이 높기 때문에 포식자로부터 탐지될 가능성을 줄이기 위해 어미 고양이는 자기 새끼가 아니더라도 데려온다는 내용이므로, (A)에는 collect(데려오다), (B)에는 detected(탐지되는)가 들어가는 것이 적절하다.

친절한 지문분석

Mother cats can tell / [which kittens belong to them] / — [when
어미 고양이는 구별할 수 있다   어느 새끼 고양이가 자신의 것인지를   시간의 부사절
                   목적절(의문사절)

litters are mixed up] / they use their kittens' scent / to distinguish
새끼들이 섞여 있을 때   그것들은 자기 새끼 고양이의 냄새를 이용한다   그것들을 다른
                              to부정사의 부사적 용법(목적)

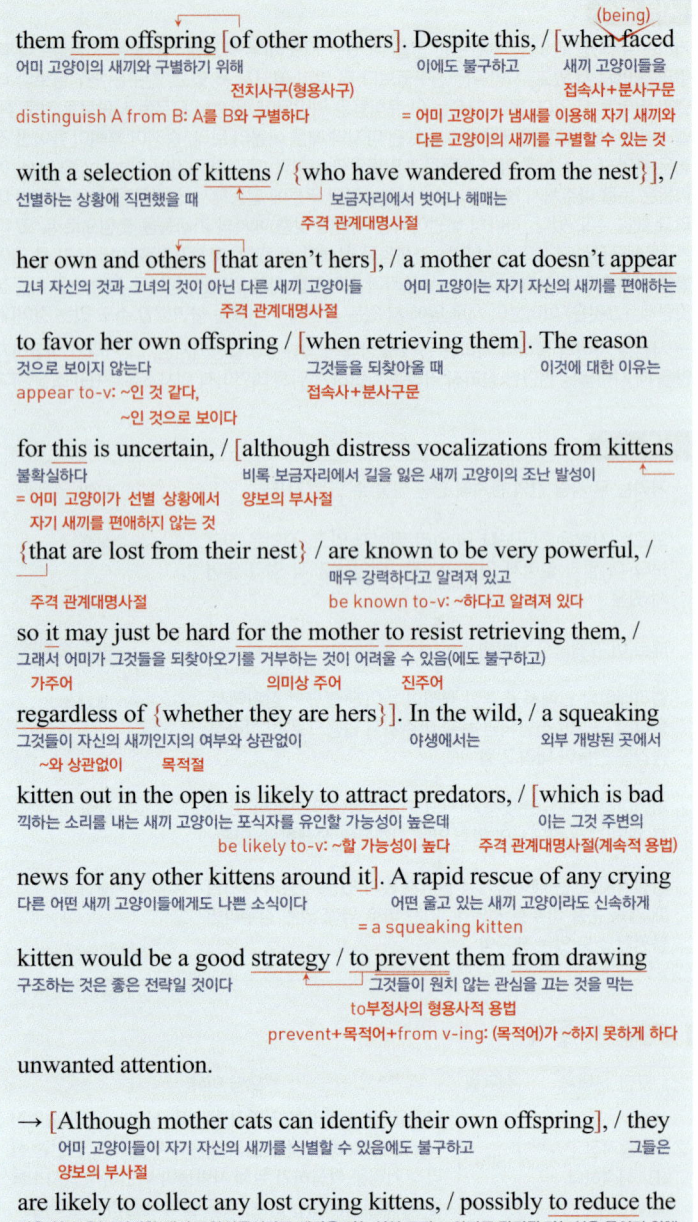

them from offspring [of other mothers]. Despite this, / [when faced
어미 고양이의 새끼와 구별하기 위해   이에도 불구하고   새끼 고양이들을
   전치사구(형용사구)   접속사+분사구문
distinguish A from B: A를 B와 구별하다   = 어미 고양이가 냄새를 이용해 자기 새끼와
                      다른 고양이의 새끼를 구별할 수 있는 것

with a selection of kittens / {who have wandered from the nest}], /
선별하는 상황에 직면했을 때   보금자리에서 벗어나 헤매는
                 주격 관계대명사절

her own and others [that aren't hers], / a mother cat doesn't appear
그녀 자신의 것과 그녀의 것이 아닌 다른 새끼 고양이들   어미 고양이는 자기 자신의 새끼를 편애하는
             주격 관계대명사절

to favor her own offspring / [when retrieving them]. The reason
것으로 보이지 않는다   그것들을 되찾아올 때   이것에 대한 이유는
appear to-v: ~인 것 같다,   접속사+분사구문
    ~인 것으로 보이다

for this is uncertain, / [although distress vocalizations from kittens
불확실하다   비록 보금자리에서 길을 잃은 새끼 고양이의 조난 발성이
= 어미 고양이가 선별 상황에서   양보의 부사절
   자기 새끼를 편애하지 않는 것

{that are lost from their nest} / are known to be very powerful, /
그것들이 원치 않는   매우 강력하다고 알려져 있고
                   be known to-v: ~하다고 알려져 있다
   주격 관계대명사절

so it may just be hard for the mother to resist retrieving them, /
그래서 어미가 그것들을 되찾아오기를 거부하는 것이 어려울 수 있음(에도 불구하고)
   가주어   의미상 주어   진주어

regardless of {whether they are hers}]. In the wild, / a squeaking
그것들이 자신의 새끼인지의 여부와 상관없이   야생에서는   외부 개방된 곳에서
   ~와 상관없이   목적절

kitten out in the open is likely to attract predators, / [which is bad
찍찍거리는 소리를 내는 새끼 고양이는 포식자를 유인할 가능성이 높은데   이는 그것 주변의
            be likely to-v: ~할 가능성이 높다   주격 관계대명사절(계속적 용법)

news for any other kittens around it]. A rapid rescue of any crying
다른 어떤 새끼 고양이들에게도 나쁜 소식이다   어떤 울고 있는 새끼 고양이라도 신속하게
                    = a squeaking kitten

kitten would be a good strategy / to prevent them from drawing
구조하는 것은 좋은 전략일 것이다   그것들이 원치 않는 관심을 끄는 것을 막는
                  to부정사의 형용사적 용법
           prevent+목적어+from v-ing: (목적어)가 ~하지 못하게 하다

unwanted attention.

→ [Although mother cats can identify their own offspring], / they
   어미 고양이들이 자기 자신의 새끼를 식별할 수 있음에도 불구하고   그들은
   양보의 부사절

are likely to collect any lost crying kittens, / possibly to reduce the
길을 잃고 우는 어떠한 새끼 고양이들이라도 데려올 가능성이 크다   아마도 탐지될 가능성을 줄이기 위해
                         to부정사의 부사적 용법(목적)

chances of being detected / by predators.
                 포식자들에 의해
      동명사의 수동태

지문 해석

어미 고양이는 어느 새끼 고양이가 자신의 것인지를 구별할 수 있는데, 새끼들이 섞여 있을 때 자신의 새끼 고양이를 다른 어미의 새끼와 구별하기 위해 자기 새끼 고양이의 냄새를 이용한다. 이에도 불구하고, 보금자리에서 벗어나 헤매는 그녀 자신의 것과 그녀의 것이 아닌 다른 새끼 고양이들을 선별하는 상황에 직면했을 때, 어미 고양이는 새끼들을 되찾아올 때 자기 자신의 새끼를 편애하는 것으로 보이지 않는다. 비록 보금자리에서 길을 잃은 새끼 고양이의 조난 발성이 매우 강력하다고 알려져 있고, 그래서 자신의 새끼인지의 여부와 상관없이, 어미가 새끼들을 되찾아오기를 거부하는 것이 어려울 수 있음에도 불구하고, 이것에 대한 이유는 불확실하다. 야생에서는, 외부 개방된 곳에서 찍찍거리는 소리를 내는 새끼 고양이는 포식자를 유인할 가능성이 높은데, 이는 그것 주변의 다른 어떤 새끼 고양이들에게도 나쁜 소식이다. 어떤 울고 있는 새끼 고양이라도 신속하게 구조하는 것은 원치 않는 관심을 끄는 것을 막는 좋은 전략일 것이다.

→ 어미 고양이들이 자기 자신의 새끼를 식별할 수 있음에도 불구하고, 그들은 아마도 포식자들에 의해 (B) 탐지될 가능성을 줄이기 위해 길을 잃고 우는 어떠한 새끼 고양이들이라도 (A) 데려올 가능성이 크다.

어미 고양이는 냄새를 이용하여 자신의 새끼 고양이를 구별할 수 있음	········ 도입
↓	
하지만 어미 고양이는 길을 잃은 새끼들을 되찾아올 때 자신의 새끼를 편애하지 않음	········ 주제
↓	
길을 잃은 새끼 고양이의 조난 발성이 강력해서 어미가 새끼들을 되찾아오기를 거부하는 것이 어렵긴 하지만, 이유는 불확실함	········ 전개
↓	
야생에서 끽끽하는 소리를 내는 새끼 고양이는 포식자를 유인할 가능성이 높아, 주변 새끼 고양이들에게도 위험함	········ 부연
↓	
울고 있는 새끼 고양이를 신속하게 구조하는 것이 원치 않는 관심을 차단하는 좋은 전략일 수 있음	········ 결론

친절한 오답 풀이

오답 선택지	선택률	오답 이유
① (A) 기르다 (B) 속는	6%	길을 잃고 우는 새끼 고양이가 포식자에게 속는 (deceived) 것은 글의 내용과 무관하다.
③ (A) 데려오다 (B) 주의를 피한	10%	길을 잃고 우는 새끼 고양이가 포식자의 주의를 피한 (distracted) 것은 글의 내용과 무관하다.
④ (A) 버리다 (B) (잠에서) 깨는	10%	어미 고양이가 길을 잃고 우는 새끼 고양이를 버리는
⑤ (A) 버리다 (B) 쫓기는	29%	(abandon) 것은 글의 내용과 상반된다.

02 정답 ⑤ 정답률 56%

정답 풀이

질투의 대상은 제3자의 행동인 반면, 부러움은 나이, 경력, 거주지에 있어서 가장 비슷한 사람들에게 적의를 향하게 한다고 했으므로, (A)에는 actions(행동), (B)에는 alike(비슷한)가 들어가는 것이 적절하다.

친절한 지문분석

Many things spark *envy*: / ownership, status, health, youth, talent,
많은 것들은 '부러움'을 불러일으킨다 소유권, 지위, 건강, 젊음, 재능, 인기, 아름다움

popularity, beauty. It is often confused with jealousy / [because the
이것은 종종 질투와 혼동된다 신체적 반응이
= envy 이유의 부사절

physical reactions are identical]. The difference: / the subject of
동일하기 때문에 차이점 '부러움'의 대상은

envy is a thing (status, money, health etc.). The subject of jealousy
사물(지위, 돈, 건강 등)이다 질투의 대상은 제3자의 행동이다

is the behaviour [of a third person]. *Envy* needs two people.
전치사구(형용사구) '부러움'은 두 사람을 필요로 한다

Jealousy, / on the other hand, / requires three: / Peter is jealous of
질투는 반면 세 사람을 요구한다 Peter는 Sam을 질투한다

Sam / [because the beautiful girl next door rings him instead].
옆집의 예쁜 여자가 자기 대신 그(Sam)에게 전화를 걸기 때문에
이유의 부사절

Paradoxically, / with envy / we direct resentments toward those /
역설적이게도 부러움을 가질 때 우리는 사람들에게 적의를 향하게 한다

[who are most similar to us in age, career and residence]. We don't
나이, 경력, 거주지에 있어서 우리와 가장 비슷한 우리는
주격 관계대명사절

envy businesspeople / [from the century before last]. We don't
사업가들을 부러워하지 않는다 지지난 세기의 우리는 백만장자를
전치사구(형용사구)

envy millionaires / [on the other side of the globe]. As a writer, /
부러워하지 않는다 지구 반대편의 작가로서
전치사구(형용사구) ~로서(전치사)

I don't envy musicians, managers or dentists, / but other writers.
나는 음악가, 매니저 또는 치과 의사가 부럽지 않다 하지만 다른 작가들을 부러워한다

As a CEO / you envy other, bigger CEOs. As a supermodel / you
CEO로서 당신은 다른, 더 큰 CEO들을 부러워한다 슈퍼 모델로서 당신은
~로서(전치사) ~로서(전치사)

envy more successful supermodels. Aristotle knew this: / 'Potters
더 성공한 슈퍼모델들을 부러워한다 아리스토텔레스는 이를 알고 있었다 도공은

envy potters.'
도공을 부러워한다

→ Jealousy involves three parties, / [focusing on the actions of a
질투는 세 당사자를 포함한다 제3자의 행동에 초점을 맞추면서
분사구문(동시동작)

third person], / whereas envy involves two individuals / [whose
반면에 부러움은 두 사람을 포함한다 개인적 상황이
소유격 관계대명사절

personal circumstances are most alike], / [with one person
가장 비슷한 한 사람이 다른 사람을
with+목적어+현재분사: (목적어)가 ~한 채로[~하면서]

resenting the other].
불쾌하게 여기는 상태로

지문 해석

많은 것들은 '부러움'을 불러일으킨다: 소유권, 지위, 건강, 젊음, 재능, 인기, 아름다움. 이것은 신체적 반응이 동일하기 때문에 종종 질투와 혼동된다. 차이점: '부러움'의 대상은 사물(지위, 돈, 건강 등)이다. 질투의 대상은 제3자의 행동이다. '부러움'은 두 사람을 필요로 한다. 반면, 질투는 세 사람을 요구한다: Peter는 옆집의 예쁜 여자가 자기 대신 Sam에게 전화를 걸기 때문에 그를 질투한다. 역설적이게도, 부러움을 가질 때 우리는 나이, 경력, 거주지에 있어서 우리와 가장 비슷한 사람들에게 적의를 향하게 한다. 우리는 지지난 세기의 사업가들을 부러워하지 않는다. 우리는 지구 반대편의 백만장자를 부러워하지 않는다. 작가로서, 나는 음악가, 매니저 또는 치과 의사가 부럽지 않지만, 다른 작가들을 부러워한다. CEO로서 당신은 다른, 더 큰 CEO들을 부러워한다. 슈퍼 모델로서 당신은 더 성공한 슈퍼모델들을 부러워한다. 아리스토텔레스는 이를 알고 있었다: '도공은 도공을 부러워한다.'

→ 질투는 세 당사자를 포함하며, 제3자의 (A) 행동에 초점을 맞추는 반면, 부러움은 개인적 상황이 가장 (B) 비슷한 두 사람을 포함하고, 한 사람이 다른 사람을 불쾌하게 여기는 상태이다.

소유권, 지위, 건강, 젊음, 재능, 인기, 아름다움 등은 '부러움'을 불러일으킴	도입
'부러움'의 대상은 사물(지위, 돈, 건강 등)인 반면, 질투의 대상은 제3자의 행동임	주제
'부러움'은 두 사람을 필요로 하는 반면, 질투는 세 사람을 요구함	부연
Peter는 옆집의 예쁜 여자가 자기 대신 Sam에게 전화를 걸기 때문에 그를 질투함	사례: 질투
나이, 경력, 거주지에 있어서 우리와 가장 비슷한 사람들에게 부러움을 갖고 적의를 향하게 함	전개
지지난 세기의 사업가들이나 지구 반대편의 백만장자를 부러워하지 않음	부연
작가는 다른 작가들을, CEO는 더 큰 CEO들을, 슈퍼 모델은 더 성공한 슈퍼 모델들을 부러워함	사례: 부러움
아리스토텔레스는 '도공은 도공을 부러워한다'는 것을 알고 있었음	부연

친절한 오답 풀이

오답 선택지	선택률	오답 이유
① (A) 행동 (B) 다른	17%	부러움은 나이, 경력, 거주지에 있어 가장 비슷한 사람들에게 적의를 향하게 한다고 했으므로, 부러움이 개인적 상황이 가장 다른(different) 사람을 불쾌하게 여기는 것이라는 것은 글의 내용과 상반된다.
② (A) 소유품 (B) 독특한	13%	질투가 제3자의 소유품(possessions)에 초점을 맞춘다는 것은 글의 내용과 상반되며, 부러움이 독특한(unique) 사람을 불쾌하게 여기는 것이라는 것은 글의 내용과 무관하다.
③ (A) 목표 (B) 평범한	3%	질투가 제3자의 목표(goals)에 초점을 맞추며, 부러움이 평범한(ordinary) 사람들을 불쾌하게 여기는 것이라는 것은 글의 내용과 무관하다.
④ (A) 소유품 (B) 호의적인	10%	질투가 제3자의 소유품(possessions)에 초점을 맞춘다는 것은 글의 내용과 상반되며, 부러움이 호의적인(favorable) 사람들을 불쾌하게 여기는 것이라는 것은 글의 내용과 무관하다.

03 　　　정답 ①　　　정답률 59%

정답 풀이

수직적 차원과 앞/뒤 차원은 우리의 공간 지각의 진화에 영향을 미쳤기 때문에 쉽게 인식되지만, 자연에서 유의미하지 않은 좌-우 축은 우리에게 즉각 이해되지 않는다고 했으므로, (A)에는 spatial(공간의), (B)에는 significant(유의미한)가 들어가는 것이 적절하다.

친절한 지문분석

A young child may be puzzled / [when asked to distinguish /
어린아이는 당황할 수 있다　　　　　　구별하라고 요구받으면
　　　　　　　　　　　　접속사+분사구문
between the directions of right and left]. But that same child may
오른쪽과 왼쪽의 방향을　　　　　　　　하지만 그 아이는
between A and B: A와 B 사이에
have no difficulty in determining / the directions of up and down
알아내는 데에는 전혀 어려움이 없을 것이다　　위아래나 앞뒤의 방향을
have no difficulty in v-ing: ~하는 데 어려움이 없다

or back and front. Scientists propose [that this occurs because,
　　　　　　　　　과학자들은 주장한다　　이것이 발생하는 이유는
　　　　　　　　　　　　　　　　　　　　　　　목적절
although we experience three dimensions, only two had a strong
비록 우리가 세 가지 차원을 경험하지만　　두 가지만이 우리의 진화에
　　삽입절
influence on our evolution]: the vertical dimension [as defined
강력한 영향을 미쳤기 때문이라고　　수직적 차원과　　　　　정의되는
by gravity] and, in mobile species, the front/back dimension [as
중력에 의해 정의되는　이동하는 종의 앞/뒤 차원이다
defined by the positioning of sensory and feeding mechanisms].
감각과 먹이 섭취 메커니즘의 배치로 정의되는

These influence / our perception of vertical versus horizontal, far
이것들은 영향을 미친다　수직 대 수평, 원거리 대 근거리에 대한 우리의 지각과
versus close, / and the search for dangers / [from above (such as an
위험 탐색에　　　　　　　　　(독수리와 같은) 위로부터의 또는
　　　　　전치사구　　　　　～같은
eagle) or below (such as a snake)]. However, the left-right axis is
(뱀과 같은) 아래로부터의　　　　　　그러나 좌-우 축은
not as relevant / in nature. A bear is equally dangerous / from its
그만큼 중요하지 않다　자연에서는　곰은 똑같이 위험하다　　　그것의 왼쪽
left or the right side, / but not [if it is upside down]. In fact, [when
편에서든 오른쪽 편에서든　　거꾸로 뒤집혀 있다면 그렇지 않다　사실
　　　　　　　　　　　　　　조건의 부사절　　　　　　접속사+분사구문
observing a scene {containing plants, animals, and man-made
장면을 관찰할 때　　　　식물, 동물, 그리고 자동차나 도로 표지판과 같은
　　현재부사구
objects such as cars or street signs}], we can only tell / when left
인간이 만든 물체가 포함된　　　　　　　우리는 겨우 구별할 수 있을 뿐이다
and right have been inverted [if we observe those artificial items].
좌우가 뒤바뀐 것을　　　　　만약 그 인공적인 물체들을 관찰한다면
　　현재완료 수동태　　　조건의 부사절
→ [Having affected the evolution of our spatial perception],
　　우리의 공간 지각의 진화에 영향을 미쳤기 때문에
　　완료형 분사구문(이유)
vertical and front/back dimensions are easily perceived, / but the
수직적 차원과 앞/뒤 차원은 쉽게 인식되지만
　　　　　　　　　　　　　　수동태
left-right axis, which is not significant in nature, doesn't come
좌-우 축은　　자연에서 유의미하지 않은　　　우리에게 즉각
　주어　　　　　　삽입절　　　　　　　　동사
instantly to us.
이해되지 않는다

지문 해석

오른쪽과 왼쪽의 방향을 구별하라고 요구받으면 어린아이는 당황할 수 있다. 하지만 그 아이는 위아래나 앞뒤의 방향을 알아내는 데에는 전혀 어려움이 없을 것이다. 과학자들은 이것이 발생하는 이유는, 비록 우리가 세 가지 차원을 경험하지만, 두 가지만이 우리의 진화에 강력한 영향을 미쳤기 때문이라고 주장하는데, 그것들은 중력에 의해 정의되는 수직적 차원과 이동하는 종의 감각과 먹이 섭취 메커니즘의 배치로 정의되는 앞/뒤 차원이다. 이것들은 수직 대 수평, 원거리 대 근거리에 대한 우리의 지각과 (독수리와 같은) 위로부터의 또는 (뱀과 같은) 아래로부터의 위험 탐색에 영향을 미친다. 그러나 좌-우 축은 자연에서는 그만큼 중요하지 않다. 곰은 그것의 왼쪽 편에서든 오른쪽 편에서든 똑같이 위험하지만, 거꾸로 뒤집혀 있다면 그렇지 않다. 사실, 우리가 식물, 동물, 그리고 자동차나 도로 표지판과 같은 인간이 만든 물체가 포함된 장면을 관찰할 때, 만약 그 인공적인 물체들을 관찰한다면 좌우가 뒤바뀐 것을 겨우 구별할 수 있을 뿐이다.

→ 우리의 (A) 공간 지각의 진화에 영향을 미쳤기 때문에, 수직적 차원과 앞/뒤 차원은 쉽게 인식되지만, 자연에서 (B) 유의미하지 않은 좌-우 축은 우리에게 즉각 이해되지 않는다.

어린아이에게 오른쪽과 왼쪽의 방향 구별은 어려울 수 있어도, 위아래나 앞뒤의 방향 구별은 어렵지 않을 것임	········ 도입
과학자들은 우리가 삼차원을 경험하지만, 수직적 차원과 앞/뒤 차원, 이 두 가지만이 우리의 진화에 강력한 영향을 미쳤기 때문이라고 주장함	········ 요지 1
이것들은 수직 대 수평, 원거리 대 근거리에 대한 지각과 위, 아래로부터의 위험 탐색에 영향을 미침	········ 부연
곰이 그것의 왼편에서든 오른편에서든 똑같이 위험한 것처럼, 자연에서 좌-우 축은 중요하지 않음	········ 요지 2
우리가 인공물을 관찰할 때 좌우가 뒤바뀐 것을 겨우 구별할 수 있을 뿐임	········ 부연

친절한 오답 풀이

오답 선택지	선택률	오답 이유
② (A) 공간의 (B) 부족한	11%	자연에서 좌-우 축이 부족하지(scarce) 않다는 것은 글의 내용과 무관하다.
③ (A) 청각의 (B) 다른	5%	수직적, 앞/뒤, 좌/우 축은 청각(auditory) 지각과 무관하며, 자연에서 좌-우 축이 다르지(different) 않다는 것도 글의 내용과 무관하다.
④ (A) 문화의 (B) 접근 가능한	16%	수직적, 앞/뒤, 좌/우 축은 문화적(cultural) 지각과 무관하며, 자연에서 좌-우 축이 접근 가능하지(accessible) 않다는 것도 글의 내용과 무관하다.
⑤ (A) 문화의 (B) 바람직한	8%	수직적, 앞/뒤, 좌/우 축은 문화적(cultural) 지각과 무관하며, 자연에서 좌-우 축이 바람직하지(desirable) 않다는 것도 글의 내용과 무관하다.

04   정답 ②   정답률 58%

정답 풀이

과학에서의 진보에는 회의론이 추진 연료가 되지만, 스포츠에서는 의심이 독이 되며 의심과 불확실성에 영향을 받지 않는 것을 통해 진보가 이루어진다고 했으므로, (A)에는 skeptical(회의적인), (B)에는 eliminate(제거하다)가 들어가는 것이 적절하다.

친절한 지문분석

The great irony of performance psychology is / [that it teaches each
퍼포먼스 심리학의 큰 아이러니는   그것이 개개의 운동선수들이
                                              보어절

sportsman to believe, / as far as he is able, / {that he will win}].
믿도록 가르친다는 것이다   그가 능력이 있는 한   그가 이길 것이라고
                      ~하는 한(접속사)   목적절

No man doubts. No man indulges his inner skepticism. That is the
누구도 의심하지 않는다 누구도 내면의 회의에 빠지지 않는다   그것이

logic of sports psychology. But only one man *can* win. That is the
스포츠 심리학의 논리이다   하지만 오직 한 사람만 이길 '수 있다'   그것이

logic of sport. Note the difference / [between a scientist and an
스포츠의 논리이다   차이점을 주목하라   과학자와 운동선수 사이의
                    명령문   전치사구(형용사구)

athlete]. Doubt is a scientist's stock in trade. Progress is made /
의심은 과학자의 일상적인 업무이다   진보는 이루어진다
                                              수동태

by focusing on the evidence / [that refutes a theory] / and by
증거에 집중함으로써   이론을 반박하는   그리고 그에 따라
by v-ing: ~함으로써   주격 관계대명사절

improving the theory accordingly. Skepticism is the rocket fuel /
이론을 개선함으로써   회의론은 추진 연료이다
by v-ing: ~함으로써(병렬구조)

of scientific advance. But doubt, to an athlete, is poison.
과학적 진보의   하지만 의심은 운동선수에게는 독이다

Progress is made / by ignoring the evidence; / it is about creating
진보는 만들어진다   증거를 무시함으로써   그것은 사고방식을 만드는 것에
                    수동태   by v-ing: ~함으로써   부연 설명

a mindset / [that is immune to doubt and uncertainty]. Just to
대한 것이다   의심과 불확실성에 영향을 받지 않는   다시 한번
                주격 관계대명사절   be immune to: ~에 영향을 받지 않다

reiterate: / From a rational perspective, / this is nothing less than
되풀이하자면   이성적인 시각에서 보면   이건 미친 짓이나 다름없다
    부연 설명   (that) 다름 아닌

crazy. Why should an athlete convince himself / [he will win] /
        왜 운동선수는 확신해야 하는가   그가 이길 것이라고
                        재귀대명사(주어와 목적어가 동일) 직접목적절

when he knows / [that there is every possibility / ❶ {he will lose}]?
알면서도   모든 가능성이 있다는 것을   자신이 질 거라는
                    목적절   (that) 동격절

Because, / to win, / one must proportion one's belief, / not to the
왜냐하면   이기기 위해서 선수는 자신의 신념을 할당해야 한다
            to부정사의 부사적 용법(목적) proportion A to B: A를 B에 할당하다

evidence, / but to [whatever the mind can usefully get away with].
증거가 아니라   마음이 유용하게 해낼 수 있는 무엇이든지간에
not A but B: A가 아니라 B   복합관계대명사절

→ Unlike scientists / [whose skeptical attitude is needed / {to make
과학자들과는 달리   회의적인 태도가 요구되는   과학적
                    소유격 관계대명사절   to부정사의 부사적 용법(목적)

scientific progress}], / sports psychology says / [that to succeed, /
진보를 이루기 위해   스포츠 심리학은 말한다   성공하기 위해서는
                                                    목적절

athletes must eliminate feelings of uncertainty / about {whether
운동선수들이 불확실한 감정을 없애야 한다고   그들이 이길
                                                    목적절

they can win}].
수 있는지에 대한

❶ 동격 접속사 that은 생략하지 않는 것이 원칙이지만, 현대 영어에서는 구어체나 비격식체에서 동격 접속사 that을 종종 생략한다.

지문 해석

퍼포먼스 심리학의 큰 아이러니는 개개의 운동선수들이, 그가 능력이 있는 한, 이길 것이라고 믿도록 가르친다는 것이다. 어느 누구도 의심하지 않는다. 어느 누구도 내면의 회의에 빠지지 않는다. 그것이 스포츠 심리학의 논리이다. 하지만 오직 한 사람만이 이길 '수 있다'. 그것이 스포츠의 논리이다. 과학자와 운동선수의 차이점을 주목하라. 의심은 과학자의 일상적인 업무이다. 진보는 이론을 반박하는 증거에 집중하고 그에 따라 이론을 개선함으로써 이루어진다. 회의론은 과학적 진보의 추진 연료이다. 하지만 운동선수에게 의심은 독이다. 진보는 증거를 무시함으로써 만들어진다; 그것은 의심과 불확실성에 영향을 받지 않는 사고방식을 만드는 것이다. 다시 한번 되풀이하자면: 이성적인 시각에서 보면 이건 미친 짓이나 다름없다. 왜 운동선수는 자신이 질 거라는 모든 가능성이 있다는 것을 알면서도 이길 것이라고 확신해야 하는가? 선수는 이기기 위해서, 증거가 아니라, 마음이 유용하게 해낼 수 있는 무엇이든지 간에 자신의 신념을 할당해야 하기 때문이다.

→ 과학적 진보를 이루기 위해 (A) 회의적인 태도가 요구되는 과학자들과는 달리, 스포츠 심리학은 운동선수들이 성공하기 위해서는 그들이 이길 수 있는지에 대한 불확실한 감정을 (B) 없애야 한다고 한다.

퍼포먼스 심리학의 큰 아이러니는 개개의 운동선수들이 자신이 이길 것이라고 믿도록 가르친다는 것임	도입
↓	
어느 누구도 의심하거나 내면의 회의에 빠지지 않는다는 것이 스포츠 심리학의 논리이지만, 오직 한 사람만 이길 수 있다는 것이 스포츠의 논리임	부연
↓	
과학자와 운동선수의 차이점에 주목해야 함	전개
↓	
의심은 과학자의 일상적 업무로, 이론을 반박하는 증거에 집중하고 이론을 개선함으로써 진보가 이루어진다는 점에서 회의론은 과학적 진보의 추진 연료임	상술 1
↓	
운동선수에게 의심은 독으로, 진보는 증거를 무시함으로써 만들어지며, 의심과 불확실성에 영향을 받지 않는 사고방식을 만드는 것임	상술 2
↓	
운동선수가 자신이 질 가능성이 있다는 것을 알면서도 승리를 확신해야 하는 이유는 이기기 위해서는 증거가 아니라 마음이 유용하게 해낼 수 있는 것에 자신의 신념을 할당해야 하기 때문임	결론

친절한 오답 풀이

오답 선택지	선택률	오답 이유
① (A) 자신감 있는 (B) 가지다	16%	과학자들에게 자신감 있는(confident) 태도가 요구된다는 것은 글의 내용과 무관하며, 성공을 위해 운동선수들이 불확실한 감정을 가져야(keep) 한다는 것은 글의 내용과 상반된다.
③ (A) 자만하는 (B) 표현하다	6%	과학자들에게 자만하는(arrogant) 태도가 요구된다는 것은 글의 내용과 무관하며, 성공을 위해 운동선수들이 불확실한 감정을 표현해야(express) 한다는 것은 글의 내용과 상반된다.
④ (A) 비판적인 (B) 가지다	10%	과학자들에게 비판적인(critical) 태도가 요구된다는 것은 글의 내용과 관련 있지만, 성공을 위해 운동선수들이 불확실한 감정을 가져야(keep) 한다는 것은 글의 내용과 상반된다.
⑤ (A) 완고한 (B) 없애다	9%	과학자들에게 완고한(stubborn) 태도가 요구된다는 것은 글의 내용과 무관하다.

05 정답 ① 정답률 60%

정답 풀이

사람들이 동의할 때 고개를 끄덕이는 것처럼, 고개를 끄덕이는 행동을 하면 호의적인 생각을 갖게 한다는 내용이므로, (A)에는 favorably(호의적으로), (B)에는 behavior(행동)가 들어가는 것이 적절하다.

친절한 지문분석

People behave in highly predictable ways [when they experience
사람들은 매우 예측 가능한 방식으로 행동한다   특정한 생각을 할 때
                                          시간의 부사절

certain thoughts]. [When they agree], they nod their heads.
                    그들은 동의할 때   고개를 끄덕인다
                    시간의 부사절

So far, no surprise, / but according to an area of research [known
여기까지는 놀랄 일은 아니다   하지만 한 연구 분야에 따르면
                                                    과거분사구

as "proprioceptive psychology]," the process also works in reverse.
'고유 수용 심리학'으로 알려진   그 과정은 역으로도 작용한다

Get people to behave [in a certain way] / and you cause them
사람들을 행동하게 하라   특정한 방식으로   그러면 당신은 그들이 특정한 생각을
get+목적어+to-v: (목적어)가 ~하게 하다 전치사구   cause+목적어+to-v:

to have certain thoughts. The idea was initially controversial, /
갖도록 한다   그 아이디어는 처음에는 논란의 여지가 있었지만
(목적어)가 ~하게 하다

but fortunately it was supported by a compelling experiment.
다행히도 설득력 있는 실험으로 뒷받침되었다
                        수동태

Participants [in a study] were asked / to fixate on various
한 연구에서 참가자들은 요청받았다   다양한 제품들에 시선을 고정하도록
주어   전치사구   동사(수동태)   to-v 1(병렬구조)

products [moving across a large computer screen] / and then
     큰 컴퓨터 화면에서 움직이는   그리고 나타내도록
(to) 현재분사구

Vindicate [whether the items appealed to them]. Some of the items
     그 제품들이 그들에게 매력적인지를   일부 제품은 수직으로
to-v 2 목적절 ~인지(아닌지)(접속사)

moved vertically ([causing the participants to nod their heads /
움직였고   (참가자들이 고개를 끄덕이게 하면서)
                분사구문(결과)

while watching]), and others moved horizontally ([resulting in a
보는 동안   다른 제품은 수평으로 움직였다   (좌우로 머리를
접속사+분사구문   분사구문(결과)

side-to-side head movement]). Participants preferred vertically
움직이게 하면서)   참가자들은 수직으로 움직이는 제품을 선호했다

moving products / without being aware [that their "yes" and "no"
인지하지 못한 채   자신의 '예'와 '아니요'의 머리 움직임이
                without v-ing: ~하지 않은 채 목적절

head movements / had played a key role in their decisions].
결정에 핵심적인 역할을 했다는 사실을
play a key role: 핵심적인 역할을 하다

→ In one study, / participants responded favorably / to products
한 연구에서   참가자들은 호의적으로 반응했다   컴퓨터 화면에

on a computer screen [when they moved their heads up and down],
나온 제품들에   그들의 고개를 위아래로 움직일 때
                      시간의 부사절

[which showed {that their decisions were unconsciously
이는 보여주었다   그들의 결정이 무의식적으로 영향을 받는다는 것을
주격 관계대명사절(계속적 용법) 목적절   수동태

influenced / by their behavior}].
영향을 받는다 / 그들의 행동에 의해서

지문 해석

사람들은 특정한 생각을 할 때 매우 예측 가능한 방식으로 행동한다. 그들은 동의할 때, 고개를 끄덕인다. 여기까지는 놀랄 일이 아니지만, '고유 수용 심리학'으로 알려진 한 연구 분야에 따르면, 그 과정은 역으로도 작용한다. 사람들을 특정한 방식으로 행동하게 하면 당신은 그들이 특정한 생각을 갖도록 한다. 그 아이디어는 처음에는 논란의 여지가 있었지만, 다행히도 설득력 있는 실험으로 뒷받침되었다. 한 연구에서 참가자들은 큰 컴퓨터 화면에서 움직이는 다양한 제품들에 시선을 고정하고 그 제품들이 그들에게 매력적인지를 나타내도록 요청받았다. 일부 제품은 수직으로 움직였고(참가자들이 보는 동안 고개를 끄덕이게 하면서), 다른 제품은 수평으로 움직였다(좌우로 머리를 움직이게 하면서). 참가자들은 자신의 '예'와 '아니요'의 머리 움직임이 결정에 핵심적인 역할을 했다는 사실을 인지하지 못한 채 수직으로 움직이는 제품을 선호했다.
→ 한 연구에서, 참가자들은 그들의 고개를 위아래로 움직일 때 컴퓨터 화면에 나온 제품들에 (A) 호의적으로 반응했는데, 이는 그들의 결정이 그들의 (B) 행동에 의해서 무의식적으로 영향을 받는다는 것을 보여주었다.

사람들은 특정한 생각을 할 때 매우 예측 가능한 방식으로 행동함	········	도입
사람들은 동의할 때 고개를 끄덕이고, '고유 수용 심리학'에 따르면 그 과정은 역으로도 작용함	········	전개
사람들을 특정한 방식으로 행동하게 하면 당신은 그들이 특정한 생각을 갖도록 함	········	주제
한 연구에서 참가자들은 큰 컴퓨터 화면에서 움직이는 다양한 제품들에 시선을 고정하고 그 제품들이 매력적인지를 나타내도록 요청받음	········	실험 예시
일부 제품은 수직으로 움직여 고개를 끄덕이게 하고, 다른 제품은 수평으로 움직여 머리를 좌우로 움직이게 함	········	실험 방법
참가자들은 자신의 '예'와 '아니요'의 머리 움직임이 결정에 핵심적인 역할을 했다는 사실을 인지하지 못한 채 수직으로 움직이는 제품을 선호함	········	실험 결과

친절한 오답 풀이

오답 선택지	선택률	오답 이유
② (A) 호의적으로 (B) 본능	16%	참가자들의 결정이 그들의 본능(instinct)에 의해 영향을 받았다는 것은 글의 내용과 무관하다.
③ (A) 비판적으로 (B) 감정	8%	참가자들이 고개를 위아래로 움직일 때 제품들에 비판적으로(unfavorably) 반응하지 않았으며 그들의 결정이 그들의 감정(feeling)에 의해 영향을 받았다는 것은 글의 내용과 무관하다.
④ (A) 비판적으로 (B) 몸짓	13%	참가자들이 고개를 위아래로 움직일 때 제품들에 비판적으로(unfavorably) 반응하지 않았으므로 글의 내용과 상반된다.
⑤ (A) 비이성적으로 (B) 편견	3%	참가자들이 고개를 위아래로 움직일 때 제품들에 비이성적으로(irrationally) 반응했으며, 그들의 결정이 편견(prejudice)에 의해 영향을 받았다는 것은 글의 내용과 무관하다.

06   정답 ①   정답률 49%

정답 풀이

베푸는 행위가 타인에 초점을 맞춘 동기보다는 자기 중심적 동기에 의해 유도될 때 지속 가능성이 낮고, 이는 감정적 자극의 감소 때문이라는 내용이므로, (A)에는 sustained(지속될), (B)에는 decline(감소)이 들어가는 것이 적절하다.

친절한 지문분석

In 2006, / researchers conducted a study / [on the motivations
2006년에   연구자들은 연구를 수행했다   도움을 주려는 동기에 대한
　　　　　　　　　　　　　　　　　전치사구(형용사구)

for helping / after the September 11th terrorist attacks against the
도움을 주려는   미국을 향한 9.11 테러 공격 이후에

United States]. In the study, / they found / [that individuals {who
　　　　　　그 연구에서   그들은 발견했다   사람들이
　　　　　　　　　　　　　　　　　　　목적절   주격 관계대명사절

gave money, blood, goods, or other forms of assistance /
돈, 혈액, 물품, 또는 다른 형태의 도움을 주었던

because of other-focused motives (giving to reduce another's
타인에게 초점을 맞춘 동기(다른 사람의 곤란을 줄이기 위해 베푸는 것) 때문에

discomfort)} / were almost four times more likely to still be giving
　　　　　　　일 년 후에도 여전히 지원을 제공할 가능성이 네 배 가까이 더 높다는 것을
　　　　　　　be likely to-v: ~할 가능성이 있다

support one year later / than those {whose original motivation was
　　　　　　　　　　　　　　원래 동기가 자신의 고통을 줄이는 것이었던 사람들보다
　　　　　　　　　　　　　= individuals   소유격 관계대명사절

to reduce personal distress}]. This effect likely stems from
to부정사의 명사적 용법(보어)   이 결과는 차이에서 비롯된 것 같다

differences / [in emotional arousal]. The events of September 11th
　　　　　　　감정적 자극의   9.11의 사건들은 사람들에게 감정적으로 영향을
　　　　　　전치사구(형용사구)

emotionally affected people / throughout the United States.
미쳤다   미국 전역의

Those who gave / [to reduce their own distress] / reduced their
베푼 사람들은   자기 자신의 고통을 줄이기 위해   감정적 자극을 줄이면서
~하는 사람들   to부정사의 부사적 용법(목적)

emotional arousal / with their initial gift, / [discharging that
감정적 자극   초기의 베품을 통해   그 감정적 고통을 해소했다
　　　　　　　　　　　　　　　　　분사구문(동시동작)

emotional distress]. However, those who gave to reduce others'
감정적 고통   하지만 다른 사람들의 고통을 줄이기 위해 베푼 사람들은

distress / did not stop empathizing with victims / [who continued
피해자들에게 공감하기를 멈추지 않았다   공격 이후 오랫동안
stop v-ing: ~하는 것을 멈추다   주격 관계대명사절

to struggle long after the attacks].
계속해서 고군분투하는

→ A study found / [that the act of giving / was less likely to be
　한 연구는 발견했다   베푸는 행위가   지속될 가능성이 더 낮다는 것을
　　　　　　　　목적절   be less likely to-v: ~할 가능성이 더 적다

sustained / {when driven by self-centered motives rather than by
지속될   타인에 초점을 맞춘 동기보다는 자기 중심적 동기에 의해 유도될 때
　　　　　접속사+분사구문

other-focused motives}, / possibly because of the decline / {in
　　　　　　　　　　아마도 감소 때문에
　　　　　　　　　　　　　　　　　전치사구(형용사구)

emotional arousal}].
감정적 자극의

지문 해석

2006년에 연구자들은 미국을 향한 9.11 테러 공격 이후에 도움을 주려는 동기에 대한 연구를 수행했다. 그 연구에서, 그들은 타인에게 초점을 맞춘 동기(다른 사람의 곤란을 줄이기 위해 베푸는 것) 때문에 돈, 혈액, 물품, 또는 다른 형태의 도움을 주었던 사람들이 원래 동기가 자신의 고통을 줄이는 것이었던 사람들보다 일 년 후에도 여전히 지원을 제공할 가능성이 네 배 가까이 더 높다는 것을 발견했다. 이 결과는 감정적 자극의 차이에서 비롯된 것 같다. 9.11의 사건들은 미국 전역의 사람들에게 감정적으로 영향을 미쳤다. 자기 자신의 고통을 줄이기 위해 베푼 사람들은 초기의 베품을 통해 감정적 자극을 줄이면서 그 감정적 고통을 해소했다. 하지만, 다른 사람들의 고통을 줄이기 위해 베푼 사람들은 공격 이후 오랫동안 계속해서 고군분투하는 피해자들에게 공감하기를 멈추지 않았다.
→ 한 연구는 베푸는 행위가 타인에 초점을 맞춘 동기보다는 자기 중심적 동기에 의해 유도될 때 (A) 지속될 가능성이 더 낮았는데, 아마도 감정적 자극의 (B) 감소 때문이라는 것을 발견했다.

2006년에 연구자들은 9.11 테러 공격 이후에 도움을 주려는 동기에 대한 연구를 수행함	········ 연구 수행
↓	
타인에게 초점을 맞춘 동기에 의해 도움을 주었던 사람들이 자신의 고통을 줄이는 것이 동기였던 사람들보다 지원을 지속할 가능성이 높다는 것을 발견함	········ 연구 결과
↓	
이 결과는 감정적 자극의 차이에서 비롯된 것 같음	········ 결과 해석
↓	
9.11의 사건들은 미국 전역의 사람들에게 감정적으로 영향을 미침	······· 부연
↓	
자기 자신의 고통을 줄이기 위해 베푼 사람들은 초기의 베풂을 통해 감정적 자극을 줄이면서 감정적 고통을 해소함	······· 상술 1
↓	
다른 사람들의 고통을 줄이기 위해 베푼 사람들은 오랫동안 고통받는 피해자들에게 공감하기를 멈추지 않음	······· 상술 2

친절한 오답 풀이

오답 선택지	선택률	오답 이유
② (A) 지속될 (B) 극대화	14%	베푸는 행위가 자기 중심적 동기에 의해 유도될 때 지속될(sustained) 가능성이 낮은 것은 맞지만, 이것이 감정적 자극의 극대화(maximization) 때문이라는 것은 글의 내용과 상반된다.
③ (A) 간접적일 (B) 변화	4%	베푸는 행위가 자기 중심적 동기에 의해 유도될 때 간접적일(indirect) 가능성이 낮다는 것은 글의 내용과 무관하다.
④ (A) 의욕을 잃을 (B) 감소	20%	베푸는 행위가 자기 중심적 동기에 의해 유도될 때 의욕을 잃을(discouraged) 가능성이 낮다는 것은 글의 내용과 무관하다.
⑤ (A) 의욕을 잃을 (B) 증가	12%	베푸는 행위가 자기 중심적 동기에 의해 유도될 때 의욕을 잃을(discouraged) 가능성이 낮다는 것은 글의 내용과 무관하다.

15 장문

코드 접속하기 pp.153~156

Q1 ① **Q2** ⑤ **Q3** ④ **Q4** ⑤ **Q5** ③ **Q6** ① **Q7** ③

Q1 정답 ① 정답률 59%

정답 풀이

비행기를 발명한 라이트 형제를 예로 들며, 싸우고 논쟁하는 것을 통해 창의적인 사람이 될 수 있다는 내용의 글이므로, 글의 제목으로는 ① '건설적인 갈등의 힘'이 가장 적절하다.

친절한 지문분석

[Being able to have a good fight] doesn't just make us more civil;
잘 싸울 수 있다는 것은 우리를 더 정중하게 만들기만 하지는 않는다
주어(동명사구) 부연 설명

it also develops our creative muscles. In a classic study, /
그것은 또한 우리의 창의적 근력을 발달시킨다 고전적인 연구에 따르면

highly creative architects were more likely / than their technically
매우 창의적인 건축가는 가능성이 크다 기술적으로 유능하지만
be likely to-v: ~할 가능성이 있다

competent but less original peers / to come from homes with
덜 독창적인 그들의 동료보다 충돌이 많은 가정에서 나올

plenty of friction. They often grew up / in households / [that
그들은 흔히 자랐다 집안에서
주격 관계대명사절

were "tense but secure,"] / as psychologist Robert Albert notes: /
'긴장감이 있지만 안전한' 심리학자 Robert Albert가 언급한 것처럼
~대로

"The creative person-to-be comes from a family / [that is
"창의적인 사람이 될 사람은 가정에서 나온다."
주격 관계대명사절

anything but harmonious."] The parents weren't physically
전혀 화목하지 않은 그 부모들이 신체적으로나
전혀 ~이 아닌 not A but B: A가 아니라 B

or verbally abusive, / but they didn't shy away from conflict, either.
언어적으로 학대한 것은 아니다 하지만 갈등을 피하지도 않았다
~을 피하다

Instead of telling their children to be seen but not heard, /
그들은 자녀에게 눈앞에 있되 아무 말도 하지 말라고 말하는 대신
~ 대신에 tell+목적어+to-v: (목적어)에게 ~하라고 말하다

they encouraged them to stand up for themselves.
자신의 입장을 내세우라고 권장했다
encourage+목적어+to-v: (목적어)가 ~하도록 장려하다

The kids learned [to dish it out] /—and take it.
그 자녀들은 남을 비판하는 것을 배웠다 그리고 받아들이는 것도
to부정사의 명사적 용법

That's exactly [what happened to Wilbur and Orville Wright], /
그것이 바로 Wilbur와 Orville Wright 형제에게 일어난 일이었다
관계대명사절(보어)

[who invented the airplane].
비행기를 발명한
주격 관계대명사절(계속적 용법) (that)

[When the Wright brothers said / {they thought together}], /
Wright 형제가 말했을 때 자기들은 함께 생각한다고
시간의 부사절 목적절

[what they really meant] is / [that they fought together].
그 말의 진짜 의미는 그들이 함께 싸웠다는 것이다
관계대명사절(주어) 보어절

[When they were solving problems], / they had arguments /
그들이 문제를 풀고 있을 때 그들은 논쟁을 했다
시간의 부사절

[that lasted not just for hours but for weeks and months
(also)
한 번에 몇 시간 동안뿐만 아니라 몇 주, 몇 달 동안 지속된
주격 관계대명사절   not just A but (also) B: A뿐만 아니라 B도

at a time]. They didn't have such ceaseless fights / [because
그들이 그토록 끊임없이 싸운 것은 아니었다.
이유의 부사절

they were angry]. They kept quarreling / [because they enjoyed it /
그들이 화가 나서   그들은 계속 싸웠다   그들은 그것을 즐겼기 때문에
keep v-ing: 계속해서 ~하다   이유의 부사절   동사 1

and learned from the experience]. "I like scrapping with Orv," /
그리고 그 경험으로부터 배웠다   나는 Orv와 다투는 것을 좋아한다
동사 2(병렬구조)

Wilbur reflected. As you'll see, / it was one of their
Wilbur가 회고했다   보다시피   그들의
~대로   one of the+최상급+복수명사: 가장 ~한 것들 중 하나

most passionate and prolonged arguments / [that led them
가장 열정적이고 장기적인 논쟁 중 하나였다   그들이 결정적인
「it ~ that …」 강조구문

to rethink a critical assumption / {that had prevented
가정을 재고하도록 이끌었던 것은   인간이 하늘로 날아오르지
lead+목적어+to-v: (목적어)가 ~하게 하다   주격 관계대명사절

humans from soaring through the skies}].
못하게 막았던
prevent+목적어+from v-ing: (목적어)가 ~하지 못하게 하다

지문 해석

잘 싸울 수 있다는 것은 우리를 더 정중하게 만들기만 하는 것이 아니라 우리의 창의적 근력 또한 발달시킨다. 고전적인 연구에 따르면, 매우 창의적인 건축가는 기술적으로 유능하지만 덜 독창적인 그들의 동료보다 충돌이 많은 가정에서 나올 가능성이 더 크다. 그들은 흔히 '긴장감이 있지만 안전한' 집안에서 자랐는데, 심리학자 Robert Albert는 "창의적인 사람이 될 사람은 전혀 화목하지 않은 가정에서 나온다."라고 언급한다. 그 부모들이 신체적으로나 언어적으로 학대한 것은 아니었지만 갈등을 피하지도 않았다. 그들은 자녀에게 눈앞에 있되 아무 말도 하지 말라고 말하는 대신 자신의 입장을 내세우라고 권장했다. 그 자녀들은 남을 비판하고 비판을 받아들이는 것을 배웠다. 그것이 바로 비행기를 발명한 Wilbur와 Orville Wright 형제에게 일어난 일이었다.
Wright 형제가 자기들은 함께 생각한다고 말했을 때 그 말의 진짜 의미는 자신들이 함께 싸웠다는 것이다. 그들이 문제를 풀고 있었을 때 그들은 한 번에 몇 시간 동안뿐만 아니라 몇 주, 몇 달 동안 지속된 논쟁을 했다. 그들이 화가 나서 그토록 끊임없이 싸운 것은 아니었다. 그들은 그것을 즐기고 그 경험으로부터 배웠기 때문에 계속 싸웠다. "나는 Orv와 다투는 것을 좋아한다."라고 Wilbur는 회고했다. 보다시피, 인간이 하늘로 날아오르지 못하게 막았던 결정적인 가정을 그들이 재고하도록 이끌었던 것은 바로 그들의 가장 열정적이고 장기적인 논쟁 중 하나였다.

지문 흐름

잘 싸우는 것은 우리의 창의력을 발달시킴	········	주제
↓		
연구에 따르면 충돌이 많은 가정에서 창의적인 건축가가 나올 가능성이 더 큼	········	근거 1
↓		
한 심리학자에 따르면 갈등을 피하지 않고 자신의 입장을 내세우며 비판을 하고 비판을 받아들이는 것을 배운 자녀들이 창의적인 사람이 됨	········	근거 2
↓		
비행기를 발명한 라이트 형제는 끊임없이 논쟁했으며 그 논쟁을 통해 비행기를 발명할 수 있었음	········	예시

친절한 오답 풀이

오답 선택지	선택률	오답 이유
② 유머로 긴장된 순간을 가볍게 하라	8%	긴장된 순간을 유머로 가볍게 한다는 내용은 언급되지 않았다.
③ 가족 스트레스에 대처하는 전략	10%	가족의 스트레스에 대처하는 전략은 언급되지 않았다.
④ 타협: 갈등 해결의 열쇠	17%	타협으로 갈등 해결을 할 수 있다는 내용은 언급되지 않았다.

⑤ 형제 간의 경쟁: 심각한 위기	6%	라이트 형제의 논쟁에 대해서 소개되었지만 형제 간의 경쟁이 위기라는 내용은 언급되지 않았다.

Q2 　　　정답 ⑤　　　정답률 17%

정답 풀이

잘 싸우는 것을 통해 창의력을 키울 수 있으며, 라이트 형제는 끊임없는 논쟁을 통해 인간이 하늘을 날 수 없다는 가정에 대해 생각해볼 수 있었다고 했으므로, (e) support(지지하다)는 rethink(재고하다) 등이 되어야 한다.

친절한 오답 풀이

오답 선택지	선택률	오답 이유
① 많은	5%	앞 문장에서 잘 싸우는 것을 할 수 있어야 창의력을 키울 수 있다고 했으므로, 충돌이 많은(plenty) 가정에서 창의적인 건축가들이 나왔다는 것은 적절하다.
② 화목한	25%	논쟁과 갈등을 통해 창의력을 키울 수 있다고 했으므로 전혀 화목하지(harmonious) 않은 가정에서 창의적인 사람들이 나온다는 것은 적절하다.
③ 권장하는	13%	화목하지 않은 가정의 부모들은 갈등을 피하지 않는다고 했으므로, 그들의 자식들에게 아무 말도 하지 말라고 말하는 대신 자신의 입장을 내세우라고 권장했다(encouraged)는 말은 적절하다.
④ 끊임없이	40%	몇 시간, 몇 주, 몇 달 동안 싸웠다고 했으므로 끊임없이(ceaseless) 싸웠다고 하는 것은 적절하다.

Q3 　　　정답 ④　　　정답률 83%

정답 풀이

비행기에서 어린 소년을 만났다는 내용의 (A)에 이어 소년이 비행기를 혼자 타기에는 어려 보여서 소년을 지켜보고 있는데 조종사가 비행기가 난기류를 만났다고 말했다는 (D)가 가장 먼저 이어지고, 비행기가 오르락내리락해서 모두 긴장하고 있었지만 소년은 침착했다는 내용의 (B)가 이어진 후, 난기류가 끝나고 소년에게 침착할 수 있었던 이유를 묻자, 소년이 조종사가 자신의 아버지라고 답하는 (C)로 이어지는 것이 자연스럽다.

친절한 지문분석

(A)

A businessman boarded a flight. [Arriving at his seat], /
한 사업가가 비행기에 탑승했다   그의 자리에 도착한 후
분사구문(시간)

he greeted his travel companions: / a middle-aged woman /
그는 여행 동반자들과 인사를 나누었다   중년 여성
부연 설명

[sitting at the window], / and a little boy / [sitting in the aisle seat].
창가에 앉은   그리고 어린 소년   통로에 앉은
현재분사구   현재분사구

[After putting his bag in the overhead bin], / he took his place
가방을 머리 위 짐칸에 넣은 후   그는 그들 사이에 앉았다
접속사+분사구문

between them. After the flight took off, / he began a conversation /
비행기가 이륙한 후   그는 대화를 시작했다

with the little boy. He appeared to be about the same age /
어린 소년과   그는 같은 나이처럼 보였다
appear to-v: ~처럼 보이다

as his son / and was busy with a coloring book.
그의 아들과   그리고 색칠 공부 책을 칠하느라 바빴다

(D)

He asked the boy a few usual questions, / such as his age,
그는 소년에게 몇 가지 일상적인 질문을 했다 　　　　　　그의 나이와
　　　　　　　　　　　　　　　　　　　　~와 같은

his hobbies, as well as his favorite animal. He found it strange /
그의 취미, 또한 그가 좋아하는 동물 같은 것들 　　　　그는 이상하다고 생각했다
　　　　B as well as A: A뿐만 아니라 B도 　　　　　　가목적어

[that such a young boy would be traveling alone], / so he
그런 어린 소년이 혼자 여행하는 것이 　　　　　　　　　그래서 그는
진목적어(명사절)

decided to keep an eye on him / [to make sure (that) he was okay}].
그를 지켜보기로 했다 　　　　그가 괜찮은지 확인하기 위해
decide to-v: ~하기로 결심하다 　　to부정사의 부사적 용법(목적)

About an hour into the flight, / the plane suddenly began
비행 시작 1시간여 만에 　　　　비행기가 갑자기 난기류를 타기 시작했다

experiencing turbulence. The pilot told everyone to fasten
　　　　　　　　　　　　　조종사는 모두에게 안전벨트를 매라고 말했다
　　　　　　　　　　　　　　　　(to) 　　tell+목적어+to-v: (목적어)에게 ~하라고 말하다

their seat belts / and remain calm, [as they had encountered
그리고 침착하라고 　　　악천후를 만났기 때문에
　　　　　　　　　이유의 부사절 　　과거완료

rough weather].

(B)

[As the plane rose and fell several times], / people got nervous /
비행기가 여러 차례 오르락내리락하자 　　　　　　사람들은 긴장했다
시간의 부사절

and sat up in their seats. The man was also nervous /
그리고 그들의 자리에 똑바로 앉았다 　그 남자도 긴장했다
　　　　　　　　　　　　　(was)

and grabbing his seat as tightly as he could. Meanwhile, /
그리고 좌석을 최대한 꽉 잡고 있었다 　　　　　그러는 동안에
과거진행형 　　as+원급+as+주어+can: 가능한 한 ~한[하게]

the little boy was sitting quietly beside him. His coloring
어린 소년은 조용히 그의 옆에 앉아 있었다 　　　그의 색칠 공부 책과

book and crayons were put away neatly / in the seat pocket
크레용은 가지런히 치워져 있었다 　　　　그의 앞에 있는 앞 좌석 주머니에
　　　　　　　　수동태

in front of him, / and his hands were calmly resting / on his legs.
　　　　　　그리고 그의 손은 차분히 놓여 있었다 　　　그의 다리에

Incredibly, / he didn't seem worried at all.
놀랍게도 　　그는 전혀 걱정하지 않는 것처럼 보였다
　　　　　　seem+형용사: ~처럼 보이다

(C)

Then, suddenly, / the turbulence ended. The pilot apologized / for
그러다가, 갑자기, 　난기류가 끝이 났다 　조종사는 사과했다
　　　　　　　　　　　　　　　　　　　　　동사 1

the bumpy ride / and announced / [that they would be landing
험난한 비행에 대해 　그리고 알렸다 　그들이 곧 착륙할 것이라고
　　　　　　　　동사 2 　목적절

soon]. [As the plane began its descent], / the man said to the little
비행기가 하강하기 시작하자 　　남자는 어린 소년에게 말했다
시간의 부사절

boy, / "You are just a little boy, / but I have never met a braver
너는 그저 어린 소년이다 　하지만 나는 평생 동안 더 용감한
　　　　　　　　　　　　　　　　　현재완료(경험)

person in all my life! Tell me, / how is it / that you remained so
사람을 만난 적이 없다 　말해라 　어떻게 된 거니 　너는 침착하게 있었던 것이

calm / [while all of us adults were so afraid]?" Looking him in the
　　어른들 모두가 두려워했는데 　　　그의 눈을 바라보며
　　시간의 부사절 　　　　　　분사구문(동시동작)

eyes, / he said, / "My father is the pilot, / and he's taking me
그는 말했다 　　우리 아빠가 조종사이다 　그리고 나를 집에 데려가는 중이다

home."

(A)
한 사업가가 비행기에 탑승했다. 그의 자리에 도착한 후, 그는 여행 동반자들과 인사를 나누었다: 창가에 앉아 있는 중년 여성과 통로 쪽 좌석에 앉아 있는 어린 소년. 가방을 머리 위 짐칸에 넣은 후, 그는 그들 사이에 앉았다. 비행기가 이륙한 후, 그는 어린 소년과 대화를 시작했다. 그는 그의 아들과 나이가 비슷해 보였고 색칠 공부 책을 칠하느라 바빴다.

(D)
그는 소년에게 그의 나이, 취미, 좋아하는 동물과 같은 몇 가지 일상적인 질문을 했다. 그는 그런 어린 소년이 혼자 여행하는 것이 이상하다고 생각해서 그가 괜찮은지 확인하기 위해 그를 지켜보기로 했다. 비행 시작 1시간여 만에 비행기가 갑자기 난기류를 타기 시작했다. 조종사는 악천후를 만났기 때문에, 안전벨트를 매고 침착하라고 모든 사람들에게 말했다.

(B)
비행기가 여러 차례 오르락내리락하자 사람들은 긴장해 자리에 똑바로 앉았다. 그 남자도 긴장해서 그의 좌석을 최대한 꽉 잡고 있었다. 그러는 동안에도, 어린 소년은 조용히 그의 옆에 앉아 있었다. 그의 색칠 공부 책과 크레용은 앞 좌석 주머니에 가지런히 치워져 있었고, 그의 손은 차분히 다리에 놓여 있었다. 놀랍게도, 그는 전혀 걱정하지 않는 것처럼 보였다.

(C)
그러다가, 갑자기, 난기류가 끝이 났다. 조종사는 험난한 비행에 대해 사과하고 그들이 곧 착륙할 것이라고 알렸다. 비행기가 하강하기 시작했을 때, 그 남자는 어린 소년에게 말했다, "너는 어린 소년일 뿐이지만, 나는 평생 동안 더 용감한 사람을 만난 적이 없어! 어른들 모두가 두려워하는데 어떻게 그렇게 침착하게 있었는지 말해 주겠니?" 그의 눈을 바라보며, 그는 말했다. "저희 아버지께서 조종사이신데, 아버지께서 저를 집으로 데려가고 있는 중이에요."

한 사업가가 비행기를 탑승했는데 옆자리의 승객 중 한 명은 어린 소년이었음	………	(A) 비행기에서 어린 소년을 만난 사업가
↓		
사업가는 혼자 여행하는 어린 소년이 걱정되어 지켜보았는데, 갑자기 비행기가 난기류를 만남	………	(D) 난기류를 만난 비행기
↓		
오르락내리락하는 비행기에 남자를 포함한 사람들은 모두 긴장했지만 소년은 차분했고 걱정하는 것 같지 않았음	………	(B) 침착하게 행동하는 소년
↓		
남자가 소년에게 어떻게 그렇게 침착할 수 있었는지 물어보자 소년은 자신의 아빠가 이 비행기의 조종사이고 자신을 집에 데려가고 있는 중이라고 대답함	………	(C) 소년의 아빠가 조종사였음

친절한 오답 풀이

오답 선택지	선택률	오답 이유
① (B)-(D)-(C)	4%	사업가가 비행기에 탑승하고, 옆자리 승객들과 인사를 나눴다는 주어진 글 다음에, 옆자리 승객 중 한 명인 어린 소년과 일상적인 대화를 하던 중 조종사가 비행기가 난기류를 만났다고 말했다는 (D)가 가장 먼저 와야 한다.
② (C)-(B)-(D)	3%	
③ (C)-(D)-(B)	5%	
⑤ (D)-(C)-(B)	5%	난기류를 만났다는 (D)가 나온 후 난기류를 만났을 때의 상황을 설명하는 (B)가 난기류가 끝난 상황을 설명하는 (C)보다 먼저 나와야 한다.

Q4　　　정답 ⑤　　　정답률 80%

정답 풀이

(e)는 비행기에 혼자 탄 어린 소년을 가리키고, 나머지는 모두 사업가를 가리킨다.

친절한 오답 풀이

오답 선택지	선택률	오답 이유
① (a) his	3%	어린 소년과 비슷한 나이의 아들이 있는 사람은 사업가이다.
② (b) his	5%	긴장해서 좌석을 꽉 잡고 있었던 사람은 사업가이다.

③ (c) him	6%	소년의 옆에 앉아 있었던 사람은 사업가이다.
④ (d) I	7%	평생 동안 그 어린 소년보다 더 용감한 사람을 만난 적이 없다고 말하는 사람은 사업가이다.

Q5

<table>
<tr><td></td><td>정답 ③</td><td>정답률 85%</td></tr>
</table>

정답 풀이

소년의 색칠 공부 책과 크레용은 앞 좌석 주머니에 치워져 있었다고 했으므로 ③ '소년은 색칠 공부 책과 크레용을 가방에 넣었다'는 글의 내용과 일치하지 않는다.

친절한 오답 풀이

오답 선택지	선택률	오답 이유
① 사업가는 중년 여성과 소년 사이에 앉았다.	5%	(A)의 두 번째 문장의 a middle-aged woman sitting at the window, and a little boy sitting in the aisle seat와 (A)의 세 번째 문장의 he took his place between them에서 알 수 있다.
② 비행기가 오르락내리락하자 사람들은 긴장했다.	2%	(B)의 첫 번째 문장 As the plane rose and fell several times, people got nervous에서 알 수 있다.
④ 소년은 자신의 아버지가 조종사라고 말했다.	3%	(C)의 마지막 문장 My father is the pilot에서 알 수 있다.
⑤ 조종사는 사람들에게 안전벨트를 매고 침착하라고 말했다.	5%	(D)의 마지막 문장 The pilot told everyone to fasten their seat belts and remain calm에서 알 수 있다.

Q6

<table>
<tr><td></td><td>정답 ①</td><td>정답률 46%</td></tr>
</table>

정답 풀이

모든 사람으로부터 높은 성과를 끌어내기 위해서는 각 사람에 대한 개별화된 관리 방식이 중요하다는 내용이므로, 글의 제목으로는 ① '최고의 성과를 보장하기 위해 각 사람을 알라'가 가장 적절하다.

친절한 지문분석

Creative people aren't all cut from the same cloth. They have
창의적인 사람들이 모두 같은 부류인 것은 아니다   그들은
                                              같은 부류인

varying levels of maturity and sensitivity. They have different
다양한 수준의 성숙도와 민감성을 가진다   그들은 일에 대한 서로 다른

approaches to work. And they're each motivated / by different
접근법을 가진다   그리고 그들은 각자 동기가 부여된다   서로 다른 것에 의해
        전치사   수동태

things. Managing people is about being aware of their unique
사람들의 관리에서 중요한 것은 그들의 고유한 개성을 아는 것이다
          주어(동명사구)   동사   be aware of: ~을 알다

personalities. It's also about empathy and adaptability, / and
또한 중요한 것은 공감과 적응성이다   그리고

knowing [how the things {you do and say} will be interpreted] and
여러분이 하는 일과 하는 말이 어떻게 해석될지 알고
        목적절(의문사절)   목적격 관계대명사절
전치사 about의 목적어(동명사 1)

adapting accordingly. [Who you are and what you say] may not
그에 따라 보조를 맞추는 것이다   여러분이 누구인지와 무슨 말을 하는지는
동명사 2(병렬구조)   주어(의문사절)

be the same from one person to the next. For instance, [if you're
사람마다 같지 않을 수 있다   예를 들어   여러분이
                                                조건의 부사절

asking someone to work a second weekend in a row, / or telling
누군가에게 2주 연속 주말에 일하라고 요청하고 있다면   또는 그들에게
ask+목적어+to-v: (목적어)에게 ~하라고 요청하다   tell+

them {they aren't getting that deserved promotion just yet}], you
받아 마땅한 그 승진을 지금 당장은 받지 못할 것이라고 말하고 있다면
간접목적어+직접목적어

need to bear in mind the individual. Vincent will have a very
그 개인을 명심해야 한다   Vincent는 매우 다른 반응을 보일 것이고
~을 명심하다

different reaction / to the news / than Emily, / and they will each
                  그 소식에 대해   Emily와   그들 각자는

be more receptive to the news [if it's bundled with different
그 소식을 더 잘 받아들일 것이다   그것이 서로 다른 것과 묶인다면
                                      조건의 부사절

things]. Perhaps that promotion news will land easier [if Vincent is
아마 그 승진 소식은 더 쉽게 도달할 것이다   Vincent에게
                                              조건의 부사절

given a few extra vacation days for the holidays], [while you can
명절에 며칠간의 추가적인 휴무일이 주어진다면   한편
수동태   대조의 부사절

promise Emily a bigger promotion a year from now]. Consider
Emily에게는 지금보다 1년 후에 더 큰 승진을 약속할 수도 있을 것이다
promise+간접목적어+직접목적어   명령문(동사원형)

each person's complex positive and negative personality traits, /
각 사람의 복잡한 긍정적 및 부정적인 성격의 특징을 고려하라

their life circumstances, / and their mindset in the moment [when
그들의 삶의 상황을   그리고 그 순간의 그들의 사고방식을
                                              접속사+분사구문

deciding {what to say and how to say it}]. Personal connection,
무슨 말을 할지와 그 말을 어떻게 할지를 정할 때   개인적인 관계,
        목적어

compassion, and an individualized management style / are key to
공감, 그리고 개별화된 관리 방식은

drawing consistent, rock star-level work / out of everyone.
일관되고 록 스타와 같은 수준의 성과를 끌어내는 핵심이다   모든 사람으로부터
전치사+동명사

지문 해석

창의적인 사람들이 모두 같은 부류인 것은 아니다. 그들은 다양한 수준의 성숙도와 민감성을 가진다. 그들은 일에 대한 서로 다른 접근법을 가진다. 그리고 그들은 각자 서로 다른 것에 의해 동기가 부여된다. 사람들의 관리에서 중요한 것은 그들의 고유한 개성을 아는 것이다. 또한 중요한 것은 공감과 적응성, 그리고 여러분이 하는 일과 하는 말이 어떻게 해석될지 알고 그에 따라 보조를 맞추는 것이다. 여러분이 누구인지와 무슨 말을 하는지는 사람마다 같지 않을 수 있다. 예를 들어, 여러분이 누군가에게 2주 연속 주말에 일하라고 요청하고 있다면, 또는 그들에게 받아 마땅한 그 승진을 지금 당장은 받지 못할 것이라고 말하고 있다면, 그 개인을 명심해야 한다. Vincent는 그 소식에 대해 Emily와 매우 다른 반응을 보일 것이고, 그 소식이 서로 다른 것과 묶인다면 그들 각자는 더 잘 받아들일 것이다. 아마 Vincent에게 명절에 며칠간의 추가적인 휴무일이 주어진다면 그 승진 소식은 더 쉽게 도달할 것이고, 한편 Emily에게는 지금보다 1년 후에 더 큰 승진을 약속할 수도 있을 것이다. 무슨 말을 할지와 그 말을 어떻게 할지를 정할 때 각 사람의 복잡한 긍정적 및 부정적인 성격의 특징, 그들의 삶의 상황, 그 순간의 그들의 사고방식을 고려하라. 개인적인 관계, 공감, 그리고 개별화된 관리 방식은 모든 사람으로부터 일관되고 록 스타와 같은 수준의 성과를 끌어내는 핵심이다.

지문 흐름

창의적인 사람들이 모두 같은 부류인 것은 아님	·········· 도입
그들은 다양한 수준의 성숙도와 민감성, 일에 대한 서로 다른 접근법을 가지고, 서로 다른 것에 의해 동기가 부여됨	·········· 전개
사람 관리에서 중요한 것은 그들의 개성을 알고, 공감과 적응성, 여러분의 말과 행동이 어떻게 해석될지 알고 그에 따라 보조를 맞추는 것임	·········· 요지
여러분이 누구인지와 무슨 말을 하는지는 사람마다 같지 않을 수 있음	·········· 부연
여러분이 누군가에게 2주 연속 주말에 일하라고 요청하거나 그들에게 승진을 지금 당장은 받지 못할 거라고 말하고 있다면, 그 개인을 명심해야 함	·········· 예시
개개인은 서로 다른 반응을 보일 것이고, 그 소식이 휴가 등 서로 다른 것과 묶인다면 그들 각자는 더 잘 받아들일 것임	·········· 부연(예시)
무슨 말을 어떻게 할지를 정할 때 개개인의 성격의 특징, 상황, 사고방식을 고려해야 함	·········· 결론(요지)
개인적인 관계, 공감, 개별화된 관리 방식은 일관되고 록 스타와 같은 수준의 성과를 끌어내는 핵심임	·········· 주제

친절한 오답 풀이

오답 선택지	선택률	오답 이유
② 유연한 근무 시간: 매력적인 근무 조건	11%	유연한 근무 시간에 대한 내용은 언급되지 않았다.
③ 힘든 시기에 직원들과 더 자주 대화하라	10%	힘든 시기에 직원들과 더 자주 대화하라는 내용은 언급되지 않았다.
④ 공감과 인정은 어떻게 다른가	25%	공감과 인정이 어떻게 다른가는 글의 내용과 무관하다.
⑤ 경쟁에서 창의성이 손상되는 이유	9%	경쟁에서 창의성이 손상되는 이유는 글의 내용과 무관하다.

Q7 정답 ③ 정답률 37%

정답 풀이

누군가에게 2주 연속 주말 근무를 요청하거나, 당연한 승진을 받지 못할 것이라고 말할 때, 각 사람에 따라 개별화된 관리를 하라는 내용이므로, (c) group(집단)은 individual(개인) 등이 되어야 한다.

친절한 오답 풀이

오답 선택지	선택률	오답 이유
① 다양한	5%	창의적인 사람들이 다양한(varying) 수준의 성숙도와 민감성을 가진다는 것은 적절하다.
② 같은	11%	여러분이 누구인지와 무슨 말을 하는지는 사람마다 같지(same) 않을 수 있다는 것은 적절하다.
④ 더 쉽게	43%	Vincent에게 명절에 며칠간의 추가적인 휴무일이 주어진다면 그 승진 소식은 더 쉽게(easier) 도달할 거라는 것은 적절하다.
⑤ 핵심인	5%	개별화된 관리 방식은 일관되고 록 스타와 같은 수준의 성과를 끌어내는 핵심이라는(key) 것은 적절하다.

01 정답 ⑤ 정답률 52%

정답 풀이

동물의 두 가지 에너지 저장 방식을 비교하는 글로, 글의 제목으로는 ⑤ '동물의 에너지 저장: 왜 내부에, 또 왜 외부에?'가 가장 적절하다. inside와 outside는 각각 체지방과 식량 저장을 나타낸다.

친절한 지문분석

Many animals pursue a mixed strategy / [of accumulating
많은 동물은 혼합 전략을 추구한다 · 체지방과 식량 둘 다 축적하는
전치사구(형용사구)

both body fat and food], / [which leads one to ask, / "What are the
both A and B: A와 B 둘 다 · 이는 우리가 질문하게 한다 · 상대적인
주격 관계대명사절(계속적 용법)
lead+목적어+to-v: (목적어)가 ~하게 하다

relative advantages and disadvantages / of these two forms of
장점과 단점은 무엇인가 · 이 두 가지 에너지 저장 형태의

energy storage?"] Maximum fat deposition increases with body
최대 지방 축적량은 체질량에 따라 증가한다

mass / [whereas maximum food storage is not constrained by body
반면에 최대 식량 저장량은 신체 크기에 제한을 받지 않는다
대조의 부사절

size]. This means / [that animals, especially small animals, can
이는 의미한다 · 동물, 특히 작은 동물은 훨씬 더 많은 에너지 비축량을 축적할 수
목적절

accumulate much greater energy reserves / in the form of stored
있다는 것을 · 저장된 식량의 형태로
비교급 강조 (accumulate)

food / than they can in the form of body fat]. Further, / stored
그들이 체지방 형태로 (축적)할 수 있는 것보다 · 게다가 · 저장된

food is more economical than body fat / [because fat contributes
식량은 체지방보다 더 경제적이다 · 지방은 체질량에 기여하기 때문에
이유의 부사절

to body mass, / and metabolic rate increases with body mass].
그리고 신진대사율이 체질량에 따라 높아지기 (때문에)

In other words, / there is a metabolic expense / to maintaining fat.
다시 말해 · 신진대사 비용이 존재한다 · 체지방을 유지하는 데
~에 대한, ~하는 데 드는(전치사)

Excessive fat accumulations may also have a negative effect /
과도한 체지방 축적은 또한 부정적인 영향을 미칠지도 모른다

on an animal's ability to avoid predators. And, / [if {maintaining
포식자를 피하는 동물의 능력에 · 그리고 · 만약 높은 체온을 유지
to부정사의 형용사적 용법 · 조건의 부사절

a high body temperature} is advantageous], / animals might be
하는 것이 유리하다면 · 동물은 더 많은
주어(동명사구)

expected to accumulate more energy / in the form of a food store /
에너지를 축적할 것으로 예상될 수 있다 · 식량 저장의 형태로

than as body fat. On the other hand, / stored food may rot over
체지방으로 보다 · 반면에 · 저장된 식량은 시간이 지남에 따라 상할 수
~로(전치사) · 동사 1

time, / may be removed by robbers, / or may simply be lost. Many
있다 · 도둑에 의해 제거될 수 있다 · 또는 단순히 분실될 수 있다 · 많은
동사 2 · 동사 3(병렬구조)

animals must expend energy / managing and protecting their food
동물은 에너지를 소비해야 한다   저장된 식량을 관리하고 보호하는 데
expend+목적어+(on) v-ing: ~하는 데 (목적어)를 소비하다

stores. [Eating food and converting it to fat] avoids / these types of
식량을 먹고 그것을 지방으로 전환하는 것은 피한다   이러한 유형의
주어(동명사구)

losses and the energetic costs [of managing stored food]. A large
손실과 저장된 식량을 관리하는 에너지 비용을
전치사구(형용사구)

accumulation of body fat adds to an animal's fasting capacity, /
체지방의 많은 축적은 동물의 금식 능력을 높여준다

especially large animals, / [permitting some animals to enter
특히 큰 동물에게 그러한데   어떤 동물들이 장기간의 휴면 상태에 들게 해 준다
분사구문(결과)
permit+목적어+to-v: (목적어)가 ~하게 허락하다[해 주다]

prolonged dormancy / in the relative security of a hibernaculum].
동면 장소의 상대적인 안전함 속에서

Thus, / both fat accumulation and food storage / have some decided
따라서   지방 축적과 식량 저장 둘 다   몇 가지 결정적인 이점이 있다
both A and B: A와 B 둘 다

advantages.

지문 해석

많은 동물이 체지방과 식량 둘 다 축적하는 혼합 전략을 추구하는데, 이는 우리가 "이 두 가지 에너지 저장 형태의 상대적인 장점과 단점은 무엇인가?"라고 질문하게 한다. 최대 지방 축적량은 체질량에 따라 증가하는 반면 최대 식량 저장량은 신체 크기에 제한을 받지 않는다. 이는 동물, 특히 작은 동물은 그들이 체지방 형태로 축적할 수 있는 것보다 훨씬 더 많은 에너지 비축량을 저장된 식량의 형태로 축적할 수 있다는 것을 의미한다. 게다가, 지방은 체질량에 기여하고 신진대사율도 체질량에 따라 높아지기 때문에, 저장된 식량은 체지방보다 더 경제적이다. 다시 말해, 체지방을 유지하는 데 신진대사 비용이 존재한다. 과도한 체지방 축적은 또한 포식자를 피하는 동물의 능력에 부정적인 영향을 미칠지도 모른다. 그리고, 만약 높은 체온을 유지하는 것이 유리하다면, 동물은 체지방으로 보다 식량 저장의 형태로 더 많은 에너지를 축적할 것으로 예상될 수 있다. 반면에 저장된 식량은 시간이 지남에 따라 상할 수 있고, 도둑에 의해 제거되거나, 단순히 분실될 수 있다. 많은 동물은 식량 저장을 관리하고 보호하는 데 에너지를 소비해야 한다. 식량을 먹고 그것을 지방으로 전환하는 것은 이러한 유형의 손실과 저장된 식량을 관리하는 에너지 비용을 피한다. 체지방의 많은 축적은 동물의 금식 능력을 높여주는데, 특히 큰 동물에게 그러하며, 어떤 동물들이 동면 장소의 상대적인 안전함 속에서 장기간의 휴면 상태에 들게 해 준다. 따라서 지방 축적과 식량 저장 둘 다 몇 가지 결정적인 이점이 있다.

지문 흐름

동물의 두 가지 에너지 저장 형태인 체지방과 식량 저장에 장단점이 있음	·········· 주제
↓	
체지방은 체질량에 제한을 받지만 식량 저장은 제한이 없어, 작은 동물은 식량 저장이 유리함	·········· 비교 1
↓	
체지방은 신진대사 비용이 있어, 식량 저장이 더 경제적임	·········· 비교 2
↓	
체지방은 포식자 회피에 불리함	·········· 비교 3
↓	
식량 저장을 통해 에너지를 더 많이 축적할 수 있음	·········· 비교 4
↓	
저장 식량은 부패와 도난의 위험이 있으며, 관리 및 보호에 에너지를 소비해야 함	·········· 비교 5
↓	
많은 체지방 축적은 금식과 동면을 가능하게 함	·········· 비교 6
↓	
체지방과 식량 저장 두 방식 모두 장점이 존재함	·········· 결론

친절한 오답 풀이

오답 선택지	선택률	오답 이유
① 동물의 몸 크기: 더 큰 것이 더 좋은가?	12%	체질량과 지방 축적량의 관계가 언급되긴 하지만, 글의 중심 내용과는 무관하다.
② 지방 저장과 그것이 체온에 미치는 영향	9%	체온 유지가 언급되긴 하지만, 글의 중심 내용과는 거리가 멀다.
③ 에너지 저장: 동물의 수면에서 지방의 역할	9%	동면이 지방 축적의 장점 중 하나로 언급되긴 하지만, 글의 전체 내용을 포괄하지 못한다.
④ 동물이 생존을 위해 음식을 체지방으로 전환하는 방법	17%	음식의 체지방으로의 전환이 언급되었으나, 그 방법에 대해서는 언급되지 않았다.

02   정답 ④   정답률 58%

정답 풀이

저장된 식량을 관리하고 보호하는 데 에너지를 소비해야 하는데 식량을 지방으로 전환하면 관리에 드는 에너지 비용을 피할 수 있으므로, (d) intensifies(강화한다)는 avoids(피한다) 등이 되어야 한다.

친절한 오답 풀이

오답 선택지	선택률	오답 이유
① (a)	4%	지방은 몸집이 클수록 더 많이 축적할 수 있으므로, 최대 지방 축적량은 체질량에 따라 증가한다(increases)는 말은 적절하다.
② (b)	8%	체지방을 유지하는 데 신진대사 비용이 존재하는 데 반해 식량은 그렇지 않으므로 더 경제적(economical)이라는 말은 적절하다.
③ (c)	19%	과도한 지방 축적은 몸이 무거워져 포식자를 피하기 어려워지므로 포식자로부터의 회피 능력에 부정적인(negative) 영향을 미친다는 말은 적절하다.
⑤ (e)	11%	지방과 식량 저장의 장단점을 비교하는 글로, 둘 다 결정적인 이점(advantages)이 있다는 말은 적절하다.

03   정답 ⑤   정답률 77%

정답 풀이

구두 만드는 사람은 노래 부르기를 좋아했고 옆집의 부자는 그의 노랫소리 때문에 잠을 잘 수 없었다는 내용의 (A)에 이어, 부자는 구두 만드는 사람의 노래를 멈추기 위해 그에게 금화가 든 가방을 주었다는 (D)가 이어지고, 구두 만드는 사람은 금화의 안전이 걱정되어 잠을 잘 수 없었고, 너무 불행해서 노래를 할 수 없었다는 (C)가 이어진 후, 그가 결국 금화가 든 가방을 옆집 부자에게 돌려주고, 다시 행복해져서 일을 하면서 온종일 노래를 불렀다는 (B)로 이어지는 것이 가장 자연스럽다.

친절한 지문분석

(A)

Once upon a time / there lived a poor but cheerful shoemaker.
옛날 옛적에   가난하지만 쾌활한 구두 만드는 사람이 살았다
(that)

He was ❶ so happy, / he sang all day long. The children loved
그는 너무 행복해서   그는 온종일 노래를 불렀다   아이들은 그의 창문에
so+형용사/부사+that: 너무 ~해서 …하다

to stand around his window / to listen to him. ❷ Next door to
둘러서는 것을 좋아했다   그(가 노래하는 것)를 듣기 위해
to부정사의 부사적 용법(목적)

the shoemaker lived a rich man. He used to sit up all night /
구두 만드는 사람 옆집에는 부자가 살았다   그는 밤을 새곤 했다
부사구+동사+주어(도치구문)   used to-v: ~하곤 했다

to count his gold. In the morning, / he went to bed, / but he
자신의 금화를 세기 위해   아침에   그는 잠자리에 들었다   하지만 그는
to부정사의 부사적 용법(목적)

could not sleep / because of the sound of the shoemaker's
잠을 잘 수 없었다   구두 만드는 사람의 노랫소리 때문에
                   because of+(대)명사: ~ 때문에

singing.

(D)

One day, / he thought of a way of stopping the singing. He
어느 날   그는 그 노래를 멈추는 방법을 생각해냈다   그는
            a way of v-ing: ~하는 방법

wrote a letter to the shoemaker / [asking him to visit]. The
구두 만드는 사람에게 편지를 썼다   방문해 달라고 요청하는
                              현재분사구

shoemaker came at once, / and to his surprise / the rich man
구두 만드는 사람은 즉시 왔다   그리고 놀랍게도   그 부자는
                      to one's surprise: 놀랍게도

gave him a bag of gold. [When he got home again], / the
그에게 금화가 든 가방을 주었다   집에 다시 돌아왔을 때   구두 만드는
give+간접목적어+직접목적어   시간의 부사절

shoemaker opened the bag. He had never seen so much gold
사람은 그 가방을 열었다   그는 전에 그렇게 많은 금화를 본 적이
                        과거완료(경험)

before! [When he sat down at his bench / and began, carefully,
없었다   그가 의자에 앉았을 때   그리고 조심스럽게 그것을
          시간의 부사절   begin to-v: ~하기 시작하다

to count it], / the children watched through the window.
세기 시작했을 때   아이들이 창문을 통해서 지켜보았다

(C)

                    (gold)
There was so much there / that the shoemaker was afraid / to let it
거기엔 금화가 너무 많아서   구두 만드는 사람은 겁났다   그것을 자신이
        so+형용사/부사+that: 너무 ~해서 …하다   to부정사의 부사적 용법(감정의 원인)

out of his sight. So he took it to bed with him. But he could not
볼 수 없는 곳에 두기가   그래서 그는 그것을 잠자리에 가져갔다   하지만 그는 잘 수 없었다
let+목적어+목적격보어: (목적어)를 ~하게 두다

sleep / for [worrying about it]. Very early in the morning, / he
자다   그것에 대한 걱정으로   매우 이른 아침에   그는
        동명사구(전치사의 목적어)

got up / and brought his gold down from the bedroom. He had
일어났다   그리고 금화를 침실에서 가지고 내려왔다   그는

decided to hide it up the chimney / instead. But he was still
그것을 굴뚝에 숨기로 결정했다   대신에   그러나 그는 여전히
과거완료(완료)

uneasy, / and in a little while / he dug a hole in the garden /
불안했다   그리고 잠시 후에   그는 정원에 구멍을 팠다
                              동사 1

and buried his bag of gold in it. It was no use trying to work. He
그리고 그 안에 금화 가방을 묻었다   일해 보려고 해도 소용없었다   그는
동사 2(병렬구조)   it is no use v-ing: ~해도 소용없다

was too worried about the safety of his gold. And as for singing, /
자신의 금화의 안전이 너무나 걱정되었다   그리고 노래에 관해서라면
                                              ~에 대해서 말하자면

he was too miserable to utter a note.
그는 너무 불행해서 한 음도 낼 수 없었다
too+형용사/부사+to-v: 너무 ~해서 …할 수 없다

(B)

He could not sleep, or work, or sing / — and, worst of all, / the
그는 잘 수도, 일할 수도, 노래를 부를 수도 없었다   그리고 무엇보다 최악은

children no longer came to see him. At last, / the shoemaker felt
아이들이 더 이상 그를 보러 오지 않았다   마침내   구두 만드는 사람은
          더 이상 ~ 않다

so unhappy that he seized his bag of gold / and ran next door
너무 불행해져서 그의 금화가 든 가방을 움켜쥐었다   그리고 옆집 부자에게 달려갔다
so+형용사/부사+that: 너무 ~해서 …하다

to the rich man. "Please take back your gold," / he said. "The
                      제발 당신의 금화를 다시 가져가세요   그가 말했다

worry of it is making me ill, / and I have lost all of my friends.
그것에 대한 걱정이 저를 아프게 하고 있어요   그리고 저는 제 친구들을 모두 잃었어요
     현재진행형   make+목적어+형용사: (목적어)를 ~하게 만들다   현재완료(결과)

I would rather be a poor shoemaker, / as I was before." And so
저는 차라리 가난한 구두 만드는 사람이 되겠어요   예전처럼   그래서
would rather+동사원형: (차라리) ~하겠다   ~처럼(접속사)

the shoemaker was happy again / and sang all day at his work.
구두 만드는 사람은 다시 행복해졌다   그리고 일하면서 온종일 노래를 불렀다

❶ 「so ~ that」 구문에서 that이 생략된 문장이다.
❷ 부사구(Next door to the shoemaker)가 문두에 와서 주어(a rich man)와 동사(lived)가 도치된 구문이다.

―――――――――――

지문 해석

(A)
옛날 옛적에 가난하지만 쾌활한 구두 만드는 사람이 살았다. 그는 너무 행복해서 온종일 노래를 불렀다. 아이들은 그의 창문에 둘러서서 (a) 그가 노래하는 것을 듣기 좋아했다. 구두 만드는 사람 옆집에는 부자가 살았다. 그는 자신의 금화를 세기 위해 밤을 새곤 했다. 아침에 그는 잠자리에 들었지만 구두 만드는 사람의 노랫소리 때문에 잠을 잘 수 없었다.

(D)
어느 날, (d) 그는 그 노래를 멈추는 방법을 생각해냈다. 그는 구두 만드는 사람에게 방문해 달라고 요청하는 편지를 써 보냈다. 구두 만드는 사람은 즉시 왔고, 놀랍게도 부자는 그에게 금화가 든 가방을 주었다. 집에 다시 돌아왔을 때, 구두 만드는 사람은 그 가방을 열었다. (e) 그는 전에 그렇게 많은 금화를 본 적이 없었다! 그가 의자에 앉아 조심스럽게 그것을 세기 시작했을 때, 아이들이 창문을 통해서 지켜보았다.

(C)
거기엔 금화가 너무 많아서 구두 만드는 사람은 그것을 자신이 볼 수 없는 곳에 두기가 겁났다. 그래서 그는 그것을 잠자리에 가져갔다. 그러나 그는 그것에 대한 걱정으로 잘 수 없었다. 매우 이른 아침에, 그는 일어나서 금화를 침실에서 가지고 내려왔다. 대신에 그는 그것을 굴뚝에 숨기기로 결정했다. 그러나 그는 여전히 불안했고, 잠시 후에 정원에 구멍을 파고 그 안에 금화가 든 가방을 묻었다. 일을 해 보려고 해도 소용없었다. (c) 그는 자신의 금화의 안전이 너무나 걱정되었다. 그리고 노래에 관해서라면, 그는 너무 불행해서 한 음도 낼 수 없었다.

(B)
그는 잠을 잘 수도, 일을 할 수도, 노래를 부를 수도 없었고, 그 중에 최악은, 아이들이 더 이상 (b) 그를 보러 오지 않았다. 마침내, 구두 만드는 사람은 너무 불행해져서 그의 금화가 든 가방을 움켜쥐고 옆집 부자에게 달려갔다. "제발 당신의 금화를 다시 가져가세요."라고 그가 말했다. "그것에 대한 걱정이 저를 아프게 하고 있고, 저는 제 친구들을 모두 잃었어요. 저는 예전처럼 차라리 가난한 구두 만드는 사람이 되겠어요." 그래서 구두 만드는 사람은 다시 행복해졌고 일을 하면서 온종일 노래를 불렀다.

지문 흐름

가난하지만 쾌활한 구두 만드는 사람은 노래 부르기를 좋아했고, 옆에 사는 부자는 구두 만드는 사람의 노랫소리 때문에 잠을 잘 수 없었음	………	(A) 노래하는 것을 좋아하는 구두 만드는 사람과 잠잘 수 없었던 부자
부자는 구두 만드는 사람에게 금화가 든 가방을 주었고, 구두 만드는 사람은 집에 와서 가방을 열고 많은 금화를 발견함	………	(D) 노래를 멈추기 위한 부자의 방법
구두 만드는 사람은 금화의 안전이 걱정되어 잠을 잘 수 없었고, 너무 불행해서 한 음도 낼 수 없었음	………	(C) 금화에 대한 걱정으로 노래를 멈춘 구두 만드는 사람
구두 만드는 사람은 금화가 든 가방을 옆집 부자에게 돌려주고, 다시 행복해져서 일을 하면서 온종일 노래를 불렀음	………	(B) 금화를 돌려주고 다시 노래를 부르기 시작한 구두 만드는 사람

친절한 오답 풀이

오답 선택지	선택률	오답 이유
① (B)-(D)-(C)	4%	구두 만드는 사람의 노래 때문에 잠을 잘 수 없었다는 (A) 다음에, 그의 노래를 멈추기 위해 부자가 구두 만드는 사람에게 금화가 든 가방을 주었다는 (D)가 나와야 한다.
② (C)-(B)-(D)	3%	
③ (C)-(D)-(B)	6%	
④ (D)-(B)-(C)	7%	구두 만드는 사람이 금화의 안전만 걱정하느라 노래할 수 없었다는 (C)가 결국 금화를 돌려주고 다시 노래를 부르기 시작했다는 (B)보다 앞에 나와야 한다.

04   정답 ④   정답률 78%

정답 풀이

(d)의 he는 부자를 가리키며, 나머지는 모두 구두 만드는 사람을 가리킨다.

친절한 오답 풀이

오답 선택지	선택률	오답 이유
① (a) him	3%	아이들이 창문에 둘러서서 구두 만드는 사람이 노래하는 것을 듣기 좋아했다.
② (b) him	6%	아이들이 더 이상 보러 오지 않은 것은 구두 만드는 사람이다.
③ (c) He	6%	금화의 안전을 걱정한 사람은 구두 만드는 사람이다.
⑤ (e) He	4%	그렇게 많은 금화를 본 적이 없는 사람은 구두 만드는 사람이다.

05   정답 ②   정답률 77%

정답 풀이

구두 만드는 사람은 예전처럼 차라리 가난한 구두 만드는 사람이 되겠다고 했으므로, ② '예전처럼 가난하게 살고 싶지 않다고 말했다'는 shoemaker에 관한 내용과 일치하지 않는다.

친절한 오답 풀이

오답 선택지	선택률	오답 이유
① 그의 노래로 인해 옆집 사람이 잠을 잘 수 없었다.	3%	(A)의 마지막 문장 but he could not sleep because of the sound of the shoemaker's singing에서 알 수 있다.
③ 정원에 구멍을 파고 금화가 든 가방을 묻었다.	5%	(C)의 여섯 번째 문장 he dug a hole in the garden and buried his bag of gold in it에서 알 수 있다.
④ 부자가 보낸 편지에 즉시 그를 만나러 갔다.	9%	(D)의 세 번째 문장 The shoemaker came at once에서 알 수 있다.
⑤ 금화를 셀 때 아이들이 그 모습을 봤다.	3%	(D)의 마지막 문장 When he sat down at his bench and began, carefully, to count it, the children watched through the window에서 알 수 있다.

06   정답 ④   정답률 70%

정답 풀이

동물이 그들과 다른 종 구성원 사이에 유지하는 거리가 있는데 이 거리가 그들의 '도주 또

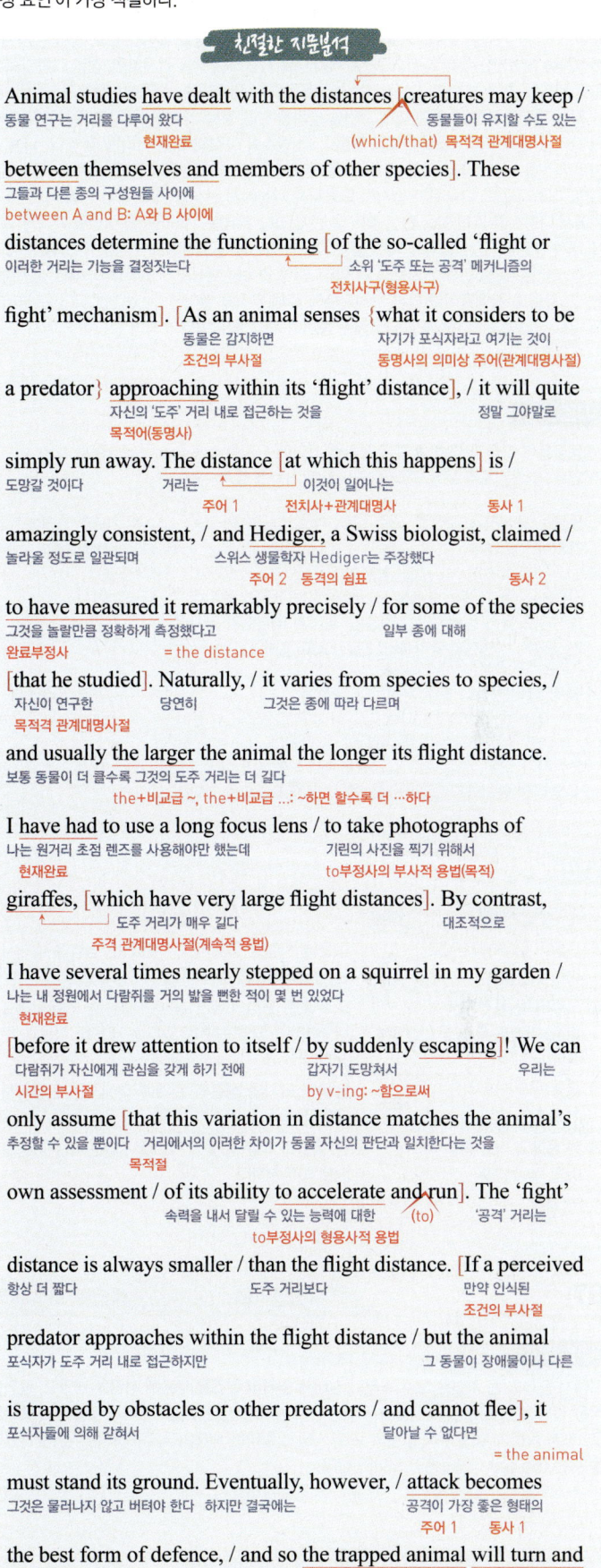

친절한 지문분석

Animal studies have dealt with the distances [creatures may keep /
동물 연구는 거리를 다루어 왔다   동물들이 유지할 수도 있는
현재완료   (which/that) 목적격 관계대명사절

between themselves and members of other species]. These
그들과 다른 종의 구성원들 사이에
between A and B: A와 B 사이에

distances determine the functioning [of the so-called 'flight or
이러한 거리는 기능을 결정짓는다   소위 '도주 또는 공격' 메커니즘의
전치사구(형용사구)

fight' mechanism]. [As an animal senses {what it considers to be
동물이 감지하면   자기가 포식자라고 여기는 것이
조건의 부사절   동명사의 의미상 주어(관계대명사절)

a predator} approaching within its 'flight' distance], / it will quite
자신의 '도주' 거리 내로 접근하는 것을   정말 그야말로
목적어(동명사)

simply run away. The distance [at which this happens] is /
도망갈 것이다   거리는   이것이 일어나는
주어 1   전치사+관계대명사   동사 1

amazingly consistent, / and Hediger, a Swiss biologist, claimed /
놀라울 정도로 일관되며   스위스 생물학자 Hediger는 주장했다
주어 2   동격의 쉼표   동사 2

to have measured it remarkably precisely / for some of the species
그것을 놀랄 만큼 정확하게 측정했다고   일부 종에 대해
완료부정사   = the distance

[that he studied]. Naturally, / it varies from species to species, /
자신이 연구한   당연히   그것은 종에 따라 다르며
목적격 관계대명사절

and usually the larger the animal the longer its flight distance.
보통 동물이 더 클수록 그것의 도주 거리는 더 길다
the+비교급 ~, the+비교급 ...: ~하면 할수록 더 …하다

I have had to use a long focus lens / to take photographs of
나는 원거리 초점 렌즈를 사용해야만 했는데   기린의 사진을 찍기 위해서
현재완료   to부정사의 부사적 용법(목적)

giraffes, [which have very large flight distances]. By contrast,
기린의   도주 거리가 매우 길다   대조적으로
주격 관계대명사절(계속적 용법)

I have several times nearly stepped on a squirrel in my garden /
나는 내 정원에서 다람쥐를 거의 발을 뻔한 적이 몇 번 있었다
현재완료

[before it drew attention to itself / by suddenly escaping]! We can
다람쥐가 자신에게 관심을 갖게 하기 전에   갑자기 도망쳐서   우리는
시간의 부사절   by v-ing: ~함으로써

only assume [that this variation in distance matches the animal's
추정할 수 있을 뿐이다   거리에서의 이러한 차이가 동물 자신의 판단과 일치한다는 것을
목적절

own assessment / of its ability to accelerate and run]. The 'fight'
속력을 내서 달릴 수 있는 능력에 대한   (to)   '공격' 거리는
to부정사의 형용사적 용법

distance is always smaller / than the flight distance. [If a perceived
항상 더 짧다   도주 거리보다   만약 인식된
조건의 부사절

predator approaches within the flight distance / but the animal
포식자가 도주 거리 내로 접근하지만   그 동물이 장애물이나 다른

is trapped by obstacles or other predators / and cannot flee], it
포식자들에 의해 갇혀서   달아날 수 없다면
= the animal

must stand its ground. Eventually, however, / attack becomes
그것은 물러나지 않고 버텨야 한다   하지만 결국에는   공격이 가장 좋은 형태의
주어 1   동사 1

the best form of defence, / and so the trapped animal will turn and
방어 수단이 되어서   그 같힌 동물은 돌아서서 싸울 것이다
주어 2   동사 2

fight.

지문 해석

동물 연구는 동물들이 그들과 다른 종의 구성원들 사이에 유지할 수도 있는 거리를 다루어 왔다. 이러한 거리는 소위 '도주 또는 공격' 메커니즘의 기능을 결정짓는다. 동물은 자기가 포식자라고 여기는 것이 자신의 '도주' 거리 내로 접근하는 것을 감지하면, 정말 그야말로 도망갈 것이다. 이것이 일어나는 거리는 놀라울 정도로 일관되며, 스위스 생물학자 Hediger는 자신이 연구한 일부 종에 대해 그것을 놀라울 만큼 정확하게 측정했다고 주장했다. 당연히 그것은 종에 따라 다르며, 보통 동물이 더 클수록 그것의 도주 거리는 더 길다. 나는 기린의 사진을 찍기 위해서 원거리 초점 렌즈를 사용해야만 했는데, 기린은 도주 거리가 매우 길다. 대조적으로, 다람쥐가 갑자기 도망쳐서 자신에게 관심을 갖게 하기 전에 나는 내 정원에서 다람쥐를 거의 밟을 뻔한 적이 몇 번 있었다! 우리는 거리에서의 이러한 차이가 속력을 내서 달릴 수 있는 능력에 대한 동물 자신의 판단과 일치한다고 추정할 수 있을 뿐이다. '공격' 거리는 항상 도주 거리보다 더 짧다. 만약 인식된 포식자가 도주 거리 내로 접근하지만, 그 동물이 장애물이나 다른 포식자들에 의해 갇혀서 달아날 수 없다면, 그것은 물러나지 않고 버텨야 한다. 하지만, 결국에는 공격이 가장 좋은 형태의 방어 수단이 되어서 그 갇힌 동물은 돌아서서 싸울 것이다.

지문 흐름

동물들이 그들과 다른 종의 구성원들 사이에 유지할 수도 있는 거리는 '도주 또는 공격' 메커니즘의 기능을 결정지음	………	요지
↓		
동물은 포식자가 자신의 '도주' 거리 내로 접근하는 것을 감지하면 도망감	………	도주 거리에 대한 설명
↓		
기린은 도주 거리가 길어서 사진을 찍기 위해서는 원거리 초점 렌즈를 사용했지만, 다람쥐는 짧아서 다람쥐가 갑자기 도망치기 전까지 알아차리지 못한 적이 있음	………	예시
↓		
'공격' 거리는 항상 도주 거리보다 더 짧음	………	공격 거리에 대한 설명
↓		
포식자가 도주 거리 내로 접근했을 때 그 동물이 달아날 수 없다면 물러나지 않고 버텨야 하고 돌아서서 싸울 것임	………	부연

친절한 오답 풀이

오답 선택지	선택률	오답 이유
① 동물이 길을 잃지 않고 이동하는 방법	7%	동물들이 길을 잃지 않고 이동하는 방법에 대해서는 언급되지 않았다.
② 도주 또는 공격 메커니즘: 아직도 우리 뇌 속에	8%	도주 또는 공격의 메커니즘에 대해서는 언급되었으나, 이것이 뇌와 관련이 있다는 내용은 지문과 무관하다.
③ 동물의 생존에서 크기가 중요한 이유	8%	동물의 크기와 생존의 관계에 대해서는 언급되지 않았다.
⑤ 큰 동물과 작은 동물 사이의 먹이 경쟁	3%	큰 동물과 작은 동물이 먹이를 경쟁한다는 내용은 지문과 무관하다.

07   정답 ②   정답률 51%

정답 풀이

뒤에서 몸집이 큰 기린은 도주 거리가 길어서 원거리 렌즈를 사용해 사진을 찍었고, 몸집이 작은 다람쥐는 도주 거리가 짧아서 갑자기 도망치기 전까지 알아차리지 못했다고 했으므로, 보통 동물이 더 클수록 그것의 도주 거리가 길다는 의미이다. 따라서 (b) shorter(더 짧은)는 longer(더 긴) 등이 되어야 한다.

친절한 오답 풀이

오답 선택지	선택률	오답 이유
① (a)	10%	스위스 생물학자가 연구하는 일부 종에 대해 이러한 현상이 일어나는 거리가 놀라울 만큼 정확하게 측정되었다고 했으므로, 이 거리가 일관된다(consistent)는 것은 문맥상 적절하다.

08   정답 ②   정답률 87%

정답 풀이

Victor가 사무실 청소부 자리에 지원했고 테스트에 통과하자 매니저는 그에게 이메일 주소를 알려 달라고 했다는 내용의 (A)에 이어, 매니저가 이메일 주소가 없는 Victor를 고용하지 않았고, Victor는 10달러를 가지고 슈퍼마켓에서 가서 10kg짜리 토마토 한 상자를 샀다는 (C)가 이어지고, 그는 집집마다 돌아다니며 토마토를 팔아 그의 자본금을 늘려 갔다는 (B)가 이어진 후, 몇 년 후 그는 가장 큰 식품 회사를 가지게 되었다는 (D)로 이어지는 것이 자연스럽다.

친절한 지문분석

(A)

Victor applied for the position of office cleaner / at a very big
Victor는 사무실 청소부 자리에 지원했다   아주 큰 회사의

company. The manager interviewed him, / then gave him a test: /
매니저가 그를 인터뷰했다   그러고 나서 그에게 테스트를 했다
                                              give+간접목적어+직접목적어

cleaning, stocking, and supplying designated facility areas. [After
청소하기와 비품 쌓기, 지정된 부서에 보급하기

observing what he was doing], / the manager said, / "You are
그가 하고 있던 일을 지켜본 후   그 매니저는 말했다   당신은 고용되었습니다
접속사+분사구문   관계대명사절

hired. Give me your email address, / and I'll send you some
저에게 이메일 주소를 알려 주세요   그러면 당신에게 몇 가지 서류를
명령문+and: ~해라, 그러면

documents / to fill out."
보낼게요   작성할
          to부정사의 형용사적 용법

(C)

Victor replied, / "I don't have a computer, nor an email." "I'm
Victor는 대답했다   "저는 컴퓨터도 없고 이메일도 없습니다."라고
                                              ~도 … 않다

sorry," said the manager. And he added, / "[If you don't have
매니저가 "유감이네요."라고 말했다   그리고 그는 덧붙였다   만약 당신이
                                              조건의 부사절

an email], / how do you intend to do this job? This job requires
이메일이 없다면   이 일을 어떻게 하려고 합니까   이 직업은 당신이
              intend to-v: ~하려고 하다

you to have an email address. I can't hire you." Victor left with
이메일 주소가 있을 것을 요구합니다   당신을 고용할 수 없어요   Victor는
require+목적어+to-v: (목적어)가 ~할 것을 요구하다

no hope at all. He didn't know what to do, / with only 10 dollars
아무 희망도 없이 떠났다   그는 무엇을 해야 할지 몰랐다   주머니에 10달러만
              what to-v: 무엇을 ~할지   with+목적어+전치사구: (목적어)가 ~한 채

in his pocket. He then decided to go to the supermarket / and
가진 채   그때 그는 슈퍼마켓에 가기로 결심했다   그리고
              동사 1   decide to-v: ~하기로 결심하다

bought a 10kg box of tomatoes.
10kg짜리 토마토 한 상자를 샀다
동사 2(병렬구조)

(B)

He then sold the tomatoes / in a door to door round. In two
그리고 그는 토마토를 팔았다   집집마다 돌아다니며

hours, he succeeded / to double his capital. He repeated the
두 시간 만에 그는 성공했다   자본금을 두 배로 늘렸다   그는 이 작업을
to부정사의 부사적 용법(결과)

operation three times / and returned home with 60 dollars. Victor
세 번 반복했다   그리고 60달러를 가지고 집으로 돌아왔다   Victor는

realized / [that he could survive by this way], / and started to go
깨달았다   이런 방법으로 그가 살아남을 수 있다는 것을   그리고 매일 더 일찍
         목적절   **start to-v[v-ing]: ~하기 시작하다**

every day earlier, / and returned late. Thus, his money doubled
나가기 시작했다   그리고 늦게 돌아왔다   이렇게 해서 그의 돈은 매일

or tripled each day. Shortly later, / he bought a cart, then a truck, /
두 배나 세 배로 불렀다   얼마 지나지 않아   그는 수레를 사고 트럭을 샀다

and then he had his own fleet of delivery vehicles.
그리고 나서 그는 여러 대의 자신만의 배달 차량을 갖게 되었다

(D)

Several years later, / Victor's company became the biggest food
몇 년 후   Victor의 회사는 가장 큰 식품 회사가 되었다
                                                최상급 비교

company / in his city. He started to plan his family's future, / and
회사   그의 도시에서   그는 가족의 미래를 계획하기 시작했다   그리고
                          start to-v[v-ing]: ~하기 시작하다

decided to get a life insurance. He called an insurance broker.
생명 보험에 가입하기로 결심했다   그는 보험 중개인을 불렀다

[When the conversation was concluded], he asked him his email.
대화가 끝났을 때   그는 그에게 이메일을 물었다
시간의 부사절   **ask+간접목적어+직접목적어**

Victor replied: / "I don't have an email." The broker replied
Victor가 대답했다   저는 이메일이 없어요   중개인은 의아해하며

curiously, / "You don't have an email, and yet have succeeded /
응답했다   당신은 이메일이 없음에도 성공했습니다
                                              현재완료

to build an empire. Do you imagine / ❶ [what you could have
제국을 건설했어요   상상되나요   당신의 (직업이) 무엇이었을지
to부정사의 부사적 용법(결과)   **목적절(의문사절)**

been / if you had an email]?" He thought for a while, / and
       이메일이 있다면   그는 잠시 생각했다   그리고
혼합가정법

replied, "An office cleaner!"
"사무실 청소부요!"라고 대답했다

❶ 「if+주어+동사의 과거형, 주어+조동사의 과거형+have+p.p.」는 '(지금) ~하다면
(과거에) …했을 텐데'의 의미로, if절과 주절이 나타내는 때가 서로 다르고 가정법 과거와
과거완료가 섞여 있어서 혼합가정법이라고 한다.

지문 해석

(A)

Victor는 아주 큰 회사의 사무실 청소부 자리에 지원했다. 매니저가 그를 인터뷰했고, 그러고 나서 그에게 청소하기와 비품 쌓기, 지정된 부서에 보급하기 같은 테스트를 했다. (a) 그가 하는 일을 지켜본 후, 매니저는 "당신은 고용되었습니다. 저에게 이메일 주소를 알려 주세요, 그러면 당신에게 작성할 몇 가지 서류를 보내드리겠습니다."라고 말했다.

(C)

Victor는 "저는 컴퓨터도 없고 이메일도 없습니다."라고 대답했다. "유감이네요."라고 그 매니저가 말했다. 그리고 그는 "만약 당신이 이메일이 없다면 이 일을 어떻게 하려고 합니까? 이 직업은 당신이 이메일 주소가 있을 것을 요구합니다. 저는 당신을 고용할 수 없습니다."라고 덧붙였다. Victor는 아무 희망도 없이 떠났다. 주머니에 10달러만 가진 채, (d) 그는 무엇을 해야 할지 몰랐다. 그때 그는 슈퍼마켓에 가기로 결심하고 10kg짜리 토마토 한 상자를 샀다.

(B)

그리고 (b) 그는 토마토를 집집마다 돌아다니며 팔았다. 두 시간 만에 그는 성공해서(다 팔아서) 자본금을 두 배로 늘렸다. 그는 이 작업을 세 번 반복하고 60달러를 가지고 집으로

돌아왔다. Victor는 이런 방법으로 살아남을 수 있다는 것을 깨닫고, 매일 더 일찍 나가기 시작해서 늦게 돌아왔다. 이런 식으로, (c) 그의 돈은 매일 두 배 또는 세 배로 불렀다. 얼마 지나지 않아, 그는 수레를 사고, 트럭을 사고, 그러고 나서 그는 여러 대의 자신만의 배달 차량을 갖게 되었다.

(D)

몇 년 후, Victor의 회사는 그의 도시에서 가장 큰 식품 회사가 되었다. 그는 가족의 미래를 계획하기 시작했고, 생명 보험에 가입하기로 결심했다. 그는 보험 중개인을 불렀다. 대화가 끝나자, (e) 그는 그에게 이메일을 물었다. Victor가 "저는 이메일이 없어요."라고 대답했다. 중개인은 의아해하며 "당신은 이메일이 없음에도 성공해서 제국을 건설했습니다. 이메일이 있다면 (직업이) 무엇이었을지 상상되나요?"라고 응답했다. 그는 잠시 생각하더니 "사무실 청소부요!"라고 대답했다.

지문 흐름

Victor가 사무실 청소부 자리에 지원했고 테스트를 통과한 후, 매니저는 그에게 이메일 주소를 알려 달라고 함	········	(A) 사무실 청소부 자리에 지원한 Victor
이메일 주소가 없어서 매니저는 Victor를 고용하지 않았고, 그는 10달러를 가지고 슈퍼마켓에서 가서 10kg짜리 토마토 한 상자를 삼	········	(C) 일자리를 얻지 못하고, 토마토 한 상자를 사는 Victor
Victor는 집집마다 돌아다니며 토마토를 팔기 시작했고, 이런 방법으로 자본금을 늘려 갔음	········	(B) 토마토를 팔기 시작한 Victor
몇 년 후 Victor는 가장 큰 식품 회사를 가지게 되고, 한 보험 중개인이 그에게 이메일이 있다면 어땠을지 묻자 그는 사무실 청소부가 되었을 거라고 답함	········	(D) 큰 식품 회사를 가지게 된 Victor

친절한 오답 풀이

오답 선택지	선택률	오답 이유
① (B)-(D)-(C)	2%	매니저가 이메일 주소를 알려 달라고 했다는 (A) 뒤에, 이메일 주소가 없어 Victor를 고용하지 않았다는 (C)가 이어지는 것이 가장 자연스럽다.
③ (C)-(D)-(B)	4%	Victor는 10달러를 가지고 슈퍼마켓에서 가서 10kg짜리 토마토 한 상자를 샀다는 (C) 뒤에, 그가 토마토를 팔며 그의 자본금을 늘려 갔다는 (B)가 이 이어지는 것이 자연스럽다.
④ (D)-(B)-(C)	2%	Victor는 토마토를 팔며 그의 자본금을 늘려 갔다는 (B) 뒤에, 그가 몇 년 후 가장 큰 식품 회사를 가지게 되었다는 (D)로 이어지는 것이 자연스럽다.
⑤ (D)-(C)-(B)	3%	

---

09   정답 ⑤   정답률 86%

정답 풀이

(e)의 he는 보험 중개인을 가리키며, 나머지는 모두 Victor를 가리킨다.

친절한 오답 풀이

오답 선택지	선택률	오답 이유
① (a) he	2%	청소하기, 비품 쌓기, 지정된 부서에 보급하기 등의 일을 한 사람은 Victor다.
② (b) He	2%	집집마다 돌아다니며 토마토를 판 사람은 Victor다.
③ (c) his	3%	자본금을 매일 두 배 또는 세 배로 늘린 사람은 Victor다.
④ (d) He	4%	주머니에 10달러만 가지고 무엇을 해야 할지 몰랐던 사람은 Victor다.

10 정답 ⑤ 정답률 89%

정답 풀이

보험 중개인이 그에게 이메일이 있냐고 물었을 때 없다고 대답했으므로, ⑤ '이메일이 있다고 보험 중개인에게 답했다'는 글의 내용과 일치하지 않는다.

친절한 오답 풀이

오답 선택지	선택률	오답 이유
① 사무실 청소부 자리에 지원하였다.	2%	(A)의 첫 번째 문장 Victor applied for the position of office cleaner at a very big company에서 알 수 있다.
② 2시간 만에 자본금을 두 배로 만들었다.	3%	(B)의 두 번째 문장 In two hours, he succeeded to double his capital에서 알 수 있다.
③ 슈퍼마켓에 가서 토마토를 샀다.	2%	(C)의 마지막 문장 He then decided to go to the supermarket and bought a 10kg box of tomatoes에서 알 수 있다.
④ 그의 회사는 도시에서 가장 큰 식품 회사가 되었다.	2%	(D)의 첫 번째 문장 Several years later, Victor's company became the biggest food company in his city에서 알 수 있다.

11 정답 ② 정답률 53%

정답 풀이

선택의 상황이 혼란스러운 이유에 대해 설명하는 글이므로, 글의 제목으로는 ② '예상치 못한 덫으로서의 선택의 아이러니'가 가장 적절하다.

친절한 지문분석

Shoppers / [confronted with the choice / {of thirty different varieties
쇼핑객들은 ┌ 선택에 직면한 서른 가지 서로 다른 종류의
주어 과거분사구 전치사구(형용사구)

of gourmet chocolates}] / are more likely to walk away / without
고급 초콜릿 중의 떠날 가능성이 더 높다 어떤 것도
동사

buying any, / [compared with {when they are presented / with only
사지 않고 그들이 제시받았을 때와 비교했을 때 여섯 가지의
분사구문(때) 관계부사절

half a dozen choices}]. [If employees are given a free trip to
선택지만 직원들이 파리로의 무료 여행을 제공받으면
조건의 부사절

Paris], / they are happy. [If you give them a free trip to Hawaii], /
그들은 행복하다 당신이 그들에게 하와이로의 무료 여행을 제공하면
조건의 부사절

they are happy. But [if you offer them the choice / between the
그들은 행복하다 하지만 당신이 그들에게 선택권을 준다면 두 목적지 중
조건의 부사절

two destinations], / they are less happy, / [no matter what they
그들은 덜 행복하다 그들이 무엇을 선택하든
복합관계대명사절

choose]. Why might choice be so disruptive? The reason is /
선택이 왜 그렇게 혼란스러울 수 있을까 그 이유는 ~이다

                                                    (to)
[that choice forces us to make comparisons / and acknowledge
선택이 우리로 하여금 비교를 하도록 강요하기 때문이다 그리고 상대적인 단점을
보어절 force+목적어+to-v: (목적어)로 하여금 ~하도록 강요하다
목적격보어 1 목적격보어 2

relative disadvantages]. People [who choose Paris] complain /
인정하도록 파리를 선택하는 사람들은 불평한다
주격 관계대명사절

[that it doesn't have the ocean] / and those [who choose Hawaii]
바다가 없다고 그리고 하와이를 선택하는 사람들은 후회한다
목적절 주격 관계대명사절

regret / [that it doesn't have the museums]. Psychologist Barry
박물관이 없다고 심리학자 Barry Schwartz는
목적절

Schwartz calls this the 'tyranny of choice' / [because rather than
이를 '선택의 횡포'라고 부른다 왜냐하면 자유를 제공하기보다는
call+목적어+목적격보어: (목적어)를 ~라고 부르다 이유의 부사절

providing freedom, / it actually constrains our decision-making].
그것은 실제로 우리의 의사 결정을 제약하기 (때문이다)

He argues / [that broader choice increases unhappiness / {because
그는 주장한다 더 넓은 선택이 불행을 증가시킨다고 왜냐하면
목적절 이유의 부사절

we worry / <that we are going to make the wrong decision> / and
우리는 걱정하기 때문이다 우리가 잘못된 결정을 내릴 것을 그리고
목적절

so we get stressed / about <trying to process all the comparisons /
그래서 우리는 스트레스를 받기 (때문이다) 모든 비교들을 처리하려고 애쓰는 것에
동명사구(전치사의 목적어)

in an effort to get it right>}]. This both increases our fear / of
그것을 올바르게 하려는 노력으로 이는 우리의 두려움도 증가시킨다
in an effort to-v: ~하기 위한 노력으로

[making the wrong choice] / and raises expectations / [that we
잘못된 선택을 하는 것에 대한 그리고 기대도 높인다 우리가
동명사구(전치사의 목적어) both A and B: A와 B 둘 다 동격절

should be able to get the best choice]. [Having made the choice], /
우리가 최상의 선택을 할 수 있어야 한다는 선택을 하면
분사구문(연속동작)

we then start to regret, / [wondering {whether it was the right
그 후 우리는 후회하기 시작한다 그것이 옳은 것이었는지 궁금해하며
분사구문(부대상황) 목적절

one}].

지문 해석

서른 가지 서로 다른 종류의 고급 초콜릿 중에서의 선택에 직면한 쇼핑객들은, 여섯 가지 선택지만 제시받았을 때와 비교했을 때, 어떤 것도 사지 않고 떠날 가능성이 더 높다. 직원들이 파리로의 무료 여행을 제공받으면, 그들은 행복하다. 당신이 그들에게 하와이로의 무료 여행을 제공하면, 그들은 행복하다. 하지만 당신이 두 목적지 중 선택권을 준다면, 그들은 무엇을 선택하든, 덜 행복하다. 선택이 왜 그렇게 혼란스러울 수 있을까? 그 이유는 선택이 우리로 하여금 비교를 하고 상대적인 단점을 인정하도록 강요하기 때문이다. 파리를 선택하는 사람들은 바다가 없다고 불평하고 하와이를 선택하는 사람들은 박물관이 없다고 후회한다. 심리학자 Barry Schwartz는 이를 '선택의 횡포'라고 부르는데 이는 자유를 제공하기보다는, 그것은 실제로 우리의 의사 결정을 제약하기 때문이다. 그는 더 넓은 선택이 불행을 증가시킨다고 주장하는데, 우리는 잘못된 결정을 내릴 것을 걱정하고 그래서 우리는 그것을 올바르게 하려는 노력으로 모든 비교들을 처리하려고 애쓰는 것에 스트레스를 받기 때문이다. 이는 잘못된 선택을 하는 것에 대한 우리의 두려움도 증가시키고 우리가 최상의 선택을 할 수 있어야 한다는 기대도 높인다. 선택을 하면, 그 후 우리는 후회하기 시작하며, 그것이 옳은 것이었는지 궁금해한다.

지문 흐름

쇼핑객은 더 많은 선택지가 있을 때 아무것도 사지 않을 가능성이 더 높음	도입(상황 1)
↓	
파리 무료 여행과 하와이 무료 여행을 각각 제공받으면 행복하지만, 둘 중에서 선택해야 하면 덜 행복함	부연(상황 2)
↓	
비교하고 상대적 단점을 인정해야 하기 때문에 선택은 혼란스러움	주제
↓	
파리 여행과 하와이 여행의 각 선택에는 후회가 있음	상황 2의 부연
↓	
이러한 '선택의 횡포'는 의사 결정을 제약함	전개
↓	
더 넓은 선택은 잘못된 결정에 대한 걱정과 올바른 결정을 하려는 스트레스로 불행을 증가시키며, 선택 뒤에는 후회가 따름	부연

오답 선택지	선택률	오답 이유
① 비교에서 비롯된 우월감은 우리를 망친다	19%	선택을 위한 비교에 대해서는 언급되었으나, 비교를 통한 우월감이 우리에게 미치는 영향은 글의 내용과 무관하다.
③ 후회의 홍수에 휩쓸리지 마라!	11%	선택을 하고 나면 후회하기 시작한다고 했으나, 후회에 휩쓸리면 안 된다는 것은 논지에서 벗어난다.
④ 더 많은 선택, 더 많은 행복의 기회	7%	더 넓은 선택이 불행을 증가시킨다고 했으므로, 글의 내용과 상반된다.
⑤ 비교: 현명한 선택을 위한 비결	9%	비교를 통해 의사 결정을 하더라도 잘못된 결정에 대해 걱정하고 후회하게 된다는 내용이므로, 비교가 현명한 선택을 위한 비결이라는 것은 글의 논지와 다르다.

배경지식

Barry Schwartz
Barry Schwartz는 미국의 심리학자이자 행동 경제학자로, '선택의 횡포' 이론을 통해, 많은 선택지가 오히려 사람들에게 불행과 스트레스를 초래한다고 주장했다. 그의 연구는 사람들이 선택을 할 때 비교와 후회를 경험하고, 결정의 압박 때문에 더 큰 불만과 불안을 느낀다는 것을 강조한다. 따라서 선택의 수와 질이 아니라 선택의 방식이 더 중요하다고 주장한다. 그의 연구는 심리학과 경제학을 결합하여 선택과 결정이 인간의 행복에 미치는 영향을 탐구하는 데 크게 기여했다.

12   정답 ④   정답률 66%

정답 풀이

선택지가 여섯 개일 때보다 서른 개일 때 그리고 하나일 때보다 둘일 때 선택이 더 어렵고 덜 행복하며, 올바른 결정을 위해 모든 비교를 처리하며 스트레스를 받는다고 했으므로, 선택이 더 넓으면 불행이 증가한다는 내용이 되어야 한다. 따라서 (d) narrower(더 좁은)는 broader(더 넓은)이 되어야 한다.

오답 선택지	선택률	오답 이유
① (a)	3%	선택지가 하나만 주어졌을 때는 행복했으나 둘 중에 선택해야 하는 상황이 되면 덜 행복하다고 했으므로, 선택이 혼란스럽다(disruptive)고 말하는 것은 적절하다.
② (b)	11%	이어지는 문장에서 선택하지 않은 것과 비교해서 선택한 것에 대해 부족한 것을 불평하고 후회한다고 했으므로, 상대적인 단점(disadvantages)을 인정해야 한다는 말은 적절하다.
③ (c)	13%	'선택의 횡포'는 잘못된 결정을 걱정하고 올바르게 결정하려고 노력해야 하는 상황으로, 선택이 의사 결정을 제약한다(constrains)고 말하는 것은 적절하다.
⑤ (e)	6%	최상의 선택을 해야 한다는 기대가 높아진다고 했으므로, 선택을 하고 나면 후회하기 시작한다(start)는 말은 적절하다.

13   정답 ④   정답률 75%

정답 풀이

독일의 위대한 가수 Henrietta가 경력 초기에 경쟁자 Amelia의 친구들에게 야유를 받고 무대에서 쫓겨난 적이 있다는 내용의 (A)에 이어, 유명해진 Henrietta가 거리를 지나다 눈먼 여성을 데리고 가는 아이를 만났다는 내용의 (D)가 가장 먼저 이어지고, Henrietta가

그들의 거처를 찾아내서 모녀를 돌보았다는 내용의 (B)가 이어진 후, Henrietta가 불쌍한 예전 경쟁자를 위해 자선 콘서트를 열었다는 (C)로 이어지는 것이 자연스럽다.

(A)

Henrietta is one of the greatest "queens of song." She had to go
Henrietta는 가장 위대한 '노래의 여왕' 중 한 명이다   그녀는 혹독한 시련을
one of the+최상급+복수명사: 가장 ~한 것들 중 하나

through a severe struggle [before she attained the enviable
겪어야 했다   그녀가 부러워할 만한 위치에 도달하기 전에
     시간의 부사절

position / as the greatest singer {Germany had produced}].
가장 위대한 가수로서   독일이 배출한
~로서(전치사)   (that) 목적격 관계대명사절

At the beginning of her career / she was hissed off a Vienna stage /
그녀의 경력 초기에   그녀는 비엔나 무대에서 야유를 받고 쫓겨났다
~의 초반에   수동태

by the friends of her rival, Amelia. But in spite of this defeat, /
경쟁자 Amelia의 친구들에 의해   그러나 이 좌절에도 불구하고
     ~에도 불구하고

Henrietta endured [until all Europe was at her feet].
Henrietta는 견뎠다   전 유럽이 그녀의 발 아래에 있을 때까지
     시간의 부사절

(D)

Many years later, [when Henrietta was at the height of her fame],
수년 후   Henrietta의 명성이 절정에 달했을 때
     시간의 부사절   ~의 절정에

one day she was riding [through the streets of Berlin]. Soon she
어느 날 그녀는 차를 타고 지나가고 있었다   베를린의 거리를   곧 그녀는
     전치사구

came across a little girl [leading a blind woman]. She was touched
여자 아이와 마주쳤다   눈먼 여성을 데리고 가는   그녀는 여성의 무력함에
come across: ~을 우연히 마주치다   현재분사구   수동태

by the woman's helplessness, / and she impulsively beckoned the
마음이 움직였고   충동적으로 그녀에게 오라고 아이에게 손짓했다

child to her, [saying "Come here, my child. Who is that you are
"이리 와, 얘야. 네가 손을 잡고 데리고 가는 사람은 누구니?"라고 말하며
     분사구문(동시동작)

leading by the hand?"]

(B)

The answer was, / "That's my mother, Amelia Steininger. / She
대답은   "저분은 제 어머니, Amelia Steininger입니다   그녀는

used to be a great singer, / but she lost her voice, / and she cried
훌륭한 가수였습니다   하지만 그녀는 목소리를 잃었습니다   그리고 그 일로
used to-v: ~하곤 했다, ~였다

so much about it that now she can't see anymore." / Henrietta
너무 많이 울어서 그녀는 이제 더 이상 앞을 볼 수 없습니다."였다   Henrietta는
so ~ that ...: 너무 ~해서 ...하다

inquired their address / and then told the child, / "Tell your mother
그들의 주소를 묻고 나서   아이에게 말했다   "어머니께 말하렴

an old acquaintance will call on her / this afternoon." She searched
오래된 지인이 그녀를 방문할 것이라고   오늘 오후에"라고   그녀는 그들의

out their place / and undertook the care of both mother and
거처를 찾아냈다   그리고 모녀를 돌보았다
     both A and B: A와 B 둘 다

daughter. At her request, / a skilled doctor tried to restore Amelia's
     그녀의 요청에 따라   숙련된 의사가 Amelia의 시력을 회복시키려 했지만
     try to-v: ~하려고 노력하다

sight, / but it was in vain.
허사였다
     허사가 되어

(C)

But Henrietta's kindness to her former rival / did not stop here.
그러나 Henrietta가 그녀의 예전 경쟁자에게 베푼 친절은　　여기서 그치지 않았다

The next week she gave a benefit concert [for the poor woman], /
그 다음 주에 그녀는 자선 콘서트를 열었고　　　　그 불쌍한 여성을 위한
　　　　　　　　　　　　　　　　　　　　　　　전치사구

and it was said [that on that occasion Henrietta sang / {as she
그 자리에서 Henrietta는 불렀다고 한다　　　　　　　　그녀가 전에
　　가주어　　　　진주어　　　　　　　　　　　　　　방법의 부사절

had never sung before}]. And who can doubt [that {with the
한번도 불러본 적이 없는 방식으로　　　그리고 누가 의심할 수 있겠는가
과거완료(경험)　　　　　　　　의문사　　　　　목적절　전치사구

applause of that vast audience} / there was mingled the applause
많은 청중의 박수와 함께　　　　　　　박수가 섞여 있었다는 것을

of the angels in heaven {who rejoice over the good deeds of
천국에 있는 천사들의　　　　　지상 사람들의 선행에 기뻐하는
　　　　　　　　　　　　　　　주격 관계대명사절

those below}]?

지문 해석

(A)
Henrietta는 가장 위대한 '노래의 여왕' 중 한 명이다. (a) 그녀는 독일이 배출한 가장 위대한 가수로서 부러워할 만한 위치에 도달하기 전에 혹독한 시련을 겪어야 했다. 그녀의 경력 초기에 그녀는 경쟁자 Amelia의 친구들에게 야유를 받고 비엔나 무대에서 쫓겨났다. 그러나 이 좌절에도 불구하고, Henrietta는 전 유럽이 그녀의 발 아래에 있을 때까지 견뎠다.

(D)
수년 후, Henrietta의 명성이 절정에 달했을 때, 어느 날 그녀는 베를린의 거리를 차를 타고 지나가고 있었다. 곧 그녀는 눈먼 여성을 데리고 가는 여자 아이와 마주쳤다. 그녀는 여성의 무력함에 마음이 움직였고, 충동적으로 (e) 그녀에게 오라고 아이에게 손짓하며, "이리 와, 얘야. 네가 손을 잡고 데리고 가는 사람은 누구니?"라고 말했다.

(B)
대답은, "저분은 제 어머니, Amelia Steininger입니다. 그녀는 훌륭한 가수였지만, 목소리를 잃었고, 그 일로 너무 많이 울어서 (b) 그녀는 이제 더 이상 앞을 볼 수 없습니다."였다. Henrietta는 그들의 주소를 묻고 나서 아이에게 "어머니께 오래된 지인이 오늘 오후에 그녀를 방문할 것이라고 말하렴."이라고 말했다. 그녀는 그들의 거처를 찾아내서 모녀를 돌보았다. 그녀의 요청에 따라 숙련된 의사가 Amelia의 시력을 회복시키려 했지만, 허사였다.

(C)
그러나 Henrietta가 (c) 그녀의 예전 경쟁자에게 베푼 친절은 여기서 그치지 않았다. 그 다음 주에 그녀는 그 불쌍한 여성을 위한 자선 콘서트를 열었고, 그 자리에서 Henrietta는 (d) 그녀가 전에 한번도 불러본 적이 없는 방식으로 불렀다고 한다. 그리고 많은 청중의 박수와 함께 지상 사람들의 선행에 기뻐하는 천국에 있는 천사들의 박수가 섞여 있었다는 것을 누가 의심할 수 있겠는가?

지문 흐름

Henrietta는 독일의 가장 위대한 가수이지만, 경력 초기에 그녀는 경쟁자 Amelia의 친구들에게 야유를 받고 무대에서 쫓겨남	………	(A) 경력 초기에 경쟁자의 친구들에게 야유를 받은 Henrietta
Henrietta의 명성이 절정에 달했을 때, 거리에서 눈먼 여성을 데리고 가는 여자 아이와 마주침	………	(D) 거리에서 우연히 눈먼 여성과 소녀를 만난 Henrietta
눈먼 여성이 자신의 예전 경쟁자임을 알게 된 Henrietta는 그들의 거처를 찾아내서 모녀를 돌봄	………	(B) 눈먼 여성이 예전 경쟁자임을 알고 그녀와 그녀의 딸을 돌보는 Henrietta
Henrietta는 그녀의 예전 경쟁자를 위한 자선 콘서트를 열어, 전에 한번도 불러본 적이 없는 방식으로 노래함	………	(C) 예전 경쟁자를 위해 자선 콘서트를 연 Henrietta

친절한 오답 풀이

오답 선택지	선택률	오답 이유
① (B)-(D)-(C)	2%	Henrietta가 경력 초기에 경쟁자 Amelia의 친구들에 의해 좌절을 겪었다는 내용의 (A)에 이어, 유명해진 Henrietta가 눈먼 여성과 아이를 만났다는 내용의 (D)가 가장 먼저 와야 한다.
② (C)-(B)-(D)	6%	
③ (C)-(D)-(B)	12%	
⑤ (D)-(C)-(B)	6%	Henrietta가 모녀를 돌보았다는 내용의 (B)에 이어, 그녀가 베푼 친절이 여기서 그치지 않고 그들을 위해 자선 콘서트를 열었다는 내용의 (C)로 이어지는 것이 자연스럽다.

14　　　　정답 ②　　정답률 65%

정답 풀이

(b)는 Amelia를 가리키고, 나머지는 모두 Henrietta를 가리킨다.

친절한 오답 풀이

오답 선택지	선택률	오답 이유
① (a) she	11%	부러워할 만한 위치에 도달하기 전에 혹독한 시련을 겪은 사람은 Henrietta이다.
③ (c) her	8%	자신의 예전 경쟁자에게 친절을 베푼 사람은 Henrietta이다.
④ (d) she	7%	자선 콘서트에서 전에 한번도 불러본 적이 없는 방식으로 노래를 부른 사람은 Henrietta이다.
⑤ (e) her	8%	충동적으로 아이에게 손짓한 사람은 Henrietta이다.

15　　　　정답 ③　　정답률 81%

정답 풀이

숙련된 의사가 Amelia의 시력을 회복시키려 했지만 허사였다고 했으므로 ③ '숙련된 의사가 Amelia의 시력을 회복시켰다'는 글의 내용과 일치하지 않는다.

친절한 오답 풀이

오답 선택지	선택률	오답 이유
① Amelia와 Henrietta는 라이벌 관계였다.	3%	(A)의 세 번째 문장의 by the friends of her rival, Amelia에서 알 수 있다.
② Henrietta는 모녀의 거처를 찾아내서 그들을 돌보았다.	7%	(B)의 세 번째 문장 She searched out their place and undertook the care of both mother and daughter에서 알 수 있다.
④ 불쌍한 여성을 위해 Henrietta는 자선 콘서트를 열었다.	6%	(C)의 두 번째 문장의 she gave a benefit concert for the poor woman에서 알 수 있다.
⑤ Henrietta는 눈먼 여성을 데리고 가는 여자 아이와 마주쳤다.	3%	(D)의 두 번째 문장의 she came across a little girl leading a blind woman에서 알 수 있다.

MEMO

MEMO

MEMO

MEMO

독해

체계적인 초·중·고등 독해 프로그램

Starter 1 | 2 | 3
Junior 1 | 2 | 3 | 4
Challenger 1 | 2 | 3

READING EXPERT

중고등 대상 7단계 원서 독해 교재

Level 1 | Level 2 | Level 3 | Level 4 | Level 5 |
Advanced 1 | Advanced 2

기강 잡고

기본을 강하게 잡아주는 고등영어

독해 잡는 필수 문법 | 기초 잡는 유형 독해

빠른 독해를 위한 바른 선택

기초세우기 | 구문독해 | 유형독해 | 수능실전

The 상승

독해 기본기에서 수능 실전 대비까지

직독직해편 | 문법독해편 | 구문편 |
수능유형편 | 어법·어휘+유형편

수능

맞수

맞춤형 수능영어 단기특강 시리즈

구문독해 기본편 | 실전편
수능유형 기본편 | 실전편
수능문법어법 기본편 | 실전편
수능듣기 기본편 | 실전편
빈칸추론

핵심만 콕 찍어주는 수능유형 필독서

독해 기본 | 독해 실력 | 듣기

특급

수능 1등급 만드는 특급 시리즈

독해 유형별 모의고사 | 듣기 실전 모의고사 24회 |
어법 | 빈칸추론 | 수능·EBS 기출 VOCA

얇빠 얇고 빠른 미니 모의고사 10+2회

수능 핵심유형들만 모아 얇게! 회당 10문항으로 빠르게!

입문 | 기본 | 실전

수능만만

만만한 수능영어 모의고사

기본 영어듣기 20회 | 기본 영어듣기 35회+5회 |
기본 영어독해 10+1회 | 기본 문법·어법·어휘 150제 |
영어듣기 20회 | 영어듣기 35회 |
영어독해 20회 | 어법·어휘 228제

NE능률 영어교육연구소

NE능률 영어교육연구소는 전문성과 탁월성을 기반으로
영어 교육 트렌드를 선도합니다.

2026 학평대비 다빈출 코드 고2 독해

펴 낸 날	2026년 1월 5일 (개정판 제1쇄)
펴 낸 이	주민홍
펴 낸 곳	(주)NE능률
지 은 이	NE능률 영어교육연구소
개 발 책 임	김지현
개 발	전성호
영 문 교 열	Curtis Thompson
디자인책임	오영숙
디 자 인	장혜진
제 작 책 임	한성일
등 록 번 호	제1-68호
I S B N	979-11-253-5078-1

대 표 전 화	02 2014 7114
홈 페 이 지	www.neungyule.com
주 소	서울시 마포구 월드컵북로 396(상암동) 누리꿈스퀘어 비즈니스타워 10층